3rd Edition

TOPIK
MASTER

TOPIK II ● Intermediate
- Advanced

문제집

FINAL
실전 모의고사
Actual Tests

3rd Edition
TOPIK MASTER

FINAL ACTUAL TESTS

TOPIK II · Intermediate - Advanced 문제집

Written by	Darakwon Korean Language Lab
Translated by	Katelyn Hemmeke, Kim Hye-jin
Third Edition	June 2023
First printing	June 2023
Publisher	Chung Kyudo
Editors	Lee Suk-hee, Baek Da-heuin, Lee Hyun-Soo
Cover Design	Yoon Ji-young
Interior Design	Yoon Ji-young, Park Eun-bi
Proofread by	Michael A. Putlack
Illustrated by	AFEAL
Voice Actors	Jeong Ma-ri, Cha Jin-wook, Kim Sung-hee, Kim Hee-seung

DARAKWON

Darakwon Bldg., 211 Munbal-ro, Paju-si,
Gyeonggi-do, 10881 Republic of Korea
Tel: 02-736-2031 **Fax:** 02-732-2037
(Marketing Dept. ext.: 250~252 Editorial Dept. ext.: 420~426)

ISBN: 978-89-277-3311-9 14710
978-89-277-3309-6 (set)

Visit the Darakwon homepage to learn about our other publications and
promotions and to download the contents in MP3 format.
http://www.darakwon.co.kr
http://koreanbooks.darakwon.co.kr

3rd Edition

TOPIK MASTER

TOPIK II • Intermediate - Advanced

문제집

FiNAL
실전 모의고사
Actual Tests

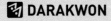 DARAKWON

차례 Contents

제1회 FINAL 실전 모의고사

The 1st Final Actual Tests

TOPIK II

1교시	듣기, 쓰기

수험번호 (Registration No.)	
이 름 (Name) 한국어 (Korean)	
영 어 (English)	

유 의 사 항
Information

1. 시험 시작 지시가 있을 때까지 문제를 풀지 마십시오.

   Do not open the booklet until you are allowed to start.

2. 수험번호와 이름을 정확하게 적어 주십시오.

   Write your name and registration number on the answer sheet.

3. 답안지를 구기거나 훼손하지 마십시오.

   Do not fold the answer sheet; keep it clean.

4. 답안지의 이름, 수험번호 및 정답의 기입은 배부된 펜을 사용하여 주십시오.

   Use the given pen only.

5. 정답은 답안지에 정확하게 표시하여 주십시오.

   Mark your answer accurately and clearly on the answer sheet.

   marking example

6. 문제를 읽을 때에는 소리가 나지 않도록 하십시오.

   Keep quiet while answering the questions.

7. 질문이 있을 때에는 손을 들고 감독관이 올 때까지 기다려 주십시오.

   When you have any questions, please raise your hand.

TOPIK II 듣기(1번~50번)

※ [1~3] 다음을 듣고 가장 알맞은 그림 또는 그래프를 고르십시오. (각 2점)

1.

2.

3. ① 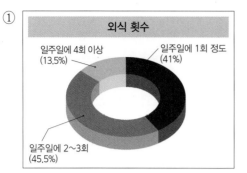 ②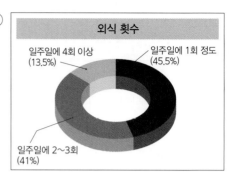

③ 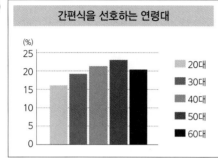 ④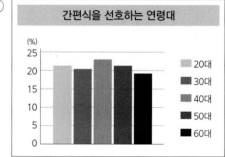

※ [4~8] 다음을 듣고 이어질 수 있는 말로 가장 알맞은 것을 고르십시오. (각 2점)

4. ① 머리카락이 짧아서 안 돼요.

② 그래도 모자를 꼭 써야 해요.

③ 요리 후에 모자를 써도 돼요.

④ 요리하려면 머리를 잘라야 해요.

5. ① 저도 한번 이용해 봐야겠어요.

② 저는 무료로 이용할 수 없어요.

③ 그러면 지금 회원 등록을 할게요.

④ 오늘 회원 등록을 할 걸 그랬어요.

6. ① 빨리 하는 게 좋을걸.

② 너무 늦어서 큰일이야.

③ 빨리 수강 신청을 할게.

④ 제시간에 끝나서 정말 다행이다.

7. ① 교환을 해서 다행이에요.

② 책상을 주문하면 좋겠어요.

③ 이쪽 공간으로 옮겨 볼게요.

④ 더 작은 사이즈로 바꿀게요.

8. ① 시간이 벌써 지났을지도 몰라.

② 휴대 전화를 봐서 그런 것 같아.

③ 30분 전에 쉬어 주면 괜찮을 거야.

④ 앞으로는 잠깐씩 눈을 쉬게 해 줘야겠어.

※ [9~12] 다음을 듣고 여자가 이어서 할 행동으로 가장 알맞은 것을 고르십시오. (각 2점)

9. ① 선배에게 주소를 물어본다.

② 자전거 동호회에 가입한다.

③ 남자와 자전거를 타러 간다.

④ 선배에게 자전거를 구입한다.

10. ① 해외 연수를 신청하러 간다.

② 해외 단기 연수에 참가한다.

③ 남자와 함께 단기 연수를 신청한다.

④ 홈페이지에서 단기 연수 관련 정보를 확인한다.

11. ① 남자와 점심을 먹으러 간다.

② 관리실에 다시 전화해 본다.

③ 점심시간이 끝나길 기다린다.

④ 의자를 재활용 센터에 보낸다.

12. ① 인터넷에서 논문을 검색한다.

② 도서관에서 논문을 찾아본다.

③ 다른 종류의 논문을 찾아본다.

④ 도서 대여 신청서를 작성한다.

※ **[13~16] 다음을 듣고 들은 내용과 같은 것을 고르십시오. (각 2점)**

13. ① 밤에는 고궁을 열지 않는다.

② 고궁은 한국인들에게만 인기가 많다.

③ 고궁 입장표는 현장에서 구매할 수 없다.

④ 예약을 하지 않아도 고궁에 입장할 수 있다.

14. ① 갈아타야 상수역으로 갈 수 있다.

② 상수역에서 내리면 갈아탈 수 있다.

③ 이 열차의 다음 정거장은 종착역이다.

④ 이 열차는 신내역을 향해 가는 열차이다.

15. ① 이 세제는 오늘만 구입할 수 있다.

② 기존 시장에는 친환경 세제가 없었다.

③ 친환경 세제는 인체와 환경 모두에 좋다.

④ 기존 세제를 쓰면 설거지가 깨끗이 안 된다.

16. ① 남자는 소방관에게 연기를 배웠다.

② 영화 속에서 실제 소방관이 등장한다.

③ 남자는 영화 속에서 실제로 불을 껐다.

④ 영화는 개봉을 해서 인기를 끌고 있다.

※ [17~20] 다음을 듣고 **남자**의 중심 생각으로 가장 알맞은 것을 고르십시오. (각 2점)

17. ① 나라 이름이 새겨진 컵을 사야 한다.

② 외국으로 여행을 가면 컵을 사야 한다.

③ 여행에서 컵을 사기 위해 돈을 모아야 한다.

④ 기념품을 보면 여행했던 기억을 떠올릴 수 있다.

18. ① 거절할 때는 이유를 분명히 말해야 한다.

② 거절을 못 하면 나쁜 사람이 될 수도 있다.

③ 거절을 잘하면 이유를 말하지 않아도 된다.

④ 거절할 때는 상대방의 기분을 배려해야 한다.

19. ① 아파트에는 필요한 시설만 있다.

② 아파트에서 생활하는 것이 편리한 편이다.

③ 아파트보다 직접 지은 집이 더 관리하기 좋다.

④ 돈을 절약하기 위해 직접 집을 짓는 것이 좋다.

20. ① 칭찬을 받기 위해 서비스를 해야 한다.

② 할머니와 할아버지께 더 잘해 드려야 한다.

③ 고객이 만족할 때까지 서비스를 해야 한다.

④ 서비스할 때 고객의 입장에서 생각해야 한다.

21. 남자의 중심 생각으로 가장 알맞은 것을 고르십시오.
    ① 가족과 함께 강아지를 키워야 한다.
    ② 외로울 때 강아지를 키우는 것이 좋다.
    ③ 혼자 살 때는 집을 비우지 말아야 한다.
    ④ 집 비우는 시간이 많으면 강아지를 키우는 것이 좋지 않다.

22. 들은 내용과 같은 것을 고르십시오.
    ① 남자는 현재 혼자 살고 있다.
    ② 여자는 가족들과 함께 살고 있다.
    ③ 여자는 집을 비우는 시간이 많다.
    ④ 남자는 강아지를 키워 본 적이 없다.

※ [23~24] 다음을 듣고 물음에 답하십시오. (각 2점)

23. 남자가 무엇을 하고 있는지 맞는 것을 고르십시오.
    ① 회의실 대여를 문의하고 있다.
    ② 회의를 할 날짜를 정하고 있다.
    ③ 회의실 사용 방법을 알아보고 있다.
    ④ 회의실 위치에 대해서 물어보고 있다.

24. 들은 내용과 같은 것을 고르십시오.
    ① 남자는 회의실을 예약하지 못했다.
    ② 남자는 총무과에서 근무하고 있다.
    ③ 회의 시작 전에 회의가 취소되었다.
    ④ 여자는 회의실 예약을 취소하기로 했다.

25. 남자의 중심 생각으로 가장 알맞은 것을 고르십시오.

① 부담 없이 자기소개서를 써야 한다.

② 자기 소개서를 잘 써야 합격할 수 있다.

③ 경험한 이야기를 진정성 있게 써야 한다.

④ 자기 소개서에 사소한 이야기를 써야 한다.

26. 들은 내용과 같은 것을 고르십시오.

① 남자는 자기소개서를 많이 써 봤다.

② 남자는 인사부에서 일하는 사람이다.

③ 사소한 이야기는 조금의 과장이 필요하다.

④ 20대 후반의 사람들은 큰 사건을 겪지 않는다.

※ [27~28] 다음을 듣고 물음에 답하십시오. (각 2점)

27. 남자가 말하는 의도로 알맞은 것을 고르십시오.

① 9시 등교제에 대해 긍정하고 있다.

② 9시 등교제 폐지를 설득하고 있다.

③ 9시 등교제에 대한 의문을 제기하고 있다.

④ 9시 등교제의 문제점에 대해 조언하고 있다.

28. 들은 내용과 같은 것을 고르십시오.

① 9시 등교제로 인해 문제점이 많이 생겼다.

② 9시 등교제는 맞벌이 가정을 고려한 것이다.

③ 요즘에 학교에 지각하는 학생들이 많아졌다.

④ 대부분의 학교가 9시 등교제를 시행하고 있다.

29. 남자가 누구인지 고르십시오.
    ① 공인 중개사
    ② 건축 설계사
    ③ 주택 전문가
    ④ 공사장 감독관

30. 들은 내용과 같은 것을 고르십시오.
    ① 땅콩집은 사생활 침해의 문제가 없다.
    ② 땅콩집에서 한 공간에 두 가구가 산다.
    ③ 땅콩집은 공사비는 싸지만 관리비가 비싸다.
    ④ 땅콩집은 기존 아파트보다 난방비가 적게 든다.

※ [31~32] 다음을 듣고 물음에 답하십시오. (각 2점)

31. 남자의 중심 생각으로 가장 알맞은 것을 고르십시오.
    ① 과장의 기준을 정할 수 있다.
    ② 요즘에는 과장된 광고가 없다.
    ③ 광고 때문에 혼란스러운 소비자가 많다.
    ④ 소비자가 광고의 정보를 분별할 수 있어야 한다.

32. 남자의 태도로 가장 알맞은 것을 고르십시오.
    ① 상대방의 의견에 동의하면서 반박하고 있다.
    ② 상대방의 주장에 대한 근거를 요구하고 있다.
    ③ 과장된 광고로 인한 피해의 책임을 묻고 있다.
    ④ 구체적인 사례를 들면서 의견을 주장하고 있다.

33. 무엇에 대한 내용인지 알맞은 것을 고르십시오.
    ① 착각의 문제점
    ② 신비로운 인간의 뇌
    ③ 기억을 잘하는 방법
    ④ 착각을 일으키는 이유

34. 들은 내용과 같은 것을 고르십시오.
    ① 뇌는 스스로 기억을 편집하기도 한다.
    ② 인간의 뇌는 모든 정보를 다 기억한다.
    ③ 착각을 담당하는 특정 뇌 부위가 존재한다.
    ④ 사람들은 자신이 믿는 것을 확신하지 못한다.

※　[35~36] 다음을 듣고 물음에 답하십시오. (각 2점)

35. 남자가 무엇을 하고 있는지 고르십시오.
    ① 보육 기관의 강사에 대해 설명하고 있다.
    ② 더 많은 사회적 일자리를 요청하고 있다.
    ③ 독서 나눔 프로그램의 의의를 밝히고 있다.
    ④ 독서 교육 프로그램의 필요성을 강조하고 있다.

36. 들은 내용과 같은 것을 고르십시오.
    ① 어린이들은 이 프로그램에 참가할 수 없다.
    ② 도서관에서 프로그램 진행 과정을 알 수 있다.
    ③ 주로 보육 기관에서 일하는 노인들이 참여한다.
    ④ 어르신들이 보육 기관에서 어린이들을 가르친다.

37. 여자의 중심 생각으로 가장 알맞은 것을 고르십시오.

① 어떤 요리든지 열심히 하면 간단히 만들 수 있다.

② 삶에 지친 아이들에게 요리를 해 주는 것이 좋다.

③ 요리로 스트레스를 풀기도 하고 서로를 위로할 수 있다.

④ 요리를 하는 것보다 중요한 것은 서로 위로해 주는 것이다.

38. 들은 내용과 같은 것을 고르십시오.

① 작가는 딸에게 선물하기 위해 책을 썼다.

② 책은 작가의 인생 이야기를 다루고 있다.

③ 작가는 책에서 상황별로 알맞은 요리를 추천했다.

④ 기운이 없고 지친 날에는 매콤한 떡볶이를 추천한다.

39. 이 대화 전의 내용으로 가장 알맞은 것을 고르십시오.

① 세계적으로 원유 가격 결정의 문제가 심각하다.

② 세계 원유 매장량 중 많은 양이 일부 국가에 집중되어 있다.

③ 세계 원유 시장에서는 몇몇 국가들의 주도로 가격이 결정된다.

④ 원유 생산량을 줄이면 원유가 필요한 국가는 경제적 피해가 크다.

40. 들은 내용과 같은 것을 고르십시오.

① 산유국들은 이윤을 위해 원유를 대량 생산한다.

② 원유 가격이 오르면 국제기구가 시장에 개입한다.

③ 국제기구는 원유가 나지 않는 나라에 원유를 싸게 공급한다.

④ 원유 생산국의 원유 생산량에 의해서 세계 경제가 움직인다.

41. 이 강연의 중심 내용으로 가장 알맞은 것을 고르십시오.

① 인간은 유일하게 생각하는 존재이다.

② 사람이라면 생각하고 움직여야 한다.

③ 사람도 동물에게 배울 수 있는 것들은 배워야 한다.

④ 동물이 감정을 느낄 수 없다는 편견을 버려야 한다.

42. 들은 내용과 같은 것을 고르십시오.

① 코끼리는 동족의 뼈 냄새를 찾아다닌다.

② 파리는 암컷이 수컷에게 먹이를 선물로 준다.

③ 코끼리는 식량을 찾으러 먼 거리를 이동한다.

④ 코끼리는 암컷이 먹이를 먹는 동안 짝짓기를 한다.

※ **[43~44] 다음을 듣고 물음에 답하십시오. (각 2점)**

43. 무엇에 대한 내용인지 알맞은 것을 고르십시오.

① 많은 복지 서비스 중에서 필요한 복지 서비스를 찾는 것은 어렵다.

② 복지의 사각 지대에 놓여 힘들어하는 사람들이 많다는 문제점이 있다.

③ 맞춤형 급여 안내를 받을 수 있도록 복지 멤버십에 가입하는 것이 좋다.

④ 현재 안내 대상 서비스의 종류가 충분하지 않으므로 확대해 나가야 한다.

44. 맞춤형 급여 안내 제도를 도입하게 된 이유로 맞는 것을 고르십시오.

① 생애 주기에 맞는 복지 서비스의 숫자를 확대하기 위해서

② 복지 서비스를 몰라서 이용하지 못하는 문제점을 해결하기 위해서

③ 필요할 때마다 간편하게 신청할 수 있는 서비스를 제공하기 위해서

④ 선착순으로 제공되는 서비스를 빠르게 신청할 수 있도록 안내하기 위해서

45. 들은 내용과 같은 것을 고르십시오.

① 색소나 보존제 등의 첨가물이 없는 화장품을 사용해야 한다.

② 어린이를 위한 안전한 화장품 사용법이 아직 마련되지 않았다.

③ 아직도 많은 어린들이 문구점에서 파는 불량 화장품을 구입한다.

④ 전문가들은 초등학생의 피부에 맞는 화장품을 사용할 것을 권한다.

46. 여자의 태도로 알맞은 것을 고르십시오.

① 화장품 속 첨가물과 피부 질환의 상관관계를 설명하고 있다.

② 어린이의 화장품 사용에 부모님의 주의가 필요함을 주장하고 있다.

③ 연령보다 아름다움을 추구하려는 자유가 더 중요함을 설득하고 있다.

④ 안전한 화장품 판매를 위해 식품의약품안전처의 협조를 요청하고 있다.

※ [47~48] 다음을 듣고 물음에 답하십시오. (각 2점)

47. 들은 내용과 같은 것을 고르십시오.

① 로보컵은 4년에 한 번씩 개최된다.

② 로봇 선수는 기계 학습 모델을 활용해서 훈련한다.

③ 로보컵은 세계에서 두 번째로 큰 규모의 대회이다.

④ 로보컵에는 인간과 유사한 형태의 로봇만 참가할 수 있다.

48. 남자가 말하는 방식으로 알맞은 것을 고르십시오.

① 로봇 선수와 인간 선수의 차이점에 대해 분석하고 있다.

② 로보컵의 역사와 경기 방식에 대해 순차적으로 설명하고 있다.

③ 앞으로의 AI 기술 발달 속도에 대해 근거를 들어 전망하고 있다.

④ 로봇이 사람과의 경기에서 이기는 방법을 논리적으로 제시하고 있다.

※ [49~50] 다음을 듣고 물음에 답하십시오. (각 2점)

49. 들은 내용과 같은 것을 고르십시오.

① 김기림은 신문사에서 일을 한 적이 있다.

② 이효석은 과수원을 직접 경영한 적이 있다.

③ 이효석은 1930년대에 〈기상도〉라는 시를 썼다.

④ 김기림은 서구 지향적 생활 태도를 지닌 사람이다.

50. 남자의 말하기 방식으로 알맞은 것을 고르십시오.

① 작가의 서구 문화에 대한 인식을 분석하고 있다.

② 작가와 작품의 공통점을 중심으로 설명하고 있다.

③ 역사·전기적 접근 방법을 예를 통해 설명하고 있다.

④ 역사·전기적 접근 방법의 부정적 특성을 강조하고 있다.

TOPIK II 쓰기(51번~54번)

※ [51~52] 다음 글의 ㉠과 ㉡에 알맞은 말을 각각 쓰시오. (각 10점)

51.

– 잃어버린 휴대 전화를 찾습니다 –

지난 8월 5일에 도서관에서 잃어버린 휴대 전화를 찾습니다. 오전 11시쯤 책상 위에 휴대 전화를 두고 잠깐 화장실에 다녀왔는데 휴대 전화가 없어졌습니다. 그 안에는 (㉠). 그리고 제가 여행하면서 찍은 사진들도 들어 있습니다. 제 휴대 전화는 한국전기에서 나온 흰색 휴대 전화입니다. 저에게는 정말 중요한 물건입니다. 찾아 주신 분께는 사례하겠습니다. 가져가신 분은 꼭 돌려주시고, 혹시 제 휴대 전화를 (㉡).

• 이름: 박수미   • 전화번호: 010-1234-5678

52.

우리는 모든 것을 다 잘할 수는 없다. 만일 모든 것을 다 잘하려고 한다면 (㉠). 그러므로 모든 것을 잘하려고 애쓰기보다는 내가 꼭 해야 하는 것과 내가 가장 잘할 수 있는 것을 몇 가지 정하고, 원하는 목표를 이루기 위해 실천하는 것이 중요하다. 이렇게 하면 (㉡).

53. 다음은 '60세가 넘어서 혼자 살아야 할 때, 행복한 삶을 위해서 꼭 필요하다고 생각하는 것'에 대해 60~75세의 노인 300명을 대상으로 실시한 설문 조사 자료이다. 이 내용을 200~300자의 글로 쓰십시오. 단, 글의 제목은 쓰지 마시오. (30점)

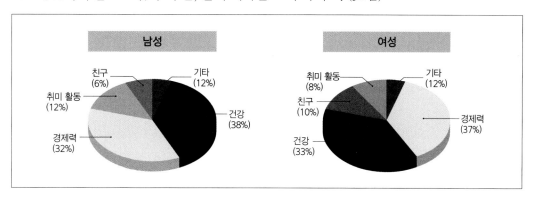

54. 다음을 참고하여 600~700자로 글을 쓰시오. 단, 문제를 그대로 옮겨 쓰지 마시오. (50점)

> 대부분의 나라에서 출산율이 빠르게 감소하고 있습니다. 이러한 출산율의 변화가 미래 사회에 미치는 영향은 매우 다양합니다. 여러분은 출산율이 감소하는 원인이 무엇이며, 이러한 출산율의 감소가 사회에 미치는 영향은 무엇이라고 생각합니까? 또한 출산율을 높이기 위해 어떤 노력을 해야 한다고 생각하십니까? 이에 대해 쓰십시오.

* 원고지 쓰기의 예

	머	리	는		언	제		감	는		것	이		좋	을	까	?		사
람	들	은		보	통		아	침	에		머	리	를		감	는	다	.		그

> 제1교시 듣기, 쓰기 시험이 끝났습니다. 제2교시는 읽기 시험입니다.

제1회 FINAL 실전 모의고사

The 1st Final Actual Tests

TOPIK II

2교시	읽기

수험번호 (Registration No.)	
이 름 (Name)	한국어 (Korean)	
	영 어 (English)	

유 의 사 항
Information

1. 시험 시작 지시가 있을 때까지 문제를 풀지 마십시오.

   Do not open the booklet until you are allowed to start.

2. 수험번호와 이름을 정확하게 적어 주십시오.

   Write your name and registration number on the answer sheet.

3. 답안지를 구기거나 훼손하지 마십시오.

   Do not fold the answer sheet; keep it clean.

4. 답안지의 이름, 수험번호 및 정답의 기입은 배부된 펜을 사용하여 주십시오.

   Use the given pen only.

5. 정답은 답안지에 정확하게 표시하여 주십시오.

   Mark your answer accurately and clearly on the answer sheet.

6. 문제를 읽을 때에는 소리가 나지 않도록 하십시오.

   Keep quiet while answering the questions.

7. 질문이 있을 때에는 손을 들고 감독관이 올 때까지 기다려 주십시오.

   When you have any questions, please raise your hand.

TOPIK II 읽기(1번~50번)

※ [1~2] ( )에 들어갈 말로 가장 알맞은 것을 고르십시오. (각 2점)

1. 오전에는 비가 많이 ( ) 지금은 날씨가 맑게 개었다.

① 오더니   ② 오더라도

③ 와 가지고   ④ 오는 대신에

2. 수민이는 "너무 피곤하니까 오늘은 일찍 집에 가서 ( )!" 하고 말했다.

① 쉴걸   ② 쉬더라

③ 쉬어야지   ④ 쉬기도 해

※ [3~4] 밑줄 친 부분과 의미가 가장 비슷한 것을 고르십시오. (각 2점)

3. 취업 준비생의 70% 이상이 면접시험 준비를 할 때 <u>외모로 인하여</u> 고민해 본 적이 있다고 말했다.

① 외모에 따라서   ② 외모를 비롯해서

③ 외모로 말미암아   ④ 외모에도 불구하고

4. 시험 기간 동안 공부하는 학생이 많아서 도서관에 밤새도록 불을 <u>켜 놓았다.</u>

① 켜야 했다   ② 켜곤 했다

③ 켜게 했다   ④ 켜 두었다

※ [5~8] 다음은 무엇에 대한 글인지 고르십시오. (각 2점)

5.

창문 열기 두려운 황사철

우리집 주치의

가습과 제습 기능은 기본, 온도 조절까지!

① 제습기   ② 가습기   ③ 온도계   ④ 공기 청정기

6.

지금 이 시간에도 어디선가 화재가 발생하고 있습니다.

장난 전화는 하지 마세요.

① 소방서   ② 경찰서   ③ 우체국   ④ 방송국

7.

한 달에 한 번 불우한 어린이들의 꿈을 기억해 주세요.

보내 주신 돈은 부모 없는 아동들의 복지, 교육 사업에 사용됩니다.

① 기부금   ② 보증금   ③ 교육비   ④ 생계비

8.

★★★★★
매우 만족

가격 대비 품질이 좋네요.
디자인도 마음에 쏙 들고요.
방송에서 본 것보다 훨씬 예뻐요.

① 이용 방법   ② 사용 후기   ③ 문의 사항   ④ 상품 설명

※ [9~12] 다음 글 또는 그래프의 내용과 같은 것을 고르십시오. (각 2점)

9.

○회 부산 국제 영화제

- **일시:** 10.02(목) ~ 10.11(토)
- **장소:** 영화의 전당, 센텀시티 백화점 및 해운대 일대, 남포동 상영관
- **개막식 사회자:** 이준수, 엠마 스미스
- **폐막식 사회자:** 다이스케 사토, 박진아
- **기타:** 79개국의 314편 작품을 상영
  영화제 기간 중 행사장 주변 교통 통제

① 개막식에서 박진아 씨가 사회를 본다.
② 79개의 나라에서 영화를 1편씩 출품했다.
③ 영화의 전당에서 314편의 작품이 상영된다.
④ 영화제 기간에는 해운대 일대의 교통이 통제된다.

10.

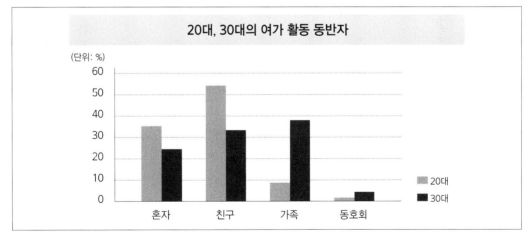

① 30대는 20대보다 동호회 활동을 더 기피한다.
② 20대, 30대 모두 혼자 있는 시간이 가장 많다.
③ 20대는 친구보다 가족과 더 많은 여가 시간을 보낸다.
④ 가족과 함께 보내는 시간을 중요하게 생각하는 것은 30대이다.

11.

한국도로공사가 최근 졸음운전과의 전쟁을 발표했다. 그래서 졸음운전의 위험성을 알리는 문구를 눈에 잘 띄는 곳에 모두 붙였다. 도로공사에 따르면 지난해 121명이 졸음운전으로 인한 교통사고로 사망했다고 한다. 그동안 방송을 통해 광고를 내보냈지만 그다지 효과가 없었는데 이번에 하는 대대적인 캠페인은 효과가 있을 것으로 기대된다.

① 이번에 시행하는 캠페인의 성공을 바라고 있다.

② 졸음운전을 예방하는 방송 광고를 내보낼 예정이다.

③ 지난해 교통사고로 사망한 사람의 수는 모두 121명이다.

④ 한국도로공사는 졸음운전 예방에 소극적인 태도를 취하고 있다.

12.

싱크홀은 도로를 포함한 땅이 한순간에 무너져 내려 거대한 구멍을 만드는 현상을 말한다. 특정 지역이 아니라 지구 곳곳에서 발생하고 있는 싱크홀은 지진과 달리 예고 없이 갑자기 일어나고, 생긴 모양과 크기도 다양하다. 한국은 그동안 싱크홀 안전지대라고 생각해 왔지만 최근에는 도심 곳곳에서 싱크홀이 나타나 이에 대한 대책이 필요해졌다.

① 싱크홀은 정해진 지역에서 주로 발생한다.

② 한국은 싱크홀 예방을 위해 노력하고 있다.

③ 최근에는 한국에서도 싱크홀이 나타나고 있다.

④ 싱크홀은 천천히 진행되므로 예측이 가능하다.

※ [13~15] 다음을 순서에 맞게 배열한 것을 고르십시오. (각 2점)

13.
> (가) 그동안 국세청은 세금을 걷는 곳이라고만 생각했다.
>
> (나) 하지만 이제부터 국세청을 창업 도우미로 생각해도 된다.
>
> (다) 국세청에는 지역별 업종 현황에 대한 자세한 정보가 있다.
>
> (라) 창업하기 전에 국세청 홈페이지에서 이런 자료를 확인하면 실패 확률을 줄일 수 있다.

① (가)-(나)-(다)-(라)　　　　　② (가)-(다)-(라)-(나)

③ (다)-(나)-(라)-(가)　　　　　④ (다)-(라)-(나)-(가)

14.
> (가) 최근 다양한 '앱테크'에 관심을 가지는 사람들이 늘어나고 있는 추세이다.
>
> (나) '앱테크'란 스마트폰 앱(APP)과 재테크의 합성어로, 스마트폰 앱을 활용한 재테크를 말한다.
>
> (다) 이처럼 스마트폰만 있으면 간단히 참여할 수 있어 고물가 시대에 유용한 재테크 수단으로 주목받고 있다.
>
> (라) 걷기, 게임, 광고 시청 등을 통해 현금성 포인트를 받고 이를 현금 혹은 기프티콘 등으로 교환하는 방식이다.

① (가)-(라)-(나)-(다)　　　　　② (가)-(나)-(라)-(다)

③ (나)-(가)-(라)-(다)　　　　　④ (다)-(가)-(라)-(나)

15.
> (가) 전주 한옥 마을은 오목대, 전동 성당 등 볼거리가 다양하다.
>
> (나) 즉석에서 요리해 주는 이색 음식은 물론 각종 빵을 비롯한 간식들이 매력적이다.
>
> (다) 볼거리도 많지만 한옥 마을이 인기를 끄는 건 맛있는 여행을 즐길 수 있기 때문이다.
>
> (라) 특히 인기가 있는 것은 풍년제과의 수제 초코빵인데 풍년제과는 전국 5대 빵집 중 하나이다.

① (가)-(나)-(다)-(라)　　　　　② (가)-(다)-(나)-(라)

③ (다)-(라)-(가)-(나)　　　　　④ (다)-(라)-(나)-(가)

※ [16~18] (   )에 들어갈 말로 가장 알맞은 것을 고르십시오. (각 2점)

16.
> 이번 사진 찍기 강좌에서는 '봄꽃 축제에서 멋진 사진을 찍는 방법'을 가르쳐 준다. 벚꽃 나무를 배경으로 예쁘게 사진 찍는 법은 물론 셀프 사진을 멋있게 찍는 방법도 배운다. (   ) 사진 찍는 법을 배우다 보면 빛과 각도 등 과학과 관련된 상식이 저절로 풍성해질 것이다.

① 멋있는 포즈를 배우면서   ② 배경 사진을 감상하면서
③ 봄꽃의 명칭을 공부하면서   ④ 사진의 원리를 이해하면서

17.
> 웰다잉(Well-Dying)이란 준비된 죽음, 아름다운 죽음을 의미한다. 웰다잉은 '잘 살고 잘 마무리하는 인생의 전 과정'을 말하는 것으로 웰빙과 웰다잉은 그 의미가 서로 통한다. 결국 살아 있는 동안 남은 삶을 가장 소중하고 아름답게 보낼 수 있도록 한다는 점에서 웰다잉의 목적이 (   )에 있다고 할 수 있다.

① 미래를 꿈꾸는 것   ② 죽음을 잘 준비하는 것
③ 현재의 삶을 잘 사는 것   ④ 고통 없이 행복하게 죽는 것

18.
> 각국의 연간 커피 소비량을 조사한 통계에 따르면 한국은 367잔으로 세계 2위를 차지했다. 전 세계 평균인 161잔의 두 배가 넘는 규모이다. 다시 말해 한국인은 하루에 한 잔 이상의 커피를 마신다는 의미이다. 그리고 인구 100만 명당 커피 전문점 수 통계를 살펴보면 한국은 1,384개로 2위인 일본의 529개에 비해 (   ) 보여, 한국인의 커피 사랑을 분명히 드러냈다.

① 급격한 성장을   ② 압도적인 차이를
③ 체계적인 발달을   ④ 계속되는 상승세를

※ [19~20] 다음을 읽고 물음에 답하십시오. (각 2점)

> 취업난으로 인해 합격의 기쁨을 누리는 구직자는 소수에 그치고 있다. 불합격자들은 채용 과정의 공정성과 신뢰성 확보를 위해 불합격 사유를 공개할 것을 요구한다. (   ) 회사 측에서는 채용 평가에는 객관화하기 힘든 부분이 많기 때문에 불합격 이유를 구체적으로 알려 주기가 곤란하다고 말하고 있다. 그렇지만 불합격자들에게 불합격 사유를 알려 줘야 다음 응시 때 이를 보완해서 지원할 수 있으므로 꼭 필요하다고 본다.

19. (   )에 들어갈 말로 가장 알맞은 것을 고르십시오.

① 아마   ② 결국   ③ 반면   ④ 마침

20. 윗글의 주제로 가장 알맞은 것을 고르십시오.

① 직업을 구하고 있는 사람이 별로 없다.

② 취업난 속에서도 수많은 합격자가 나오고 있다.

③ 회사에서는 불합격 사유를 공개하는 것을 꺼린다.

④ 불합격자의 다음 지원을 위해 불합격 사유를 알려 줘야 한다.

※ [21~22] 다음을 읽고 물음에 답하십시오. (각 2점)

> 우리는 병을 치료하기 위해 약을 먹는다. 하지만 그 약 때문에 더 큰 병이 생긴다면 차라리 약을 먹지 않는 것이 더 낫다. 과학도 이와 같다. 과학이 다수를 위해 옳게 사용될 때는 인류의 문제를 해결해 주는 고마운 존재가 되겠지만, 특정 소수의 불순한 이익을 위해 사용될 때는 무서운 결과를 가져올 것이다. 과학은 (   )과 같은 존재이다.

21. (   )에 들어갈 말로 가장 알맞은 것을 고르십시오.

① 양날의 칼   ② 양손의 떡

③ 그림의 떡   ④ 떠오르는 별

22. 윗글의 내용과 같은 것을 고르십시오.

① 과학은 다수에게 약이 될 수도 있다.

② 병을 고치기 위해서 약을 안 먹는다.

③ 약 때문에 또 다른 병이 생길 수 있다.

④ 과학은 무서운 결과를 낳으므로 사용하면 안 된다.

※ [23~24] 다음을 읽고 물음에 답하십시오. (각 2점)

나는 매일 지하철로 등교한다. 지하철을 타고 가다 보면 여러 사람들의 다양한 모습을 보게 된다. 그런데 일주일에 서너 번 눈살을 찌푸리게 만드는 광경을 본다. 젊은 사람들이 자신의 자리인 양 '노약자석'에 앉아 신문이나 잡지를 읽고 있고, 노약자들은 그 앞에서 비를 맞은 나무처럼 힘겹게 서 있는 모습이다. 그런 광경을 볼 때마다 나는 얼굴이 화끈거린다. 오늘도 지하철에 앉아 휴대폰으로 세상을 보는 당신, 당신이 무심코 앉은 자리가 혹시 노약자를 위한 자리는 아닌지 확인해 보라. 노약자석은 우리 이웃을 위한 최소한의 배려이다. 신문이나 잡지로 세상을 보기 전에 주변을 먼저 보는 마음을 가지는 것이 어떨까?

23. 밑줄 친 부분에서 나타난 '나'의 심정으로 가장 알맞은 것을 고르십시오.

① 어색하다   ② 창피하다

③ 감격스럽다   ④ 자랑스럽다

24. 윗글의 내용과 같은 것을 고르십시오.

① 나는 지하철에서 휴대폰을 주로 본다.

② 노약자들은 주변을 먼저 보는 마음을 가지고 있다.

③ 지하철에서 무심코 앉은 자리가 노약자석일 수도 있다.

④ 젊은 사람들이 노약자석에 앉아 있는 것을 매일 볼 수 있다.

※ [25~27] 다음 신문 기사의 제목을 가장 잘 설명한 것을 고르십시오. (각 2점)

25.
얼어붙은 건축 시장에 봄바람, 소형 아파트가 경기 주도

① 건축 시장 상황이 안 좋아서 소형 아파트도 안 팔린다.

② 소형 아파트가 잘 팔리면서 건축 경기가 살아나고 있다.

③ 겨울이 지나고 봄이 오면 건축 시장이 활성화될 것이다.

④ 봄이 되자 건축 회사들이 주로 소형 아파트를 짓고 있다.

26.
광고만 요란한 백화점 가격 할인, 품질은 별로

① 백화점에서 가격 할인 광고를 하는 상품은 품질이 의심스럽다.

② 백화점에서 품질이 약간 떨어지는 상품을 할인한다고 광고한다.

③ 백화점에서 할인 판매 광고를 많이 했는데 상품의 품질은 안 좋다.

④ 백화점에서 광고를 목적으로 품질이 좋은 상품을 할인해서 판매한다.

27.
낮잠 자는 청소년 보호법, 갈 곳 없는 가출 청소년

① 청소년 보호법이 없어서 청소년들이 가출하고 있다.

② 청소년 보호법 제정이 늦어져서 가출하는 청소년이 늘고 있다.

③ 청소년을 보호하는 방법을 몰라서 가출한 청소년들이 방황하고 있다.

④ 청소년 보호법 제정이 늦어져서 가출한 청소년을 보호하지 못하고 있다.

※ [28~31] ( )에 들어갈 말로 가장 알맞은 것을 고르십시오. (각 2점)

28.

'아모니카'라는 악기는 서로 다른 양의 물로 채워진 유리컵들이다. 각각의 컵의 테두리를 손가락으로 문지르면 소리가 난다. 소리는 파동의 형태로 퍼지는데 짧은 파동이 높은 음을 만들어 내는 반면, 긴 파동은 낮은 음을 만들어 낸다. 적은 양의 물이 담긴 유리컵에는 긴 파동을 만들어 낼 만한 공간이 많이 남아 있어서 낮은 음을 만들어 낸다. 물이 거의 가득 찬 유리컵은 공간이 적어서 (   ).

① 파동은 짧아지고 음은 높아진다
② 파동은 길어지고 음은 높아진다
③ 파동은 짧아지고 음은 낮아진다
④ 파동은 길어지고 음은 낮아진다

29.

한 편의 글을 구성하는 가장 기초적인 단위는 단어이다. 이 단어들이 모여서 문장을 이루고, 여러 개의 문장이 모여 문단을 이루며, 문단이 여러 개가 모여 한 편의 글이 된다. 이렇게 완성된 한 편의 글을 대상으로 우리는 독해의 과정을 따라 다양한 활동을 하게 된다. 결국 한 편의 글을 독해한다는 것은 (   ) 내용을 확인하고, 추론하고, 비판하며, 심화 확장하거나 재구성하는 활동을 일컫는 개념이라고 할 수 있다.

① 이미 정해진 규칙에 따라서
② 글을 구성하는 단위와 상관없이
③ 사전에 약속된 기준과 비교해 가며
④ 글에 담겨진 기본적인 요소들을 바탕으로

30.

한국의 청년 일자리 문제가 스페인, 이탈리아 등 남유럽 국가들과 닮아 가고 있다. 우선 대학 졸업자 수는 크게 늘었는데 이들에게 돌아갈 양질의 일자리가 부족하다. 대기업과 중소기업, 정규직과 계약직 사이의 양극화도 남유럽 국가 못지않다. 근로자 간 임금 격차가 크게 벌어지면서 구직자들이 처음부터 연봉이 높은 대기업 정규직 일자리만 원하는 현상이 심화되고 있다. 청년층의 (   )이 확대되고 있는 이유다.

① 자발적인 실업
② 임시적인 실업
③ 불가피한 실업
④ 강제적인 실업

31.

사랑을 하게 되면 사람들은 실제로 약간의 불안감을 느낀다고 한다. 연구에 따르면 이것은 세로토닌과 관계가 있다. 사랑에 빠진 연인들의 세로토닌 수치를 조사해 보니, 일반 사람들보다 40%나 낮게 나왔다. 이것이 불안과 우울증을 느끼게 하고 사랑에 빠지게 하는 것이다. 그러나 이 연인들이 1년이 지나 다시 검사를 받았을 때, 세로토닌 수치는 정상으로 되돌아가 있었다. 따라서 1년 뒤에 많은 연인들이 (   ) 놀랄 일은 아니다.

① 남녀 모두 우울해지는 것이
② 자신들의 관계에 싫증을 느끼는 것이
③ 세로토닌 수치가 훨씬 높아지는 것이
④ 서로에 대한 사랑이 더욱 강해지는 것이

※ [32~34] 다음을 읽고 글의 내용과 같은 것을 고르십시오. (각 2점)

32.

> 할랄(Halal) 식품은 이슬람 율법에 따라 무슬림들이 먹을 수 있는 식품을 말한다. 높은 출산율 때문에 2060년에는 무슬림 인구가 약 30억 명에 달할 것이라고 한다. 또한 주로 기독교와 천주교를 믿는 선진국보다 무슬림 국가들의 경제 성장 속도도 빠르다. 그래서 다국적 기업들은 일찍부터 할랄 전쟁에 뛰어들어 할랄 식품 시장의 80%를 장악하고 있다. 할랄을 특수한 종교 문화로 치부하지 않고 사업적 관점에서 시장을 공략한 결과이다.

① 할랄 식품은 무슬림이 먹어서는 안 되는 식품을 말한다.

② 2060년에는 무슬림이 세계 인구의 과반수를 차지하게 될 것이다.

③ 무슬림 국가는 인구 증가뿐만 아니라 경제 성장 속도 또한 빠르다.

④ 다국적 기업들은 할랄을 특수한 종교 문화로 받아들이고 활용했다.

33.

> 같은 내용이라도 글씨체에 따라서 다른 느낌을 준다. 명조체는 눈에 잘 띄지는 않지만 가독성이 높고 편안한 느낌을 준다. 그래서 부드러운 느낌을 주고 싶을 때 명조체를 사용한다. 반면 12세기에 이탈리아에서 처음 사용된 고딕체는 선이 굵고 균일하기 때문에 강인하고 단정한 느낌을 준다. 눈에 쉽게 들어오는 고딕체는 간판이나 포스터에 주로 이용된다. 서로 다른 이 두 글씨체를 혼합하면 새로운 이미지의 글씨체를 얻을 수 있다.

① 명조체는 강인하고 단정해 보인다.

② 명조체는 가독성이 높아서 눈에 쉽게 들어온다.

③ 고딕체는 눈에 잘 띄어서 간판에 많이 사용된다.

④ 고딕체는 다른 글씨체와 혼합하면 어울리지 않는다.

34.

　　월드비전은 1950년 한국 전쟁 당시에 굶주린 전쟁고아와 남편을 잃은 여인들을 위해 설립되었다. 40여 년 동안 해외의 원조를 받았던 한국은 1991년 세계의 이웃을 돌보기로 결정하고 자발적인 모금 운동인 '사랑의 빵 캠페인'을 시작했다. 빵 모양의 저금통을 통해 동전은 무서운 속도로 모였고, 이 돈은 세계의 이웃들을 위해 아동 후원, 보건 사업, 교육 사업 등에 사용되었다. 현재 월드비전은 전 세계 100여 개 회원국으로 구성되어 있다.

① 월드비전은 1991년부터 사랑의 빵을 팔기 시작했다.
② 월드비전은 한국을 돕기 위해 시작되어 전 세계로 확대되었다.
③ 월드비전은 처음에 세계의 아동들을 후원하기 위해 만들어졌다.
④ 월드비전은 모금을 해서 모은 돈으로 사랑의 빵 캠페인을 시작했다.

※　[35~38] 다음을 읽고 글의 주제로 가장 알맞은 것을 고르십시오. (각 2점)

35.

　　숙면을 방해하는 대표적 원인은 잘못된 수면 자세이다. 사람들은 각자 잠잘 때 편안한 자세가 따로 있지만 편안한 자세가 숙면을 방해하는 경우가 많다. 엎드리거나 옆으로 누워서 자는 자세는 몸에 통증을 유발한다. 옆으로 누워서 자면 똑바로 누울 때보다 허리에 약 3배의 압력이 더해지고, 엎드려서 자게 되면 머리의 무게가 목에 그대로 전해져 목과 어깨에 부담을 준다. 따라서 잠을 잘 때는 천장을 바라보고 반듯하게 누워서 자야 숙면할 수 있다.

① 숙면을 취한다면 엎드려서 자도 괜찮다.
② 편안한 자세보다는 올바른 자세로 자야 한다.
③ 평상시 잘못된 자세는 잠을 자는 자세에도 영향을 미친다.
④ 숙면을 취하기 위해서는 무엇보다도 허리 건강이 중요하다.

36.

> 주택 가격이 계속 상승할 것이라는 불안감에 무리하게 대출을 받아 집을 구입한 사람들이 위기에 빠질 것이라는 걱정이 현실로 나타났다. 주택 담보 대출을 받은 사람의 절반 이상이 집값이 떨어지고, 금리가 상승하면서 원리금을 제대로 갚지 못해 하우스 푸어로 전락했기 때문이다. 급격한 집값 하락과 금리 인상은 대부분의 서민들에게 재앙이다. 정부는 과연 이런 재앙을 해결할 수 있는 대책을 갖고 있는지 묻지 않을 수 없다.

① 무리한 대출을 받아 집을 구입한 사람들이 많다.
② 하우스 푸어 문제를 해결할 정부 대책이 필요하다.
③ 집값이 떨어지고 소득이 줄면 하우스 푸어가 된다.
④ 주택 가격의 상승으로 대출을 받는 사람들이 늘고 있다.

37.

> 시간이 없어서 혹은 귀찮아서 운동은 거르고 음식 섭취만 줄이는 다이어트를 하는 경우가 있다. 그러나 이렇게 하면 오히려 음식에 중독될 가능성이 있다. 음식을 섭취하면 우리 뇌는 즐겁다고 인식하는데 자주 굶는 사람들일수록 먹는 즐거움을 더 크게 느끼게 된다. 평소에 음식을 자주 먹지 않는 만큼 음식을 섭취하면 심리적 보상이 더 크게 느껴지기 때문이다. 그러므로 뇌의 보상 시스템에 문제가 생기지 않도록 올바른 식사 습관이 필요하다.

① 더 큰 심리적 보상을 얻기 위해 굶는 것이 좋다.
② 음식 중독 방지를 위해서는 음식 섭취를 줄여야 한다.
③ 굶는 다이어트를 하는 경우 다이어트에 성공할 수 있다.
④ 음식 중독을 막기 위해 올바른 식사 습관을 되찾아야 한다.

38.

유명한 자동차 회사의 배출 가스 조작 파문이 전 세계를 뒤흔들었다. 이 회사는 글로벌 환경 기준에 최적화된 자동차를 생산하는 것으로 알려져 있었는데 실상은 경제적 이익을 위해 지구 환경이나 소비자의 건강 따위는 나 몰라라 한 것이다. 좋은 이미지로 신뢰를 쌓아 온 이 회사에 대한 소비자들의 배신감은 상상 그 이상이다. 모든 것을 밝히지 않고 당장의 위기를 모면하려 한다면 이 회사가 소비자의 마음을 돌리는 것은 불가능할 것이다.

① 자동차 회사는 질 좋고 저렴한 자동차를 제공해야 한다.
② 자동차 회사는 지구 환경을 지키기 위한 자동차를 생산해야 한다.
③ 자동차 회사는 잘못을 밝히고 다시 신뢰를 쌓기 위해 노력해야 한다.
④ 자동차 회사는 당장의 위기를 해결하기 위해 수단과 방법을 가리지 말아야 한다.

※ **[39~41] 주어진 문장이 들어갈 곳으로 가장 알맞은 것을 고르십시오. (각 2점)**

39.

(㉠) 서울의 한 대학 연구팀이 중·고등학생 4,000명을 대상으로 수면 시간과 우울증 및 자살 충동과의 관련성을 조사했다. (㉡) 조사 결과, 수면 시간이 짧을수록 자살 충동이 많아지는 것으로 나타났다. (㉢) 7시간 미만으로 자는 학생들이 7시간 이상 자는 학생들보다 우울감이 더 강하고 자살 사고 위험이 더 큰 것으로 나타났다. (㉣) 주말에 수면 시간을 보충하기는 하지만 이는 턱없이 부족하다.

─────〈보 기〉─────

중·고등학생들은 평일에는 평균 6시간, 주말에는 8시간 51분을 자는 것으로 나타났다.

① ㉠   ② ㉡   ③ ㉢   ④ ㉣

40.

'피겨스케이팅 여왕'으로 불리는 김연아 선수는 2010년 밴쿠버 동계 올림픽에서 세계 신기록을 세웠다. (㉠) 김연아 선수가 전 세계 사람들의 사랑을 받은 이유는 완벽한 점프와 탁월한 연기력에 있다. (㉡) 그뿐만 아니라 속도, 높이 모두 탁월하다는 평가를 받았다. (㉢) 또한 영화 〈007〉의 음악에 맞춰 관객의 반응을 이끌어 낸 그녀의 연기에 감동하지 않은 사람이 없었다. (㉣)

〈보 기〉

그녀의 점프는 '점프의 교과서'라고 불릴 정도로 정교하다.

① ㉠   ② ㉡   ③ ㉢   ④ ㉣

41.

미숫가루는 몸에 좋은 여러 가지 곡물을 영양소가 파괴되지 않도록 볶아서 가루로 만든 것이다. (㉠) 그동안 미숫가루를 여름철 음료로만 알고 있었다. (㉡) 그런데 실제로 미숫가루는 사계절 식사 대용으로 훌륭한 식품이라는 것을 알았다. (㉢) 따라서 잡곡밥을 한 공기 먹는 것과 같은 효과를 얻을 수 있다고 한다. (㉣) 특히 적은 양으로도 충분히 식사 대용이 되므로 다이어트를 하고 있는 여성들이 먹으면 더없이 좋다고 한다.

〈보 기〉

미숫가루에는 몸에 필요한 각종 영양소가 골고루 들어 있어, 몸의 기를 보강하고 속을 든든히 한다는 것이다.

① ㉠   ② ㉡   ③ ㉢   ④ ㉣

※ [42~43] 다음을 읽고 물음에 답하십시오. (각 2점)

> 남편은 국이 없으면 밥을 잘 먹지 못한다. 그래서 그런지 특별히 반찬 투정은 하지 않으나 국에 대한 집착이 강한 편이다. 장맛이 좋기로 유명한 우리 집인데 올해는 웬일인지 장이 맛없게 되었다. 간장, 된장이 싱거우니 김칫국, 미역국 등 만드는 국마다 영 맛이 나질 않았다. 국을 만들 때 소금을 더 넣어도 진한 간장이나 된장으로 간을 할 때와는 그 맛이 전혀 달랐다. 남편은 열심히 요리를 한 내 입장을 생각해서 입 밖에 말을 꺼내지는 않았으나 국을 먹다가 이마가 살짝 찡그려지면서 수저의 놀림이 차츰 늦어지다가 숟가락을 놓곤 하는 때가 종종 있었다. 그럴 때면 나는 입안의 밥알이 갑자기 돌로 변하는 것을 느끼며 슬며시 고개를 돌리곤 했다. 어떤 때 남편은 식욕을 충동시키고자 국에 고춧가루를 한 숟가락씩 떠 넣었다. 그럴 때면 매워서 눈이 빨개지고 이마에 주먹 같은 땀방울이 맺히곤 하였다. 오늘도 국에 고춧가루를 넣는 남편을 보면서 "고춧가루는 왜 그렇게 많이 넣어요?" 하는 말이 입에서 나오다가 그만 입이 다물어지고 말았다.
>
> 강경애 〈소금〉

42. 밑줄 친 부분에서 나타난 '나'의 심정으로 가장 알맞은 것을 고르십시오.

① 기가 막히다
② 면목이 없다
③ 가슴이 벅차다
④ 마음이 홀가분하다

43. 윗글의 내용으로 알 수 있는 것을 고르십시오.

① 간장, 된장이 맛이 없으면 국도 맛이 없다.
② 남편은 국이 맛이 없어서 나에게 화를 냈다.
③ 국을 만들 때 소금으로 간을 하면 맛이 있다.
④ 남편은 꼭 국에 고춧가루가 들어가야 먹는다.

※ [44~45] 다음을 읽고 물음에 답하십시오. (각 2점)

연구 보고서에 따르면 직원들에게 직장에서 오전 10시 이전에 근무하도록 강요하면 직원들의 건강을 심각하게 망치게 된다고 한다. 인간의 하루 동안의 생체 리듬을 자세히 분석했더니, 16세는 오전 10시 이후에, 19세 이상 대학생들은 오전 11시 이후에 공부를 시작하는 것이 집중력과 학습 효과가 가장 높았다는 결과가 나왔다. 마찬가지로 직원들에게 (   ) 작업의 효율을 해치고, 신체 기능과 감정에도 부정적 영향을 끼쳐서 직원들의 생체 시스템에 손상을 줄 수 있다. 그러므로 직장과 학교에서는 인간의 자연스러운 생체 시계에 맞도록 시간대 조정을 할 필요가 있다.

44. (   )에 들어갈 말로 가장 알맞은 것을 고르십시오.

① 업무 시간을 조정하는 것은

② 이른 시간에 근무를 강요하는 것은

③ 과도한 업무를 하도록 지시하는 것은

④ 근무 시간 외의 근무를 요구하는 것은

45. 윗글의 주제로 가장 알맞은 것을 고르십시오.

① 인간의 생체 리듬을 정밀 분석해 봐야 한다.

② 이른 근무 시간은 인간의 감정에 악영향을 미친다.

③ 생체 리듬에 맞게 출근 및 등교 시간을 조정해야 한다.

④ 오전 10시 이전에 근무하는 것은 심신에 위협이 될 수 있다.

> 　　엘니뇨는 원래 에콰도르와 페루의 어민들이 쓰던 말에서 비롯되었다. 몇 년에 한 번 씩 바닷물의 흐름이 평소와 반대로 바뀌고 따뜻한 해류가 밀려오면서 엘니뇨가 발생한 다. 엘니뇨는 기상 현상에도 큰 영향을 끼치는데, 엘니뇨로 인해 어획량이 줄어드는 것 이 대표적인 현상이다. 하지만 엘니뇨가 기상 현상에 끼치는 영향이 언제나 비슷한 것은 아니다. 어떨 때는 가볍게 지나가기도 하고, 또 어떨 때는 해수면 온도가 지나치게 높아 져 엄청난 양의 에너지가 대기로 쏟아져 나오면서, 세계 곳곳에서 폭염, 홍수, 가뭄, 폭 설 등의 이상 기후가 나타나기도 한다. 그러나 엘니뇨가 발생하는 원인에 대해서는 아직 까지도 정확히 밝혀지지 않은 부분이 많다.

46. 윗글에 나타난 필자의 태도로 가장 알맞은 것을 고르십시오.
① 엘리뇨로 인한 경제적 피해에 대해 걱정하고 있다.
② 엘리뇨의 발생과 기상에 미치는 영향을 설명하고 있다.
③ 엘리뇨 현상을 여러 형태의 기상 현상과 비교하고 있다.
④ 엘리뇨라는 단어가 어디에서 시작되었는지 밝히고 있다.

47. 윗글의 내용과 같은 것을 고르십시오.
① 엘니뇨가 발생하면 따뜻한 해류로 인해 어획량이 증가한다.
② 최근 과학자들은 엘니뇨 발생 원인에 대해 명확하게 밝혀냈다.
③ 엘니뇨로 해수면 온도가 높아지면 많은 에너지가 대기로 나온다.
④ 폭염, 홍수, 가뭄 등 이상 기상 현상으로 인해 엘니뇨가 발생한다.

'예금자 보호 제도'에 대해 잘 모르는 사람들이 많다. 이는 금융 기관이 고객의 금융 자산을 반환하지 못할 경우, 예금 보호 기금을 통해 일정 금액 한도 내에서 예금을 돌려 주는 제도이다. 어떤 사람들은 은행의 실패를 정부에서 보조해 주는 제도라고 부정적으로 말하기도 한다. 하지만 나라에서 이 제도를 갖추고 있는 이유는 금융 회사가 고객의 예금을 지급하지 못하게 되면 예금자의 가계 생활이 불안정해지고 나아가 나라 전체의 금융 안정성도 큰 타격을 입게 되기 때문이다. 일반적으로 저축은 원금 손실의 위험이 매우 작아 이율이 높지 않은 대신 안정적으로 이자 수입을 얻어 돈을 늘려 갈 수 있는 방법이다. 이는 은행 등의 금융 회사가 영업 정지나 파산 등으로 인해 고객의 예금을 지급하지 못할 경우에 대비하여 예금자를 보호하는 법과 제도가 운영되고 있기 때문에 가능한 것이다. 현재 금융 회사가 (   ) 예금 보험 공사가 예금자 보호법에 의해 예금자에게 돌려줄 수 있는 보호 금액은 1인당 최고 5,000만 원이다.

48. 윗글을 쓴 목적으로 가장 알맞은 것을 고르십시오.
① 예금자 보호 제도에 대해 알려 주기 위해서
② 예금자 보호 제도의 폐해를 지적하기 위해서
③ 예금자 보호 제도의 필요성을 주장하기 위해서
④ 예금자 보호 제도의 안정성을 강조하기 위해서

49. (   )에 들어갈 말로 가장 알맞은 것을 고르십시오.
① 고객의 개인 정보를 보호하지 못할 경우
② 고객의 금융 자산을 지급하지 못할 경우
③ 고객의 원금 손실의 위험을 막지 못할 경우
④ 고객의 예금으로 이자 수입을 얻지 못할 경우

50. 윗글의 내용과 같은 것을 고르십시오.
① 예금자는 저축에 대한 높은 이자 수입을 받을 수 있다.
② 예금자의 생활 안정을 위해 나라에서 예금을 보호하고 있다.
③ 은행이 문을 닫아도 예금자는 모든 예금을 돌려받을 수 있다.
④ 금융 회사가 예금을 지급하지 못해도 국가 재정 안정성은 타격이 없다.

제2회 FiNAL 실전 모의고사

The 2nd Final Actual Test

TOPIK II

| 1교시 | 듣기, 쓰기 |

수험번호 (Registration No.)	
이 름 (Name)	한국어 (Korean)
	영 어 (English)

유 의 사 항
Information

1. 시험 시작 지시가 있을 때까지 문제를 풀지 마십시오.

   Do not open the booklet until you are allowed to start.

2. 수험번호와 이름을 정확하게 적어 주십시오.

   Write your name and registration number on the answer sheet.

3. 답안지를 구기거나 훼손하지 마십시오.

   Do not fold the answer sheet; keep it clean.

4. 답안지의 이름, 수험번호 및 정답의 기입은 배부된 펜을 사용하여 주십시오.

   Use the given pen only.

5. 정답은 답안지에 정확하게 표시하여 주십시오.

   Mark your answer accurately and clearly on the answer sheet.

   marking example

6. 문제를 읽을 때에는 소리가 나지 않도록 하십시오.

   Keep quiet while answering the questions.

7. 질문이 있을 때에는 손을 들고 감독관이 올 때까지 기다려 주십시오.

   When you have any questions, please raise your hand.

TOPIK II 듣기(1번~50번)

※ [1~3] 다음을 듣고 가장 알맞은 그림 또는 그래프를 고르십시오. (각 2점)

1. ①

②

③

④

2. ①

②

③

④

3.
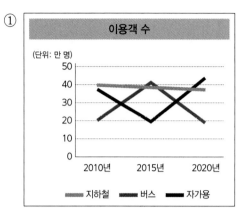
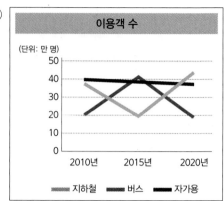
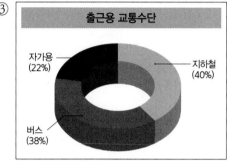
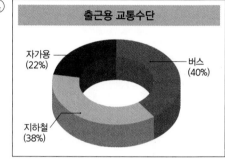

※ [4~8] 다음을 듣고 이어질 수 있는 말로 가장 알맞은 것을 고르십시오. (각 2점)

4. ① 회사 위치를 잘 알고 있어요.

② 워크숍 장소로 정말 좋았어요.

③ 회사가 가까우면 더 좋을 것 같아요.

④ 가까우면 이동 시간이 적으니까 좋네요.

5. ① 비가 많이 올까 봐 걱정돼요.

② 감기가 빨리 나았으면 좋겠어요.

③ 날씨가 추우니까 감기 조심하세요.

④ 감기 걸리지 않게 옷을 따뜻하게 입으세요.

6. ① 강의를 들으면 돼.

② 시간이 맞아서 다행이다.

③ 강의가 끝나고 가도 늦지 않아.

④ 다음 수업은 바뀌지 않았더라고.

7. ① 다시 주문하고 있을게요.

② 커피가 뜨거우니까 조심하세요.

③ 차가운 커피로 다시 주문할게요.

④ 죄송합니다. 다시 만들어 드리겠습니다.

8. ① 그래서 현장에 많이 나갔군요.

② 현장 경험이 많아서 좋을 것 같아요.

③ 회사에서 현장에 나가면 좋을 것 같아요.

④ 이 일은 경험을 쌓는 데 많은 도움이 될 거예요.

※ [9~12] 다음을 듣고 여자가 이어서 할 행동으로 가장 알맞은 것을 고르십시오. (각 2점)

9. ① 닭고기 요리를 준다.

② 잠든 남자를 깨운다.

③ 깨울 시간을 메모한다.

④ 닭고기 요리를 준비한다.

10. ① 서랍 안 잉크를 확인해 본다.

② 가게에 새 잉크를 사러 간다.

③ 인터넷에서 잉크를 검색한다.

④ 인쇄기 잉크 상태를 확인한다.

11. ① 남자와 함께 은행에 간다.

    ② 잔치에 올 친구를 기다린다.

    ③ 은행에 간 남자를 기다린다.

    ④ 카페에 생일잔치를 예약한다.

12. ① 전과 신청을 한다.

    ② 연구실로 찾아간다.

    ③ 교수님과 상담을 한다.

    ④ 학과 사무실에 전화한다.

※ [13~16] 다음을 듣고 들은 내용과 같은 것을 고르십시오. (각 2점)

13. ① 맞춤 가구는 오래전부터 유행했다.

    ② 맞춤 가구는 세일 기간에만 저렴하다.

    ③ 맞춤 가구를 만드는 방법은 복잡하다.

    ④ 맞춤 가구는 파는 가구보다 싼 편이다.

14. ① 외국인을 위한 해설 서비스가 있다.

    ② 무료 전시 해설은 외국어로 진행된다.

    ③ 무료 전시 해설은 두 시간 동안 진행된다.

    ④ 박물관 안에 어린이를 위한 체험 행사가 있다.

15. ① 성안길시장에는 외국어 안내판이 있다.

    ② 성안길시장은 필수 관광 코스가 되었다.

    ③ 가장 좋은 전통 시장이 어디인지 선정한 사람은 외국인이다.

    ④ 성안길시장은 좋은 전통 시장으로 선정된 후 관광객이 늘었다.

16. ① 재능 기부는 영화배우만 할 수 있다.

② 재능 기부는 누구나 쉽게 할 수 있다.

③ 재능 기부를 한 영화배우는 암 환자이다.

④ 재능 기부는 꾸준히 하는 것이 중요하다.

※ [17~20] 다음을 듣고 남자의 중심 생각으로 가장 알맞은 것을 고르십시오. (각 2점)

17. ① 저금은 조금만 하는 것이 좋다.

② 저금을 하면 미래가 불안하지 않다.

③ 자신을 위해 사고 싶은 것을 사야 한다.

④ 현재를 위해서 돈을 쓰는 것도 중요하다.

18. ① 수리는 전문가에게 맡기는 게 좋다.

② 전문 기술을 배워서 고치는 게 좋다.

③ 복사기는 꼭 수리를 하지 않아도 된다.

④ 직접 수리를 하면 돈을 절약할 수 있다.

19. ① 전철에서는 통화를 하면 안 된다.

② 공공장소에서는 남을 배려해야 한다.

③ 퇴근하는 길은 조용히 가는 것이 좋다.

④ 통화를 할 때는 작은 소리로 해야 한다.

20. ① 청소년들과 부모는 대화를 할 필요가 있다.

② 청소년들은 부모와 대화를 하지 않으면 위험해진다.

③ 청소년은 자신의 마음을 표현하는 법을 알아야 한다.

④ 많은 어른들은 요즘 청소년들의 마음을 알기 어려워한다.

※ [21~22] 다음을 듣고 물음에 답하십시오. (각 2점)

21. 남자의 중심 생각으로 가장 알맞은 것을 고르십시오.

① 사람이 직접 빨래를 해야 한다.

② 세탁기의 성능을 믿지 않는 것이 좋다

③ 더러운 부분을 손으로 먼저 빼는 것이 좋다.

④ 세제가 좋으면 더러운 부분을 손으로 먼저 빨지 않아도 된다.

22. 들은 내용과 같은 것을 고르십시오.

① 세탁기가 고장이 났다.

② 여자는 손빨래를 했다.

③ 빨래 상태가 깨끗하지 않다.

④ 요즘 나오는 세제가 좋지 않다.

※ [23~24] 다음을 듣고 물음에 답하십시오. (각 2점)

23. 남자가 무엇을 하고 있는지 맞는 것을 고르십시오.

① 새로운 적금을 드는 방법에 대해서 묻고 있다.

② 가입한 적금을 중단하는 방법에 대해서 묻고 있다.

③ 적금을 들지 않아서 생겼던 문제에 대해 말하고 있다.

④ 이자율이 높은 상품을 찾기 위해 적금을 중단하고 있다.

24. 들은 내용과 같은 것을 고르십시오.

① 남자는 이전에 적금을 들어 본 적이 없다.

② 여자는 남자가 적금을 중단하기를 원한다.

③ 남자가 이용하는 적금 상품의 기간은 길다.

④ 남자가 이용하는 적금 상품은 이자가 낮다.

※ [25~26] 다음을 듣고 물음에 답하십시오. (각 2점)

25. 남자의 중심 생각으로 가장 알맞은 것을 고르십시오.

① 아이들은 다양한 경험을 통해서 성장한다.

② 요즘 아이들은 스트레스를 많이 받는 편이다.

③ 아이들은 템플스테이를 통해 느린 삶을 경험해야 한다.

④ 부모는 아이에게 다양한 문화를 경험하게 해 줘야 한다.

26. 들은 내용과 같은 것을 고르십시오.

① 템플스테이의 참가 경쟁이 심한 편이다.

② 템플스테이에 참가하면 절에서 잘 수 있다.

③ 템플스테이에 참가하는 아이들의 만족도가 높다.

④ 템플스테이를 통해 다양한 문화를 경험할 수 있다.

※ [27~28] 다음을 듣고 물음에 답하십시오. (각 2점)

27. 남자가 말하는 의도로 알맞은 것을 고르십시오.

① 주차 도움을 요청하기 위해

② 대신 주차를 부탁하기 위해

③ 주차하는 방법을 배우기 위해

④ 주차를 연습할 시간을 얻기 위해

28. 들은 내용과 같은 것을 고르십시오.

① 여자는 차에서 내려서 주차를 도와주고 있다.

② 남자는 오늘 여자를 도와 주차 연습을 하기로 했다.

③ 여자는 주차 연습은 혼자 하는 것이 좋다고 생각한다.

④ 남자는 예전에 주차를 하려다가 사고가 난 적이 있다.

29. 남자가 누구인지 고르십시오.

　　① 제품 협찬사

　　② 광고 제작지

　　③ 드라마 출연자

　　④ 드라마 제작자

30. 들은 내용과 같은 것을 고르십시오.

　　① 드라마 장소도 협찬을 받는다.

　　② 제품 협찬이 많을수록 제작비가 적게 든다.

　　③ 간접 광고로 인해 지역 경제에 피해를 준다.

　　④ 제작비를 아껴야 완성도 높은 드라마가 나온다.

31. 남자의 중심 생각으로 가장 알맞은 것을 고르십시오.

　　① 사회 복지 향상을 위해서 세금을 많이 내야 한다.

　　② 범칙금 인상으로 교통 규칙 위반을 줄일 수 있다.

　　③ 교통 규칙 위반을 돈으로 해결하는 것은 나쁘지 않다.

　　④ 범칙금을 여러 번 내면 교통 규칙 위반 사례가 줄어든다.

32. 남자의 태도로 가장 알맞은 것을 고르십시오.

　　① 새로운 문제점에 대한 해결책을 제시하고 있다.

　　② 상대방의 의견을 존중하면서 타협점을 찾고 있다.

　　③ 앞으로 일어날 일에 대해서 예상하며 주장하고 있다.

　　④ 구체적인 사례를 들면서 상대방의 의견을 반박하고 있다.

33. 무엇에 대한 내용인지 알맞은 것을 고르십시오.

① 전쟁에서 승리하는 방법

② 성공적인 전쟁 전략 소개

③ 젊은이들에게 필요한 마음가짐

④ 실패하는 인생과 전쟁의 닮은 점

34. 들은 내용과 같은 것을 고르십시오.

① 요즘 많은 젊은이들은 포기라는 것을 모른다.

② 성공적인 전쟁의 전략은 미리 구상되지 않는다.

③ 전쟁의 결과보다 인생의 결과를 예측하기 힘들다.

④ 세상에는 변수가 많기 때문에 쉽게 도전하면 안 된다.

※ [35~36] 다음을 듣고 물음에 답하십시오. (각 2점)

35. 남자가 무엇을 하고 있는지 고르십시오.

① 전국 경제 기업의 성과에 대해 평가하고 있다.

② 전국 경제 기업의 성장 과정을 보고하고 있다.

③ 청년 일자리 창출 사업 내용을 분석하고 있다.

④ 청년 일자리 창출 사업에 참여를 요청하고 있다.

36. 들은 내용과 같은 것을 고르십시오.

① 청년들의 사업이 국내 경제를 활성화하고 있다.

② 일자리 창출 사업은 기업의 주도로 이루어진다.

③ 기업은 항상 정부 사업에 적극적으로 참여해 왔다.

④ 이 모임은 기업의 참여를 유도하기 위해 만들었다.

37. 여자의 중심 생각으로 가장 알맞은 것을 고르십시오.

① 독서 경영의 경제적 효용성을 분석해야 한다.

② 행복한 삶을 살기 위해서는 책을 많이 읽어야 한다.

③ 독서 경영을 적극 활용하면 도시가 발전할 수 있다.

④ 책 읽기는 시의 미래 문화 사업으로 선정되어야 한다.

38. 들은 내용과 같은 것을 고르십시오.

① 독서 경영은 기술 발달을 위해 사용된다.

② 독서 경영을 전국적으로 실시하려고 한다.

③ 이 시는 독서 경영을 통해 전국 우수 도시로 인정받았다.

④ 독서로 기른 역량은 어떤 상황에도 대처할 수 있게 해 준다.

※ [39~40] 다음을 듣고 물음에 답하십시오. (각 2점)

39. 이 대화 뒤에 이어질 내용으로 가장 알맞은 것을 고르십시오.

① 전통적인 농촌의 새로운 기능에 주목할 수 있다.

② 농촌의 사회·문화적인 가치를 새롭게 발견할 수 있다.

③ 농촌 생활을 체험할 수 있는 프로그램을 교육과 연계할 수 있다.

④ 농촌의 방송 매체를 활용하여 사회·문화적 기능을 홍보할 수 있다.

40. 들은 내용과 같은 것을 고르십시오.

① 농촌이 공익적 가치를 가지기는 힘들다.

② 농촌의 홍보 강화는 국가 홍보에 부담을 준다.

③ 농촌의 기능은 사회·문화적 측면에 집중되어 있다.

④ 농촌 체험은 사회·문화적 기능 강화 방법 중 하나이다.

※ [41~42] 다음을 듣고 물음에 답하십시오. (각 2점)

41. 이 강연의 중심 내용으로 가장 알맞은 것을 고르십시오.

① 자기 자신이 주체가 되어 삶을 끌어가야 한다.

② 머피의 법칙은 사실이 아니므로 믿지 말아야 한다.

③ 행복하게 살기 위해서는 긍정적으로 생각해야 한다.

④ 삶은 좋은 일과 나쁜 일이 교차된다는 것을 믿어야 한다.

42. 들은 내용과 같은 것을 고르십시오.

① 사람들은 부정적인 감정에 민감하다.

② 머피의 법칙은 과학적으로 증명되었다.

③ 불행한 감정을 없애야 행복함을 느낄 수 있다.

④ 나쁜 일이 생긴 사람은 계속 나쁜 일이 생긴다.

※ [43~44] 다음을 듣고 물음에 답하십시오. (각 2점)

43. 무엇에 대한 내용인지 알맞은 것을 고르십시오.

① 펀드에 투자할 때는 분산 투자를 하는 것이 중요하다.

② 펀드는 자산 운용 회사가 투자하므로 접근성이 낮은 편이다.

③ 한두 가지 종목에 투자하면 비교적 안정적인 수익을 얻을 수 있다.

④ 상장 지수 펀드에는 장단점이 골고루 있으므로 주의해서 투자해야 한다.

44. 상장 지수 펀드(ETF)의 특징으로 맞는 것을 고르십시오.

① 주식과 달리 실시간으로 사고 팔 수 없다.

② 분산 투자 효과가 낮으므로 주의해서 투자해야 한다.

③ 자산 운용 회사가 대신 투자하는 간접 투자 상품이다.

④ 수수료가 높지 않기 때문에 투자할 때 주의할 필요는 없다.

45. 들은 내용과 같은 것을 고르십시오.

    ① 현대 사회를 과학과 기술의 시대라고 한다.

    ② 현대에는 정보가 많을수록 돈을 많이 벌 수 있다.

    ③ 정보 사회에서는 정보가 국력을 좌우하기도 한다.

    ④ 과거에는 정보와 지식을 중요하게 생각하지 않았다.

46. 여자가 말하는 방식으로 알맞은 것을 고르십시오.

    ① 정보 사회가 나아갈 새로운 방향을 제시하고 있다.

    ② 미래를 주도할 과학과 기술의 개발을 촉구하고 있다.

    ③ 현대를 '정보의 시대'라고 부르는 이유를 설명하고 있다.

    ④ 여러 가지 사례를 근거로 과학의 신뢰성을 증명하고 있다.

※ [47~48] 다음을 듣고 물음에 답하십시오. (각 2점)

47. 들은 내용과 같은 것을 고르십시오.

    ① 대안 학교에 보내는 것이 근원적 해결책이다.

    ② 자기 주도 학습에 지도 교사는 필요하지 않다.

    ③ 자기 주도 학습은 부모의 간섭이 많을수록 좋다.

    ④ 최근 공교육이 문제가 되며 탈학교 운동이 일어나고 있다.

48. 남자가 말하는 방식으로 알맞은 것을 고르십시오.

    ① 탈학교 운동 현상에 대해 불안해하고 있다.

    ② 자기 주도 학습 결과에 대해 확신을 갖고 있다.

    ③ 홈스쿨링이 대안적 학습이 될 것을 기대하고 있다.

    ④ 잘못된 자기 주도 학습 방법에 대해 비판하고 있다.

49. 들은 내용과 같은 것을 고르십시오.

① 일란성 쌍둥이들의 비생물학적 행동은 다른 편이다.

② 아인슈타인을 복제하면 복제 인간도 똑같이 천재가 된다.

③ 인간의 특성은 환경보다 유전자의 영향을 더 많이 받는다.

④ 복제 인간은 일란성 쌍둥이보다 환경의 영향을 더 많이 받는다.

50. 남자가 말하는 방식으로 알맞은 것을 고르십시오.

① 복제 인간의 사례를 설명하며 비판하고 있다.

② 인간 복제 현상에 대한 대비책을 제안하고 있다.

③ 복제 인간의 윤리 문제의 원인 규명을 강력하게 촉구하고 있다.

④ 묻고 답하는 방식을 통해 유전자와 환경과의 관계를 밝히고 있다.

TOPIK II 쓰기(51번~54번)

※ [51~52] 다음 글의 ㉠과 ㉡에 알맞은 말을 각각 쓰시오. (각 10점)

51.

구합니다

함께 살던 친구가 이번에 졸업하게 되어서 (㉠   ). 한국대
학교 정문에서 도보 5분 거리에 있으며 2015년에 새로 지은 아파트이기 때문에
(㉡   ). 방 3개, 화장실이 2개이고, 주방과 거실은 함께 사용합니다.
방이 필요하신 분은 저에게 연락해 주십시오. 연락처는 아래와 같습니다. 밤 10시 이후
에는 문자로 연락해 주시기 바랍니다.

010-3546-0897, 박준수

52.

나에게 가장 좋은 스승은 과거의 중요한 순간에 내가 내렸던 결정들이다. 그것을 돌
아보면 현재의 중요한 순간에 (㉠   ). 하지만 과거에 내가 내린 결정
을 되돌아볼 때 스스로에게 너무 엄격할 필요는 없다. 잘못된 결정이나 후회되는 결정
을 했더라도 지난 일은 이미 지나간 일일 뿐이다. 그러므로 과거의 결정을 후회하기보
다는 (㉡   ).

53. 다음은 '대학 교육이 필요한 이유'에 대해 대학교 이상의 교육 기관에 재학 중인 학생 천 명
을 대상으로 실시한 설문 조사 자료이다. 이 내용을 200~300자의 글로 쓰시오. 단, 글의 제
목은 쓰지 마시오. (30점)

(단위: %)

	남자	여자
좋은 직업을 갖기 위해	51.5	45.5
능력과 소질을 개발하기 위해	35.6	42
부모님의 기대 때문에	1.9	0.9
기타	11	11.6

54. 다음을 참고하여 600~700자로 글을 쓰시오. 단, 문제를 그대로 옮겨 쓰지 마시오. (50점)

> 흡연은 폐암과 같은 질병을 유발할 수 있으며, 흡연자 본인뿐만 아니라 간접흡연을 하게 되는 주변 사람들에게도 피해를 줄 수 있습니다. 이러한 위험성 때문에 흡연율을 낮추기 위한 사회적 대책이 마련되고 있는데, 담뱃값 인상이 그중 한 가지 방법입니다. '담뱃값 인상과 흡연율의 관계'에 대해 아래의 내용을 중심으로 자신의 생각을 쓰십시오.
>
> • 흡연으로 인한 피해는 어떤 것이 있는가?
>
> • 담뱃값 인상이 흡연율에 영향을 미치는가? 그렇게 생각하는 이유는 무엇인가?

* 원고지 쓰기의 예

	머	리	는		언	제		감	는		것	이		좋	을	까	?		사
람	들	은		보	통		아	침	에		머	리	를		감	는	다	.		그

> 제1교시 듣기, 쓰기 시험이 끝났습니다. 제2교시는 읽기 시험입니다.

제2회 FiNAL 실전 모의고사

The 2nd Final Actual Test

TOPIK II

| 2교시 | 읽기 |

수험번호 (Registration No.)	
이 름 (Name)	한국어 (Korean)	
	영 어 (English)	

유 의 사 항
Information

1. 시험 시작 지시가 있을 때까지 문제를 풀지 마십시오.

   Do not open the booklet until you are allowed to start.

2. 수험번호와 이름을 정확하게 적어 주십시오.

   Write your name and registration number on the answer sheet.

3. 답안지를 구기거나 훼손하지 마십시오.

   Do not fold the answer sheet; keep it clean.

4. 답안지의 이름, 수험번호 및 정답의 기입은 배부된 펜을 사용하여 주십시오.

   Use the given pen only.

5. 정답은 답안지에 정확하게 표시하여 주십시오.

   Mark your answer accurately and clearly on the answer sheet.

6. 문제를 읽을 때에는 소리가 나지 않도록 하십시오.

   Keep quiet while answering the questions.

7. 질문이 있을 때에는 손을 들고 감독관이 올 때까지 기다려 주십시오.

   When you have any questions, please raise your hand.

TOPIK Ⅱ 읽기(1번~50번)

※ [1~2] (   )에 들어갈 말로 가장 알맞은 것을 고르십시오. (각 2점)

1. 비장애인도 쉽지 (   ) 불편한 몸으로 높은 산에 오르다니 정말 대단한 사람이다.
   ① 않을 텐데   ② 않을까 봐
   ③ 않을 테니까   ④ 않은 데다가

2. 앞으로 날씨가 따뜻해지면서 산이 점점 푸르게 (   ).
   ① 변해 갈 것이다   ② 변해 올 것이다
   ③ 변해 볼 것이다   ④ 변해 댈 것이다

※ [3~4] 밑줄 친 부분과 의미가 가장 비슷한 것을 고르십시오. (각 2점)

3. 친구가 입사 시험에 <u>합격하도록</u> 엿과 떡을 선물로 주었다.
   ① 합격하게   ② 합격하거든
   ③ 합격하려고   ④ 합격할 만큼

4. 한 나라의 미래는 그 나라의 <u>교육 정책에 따라 달라진다</u>.
   ① 교육 정책이 되었다   ② 교육 정책일 수가 있다
   ③ 교육 정책에 달려 있다   ④ 교육 정책으로 인한 것이다

※ [5~8] 다음은 무엇에 대한 글인지 고르십시오. (각 2점)

5.

> ### '사랑이 답이다'
> 30년간 정신과 의사로 살아온 작가가 전하는 행복 지혜서

① 도서　　　　② 연극　　　　③ 영화　　　　④ 드라마

6.

> ### 학원에 갈 시간이 없으십니까?
> 원하는 시간에, 편한 장소에서 국내 최고 강사의 수업을!

① 학원 수업　　　② 학교 수업　　　③ 인터넷 강의　　　④ 문화 센터 강의

7.

> ### 오염된 바다에는 해수욕도 해산물도 없습니다.
> 바다를 죽이는 습관! 바다를 살리는 습관!
> 어떤 선택을 하시겠습니까?

① 음식 정보　　　② 환경 보호　　　③ 여행 계획　　　④ 선택 장애

8.

> #### 5월 30일
>
> - **쌍둥이자리**(05/21~06/21)
>   이성적인 판단이 필요한 날입니다. 힘든 일이 생기면 주변 사람들에게 도움을 구하십시오.
> - **처녀자리**(08/23~09/23)
>   준비한 것이 있다면 행동으로 옮겨도 좋을 듯합니다. 좋은 결과를 기대할 수 있습니다.
> - **천칭자리**(09/24~10/22)
>   몸도 마음도 지치겠지만 힘을 내십시오. 노력한 만큼 좋은 결과가 있을 것입니다.

① 점　　　　② 사주　　　　③ 띠별 운세　　　　④ 별자리 운세

※ [9~12] 다음 글 또는 그래프의 내용과 같은 것을 고르십시오. (각 2점)

9.

한우리 건축 박람회

- **기간**: 2024년 8월 26일 ~ 8월 29일
- **장소**: 주택 전시관 1층
- **특별 전시관**: '한옥 건축의 모든 것' 코너 운영
- **특징**: 아시아 최대 규모의 세계 친환경 건축 박람회
  사이버 건축 박람회와 동시에 진행
  (사이버 건축 박람회에서는 작년 전시 내용도 검색 가능)

① 아시아의 업체들만 참여할 수 있는 박람회이다.

② 이 박람회는 작년에 전시했던 것을 다시 전시한다.

③ 이 박람회에서는 한옥에 대한 정보를 얻을 수 있다.

④ 사이버 건축 박람회로는 아시아에서 가장 큰 규모이다.

10.

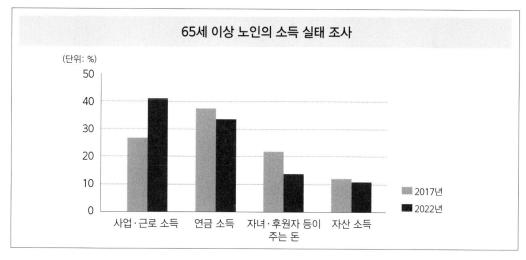

① 일해서 돈을 버는 노인이 감소했다.

② 두 해 모두 연금 비율이 제일 높게 나타났다.

③ 사업·근로 소득의 비율만 늘고 나머지는 감소했다.

④ 2017년에는 자산 소득, 2020년에는 근로 소득 비율이 가장 낮았다.

11.

> 최근 학생들의 의학계열 선호 현상이 뚜렷해지고 있다. 이과 학생 중 절반 이상의 학생들이 의학계열 진학을 희망한다는 설문 결과가 있을 정도이다. 특히 서울대학교 신입생의 6%는 입학과 동시에 휴학을 했는데, 공대생만 한정하면 약 7.5%에 해당된다. 이들 중 대부분은 의대나 치대를 목표로 다시 도전하기 위한 목적으로 추정된다.

① 학생들의 의학계열 선호 정도는 과거와 비슷하다.

② 서울대학교 신입생 중 6%는 입학하자마자 휴학했다.

③ 이과 학생 중 의학 계열 진학을 희망하는 학생은 소수이다.

④ 학생들이 입학과 동시에 휴학한 이유는 학업의 어려움으로 추정된다.

12.

> 인체의 70%는 물이다. 근육의 75%, 뇌의 80%, 뼈의 50%는 물로 이루어져 있다. 따라서 물이 부족하다는 것은 근육이 굳어지고 뇌의 기능이 저하되며, 뼈가 힘을 잃어간다는 것을 의미한다. 물은 인체에서 차지하는 비중이 높을 뿐만 아니라 기능 면에서도 중요한 역할을 한다. 물의 기능에는 혈액 순환, 체온 조절, 영양소 운반 등이 있다.

① 영양소는 물을 운반한다.

② 물이 부족하면 뼈가 약해진다.

③ 물은 인체에서 영양소의 역할을 한다.

④ 뇌보다 근육이 물을 더 많이 포함하고 있다.

※ [13~15] 다음을 순서에 맞게 배열한 것을 고르십시오. (각 2점)

13.

> (가) 종이 섬유를 이용해서 만든 옷이 화제다.
>
> (나) 기능성 의류로서 가장 좋은 조건을 갖춘 것이다.
>
> (다) 이 옷은 종이처럼 얇고 가볍지만 물에 젖거나 찢어지지 않는다.
>
> (라) 더욱 놀라운 것은 통기성이다. 물은 못 들어가는데 공기는 통한다.

① (가)-(나)-(다)-(라)   ② (가)-(다)-(라)-(나)

③ (다)-(나)-(라)-(가)   ④ (다)-(라)-(나)-(가)

14.

> (가) 최근에는 다양한 기능을 갖추고 세척이 편한 제품도 많아졌다.
>
> (나) 자취를 시작한 사람에게 '에어프라이어'를 추천하는 경우가 많다.
>
> (다) 앞으로도 에어프라이어는 필수 가전제품으로서 인기를 끌 것으로 보인다.
>
> (라) 에어프라이어를 사용하면 기름을 거의 쓰지 않고도 빠르고 간편하게 바삭바삭한 요리를 만들 수 있기 때문이다.

① (가)-(나)-(다)-(라)   ② (가)-(다)-(나)-(라)

③ (나)-(라)-(가)-(다)   ④ (다)-(라)-(나)-(가)

15.

> (가) 쉬고 싶을 때 휴가를 내서 자주 가는 곳이 있다.
>
> (나) 이제는 휴식이 필요할 때 굳이 일본까지 가지 않아도 된다.
>
> (다) 일본 메지로역 주변의 아주 한적하고 평범한 동네의 골목길이다.
>
> (라) 최근 그 골목길과 비슷한 길이 한국에도 있다는 것을 알게 되었다.

① (가)-(다)-(라)-(나)   ② (가)-(라)-(다)-(나)

③ (나)-(가)-(다)-(라)   ④ (나)-(다)-(라)-(가)

16.

> 나트륨은 고혈압, 신장 질환, 골다공증 등을 ( ). 나트륨이 주성분인 소금의 섭취를 줄여야 하는 것은 그 때문이다. 하지만 나트륨은 우리 인체에 꼭 필요하다. 우리 몸에서 심박 조절, 체내 수분량 조절, 근육 수축 등 생리 기능과 관계가 있기 때문이다.

① 치료하는 데 효과가 있다

② 일으키는 주범으로 꼽힌다

③ 예방할 수 있는 유익한 성분이다

④ 유발하는 인체에 무해한 물질이다

17.

> 서울 미술관은 토요일 4시에 좋은 영화를 상영하고 있다. 서울 미술관이 무료 영화 상영을 시작한 이후 ( ). 자연스럽게 미술관으로 발길이 이어지면서 '미술은 어렵다'라는 편견도 깨진 것이다. 이에 따라 미술관이 더 이상 불편한 곳이 아닌 지역 주민들의 문화 복지 공간으로 거듭나고 있다.

① 미술 전공자가 증가했다   ② 영화 관람객이 많아졌다

③ 전시회 관람객도 늘었다   ④ 문화 복지 공간이 생겼다

18.

> 'T커머스'란 TV에 인터넷을 연결하여 리모컨을 이용해 물건을 사고파는 서비스를 말한다. 소비자는 T커머스 방송에 나온 제품을 리모컨으로 골라 주문, 결제를 할 수 있다. T커머스는 동일한 시간에 한 가지 제품만 소개하는 ( ) 고객들이 인터넷 검색을 하듯이 여러 개의 상품을 마음대로 구매할 수 있다.

① 홈쇼핑과 달리   ② 백화점의 매장처럼

③ 온라인 쇼핑몰과 같이   ④ 인터넷 사이트와 비교해서

※ **[19~20] 다음을 읽고 물음에 답하십시오. (각 2점)**

> 일주일에 배변 횟수가 세 번이 안 되면 변비다. 변비의 평균 발병률은 약 16%이다. 그래서 변비약을 찾는 사람이 많은데 변비약은 오래 먹으면 장의 민감성을 떨어뜨려 ( ) 증상이 악화될 수 있다. 이때는 약을 쓰는 대신, 배꼽 주변을 마사지하면서 따뜻하게 데워 보자. 그러면 배변 횟수가 일주일에 두 번 이상으로 늘어날 수 있다.

19. ( )에 들어갈 말로 가장 알맞은 것을 고르십시오.

① 드디어 　　　　② 게다가 　　　　③ 오히려 　　　　④ 반드시

20. 윗글의 주제로 가장 알맞은 것을 고르십시오.

① 변비약은 오랫동안 먹으면 효과가 있다.

② 변비에는 배를 마사지하면 배변 횟수가 줄어든다.

③ 변비약을 오래 먹지 말고 배를 따뜻하게 하면 좋다.

④ 일주일에 배변 횟수가 3번 이하면 변비약을 먹어야 한다.

※ **[21~22] 다음을 읽고 물음에 답하십시오. (각 2점)**

> 요즘 사람들의 가장 큰 특징 중의 하나는 시각적인 요소를 중요하게 여긴다는 점이다. '백문이 불여일견'이란 말이 있듯이 백 번 듣는 것보다 한 번의 강한 시각적 이미지가 머릿속에 각인되면 기억에 더 오래 남는다. 이런 추세에 맞춰 기업들도 광고를 할 때 시각적인 요소에 주의를 기울여야 한다. 짧은 시간에 소비자들의 ( ) 사진 또는 영상을 준비하는 것이 좋다.

21. ( )에 들어갈 말로 가장 알맞은 것을 고르십시오.

① 시선을 끄는 　　　　　　② 눈치를 보는

③ 발길이 잦은 　　　　　　④ 손길이 가는

22. 윗글의 내용과 같은 것을 고르십시오.

① 소비자들은 영상보다 소리에 더 관심이 많다.

② 광고에서 기억에 남는 시각적 이미지가 중요하다.

③ 요즘 기업들은 긴 영상 광고 제작에 힘을 기울인다.

④ 사람들은 한 번 보는 것보다 여러 번 듣는 것을 좋아한다.

※ [23~24] 다음을 읽고 물음에 답하십시오. (각 2점)

> 나의 막내아들은 작년에 초등학교 1학년이 되었어야 할 나이다. 하지만 아직 학교 근처에도 못 가고 있다. 이 아이가 매우 드문 병에 걸린 것은 벌써 2년 전의 일이다. 그때 수술을 받고 지금까지 치료를 받아 왔다. 그런데 며칠 전부터 아이의 상태가 심상치 않았다. 아이는 계속 고열에 시달렸다. 우리 부부는 아이의 병이 다시 재발한다면 오늘날의 의학으로는 치료 방법이 없다는 것을 알고 있었다. 아이의 손목을 잡고 병원 문을 들어서는 우리 부부는 <u>무거운 돌이 가슴을 누르는 듯해 숨을 쉬기도 어려웠다.</u> 하지만 예상하지 못했던 검사 결과가 나왔다. 아이는 감기에 걸렸을 뿐, 예전의 병은 거짓말처럼 나은 것이다. 우리 부부는 너무 놀라서 한참 동안 움직일 수 없었다.

23. 밑줄 친 부분에 나타난 나의 심정으로 알맞은 것을 고르십시오.

① 불안하다   ② 억울하다

③ 허탈하다   ④ 한가하다

24. 윗글의 내용과 같은 것을 고르십시오.

① 아이의 병이 다시 재발했다.

② 병이 나았다는 말은 거짓말이었다.

③ 기대하지 않았던 검사 결과가 나왔다.

④ 아이는 1년 전에 초등학교에 입학했다.

※ [25~27] 다음 신문 기사의 제목을 가장 잘 설명한 것을 고르십시오. (각 2점)

25. | 가정용 소화기, 화재 초기에 소방차 한 대와 맞먹는 효과 |

① 가정용 소화기는 화재 초기에만 사용할 수 있다.

② 화재 초기에는 소방차 1대보다 가정용 소화기가 더 효과적이다.

③ 화재 초기에는 가정용 소화기가 소방차 1대의 역할을 할 수 있다.

④ 소방차가 부족하므로 소방차 대신 가정용 소화기를 보급해야 한다.

26. | 통증 없는 획기적인 뇌 수술법, 세계인이 주목 |

① 세계 사람들이 아프지 않은 뇌 수술법이 개발되기를 기다리고 있다.

② 통증이 없는 새로운 뇌 수술법에 세계 사람들의 관심이 쏠리고 있다.

③ 세계 사람들이 아프지 않게 수술할 수 있는 뇌 수술법의 도움을 받았다.

④ 통증이 없는 뇌 수술법이 개발되어 세계 사람들이 그 효과를 확인하였다.

27. | 딸과는 소통 상대적 양호, 아들과는 말이 안 통해 |

① 딸과 아들은 서로 의사소통이 잘 안 된다.

② 아들과 딸을 비교했을 때, 아들보다는 딸과 의사소통이 더 잘 된다.

③ 딸은 소통하려고 노력하지만 아들은 소통하려는 노력을 하지 않는다.

④ 딸은 다른 사람과 말을 잘하지만 아들은 다른 사람과 말을 잘 못한다.

※ [28~31] ( )에 들어갈 말로 가장 알맞은 것을 고르십시오. (각 2점)

28.

경찰이 '지정차로제' 원칙 위반 차량을 단속하는 것을 본 적이 없다. 운전자들이 지켜야 할 '지정차로제 3대 원칙'은 '추월은 반드시 왼쪽 차로로 하기, 추월 후 즉시 원래 차로로 복귀하기, 왼쪽 차로보다는 느리게, 오른쪽 차로보다는 빠르게 주행하기'이다. 이 간단한 규칙이 지켜지지 않는 것은 적극적으로 단속을 하지 않아서다. 큰 댐도 개미 구멍 하나에 무너질 수 있다. (   ) 철저히 단속해야 교통질서를 유지할 수 있다.

① 가벼운 위반 사항이라도
② 지키기 어려운 법일수록
③ 누구나 이해하기 쉬운 규칙이기에
④ 지정차로제 원칙을 홍보하기 위해

29.

과거 우리 조상들은 나무를 신성하게 생각했으며 숲은 성스러운 장소라고 생각했다. 집안의 평안이나 마을의 안녕을 기원했던 곳이 바로 나무와 숲이었다. 하지만 (   ) 나무를 베지 않았던 것은 아니다. 필요에 따라 나무를 베는 것은 인정했지만 커다란 나무와 고목, 사람들이 숭배하는 나무를 베는 것은 금기로 여겼다. 그런 나무를 베면 '나쁜 일이 생긴다'는 것이 우리 조상들의 생각이었다.

① 나무를 두려워해서
② 나무가 필요하지 않아서
③ 나무가 가벼운 존재로 생각돼서
④ 나무를 신성하게 여긴다고 해서

30.

> 누구나 배에서 꼬르륵거리는 소리를 들어 본 적이 있을 것이다. 이 소리는 장이 음식물을 으깨는 과정에서 내는 소리이다. 장은 음식물이 위에서 나온 다음 가는 장소이다. 장은 음식물을 소화시킬 수 있도록 운동을 하면서 음식물을 으깬다. 먹은 음식이 없더라도 장은 거의 언제나 움직이고 있다. 배가 고플 때는 장이 비어 있어서 꼬르륵거리는 소리가 더 크게 들린다. 꼬르륵거리는 소리는 특별한 것이 아니라, 단지 (   )일 뿐이다.

① 음식물을 삼키는 소리

② 장이 속을 비우는 소리

③ 장이 운동을 하고 있는 소리

④ 음식물이 위에서 장으로 가는 소리

31.

> 이솝우화 '개미와 베짱이'는 개미의 성실함을 칭찬한다. 하지만 모든 개미가 열심히 일하는 '일벌레'는 아니라는 연구 결과가 나왔다. 개미 사회에서도 베짱이처럼 놀기 좋아하는 부류가 있다는 것이다. 최근 국제 학술지 '동물 행동'에서는 일개미를 관찰한 결과, 45%는 아무 일도 하지 않았다.'고 밝혔다. 개미와 함께 (   ) 꿀벌도 마찬가지다. 꿀벌의 행동을 살핀 결과, 20%의 꿀벌이 절반 이상의 일을 해냈다.

① 노는 곤충으로 알려진　　　　　　② 게으른 곤충으로 알려진

③ 까다로운 곤충으로 알려진　　　　④ 부지런한 곤충으로 알려진

32.

> 고령화 사회로 들어서면서 어떻게 잘 늙느냐가 중요해지고 있다. 노인이라도 운동을 꾸준히 하면 청년 못지않은 건강을 유지할 수 있다. 충분한 수면은 젊음의 열쇠다. 하루 5시간 미만을 자는 이들은 7~9시간을 자는 이들보다 피부의 자외선 저항력이 떨어진다는 영국 피부과학회의 연구 결과가 이를 뒷받침한다. 그리고 무엇보다 중요한 것은 자신감이다. 주름과 흰머리를 감추려고 하기보다 화장을 옅게 하고 흰머리를 세련된 스타일로 뽐내는 게 더 낫다.

① 흰머리를 검은색으로 염색하면 젊어 보인다.

② 꾸준히 운동하면 청년 같은 외모를 가질 수 있다.

③ 충분한 수면을 취하면 피부의 자외선 저항력이 높아진다.

④ 자신감을 가지고 과감하게 화장하면 주름이 잘 안 보인다.

33.

> 평소에 우리가 마시는 우유는 원유를 고온에 가열하여 살균 과정을 거친 것이다. 이때 살균 방법은 가열 온도에 따라 세 가지로 나뉜다. 63도에서 30분간 살균하는 '저온 살균법', 75도에서 15초간 살균하는 '저온 순간 살균법', 134도에서 2~3초간 살균하는 '초고온 처리법'이 있다. 다른 살균법을 사용했을 때 유통 기한이 5일 정도인 데 비해, 초고온 처리법으로 살균 처리한 우유는 한 달 이상 유통이 가능하다는 특징이 있다.

① 저온 순간 살균법이 가장 시간이 많이 걸린다.

② 저온 살균법으로 처리한 우유는 유통 기간이 길다.

③ 열처리를 한 우유는 살균 과정을 거쳐서 건강에 좋다.

④ 초고온 처리법은 가장 짧은 시간에 가장 높은 온도로 살균하는 방법이다.

34.

> '사이비 과학'은 과학적이지 않은 것들에 '과학적'이라는 말이 붙는 경우를 뜻한다. 널리 알려진 '혈액형 심리학' 역시 이런 사이비 과학에 속한다. 혈액형과 상관관계가 전혀 없는 개인적 기질이나 성격을 혈액형과 연관시켜 설명하는 혈액형 심리학은 하나의 이론처럼 굳어져 버렸다. 어떤 통계적 결과치도 없고, 혈액형 심리학에서 설명하는 성격의 특성과 맞지 않는 사람들이 많음에도 불구하고 이러한 증거들은 무시되고 있다.

① 사이비 과학은 과학적인 현상을 설명한다.

② 혈액형 심리학은 통계적 수치로 증명된다.

③ 개인적인 기질이나 성격은 혈액형과 관계가 있다.

④ 비과학적이라는 증거가 있지만 사람들은 혈액형 심리학을 믿는다.

※　[35~38] 다음을 읽고 글의 주제로 가장 알맞은 것을 고르십시오. (각 2점)

35.

> 모든 전철역에 승강장 안전문이 설치되고 있다. 승객의 선로 추락 사고와 자살 사고가 잇따르자 이를 막기 위해 승강장 안전문 설치를 의무화했기 때문이다. 주의할 점은 화재 등 비상시 승객들의 원활한 탈출을 위해 승강장 안전문을 모두 수동으로 여닫을 수 있도록 설치해야 한다는 것이다. 안전을 위해 설치된 문이 자동으로만 개폐되어 위급할 때 승객들의 탈출에 오히려 방해가 된다면 설치를 안 한 것만 못한 결과를 낳을 것이다.

① 안전을 위해 모든 전철역에 안전문 설치를 의무화해야 한다.

② 안전문 작동을 엄격히 제한해야 승객들의 안전을 지킬 수 있다.

③ 승강장 안전문을 설치해야 비상시 승객의 탈출에 도움을 줄 수 있다.

④ 비상시 승객의 안전을 위해 안전문을 수동으로 작동할 수 있어야 한다.

36.

> 금연에 실패하는 사람들이 많은데, 금연 보조제를 쓰면 금연에 도움을 줄 수 있다. 금연 보조제로는 전자식 금연 보조제와 니코틴 패치, 금연 껌 등이 있다. 전자식 금연 보조제는 금연에 효과적이지만 다른 금연 보조제보다 경제적 부담이 비교적 크다. 니코틴 패치는 피부를 통해 몸속에 니코틴을 서서히 공급해 주는 금연 보조제다. 니코틴이 일정량 들어 있는 금연 껌은 니코틴 패치와 같이 체내 니코틴 농도를 유지해 주는 제품이다.

① 금연은 의지만 있으면 성공할 수 있다.

② 금연할 때 니코틴 패치는 경제적으로 부담이 적다.

③ 금연 시 금연 보조제의 도움을 받는 것이 효과적이다.

④ 금연을 결심했다면 금연 껌을 씹는 것이 가장 좋은 방법이다.

37.

> 그동안 일회용 비닐봉지 사용을 자제하자는 캠페인을 꾸준히 벌여 왔다. 이에 대해 비닐봉지 옹호론자들은 비닐봉지가 다른 대체재보다 낮은 비용으로 생산이 가능하며 재활용을 할 수 있어 환경에 그다지 유해하지 않다고 반박한다. 오히려 종이봉투가 생산과 수송에 많은 원유와 나무가 소비되어 환경에 해롭다고 말한다. 그러나 문제는 비닐봉지를 재활용하더라도 매년 자연 분해가 되지 않는 40억 장의 비닐봉지가 쓰레기로 버려진다는 것이다.

① 일회용 비닐봉지 사용을 자제하자.

② 비닐봉지 쓰레기를 재활용해야 한다.

③ 쓰레기를 잘 처리하여 환경을 보호하자.

④ 종이봉투보다 비닐봉지를 사용해야 한다.

38.

　　다이어트를 망치는 제일 나쁜 습관은 빨리 먹는 것이다. 식사 속도가 빠르면 과식과 폭식으로 이어지기 쉽다. 천천히 먹으면 많은 양을 먹지 않더라도 포만감을 느껴서 식사량을 줄일 수 있다. 하지만 너무 긴 시간 동안 식사하면 오히려 역효과가 난다. 오랜 시간 동안 음식을 섭취하면 얼마나 먹고 있는지 잘 알지 못해서 과식하고 있다는 사실을 눈치채지 못하기 때문이다. 그러므로 가급적 1시간 이내에 식사를 마치는 것이 좋다.

① 다이어트를 할 때는 조금씩 천천히 먹어야 한다.

② 다이어트를 할 때는 빠른 속도로 적은 양을 먹어야 한다.

③ 다이어트에 성공하기 위해서는 짧은 시간에 먹어야 한다.

④ 다이어트에 성공하기 위해서는 적당한 속도로 먹어야 한다.

※ **[39~41] 주어진 문장이 들어갈 곳으로 가장 알맞은 것을 고르십시오. (각 2점)**

39.

　　(㉠) 식감과 맛이 좋은 콩나물은 식욕이 없을 때 입맛이 돌게 해 주고 더위로 약해진 건강을 보충해 준다. (㉡) 콩나물에는 비타민 C가 풍부하게 들어 있기 때문이다. (㉢) 그리고 바이러스가 침입하는 것을 막아 주기도 하고, 면역력을 높여 주기도 한다. (㉣) 또한 동의보감에 따르면 콩나물은 '온몸이 무겁거나 아플 때 치료제로 쓰이고, 열을 제거하는 효과가 뛰어나다.'고 한다.

―――――〈보　기〉―――――

비타민 C는 피로를 푸는 데 도움을 줄 뿐만 아니라 감기와 빈혈 예방에도 좋다.

① ㉠　　　　　② ㉡　　　　　③ ㉢　　　　　④ ㉣

40.

> 역사적인 인물 중에 소설이나 영화 속 주인공으로 등장한 사람이 많이 있다. (㉠) 황진이는 역사상 아름다운 외모와 뛰어난 재능 그리고 도전 정신을 두루 갖춘 여성으로 평가받는다. (㉡) 문학적, 음악적 재능을 갖춘 미인이었던 그녀는 낮은 신분에도 불구하고 당시의 지식인들과 대등하게 교류했다. (㉢) 특히 황진이가 남긴 시들은 '시인들이 꼽은 최고의 시'에 여러 편이 올라가 있을 정도로 작품성이 뛰어나다. (㉣)

〈보 기〉

그중에 황진이만큼 대중의 사랑을 듬뿍 받은 인물도 흔치 않을 것이다.

① ㉠   ② ㉡   ③ ㉢   ④ ㉣

41.

> 쌀은 한국인의 주식이자 세계적으로도 가장 중요한 곡물 중 하나다. (㉠) 지구의 환경 변화 때문에 올해 상반기 지구 기온이 사상 최고를 기록했다. (㉡) 기후 변화에 관한 주요 연구 결과에 따르면 지구 온도가 1도 상승할 때마다 쌀 수확량은 10% 감소하는 것으로 조사됐다. (㉢) 머지않아 쌀은 농업 역사에서 경험해 본 바 없는 적응 불가능한 기후에 맞닥뜨릴 것이다. (㉣) 우리는 책임감과 혜안을 가지고 쌀을 지키기 위해 노력해야 한다.

〈보 기〉

하지만 식량 안보에 있어 쌀 또한 위험에 처해 있다.

① ㉠   ② ㉡   ③ ㉢   ④ ㉣

대구에서 서울로 올라오는 기차 안에서 생긴 일이다. 나와 마주 보는 자리에 어떤 남자가 앉아 있었다. 그는 옆에 앉은 여자에게 쉬지 않고 말을 붙였다. <u>팔짱을 낀 채 두 눈을 꼭 감고 이야기하고 싶지 않다는 신호를 노골적으로 나타내고 있음에도 불구하고 계속 말을 붙이는 것이다.</u> 계속 질문을 하고 스스로 대답하고 하다가 반응이 없자 이번에는 나에게로 눈길을 돌려 웃음을 보냈다. 나는 그의 시선을 피해 버렸다. 그는 잠깐 입을 다물고 멀거니 창밖을 내다보다가, 아무래도 말하지 않고는 못 참겠던지 문득 나에게로 향하며 경상도 억양으로 물었다.

"대구에는 무슨 일로 오셨습니까?"

"출장 왔다 돌아가는 길입니다."

나는 퉁명스럽게 대답했다.

"아, 그러세요? 저는 대구에서 살다가 미국으로 이민을 갔는데 15년 만에 와 보니 너무 많이 변했더라고요. 고향이 없어진 것 같아요."

나는 그의 말을 듣고 안쓰러운 마음이 들어 그를 향해 자리를 고쳐 앉으며 "만나고 싶은 사람은 만났습니까?" 하고 물었다.

현진건 〈고향〉

42. 밑줄 친 부분에 나타난 '남자'의 태도로 알맞은 것을 고르십시오.

① 가식적이다　　　　　　　② 냉소적이다

③ 눈치가 없다　　　　　　　④ 사려가 깊다

43. 윗글의 내용으로 알 수 있는 것을 고르십시오.

① 나는 대구로 출장 가는 길이다.

② 남자는 다른 사람과 이야기하고 싶어 한다.

③ 남자의 옆에 앉은 여자는 남자에게 관심을 보였다.

④ 나는 맞은편에 앉은 남자가 처음부터 마음에 들었다.

산후 우울증은 말 그대로 (   ) 우울증이다. 많은 산모들이 출산 후에 일정 기간 동안 어느 정도 우울감을 느끼는데 이는 자연스러운 증상이다. 그러나 출산 후에 여성의 10~20% 정도는 산후 우울증은 겪는데, 이로 인해 신생아를 제대로 돌보지 못해 죽음에 이르게 하는 등 심각한 결과가 나타날 수 있다. 산후 우울증은 육아에 대한 두려움, 수면 시간 부족, 집안일 부담 등 다양한 원인에 의해 생길 수 있지만, 출산 후에 여성 호르몬이 급격하게 떨어지는 것이 근본적인 원인이다. 출산 후에 두통, 복통이나 식욕 저하 등이 생겼다면 산후 우울증이 아닌지 의심해 봐야 한다. 그리고 전문적인 치료도 필요하지만 가장 중요한 것은 가족들의 지지이다. 산모가 겪는 각종 부담을 덜어 주고 기분 변화를 이해해 주며 가족이 함께 해결해 나가야 한다.

44. (   )에 들어갈 말로 가장 알맞은 것을 고르십시오.

① 임신 후에 겪는

② 출산한 다음에 겪는

③ 임신이 안 될 때 겪는

④ 출산을 계획할 때 겪는

45. 윗글의 주제로 가장 알맞은 것을 고르십시오.

① 산후 우울증은 가족이 함께 노력해야 극복할 수 있다.

② 산후 우울증은 모든 산모들이 겪는 아주 심각한 병이다.

③ 산후 우울증을 치료하기 위해서는 전문적인 치료를 받아야 한다.

④ 산후 우울증은 신생아에게 해를 끼칠 수 있는 심각한 사회 문제이다.

※ [46~47] 다음을 읽고 물음에 답하십시오. (각 2점)

> 화성 표면에 물이 흐른 흔적이 발견되면서 화성에 생명체가 살고 있을지도 모른다는 기대가 커진 가운데, 이러한 탐사 과정에서 생기는 화성의 오염을 방지하는 방법이 새로운 문제가 되었다. 화성 탐사선에 실려 화성에 도착한 지구 물질들이 화성을 오염시킬 수 있다는 문제점이 제기되었기 때문이다. 하지만 이러한 오염을 방지하는 규정은 이미 존재한다. 국제기구인 국제우주공간연구회는 이미 1967년에 '행성 보호'라고 불리는 규정을 제정했다. 다른 행성에 사는 생명체를 탐사하는 것은 중요한 일이지만, 그 행성을 오염시키지 않는 것이 무엇보다 중요하기 때문이다. 규정대로 생명체를 찾는 착륙선을 깨끗하게 유지해서 탐사체가 다른 행성을 오염시키지 않도록 주의해야 할 것이다.

46. 윗글에 나타난 필자의 태도로 가장 알맞은 것을 고르십시오.

① 탐사체가 다른 행성을 오염시킬까 봐 걱정하고 있다.

② 지구 물질이 화성 오염에 미치는 영향을 설명하고 있다.

③ 행성 보호 규정을 어떤 단체가, 언제 제정했는지 밝히고 있다.

④ 탐사체가 발견한 화성과 지구 표면 물질을 비교·분석하고 있다.

47. 윗글의 내용과 같은 것을 고르십시오.

① 화성에 생명체가 살고 있다는 증거가 발견되었다.

② 화성이 지구 물질로 인해 오염되어 문제가 되고 있다.

③ 국제 사회는 다른 행성을 오염시키지 않기 위해 노력하고 있다.

④ 국제 사회는 다른 행성의 오염을 막는 규정을 제정하려고 한다.

임금 피크제는 근로자의 계속 고용을 위해, 노사 간 합의를 통하여 일정 연령을 기준으로 임금을 조정하고 소정의 기간 동안 고용을 보장하는 제도이다. 다시 말해, 일정 연령이 된 근로자의 임금을 삭감하는 대신 정년까지 고용을 보장함으로써 고용을 유지하고, 임금을 삭감한 만큼 새로운 사람을 뽑을 수 있기 때문에 새 일자리를 창출하는 것이다. 임금 피크제를 찬성하는 사람들은 기업 입장에서는 인건비를 줄이고, 근로자 입장에서는 (　　　　　) 장점이 있다고 말한다. 삭감되는 임금의 상당액을 청년 채용에 투자해서 청년 취업률 상승에 도움을 줄 수 있다는 것이다. 하지만 임금 피크제가 오히려 숙련된 노동자의 노동력을 저임금으로 착취하는 제도로 악용될 우려가 있다고 본다. 나이를 이유로 임금을 삭감하는 것은 부당하다. 또한 정년이 늦어지면서 퇴직자가 감소하게 되면 결국 신규 채용을 어렵게 할 것이다. 삭감된 임금이 과연 신규 채용으로 이어질지도 의문이다.

48. 윗글을 쓴 목적으로 가장 알맞은 것을 고르십시오.

① 임금 피크제에 대해 알려 주기 위해서

② 임금 피크제의 단점을 지적하기 위해서

③ 임금 피크제의 필요성을 주장하기 위해서

④ 임금 피크제의 효용성을 강조하기 위해서

49. (　　　)에 들어갈 말로 가장 알맞은 것을 고르십시오.

① 임금이 올라가는

② 퇴직자가 증가하는

③ 고용 기간이 늘어나는

④ 청년 취업률이 하락하는

50. 윗글의 내용과 같은 것을 고르십시오.

① 임금 피크제는 기업에서 일방적으로 제안한 제도이다.

② 임금 피크제로 인해 정년 이후에도 같은 임금으로 일할 수 있다.

③ 임금 피크제로 인해 정년이 늦어지면서 청년 실업률 상승에 도움이 된다.

④ 임금 피크제로 인해 줄어든 임금을 신규 채용을 위해 사용하는지 의문이다.

제3회 FINAL 실전 모의고사

The 3rd Final Actual Test

TOPIK II

1교시	듣기, 쓰기

수험번호 (Registration No.)	
이 름 (Name)	한국어 (Korean)	
	영 어 (English)	

유 의 사 항
Information

1. 시험 시작 지시가 있을 때까지 문제를 풀지 마십시오.

   Do not open the booklet until you are allowed to start.

2. 수험번호와 이름을 정확하게 적어 주십시오.

   Write your name and registration number on the answer sheet.

3. 답안지를 구기거나 훼손하지 마십시오.

   Do not fold the answer sheet; keep it clean.

4. 답안지의 이름, 수험번호 및 정답의 기입은 배부된 펜을 사용하여 주십시오.

   Use the given pen only.

5. 정답은 답안지에 정확하게 표시하여 주십시오.

   Mark your answer accurately and clearly on the answer sheet.

6. 문제를 읽을 때에는 소리가 나지 않도록 하십시오.

   Keep quiet while answering the questions.

7. 질문이 있을 때에는 손을 들고 감독관이 올 때까지 기다려 주십시오.

   When you have any questions, please raise your hand.

TOPIK Ⅱ 듣기(1번~50번)

Test 03

※ [1~3] 다음을 듣고 가장 알맞은 그림 또는 그래프를 고르십시오. (각 2점)

1. ①  ②

③  ④

2. ①  ②

③  ④

3.
①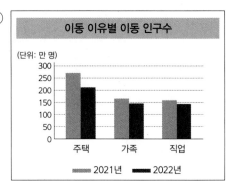

②

③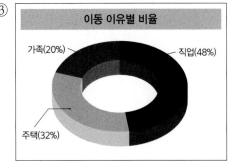

④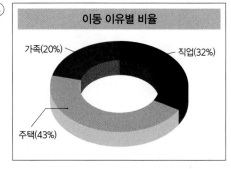

※ [4~8] 다음을 듣고 이어질 수 있는 말로 가장 알맞은 것을 고르십시오. (각 2점)

4.   ① 나갈 때 마스크를 사야겠어요.

　　② 오늘 외출을 안 해서 다행이에요.

　　③ 목이 아프니까 마스크를 쓰려고요.

　　④ 일기 예보를 잘 확인하도록 하세요.

5.   ① 더 싸게 파는 곳을 찾았거든.

　　② 싸고 편리해서 좋은 것 같아.

　　③ 환불하는 방법이 너무 어렵더라고.

　　④ 먼저 신청하는 게 더 좋을 것 같아서.

6. ① 활동이 많이 있어서 좋았어요.

② 동아리에 가입해서 정말 좋아요.

③ 봉사 활동을 어디로 갈지 정해요.

④ 다른 혜택에 대해서 더 알고 싶어요.

7. ① 다른 저축 상품에 가입했어요.

② 이자가 높아서 마음에 들어요.

③ 저축해 봤더니 이자가 높더라고요.

④ 직장인들도 많이 사용하면 좋겠어요.

8. ① 설거지를 할 때 장갑이 필요해요.

② 맨손으로 설거지를 할 걸 그랬어요.

③ 설거지를 할 때 맨손이 더 편리하겠군요.

④ 앞으로 꼭 장갑을 끼고 설거지를 해야겠어요.

※ [9~12] 다음을 듣고 여자가 이어서 할 행동으로 가장 알맞은 것을 고르십시오. (각 2점)

9. ① 작가에게 전화를 한다.

② 책을 보러 서점에 간다.

③ 인터뷰 장소를 알아본다.

④ 작가에게 이메일을 보낸다.

10. ① 서류에 변경 내용을 적는다.

② 김민수 씨와 날짜를 바꾼다.

③ 부장님에게 휴가 서류를 낸다.

④ 휴가 날짜를 바꿀 사원을 찾는다.

11. ① 남자에게 연락을 한다.

② 남자와 함께 식당에 간다.

③ 식당에 예약 확인을 한다.

④ 식당에 예약 전화를 한다.

12. ① 2시가 되기를 기다린다.

② 공부방 이용 신청서를 쓴다.

③ 신청서에 생년월일을 적는다.

④ 친구들에게 생년월일을 물어본다.

※ [13~16] 다음을 듣고 들은 내용과 같은 것을 고르십시오. (각 2점)

13. ① 캠핑장은 이번 주말에 처음 연다.

② 남자는 전에 캠핑장에 가 본 적이 있다.

③ 주말에 캠핑장 당일 신청은 불가능하다.

④ 새로 생긴 캠핑장에는 음식이 준비되어 있다.

14. ① 학생들은 읽기 평가를 먼저 본다.

② 모의시험은 한 시간 동안 진행된다.

③ 시험 도중에는 화장실에 갈 수 없다.

④ 모의시험 중간에는 쉬는 시간이 없다.

15. ① 이 콘서트는 작년에 인기가 많았다.

② 지난번 콘서트는 서울에서만 열렸다.

③ 콘서트 시간이 지난번보다 길어졌다.

④ 콘서트 표는 인터넷에서만 살 수 있다.

16. ① 양심 계산대는 국내에 한 곳밖에 없다.

② 양심 계산대에는 종업원이 한 명도 없다.

③ 카페는 가난한 어린이들이 이용할 수 있다.

④ 원래 커피값보다 많이 내는 손님이 더 많다.

※ [17~20] 다음을 듣고 <u>남자</u>의 중심 생각으로 가장 알맞은 것을 고르십시오. (각 2점)

17. ① 각자 돈을 내는 것과 친한 것과는 관계없다.

② 각자 먹은 음식값은 각자 계산하는 것이 좋다.

③ 사랑하는 사람에게는 돈을 아끼지 말아야 한다.

④ 데이트를 할 때에는 남자가 비용을 내는 게 좋다.

18. ① 중고 노트북을 사는 것은 좋지 않다.

② 신제품은 가격이 비쌀 때 사야 한다.

③ 새로 나온 제품을 먼저 쓰는 것이 좋다.

④ 신제품을 중고로 팔아야 돈을 벌 수 있다.

19. ① 화장을 안 한 청소년이 더 예쁘다.

② 청소년 때는 화장을 안 하는 게 좋다.

③ 화장품은 비싼 화장품을 사용해야 한다.

④ 연예인 때문에 청소년들이 화장을 한다.

20. ① 어렸을 때는 운동을 해야 한다.

② 운동과 공부는 동시에 하기 힘들다.

③ 은퇴 후의 계획을 미리 생각해야 한다.

④ 훈련이 끝난 후에 공부를 하는 게 좋다.

21. 남자의 중심 생각으로 가장 알맞은 것을 고르십시오.

   ① 전자책은 종이 책보다 편리한 편이다.

   ② 무거운 책을 가지고 다니는 것은 좋지 않다.

   ③ 책을 읽다가 느낀 점은 바로 책에 적어야 한다.

   ④ 종이 책을 읽어야 제대로 책을 읽은 느낌이 든다.

22. 들은 내용과 같은 것을 고르십시오.

   ① 남자는 전자책에 대해 부정적이다.

   ② 전자책은 종이 책보다 비싼 편이다.

   ③ 여자는 스마트폰으로 책을 읽고 있다.

   ④ 남자는 전자책과 종이 책을 모두 읽는다.

※ [23~24] 다음을 듣고 물음에 답하십시오. (각 2점)

23. 남자가 무엇을 하고 있는지 맞는 것을 고르십시오.

   ① 여자의 업무 능력을 평가하고 있다.

   ② 업무 평가 제도에 대해서 설명하고 있다.

   ③ 업무 평가의 중요성에 대해 알려 주고 있다.

   ④ 업무 평가 제도에 대한 장점을 소개하고 있다.

24. 들은 내용과 같은 것을 고르십시오.

   ① 업무 평가는 익명으로 진행된다.

   ② 업무 평가는 동료 사원들끼리 한다.

   ③ 부하 직원은 상사를 평가할 수 없다.

   ④ 업무 평가제는 이번에 처음 시행된다.

25. 남자의 중심 생각으로 가장 알맞은 것을 고르십시오.

    ① 다문화 센터의 한국어 강의를 더욱 늘려야 한다.

    ② 직접 가정으로 방문하여 한국어를 가르쳐 줘야 한다.

    ③ 결혼 이주민 여성들은 센터에 방문할 시간이 없는 편이다.

    ④ 결혼 이주민 여성들의 가장 큰 문제는 아이 돌봄 서비스이다.

26. 들은 내용과 같은 것을 고르십시오.

    ① 다문화 센터에는 원래 한국어 강의가 없었다.

    ② 결혼 이주민 여성들은 강의에 잘 참여하는 편이다.

    ③ 결혼 이주민 여성들은 주로 집안일 때문에 외출이 어렵다.

    ④ 남자가 직접 이주민 여성들의 가정으로 가서 한국어를 가르친다.

※ [27~28] 다음을 듣고 물음에 답하십시오. (각 2점)

27. 남자가 말하는 의도로 알맞은 것을 고르십시오.

    ① 최근의 소비 현상을 비판하기 위해

    ② 제품 구매에 대한 조언을 얻기 위해

    ③ 신제품에 대한 정보를 제공하기 위해

    ④ 스마트 시계의 사용 방법을 알려 주기 위해

28. 들은 내용과 같은 것을 고르십시오

    ① 남자는 신제품에 별로 관심이 없다.

    ② 여자는 최근 스마트 시계를 구입했다.

    ③ 남자는 스마트 시계를 사고 싶은 마음이 있다.

    ④ 여자는 텔레비전 광고에서 스마트 시계를 봤다.

29. 남자가 누구인지 고르십시오.
    ① 소설가
    ② 웹툰 작가
    ③ 웹툰 피디(PD)
    ④ 웹툰 사이트 개발자

30. 들은 내용과 같은 것을 고르십시오.
    ① 기존 출판 만화보다 웹툰을 보는 독자가 더 많다.
    ② 웹툰에는 정기적으로 독자들과 소통하는 날이 있다.
    ③ 웹툰은 정해진 요일에 만화를 완성해서 올려야 한다.
    ④ 남자는 전체 이야기의 흐름을 계획하지 않고 작업한다.

※　[31~32] 다음을 듣고 물음에 답하십시오. (각 2점)

31. 남자의 중심 생각으로 가장 알맞은 것을 고르십시오.
    ① 국가가 나서서 개인의 결혼을 도와야 한다.
    ② 결혼을 하는 사람들이 세금을 더 내야 한다.
    ③ 국가가 개인의 의사 결정권을 침해하면 안 된다.
    ④ 싱글세 도입으로 사람들이 결혼을 많이 할 것이다.

32. 남자의 태도로 가장 알맞은 것을 고르십시오.
    ① 구체적인 근거를 대며 동의를 구하고 있다.
    ② 비교를 통해서 차이점을 분명하게 나타내고 있다.
    ③ 예상되는 문제를 말하며 해결책을 제시하고 있다.
    ④ 미래에 일어날 일에 대해 예상하며 반박하고 있다.

※ [33~34] 다음을 듣고 물음에 답하십시오. (각 2점)

33. 무엇에 대한 내용인지 알맞은 것을 고르십시오.
① 잘못된 저축 습관의 문제점
② 경기 침체를 불러일으키는 이유
③ 운동 경기장에서 지켜야 할 예절
④ 경제 분야에서 구성의 모순 사례

34. 들은 내용과 같은 것을 고르십시오.
① 개인에게 바람직한 일은 모두에게도 좋다.
② 국민들이 소비를 하지 않으면 저축이 늘어난다.
③ 모든 국민이 저축을 많이 할 때 구성의 모순이 나타난다.
④ 미래의 소득이 늘어나는 것은 모두에게 바람직하지 않다.

※ [35~36] 다음을 듣고 물음에 답하십시오. (각 2점)

35. 남자가 무엇을 하고 있는지 고르십시오.
① 한국그룹의 방송 후원 의견을 조사하고 있다.
② 한국그룹의 사회적 공헌 활동에 대해 설명하고 있다.
③ 방송 프로그램 후원에 관련된 자료를 분석하고 있다.
④ 방송 프로그램 후원에 필요한 비용을 파악하고 있다.

36. 들은 내용과 같은 것을 고르십시오.
① 방송은 유명인에 관한 내용을 다룬다.
② 방송은 기업들을 위한 광고를 만들었다.
③ 한국그룹은 방송을 통한 홍보를 중시한다.
④ 방송 후원은 한국그룹의 첫 공헌 활동이다.

37. 여자의 중심 생각으로 가장 알맞은 것을 고르십시오.

① 앞으로 자원 재생 연구가 더 중요해질 것이다.

② 오염된 물을 시수로 만드는 과정은 쉽지 않다.

③ 식수가 오염되면 많은 사람들이 병에 걸릴 수 있다.

④ 상하수도 시설을 통해 도시인들의 건강을 지킬 수 있다.

38. 들은 내용과 같은 것을 고르십시오.

① 상수도는 시민들이 사용한 더러운 물을 처리한다.

② 많은 사람들이 하수도에 오염된 물을 버리고 있다.

③ 상하수도 시설이 잘된 도시는 병이 생기지 않는다.

④ 상하수도 연구소 활동은 환경 보전과도 관련이 있다.

※ [39~40] 다음을 듣고 물음에 답하십시오. (각 2점)

39. 이 대화 전의 내용으로 가장 알맞은 것을 고르십시오.

① 다른 곳에서 영화감독을 하다가 포기했다.

② 올림픽 공연을 꿈꾸며 무대 연출을 배웠다.

③ 올림픽 공연 총감독에 도전했으나 매번 떨어졌다.

④ 그동안 올림픽 개·폐회식 공연 감독직을 거절했다.

40. 들은 내용과 같은 것을 고르십시오.

① 여자는 이번 사회적인 공헌 활동이 처음이다.

② 여자는 그동안 자신의 일에 만족하지 못했었다.

③ 여자는 풍부한 공연 예술 경험을 살려 일하고 있다.

④ 여자는 올림픽 공연 총감독을 하려고 영화감독을 그만두었다.

※ **[41~42] 다음을 듣고 물음에 답하십시오. (각 2점)**

41. 이 강연의 중심 내용으로 가장 알맞은 것을 고르십시오.
    ① '작은 웨딩'을 하는 젊은이들이 더 많이 늘어나야 한다.
    ② 결혼식에는 소수의 지인들만 참석하는 것이 가장 좋다.
    ③ 다른 사람에게 보여 주기 위한 화려한 결혼식은 좋지 않다.
    ④ 남의 시선보다 자신의 만족을 중시하는 것은 좋은 현상이다.

42. 들은 내용과 같은 것을 고르십시오.
    ① 한국의 '겉치레' 문화는 최근에 자리잡았다.
    ② 한국에서는 결혼식에 쓰이는 비용이 적은 편이다.
    ③ 최근에는 작은 웨딩에 대한 인식이 긍정적인 방향으로 바뀌었다.
    ④ 한국의 결혼식은 결혼하는 두 사람의 정성을 보여 주는 행사이다.

※ **[43~44] 다음을 듣고 물음에 답하십시오. (각 2점)**

43. 무엇에 대한 내용인지 알맞은 것을 고르십시오.
    ① 미량 영양소는 신체 발달에 도움을 준다.
    ② 비타민 B군이 많을수록 에너지가 많아진다.
    ③ 신체 성장을 위해서 비타민을 섭취해야 한다.
    ④ 미량 영양소인 비타민은 사람에게 꼭 필요하다.

44. 비타민을 미량 영양소라고 부르는 이유로 맞는 것을 고르십시오.
    ① 인간이 에너지를 만들 확률이 낮아서
    ② 인간은 스스로 영양소를 만들 수 없어서
    ③ 적은 양이지만 필수적인 요소이기 때문에
    ④ 부족한 영양소를 음식으로 섭취하기 때문에

※ **[45~46] 다음을 듣고 물음에 답하십시오. (각 2점)**

45. 들은 내용과 같은 것을 고르십시오.

① 수증기가 많아질수록 지구의 기후가 높아진다.

② 태양의 운동은 지구의 기후를 바꾸는 역할을 한다.

③ 음식을 조리할 때 배출되는 이산화탄소가 가장 적다.

④ 대기에서 온실 효과를 일으키는 것은 이산화탄소이다.

46. 여자의 태도로 알맞은 것을 고르십시오.

① 온실 효과를 예방을 위해 협조를 요청하고 있다.

② 기후의 변화가 가져오는 문제점에 대해 경고하고 있다.

③ 인간의 활동과 기후 변화의 상관관계를 설명하고 있다.

④ 기후 변화의 원인 분석이 우선되어야 함을 주장하고 있다.

※ **[47~48] 다음을 듣고 물음에 답하십시오. (각 2점)**

47. 들은 내용과 같은 것을 고르십시오.

① 옛 문헌에서 알 수 있는 정보는 한계가 있다.

② 양반이 아닌 일반 대중들이 쓴 편지가 존재한다.

③ 출간 연대가 오래될수록 가치 있고 귀한 책이다.

④ 옛날에 주고받았던 편지는 현재 흔히 볼 수 있다.

48. 남자의 태도로 알맞은 것을 고르십시오.

① 역사적인 고증을 위해 편지 발굴을 촉구하고 있다.

② 옛 편지글 연구가 나아갈 새로운 방향을 제시하고 있다.

③ 옛 편지글의 가치를 설명하며 연구의 의의를 강조하고 있다.

④ 옛 편지글의 자료를 근거로 연구의 신뢰성을 증명하고 있다.

※ [49~50] 다음을 듣고 물음에 답하십시오. (각 2점)

49. 들은 내용과 같은 것을 고르십시오.

① 한국의 출산율은 결혼 비율과 밀접한 관련이 없다.

② 조사에 따르면 국민의 46.8%가 결혼을 해야 한다고 답했다.

③ 부모님의 도움 없이 결혼하려면 평균적으로 30대 후반이 되어야 한다.

④ 청년들이 결혼을 늦추거나 하지 않는 데에는 물리적인 한계만 존재한다.

50. 남자의 태도로 알맞은 것을 고르십시오.

① 지금까지의 결혼 정책의 결과를 분석하며 반성하고 있다.

② 최근의 과도한 결혼 비용 문제를 설명하며 비판하고 있다.

③ 출산율과 결혼 비율에 상관관계가 있음을 증거를 바탕으로 주장하고 있다.

④ 청년들이 결혼을 늦추거나 포기하는 현상의 원인을 조사 결과로 설명하고 있다.

TOPIK Ⅱ 쓰기(51번~54번)

※ [51~52] 다음 글의 ㉠과 ㉡에 알맞은 말을 각각 쓰시오. (각 10점)

51.

색: 흰색

성별: 남

생년월일: 2023년 1월 1일

몸무게: 1kg

전화번호: 010-2345-9876

이름: 김강희

♥강아지 기르실 분♥

제가 기르는 강아지가 새끼를 일곱 마리 낳았습니다. 집이 좁아서 일곱 마리와 함께 살 수 없기 때문에 (㉠   ). 얼굴이 잘생겼으며, 털이 짧고 귀여운 강아지입니다. 성격이 (㉡   ). 함께 지내는 데 어려움이 없을 것입니다. 특히 외로우신 분에게 좋은 친구가 될 것입니다. 끝까지 책임감을 가지고 강아지와 함께 살 수 있으신 분은 연락 주십시오.

52.

행복의 기준은 사람마다 다르지만 삶의 균형은 행복의 중요한 요소이다. 자신의 일 때문에 가족과 함께하는 시간을 줄이고, 현재 자신이 가진 것에 만족하기보다 가지지 못한 것을 욕심내면 (㉠   ). 이러한 삶의 불균형은 우리에게 우울함과 분노를 가져오기 쉽다. 그러므로 (㉡   ).

53. 다음은 한국 청소년의 하루 평균 인터넷 이용 시간과 인터넷 이용 유형에 대한 조사 자료이다.
이 내용을 200~300자의 글로 쓰시오. 단, 글의 제목은 쓰지 마시오. (30점)

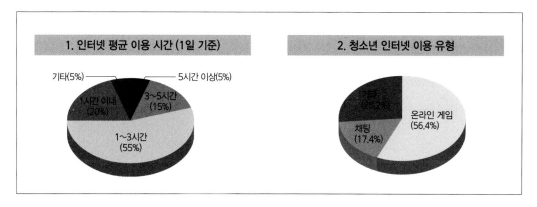

54. 다음을 참고하여 600~700자로 글을 쓰시오. 단, 문제를 그대로 옮겨 쓰지 마시오. (50점)

> 현대 사회는 65세 이상인 고령자의 비율이 빠르게 늘어나고 있습니다. 이러한 고령
> 화 현상은 경제적, 사회적 측면에서 많은 문제점을 야기하게 됩니다. 고령화란 무엇이
> 며, 고령화가 사회에 미치는 경제적, 사회적인 문제점은 무엇이며 이를 해결하기 위해
> 어떤 노력이 필요한지에 대해 쓰십시오.

* 원고지 쓰기의 예

	머	리	는		언	제		감	는		것	이		좋	을	까	?		사
람	들	은		보	통		아	침	에		머	리	를		감	는	다	.		그

제1교시 듣기, 쓰기 시험이 끝났습니다. 제2교시는 읽기 시험입니다.

제3회 FINAL 실전 모의고사

The 3rd Final Actual Test

TOPIK II

| 2교시 | 읽기 |

수험번호 (Registration No.)	
이 름 (Name)	한국어 (Korean)	
	영 어 (English)	

유 의 사 항
Information

1. 시험 시작 지시가 있을 때까지 문제를 풀지 마십시오.

   Do not open the booklet until you are allowed to start.

2. 수험번호와 이름을 정확하게 적어 주십시오.

   Write your name and registration number on the answer sheet.

3. 답안지를 구기거나 훼손하지 마십시오.

   Do not fold the answer sheet; keep it clean.

4. 답안지의 이름, 수험번호 및 정답의 기입은 배부된 펜을 사용하여 주십시오.

   Use the given pen only.

5. 정답은 답안지에 정확하게 표시하여 주십시오.

   Mark your answer accurately and clearly on the answer sheet.

6. 문제를 읽을 때에는 소리가 나지 않도록 하십시오.

   Keep quiet while answering the questions.

7. 질문이 있을 때에는 손을 들고 감독관이 올 때까지 기다려 주십시오.

   When you have any questions, please raise your hand.

TOPIK Ⅱ 읽기(1번~50번)

※ [1~2] (   )에 들어갈 말로 가장 알맞은 것을 고르십시오. (각 2점)

1. 올해는 과일 생산량이 (   ) 대체적으로 과일 가격이 내렸다.

① 는다면   ② 늘어야

③ 는다거나   ④ 늘어서인지

2. 의사는 위염 환자에게 식사량을 (   ).

① 조절하게 했다   ② 조절한다고 한다

③ 조절하려고 했다   ④ 조절하게 되었다

※ [3~4] 밑줄 친 부분과 의미가 가장 비슷한 것을 고르십시오. (각 2점)

3. 꽃병에 개나리 꽃을 <u>꽂아다가</u> 책상 위에 놓으니 봄이 온 것 같다.

① 꽂을 뿐   ② 꽂았기에

③ 꽂아 가지고   ④ 꽂은 바람에

4. 정부의 노력에도 불구하고 국가의 경제 상황이 나아지지 않는 것이 <u>안타까울 따름이다.</u>

① 안타까울 뿐이다   ② 안타까울 수 있다

③ 안타까울 정도이다   ④ 안타까울 리가 없다

※ [5~8] 다음은 무엇에 대한 글인지 고르십시오. (각 2점)

5.

> 상큼한 그녀 향기의 비결!
> 건강하게 빛나는 풍성한 머릿결!

① 향수　　　　　② 샴푸　　　　　③ 비누　　　　　④ 화장품

6.

> 특급 교통망! 쾌적한 자연환경!
> 단지 내 독서실 완비, 최고의 주거 조건

① 호텔　　　　　② 콘도　　　　　③ 아파트　　　　　④ 리조트

7.

> 한 장이 아닙니다. 두 장입니다.
> 뒷면도 앞면과 똑같습니다.

① 돈 절약하기　　② 책 물려주기　　③ 쓰레기 줄이기　　④ 종이 아껴 쓰기

8.

> • 화상을 입었을 때 찬물로 식혀 준 후 병원으로 가세요.
> • 눈에 먼지가 들어갔을 때 깨끗한 물로 씻어 주세요.

① 진찰　　　　　② 치료　　　　　③ 민간요법　　　　　④ 응급 처치

※ [9~12] 다음 글 또는 그래프의 내용과 같은 것을 고르십시오. (각 2점)

9.

희망의 전화 129
– 수어 상담 서비스 이용 안내 –

- **서비스 내용:** 전문 수어 상담사가 화면을 통해 고민을 상담해 줍니다.
- **이용 시간:** 평일 오전 9시 ~ 오후 6시
- **신청 방법:**
  - 보건복지 상담 센터 접속(www.129.go.kr)에서 신청
  - 인터넷 신청이 어려운 경우: 070-7947-3745, 6
    (인터넷과 영상 전화기가 필요합니다.)

① 이것은 수어를 가르쳐 주는 서비스이다.

② 이 서비스는 인터넷으로만 신청 가능하다.

③ 이 서비스를 신청하려면 129로 전화하면 된다.

④ 이것은 화상 통화로 상담을 해 주는 서비스이다.

10.

최종 에너지원 사용 현황

신재생 및 기타
(4.3%)

가스
(12%)

석탄
(13.7%)

석유
(49.1%)

전력
(19.7%)

① 전력이 가장 많이 사용되고 있다.

② 석탄과 가스의 사용량은 격차가 크다.

③ 전력, 석탄, 가스 사용량을 합한 것보다 석유 사용량이 더 많다.

④ 신재생 및 기타 에너지보다 가스가 더 낮은 비율을 차지하고 있다.

11.

> 지난해 금융 채무 불이행자는 총 74만 7,299명으로 조사되었다. 연령대로 나눠 보면 20대가 8만 2,327명, 30대가 13만 1,757명, 40대가 18만 8,843명, 50대가 19만 1,531명, 60대 이상이 15만 2,841명이었다. 그중에서 20대 채무 불이행자 중 500만 원 이하 대출자가 41.8%로 가장 많았으며, 이들이 대출을 받은 주된 이유는 생계비 마련 때문이었다.

① 금융 채무 불이행자의 숫자는 30대가 가장 많았다.

② 전체 연령에서 대출을 받은 주된 이유는 주택 구입 때문이었다.

③ 20대 채무 불이행자 10명 중 4명은 500만 원 이하의 소액을 대출했다.

④ 20대 채무 불이행자가 대출을 받은 주된 이유는 학자금 마련 때문이었다.

12.

> 전자책 시장의 성장에 따라 한 달 단위로 필요한 만큼 책을 빌려볼 수 있는 '전자책 구독형 서비스'가 인기이며, 전자책 도서관도 다양하게 운영되고 있다. 통계에 따르면 전자책 독서율이 성인 19%, 학생 49.1%로 조사되었는데, 2년 전에 비해 성인은 2.5%, 학생은 11.9% 증가하였다. 학생과 20대 청년층을 중심으로 전자책으로 독서하는 습관이 자리 잡았음을 알 수 있다.

① 전자책은 대여가 불가능하다.

② 서점에서 책을 사는 사람들이 늘고 있다.

③ 전자책 독서율은 성인은 11.9%, 학생은 2.5% 증가했다.

④ 젊은 층을 중심으로 전자책 독서 습관이 자리 잡았음을 알 수 있다.

※ **[13~15] 다음을 순서에 맞게 배열한 것을 고르십시오. (각 2점)**

13.

> (가) 그런데 실학자들이 등장하면서 이러한 시각이 바뀌었다.
>
> (나) 조선 시대에는 사람들이 어업은 등한시하고 농업을 중요시했다.
>
> (다) 특히 대표적인 실학자 정약전이 지은 '자산어보'는 사람들의 관심을 바다로 돌리기에 충분했다.
>
> (라) 해양 생물 155종을 기록한 이 책은 당시 세계적으로 보기 드문 과학적 탐구 방법을 보여 주고 있다.

① (나)-(가)-(다)-(라) ② (나)-(가)-(라)-(다)

③ (라)-(가)-(나)-(다) ④ (라)-(다)-(나)-(가)

14.

> (가) 설탕 과다 섭취는 한국도 예외가 아니다.
>
> (나) 탄수화물 섭취량이 많은 한국인에게 설탕은 소금만큼 위험하다.
>
> (다) 꽤 많아 보이는 양이지만 이는 콜라 한 병만 마셔도 섭취하게 되는 양이다.
>
> (라) 미국 보건 당국이 하루 설탕 섭취량을 200kcal 이내로 제한하라고 권고했다.

① (가)-(나)-(라)-(다) ② (가)-(다)-(라)-(나)

③ (라)-(나)-(가)-(다) ④ (라)-(다)-(가)-(나)

15.

> (가) 화장품 회사들이 요즘 다른 분야와의 협동에 열심이다.
>
> (나) 화장품 케이스의 디자인으로 그들의 관심을 끌려는 것이다.
>
> (다) 이는 디자인에 관심이 많은 여성들의 마음을 얻기 위해 선택한 전략이다.
>
> (라) 패션, 영화, 애니메이션 등 대중 예술 아티스트들과 손잡는 회사들이 늘고 있다.

① (가)-(나)-(라)-(다) ② (가)-(라)-(다)-(나)

③ (나)-(가)-(다)-(라) ④ (나)-(다)-(라)-(가)

※ [16~18] ( )에 들어갈 말로 가장 알맞은 것을 고르십시오. (각 2점)

16.

> '퇴고'란 글을 다 쓴 다음 글을 다시 확인하여 잘못된 곳을 고치고, 부족한 곳을 더 낫게 다듬는 일을 말한다. 퇴고를 얼마나 잘하느냐에 따라서 (   ). 따라서 글을 쓴 후에는 꼭 다시 읽어 보면서 주제와 소재의 명확성, 내용의 정확성, 문법과 맞춤법 등을 확인하는 것이 좋다.

① 글이 길어지기도 한다
② 글의 완성도가 달라진다
③ 주제가 생기기도 하고 없어지기도 한다
④ 소재가 바뀌기도 하고 내용이 변하기도 한다

17.

> 영화배우나 가수 등 연예인이 아닌 이웃 주민이 모델로 등장하는 아파트 광고가 자주 눈에 띈다. 건설 회사들이 지역 주민을 모델로 한 광고를 찍어서 포스터를 시내 곳곳에 붙였기 때문이다. 아파트 분양 홍수 속에서, 건설 회사들이 그 지역의 아파트를 필요로 하는 지역 주민들을 대상으로 (   ) 지역 밀착형 마케팅을 강화하고 있는 것이다.

① 등을 돌리는
② 광고를 만들게 하는
③ 복지 혜택을 주려고
④ 친근감을 주기 위한

18.

> 　바이올린이 맑은 소리를 내게 하기 위해서는, 악기가 될 만한 좋은 나무를 골라 오랜 기간 잘 건조시켜야 한다. 현과 활을 제작할 때도 마찬가지로 사람의 정성과 노력이 들어가야 소리가 맑은 명품이 탄생하게 된다. 물론 (　　　　　). 들을 줄 아는 귀가 없는 사람이 어떻게 남의 귀를 즐겁게 하는 악기를 만들 수 있겠는가?

① 바이올린의 소리도 결정적이다

② 듣는 사람의 음악성도 필요하다

③ 연주가의 음악적 재능도 있어야 한다

④ 만드는 사람의 음악적 감각도 중요하다

※ [19~20] 다음을 읽고 물음에 답하십시오. (각 2점)

> 　동물의 잠자기를 살펴보면 아주 재미있다. 박쥐처럼 하루에 18시간이 넘게 잠을 자는 동물도 있는가 하면, 기린이나 얼룩말처럼 하루에 2시간만 자는 동물도 있다. 하지만 (　　　　) 잠을 자지 않는 동물은 없다. 인간이 보기에 잠든 것처럼 보이지 않을 뿐이다. 대표적으로 돌고래는 5분~10분에 한 번씩 양쪽 뇌를 번갈아가면서 잠을 잔다. 한쪽 눈을 뜨고 움직이면서 자는 것이다.

19. (　　)에 들어갈 말로 가장 알맞은 것을 고르십시오.

① 겨우　　　　　　② 훨씬　　　　　　③ 아예　　　　　　④ 고작

20. 윗글의 주제로 가장 알맞은 것을 고르십시오.

① 동물의 수면 시간은 비슷하다.

② 사람과 동물의 잠자기는 닮은 점이 있다.

③ 모든 동물은 잠을 자는데 그 시간이 다르다.

④ 발달된 동물일수록 수면 시간이 더 긴 편이다.

> 스케이트를 타다가 넘어져 부상을 입는 사람들 중에는 초보자보다 오히려 능숙한 실력자인 경우가 훨씬 더 많다. 운전을 할 때도 처음 운전을 시작하는 초보 운전자보다 일년 이상의 운전 경력이 있는 사람들이 교통사고를 더 많이 낸다고 한다. 이는 자신의 실력이 늘어남에 따라 교만함도 늘어났기 때문이다. (   )는 말이 있듯이 스스로 경계하는 자세가 필요하다.

21. (   )에 들어갈 말로 가장 알맞은 것을 고르십시오.

　① 고생 끝에 낙이 온다

　② 떡 본 김에 제사 지낸다

　③ 놓친 고기가 더 커 보인다

　④ 벼는 익을수록 고개를 숙인다

22. 윗글의 내용과 같은 것을 고르십시오.

　① 스케이트 선수들은 부상을 입지 않는다.

　② 실력 있는 운전자는 교통사고를 조심하게 된다.

　③ 능숙한 실력자가 초보자보다 더 실수를 많이 한다.

　④ 실력이 늘어나는 경력자들은 교만한 자세도 필요하다.

※ [23~24] 다음을 읽고 물음에 답하십시오. (각 2점)

> 텔레비전에서 그림자극을 보니 어린 시절 아빠와 함께 그림자놀이를 하던 기억이 떠올랐다. 손 모양을 바꿔 가며 귀여운 토끼도 만들고, 오리도 만들었던 생각이 났다. 또 그림자놀이와 함께 아빠가 들려주시던 옛날이야기도 새록새록 떠올랐다. 침대에 누워서 아빠가 들려주시는 이야기를 듣다 보면 나는 어느새 달콤한 꿈의 세계로 빠져들곤 했다. 하지만 지금은 이런 놀이에 흥미가 전혀 없다. 훨씬 더 재미있는 컴퓨터 게임이 있기 때문이다. 생각해 보면 내가 컴퓨터 게임을 하면서부터 아빠와 점점 멀어지게 된 것 같다. 오늘은 아빠와 함께 그림자놀이를 해 보고 싶다. 그러면 아빠와 다시 가까워질 수 있고, 옛 추억도 되살릴 수 있을 것만 같다.

23. 밑줄 친 부분에 나타난 나의 심정으로 알맞은 것을 고르십시오.
① 그립다 　　　　　　　　　　② 낯설다
③ 담담하다 　　　　　　　　　④ 억울하다

24. 윗글의 내용과 같은 것을 고르십시오.
① 어렸을 때 그림자놀이를 하다가 잠이 들곤 했다.
② 지금은 그림자놀이보다 컴퓨터 게임에 빠져 있다.
③ 지금도 토끼와 오리를 만드는 그림자놀이를 한다.
④ 컴퓨터 게임을 통해 아빠와 내가 가까워질 수 있었다.

※ [25~27] 다음 신문 기사의 제목을 가장 잘 설명한 것을 고르십시오. (각 2점)

25. | 담뱃값 인상으로 금연 정책 성공? 담배 판매 다시 늘어 |

① 정부가 담뱃값을 올려서 금연하는 사람이 줄었다.
② 정부가 담뱃값을 내려서 담배 판매가 다시 늘었다.
③ 담뱃값 인상으로 금연 정책은 성공했으나 담배 판매는 오히려 늘었다.
④ 담뱃값을 올려서 흡연 인구를 줄이려는 정부의 정책이 실패로 돌아갔다.

26.

집밥 말고 밥집에, 10년 전보다 집밥 해 먹는 비율 27% 감소!

① 유명한 밥집의 인기가 과거에 비해 높아졌다.

② 외식·간편식보다 집밥을 선호하는 사람들이 많아졌다.

③ 집밥을 해 먹는 사람들의 만족도가 과거보다 떨어졌다.

④ 집밥을 해 먹는 사람들의 비율이 10년 전에 비해 줄었다.

27.

중년층 호감 폭발적, 중년의 삶을 다룬 영화제 입상작 계약 경쟁

① 중년층은 영화제에서 계약 경쟁이 심했던 영화를 좋아한다.

② 중년층은 영화제에서 입상 후보에 오른 영화를 궁금해한다.

③ 중년층이 좋아하는 영화제 입상작을 계약하고 싶어 하는 사람이 많다.

④ 중년층의 관심을 끈 작품이 영화제에서 상을 받기 위해 경쟁하고 있다.

※ [28~31] (   )에 들어갈 말로 가장 알맞은 것을 고르십시오. (각 2점)

28.

사회 전반에 명품 신드롬이 거세게 불면서 각 기업들은 명품이란 단어를 사용하여 (　　　　). 국민 소득이 증가하면서 명품족이 늘어나는 것은 어찌 보면 자연스러운 일이다. 그러나 자신의 현실을 망각한 채 기업의 상업 전략에 넘어가 명품 구입에만 몰두하는 것은 심각한 문제다. 형편이 안 되는데도 명품에 집착함으로써 발생하는 문제는 개인적인 파산뿐 아니라 사회적인 문제로 확대될 수 있다.

① 신분을 과시하고 있다

② 소비 심리를 부추기고 있다

③ 사회 문제를 걱정하고 있다

④ 개인 파산을 유도하고 있다

29.

> 고대 그리스인들과 로마인들은 존경의 표시나 인사로 입, 눈, 손, 심지어 무릎이나 발에 키스를 하곤 했다. 초기 기독교인들도 만나면 서로 입술에 '성스러운 키스'를 하며 반가운 마음을 표현했다. 키스를 하는 관습은 계속되었지만 오늘날 대부분의 사람들은 키스를 '사랑을 표현하는 방법'으로 생각한다. 그러나 (   ) 키스의 예전 용도는 아직도 흔하다. 국가 지도자들은 만날 때 종종 서로의 볼에다 키스를 함으로써 인사를 한다.

① 존경이나 환영을 나타내던
② 사랑이나 존경을 표현하던
③ 이성 간의 애정을 나타내던
④ 종교인의 성스러움을 표현하던

30.

> 판소리계 소설이란 판소리의 사설이 소설로 정착된 것으로 당시의 사회상이나 지배 계층을 풍자하는 내용을 담고 있다. 따라서 판소리 사설에 나타나는 악인들과 일반 고전 소설 작품에 등장하는 악인들은 서로 다른 인간형을 보인다. 고전 소설의 악인들은 지능적이고 계획적인 악의 모습을 보여 주는 반면, 판소리 사설의 악인들은 우리가 증오하기보다는 (   ) 유형들이다.

① 웃음으로 받아넘기게 되는
② 사랑하려야 사랑할 수 없는
③ 무감각하게 받아들이게 되는
④ 건성으로 좋아할 수밖에 없는

31.

자장면은 중국인 이민자들이 한국 사람들의 입맛에 맞게 만들어 낸 비빔국수이다. 이 자장면의 내력을 살펴보면 중국 근대사의 흐름과 마주하게 된다. 서구 강대국의 힘에 휘둘리지 않고 강하고 부유한 나라를 만들겠다는 중국인의 바람을 이루는 것은 결코 쉽지 않았다. 그 과정에서 민중들의 고통이 극심했는데, 오갈 곳을 잃은 사람 중 일부는 고향을 떠나 타지인 한국에 정착하게 된 것이다. 따라서 자장면은 고난을 극복해 온 (   )의 상징이라 할 수 있다.

① 중국인 이민자들의 천재성
② 중국인 이민자들의 융통성
③ 중국 민중의 신선한 창의력
④ 중국 민중의 끈질긴 생명력

※ **[32~34] 다음을 읽고 글의 내용과 같은 것을 고르십시오. (각 2점)**

32.

여름날 볼 수 있는 작은 파리가 있는데 바로 초파리다. 술을 좋아하는 초파리는 알코올 분해 효소도 가지고 있다. 초파리는 키우기 쉽고, 한살이가 일주일 남짓으로 매우 짧은 데다가 알을 많이 낳아 통계 처리가 용이하기 때문에 좋은 실험 모델로 오랫동안 사랑받아 왔다. 초파리는 당뇨, 암, 면역, 노화 등과 관련된 의학 연구에도 쓰이는데 이는 병을 유발하는 유전자가 사람과 75%나 유사하기 때문이다.

① 사람과 유전자가 같은 초파리는 당뇨와 암을 유발한다.
② 초파리는 키우기 쉽고, 오래 살아서 실험 모델로 사랑받는다.
③ 자손을 많이 퍼트리는 초파리는 통계 처리가 쉬운 장점이 있다.
④ 초파리는 번식력이 좋아서 최근 실험 모델로 사용되기 시작했다.

33.

글로벌 구인난이 심해지고 있다. 특히 제조업에서 구인난이 심각한데, 미국의 제조업 연구소가 발표한 보고서에 따르면 제조업 일자리 중 210만 개가 2030년까지도 알맞은 직원을 찾지 못할 것이라고 한다. 이러한 구인난이 생산 차질 등으로 이어져 수익성에 큰 영향을 끼칠 것으로 예상된다. 설문에 답한 제조업 회사의 36%는 5년 전에 비해 인재를 찾는 것에 훨씬 더 애를 먹고 있다고 답했다. 이러한 구인난이 점점 더 심각해진다는 점에서 우려의 목소리가 적지 않다.

① 특히 제조업에서 일할 곳을 찾기 쉽지 않다.

② 세계적으로 사람들이 구직에 어려움을 겪고 있다.

③ 구인난으로 제조업의 수익성이 악화될 것으로 예상된다.

④ 2030년에는 210만 개의 일자리가 새로 생길 것으로 보인다.

34.

사람의 본성에는 분쟁의 주된 원인이 되는 세 가지가 있다. 그것은 경쟁심, 소심함, 명예욕이다. 경쟁심은 이득을 보기 위해, 소심함은 안전을 보장받기 위해, 명예욕은 좋은 평가를 듣기 위해 남을 해치도록 유도한다. 경쟁심은 타인과 재물을 자기 것으로 만드는 과정에서, 소심함은 자기 자신을 방어하는 과정에서, 명예욕은 자신뿐만 아니라 가족, 동료, 민족 등의 존엄성을 지키는 과정에서 인간으로 하여금 폭력을 사용하도록 만든다.

① 경쟁심, 소심함, 명예욕은 인간을 발전시킨다.

② 소심함 때문에 자신에 대한 평가에 민감해지게 된다.

③ 자신을 보호하기 위해 폭력을 사용하게 되는 것은 경쟁심 때문이다.

④ 가족을 위해 폭력을 사용하게 되는 것은 명예욕에서 비롯된 것이다.

※ [35~38] 다음을 읽고 글의 주제로 가장 알맞은 것을 고르십시오. (각 2점)

35.

> 육아 휴직 제도를 이용해 아내와 육아 부담을 나누는 아빠들이 늘고 있다. 휴직으로 인한 경력 단절이 마음에 걸린다면 육아기 근로 시간 단축 제도를 이용하는 방법도 있다. 남성이 육아기 근로 시간 단축 제도를 이용하면 본인과 가족에게는 물론 기업에도 도움이 된다. 직원들의 스트레스가 줄어 직무 만족도가 증가하고, 일하는 방식의 변화로 더 효율적으로 일하게 되어 결국 기업의 생산성도 높아진다.

① 육아 휴직 때문에 경력이 단절되어서는 안 된다.
② 남성의 육아기 근로 시간 단축 제도를 장려해야 한다.
③ 남성의 육아 휴직 제도를 이용해 기업의 생산성을 높여야 한다.
④ 육아기 근로 시간 단축 제도보다 육아 휴직 제도를 이용하는 것이 좋다.

36.

> 수학은 학년이 올라갈수록 학생들이 가장 어려워하는 과목 중 하나다. 더구나 최근 교육 과정에서는 계산 능력보다 사고력과 문제 해결력이 더욱 중요해졌다. 따라서 문제 풀이를 반복하는 기존의 학습 방법에서 벗어나, 사고력 강화 훈련을 할 필요가 있다. 이를 위해서는 다양한 교구를 활용한 활동과 발표, 토론 등 여러 의사소통 활동을 통해 지속적으로 자신의 사고를 되돌아봄으로써 잘못된 개념을 교정하여 개념과 원리를 확실하게 잡아야 한다.

① 수학은 고학년으로 올라갈수록 어려운 과목이다.
② 수학을 공부할 때는 개념과 원리의 이해가 중요하다.
③ 다양한 교구를 사용해야 사고력을 강화시킬 수 있다.
④ 문제 해결력을 키우기 위해 문제를 많이 풀어야 한다.

37.

> 중동, 아프리카에서 목숨을 걸고 유럽으로 탈출하는 난민의 참혹한 현실은 어제 오늘의 일이 아니다. 난민 규모도 2차 대전 이후 최대라고 한다. 난민 수용 문제를 놓고 분열되는 모습을 보이던 유럽 각국은 분노 여론에 밀려 한발 물러서는 모습을 보였다. 정치적 비난을 피하기 위해 마지못해 난민을 수용하는 식으로는 문제를 해결할 수 없다. 생명을 지키기 위해 죽음의 탈출을 감행하는 이들을 외면해서는 안 될 것이다.

① 난민 수용 문제로 유럽 각국이 분열해서는 안 된다.

② 유럽 각국은 적극적으로 나서서 난민을 보호해야 한다.

③ 유럽 각국은 난민을 수용해서 정치적 비난을 피해야 한다.

④ 난민의 위험한 처지를 세계에 알리는 것은 유럽 각국이 할 일이다.

38.

> 일반적으로 사람들은 밥을 먹은 후에 약을 먹어야 된다고 생각한다. 하지만 약마다 먹는 시간이 다르다. 혈압 약처럼 하루 한 번 먹는 약은 대부분 아침에 먹어야 효과가 있다. 아침에 일어났을 때 혈압이 가장 높은데, 그때 먹으면 약효가 좋기 때문이다. 반대로 종합 감기약, 코감기 약 등은 졸음, 나른함, 집중력 장애 등의 부작용이 나타날 수 있기 때문에 일상생활이 끝난 저녁에 먹는 게 좋다.

① 꼭 밥을 먹은 후에 약을 먹어야 한다.

② 약의 종류에 따라 약을 먹는 시간이 달라야 한다.

③ 부작용을 줄이기 위해 약은 저녁에 먹는 것이 좋다.

④ 부작용이 나타날 수 있는 약은 저녁에 먹어야 효과가 있다.

39.

동의보감에 버섯은 기운을 돋우고 식욕을 돋워서 위장을 튼튼하게 해 준다고 기록되어 있다. (㉠) 버섯은 콜레스테롤 수치를 낮춰 주고 비만과 암을 예방해 주는 장수 식품으로도 각광받고 있다. (㉡) 이와 같은 효능의 중심엔 베타글루칸이라는 성분이 있는데, 이 성분은 우리 몸의 콜레스테롤을 낮추고 항암 효과에 탁월하다. (㉢) 또한 버섯은 90% 이상이 물이고 식이 섬유가 풍부하다. (㉣)

───────〈보 기〉───────

따라서 수분이 부족해서 변비로 고생한다면 버섯을 자주 섭취하는 것이 좋다.

① ㉠   ② ㉡   ③ ㉢   ④ ㉣

40.

(㉠) 악전고투 끝에 우승한 골프 선수 박세리의 모습이 생중계되면서, IMF로 인해 실의에 빠졌던 한국인들은 다시 희망을 갖게 되었다. (㉡) 아버지의 권유로 골프를 시작한 박세리 선수는 초등학교 시절 어린 나이에 훈련장에서 새벽 2시까지 혼자 남아 훈련을 하는 등 스스로 최고가 되기 위해 엄격한 훈련을 한 것으로 알려져 있다. (㉢) 박세리 성공 신화 이후 전국적으로 골프를 배우는 어린이들이 늘어났다. (㉣)

───────〈보 기〉───────

이 무렵에 골프를 시작해서 성공을 거둔 몇몇 여자 골프 선수들을 '박세리 키즈'라고 한다.

① ㉠   ② ㉡   ③ ㉢   ④ ㉣

41.

> 자본주의가 갓 시작되었을 무렵에 기업은 오로지 눈앞의 이익만을 추구했다. (㉠) 자본이 많지 않은 상태에서 자유 경쟁을 하는 상황에서는 순간적인 이득을 포기하면 그 즉시 경쟁에서 도태되었기 때문이다. (㉡) 그러므로 기업은 경쟁에서 살아남기 위해 자신이 가진 자원을 최대치로 활용해서 가장 낮은 가격으로 상품을 판매하게 되었다. (㉢) 이때는 기업의 소유자와 경영자가 분리되지 않았기 때문에, 기업의 이익과 자본가의 이익은 같은 것이었다. (㉣)

────────〈 보　기 〉────────

> 이는 기업 자신의 이익을 위한 행동이 결국 사회적 이득으로도 이어졌다는 의미이다.

① ㉠　　　　② ㉡　　　　③ ㉢　　　　④ ㉣

※ **[42~43] 다음을 읽고 물음에 답하십시오. (각 2점)**

> 작년 응오와 같이 추수를 했던 친구라면 더 묻지는 않으리라. 한 해 동안 가슴을 졸이며 알뜰히 가꾸던 벼를 거둬들임은 기쁜 일임이 틀림없었다. 꼭두새벽부터 일을 해도 괴로움을 몰랐다. 그러나 날이 캄캄해지도록 벼를 털고 나서 땅 주인에게 땅 빌린 값을 제하고 보니 남은 것은 등줄기를 흐르는 식은땀이 있을 뿐이었다. 같이 벼를 털어 주던 친구들이 뻔히 보고 서 있는데 빈손으로 집으로 돌아오는 건 진정 부끄럽기 짝이 없는 노릇이었다. 참다 참다 못해 응오의 눈에 눈물이 흘렀다.
>
> 풍작이었던 작년에도 그랬는데, 올해는 더구나 흉작이다. 샛바람과 비에 벼가 거의 시들어버렸다. 추수를 했다가는 먹을 게 남지 않음은 물론이요, 빚도 다 못 갚을 모양이다. 추수를 포기하고 내버려 두지 않을 수 없다. 벼를 거뒀다고 소문이 나면 땅 주인이 모두 가져갈 테니까.
>
> 그런데 그 논의 벼가 없어지자, 응오의 형, 응칠이가 범인으로 의심을 받게 되었다. 동생을 위해 땅 빌린 값을 깎아 달라고 부탁하러 갔다가 다툼 끝에 땅 주인의 뺨을 때렸기 때문이다.
>
> 김유정 〈만무방〉

42. 밑줄 친 부분에 나타난 응오의 심정으로 가장 알맞은 것을 고르십시오.

① 만족스럽고 뿌듯하다.

② 절망스럽고 허탈하다.

③ 겁에 질리고 초조하다.

④ 당황스럽고 죄책감을 느끼다.

43. 윗글의 내용으로 알 수 있는 것을 고르십시오.

① 응오는 자기 땅에 농사를 짓는다.

② 응오는 벼를 수확해 빚을 다 갚았다.

③ 응오는 올해 벼를 수확하지 않을 생각이다.

④ 응오와 땅 주인은 서로 도와가며 농사짓는다.

※ [44~45] 다음을 읽고 물음에 답하십시오. (각 2점)

> 파킨슨병은 신경 퇴행성 질환 중 하나로, 영국의 제임스 파킨슨 의사의 이름을 따서 붙여진 병명이다. 파킨슨병은 뇌의 신경 전달 물질 중 하나인 도파민의 분비가 줄어들면서 뇌 신경 세포에 정보가 제대로 전달되지 않으면서 발생한다. 이로 인해 파킨슨병을 앓고 있는 사람들은 말을 제대로 하지 못하고, 몸이 굳어 있어서 표정이 비슷한 편이다. 게다가 몸이 떨리기 때문에 (   ), 신경계의 이상으로 인해 땀과 침을 많이 흘리게 된다. 그러므로 같은 나이 또래보다 땀이나 침을 많이 흘린다 싶으면 별다른 증상이 없더라도 병원에 가서 검사를 받아 보는 것이 낫다.

44. (   )에 들어갈 말로 가장 알맞은 것을 고르십시오.

① 말을 빨리 하게 되고

② 다양한 표정을 보여 주고

③ 원하는 대로 물건을 잡기 어려워지고

④ 걷는 속도가 빨라져서 통제가 안 되고

45. 윗글의 주제로 가장 알맞은 것을 고르십시오.

① 신체의 분비물이 줄어들면 빨리 병원 진단을 받아야 한다.

② 나이가 들면 특별한 증상이 없어도 건강 검진을 받아야 한다.

③ 신체가 노화되어 신경이 퇴화하면 파킨슨병을 조심해야 한다.

④ 나이가 들면서 땀과 침을 많이 흘리면 파킨슨병을 의심해 봐야 한다.

※ [46~47] 다음을 읽고 물음에 답하십시오. (각 2점)

유튜브나 SNS에서 영화나 드라마를 요약해 주는 영상이 인기를 끌고 있다. 많은 시간을 투자하지 않아도 인기 있는 영화나 드라마의 내용을 금방 이해할 수 있는 데다 답답한 갈등 구간을 시청하지 않아도 된다는 장점이 있기 때문이다. 심지어 영화나 드라마를 빨리 감기 혹은 몇 배 빠른 속도로 시청하는 사람들도 있을 정도이다. 긴 시간 동안 집중하는 것을 견디지 못하는 사람들이 늘어난 것도 하나의 이유이지만, 영화나 드라마와 같은 콘텐츠를 다른 사람들과 대화하기 위한 수단으로 여기는 사람들이 늘어난 것도 또 다른 이유라 할 수 있다. 콘텐츠 그 자체의 기승전결을 온전히 즐기기보다는 중심 내용 위주로 빠르게 보기를 원하는 것은 그 때문이다. 하지만 이런 식의 시청 방식이 습관이 되면 긴 영상을 이해하는 능력이 떨어질 수 있다는 문제점이 있다.

46. 윗글에 나타난 필자의 태도로 가장 알맞은 것을 고르십시오.

① 영화를 요약해서 시청하는 사람들을 비판하고 있다.

② 영화를 요약해서 시청하는 것의 장단점을 비교하고 있다.

③ 콘텐츠의 기승전결을 온전히 즐겨야 한다고 강하게 주장하고 있다.

④ 영화를 요약해서 시청하는 사람이 늘어난 이유와 문제점을 밝히고 있다.

47. 윗글의 내용과 같은 것을 고르십시오.

① 영화나 드라마를 요약해 주는 영상이 비판받고 있다.

② 콘텐츠의 기승전결을 온전히 즐기고 싶어 하는 사람들이 늘어났다.

③ 영화를 요약해서 시청하면 답답한 갈등 구간을 시청하지 않아도 된다.

④ 요약 영상을 시청하는 습관을 통해 긴 영상을 이해하는 능력이 향상된다.

　　　지방 공무원법 제63조 7항에 의해 공무원은 직무 관련 연구 과제 또는 자기 개발을 위한 학습, 연구 등을 위해 자기 개발 휴직을 사용할 수 있다. 5년 이상 근무한 직원을 대상으로 하며 휴직 기간은 재직 중 1년 이내이다. 단, 휴가 기간에 금전적 대가를 얻는 일을 하거나 특정 기관에 채용될 수 없다. 이 제도는 다양한 자기 개발을 통해 공무원의 역량을 높이고 직장 내의 학습 분위기를 높이기 위한 목적으로 도입되었다. 이 제도에 대한 공무원의 반응은 긍정적이다. 질병, 출산 및 육아, 간병 등의 사유가 아니더라도 일을 쉬면서 필요한 공부를 할 수 있는 기회가 생겼기 때문이다. 다만 아직까지 자기 개발 휴직을 사용한 직원이 많지 않다는 점에서 실제로 휴직을 사용하는 데에는 현실적인 어려움이 많아 보인다. (　　　　) 제도가 되지 않도록 정부 차원에서의 독려가 필요하다.

48. 윗글을 쓴 목적으로 가장 알맞은 것을 고르십시오.

① 각 지자체의 복지 시설을 확충하기 위해서

② 공무원의 열악한 근무 환경을 고발하기 위해서

③ 공무원의 자기 개발 휴직의 내용을 알리기 위해서

④ 공무원의 현실적인 휴직 제도 도입을 주장하기 위해서

49. (　　)에 들어갈 말로 가장 알맞은 것을 고르십시오.

① 실효성 있는

② 겉보기에만 그럴 듯한

③ 실질적으로 의미가 있는

④ 직원들의 역량을 높일 수 있는

50. 윗글의 내용과 같은 것을 고르십시오.

① 자기 개발 휴직은 5년 이상 사용할 수 있다.

② 아직까지 자기 개발 휴직을 사용한 직원이 많지 않다.

③ 자기 개발 휴가는 출산 및 육아를 사유로 사용할 수 있다.

④ 휴가 기간에 금전적 대가를 얻는 일을 하려면 따로 신청이 필요하다.

제 4 회 FINAL 실전 모의고사

The 4th Final Actual Test

TOPIK II

| 1교시 | 듣기, 쓰기 |

수험번호 (Registration No.)		
이 름 (Name)	한국어 (Korean)	
	영 어 (English)	

유 의 사 항
Information

1. 시험 시작 지시가 있을 때까지 문제를 풀지 마십시오.

   Do not open the booklet until you are allowed to start.

2. 수험번호와 이름을 정확하게 적어 주십시오.

   Write your name and registration number on the answer sheet.

3. 답안지를 구기거나 훼손하지 마십시오.

   Do not fold the answer sheet; keep it clean.

4. 답안지의 이름, 수험번호 및 정답의 기입은 배부된 펜을 사용하여 주십시오.

   Use the given pen only.

5. 정답은 답안지에 정확하게 표시하여 주십시오.

   Mark your answer accurately and clearly on the answer sheet.

6. 문제를 읽을 때에는 소리가 나지 않도록 하십시오.

   Keep quiet while answering the questions.

7. 질문이 있을 때에는 손을 들고 감독관이 올 때까지 기다려 주십시오.

   When you have any questions, please raise your hand.

※ [1~3] 다음을 듣고 가장 알맞은 그림 또는 그래프를 고르십시오. (각 2점)

1.

2.

3.

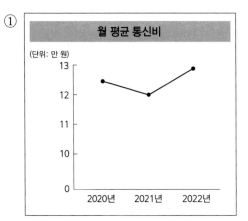

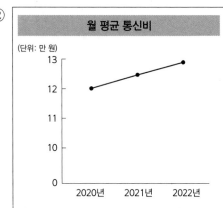

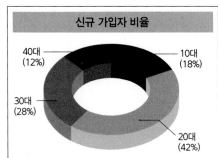

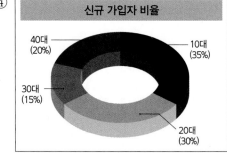

※ [4~8] 다음을 듣고 이어질 수 있는 말로 가장 알맞은 것을 고르십시오. (각 2점)

4. ① 정말 많이 팔렸나 봐요.

② 저도 한번 가 볼 걸 그랬어요.

③ 중고 시장에 팔았으면 좋았을 텐데요.

④ 좋아요, 그냥 버렸으면 아까울 뻔했어요.

5. ① 서비스가 별로 안 좋은 것 같아요.

② 규칙이 바뀌면 편리해질 것 같아요.

③ 자전거는 시간이 많이 걸릴 것 같아요.

④ 오랜만에 자전거를 타고 싶었는데 아쉽네요.

6. ① 편리해서 예약하고 싶었어.

   ② 덕분에 편하게 잘 다녀왔어.

   ③ 생각보다 인원이 더 많아졌어.

   ④ 예약하는 게 어려울 수도 있어.

7. ① 그 드라마를 저도 한번 봐야겠어요.

   ② 드라마가 좀 더 재미있으면 좋겠어요.

   ③ 저도 정말 보고 싶은데 요즘 시간이 없어요.

   ④ 아이들에게 나쁜 영향이 있을까 봐 걱정이에요.

8. ① 커피 마시는 돈을 좀 줄여야겠어요.

   ② 가격이 비싸더라도 마셔 보고 싶어요.

   ③ 밥값이 너무 많이 나와서 걱정이에요.

   ④ 저도 이제부터 커피 대신 차를 마셔야겠어요.

※ [9~12] 다음을 듣고 여자가 이어서 할 행동으로 가장 알맞은 것을 고르십시오. (각 2점)

9. ① 주사를 맞는다.

   ② 약을 처방받는다.

   ③ 열을 확인해 본다.

   ④ 약을 지으러 간다.

10. ① 출장 일정표를 찾아서 수정한다.

    ② 호텔에 연락해서 날짜를 연장한다.

    ③ 남자와 출장 일정을 다시 계획한다.

    ④ 부장님께 출장 일정에 대해 말씀드린다.

11. ① 차를 다른 곳에 주차한다.

　　② 다른 주차 구역을 찾아본다.

　　③ 옆 차 주인에게 전화를 한다.

　　④ 장애인 주차 구역에 주차한다.

12. ① 축제 때 사용할 옷을 주문한다.

　　② 옷을 받으러 전공 사무실에 간다.

　　③ 옷이 도착했는지 조교에게 물어본다.

　　④ 전공 사무실에 전화해서 옷을 받는다.

※ [13~16] 다음을 듣고 들은 내용과 같은 것을 고르십시오. (각 2점)

13. ① 남자는 오늘 노래를 처음 들어 본다.

　　② 요즘 가게에 블랙핑크의 노래가 안 나온다.

　　③ 오늘 강남의 서점에 가면 블랙핑크를 볼 수 있다.

　　④ 오늘 블랙핑크의 앨범을 사면 사인을 받을 수 있다.

14. ① 사은품을 받기 위해서 영수증을 보여 줘야 한다.

　　② 오늘 받은 할인 쿠폰은 오늘부터 사용할 수 있다.

　　③ 오늘 고객 카드를 만들면 사은품을 받을 수 있다.

　　④ 고객들은 다음 쇼핑 때 할인 쿠폰을 받을 수 있다.

15. ① 시민 안전 근무조는 휴가철에 활동을 한다.

　　② 소방관들이 안전 근무조에서 함께 활동을 한다.

　　③ 안전 근무조가 초등학생들에게 안전 교육을 한다.

　　④ 시민이라면 누구나 안전 근무조에 지원할 수 있다.

16. ① 거리 예술단에는 일반 시민들이 참여한다.

② 거리 예술가들은 무료로 공연 활동을 한다.

③ 종로 전통 거리에는 전통 시장이 부족했다.

④ 시장은 앞으로 거리 예술단을 만들 예정이다.

※ [17~20] 다음을 듣고 남자의 중심 생각으로 가장 알맞은 것을 고르십시오. (각 2점)

17. ① 밖에서 파는 커피는 비싼 편이다.

② 커피를 마시면 일에 집중할 수 있다.

③ 커피를 많이 마시면 건강이 나빠진다.

④ 커피 대신 몸에 좋은 음료를 마셔야 한다.

18. ① 앞으로 명절 분위기가 달라져야 한다.

② 가족들과 함께 가는 여행은 의미가 있다.

③ 명절에는 가족들과 여행을 가는 게 좋다.

④ 전통적인 명절이 없어지는 것 같아 아쉽다.

19. ① 보통 사람들은 개성이 더 중요하다.

② 연예인이 모두 예뻐야 하는 건 아니다.

③ 연예인은 직업의 특성상 관리가 필요하다.

④ 예뻐지기 위해 위험한 수술을 하면 안 된다.

20. ① 젊을 때 실패를 많이 경험해 봐야 한다.

② 도전할 때는 실패를 두려워하지 말아야 한다.

③ 젊을 때 사업을 시작하는 것은 좋은 경험이다.

④ 사람들은 실패 때문에 도전을 두려워하게 된다.

21. 남자의 중심 생각으로 가장 알맞은 것을 고르십시오.
    ① 간헐적 단식을 하지 말아야 한다.
    ② 검증되지 않은 방법은 방송하면 안 된다.
    ③ 간헐적 단식은 위험한 다이어트 방법이다.
    ④ 정확한 다이어트 방법을 아는 사람은 없다.

22. 들은 내용과 같은 것을 고르십시오.
    ① 여자는 간헐적 단식을 해 본 적이 있다.
    ② 간헐적 단식의 위험성이 방송된 적이 있다.
    ③ 남자의 주변에 간헐적 단식을 하는 사람이 많다.
    ④ 간헐적 단식이 건강에 도움이 된다는 연구가 있다.

※ [23~24] 다음을 듣고 물음에 답하십시오. (각 2점)

23. 남자가 무엇을 하고 있는지 맞는 것을 고르십시오.
    ① 여자가 잊어버린 비밀번호를 찾아 주고 있다.
    ② 비밀번호를 찾는 방법에 대해 설명하고 있다.
    ③ 홈페이지 비밀번호를 바꾸기를 권유하고 있다.
    ④ 홈페이지에서 로그인하는 방법을 알려 주고 있다.

24. 들은 내용과 같은 것을 고르십시오.
    ① 여자는 홈페이지 주소를 잊어버렸다.
    ② 여자는 비밀번호를 변경하지 않아도 된다.
    ③ 남자는 여자에게 인증 번호를 보내야 한다.
    ④ 여자는 비밀번호를 알고 있지만 잘못 눌렀다.

※ [25~26] 다음을 듣고 물음에 답하십시오. (각 2점)

25. 남자의 중심 생각으로 가장 알맞은 것을 고르십시오.
① 국토 대장정은 대학생 때 해야 가치가 있다.
② 대학생 때는 결과와 상관없이 도전해도 좋다.
③ 대학교의 방학이 길수록 의미 있게 보내야 한다.
④ 많은 경험을 통해 다양한 친구를 사귀는 것이 좋다.

26. 들은 내용으로 맞는 것을 고르십시오.
① 남자는 인터넷으로 참가 신청을 하였다.
② 국토 대장정은 대학생만 참가할 수 있다.
③ 여러 지역에서 국토 대장정 참가자들이 모인다.
④ 남자는 이번에 두 번째로 국토 대장정에 참가한다.

※ [27~28] 다음을 듣고 물음에 답하십시오. (각 2점)

27. 남자가 말하는 의도로 알맞은 것을 고르십시오.
① '걸어서 등교하기 운동'의 동참을 권유하기 위해
② '걸어서 등교하기 운동'에 대한 조언을 하기 위해
③ '걸어서 등교하기 운동'의 참가 후기를 알리기 위해
④ '걸어서 등교하기 운동'의 수정 사항을 건의하기 위해

28. 들은 내용과 같은 것을 고르십시오.
① 남자와 여자의 학교는 집에서 먼 곳에 있다.
② '걸어서 등교하기 운동'은 기부를 목적으로 한다.
③ '걸어서 등교하기 운동'은 자전거를 이용할 수 없다.
④ '걸어서 등교하기 운동'에 가난한 사람들이 참여한다.

29. 남자가 누구인지 고르십시오.

    ① 청년 실업자
    ② 정책 연구가
    ③ 정부 관계자
    ④ 취업 센터 직원

30. 들은 내용과 같은 것을 고르십시오.

    ① 매해 청년 취업자 수가 증가하고 있다.
    ② 전공과 원하는 업무의 연관성을 못 찾는 학생이 많다.
    ③ 기업에서는 업무 능력 향상 프로그램을 제공하고 있다.
    ④ 남자는 청년들이 눈높이 때문에 취업을 못한다고 생각한다.

31. 남자의 중심 생각으로 가장 알맞은 것을 고르십시오.

    ① 자기가 키우는 동물을 버려서는 안 된다.
    ② 유기견 대신 인간들이 희생을 해야 한다.
    ③ 보호소를 더 지어서 유기견을 보호해야 한다.
    ④ 인간의 편의를 위해 동물을 죽여서는 안 된다.

32. 남자의 태도로 가장 알맞은 것을 고르십시오.

    ① 현재 문제에 대한 자세한 상황을 제시하고 있다.
    ② 구체적인 해결 방안을 제시하면서 반박하고 있다.
    ③ 문제에 대한 근본 원인을 밝히면서 주장하고 있다.
    ④ 상대방의 주장을 반박하며 해결책을 모색하고 있다.

33. 무엇에 대한 내용인지 알맞은 것을 고르십시오.

    ① 신종 자살 바이러스의 위험성

    ② 유명인 자살과 관련된 베스트셀러 소개

    ③ 일반인의 자살과 고전 문학의 상관관계

    ④ 유명인의 자살과 일반인 자살의 관련성

34. 들은 내용과 같은 것을 고르십시오.

    ① '젊은 베르테르의 슬픔'은 처음에 인기가 없었다.

    ② 일반인이 자살하는 것을 '베르테르 효과'라 한다.

    ③ 베르테르의 마음에 공감한 사람들이 자살을 했다.

    ④ 유명인의 자살은 일반인에게 영향을 주지 않는다.

※ [35~36] 다음을 듣고 물음에 답하십시오. (각 2점)

35. 남자가 무엇을 하고 있는지 고르십시오.

    ① 조선 시대 의학서에 대해 설명하고 있다.

    ② 더 많은 의학 자료 전시를 요청하고 있다.

    ③ 의학 교육 프로그램의 필요성을 강조하고 있다.

    ④ 조선 시대 의학 서적 전시의 의의를 밝히고 있다.

36. 들은 내용과 같은 것을 고르십시오.

    ① 이 전시실에 어린이나 학생들은 입장할 수 없다.

    ② 조선 시대에 편찬된 의학 서적은 수가 많지 않다.

    ③ 조선 시대에는 백과사전 형식의 의학 서적은 없다.

    ④ 이 전시실에서 의학 서적의 편찬 과정에 대해 알 수 있다.

※ **[37~38] 다음을 듣고 물음에 답하십시오. (각 2점)**

37. 남자의 중심 생각을 고르십시오.

① 요즘 사람들은 시를 더 많이 읽어야 한다.

② 시는 짧더라도 사람들에게 큰 감동을 줄 수 있다.

③ 아이들은 어디에서나 밝고 힘차게 행동해야 한다.

④ 시를 쓰는 것보다 교육을 살리는 것이 더 필요하다.

38. 들은 내용과 같은 것을 고르십시오.

① 작가는 학생들에게 시를 가르치는 일을 해 왔다.

② 시집에는 교사들에게 희망을 주는 내용들이 많다.

③ 시집은 작가의 제자들이 지은 시들로 이루어져 있다.

④ 시집 이름은 제자가 잘 되기를 바라는 마음을 담고 있다.

※ **[39~40] 다음을 듣고 물음에 답하십시오. (각 2점)**

39. 이 대화 뒤에 이어질 내용으로 가장 알맞은 것을 고르십시오.

① 한국과 북한의 통일에 대한 인식 차이는 더 심각해진다.

② 남북한 청소년 교류 프로그램을 통해 소통 기회를 확대해야 한다.

③ 한국과 북한은 정부와 민간 차원의 교류가 상호 보완되어야 한다.

④ 한국과 북한은 경제적 교류가 필요한가에 대한 설문 조사를 다시 한다.

40. 들은 내용과 같은 것을 고르십시오.

① 한국과 북한의 경제적 불균형의 차이는 심각하지 않다.

② 한국의 젊은이들은 대부분 통일이 필요하다고 대답하였다.

③ 통일을 위해 우선적으로 남북 간의 인식 차이를 개선해야 한다.

④ 북한의 젊은이들은 정부 간 교류를 더욱 확대해야 한다고 응답했다.

※ [41~42] 다음을 듣고 물음에 답하십시오. (각 2점)

41. 이 강연의 중심 내용으로 가장 알맞은 것을 고르십시오.
① 한국은 유교 문화가 강하게 남아 있는 편이다.
② 자녀의 성공에는 부모의 관심과 교육이 중요하다.
③ 가부장적인 아빠들은 작은 것부터 달라져야 한다.
④ 보통 아빠는 어렵고 무서운 이미지가 강한 편이다.

42. 들은 내용과 같은 것을 고르십시오.
① 보통 아빠는 편하고 엄마는 무서운 존재이다.
② 자녀에게는 엄마와 아빠 모두의 사랑이 중요하다.
③ 영국의 대학에서 조사한 대상의 나이는 각각 달랐다.
④ 아빠가 자주 목욕시킨 자녀의 30%는 친구를 제대로 사귀지 못했다.

※ [43~44] 다음을 듣고 물음에 답하십시오. (각 2점)

43. 무엇에 대한 내용인지 알맞은 것을 고르십시오.
① 동물들은 인간들보다 먼저 집을 지어 왔다.
② 동물들은 본능적으로 안전한 곳에 집을 짓는다.
③ 지푸라기와 진흙으로 만든 집이 가장 튼튼하다.
④ 비버는 동물들 중에서 가장 집을 잘 짓는 편이다.

44. 농물들이 집을 짓는 이유로 맞는 것을 고르십시오.
① 인간을 피하여 살기 위해서
② 다양한 재료를 사용하기 위해서
③ 다른 동물들과 차별을 두기 위해서
④ 험한 자연에서 자신을 지키기 위해서

45. 들은 내용과 같은 것을 고르십시오.

    ① 미래에는 유전자를 조작하는 것이 합법이다.

    ② 유전 형질이 뛰어난 사람들은 유대감이 약한 편이다.

    ③ 유전자를 조작한다면 기형아 출산을 방지할 수 있다.

    ④ '슈퍼 신인류'의 세상이 온다면 경쟁이 더 심해질 것이다.

46. 여자가 말하는 방식으로 알맞은 것을 고르십시오.

    ① 유전자 조작의 한계와 대안을 제시하고 있다.

    ② '슈퍼 신인류'의 등장 가능성을 의심하고 있다.

    ③ 유전자 조작으로 인한 부정적 영향을 우려하고 있다.

    ④ 유전자 조작 기술의 발전 가능성을 논리적으로 분석하고 있다.

※ [47~48] 다음을 듣고 물음에 답하십시오. (각 2점)

47. 들은 내용과 같은 것을 고르십시오.

    ① 녹색 채소를 많이 먹으면 간에 도움이 된다.

    ② 녹색 채소는 콜레스테롤 수치를 떨어뜨릴 수 있다.

    ③ 맑은 액체로 된 주스는 몸에 이로운 섬유소가 많다.

    ④ 녹색 채소 외에 아무것도 먹지 않는 것이 다이어트에 도움이 된다.

48. 남자가 말하는 방식으로 알맞은 것을 고르십시오.

    ① 녹색 채소의 효능을 추가적으로 보충하여 설명하고 있다.

    ② 언론이 발표한 녹색 채소의 효능을 근거를 들어 반박하고 있다.

    ③ 식사 대용으로 녹색 채소를 섭취하는 것의 효능을 분석하고 있다.

    ④ 녹색 채소가 다이어트에 도움이 된다는 말에 적극적으로 동의하고 있다.

49. 들은 내용과 같은 것을 고르십시오.

　① 신재생 에너지는 환경 오염 문제를 해결할 수 있다.

　② 한국의 경우 폐기물 에너지 공급의 비중이 가장 낮다.

　③ 신재생 에너지 개발을 위해 선진국의 기술을 수입해야 한다.

　④ 신재생 에너지는 유가의 불안정으로 인해 중요성이 떨어지고 있다.

50. 남자가 말하는 방식으로 알맞은 것을 고르십시오.

　① 자원 부족 사례를 설명하며 비판하고 있다.

　② 자원 부족 현상을 분석하며 반성하고 있다.

　③ 신재생 에너지에 대한 현황과 대안을 제안하고 있다.

　④ 신재생 에너지를 분야별로 세분화하여 제시하고 있다.

※ [51~52] 다음 글의 ㉠과 ㉡에 알맞은 말을 각각 쓰시오. (각 10점)

51.

알립니다

　　우리 부서에서는 따뜻한 봄을 맞이하여 봄 야유회를 갑니다. 이번 야유회는 평창의 자연 휴양림에서 개최됩니다. 신선한 공기를 마시면서 숲을 산책하며 충분히 휴식을 할 수 있습니다. 사원 여러분께서는 (　　　　㉠　　　　).

– 다 음 –

■ **출발 시간:** 3월 21일, 토요일 오전 7시
■ **모임 장소:** 회사 앞 주차장
■ **회비:** 30,000원

※ 주의 사항: 산이기 때문에 (　　　㉡　　　) 따뜻한 옷을 한두 벌 더 준비해 오시기 바랍니다.

52.

　　보통 누군가와 이야기하다 보면 자기도 모르게 자신과 상대방을 비교하게 된다. 남과 비교를 하게 되면 자신을 객관적으로 바라볼 수 있다. 그러나 (　　　　㉠　　　　) 자신감이 떨어지기 마련이다. 그래서 자기를 긍정적으로 바라보는 힘이 약해지게 된다. 그러므로 때로는 이러한 비교에서 벗어나 (　　　㉡　　　).

53. 다음은 '평균 소비 성향'과 '품목별 가계 지출 변화'의 관계에 대한 자료이다. 이 내용을 200~300자의 글로 쓰시오. 단, 글의 제목은 쓰지 마시오. (30점)

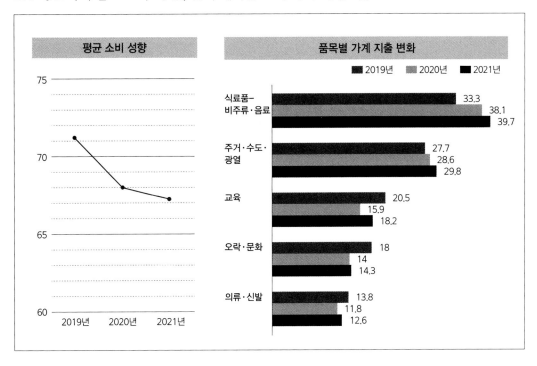

54. 다음을 참고하여 600~700자로 글을 쓰시오. 단, 문제를 그대로 옮겨 쓰지 마시오. (50점)

> 한국에는 아직 장애인 편의 시설이 부족하여 장애인들이 일상생활에서 고통을 겪고 있습니다. 장애인 편의 시설이 충분히 갖춰져야 하는 이유가 무엇이라고 생각하십니까? 그리고 부족한 장애인 편의 시설을 만들기 위해서 어떤 방법이 필요하다고 생각하십니까? 이에 대해 쓰십시오.

* 원고지 쓰기의 예

	머	리	는		언	제		감	는		것	이		좋	을	까	?		사
람	들	은		보	통		아	침	에		머	리	를		감	는	다	.		그

제1교시 듣기, 쓰기 시험이 끝났습니다. 제2교시는 읽기 시험입니다.

제4회 FiNAL 실전 모의고사

The 4th Final Actual Test

TOPIK II

2교시	읽기

수험번호 (Registration No.)	
이 름 (Name) 한국어 (Korean)	
영 어 (English)	

유 의 사 항
Information

1. 시험 시작 지시가 있을 때까지 문제를 풀지 마십시오.

   Do not open the booklet until you are allowed to start.

2. 수험번호와 이름을 정확하게 적어 주십시오.

   Write your name and registration number on the answer sheet.

3. 답안지를 구기거나 훼손하지 마십시오.

   Do not fold the answer sheet; keep it clean.

4. 답안지의 이름, 수험번호 및 정답의 기입은 배부된 펜을 사용하여 주십시오.

   Use the given pen only.

5. 정답은 답안지에 정확하게 표시하여 주십시오.

   Mark your answer accurately and clearly on the answer sheet.

   marking example

6. 문제를 읽을 때에는 소리가 나지 않도록 하십시오.

   Keep quiet while answering the questions.

7. 질문이 있을 때에는 손을 들고 감독관이 올 때까지 기다려 주십시오.

   When you have any questions, please raise your hand.

TOPIK II 읽기(1번~50번)

※ [1~2] (   )에 들어갈 말로 가장 알맞은 것을 고르십시오. (각 2점)

1. 그의 행동을 보면 그는 (   ) 믿을 수가 없는 사람이다.

① 믿어도 ② 믿으려야

③ 믿더라도 ④ 믿는 통에

2. 나를 간호해 주시는 어머니의 손에서 사랑이 (   ).

① 느껴졌다 ② 느껴 봤다

③ 느끼는 듯했다 ④ 느낄 정도였다

※ [3~4] 밑줄 친 부분과 의미가 가장 비슷한 것을 고르십시오. (각 2점)

3. 한국의 대학교에 입학하고자 한국으로 오는 유학생들이 날로 증가하고 있다.

① 입학하고서 ② 입학해 봤자

③ 입학하자마자 ④ 입학하기 위해서

4. 무슨 일이든 처음 시작할 때는 힘든 법이다.

① 힘들어도 된다 ② 힘들기만 하다

③ 힘든 모양이다 ④ 힘들기 마련이다

※ [5~8] 다음은 무엇에 대한 글인지 고르십시오. (각 2점)

5.

초고속 인터넷, 생생한 통화 음질, 손에 쏙 들어오는 사이즈

① 이어폰   ② 노트북   ③ 스마트폰   ④ 유선 전화기

6.

겨울밤에 어울리는 드라마 주제가를
화제의 장면과 함께 감상할 수 있는 시간,
그 감동의 시간으로 여러분을 초대합니다.

① 음악회   ② 영화 시사회   ③ 연극 발표회   ④ 뮤지컬 공연

7.

역사, 환경 등 17가지 주제를 직접 보고, 듣고, 느끼고!
교실 수업에 흥미 없던 아이들, 호기심 보이며 집중

① 미술 수업   ② 현장 학습   ③ 과학 실험   ④ 체육 교실

8.

· 뛰거나 걷지 않습니다.
· 노란색 안전선 안에 탑승합니다.
· 손잡이를 꼭 잡습니다.

① 사용 방법   ② 주의 사항   ③ 제품 안내   ④ 관리 비법

※ [9~12] 다음 글 또는 그래프의 내용과 같은 것을 고르십시오. (각 2점)

9.

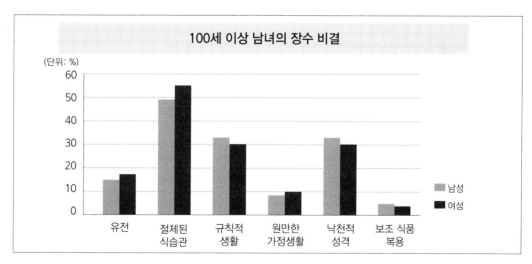

도자기 전시회 입장 교환권

· 유효 기간: 2024년 12월 31일
· 본 이용권을 매표소에서 입장권과 교환해서 사용하시기 바랍니다.
· 티켓 도난 및 분실에 대하여 당사는 책임을 지지 않습니다.
· 현금 교환 및 환불이 불가합니다.
· 1매당 2인 사용 가능
· 문의 전화: 여주 도자기 전시회장(031-888-1234)

① 이 교환권으로 바로 전시회장 입장이 가능하다.
② 2024년 마지막 날까지 사용할 수 있는 교환권이다.
③ 4명이 도자기 축제에 가려면 교환권이 4장 필요하다.
④ 교환권을 잃어버리면 전시회장에서 재발급받으면 된다.

10.

100세 이상 남녀의 장수 비결

(단위: %)

① 식습관은 장수에 결정적인 영향을 미친다.
② 보조 식품을 복용하는 사람은 남성보다 여성이 더 많다.
③ 남녀 모두 장수의 가장 큰 비결로 규칙적인 생활을 꼽았다.
④ 여성은 유전보다 원만한 가정생활이 더 중요하다고 생각한다.

11.

> 최근 서울 택시의 기본 요금이 3,800원에서 4,800원으로 천 원 인상되었다. 그리고 택시 기본 거리도 2.2㎞에서 1.6㎞로 400m 줄어들면서 시민들이 느끼는 요금 인상폭은 더 커졌다. 시간대에 따라 40%까지 요금 할증이 붙는 심야 시간대의 기본 요금은 6,700원으로 인상되어 심야에 택시를 이용하는 사람들의 부담이 크게 늘어날 것으로 예상된다.

① 전국의 택시 기본 요금이 천 원 인상되었다.

② 택시 기본 거리는 조정되지 않고 그대로이다.

③ 시민들이 체감하는 요금 인상폭은 더욱 커졌다.

④ 심야에 택시를 이용하는 사람들의 부담이 감소할 것이다.

12.

> 남대문 시장은 600년의 역사와 전통이 있는 곳이다. 남대문 시장은 1만 2천여 개의 가게에서 1,700여 종의 물건이 거래되며, 하루 40만 명의 손님들에게 물건을 팔고 있다. 외국인 고객도 1만 명에 이른다. 야간에 영업하는 가게는 오후 10시 30분부터 문을 열기 시작하여 새벽 2시면 소매상인들로 성황을 이루는 한국 최대의 종합 시장이다.

① 소매상인은 새벽 2시쯤에 가장 적다.

② 남대문 시장은 오전 10시 30분에 문을 연다.

③ 남대문 시장의 고객은 하루 40만 명에 달한다.

④ 600년의 역사가 있는 가게 1만 2천 개가 시장에 있다.

※ **[13~15] 다음을 순서에 맞게 배열한 것을 고르십시오. (각 2점)**

13.

> (가) 최근 홈쇼핑 업계를 둘러싼 상황이 딱 이렇다.
>
> (나) 영업 이익이 지난해보다 급감한 데다가 TV 송출 수수료마저 증가했기 때문이다.
>
> (다) '설상가상'이란 말이 있는데 이는 불행한 일이 잇따라 일어나는 것을 뜻하는 말이다.
>
> (라) 이제 홈쇼핑 업체들이 이익이 높은 제품 판매를 중심으로 경쟁력을 키워야 할 때다.

① (나)-(가)-(다)-(라)　　　　　② (나)-(다)-(라)-(가)

③ (다)-(가)-(라)-(나)　　　　　④ (다)-(가)-(나)-(라)

14.

> (가) 높은 곳에 위치해 있어서 올라가기가 쉽지 않다.
>
> (나) 남한산성은 해발 500미터에 달하는 남한산에 쌓은 성이다.
>
> (다) 하지만 일단 성에 들어가면 자연 경관이 뛰어난 천혜의 요새임을 알 수 있다.
>
> (라) 남한산성은 이런 지리적 조건에다가 성곽의 건축술이 뛰어나서 세계 문화유산에 등재되었다.

① (나)-(가)-(다)-(라)　　　　　② (나)-(다)-(가)-(라)

③ (라)-(가)-(다)-(나)　　　　　④ (라)-(나)-(다)-(가)

15.

(가) 그런데 이는 평균 보행 속도를 기본으로 하고 있다는 문제점이 있다.

(나) 예를 들어 30m인 횡단보도는 30초에 예비 시간 7초를 더해 37초가 되는 것이다.

(다) 보행 신호는 횡단보도의 길이 1m당 1초씩의 보행 시간에 7초의 예비 시간이 더해져서 결정된다.

(라) 빨리 걷지 못하는 사람들을 배려하여 횡단보도의 보행 신호 시간을 이보다 조금 더 넉넉하게 잡아야 한다.

① (가)-(나)-(라)-(다)   ② (가)-(다)-(나)-(라)

③ (다)-(가)-(나)-(라)   ④ (다)-(나)-(가)-(라)

※ [16~18] ( )에 들어갈 말로 가장 알맞은 것을 고르십시오. (각 2점)

16.

펭귄들은 바다에서 먹이를 구해야 하지만 바다로 뛰어들기를 머뭇거린다. 바다에 숨어 있을지도 모르는 천적을 경계하기 때문이다. 그런데 무리 중에서 한 마리가 먼저 바다로 몸을 던지면 나머지 펭귄들도 일제히 뛰어들어 먹이를 잡는다. 무슨 일이든 (   ).

① 처음과 시작이 같아야 한다

② 부지런한 사람이 성공하는 법이다

③ 서로 힘을 모아야 좋은 결과를 얻는다

④ 시작하는 사람이 있어야 변화가 생긴다

17.

> 컴퓨터가 제대로 작동하지 않거나 온라인 게임에서 뜻한 대로 일이 풀리지 않을 때 버튼을 눌러 다시 시작한다. 이것을 '리셋'이라고 하는데, 현실에서도 리셋이 가능하다고 착각하는 증상을 '리셋증후군'이라고 한다. 리셋증후군은 힘든 일에 부딪혔을 때 컴퓨터를 리셋 하듯이 (   ) 타인과의 관계를 쉽게 맺고 끊는 모습으로 나타난다.

① 과거를 돌아보며 반성하거나
② 책임감 없이 쉽게 포기하거나
③ 처음부터 계획을 철저히 세우거나
④ 새로운 각오로 최선을 다해서 일하거나

18.

> 런던 비즈니스 스쿨의 연구에 따르면, 성공한 기업인들의 상당수가 자신이 성공한 비결로 '주의력 결핍 과잉 행동 장애(ADHD)'를 꼽았다. 이것은 주의 산만, 과잉 행동, 충동성을 주 증상으로 보이는 정신 질환인데 이 장애를 극복하는 과정에서 집중력이나 상황 대처 능력 같은 다른 능력을 키울 수 있었다는 것이다. 완벽한 사람은 없다. (   ) 이를 바탕으로 성장하겠다는 의지가 필요할 뿐이다.

① 숨겨진 재능을 발견하고
② 성공한 사람을 본받아서
③ 스스로 장점을 잘 살려서
④ 자신의 콤플렉스를 인정하고

> 과거에 인터넷에 올라온 일반인의 사진을 보고 일부 네티즌들이 '얼짱'으로 지목한 것이 화제가 되면서 얼짱 문화가 시작되었다. 문제는 얼짱 문화가 급속하게 확산되면서 외모가 가장 중요하다는 편협한 가치관을 사회 곳곳에 심어 놓았다는 것이다. 처음에 인터넷 놀이 문화의 하나였던 얼짱 문화는 이제 상업주의, 외모 지상주의 등이 결합되어 사회 문제로까지 확대되고 있다. (   ) 외모가 그렇게 중요한 것일까?

19. (   )에 들어갈 말로 가장 알맞은 것을 고르십시오.
   ① 괜히   ② 과연   ③ 하필   ④ 대개

20. 윗글의 주제로 가장 알맞은 것을 고르십시오.
   ① 얼짱 문화가 새로운 문화와 결합되도록 해야 한다.
   ② 일반인들이 인터넷에 사진을 올리지 못하게 해야 한다.
   ③ 얼짱 문화가 우리 사회에 긍정적인 영향을 심어 주고 있다.
   ④ 얼짱 문화가 인터넷 놀이 문화에서 사회 문제로 확대되었다.

> 우리 사회에서는 미술품 수집가를 결코 고운 눈으로 봐 주지 않는다. 미술품을 구입하는 행위를 아주 사치스러운 소비 행태로 간주한다. 이것은 미술품 구입이라면 으레 유명한 작가의 값비싼 명작의 거래를 염두에 두기 때문이다. 하지만 그런 것은 (   ) 일이며 대개는 그저 평범한 미술 작품을 구입하는 경우가 대부분이다. 게다가 돈이 있다고 모두 그림을 살 수 있는 것은 아니다. 그림에 관심이 있는 사람만이 마음에 드는 그림을 살 수 있는 것이다.

21. (   )에 들어갈 말로 가장 알맞은 것을 고르십시오.
   ① 꿈도 못 꾸는   ② 색안경을 끼고 보는
   ③ 가뭄에 콩 나듯 하는   ④ 다람쥐 쳇바퀴 돌듯 하는

22. 윗글의 내용과 같은 것을 고르십시오.

① 부자가 아닌 사람은 마음에 드는 그림을 살 수 없다.

② 미술품 수집가들은 유명하지 않은 작품도 구입한다.

③ 미술품 수집가들은 값비싼 명작을 사는 일이 더 많다.

④ 흔히 미술품을 구입을 검소한 소비 행동이라고 생각한다.

※ [23~24] 다음을 읽고 물음에 답하십시오. (각 2점)

> 내가 초등학교 3학년 때다. 어느 여름날 할아버지는 나를 옥상으로 데리고 가시더니 망원경을 주시며 "자, 신라 갈빗집 간판을 한번 찾아 봐라. 찾으면 내일 돼지갈비 사 주마."라고 말씀하셨다. 나는 렌즈를 이리저리 돌려 초점을 맞추며 열심히 갈빗집 간판을 찾았다. 그런데 한참을 찾았으나 간판은 보이지 않았다. 할아버지가 "멀리만 보려니까 안 보이지." 하시며 가까운 곳을 찾아 보라고 하셨다. 옥상에서 불과 이십 미터 떨어진 거리에 갈빗집 간판이 크게 걸려 있었다. <u>순간 멍한 기분이 들었다.</u> 이십 년이 지난 지금도 나는 그 망원경을 가지고 있다. 나의 욕심으로 인해 내 자신이 부족하다고 느껴질 때면 나는 그날을 떠올리면서 내 가까이 있는 것, 내가 가지고 있는 것의 가치를 생각해 보곤 한다.

23. 밑줄 친 부분에 나타난 나의 심정으로 알맞은 것을 고르십시오.

① 어이없다   ② 속상하다

③ 화가 나다   ④ 마음이 놓이다

24. 윗글의 내용과 같은 것을 고르십시오.

① 나는 갈빗집 간판을 쉽게 찾을 수 있었다.

② 나는 할아버지가 주신 망원경을 간직하고 있다.

③ 갈빗집 간판은 옥상에서 멀리 떨어진 곳에 있었다.

④ 할아버지는 멀리 보는 것이 중요하다는 가르침을 주셨다.

※ **[25~27] 다음 신문 기사의 제목을 가장 잘 설명한 것을 고르십시오. (각 2점)**

25. 　불황의 시대, 주머니는 가벼워졌지만 소비 심리는 그대로

① 소비 심리가 예전과 같아서 불황이지만 돈을 많이 번다.

② 돈은 없지만 소비 심리가 그대로라서 불황의 시기를 초래했다.

③ 불경기라서 돈은 없지만 사고 싶은 마음까지 없어진 것은 아니다.

④ 경제 상황이 안 좋아서 주머니에 돈이 없으면 심리적으로 위축된다.

26. 　생태계 파괴, 주범은 외래어종 식인 물고기

① 외국에서 온 식인 물고기가 생태계 파괴의 원인이다.

② 외국에서 온 물고기가 사람을 해쳐서 생태계가 파괴되었다.

③ 생태계가 파괴된 것은 외국산 물고기를 많이 먹었기 때문이다.

④ 생태계가 파괴된 것은 식인 물고기를 외국으로 수출했기 때문이다.

27. 　일자리 부족, 상상을 초월하는 갖가지 방법 동원해도 허사

① 잘못된 방법으로 인해 일자리 부족 문제가 더 심각해졌다.

② 가능한 한 많은 방법을 동원해서 일자리 부족 문제를 해결했다.

③ 온갖 방법을 사용하여 일자리 부족 문제를 해결하려 했으나 실패했다.

④ 상상할 수 없을 만큼 많은 방법으로 일자리 부족 문제를 해결하려고 했다.

※ [28~31] ( )에 들어갈 말로 가장 알맞은 것을 고르십시오. (각 2점)

28.

우리는 어떤 상점에서 특정 상품을 할인한다는 광고를 보면 많은 돈을 절약할 수 있을 것이라는 생각을 한다. 그러나 쇼핑을 끝냈을 즈음엔 원래 원했던 것보다 훨씬 더 많은 물건을 산 것을 알게 된다. 이것이 '특가품'의 힘이다. 아주 적은 이익만을 남기거나 심지어 손해를 보면서 파는 특가품의 목적은 더 많은 고객을 상점으로 유인해서 (   ) 것이다. 그래서 특가품을 전략적으로 유리한 곳에 배치한다.

① 상품을 싸게 팔려는
② 상점의 이미지를 바꾸려는
③ 다른 상품을 구입하게 하려는
④ 사람들에게 상품을 홍보하려는

29.

성인은 보통 1분에 10회에서 15회씩 눈을 깜박거린다. 그런데 아기들은 같은 시간에 한두 번만 눈을 깜박거린다. 아무도 그 이유를 정확히 알지 못한다. 어떤 이들은 아기가 성인보다 눈이 더 작기 때문에 눈 깜박임을 자주 유발하는 먼지나 흙이 눈에 덜 들어가기 때문이라고 말한다. 또 어떤 이들은 아기들은 하루에 15시간씩 자기 때문에 눈이 건조해질 가능성이 적기 때문이라고 말한다. 이유가 무엇이든 (   ) 정상이다.

① 아기가 어른보다 눈이 작은 것은
② 어른이 아기보다 잠을 적게 자는 것은
③ 아기가 어른보다 눈을 덜 깜박이는 것은
④ 어른이 아기보다 눈에 먼지가 더 들어가는 것은

30.

> 행동과 결과 간에 (   ) 행동이 학습되는 경우가 있다. 예컨대 스키너가 상자에 일정한 시간 간격으로 먹이를 자동적으로 내려보내도록 장치를 해 놓았을 때, 쥐가 우연히 벽을 기어오르다가 먹이가 내려오는 것과 맞닥뜨린 후, 그다음부터 쥐는 벽을 기어오르는 행동이 학습되고 말았다. 즉, 쥐는 벽을 기어오르면 먹이가 나온다는 확신을 갖게 된 것이다. 이렇게 착각으로 인해 학습이 이루어질 수도 있다.

① 인과 관계로 인해
② 치밀한 계획에 의해
③ 특별한 이유가 있어서
④ 아무런 관련이 없으면서도

31.

> 지도는 인간이 살아가는 공간에 대한 다양한 정보를 담고 있는데, 이들 정보는 당대 사람들의 삶에 의미가 있는 것들이다. 우리는 여러 가지 지도를 통해서 현재를 사는 사람들뿐 아니라 과거에 살았던 사람들, 한 번도 가 보지 못한 곳에서 살아가는 사람들을 만나서 그들의 삶의 모습을 접할 수 있게 된다. 이런 점에서 지도는 (   ) 할 수 있다. 우리가 지도를 통해 세상을 이해할 때 지도는 가치 있는 책이 된다.

① 세계를 바라보는 창이라고
② 공간 활용을 위한 도구라고
③ 길을 찾게 해 주는 안내도라고
④ 실생활에 도움이 되지 않는 책이라고

※ [32~34] 다음을 읽고 글의 내용과 같은 것을 고르십시오. (각 2점)

32.

> 뇌성마비 장애인이나 중증 장애인을 위한 재활 스포츠인 '보치아(Boccia)'는 장애인 올림픽 정식 종목이지만, 이에 대해 잘 모르는 사람들이 많다. 보치아는 공을 던지거나 굴려서 표적인 하얀 공에 가까이 간 공이 많을수록 이기는 경기다. 겨울 스포츠인 컬링과 비슷하지만 남녀 구분 없이 경기한다는 점이 다르다. 장애 정도에 따라 등급을 나눠 경기가 진행되며, 선수 지시에 따라 투구를 돕는 보조원은 경기가 진행되는 동안 선수가 있는 방향만 볼 수 있고, 코트 방향을 봐서는 안 된다.

① 보치아는 겨울 스포츠 컬링의 다른 이름이다.

② 보치아 경기는 아직 사람들에게 잘 알려지지 않았다.

③ 투구 보조원은 코트 쪽의 상황을 선수에게 알려 준다.

④ 보치아는 장애 정도와 상관없이, 남녀 구분 없이 경기를 한다.

33.

> 2008년에 문을 연 바레인 세계 무역 센터는 풍력 발전을 하는 세계 최초의 건축물로 기록되었다. 바레인 무역 센터는 50층짜리 건물 두 개가 연결되어 있는데 그 사이에 풍력 발전용 대형 바람개비가 3개가 설치되어 있다. 각각 지름 29m인 세 개의 바람개비로 건물에서 사용하는 전기의 15%까지 공급이 가능하다. 이 건물은 비행기의 날개와 비슷한 유선형으로 설계되어 있는데, 이는 건물 사이를 통과할 때 바람의 속도를 높이기 위해서이다.

① 바레인 세계 무역 센터는 세계 최초의 친환경 건물이다.

② 바레인 세계 무역 센터는 50층짜리 건물 3개로 구성되어 있다.

③ 바람개비의 날개는 바람의 속도를 높일 수 있는 디자인으로 설계됐다.

④ 바람개비 한 개가 건물에서 필요로 하는 전기의 5%를 공급할 수 있다.

34.

> 같은 개념을 가진 말이라도 긍정적이고 우호적인 의미를 가진 것이 있는가 하면 부정적이고 적대적인 의미를 지닌 것도 있다. '점술가'가 맡은 역할은 점잖아 보이지만, '점쟁이'가 하는 일은 천하게 보인다. '부인'이나 '아내'는 '마누라'보다 더 존중받는다. 앞에서 비교 대상이 된 단어들은 개념적 의미는 같지만 감정적 의미는 완전히 다르다. 사회의 변화에 따라 개념적 의미가 같아도 감정적 의미는 다른 단어들은 계속 생겨날 것이다.

① 개념적 의미가 같으면 감정적 의미도 같기 마련이다.

② 점술가와 부인은 긍정적이고 우호적인 의미를 가진 단어이다.

③ 아내와 마누라는 부정적이고 적대적인 의미를 지닌 단어이다.

④ 부인과 마누라는 개념적 의미가 다르지만 감정적 의미는 같다.

※ **[35~38] 다음을 읽고 글의 주제로 가장 알맞은 것을 고르십시오. (각 2점)**

35.

> 누구에게나 아이디어는 있다. 하지만 누구나 창의적이라는 말을 듣지는 않는다. 실패에 대한 두려움으로 새로운 시도를 망설이기 때문이다. 효율성만 추구해서는 개인과 사회가 발전할 수 없다. 창의적인 결과를 이끌어 내기 위해서는 시행착오를 감수해야만 한다. 아무리 훌륭한 아이디어가 있어도 실패로 인한 시간 낭비, 돈 낭비, 명예 훼손 등에 대한 공포를 이겨내고 도전하지 않는다면 우리는 계속 현재에 머물게 될 것이다.

① 실패를 두려워하지 말아야 한다.

② 창의적인 아이디어를 개발해야 한다.

③ 시행착오를 줄여서 실패의 위험을 줄여야 한다.

④ 개인과 사회 발전을 위해 창의력을 키워야 한다.

36.

> 　보건복지부 발표 따르면 하루에 마셔야 하는 물의 양만큼 충분히 마시는 사람의 비율이 감소하고 있다고 한다. 물 충분 섭취량은 나이와 성별에 따라 다르지만, 공통적으로 하루에 1L가 되지 않는 양이다. 그럼에도 물 대신 음료수를 통해 수분을 섭취하는 경향이 드러났다. 음료수를 통해 수분을 보충하면 당분을 과하게 많이 섭취하게 되며, 에너지 과잉 등의 문제가 발생한다. 또 커피나 술을 마시면 몸 속 수분의 양이 오히려 줄어들게 된다.

① 나이와 성별에 알맞은 양의 물을 섭취해야 한다.

② 물 대신 음료수를 통해 수분을 섭취하는 것은 위험하다.

③ 커피를 통해 수분을 보충하면 몸 속 수분의 양이 줄어든다.

④ 하루에 마셔야 하는 물의 양만큼 충분히 마시는 사람이 줄어들고 있다.

37.

> 　타인이 창작한 글, 그림, 음악, 사진 등의 저작물을 원작자의 허락 없이 몰래 가져다가 자신의 것처럼 발표하거나 쓰는 행위를 '표절'이라고 한다. 표절 행위는 대중 매체와 인쇄 문화의 발달로 인하여 문학 작품뿐만 아니라 방송 드라마, 광고, 대중가요 등에서도 광범위하게 행해지고 있다. 하지만 표절은 불법 행위이다. 다른 사람의 저작권을 침해하기 때문에 저작권법 등에 의한 처벌을 받게 된다.

① 문학 작품의 글을 허락 없이 사용하면 안 된다.

② 대중 매체와 인쇄 문화 발달로 표절이 확산되고 있다.

③ 다른 사람의 저작권을 침해할 경우 법적인 처벌을 받는다.

④ 다른 사람의 저작권을 침해하는 행위는 어쩔 수 없는 일이다.

38.

모기에 물리지 않기 위해서는 모기가 집에 들어오지 않도록 하는 것이 제일 중요하다. 모기는 작은 틈만 있어도 몸을 오므려 비집고 들어온다. 따라서 집 안 창문 등에 설치한 방충망에 구멍이 있는지 확인하고 막아 두어야 한다. 또한 싱크대, 하수구 등을 타고 올라오기도 하기 때문에 저녁에는 뚜껑을 덮어 둬야 한다. 출입문에 붙어 있다가 문이 열리는 사이에 들어오기도 하기 때문에 출입문 앞에 걸이형 모기약을 걸어 두는 것도 좋다.

① 모기에 안 물리려면 방충망을 꼭 설치해야 한다.
② 모기에 물리지 않으려면 모기의 유입을 차단해야 한다.
③ 모기에 물리지 않기 위해서는 모기약을 많이 뿌려 둬야 한다.
④ 모기에 물리지 않도록 싱크대와 하수구의 뚜껑을 닫아야 한다.

※ [39~41] 주어진 문장이 들어갈 곳으로 가장 알맞은 것을 고르십시오. (각 2점)

39.

운동을 할 때, 언제 물을 마시는 것이 좋을까? 보통 운동 전에는 물을 마시지 않아도 된다고 생각하기 쉽다. (㉠) 하지만 운동 중에 수분이 쉽게 부족해질 수 있기 때문에 이를 방지하기 위해서는 운동 30분 전에 미리 물을 마시는 것이 좋다. (㉡) 운동 중에도 수분 유지는 중요하다.(㉢) 운동 중에 목이 마르면 그냥 참지 말고 중간중간 물을 마셔 가면서 운동해야 한다. (㉣) 또한 격한 운동을 하고 나면 땀을 통해 많은 양의 수분이 배출되므로 운동 후에 반드시 수분을 보충해야 한다.

〈 보 기 〉

적당량의 물을 미리 마셔 두면 운동 중에 생길 수 있는 두통을 예방한다.

① ㉠   ② ㉡   ③ ㉢   ④ ㉣

40.

슈트라우스가 작곡한 '체르비네타의 노래'는 가장 높은 음으로 쉼 없이 불러야 하는 고난도 곡으로 유명하다. (㉠) 슈트라우스는 인간의 능력으로 이 곡을 소화하는 것은 불가능하다고 생각해서 악보의 일부를 수정했다. (㉡) 물론 수정이 되었다고 해도 이 노래를 부를 수 있는 성악가는 손에 꼽혔다. (㉢) 세계에서 가장 어려운 곡으로 널리 알려진 이 곡을 원본 악보 그대로 부르는 조수미가 등장한 것이다. (㉣) 비평가들은 조수미의 노래를 듣고 비평의 대상을 넘어선 존재라고 평했다.

〈보 기〉

그러나 1994년 프랑스에서 전 세계가 경악할 만한 사건이 벌어졌다.

① ㉠   ② ㉡   ③ ㉢   ④ ㉣

41.

파일이나 CD 안에 수십만 장이 넘는 화면이 어떻게 들어갈 수 있을까? 이는 컴퓨터에서 동영상을 본 사람은 누구나 궁금해할 만한 질문이다. (㉠) 동영상은 연속적인 화면의 모음이므로 모든 화면을 다 저장한다면 데이터의 양이 무척 클 것이다. (㉡) 따라서 동영상 데이터 속 무수히 많은 정보 값에서 중복되는 내용을 지우고 필요한 정보만 남김으로써 데이터의 양을 획기적으로 줄이는 기술이 필요하다. (㉢) 이러한 기술을 동영상 압축이라고 한다. (㉣)

〈보 기〉

동영상 압축에서는 보통 화면 간 중복, 화소 간 중복, 통계적 중복 등의 방법을 이용한다.

① ㉠   ② ㉡   ③ ㉢   ④ ㉣

반 년간 신문에 장편소설을 연재하여 원고료로 꽤 많은 돈을 받기로 했다. 그 원고료를 받기 전에 나는 며칠 동안 잠을 못 이루고 그 돈으로 무엇을 할까 하고 생각하고 또 생각하였다. 집 안의 가구를 모두 바꾸어 보기도 하고 멋있는 옷과 장신구로 나를 치장해 보기도 했다. 드디어 원고료가 내 손에 쥐어졌다. 나는 어쩔 줄을 모르며 기뻐했다. 그날 밤 나는 남편의 말을 들어 보기 위해 "이 돈으로 뭘 하면 좋을까?" 이렇게 물었다.

"글쎄……. 당신도 내 친구 형식이 알지? 사정이 딱하던데……. 딸이 많이 아파서 수술을 해야 하는데 수술비가 없어서 못 시켰다고 하더라고."

나는 뜻밖의 말에 순간 멍해졌다가 가슴에서 뜨거운 불길이 치솟는 걸 느꼈다. 결혼할 때 남들이 다 하는 결혼반지 하나 못 사 주었으면서 그런 것은 생각에도 없는 모양이었다. 나는 아무 말도 없이 외투를 들고 나와서 매서운 바람결에 눈이 씽씽 날리는 거리를 끝없이 걸었다. 처음에는 내가 힘들게 번 돈을 남에게 주자는 남편이 미워서 가슴이 터질 듯했는데 시간이 지날수록 자꾸만 형식 씨의 어린 딸 얼굴이 눈앞에 아른거렸다.

강경애 〈원고료 이백 원〉

42. 밑줄 친 부분에 나타난 나의 심정으로 알맞은 것을 고르십시오.

① 괘씸하다   ② 서먹하다

③ 안쓰럽다   ④ 흐뭇하다

43. 윗글의 내용으로 알 수 있는 것을 고르십시오.

① 남편은 원고료로 친구를 도와주었다.

② 남편은 신문에 6개월 동안 글을 썼다.

③ 나는 원고료를 받아서 가구를 바꾸고 옷을 샀다.

④ 나는 결혼할 때 남편에게 결혼반지를 못 받았다.

25~34세 한국인 중 전문 대학 이상 고등 교육 이수율은 약 70%로 OECD 국가 중 가장 높은 비율을 차지했다. 청년층 10명 중 7명이 대학을 졸업한 만큼 대학 진학을 선택하지 않은 사람들이 상대적으로 소외되기 쉽다. 고등학생의 진로 상담이 대학 진학 상담을 중심으로 맞춰져 있는 경우가 대부분이며, 정부의 복지 정책도 대학을 진학한 청년을 기본으로 맞춰져 있는 경우가 많다. 다시 말해 대학에 진학하지 않은 청년에 대한 (   )는 것이다. 나머지 10명 중 3명의 청년들이 청년 정책이나 진학 상담 등에서 소외되지 않도록 세심한 지원이 필요하다.

44. (   )에 들어갈 말로 가장 알맞은 것을 고르십시오.

① 지원 정책이 충분하다

② 사회적 편견이 심각하다

③ 사회적 안전망이 부족하다

④ 진로 상담이 마련되어 있다

45. 윗글의 주제로 가장 알맞은 것을 고르십시오.

① 앞으로 한국인의 고등 교육 이수율을 높여야 한다.

② 정부의 복지 정책은 대학생을 중심으로 맞추는 게 중요하다.

③ 대학에 진학하지 않은 사람들이 소외되지 않도록 해야 한다.

④ 고등학생의 진로 상담은 대학 진학 상담을 중심으로 해야 한다.

※ [46~47] 다음을 읽고 물음에 답하십시오. (각 2점)

> 장기 불황으로 취업, 결혼, 출산을 포기하는 젊은 세대의 경제적 환경이 1인 가구의 급증을 야기한다는 조사 결과가 나왔다. 통계에 따르면 1인 가구 증가 현상은 손댈 수 없을 정도로 빠르게 진행되고 있다고 한다. 1인 가구 급증 현상은 노인 문제, 청년 실업 문제, 출산 및 육아 문제 등 오래된 사회 문제를 정책적으로 해소하지 못한 데에 따른 필연적인 결과이다. 1인 가구로 생활하는 데는 많은 어려움이 따른다. 특히 각종 세금 혜택, 복지 및 주거 정책 등이 모두 4인 가구를 중심으로 구성되어 있고 1인 가구를 지원하는 정책은 아직 충분하지 않다. 1인 가구가 느끼는 심리적, 경제적 불안감도 큰 문제이다. 고령층 1인 가구의 비중 역시 빠르게 증가하고 있는 만큼, 1인 가구에 대한 장기적인 사회적 지원이 마련되어야 한다.

46. 윗글에 나타난 필자의 태도로 가장 알맞은 것을 고르십시오.
   ① 1인 가구가 늘어나면서 인구 감소에 대해 걱정하고 있다.
   ② 1인 가구의 증가를 막기 위해 사회의 개선을 주장하고 있다.
   ③ 1인 가구의 문제와 그것을 해결하기 위한 방법을 밝히고 있다.
   ④ 1인 가구 정책을 4인 가구를 중심으로 비교하며 분석하고 있다.

47. 윗글의 내용과 같은 것을 고르십시오.
   ① 1인 가구를 위한 복지, 주거 정책이 충분히 제정되어 있다.
   ② 1인 가구의 급증은 노인 문제, 청년 실업 문제를 심화시킨다.
   ③ 경제적 이유로 취업, 결혼, 출산을 포기하는 사람이 늘고 있다.
   ④ 빈곤과 심리적 불안감 때문에 결혼하는 사람들이 증가하고 있다.

명예는 한 개인의 인간적, 사회적 가치에 대한 사회적 평가를 의미한다. 최근 인터넷의 발달로 자유롭게 인터넷을 이용할 수 있게 되면서 인터넷상에서 타인의 명예를 훼손하는 것이 문제가 되고 있다. 인터넷 명예 훼손은 사람을 비방할 목적으로 정보 통신망을 통하여 (   ) 타인의 명예를 훼손하는 행위를 말한다. 인터넷 명예 훼손의 조건으로는, 먼저 사람을 비방할 목적이 있었다는 증거가 있어야 한다. 또한 타인의 인격에 대한 사회적 가치나 평가가 침해될 가능성이 있을 정도로 구체적이어야 한다. 따라서 인터넷상에서 한 사람의 사회적 가치에 대한 외부적 평가를 훼손시키는 행위가 바로 인터넷 명예 훼손죄에 해당하는 것이다. 인터넷상에서 자유롭게 의사 표현을 하는 것은 좋지만 타인의 명예를 훼손하는 일은 없어야 한다.

48. 윗글을 쓴 목적으로 가장 알맞은 것을 고르십시오.

① 인터넷 명예 훼손의 조건에 대해 알려 주기 위해서

② 인터넷 명예 훼손에 대한 경각심을 일깨우기 위해서

③ 인터넷 명예 훼손으로 인한 피해 사례를 제시하기 위해서

④ 인터넷 명예 훼손과 기존의 명예 훼손의 차이점을 설명하기 위해서

49. (   )에 들어갈 말로 가장 알맞은 것을 고르십시오.

① 공공연하게 사실이나 거짓을 드러냄으로써

② 인터넷에 다른 사람의 개인 정보를 올림으로써

③ 인터넷을 통해 다른 사람의 행적을 알림으로써

④ 다른 사람의 소문을 가족이나 친구에게 말함으로써

50. 윗글의 내용과 같은 것을 고르십시오.

① 인터넷 명예 훼손은 지금보다 강력한 처벌이 필요하다.

② 조건을 갖추지 않아도 인터넷 명예 훼손으로 처벌이 가능하다.

③ 인터넷 명예 훼손은 사람을 비방할 목적이 있었다는 증거가 필요하다.

④ 의사 표현의 자유를 위해서 인터넷상 명예 훼손은 어느 정도 허용된다.

제5회 FINAL 실전 모의고사

The 5th Final Actual Test

TOPIK II

| 1교시 | 듣기, 쓰기 |

수험번호 (Registration No.)		
이 름 (Name)	한국어 (Korean)	
	영 어 (English)	

유 의 사 항
Information

1. 시험 시작 지시가 있을 때까지 문제를 풀지 마십시오.

   Do not open the booklet until you are allowed to start.

2. 수험번호와 이름을 정확하게 적어 주십시오.

   Write your name and registration number on the answer sheet.

3. 답안지를 구기거나 훼손하지 마십시오.

   Do not fold the answer sheet; keep it clean.

4. 답안지의 이름, 수험번호 및 정답의 기입은 배부된 펜을 사용하여 주십시오.

   Use the given pen only.

5. 정답은 답안지에 정확하게 표시하여 주십시오.

   Mark your answer accurately and clearly on the answer sheet.

marking example   ① ● ③ ④

6. 문제를 읽을 때에는 소리가 나지 않도록 하십시오.

   Keep quiet while answering the questions.

7. 질문이 있을 때에는 손을 들고 감독관이 올 때까지 기다려 주십시오.

   When you have any questions, please raise your hand.

TOPIK Ⅱ 듣기 (1번~50번)

Test 05

※ [1~3] 다음을 듣고 가장 알맞은 그림 또는 그래프를 고르십시오. (각 2점)

1. ①  ②

③  ④

2. ①  ②

③  ④

3.

①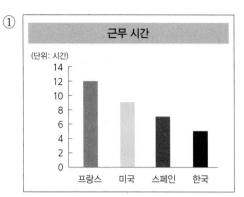

②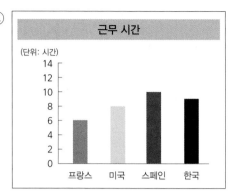

③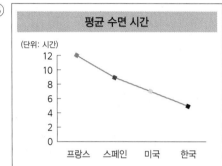

④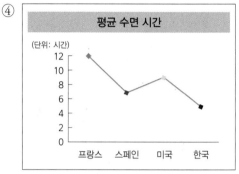

※　[4~8] 다음을 듣고 이어질 수 있는 말로 가장 알맞은 것을 고르십시오. (각 2점)

4.　① 다음에는 꼭 같이 볼게요.

　　② 안 그래도 또 보려고 했어요.

　　③ 공연이 정말 훌륭했을 거예요.

　　④ 부모님도 정말 좋아하실 거예요.

5.　① 미리 정했으면 좋았을 거야.

　　② 역시 외국으로 갈 걸 그랬어.

　　③ 벌써 국내로 간다고 말씀드렸어.

　　④ 기차 여행도 나쁘지 않은 것 같은데.

6. ① 같이 가서 정말 좋았어요.

② 꼭 같이 갈 수 있을 거예요.

③ 이름이 있는지 확인해 볼게요.

④ 주말에는 많이 바쁠 것 같아요.

7. ① 벌써 다 팔렸더라고요.

② 간편해졌으면 좋겠어요.

③ 저도 빨리 먹어 보고 싶어요.

④ 한번 주스로 만들어 봐야겠어요.

8. ① 예정보다 시간이 늦어요.

② 낮잠을 잤더니 훨씬 좋았어요.

③ 그래도 있으면 좋을 것 같아요.

④ 퇴근 시간이 더 빠르면 좋겠어요.

※ [9~12] 다음을 듣고 여자가 이어서 할 행동으로 가장 알맞은 것을 고르십시오. (각 2점)

9. ① 파는 물건에 대한 정보를 쓴다.
② 홈페이지에서 상인 등록을 한다.
③ 인터넷 장터에 물건을 등록한다.
④ 장터에서 팔 물건 사진을 찍는다.

10. ① 마케팅 팀과 회의 날짜를 정한다.
② 설문 조사 내용을 기획안에 넣는다.
③ 인터넷에서 아르바이트생을 구한다.
④ 마케팅 팀과 기획안 회의를 진행한다.

11. ① 걸레를 빨아 온다.

    ② 바닥의 먼지를 닦는다.

    ③ 빗자루로 바닥을 쓴다.

    ④ 남자와 책장을 옮긴다.

12. ① 회의 시간을 부원들에게 알린다.

    ② 회의를 위해 회의실 예약을 한다.

    ③ 부원들에게 문자 메시지를 보낸다.

    ④ 남자에게 명단을 메일로 보내 준다.

※ **[13~16] 다음을 듣고 들은 내용과 같은 것을 고르십시오. (각 2점)**

13. ① 이 식당은 대학생들이 많이 찾는다.

    ② 남자는 음식의 맛에 만족하고 있다.

    ③ 남자는 식당에서 아르바이트를 했다.

    ④ 최근에 식당 주인이 여러 번 바뀌었다.

14. ① 백화점 안내 데스크에서 지갑을 보관하고 있다.

    ② 빨간색 지갑을 잃어버린 곳은 여자 화장실이다.

    ③ 지갑을 분실한 사람은 안내 데스크에 알려야 한다.

    ④ 지갑을 주운 사람은 고객 센터로 가져다줘야 한다.

15. ① 사진전은 작가의 고향에서 열린다.

    ② 작가는 예전에 형과 함께 활동했다.

    ③ 사진에는 여러 외국인들이 등장한다.

    ④ 작가는 그동안 사진전을 연 적이 없다.

16. ① 남자는 매일매일 운동을 하는 편이다.

    ② 남자가 직접 천연 팩을 만들어서 사용한다.

    ③ 남자는 여자의 얼굴보다 열 살 어려 보인다.

    ④ 남자는 부정적인 생각을 안 하려고 노력한다.

※ [17~20] 다음을 듣고 남자의 중심 생각으로 가장 알맞은 것을 고르십시오. (각 2점)

17. ① 전공대로 취업을 하는 것은 좋지 않다.

    ② 졸업 후에 바로 취업을 하는 건 안 좋다.

    ③ 취업할 때에는 여러 가지 자격이 필요하다.

    ④ 취업하기 전에 다양한 경험을 쌓아야 한다.

18. ① 상품의 유통 기한을 먼저 확인하는 것이 좋다.

    ② 좋은 쇼핑 습관으로 합리적인 쇼핑을 할 수 있다.

    ③ 쇼핑 시간이 길수록 합리적인 쇼핑을 할 수 있다.

    ④ 쇼핑할 때 유통 기한을 확인하면 시간이 오래 걸린다.

19. ① 금요일에는 회식을 하지 않는 게 좋다.

    ② 금요일에 회식을 하면 주말에 피곤하다.

    ③ 동료들과 이야기를 하기 위해 회식이 필요하다.

    ④ 회식을 통해 동료들과 편하게 이야기할 수 있다.

20. ① 요즘 음식들은 자극적인 음식이 많다.

    ② 하루에 한 번은 건강한 빵을 먹어야 한다.

    ③ 다이어트를 할 때에는 싱거운 빵을 먹어야 한다.

    ④ 빵을 만들 때는 건강을 가장 중요하게 생각한다.

21. 남자의 중심 생각으로 가장 알맞은 것을 고르십시오.

    ① 방송에 나와서 거짓말을 하면 안 된다.

    ② 맛없는 식당은 방송에 나오면 안 된다.

    ③ 방송의 내용을 모두 신뢰해서는 안 된다.

    ④ 거짓말을 해 달라고 부탁을 하면 안 된다.

22. 들은 내용과 같은 것을 고르십시오.

    ① 여자는 식당의 음식 맛에 실망했다.

    ② 이 식당은 유명해져서 방송에 나왔다.

    ③ 방송에 나오는 음식점은 대부분 맛이 없다.

    ④ 남자는 과거에 방송에 출연해 본 적이 있다.

※ [23~24] 다음을 듣고 물음에 답하십시오. (각 2점)

23. 남자가 무엇을 하고 있는지 맞는 것을 고르십시오.

    ① 환불 방법에 대해 알려 주고 있다.

    ② 환불 규정에 대해서 소개하고 있다.

    ③ 환불이 안 되는 이유를 설명하고 있다.

    ④ 여자가 구매한 제품을 환불해 주고 있다.

24. 들은 내용과 같은 것을 고르십시오.

    ① 유리컵은 어제만 판매하는 상품이다.

    ② 여자는 영수증이 없어서 환불할 수 없다.

    ③ 여자는 환불 대신 물건을 교환하기로 했다.

    ④ 여자는 환불에 대해서 들은 적이 없다고 했다.

25. 남자의 중심 생각으로 가장 알맞은 것을 고르십시오.

① 해외 직구는 배송료를 더 지불하지만 싼 편이다.

② 해외 직구는 문제점이 있지만 가격 경쟁력이 크다.

③ 소비자는 배송 기간 때문에 해외 직구를 선택한다.

④ 소비자들은 해외 사이트에서 주문하는 것을 좋아한다.

26. 들은 내용과 같은 것을 고르십시오.

① 해외 사이트는 외국어로만 안내되어 있다.

② 해외 직구를 하는 사람들이 감소하고 있다.

③ 해외 사이트와 국내 사이트의 배송료가 같다.

④ 해외 직구는 가격에 비해 품질이 좋은 편이다.

※ [27~28] 다음을 듣고 물음에 답하십시오. (각 2점)

27. 남자가 말하는 의도로 알맞은 것을 고르십시오.

① 피아노를 계속 배울 것을 권유하기 위해서

② 피아노를 배우는 태도에 대해서 지적하기 위해서

③ 피아노를 배우는 것의 중요성을 강조하기 위해서

④ 피아노를 배울 때의 어려운 점을 알려 주기 위해서

28. 들은 내용과 같은 것을 고르십시오.

① 남자는 피아노를 배우는 것이 싫어졌다.

② 남자는 예전에 악기를 배워 본 적이 있다.

③ 여자는 어릴 때 피아노를 배워 본 적이 있다.

④ 남자는 시간이 없어서 피아노를 배울 수 없다.

29. 남자가 누구인지 고르십시오.

　　① 의사

　　② 보건소 직원

　　③ 기상청 관계자

　　④ 지구 과학 연구원

30. 들은 내용과 같은 것을 고르십시오.

　　① 폭염 때는 외출을 할 수 없다.

　　② 음식은 냉장고에 오래 보관해야 한다.

　　③ 폭염이 지나고 비가 많이 내릴 것이다.

　　④ 폭염 때는 땀을 많이 흘리지 않게 해야 한다.

31. 남자의 중심 생각으로 가장 알맞은 것을 고르십시오.

　　① 또래 집단은 동질성을 중요하게 여긴다.

　　② 교복을 입으면 생기는 장점도 많이 있다.

　　③ 학생들은 교복이 아닌 똑같은 옷을 입어야 한다.

　　④ 학교에서는 학생들에게 교복을 강요하면 안 된다.

32. 남자의 태도로 가장 알맞은 것을 고르십시오.

　　① 비교를 통해 상대방의 의견을 반박하고 있다.

　　② 자신의 주장과 다른 점을 찾아 해명하고 있다.

　　③ 객관적인 자료를 제시하며 주장을 펼치고 있다.

　　④ 상대방의 의견을 존중하면서 자신의 의견을 주장하고 있다.

※ **[33~34] 다음을 듣고 물음에 답하십시오. (각 2점)**

33. 무엇에 대한 내용인지 알맞은 것을 고르십시오.
　① 노력의 중요성
　② 역대 대통령들의 평가
　③ 경력과 성공의 상관관계
　④ 훌륭한 대통령이 되는 방법

34. 들은 내용과 같은 것을 고르십시오.
　① 주어진 환경이 성공을 좌우하는 편이다.
　② 현재에 머물지 말고 미래를 위해서 노력해야 한다.
　③ 미국 대통령들은 모두 불우한 어린 시절을 보냈다.
　④ 대통령들은 아르바이트를 했기 때문에 성공을 했다.

※ **[35~36] 다음을 듣고 물음에 답하십시오. (각 2점)**

35. 남자가 무엇을 하고 있는지 고르십시오.
　① 겨울철 기온에 대해 안내하고 있다.
　② 주말의 기상 상황에 대해 설명하고 있다.
　③ 국립기상센터의 필요성을 강조하고 있다.
　④ 봄이 언제 오는지 날씨를 통해 예측하고 있다.

36. 들은 내용과 같은 것을 고르십시오.
　① 봄은 보름이 지나도 오지 않을 것이다.
　② 예년 이맘때 주말 날씨는 덥지 않았다.
　③ 다음 주 초에도 여전히 날씨가 더울 것이다.
　④ 다음 주말 외출 시 옷을 가볍게 입어야 한다.

37. 여자의 중심 생각으로 가장 알맞은 것을 고르십시오.

　　① 축구 경기에서는 관중의 함성이 필요 없다.

　　② 축구 경기에서 심판의 판정은 공정해야 한다.

　　③ 축구 경기에서 관중들이 크게 응원을 해야 한다.

　　④ 열정적인 관중의 응원이 심판의 판정에 영향을 준다.

38. 들은 내용과 같은 것을 고르십시오.

　　① 심판은 축구 경기에서 12번째 선수라고 불린다.

　　② 박사는 선수로서의 성공 경험을 바탕으로 연구를 진행했다.

　　③ 응원을 들은 심판들은 태클을 반칙으로 판단하는 정도가 낮았다.

　　④ 까다로운 시험을 통해 선발되지 못한 심판들은 불공정한 심판을 한다.

※ [39~40] 다음을 듣고 물음에 답하십시오. (각 2점)

39. 이 대화 전의 내용으로 가장 알맞은 것을 고르십시오.

　　① 사회적으로 어린이의 권리 침해가 심각하다.

　　② 어린이집의 감시 카메라 설치가 의무화되었다.

　　③ 어린이집의 감시 카메라 설치는 자율적으로 결정된다.

　　④ 어린이집의 감시 카메라 설치는 효과가 나타나지 않았다.

40. 들은 내용과 같은 것을 고르십시오.

　　① 감시 카메라 설치는 교사들의 사생활과 관계없다.

　　② 감시 카메라 설치는 영유아의 안전을 위해 필수적이다.

　　③ 감시 카메라의 설치 범위와 열람 규정은 이미 존재한다.

　　④ 감시 카메라를 설치하고 나면 지속적인 감시는 필요없다.

41. 이 강연의 중심 내용으로 가장 알맞은 것을 고르십시오.

① 동물도 사람과 마찬가지로 애착을 가진다.

② 동물들은 사람들의 생각과 정반대로 행동한다.

③ 원숭이들은 따뜻하고 부드러운 천을 선호한다.

④ 동물은 본능에 의한 생존 법칙대로 사는 존재이다.

42. 들은 내용과 같은 것을 고르십시오.

① 인간을 제외한 모든 동물은 애착을 갖고 있지 않다.

② 살아 있는 어미 원숭이 두 마리를 가지고 실험을 했다.

③ 아기 원숭이는 우유병을 달고 있는 모형에 애착을 많이 느꼈다.

④ 아기 원숭이는 대부분 부드러운 천으로 만든 어미 원숭이에게 안겨 있었다.

※ [43~44] 다음을 듣고 물음에 답하십시오. (각 2점)

43. 무엇에 대한 내용인지 알맞은 것을 고르십시오.

① 불면증을 종류별로 나눠 분석해야 한다.

② 사람의 몸에 맞는 적절한 온도를 찾아야 한다.

③ 여름에 발생하는 불면증의 원인을 알고 대비해야 한다.

④ 자기에게 맞는 숙면을 취할 수 있는 방법을 알아야 한다.

44. 여름에 잠을 못 자는 가장 큰 이유로 맞는 것을 고르십시오.

① 정신적 스트레스가 심해지기 때문에

② 열을 체외로 내보내며 체온이 떨어지기 때문에

③ 사람들이 숙면의 원인을 파악하지 못하기 때문에

④ 외부의 온도가 높아지면서 체온이 떨어지지 않기 때문에

45. 들은 내용과 같은 것을 고르십시오.

① 화재경보기의 발명은 과학의 결실 중 하나이다.

② 시계와 달력은 현대 생활에서 중요도가 낮아졌다.

③ 인공위성으로 인해 깨끗한 물을 마실 수 있게 됐다.

④ 단열재는 여름에 열이 밖으로 전달되는 것을 막는다.

46. 여자의 태도로 알맞은 것을 고르십시오.

① 우주 과학의 이론을 논리적으로 분석하고 있다.

② 우주 과학 기술 발달의 무분별함을 비판하고 있다.

③ 지구 온난화 문제의 해결책으로 우주 과학을 제시하고 있다.

④ 우주 과학을 활용한 발명을 사례로 들며 중요성을 설명하고 있다.

※ [47~48] 다음을 듣고 물음에 답하십시오. (각 2점)

47. 들은 내용과 같은 것을 고르십시오.

① 로봇 코는 약 1만 가지의 냄새를 가려낼 수 있다.

② 로봇 코는 냄새의 강도를 숫자로 나타낼 수 있다.

③ 로봇 코는 사람보다 더 많은 냄새를 구별할 수 있다.

④ 로봇 코는 유독 가스 노출 사고 현장에 투입될 수 없다.

48. 남자의 태도로 알맞은 것을 고르십시오.

① 차세대 로봇 코 기술 개발을 지지하고 있다.

② 로봇이 인간의 노동을 대체하길 기대하고 있다.

③ 사람과 로봇의 코를 비교하며 전문가들의 의견에 반박하고 있다.

④ 로봇이 다양한 냄새를 구별하지 못하는 현재 기술력에 실망하고 있다.

※ [49~50] 다음을 듣고 물음에 답하십시오. (각 2점)

49. 들은 내용과 같은 것을 고르십시오.

① 비만 청소년 문제는 운동량만 늘리면 해결 가능하다.

② 문제 해결을 위해서 가정과 학교의 지도가 필요하다.

③ 비만 청소년은 늘었지만 영양 결핍 청소년의 수는 줄었다.

④ 비만과 영양 결핍 모두 10대보다 10대 미만 환자 수가 더 많다.

50. 남자의 태도로 알맞은 것을 고르십시오.

① 자료를 연도별로 세분하여 제시하고 있다.

② 문제에 대한 제도적 대비책을 강구하고 있다.

③ 문제에 대한 정부의 무능함을 비판하고 있다.

④ 자료를 바탕으로 문제의 심각성과 원인을 파악하고 있다.

※ [51~52] 다음 글의 ㉠과 ㉡에 알맞은 말을 각각 쓰시오. (각 10점)

51.

> **실험에 참여할 학생을 모집합니다**
>
> 한국대학교 연구실에서는 얼굴의 움직임과 손의 움직임의 관계에 대해 연구하고 있습니다.
>
> ■ **실험 참여 대상:** 18세 이상 30세 미만의 건강한 남자, 여자
> ■ **실험 참여 일시:** 8월 10일~8월 20일,
>   참여자와 상의하여 하루 선택(2~3시간 정도 걸림.)
> ■ **실험 장소:** 한국대학교 실험관 612호
>
> 　실험에 참여할 학생들은 (　　　㉠　　　). 얼굴과 손의 움직임을 관찰해야 하기 때문에 사진이 필요합니다. 실험 보수는 4만 원이며, 실험을 모두 마친 후에 바로 계좌로 지급해 드립니다. 실험 보수 지급을 위해 (　　　㉡　　　). 서류를 꼭 가지고 오십시오.
> 문의: 02-4321-5678, e-mail: face@hankuk.ac.kr

52.

> 　자원봉사는 개인적 측면에서 볼 때 남에게 인정받고 자아를 실현하고자 하는 인간적 욕구를 충족시킨다. 이는 자신이 가진 지식과 기술을 활용함으로써 (　　　㉠　　　). 또한 사회적인 측면에서는 시민 의식을 성숙시킬 뿐만 아니라 우수한 인적 자원을 활용해 사회를 발전시킬 수 있도록 한다. 그러므로 자원봉사는 (　　　㉡　　　).

53. 다음은 30~50대 남성 500명을 대상으로 시간을 활용하는 방법에 대해 조사한 자료이다. 이 내용을 200~300자로 쓰시오. 단, 글의 제목은 쓰지 마시오. (30점)

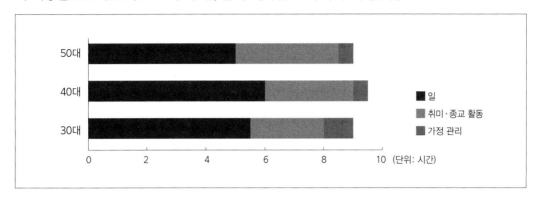

54. 다음을 참고하여 600~700자로 글을 쓰시오. 단, 문제를 그대로 옮겨 쓰지 마시오. (50점)

> 다른 사람이 창작한 글, 영화, 음악, 디자인 등의 일부나 전부를 원작자의 동의 없이 임의로 사용하는 것을 표절이라고 합니다. 최근 학문이나 예술 등 거의 모든 분야에서 표절 논란이 끊임없이 발생하고 있습니다. 표절의 원인과 표절로 인한 문제점은 무엇이라고 생각합니까? 또한 이러한 표절 문제 해결을 위해 어떤 노력이 필요한지에 대해 자신의 생각을 쓰십시오.

* 원고지 쓰기의 예

	머	리	는		언	제		감	는		것	이		좋	을	까	?		사
람	들	은		보	통		아	침	에		머	리	를		감	는	다	.		그

> 제1교시 듣기, 쓰기 시험이 끝났습니다. 제2교시는 읽기 시험입니다.

제5회 FINAL 실전 모의고사

The 5th Final Actual Test

TOPIK II

2교시	읽기

수험번호 (Registration No.)	
이 름 (Name)	한국어 (Korean)	
	영 어 (English)	

유 의 사 항
Information

1. 시험 시작 지시가 있을 때까지 문제를 풀지 마십시오.

   Do not open the booklet until you are allowed to start.

2. 수험번호와 이름을 정확하게 적어 주십시오.

   Write your name and registration number on the answer sheet.

3. 답안지를 구기거나 훼손하지 마십시오.

   Do not fold the answer sheet; keep it clean.

4. 답안지의 이름, 수험번호 및 정답의 기입은 배부된 펜을 사용하여 주십시오.

   Use the given pen only.

5. 정답은 답안지에 정확하게 표시하여 주십시오.

   Mark your answer accurately and clearly on the answer sheet.

6. 문제를 읽을 때에는 소리가 나지 않도록 하십시오.

   Keep quiet while answering the questions.

7. 질문이 있을 때에는 손을 들고 감독관이 올 때까지 기다려 주십시오.

   When you have any questions, please raise your hand.

TOPIK II 읽기(1번~50번)

※ [1~2] ( )에 들어갈 말로 가장 알맞은 것을 고르십시오. (각 2점)

1. 노인 취업에 대한 설문 조사에서 건강이 ( ) 계속 일하고 싶다는 응답이 절반을 넘었다.

   ① 허락하기에   ② 허락하는 한

   ③ 허락할지라도   ④ 허락한다고 해도

2. 선영이는 미아에게 "미아 씨, 왜 이렇게 늦었어요? 제가 미아 씨한테 1시에 시작한다고 ( )." 하고 화를 냈다.

   ① 했거든요   ② 했다니요

   ③ 했더군요   ④ 했잖아요

※ [3~4] 밑줄 친 부분과 의미가 가장 비슷한 것을 고르십시오. (각 2점)

3. 이 아파트는 전망도 <u>좋거니와</u> 교통도 편리해서 인기가 많다.

   ① 좋은데도   ② 좋은 만큼

   ③ 좋은 체하고   ④ 좋을 뿐만 아니라

4. 전공과목을 선택할 때 깊이 생각해 보고 잘 <u>선택할 걸 그랬다</u>.

   ① 선택한 듯하다   ② 선택했어야 했다

   ③ 선택한 셈 쳤다   ④ 선택했다고 본다

※ [5~8] 다음은 무엇에 대한 글인지 고르십시오. (각 2점)

5.

자외선 차단 지수 최고
두 시간에 한 번씩 발라 주세요~

① 연고　　　　② 향수　　　　③ 화장품　　　　④ 그림 물감

6.

실화를 바탕으로 한 화제의 원작
원작을 넘어섰다는 평론가들의 극찬
지금 스크린에서 확인하세요.

① 도서　　　　② 연극　　　　③ 영화　　　　④ 드라마

7.

기대 수명은 빠르게 증가
은퇴는 선진국보다 7~8년 빨라

① 노후 준비　　　② 진학 준비　　　③ 취업 준비　　　④ 양육 준비

8.

제품 구입 후 일주일 안에 가능합니다.
상표를 제거한 후에는 불가능합니다.

① 구입 방법　　　② 교환 안내　　　③ 반품 사유　　　④ 제품 문의

※ [9~12] 다음 글 또는 그래프의 내용과 같은 것을 고르십시오. (각 2점)

9.

서울시 아기 사진 공모전

- **응모 대상:** 아기를 키우고 있는 서울 시민(연령 제한 없음)
- **응모 기간:** 2024년 9월 1일 ~ 9월 30일
- **응모 방법:** 이메일 접수(edepal1026@saver.com)
  ※ 돌 미만의 아기 사진 / 1인 1매 접수
- **발표 및 시상:** 10월 5일 오전 10시 ~ 오후 5시
  광화문 광장에서 시민의 스티커 투표 진행
  행사 직후 현장에서 발표 및 시상

① 돌이 지난 아기의 사진을 응모하면 된다.

② 마음에 드는 아기 사진을 시민이 직접 뽑는다.

③ 공모전에 선발된 사람은 행사 후 홈페이지에 발표한다.

④ 서울 시민이면 아기의 연령에 관계없이 누구나 응모가 가능하다.

10.

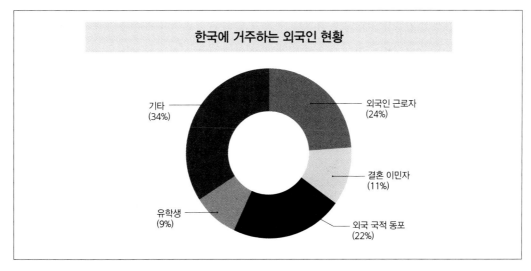

① 결혼 이민자 수와 유학생의 수는 서로 같다.

② 외국인 근로자가 절반 이상을 차지하고 있다.

③ 외국인 근로자의 수가 외국 국적 동포의 수보다 많다.

④ 외국인 근로자 이외의 다른 외국인 비율은 서로 큰 차이가 없다.

11.

>   '중학교 자유 학기제'는 중학교 과정 중 한 학기 동안 학생들이 시험 걱정 없이 능동적으로 학교생활을 할 수 있게 하자는 취지로 마련된 정책이다. 시험을 안 본다고 해서 교과 공부를 안 하는 것은 아니다. 오전에는 국어, 영어, 수학 등 교과 수업을 듣고 오후에는 다양한 체험 활동을 하는 형식으로 운영되고 있다.

① 자유 학기에는 시험을 보지 않는다.

② 중학교에서 자유 학기제를 시행할 예정이다.

③ 자유 학기에는 교과 공부 대신 체험 활동을 한다.

④ 학교를 졸업한 후에 자유 학기제를 선택할 수 있다.

12.

>   대부분 아프리카의 이미지가 천편일률적이고 한쪽으로 치우쳐 있다. 세계 다른 곳과 마찬가지로 아프리카에 대해서도 균형 잡힌 이해가 필요하다. 아시아 대륙 안에 있다고 한국과 필리핀, 인도, 아프가니스탄을 모두 같다고 볼 수 없는 것처럼 아프리카도 그렇다. 아프리카 대륙은 우리의 생각보다 훨씬 크고 다양하며 다채롭다.

① 사람들은 아프리카에 대해 편견을 가지고 있다.

② 아프리카 대륙은 우리가 생각하는 것보다 단순하다.

③ 사람들은 아프리카에 관해서 다양하게 인식하고 있다.

④ 아프리카 대륙에 있는 국가들은 유사한 특징을 가지고 있다.

※ [13~15] 다음을 순서에 맞게 배열한 것을 고르십시오. (각 2점)

13.

> (가) 일반 상식 중에는 사실과 다른 것이 적지 않다.
>
> (나) 술을 마시면 알코올이 혈관을 확장시켜 따뜻한 피를 피부 표면까지 끌어올린다.
>
> (다) 그래서 일시적으로 따뜻한 느낌이 들 뿐 오히려 체내의 열을 빼앗겨 위험에 처할 수 있다.
>
> (라) 예를 들면 술은 몸을 따뜻하게 해 준다고 알려져 있지만 이것은 몸이 따뜻해진다고 착각을 하는 것뿐이다.

① (가)-(라)-(나)-(다) ② (가)-(다)-(라)-(나)

③ (나)-(다)-(가)-(라) ④ (나)-(라)-(가)-(다)

14.

> (가) 핵심 비결은 놀랍게도 숙제의 힘에 있었다.
>
> (나) 그래서 미국인 5만 명을 대상으로 가족의 일상에 관한 '학습 습관 연구'를 시작했다.
>
> (다) 3년간 진행된 이 연구를 통해 학업, 정서, 사회성에서 성공을 경험한 아이들의 공통점을 밝혀냈다.
>
> (라) 로버트 박사는 자녀를 훌륭한 인재로 양육한 가족들을 연구해서 새로운 교육 방법을 찾고자 했다.

① (가)-(나)-(다)-(라) ② (가)-(나)-(라)-(다)

③ (라)-(나)-(가)-(다) ④ (라)-(나)-(다)-(가)

15.

> (가) 등기 우편을 우체통에 넣어 발송할 수 있는 서비스가 시작되었다.
>
> (나) 지금까지는 우체국을 직접 방문해서 비용을 결제해야만 등기 우편을 발송할 수 있었다.
>
> (다) 이제 모바일 어플에서 사전 접수와 결제를 마친 후에 접수 번호를 기재해서 우체통에 넣으면 되는 것이다.
>
> (라) 물론 우체통의 크기가 크지 않아 작은 크기의 내용물만 발송할 수 있지만, 이용자의 편의가 높아질 것으로 보인다.

① (가)-(나)-(다)-(라)   ② (가)-(다)-(나)-(라)

③ (다)-(가)-(나)-(라)   ④ (라)-(다)-(나)-(가)

※ [16~18] ( )에 들어갈 말로 가장 알맞은 것을 고르십시오. (각 2점)

16.

> 엄마가 두 아이에게 피자를 나눠 줄 때, 한 아이에게 피자를 자르게 하고 다른 아이에게 ( ). 피자를 자른 아이가 피자를 나중에 선택한다는 걸 알면, 그 아이는 피자를 최대한 공평하게 자를 것이다. 피자를 자르지 않은 아이도 먼저 선택권을 얻으므로 불만이 없다.

① 먼저 고르게 하면 좋다

② 피자를 양보하도록 한다

③ 나중에 피자를 먹게 하면 된다

④ 크기가 같은지 확인하게 해야 한다

17.

> 한 나무꾼이 열심히 나무를 베고 있었는데, 갈수록 힘만 들고 나무는 잘 베어지지 않았다. 도끼날이 무뎌진 것을 알아채지 못한 것이다. 나무꾼은 나무를 계속 베다가 그만 지쳐 자리에 주저앉고 말았다. 이처럼 (   ) 무조건 노력한다고 해서 원하는 목표를 이룰 수 없다.

① 자신의 능력을 잘 모르고

② 다른 사람의 조언을 듣지 않고

③ 원인을 찾아서 문제를 해결하지 않고

④ 자신의 능력에 비해 목표를 높게 잡고

18.

> 도로 교통량의 증가와 자동차 과속으로 인해 야생 동물이 교통사고로 죽는 일이 지속적으로 발생하고 있다. 이를 막기 위해 생태 통로를 건설하였으나 (   ) 기대 만큼의 성과는 거두지 못하고 있다. 야생 동물 교통사고를 막으려면 동물들이 먹이를 구하기 위해, 새끼를 낳기 위해 본능적으로 움직이는 성향에 대한 연구가 먼저 이루어져야 한다.

① 동물의 출산 정보에 대해 무지해서

② 동물의 행동 특성에 대한 고려가 부족해서

③ 생태 통로 건설에 관한 첨단 기술이 없어서

④ 도로 교통량과 자동차 속도를 줄이지 못해서

> 오늘날 청소년들은 가장 크고 중요한 문화 소비층이 되었다. 따라서 미디어와 문화 산업은 온갖 광고와 판매 전략을 동원해 청소년들을 현혹하고 있다. (   ) 마음을 놓으면 문화 산업의 광고 전략에 넘어가기 십상이다. 요즘 거리에서 비슷한 외모에 비슷한 스타일, 비슷한 상품을 착용한 청소년들을 흔히 볼 수 있다. 청소년들이 주체적으로 사고하고 자신의 개성을 지켜야 할 때다.

19. (   )에 들어갈 말로 가장 알맞은 것을 고르십시오.

① 자칫   ② 미처
③ 역시   ④ 절대

20. 윗글의 주제로 가장 알맞은 것을 고르십시오.
① 거리에 개성이 넘치는 청소년들이 많아야 한다.
② 미디어와 문화 산업이 청소년들을 유혹하고 있다.
③ 비슷한 스타일을 한 청소년들을 찾아보기 힘들다.
④ 청소년은 문화 산업 광고에 넘어가지 말아야 한다.

> 지난해 한국의 연간 근무 시간은 총 1,915시간으로 OECD 회원국 평균의 3배에 달했다. 이는 38개 회원국 중 5위에 해당하기 때문에 현실적으로 일과 가사 노동, (   )은 매우 힘들다. 게다가 설문조사 결과, 직장인의 평균 출퇴근 시간은 약 1시간 24분으로 조사되었다. 퇴근 후에 개인적으로 사용할 수 있는 시간이 많지 않은 것이다. 한국인의 평균 수면 시간이 항상 OECD 회원국 중 꼴찌를 차지하는 것에는 이러한 요인이 있기 때문으로 추측된다.

21. (   )에 들어갈 말로 가장 알맞은 것을 고르십시오.
① 활개를 펴는 것   ② 두 손을 드는 것
③ 두 다리를 쭉 뻗는 것   ④ 두 마리 토끼를 잡는 것

22. 윗글의 내용과 같은 것을 고르십시오.

① 일과 가사 노동을 둘 다 잘하는 것은 그리 어렵지 않다.

② 한국의 연간 근무 시간은 OECD 회원국 중 3위에 해당한다.

③ 한국인은 퇴근 후에 개인적으로 사용할 수 있는 시간이 많은 편이다.

④ 한국인은 OECD 회원국 중에 평균 수면 시간이 가장 적은 것으로 조사되었다.

※ [23~24] 다음을 읽고 물음에 답하십시오. (각 2점)

> 지난겨울, 비용이 부담되어 아이의 독감 예방 접종을 건너뛰었다. 그 결과 독감에 걸려 학교도 못 간 딸에게 무척 미안했다. 올해는 꼭 접종해 주리라 마음먹고 딸과 함께 병원에 다녀왔다. 집에 돌아와 딸에게 "오늘은 푹 쉬어야 해. 목욕도 하면 안 돼." 하고 말했다. 그 말을 듣고 어머니가 말씀하셨다.
> "너도 예전 같지 않아서 감기에 자주 걸리던데……."
> "엄마, 작년엔 아이도 못 맞혔어요. 저는 어린애도 아닌데요, 뭘."
> 퉁명스러운 나의 대답에 어머니는 "얘, 내 딸한테 그러지 마라. 너도 나에겐 하나뿐인 자식이란다." 하고 말씀하셨다. <u>순간 가슴이 쿵 내려앉았다.</u> 아이의 엄마이자 한 사람의 어른이라고만 생각했던 내가 어머니에게는 늘 걱정되는 자식이었던 것이다.

23. 밑줄 친 부분에 나타난 나의 심정으로 알맞은 것을 고르십시오.

① 안쓰럽다   ② 서운하다

③ 깜짝 놀라다   ④ 불만족스럽다

24. 윗글의 내용과 같은 것을 고르십시오.

① 나는 예전에 감기에 자주 걸렸다.

② 올해 딸아이가 독감에 걸려 학교에 못 갔다.

③ 어머니를 제외하고 가족들 모두 예방 접종을 했다.

④ 작년 겨울에 비용 때문에 아이의 예방 접종을 못 했다.

※ [25~27] 다음 신문 기사의 제목을 가장 잘 설명한 것을 고르십시오. (각 2점)

25. | 기업의 업무 형태 변화, 서면 보고 없애고 온라인으로 대체 |

① 기업의 시스템이 전산화되어서 업무 형태에 변화를 가져올 것이다.

② 기업의 근무 환경이 바뀌어서 온라인으로 보고하는 사람이 늘었다.

③ 기업의 업무 형태가 바뀌어서 앞으로 보고서를 직접 제출해야 한다.

④ 기업의 업무 환경이 서류 대신 온라인으로 보고하는 형태로 바뀌었다.

26. | 봄 이사철 마무리, 전셋값 상승 주춤 |

① 봄 이사 기간이 끝날 때쯤 전셋값이 가장 낮다.

② 봄 이사 기간이 끝나서 전셋값 상승 추세가 멈추었다.

③ 사람들이 봄에 이사를 많이 하기 때문에 봄에 전셋값이 가장 높다.

④ 이사하기 가장 좋은 때가 봄이라서 전셋값이 계속 상승하고 있다.

27. | 1인 가구 '쑥쑥', 간편식 관련 주식 들썩 |

① 1인용 가구가 잘 팔리면서 관련 회사의 주식이 올랐다.

② 간편한 가구를 만드는 회사들이 줄면서 1인용 가구의 매출이 줄었다.

③ 혼자 사는 사람이 늘면서 간편한 식사를 만드는 회사의 주가가 올랐다.

④ 혼자 사는 사람이 감소하면서 간단하게 먹을 수 있는 식품이 안 팔린다.

※ [28~31] (　)에 들어갈 말로 가장 알맞은 것을 고르십시오. (각 2점)

28.

　　파브르 곤충기로 인해 잘 알려진 곤충인 쇠똥구리는 오직 동물의 배설물만을 먹고 산다. 그렇다면 쇠똥구리는 어떤 종류의 똥을 좋아하는가? 종마다 취향이 다르다. 대부분은 초식동물의 똥을 선호하지만 일부는 육식동물의 것을 찾기도 한다. 이러한 쇠똥구리는 (　　　　). 그들은 사막부터 숲까지 청소하는 청소부이다. 다른 동물의 배설물을 먹거나 묻어 둠으로써 토양에 영양분을 되돌려 주는 역할을 한다.

① 인간과 가까운 곤충이다

② 가장 지저분한 곤충이다

③ 보기보다 깨끗한 곤충이다

④ 환경에 중요한 공헌을 한다

29.

　　영화는 스크린이라는 곳을 통해 시간적으로 흐르는 예술이며, 연극 또한 무대라는 제한된 장소에서 시간적으로 형상화되는 예술이다. 두 예술 모두 (　　　　)이라는 점에서, 다른 분야의 예술에 비해 가까운 위치에 놓여 있음을 알 수 있다. 또한 영화와 연극은 문학이나 미술처럼 한 사람의 창조적 노력만으로 이루어지는 개인 예술이 아니라 여러 부분의 예술을 종합하여 완성되는 예술이라는 점에서도 서로 통한다.

① 시간과 공간의 예술

② 공간과 배경의 예술

③ 배경과 인물의 예술

④ 인물과 행위의 예술

30.

> 우리 주위에서 볼 수 있는 동물 가운데 가장 흔히 접할 수 있고, 인간과 가장 친밀한 동물 중 하나가 바로 개이다. 개는 성질이 순하고 영리하며, 주인에 대한 충성심이 강한 동물이다. 그래서 옛날이야기에 나오는 개는 하나같이 (   ) 모습을 보인다. 가장 대표적인 이야기가 '오수의 개'이다. 이 이야기는 술에 취한 주인이 들에서 잠을 자고 있는데, 불이 나서 주인이 위험해지자 개가 주인을 살리려고 불을 끄다가 죽은 이야기이다.

① 힘든 일 앞에서 이기적인
② 낯선 이에게 경계심을 갖는
③ 인간을 위해 자신을 희생하는
④ 주인의 말을 안 듣고 마음대로 하는

31.

> 하버드 대학교 연구팀이 판사들을 대상으로 조사한 결과, 딸을 가진 판사들이 여성에게 유리한 판결을 내리는 경향이 있음을 밝혀냈다. 판사의 성별이 남성이고 또 정치적으로 보수적인 성향을 지녔다고 해도, 딸이 있는 경우에는 보다 여성 친화적인 판결을 내렸다. 이 조사는 입장이 달라 공감하기 어려운 부분도 가깝고 지속적인 관계를 통해서 학습 가능하다는 것을 알려 준다. 결국 (   ) 판단에 영향을 미치는 것이다.

① 자신의 정체성이
② 자신의 성격이나 성향이
③ 자신이 가지고 있는 신념이
④ 자신이 맺고 있는 인간관계가

※ [32~34] 다음을 읽고 글의 내용과 같은 것을 고르십시오. (각 2점)

32.

> 동물마다 좋아하는 날씨가 다르다. 박쥐는 초음파 소리로 먹이의 위치를 파악하기 때문에 비가 오거나 바람이 부는 것을 싫어한다. 반면 개구리는 피부를 촉촉하게 해 주는 비 오는 날씨를 좋아한다. 파리는 푹푹 찌는 무더운 날씨를 좋아하고 북극곰은 눈이 펑펑 내리는 추운 날씨를 좋아한다. 눈이 잘 안 보이는 대신 냄새에 민감한 족제비는 냄새도 오래 남고 작은 소리도 잘 들리는 안개가 낀 날씨를 좋아한다.

① 족제비는 시각과 후각이 발달했다.
② 동물들은 대체로 맑은 날씨를 좋아한다.
③ 박쥐와 개구리는 좋아하는 날씨가 같다.
④ 파리와 북극곰이 좋아하는 날씨는 정반대이다.

33.

> '일용할 양식'은 '원미동 사람들'이라는 단편집에 수록된 11편의 작품 중 하나이다. 작품의 공간적 배경은 서울 외곽의 소도시에 있는 작은 동네인 원미동이고, 시대적 배경은 유선 방송이 유행처럼 번지기 시작하던 1980년대 겨울이다. 이 작품은 우리 집, 옆집 그리고 우리 동네의 슈퍼 얘기를 하는 듯한 착각을 불러일으킨다. 이 작품에서 담고 있는 이야기가 바로 우리 같은 소시민들의 일상생활 모습이기 때문이다.

① 이 작품은 번화한 동네를 배경으로 만들어졌다.
② 이 작품은 서울 번화가의 이야기를 소재로 만들었다.
③ 이 작품은 우리 자신의 모습을 보는 느낌이 들게 한다.
④ 이 작품은 11편의 작품이 들어 있는 단편집의 제목이다.

34.

　　사람들이 일상생활에서 사용하는 말을 잘 들어 보면 잘못된 발음을 하는 경우를 흔히 볼 수 있다. 글을 쓸 때는 어법에 맞게 하려고 노력을 많이 기울이지만 말할 때는 그렇지 않기 때문이다. 예를 들면 '곳곳에서'를 [곧꼬데서]라고 하거나, '뜻있는'을 [뜨신는]으로 발음하는 사람들이 많은데, [곧꼬세서]와 [뜨딘는]이 올바른 발음이다. 습관화된 발음은 결과적으로 쓰기에도 반영되는 경우가 많으므로 주의해야 한다.

① 발음은 쓰기에도 영향을 미친다.
② '뜻있는'의 정확한 발음은 [뜨신는]이다.
③ 바르게 쓰지 못하면 발음도 틀리게 된다.
④ 어법에 맞게 발음하려고 노력하는 사람들이 많다.

※ [35~38] 다음을 읽고 글의 주제로 가장 알맞은 것을 고르십시오. (각 2점)

35.

　　야근이나 출장 등 갑작스러운 일이 생겼을 때 원하는 시간 2~3시간 전에만 신청하면 아이 돌봄 서비스를 이용할 수 있는 시간제 서비스가 실시되었다. 아이 돌봄 서비스는 정부가 이용자의 소득 유형에 따라 비용을 지원하여, 아이 돌보미가 아동의 집에 방문해서 일대일로 돌봄 서비스를 제공하는 제도이다. 긴급하게 돌봄이 필요한 상황에 대처하고, 등·하원 등 짧은 시간 동안 돌봄이 필요한 상황에도 서비스를 이용할 수 있게 된 것이다.

① 아이 돌봄 서비스는 이용자의 소득 유형에 맞게 이용이 가능하다.
② 시간제 돌봄 서비스가 실시됨에 따라 이용자의 편의성이 높아졌다.
③ 긴급하게 돌봄이 필요한 상황에 대처할 수 있는 보육 정책이 필요하다.
④ 아동의 집에 직접 방문하는 만큼 아이 돌보미를 철저히 검증해야 한다.

36.

> 요즘에는 돌 전후의 아기들까지 교육용 스마트 기기를 사용한다. 스마트 기기는 집중도와 활용성이 높아서 많이 사용되지만 어린아이들의 시력 발달에 악영향을 줄 수도 있다. 아이들을 관찰해 보면 태블릿 PC를 보여 주자마자 바로 자리에 앉아 화면에 집중하는 것을 볼 수 있다. 화면에 집중한 아이의 1분에 단 한 번만 눈을 깜빡였다. 이는 책을 볼 때 6번을 깜빡이는 것에 비해 뚜렷하게 적은 수치이다.

① 스마트 기기는 활용성이 높은 교육 도구이다.

② 스마트 기기를 사용하는 어린이는 집중력이 높다.

③ 스마트 기기는 어린 아이의 시력 발달에 직접적인 도움을 준다.

④ 스마트 기기의 사용은 아이들의 눈 건강에 안 좋은 영향을 미친다.

37.

> 최근 정부가 지방 대학 중 30개 대학을 선정하여 상당한 규모의 지원금을 전달하겠다고 밝혔다. 고등학생 졸업생 수가 급감하는 현재, 지방 대학에 입학하려는 학생 수는 더 급속도로 줄어들고 있기 때문이다. 물론 대학들의 전반적인 구조 개혁도 필요하다. 20년 후에는 전체 대학의 70% 정도는 문을 닫을 것으로 전망되는데, 지방 대학이 동시에 문을 닫게 되면 지역 경제에 악영향을 끼치게 될 것이므로 이에 대한 대비가 필요하다.

① 지원 대학 선정은 공정하고 객관적으로 이루어져야 한다.

② 지방 대학 지원과 함께 대학들의 전반적인 구조 개혁도 필요하다.

③ 앞으로 대부분의 대학이 문을 닫게 된다는 사실을 받아들여야 한다.

④ 정부와 대학은 대학 구조 개혁의 필요성을 인정하고 시행해야 한다.

38.

> 우리 뇌는 몸에 필요한 에너지가 부족하면 '배고픔'이라는 신호를 보내 음식물을 섭취하도록 유도한다. 그런데 열량이 부족하지 않을 때도 뇌가 배고픔의 신호를 보낼 때가 있다. 이것이 바로 가짜 배고픔이다. 진짜 배가 고픈 것인지 아닌지를 구분하지 않고, 배고픔을 느낀다고 해서 바로 음식을 먹으면 지방은 분해되지 못하고 계속 체내에 축적된다. 이것은 결국 비만과 당뇨 등 만성병으로 이어진다.

① 배고픔은 비만과 당뇨와 같은 만성병을 유발한다.

② 우리의 뇌는 신호를 보내서 음식물을 섭취하게 한다.

③ 진짜 배고픔과 가짜 배고픔을 구분할 수 있어야 한다.

④ 뇌에서 배고픔이라는 신호를 보내면 음식을 섭취해야 한다.

※ [39~41] 주어진 문장이 들어갈 곳으로 가장 알맞은 것을 고르십시오. (각 2점)

39.

> 두부는 누구나 즐겨 먹는 식품으로, '밭에서 나는 쇠고기'라고 불리는 콩으로 만든다. (㉠) 두부는 고단백 저칼로리 식품으로 지방이 체내에 쌓이는 것을 막아 줘서 다이어트 식품으로 인기가 많다. (㉡) 두부는 다량의 단백질이 포함되어 있기 때문에 많이 먹으면 단백질 소화 불량을 유발할 수 있다. (㉢) 또한 장기간 두부를 다량 섭취하면 신장에 부담을 줄 수 있다. (㉣) 두부는 하루에 100~150g 정도가 적정량이다.

───────〈보 기〉───────

하지만 몸에 좋은 건강식품이라도 너무 많이 먹으면 부작용이 생긴다.

① ㉠   ② ㉡   ③ ㉢   ④ ㉣

40.

박태환 선수는 5살 때 천식을 치료하기 위해 수영을 시작했다. (㉠) 물을 무서워했던 어린 박태환은 물의 공포를 이겨내고 마침내 한국을 빛낸 세계적인 수영 선수가 되었다. (㉡) 그는 불모지나 다름없는 한국 남자 자유형 수영에서 금메달을 목에 걸어 한국 수영의 오랜 꿈을 실현시켜 주었다. (㉢) 다른 나라와 큰 격차를 보이는 열악한 환경과 지원에도 불구하고 세계 정상에 우뚝 선 그의 노력과 땀을 인정한 것이다. (㉣)

〈 보　기 〉

악조건을 딛고 금메달을 딴 딴 박태환 선수를 수영 전문가들은 '노력형 천재'라고 부른다.

① ㉠　　　　　　② ㉡　　　　　　③ ㉢　　　　　　④ ㉣

41.

스노보드는 어떻게 움직일까? (㉠) 앞으로 나아가려는 쪽으로 몸의 무게 중심을 싣고 진행 방향 쪽 발에 살짝 힘을 주면, 진행 방향과 스노보드 방향이 일치하면서 앞으로 나간다. (㉡) 자세히 말해서, 반대쪽 발에 힘을 실어 스노보드의 방향을 진행 방향과 수직으로 만들어서 마찰력을 증가시키면 속도가 서서히 줄면서 멈추게 된다. (㉢) 즉, 진행 방향 쪽 발은 액셀, 반대쪽 발은 브레이크 역할을 한다. (㉣)

〈 보　기 〉

반대로 멈추려면 진행 방향 반대쪽 발에 힘을 주면 된다.

① ㉠　　　　　　② ㉡　　　　　　③ ㉢　　　　　　④ ㉣

> "우리도 남과 같이 살아 봐야지요!"
>
> 예술가의 처에 대한 자부심이 대단한 아내는 좀처럼 이런 말을 입 밖에 내지 아니하였다. 그러나 무엇에 상당한 자극만 받으면 참고 참았던 이런 말을 하게 되는 것이다. 나도 이런 말을 들을 때마다 '그럴 만도 하다.'는 동정심이 없지 아니하나 오늘은 어쩐지 기분이 좋지 않았다. 이번에도 그런 아내가 이해는 되지만 불쾌한 생각을 억제하기 어려웠다. 잠깐 있다가 나는 불쾌한 빛을 드러내며, "급작스럽게 돈을 벌 방법을 찾으라면 어쩌란 말이오. 차차 될 때가 있겠지!" 하고 말했다.
>
> "아이구, 차차란 말씀 그만두구려, 어느 천년에……."
>
> 아내의 얼굴에 붉은빛이 짙어지며 전에 없던 흥분한 어조로 이런 말까지 하였다. 자세히 보니 두 눈에 눈물이 괴어 있었다.
>
> 나는 그 순간 성난 불길이 치받쳐 올라왔다. 나는 참을 수 없었다.
>
> "돈 잘 버는 사람한테 시집을 갈 것이지 누가 내게 시집을 오랬어! 저따위가 예술가의 처가 다 뭐야!" 하고 사나운 어조로 소리를 꽥 질렀다.
>
> 현진건 〈빈처〉

42. 밑줄 친 부분에 나타난 '나'의 심정으로 알맞은 것을 고르십시오.

① 두렵고 후회스럽다.

② 부끄럽고 미안하다.

③ 홀가분하고 흐뭇하다

④ 실망스럽고 화가 난다.

43. 윗글의 내용으로 알 수 있는 것을 고르십시오.

① 아내는 늘 이런 잔소리를 한다.

② 아내는 평범하게 살기를 원한다.

③ 아내는 예술가인 남편을 부끄러워한다.

④ 아내의 말을 나는 전혀 이해하지 못한다.

> 　노인들은 신체적 질병, 노화, 사별, 대인 관계 단절 등 개인의 자존감을 떨어뜨리는 많은 요인에 더 많이 노출되기 때문에 쉽게 우울증이 생길 수 있다. 약물 치료를 통해 우울증 증상을 개선할 수 있지만, 노인들은 다른 약을 먹고 있거나 만성 질환을 앓는 경우가 많아서 약 복용에 주의해야 한다. 이때는 약을 복용하는 것보다 다양한 사람들과 관계를 맺고, 가벼운 운동을 하는 것이 좋다. 그리고 콩, 견과류, 닭 가슴살 같은 음식들은 정신 건강에 좋은 영향을 주는 영양소가 풍부하다. 이처럼 (　　　　) 음식을 먹는 것이 좋다. 이 밖에 부족한 수면 시간, 흡연, 비만과 같은 요인들도 우울증의 원인이 될 수 있으므로 적극적인 노력을 통해 이러한 요인들을 제거하는 것이 좋다.

44.　(　　)에 들어갈 말로 가장 알맞은 것을 고르십시오.

① 다이어트에 효과적인

② 포만감을 느끼게 해 주는

③ 다른 음식에 비해 열량이 많은

④ 행복을 느끼게 하는 물질을 만들어 내는

45.　윗글의 주제로 가장 알맞은 것을 고르십시오.

① 다양한 사람들과 관계를 맺는 것이 중요하다.

② 우울증을 예방하는 생활 습관을 길러야 한다.

③ 우울증을 치료하기 위해 약물 치료에 집중해야 한다.

④ 나이가 들면서 자연스럽게 걸리는 병은 걱정하지 않아도 된다.

> 취업난과 비싼 대학 등록금 등 경제적 문제로 어려움을 겪는 20~30대를 지칭해 '3포 세대', '5포 세대', 'N포 세대'라는 별명이 생겼다. 3포 세대란 연애, 결혼, 출산을 포기한 세대라는 말이다. 5포 세대는 연애, 결혼, 출산에 내 집 마련, 인간관계까지 포기한 이들을 말한다. 'N포 세대'는 N가지의 것들을 포기한 세대를 뜻하는 용어로 최근 청년 실업 문제에 시달리는 20~30대 한국 젊은이들의 암울한 현실을 일컫는 단어이다. 물론 제일 처음에 나온 말은 3포 세대이다. 20~30대들이 좀처럼 연애를 안 하려 하고, 연애를 하더라도 결혼을 꺼리며, 결혼을 하더라도 출산을 포기하는 사회적인 현상을 말한다. 이들이 점점 포기하는 것이 늘어남에 따라 '5포 세대', 'N포 세대'라는 용어가 생겼다.

46. 윗글에 나타난 필자의 태도로 가장 알맞은 것을 고르십시오.

① 취업난으로 인한 20~30대 결혼 포기를 걱정하고 있다.

② 경제적 문제로 생긴 용어를 구체적으로 설명하고 있다.

③ 실업 문제에 괴로워하는 20대와 30대를 비교하고 있다.

④ N포 세대라는 말이 언제부터 시작되었는지 밝히고 있다.

47. 윗글의 내용과 같은 것을 고르십시오.

① 3포 세대, 5포 세대, N포 세대 순으로 용어가 생겼다.

② 3포 세대의 3포는 연애, 내 집 마련, 인간관계를 말한다.

③ N포 세대의 증가는 사회적 문제가 아닌 개인적인 문제이다.

④ 경제적 문제로 어려움을 겪는 사람들을 가리켜 N포 세대라고 한다.

※ [48~50] 다음을 읽고 물음에 답하십시오. (각 2점)

이주 여성으로 구성된 이중 언어 강사의 고용 불안정이 다문화 교육의 걸림돌이 되고 있다. 이중 언어 강사 제도는 4년제 대졸 이상의 결혼 이주 여성을 (   ) 강사로 양성해 학교에서 근무하도록 하는 것을 주요 내용으로 한다. 모 대학의 연구팀은 초등학교에서 한국어와 베트남어를 가르치는 이중 언어 강사 3명을 면담한 결과, 비정규직으로 고용이 불안정하다는 점이 이들의 학교생활을 어렵게 만드는 근본 원인이 되고 있다고 분석했다. 1년 단위로 고용 계약이 되다 보니 재계약을 위해 과도한 업무를 감내하는 경향이 있고, 다른 교사와의 소통과 연수 기회에도 한계가 있다는 설명이다. 아울러 이중 언어 강사 제도가 애초 계획과 달리 멋대로 운영되고 있다고 꼬집었다. 이중 언어 강사 제도는 다문화 교육의 성패를 좌우할 수 있으므로 이들의 처우를 향상하는 한편, 고용 안정성을 보장하고 업무 범위를 명확하게 제시해야 한다.

48. 윗글을 쓴 목적으로 가장 알맞은 것을 고르십시오.
   ① 이중 언어 강사의 고용을 촉진하기 위해서
   ② 이중 언어 강사 제도의 실태를 고발하기 위해서
   ③ 이중 언어 강사 제도의 도입을 촉구하기 위해서
   ④ 이중 언어 강사들의 근무 태도를 지적하기 위해서

49. (   )에 들어갈 말로 가장 알맞은 것을 고르십시오.
   ① 다문화 가정 청소년의 심리를 상담하는
   ② 다문화 가정 청소년에게 모국의 문화를 소개하는
   ③ 다문화 가정 청소년의 학교 성적 증진을 도와주는
   ④ 다문화 가정 청소년에게 한국어와 모국어를 가르치는

50. 윗글의 내용과 같은 것을 고르십시오.
   ① 이중 언어 강사는 결혼 이주 여성이면 채용이 가능하다.
   ② 이중 언어 강사 제도는 상황에 따라 자유롭게 운영되고 있다.
   ③ 이중 언어 강사는 학교에서 1년 일한 뒤 정규직으로 전환할 수 있다.
   ④ 이중 언어 강사의 고용 불안정이 다문화의 교육 성패에 영향을 미친다.

제6회 FiNAL 실전 모의고사

The 6th Final Actual Test

TOPIK II

1교시	듣기, 쓰기

수험번호 (Registration No.)	
이 름 (Name)	한국어 (Korean)	
	영 어 (English)	

유 의 사 항
Information

1. 시험 시작 지시가 있을 때까지 문제를 풀지 마십시오.

   Do not open the booklet until you are allowed to start.

2. 수험번호와 이름을 정확하게 적어 주십시오.

   Write your name and registration number on the answer sheet.

3. 답안지를 구기거나 훼손하지 마십시오.

   Do not fold the answer sheet; keep it clean.

4. 답안지의 이름, 수험번호 및 정답의 기입은 배부된 펜을 사용하여 주십시오.

   Use the given pen only.

5. 정답은 답안지에 정확하게 표시하여 주십시오.

   Mark your answer accurately and clearly on the answer sheet.

   marking example　　① ● ③ ④

6. 문제를 읽을 때에는 소리가 나지 않도록 하십시오.

   Keep quiet while answering the questions.

7. 질문이 있을 때에는 손을 들고 감독관이 올 때까지 기다려 주십시오.

   When you have any questions, please raise your hand.

※ [1~3] 다음을 듣고 가장 알맞은 그림 또는 그래프를 고르십시오. (각 2점)

1. ①

②

③

④

2. ①

②

③

④

3. 　① 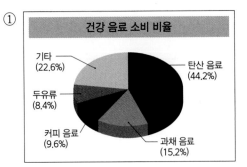　②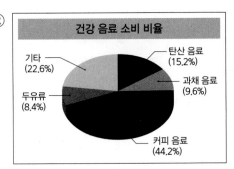

　③ 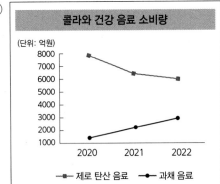　④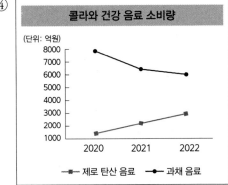

※ [4~8] 다음을 듣고 이어질 수 있는 말로 가장 알맞은 것을 고르십시오. (각 2점)

4. 　① 기다리지 않으셔도 돼요.

　② 치료를 받으면 연락 주세요.

　③ 신경 써 주셔서 감사합니다.

　④ 치료를 받았더니 좋아졌어요.

5. 　① 운동을 많이 해서 힘들겠다.

　② 아침에 늦지 않아서 다행이야.

　③ 살이 찌지 않도록 조심해야 돼.

　④ 운동도 좋지만 음식도 조절해야겠어.

6. ① 책을 반납해서 다행이에요.

　② 제가 이름을 확인해 볼게요.

　③ 이름만 적으면 빌릴 수 있네요.

　④ 연체료가 얼마인지 알려 주세요.

7. ① 사진 찍는 법을 배워야겠어.

　② 어디에 올릴지 잘 모르겠어.

　③ 사진 찍는 것은 힘들 것 같아.

　④ 인터넷에서 사진을 찾아볼게.

8. ① 벌써 회의가 시작되었습니다.

　② 다음에 초대하도록 하겠습니다.

　③ 전화가 오면 확인해 보겠습니다.

　④ 최종 확인 후에 전화해 보겠습니다.

※　[9~12] 다음을 듣고 여자가 이어서 할 행동으로 가장 알맞은 것을 고르십시오. (각 2점)

9. ① 면허증을 기다린다.

　② 운전 면허증을 접수한다.

　③ 증명사진을 찍으러 간다.

　④ 사진관에서 사진을 찾는다.

10. ① 이메일을 확인한다.

　② 부서 회의에 참석한다.

　③ 수정된 서류를 검토한다.

　④ 서류에 틀린 것을 수정한다.

11. ① 책상을 버리러 간다.

② 새 책상을 사러 간다.

③ 남자와 책상을 옮긴다.

④ 경비실에 신고하러 간다.

12. ① 학원에 학생증을 가져간다.

② 학교 요가 수업을 신청한다.

③ 시간표를 다시 확인해 본다.

④ 요가 학원에 등록하러 간다.

※ [13~16] 다음을 듣고 들은 내용과 같은 것을 고르십시오. (각 2점)

13. ① 여자는 전에 카메라 수리를 받았다.

② 여자는 수리비 20만 원을 내야 한다.

③ 여자의 카메라는 전원 버튼이 깨져 있다.

④ 여자는 전에 카메라를 떨어뜨린 적이 있다.

14. ① 사인회가 끝난 뒤에 강연회가 열린다.

② 강연회는 4시간 동안 진행될 예정이다.

③ 강연회가 늦어진 이유는 작가 때문이다.

④ 사인회는 서점 3층에서 진행될 예정이다.

15. ① 간편 결제 서비스는 몇몇 회사가 독점하고 있다.

② 간편 결제 서비스로 카드사의 편의성이 높아졌다.

③ 소비자들은 간편 결제 서비스의 수수료와 보안을 걱정한다.

④ 간편 결제 서비스 간의 경쟁으로 소비자의 선택권이 늘어났다.

16. ① 시에는 다양한 노인 정책이 있다.

② 문화 시설에서 체육 활동을 할 수 있다.

③ 새로운 노인 프로그램은 1년 동안 진행된다.

④ 문화 시설은 노인들만 이용할 수 있는 공간이다.

※ [17~20] 다음을 듣고 **남자**의 중심 생각으로 가장 알맞은 것을 고르십시오. (각 2점)

17. ① 저녁에 과식을 하는 것은 좋지 않다.

② 뷔페에 가면 다양한 음식을 먹을 수 있다.

③ 뷔페에 가면 소화가 안될 정도로 먹게 된다.

④ 특별히 먹고 싶은 게 없으면 뷔페에 가는 게 좋다.

18. ① 휴학하고 시간을 낭비하면 안 된다.

② 미리 계획을 세우고 휴학을 해야 한다.

③ 돈보다 시간을 소중하게 생각해야 한다.

④ 휴학 때 아르바이트를 하며 돈을 모아야 한다.

19. ① 계획 없이 떠나는 여행은 무서울 수 있다.

② 스트레스를 해소하려면 여행을 가야 한다.

③ 계획 없는 여행으로 스트레스가 해소될 수 있다.

④ 스트레스를 받을 때는 생각을 하지 말아야 한다.

20. ① 사회생활을 미리 체험해 보는 게 중요하다.

② 사회생활은 입사 원서를 쓸 때 도움이 된다.

③ 적성에 안 맞는 일을 하면 불행해질 수 있다.

④ 요즘 대학생들은 학점을 중요하게 생각한다.

21. 남자의 중심 생각으로 가장 알맞은 것을 고르십시오.

    ① 틈틈이 운동을 해야 효과가 있다.

    ② 돈을 내고 운동을 해야 열심히 한다.

    ③ 일상생활에서 운동을 하는 것이 좋다.

    ④ 엘리베이터 대신 계단을 이용해야 한다.

22. 들은 내용과 같은 것을 고르십시오.

    ① 여자는 회사에 있는 시간이 많다.

    ② 남자와 여자는 같이 운동을 하기로 했다.

    ③ 남자는 회사에서 틈틈이 운동을 하고 있다.

    ④ 여자는 운동을 하려고 헬스클럽에 등록했다.

23. 남자가 무엇을 하고 있는지 맞는 것을 고르십시오.

    ① 'PC방 내 흡연석 폐지'에 대한 비판을 반박하고 있다.

    ② 'PC방 내 흡연석 폐지'의 필요성에 대해 주장하고 있다.

    ③ 'PC방 내 흡연석 폐지'에 대한 부정적 결과를 예상하고 있다.

    ④ 'PC방 내 흡연석 폐지'에 대한 사람들의 반응을 소개하고 있다.

24. 들은 내용과 같은 것을 고르십시오.

    ① 앞으로 PC방에 흡연 공간을 따로 설치해야 한다.

    ② PC방 내 흡연석 폐지를 흡연자들이 찬성하고 있다.

    ③ PC방 내 흡연석 폐지를 위해 보조금을 지급할 것이다.

    ④ 전면 금연 제도를 실시했을 때 PC방의 매출이 반으로 줄었다.

※ **[25~26] 다음을 듣고 물음에 답하십시오. (각 2점)**

25. 남자의 중심 생각으로 가장 알맞은 것을 고르십시오.

　① 골목길에 벽화를 그리는 것이 좋다.

　② 벽화를 통해 길의 분위기를 바꿀 수 있다.

　③ 벽화가 없는 벽은 어둡고 무섭게 느껴진다.

　④ 그림을 좋아하는 사람들이 벽화를 그리는 게 좋다.

26. 들은 내용과 같은 것을 고르십시오.

　① 주로 골목길에 벽화를 그린다.

　② 벽화에는 생명과 관련된 것을 그린다.

　③ 봉사 단원 모집 기간에 지원할 수 있다.

　④ 미술을 공부해야 벽화 봉사를 할 수 있다.

※ **[27~28] 다음을 듣고 물음에 답하십시오. (각 2점)**

27. 남자가 말하는 의도로 알맞은 것을 고르십시오.

　① 소비자들의 소비 유형을 분석하기 위해

　② 여자의 소비 행태에 대해 지적하기 위해

　③ 회사의 잘못된 경영 철학에 책임을 묻기 위해

　④ 베낀 디자인으로 경쟁하는 회사를 비판하기 위해

28. 들은 내용과 같은 것을 고르십시오.

　① 남자는 물건을 선택할 때 디자인을 중시한다.

　② 여자는 저렴한 가격에 대해서 만족하고 있다.

　③ 같은 디자인을 선호하는 회사들이 많아지고 있다.

　④ 소비자들은 상품의 질을 기준으로 상품을 선택한다.

29. 남자가 누구인지 고르십시오.
     ① 심리 상담사
     ② 감정 노동자
     ③ 회사 관계자
     ④ 직업 소개사

30. 들은 내용과 같은 것을 고르십시오.
     ① 감정을 억누르면 스트레스를 덜 받는다.
     ② 감정 노동자는 감정을 잘 느끼지 못한다.
     ③ 서비스업 종사자들은 주로 감정 노동을 한다.
     ④ 고객들은 감정 노동자의 상황을 모른 척한다.

31. 남자의 중심 생각으로 가장 알맞은 것을 고르십시오.
     ① 역사 교육을 강화하면 안 된다.
     ② 역사 과목의 시험 반영 비중을 높여야 한다.
     ③ 역사 교육을 평가 도구로 사용하면 안 된다.
     ④ 사교육 강화로 역사의 중요성을 알게 해야 한다.

32. 남자의 태도로 가장 알맞은 것을 고르십시오.
     ① 근거에 대한 사실 여부를 확인하며 반박하고 있다.
     ② 상대방의 의견에 어느 정도 동의하며 주장하고 있다.
     ③ 구체적인 사례를 통해 자신의 주장을 뒷받침하고 있다.
     ④ 상대방의 의견과 자신의 의견의 차이점을 비교하고 있다.

33. 무엇에 대한 내용인지 알맞은 것을 고르십시오.

    ① 백로의 희소성

    ② 백로 효과 비판

    ③ 백로 효과의 정의

    ④ 백로 효과의 사례

34. 들은 내용과 같은 것을 고르십시오.

    ① 남들과 차별화된 소비는 과소비를 부른다.

    ② 백로 효과는 돈을 절약하게 만드는 효과이다.

    ③ 과시 소비를 하는 사람들을 백로라고 부른다.

    ④ 차별화된 소비를 하기 위해 백로를 구입한다.

※ [35~36] 다음을 듣고 물음에 답하십시오. (각 2점)

35. 남자가 무엇을 하고 있는지 고르십시오.

    ① 재개관한 미술관에 관련된 자료를 분석하고 있다.

    ② 지역 사회 프로그램들을 지역민에게 안내하고 있다.

    ③ 재개관한 미술관에 대해 방문객에게 설명하고 있다.

    ④ 미술관 개관식에 참여한 방문객 수를 조사하고 있다.

36. 들은 내용과 같은 것을 고르십시오.

    ① 미술관은 이번에 6개월간 공사에 들어간다.

    ② 이전 미술관에는 주차할 수 있는 공간이 없었다.

    ③ 재개관한 미술관에는 엘리베이터가 새로 생겼다.

    ④ 미술관에는 지역 사회 프로그램이 진행되고 있다.

37. 여자의 중심 생각으로 가장 알맞은 것을 고르십시오.

   ① 공공장소의 물건을 절약해서 써야 한다.

   ② 낭비의 기준은 한계가 정해져 있는 것이 아니다.

   ③ 필요 없는 것을 쓰지 않는 것이 진정한 절약이다.

   ④ 양심의 명령에 따른 절약을 실천하는 것이 중요하다.

38. 들은 내용과 같은 것을 고르십시오.

   ① 낭비의 기준은 한계가 정해져 있지 않다.

   ② 소비 자체보다 더 중요한 것이 절약이다.

   ③ 내 것이 아닌 것을 쓰는 것이 낭비에 해당한다.

   ④ 낭비는 내 것이라고 생각하고 마음대로 쓰는 것이다.

39. 이 대화 뒤에 이어질 내용으로 가장 알맞은 것을 고르십시오.

   ① 국내 공공 보건연구소에서 뇌종양의 치료 방법에 대해 연구한다.

   ② 휴대 전화 사용 시간과 인간의 질병 관계에 대해 조사·연구한다.

   ③ 전자파가 사람에게 미치는 긍정적 영향을 찾아보고 위험성을 줄인다.

   ④ 전자 기기를 사용하지 않을 때 전원을 끄고 플러그를 뽑아 둬야 한다.

40. 들은 내용과 같은 것을 고르십시오.

   ① 사람들은 휴대 전화 전자파에 대한 관심이 적다.

   ② 전자파는 동물보다 사람에게 더 많은 영향을 끼친다.

   ③ 휴대 전화를 많이 사용하면 뇌종양에 걸릴 확률이 높다.

   ④ 뇌종양을 예방하기 위해서 휴대 전화를 사용하지 말아야 한다.

41. 이 강연의 중심 내용으로 가장 알맞은 것을 고르십시오.

① 카푸치노에는 우유 거품이 반드시 필요하다.

② 거품으로 만들 수 있는 요리는 다양한 편이다.

③ 모든 요리에 우유 거품을 사용하는 것이 좋다.

④ 부드러운 맛을 내는 요리에는 거품이 필요하다.

42. 들은 내용과 같은 것을 고르십시오.

① 카푸치노의 거품은 뜨거운 우유로 만든다.

② 머랭과 마카롱에 쓰이는 거품은 각각 다르다.

③ 카스텔라와 케이크는 우유 거품으로 만들었다.

④ 우유 거품은 열을 차단하여 커피를 따뜻하게 한다.

※ [43~44] 다음을 듣고 물음에 답하십시오. (각 2점)

43. 무엇에 대한 내용인지 알맞은 것을 고르십시오.

① 인류는 제2의 지구를 빨리 찾아야 한다.

② 인류는 물 없이는 생존할 수 없는 존재이다.

③ 인류는 아직까지 지구를 떠나서 살 수 없다.

④ 지구는 인류가 생존하는 데 최적의 조건을 갖추었다.

44. 인류가 지구가 아닌 곳에서 살 수 없는 이유로 맞는 것을 고르십시오.

① 우주 탐사 기술이 발달하지 못했기 때문에

② 생명체의 구성 성분의 70%가 수분이기 때문에

③ 인류가 새로운 환경에 적응하지 못하기 때문에

④ 아직까지 물이 있는 행성을 발견하지 못했기 때문에

45. 들은 내용과 같은 것을 고르십시오.

① 대기 오염의 주요 원인은 석유를 쓰는 자동차이다.

② 하이브리드 자동차는 환경을 전혀 오염시키지 않는다.

③ 도시인들이 자동차를 타지 않으면 소나무를 심을 수 있다.

④ 수소 자동차에 비해 하이브리드 자동차가 연료 효율성이 좋다.

46. 여자가 말하는 방식으로 알맞은 것을 고르십시오.

① 대기 오염의 주요 원인을 조사하고 있다.

② 대기 오염과 도시의 상관관계를 설명하고 있다.

③ 자동차를 타지 않도록 도시 사람들의 협조를 요청하고 있다.

④ 자동차로 인한 대기 오염 감소 대안을 예를 들어 설명하고 있다.

※ [47~48] 다음을 듣고 물음에 답하십시오. (각 2점)

47. 들은 내용과 같은 것을 고르십시오.

① 붉은 피를 오래 보고 있으면 몸이 쉽게 피로해진다.

② 의사가 초록색 수술복을 입으면 판단력이 정확해진다.

③ 초록색 수술복을 입음으로써 보색 잔상을 예방할 수 있다.

④ 빛의 자극에 의한 잔상 효과는 피를 볼 때 발생하지 않는다.

48. 남자가 말하는 방식으로 알맞은 것을 고르십시오.

① 잔상 효과를 예방할 수 있는 다른 방법을 찾고 있다.

② 수술실에서 의사가 지켜야 하는 규칙에 대해 강조하고 있다.

③ 보색 잔상의 문제점을 해결할 수 있는 방안을 제시하고 있다.

④ 초록색 수술복을 입는 이유에 대해 용어를 정의하며 설명하고 있다.

※ [49~50] 다음을 듣고 물음에 답하십시오. (각 2점)

49. 들은 내용과 같은 것을 고르십시오.

① 속담의 의미는 쉬운 일도 조심히 하라는 뜻이다.

② 냇가나 강가의 물 깊이는 실제보다 깊어 보인다.

③ 수영장에서 사람의 다리는 실제보다 길어 보인다.

④ 빛이 한 물질에서 다른 물질로 옮겨 갈 때 방향은 그대로이다.

50. 남자가 말하는 방식으로 알맞은 것을 고르십시오.

① 일할 때 쉽게 하는 방법에 대해 조언하고 있다.

② 속담의 의미를 과학에 근거하여 비판하고 있다.

③ 속담과 과학 간의 부정적인 관계를 분석하고 있다.

④ 속담 속에 담긴 과학적 원리에 대해 설명하고 있다.

※ [51~52] 다음 글의 ㉠과 ㉡에 알맞은 말을 각각 쓰시오. (각 10점)

51.

받는 사람: **사원 복지부**

제목: **건의 사항**

　　안녕하십니까? 저는 영업부에서 근무하는 박준수입니다. 건의 사항이 있어서 이 글을 씁니다. 저는 회사에 주차 공간이 더 있었으면 좋겠습니다. 저는 회사에 걸어서 출근을 하는데 도로변과 회사 입구에 주차된 차들 때문에 (　　㉠　　). 그리고 주차하려고 하는 차들 때문에 가끔 위험하기도 합니다. 이것은 회사에 주차 공간이 충분하지 않기 때문이라고 생각합니다. 그래서 (　　㉡　　) 건의합니다. 감사합니다.

52.

　　의견 차이는 어디에서든지 있을 수 있다. 중요한 것은 이러한 의견 차이를 어떻게 조정하여 얼마나 더 좋은 결과를 이끌어 내느냐는 것이다. 의견 조정을 위해서는 우선 (　　㉠　　). 상대방의 의견을 들은 후에 (　　㉡　　). 다음으로 각자 제시한 의견에 대해 서로의 생각이 다를 수 있음을 인정해야 한다. 그리고 각 의견의 장단점을 고려한 후에 다수가 만족할 만한 결론을 찾아 가는 과정이 필요하다.

53. 다음은 남성 근로자를 대상으로 남성의 육아 휴직이 활성화되기 위해 필요한 방안에 대한 설문 조사 자료이다. 이 내용을 200~300자로 쓰시오. 단, 글의 제목은 쓰지 마시오. (30점)

8세 이하의 자녀를 둔 남성 근로자 1천 명을 대상으로 설문 조사를 한 결과입니다.

1. 육아 휴직을 받은 적이 있는가?

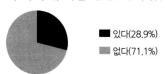

- 있다(28.9%)
- 없다(71.1%)

2. 육아 휴직을 받지 못하는 이유는 무엇인가?

- 직장 분위기상 사용이 어렵다(48.1%)
- 사용이 제도적으로 불가능하다(27%)
- 경제적 어려움이 걱정된다(24.9%)

3. 육아 휴직을 활성화하기 위한 방안에는 어떤 것이 있는가?

- 육아 휴직 근무자에 대한 불이익 금지(55%)
- 가족의 중요성에 대한 경영 인식의 변화(32%)
- 기타(13%)

54. 다음을 참고하여 600~700자로 글을 쓰시오. 단, 문제를 그대로 옮겨 쓰지 마시오. (50점)

현대 사회의 가장 주목할 만한 발명품 중 하나는 스마트 기기입니다. 우리는 스마트 기기를 통해서 언제 어디서든지 이메일을 확인하고, 온라인 게임을 할 수 있으며, 최신 소식을 접할 수 있습니다. 또한 사회네트워크시스템(SNS)을 이용하여 자신의 소식을 다른 사람에게 실시간으로 알릴 수 있습니다. 이러한 편리성 때문에 스마트 기기 중독자가 갈수록 늘어나고 있습니다. 스마트 기기 중독이란 무엇이며, 이와 같은 스마트 기기 중독 때문에 나타나는 문제점과 이를 해결하기 위한 방안에 대해서 자신의 생각을 쓰십시오.

* 원고지 쓰기의 예

	머	리	는		언	제		감	는		것	이		좋	을	까	?		사
람	들	은		보	통		아	침	에		머	리	를		감	는	다	.		그

제1교시 듣기, 쓰기 시험이 끝났습니다. 제2교시는 읽기 시험입니다.

제6회 FiNAL 실전 모의고사

The 6th Final Actual Test

TOPIK II

2교시	읽기

수험번호 (Registration No.)	
이 름 (Name) 한국어 (Korean)	
영 어 (English)	

유 의 사 항
Information

1. 시험 시작 지시가 있을 때까지 문제를 풀지 마십시오.

   Do not open the booklet until you are allowed to start.

2. 수험번호와 이름을 정확하게 적어 주십시오.

   Write your name and registration number on the answer sheet.

3. 답안지를 구기거나 훼손하지 마십시오.

   Do not fold the answer sheet; keep it clean.

4. 답안지의 이름, 수험번호 및 정답의 기입은 배부된 펜을 사용하여 주십시오.

   Use the given pen only.

5. 정답은 답안지에 정확하게 표시하여 주십시오.

   Mark your answer accurately and clearly on the answer sheet.

   marking example ① ● ③ ④

6. 문제를 읽을 때에는 소리가 나지 않도록 하십시오.

   Keep quiet while answering the questions.

7. 질문이 있을 때에는 손을 들고 감독관이 올 때까지 기다려 주십시오.

   When you have any questions, please raise your hand.

TOPIK Ⅱ 읽기(1번~50번)

※ [1~2] (   )에 들어갈 말로 가장 알맞은 것을 고르십시오. (각 2점)

1. 아기를 힘들게 재웠는데 전화벨이 (   ) 아기가 깨서 울었다.

① 울리고서야　　　　　　　　② 울리는 김에

③ 울리는 탓에　　　　　　　　④ 울릴 테니까

2. 유나는 "열심히 노력해서 이번에는 꼭 (   )!" 하고 다짐했다.

① 합격하거든　　　　　　　　② 합격하다니

③ 합격해야지　　　　　　　　④ 합격하는구나

※ [3~4] 밑줄 친 부분과 의미가 가장 비슷한 것을 고르십시오. (각 2점)

3. 여러분도 아시다시피 요즘 세계 경제가 좋지 않습니다.

① 아시든지　　　　　　　　　② 아시더라도

③ 아시는 반면　　　　　　　　④ 아시는 것처럼

4. 대학을 졸업하고, 취직해서 현장 경험을 쌓은 후에 대학원에 가면 좋겠다.

① 가고 싶다　　　　　　　　　② 갈 리 없다

③ 가고자 한다　　　　　　　　④ 갈지도 모른다

※ [5~8] 다음은 무엇에 대한 글인지 고르십시오. (각 2점)

5.

바다의 신선함을 여러분의 식탁으로!
상하지 않게 아이스박스에 포장해 드려요.

① 농산물   ② 수산물   ③ 축산물   ④ 공산품

6.

에어컨을 사면 제주도에 보내 준다고?
추첨을 통해 제주도 여행권, 최신 영화 관람권을 드립니다.
추첨 일시: 9월 5일 15시

① 영화관   ② 여행사   ③ 복권 판매점   ④ 전자 제품 판매점

7.

찾아가는 음악회
문화 소외 지역 저소득층 아동에게 희망을 선물하세요

① 여가 활동   ② 봉사 활동   ③ 경제 활동   ④ 사회 활동

8.

• 몸속의 독소를 제거해 줍니다.
• 노화 방지, 시력 보호에 도움을 줍니다.
• 각종 세균에 대한 저항력을 키워 줍니다.

① 약의 효능   ② 약의 재료   ③ 약의 용법   ④ 약의 용량

※ [9~12] 다음 글 또는 그래프의 내용과 같은 것을 고르십시오. (각 2점)

9.

올림픽 경기장을 열정으로 가득 채울 자원봉사자를 기다립니다!

- **모집 분야:** 통역 요원, 행사 진행 요원
- **신청 기간:** 2024년 3월 1일 ~ 3월 30일
- **신청 방법:** 올림픽 공식 홈페이지를 통해 신청
- **신청 자격:** 20~30세의 대학생과 일반인

※ 외국어 가능자 우대

올림픽 조직 위원회

① 외국어를 잘하는 사람에게 불리한 조건을 제시하고 있다.

② 직접 지원서를 제출하지 않고 인터넷으로 신청하면 된다.

③ 다음 올림픽이 열릴 때까지 자원봉사자를 뽑을 예정이다.

④ 31세의 영어를 잘하는 대학생은 통역 요원에 지원할 수 있다.

10.

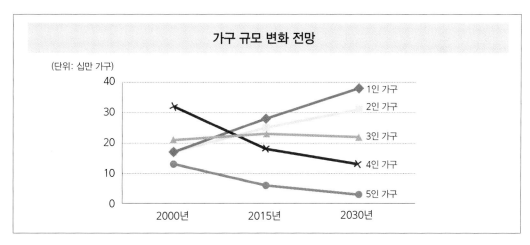

① 4인 가구의 비율이 가장 크게 증가할 것이다.

② 전체 가구 중에서 1인 가구의 수만 늘어날 것이다.

③ 3인 이상 가구는 모두 전체 대비 비율이 감소할 것이다.

④ 3인 가구의 비율은 30년간 특별한 변화가 없을 것으로 보인다.

11.

> 2016년 유네스코 인류 무형 문화유산 대표 목록에 제주 해녀 문화가 등재되었다. 해녀는 특별한 장비 없이 물속에 들어가서 해산물을 채취하는 여자를 뜻한다. 현재 남은 제주도 해녀는 3,226명 정도인데 대부분 고령인 탓에 해마다 수가 감소하고 있다. 인류의 소중한 문화유산인 해녀 문화를 유지하기 위해 지속적으로 해녀를 양성하면서 기존 제도의 문제점을 개선해야 한다.

① 해녀는 대부분 젊은 사람들로 구성된다.

② 제주도 해녀의 숫자는 3,226명으로 증가했다.

③ 제주도 해녀는 유네스코 인류 무형 문화유산이다.

④ 해녀는 특별한 장비를 가지고 해산물을 채취하는 여자이다.

12.

> 짧은 시간 심하지 않은 정도의 스트레스는 집중력을 높여 학습 능력을 크게 키운다고 한다. 또한 같은 이야기를 할 때도 말의 높낮이나 리듬에 변화를 주면 듣는 사람을 긴장시켜 훨씬 많은 내용을 기억하게 한다고 한다. 스트레스는 적절한 경우 발전의 원동력이 되고 생활의 활력소가 되는 것이다.

① 스트레스는 발전을 방해한다.

② 스트레스를 잠깐 받으면 생활이 재미있어진다.

③ 장기간 적절한 스트레스를 받으면 학습 능력이 향상된다.

④ 말의 높낮이나 리듬을 변화시키면 듣는 사람이 잘 기억한다.

※ [13~15] 다음을 순서에 맞게 배열한 것을 고르십시오. (각 2점)

13.

> (가) 문제는 이들이 실업자로도 분류되지 않는다는 데 있다.
>
> (나) '구직 활동을 했지만 4주 안에 직업을 갖지 못한 사람'을 실업자로 정의하기 때문이다.
>
> (다) 통계에 포함되지 않은 비경제 활동 인구가 늘어나면 각종 문제가 나타날 것은 분명하다.
>
> (라) 지난달 구직 활동이나 취업 준비를 하지 않고 '쉬었다'고 답한 청년의 수가 역대 최대치를 기록했다.

① (가)-(나)-(다)-(라)　　② (가)-(다)-(나)-(라)
③ (나)-(가)-(라)-(다)　　④ (라)-(가)-(나)-(다)

14.

> (가) 또 다른 공통점은 원천 기술이 대부분 국방부에서 탄생했다는 점이다.
>
> (나) 미국 정부는 국방부에서 개발한 기술에 대해 특허권을 고집하지 않는다.
>
> (다) 로봇, 무인 차는 앞으로 미래 산업을 이끌어 갈 산업이라는 공통점을 가지고 있다.
>
> (라) 이렇게 새로운 기술을 민간에서 자유롭게 쓰기 때문에 항상 미국에서 새로운 산업이 출현한다.

① (나)-(가)-(라)-(다)　　② (나)-(라)-(다)-(가)
③ (다)-(가)-(나)-(라)　　④ (다)-(나)-(라)-(가)

15.

> (가) 감염성 질환을 치료할 신약 개발의 가능성이 열린 것이다.
>
> (나) 서구화된 생활은 위생 상태의 개선으로 질환 예방에 큰 역할을 했다.
>
> (다) 하지만 그 과정에서 우리 몸에 이로운 세균도 줄어들어 새로운 감염성 질환이 늘었다.
>
> (라) 아마존 원주민들이 서구인보다 두 배나 많은 종류의 세균을 갖고 있다는 연구 결과는 의미가 있다.

① (나)-(가)-(라)-(다) ② (나)-(다)-(라)-(가)

③ (라)-(가)-(다)-(나) ④ (라)-(나)-(가)-(다)

※ [16~18] (   )에 들어갈 말로 가장 알맞은 것을 고르십시오. (각 2점)

16.

> 아르바이트는 원래 안정된 직장을 찾기 전에 잠시 시간을 내 용돈을 벌기 위해 하는 일로 인식되곤 했다. 하지만 최근에는 취업문이 막힌 청년들이 (   ) 그 성격이 바뀌고 있다. 학교를 졸업한 청년들이 최악의 취업 한파에 억지로 아르바이트로 내몰리고 있는 것이다.

① 경력을 쌓기 위해 하는 일로

② 당당하게 받아들이는 일자리로

③ 평생 직장의 개념으로 선택하는 일로

④ 어쩔 수 없이 선택해야 하는 생계 수단으로

17.

> 들판에 피어나는 다양한 꽃들이 봄을 더욱 아름답게 한다. 갖가지 색채로 산을 물들이는 단풍은 가을을 더욱 풍요롭게 한다. 이처럼 자연은 서로 다른 것들이 조화를 이루어 아름다운 세상을 만들어 내는 것이다. 하지만 우리는 (   ) 편견을 드러낼 때가 있다. '다름'은 '틀림'이 아니다. 다름을 인정하는 사회가 꽃처럼 아름다운 사회이다.

① 똑같은 것이 아름답다는

② 서로 다른 것이 자연스럽다는

③ 무조건 하나는 옳고 하나는 틀리다는

④ 자신의 개성을 내세우는 것이 당연하다는

18.

> 대부분의 사람들은 기계가 감정을 느낄 수 없다고 생각한다. 인공 지능 학자들조차도 컴퓨터가 감정을 갖게 되는 것에 대해 (   ). 그러나 실제 우리는 감정을 조절하는 두뇌 작용을 정보 처리 측면에 어느 정도 적용할 수 있다. 감정 조절 원리를 잘 응용하면 컴퓨터는 머지않아 감정까지도 가질 수 있을 것으로 예상된다.

① 긍정적으로 평가하고 있다

② 적극적으로 노력하고 있다

③ 호의적인 자세를 취하고 있다

④ 회의적인 태도를 보이고 있다

> 남극은 방대한 생물 자원과 지하자원을 갖추고 있다. (   ) 과거의 변화가 그대로 기록되어 있어서 연구 가치가 크다. 최근 수천 년 동안의 남극 환경 변화에 관한 연구 재료는 바다 속에 가라앉은 퇴적물이다. 기후와 수온에 따라 번성했던 생물의 종이 다르고, 그 변화가 퇴적물 속에 그대로 기록되어 있기 때문이다. 그 내용을 살펴보면 대기나 해류 같은 기후 변화 요인도 유추할 수 있다.

19. (   )에 들어갈 말로 가장 알맞은 것을 고르십시오.
    ① 게다가   ② 차라리   ③ 아무리   ④ 도리어

20. 윗글의 주제로 가장 알맞은 것을 고르십시오.
    ① 바닷속 퇴적물 연구를 통해서 지하자원을 개발해야 한다.
    ② 남극은 많은 자원을 품고 있어 기후 변화 요인도 연구할 수 있다.
    ③ 남극은 과거 기후와 수온에 따라 다른 종류의 생물이 살 수 있었다.
    ④ 바닷속에 남극의 변화 모습이 기록되어 있으므로 탐사가 이루어져야 한다.

> 우리 속담에 (   )는 말이 있듯, 말의 표현이 조금만 달라도 듣는 사람이 받아들이는 감정은 큰 차이가 있다. 우리는 종종 언어를 효과적으로 사용하지 못해 상대의 오해와 불만을 사는 경우를 보게 된다. 이는 때와 장소, 상대방의 입장이나 기분에 따라 적절한 표현을 하지 못해 발생한 것이다. 따라서 말을 할 때 어떤 단어를 선택하고, 그것을 어떻게 전달할 것이냐를 결정하는 일은 매우 중요한 문제이다.

21. (   )에 들어갈 말로 가장 알맞은 것을 고르십시오.
    ① '아' 다르고 '어' 다르다
    ② 말 한마디에 천 냥 빚을 갚는다
    ③ 가는 말이 고와야 오는 말이 곱다
    ④ 낮말은 새가 듣고 밤말은 쥐가 듣는다

22. 윗글의 내용과 같은 것을 고르십시오.

① 한국 속담에는 말에 대한 표현이 많다.

② 행동으로부터 오해와 불만이 생기기 마련이다.

③ 상대방의 입장과 기분과 관계없는 말을 해야 한다.

④ 말할 때 조심스럽게 단어를 선택하고 표현해야 한다.

※ [23~24] 다음을 읽고 물음에 답하십시오. (각 2점)

> 고향 선배의 권유로 '목욕 관리사' 일을 시작했다. 처음에는 당장 먹고 살 걱정에 몇 년만 하고 그만둘 생각이었다. 그런데 막상 하고 보니 꽤 매력적인 직업이었다. 무엇보다 땀 흘려 일한다는 점이 적성에 잘 맞았다. 그런데 하루는 아들이 학교에서 가정 환경 조사서를 받아 왔다. 아이 얼굴이 떠올라서 <u>부모 직업란에 '목욕 관리사'라고 쓰지 못하고 나는 잠시 망설였다.</u> 그날 이후 10년 동안 모은 돈으로 식당을 열었다. 하지만 경험 없이 차린 식당이 잘 될 리가 없었다. 결국 큰 빚을 지고 1년 만에 식당 문을 닫았다. 가장 잘할 수 있는 일을 찾던 나는 목욕탕으로 다시 돌아갔다. 나는 사람들의 몸을 닦는 예술가로 다시 돌아온 것이다.

23. 밑줄 친 부분에 나타난 '나'의 심정으로 알맞은 것을 고르십시오.

① 뿌듯하다　　　　　　　　② 곤란하다

③ 안타깝다　　　　　　　　④ 허무하다

24. 윗글의 내용과 같은 것을 고르십시오.

① 아들이 식당 일을 추천했다.

② 목욕 관리사로 일하면서 많은 빚을 졌다.

③ 나에게 가장 잘 맞는 직업은 '목욕 관리사'다.

④ 몇 년만 하고 그만둘 생각으로 식당을 개업했다.

※ [25~27] 다음 신문 기사의 제목을 가장 잘 설명한 것을 고르십시오. (각 2점)

25. | 10대들의 고민에 귀 기울이는 '라디오가 좋다', 청소년 대화의 광장으로 |

① 고민이 많은 10대들이 라디오 듣는 것을 좋아한다.

② 라디오를 좋아하는 10대들이 대화를 잘하고 고민도 잘 들어 준다.

③ '라디오가 좋다' 프로그램을 즐겨 듣는 청소년들이 광장으로 모였다.

④ 10대 청소년들이 '라디오가 좋다' 프로그램에서 고민을 함께 나눈다.

26. | 양복 대신 평상복, 일과 휴식의 경계를 허물다 |

① 일할 때는 양복을, 쉴 때는 평상복을 입어야 한다.

② 일할 때 평상복을 입어서 편하게 일할 수 있게 되었다.

③ 일이 끝난 후에는 편한 옷으로 갈아입고 쉬는 것이 좋다.

④ 사람의 옷차림을 보면 일하는 중인지, 쉬는 중인지 알 수 있다.

27. | 내리막길 걷던 홈쇼핑 업계, 이달 들어 강한 상승세로 반전 |

① 조금씩 감소하던 홈쇼핑 매출이 이달에는 반대로 약간 증가했다.

② 홈쇼핑 회사의 수가 조금씩 감소하다가 이달에는 많이 감소했다.

③ 홈쇼핑 회사의 수가 조금씩 늘다가 이번 달에는 반대로 많이 줄었다.

④ 매출이 계속 줄던 홈쇼핑 회사들이 이번 달에는 매출이 대폭 늘었다.

28.

> 최근 오페라 형태의 뮤지컬이 종종 나오고 있다. 하지만 그것은 뮤지컬로 불리지 오페라라고 불리지는 않는다. 뮤지컬은 뮤지컬만이 가지고 있는 특징이 있기 때문이다. 뮤지컬은 오페라의 요소를 모두 포함하고 있으면서 비오페라적인 요소, 즉 (   ) 포함한다. 반면 오페라는 대사를 용납하지 않고, 한순간이라도 음악이 받쳐 주지 않으면 오페라로서의 지위가 실격된다.

① 대사와 음악이 모두 있는 장면을

② 대사와 음악이 모두 없는 장면을

③ 음악이 없이 대사만 하는 장면을

④ 대사 없이 음악만 나오는 장면을

29.

> 한 소년이 아버지와 길을 가다가 자동차에 치여 큰 부상을 입었다. 수술실에 들어온 외과 의사가 소년을 본 순간, "내 아들 영수야!" 하고 소리쳤다. 이 의사와 소년은 어떤 관계일까? 당연히 의사는 소년의 어머니가 되어야 함에도 불구하고, 대부분의 사람들이 '의사는 소년의 또 다른 아버지'라고 대답했다. 이는 많은 사람들이 (   ) 주로 남성들이 차지하고 있다는 사고방식을 지녔다는 것을 보여 준다.

① 사람들이 외면하는 직업은

② 여성들이 선호하는 직업은

③ 우리 사회에서 흔한 직업은

④ 의사와 같은 지위의 직업은

30.

최근 포털과 모바일로 기사를 읽는 독자가 크게 늘어나면서 온라인 뉴스 시장의 판매 경쟁은 더 치열해졌다. 따라서 (   ) 더욱 커졌다. 제목에 기사의 핵심을 담지 못하면 편파나 왜곡이라는 비판을 받는다. 응축에 실패하면 간결하기는커녕 뜻조차 모호해진다. 기사의 내용을 핵심적인 단어 몇 개에 응축해서 표현하되, 자극적이지 않은 말로 독자의 마음을 훔치고 독자들의 호기심을 예리하게 찔러야 좋은 제목이라고 말할 수 있다.

① 기사 제목의 중요성이

② 글쓰기 기술의 필요성이

③ 정확한 기사 내용의 필요성이

④ 사회의 핵심을 다룬 기사의 중요성이

31.

외래종이란 본 서식지에서 새로운 지역으로 옮겨 온 식물이나 동물의 종을 말한다. 새로운 장소에서 외래종은 천적이 없어 무제한으로 자라고 번식할 수 있다. 몇 년 전 강원도의 한 저수지에서 아마존산 식인어가 발견된 데 이어, 북미에서 들여 온 악어거북도 발견되었다. 외래종의 잇단 출현에 환경 단체에선 과거 외래종인 황소개구리처럼 (   ) 생태계를 교란시킬 가능성을 제기하고 있다.

① 토종의 천적을 해쳐서

② 재래종과 잘 공생하여

③ 토종 생물의 생존을 위협하여

④ 재래종이 외래종을 멸종시켜서

※ [32~34] 다음을 읽고 글의 내용과 같은 것을 고르십시오. (각 2점)

32.

정부에서 새로운 유형의 사이버 공격이 발생했다고 발표했다. 이 사이버 공격은 웹 사이트들을 마비시키는 것으로, 바이러스와는 다른 것이다. 재정적인 손실이나 중요한 정보 소실에 대한 보고는 없었지만, 이 사이버 공격으로 인해 많은 사람들이 주식 거래와 은행 업무를 보는 데 어려움을 겪었다. 정부는 이러한 공격을 피하기 위해서는 내려받는 파일의 출처를 확인하고, 컴퓨터에 바이러스 점검 프로그램을 실행하는 것이 좋다고 말했다.

① 이 사이버 공격은 새로운 방식의 바이러스이다.
② 이 사이버 공격에 의해 재정적인 피해를 입었다.
③ 이 사이버 공격은 웹사이트 사용을 힘들게 한다.
④ 이 사이버 공격을 피하려면 접속 사이트의 출처를 알아본다.

33.

맹자의 어머니가 맹자의 교육을 위해 세 번 이사했다는 것은 우리에게 잘 알려진 이야기이다. 선비가 대접받는 '사농공상'의 사회적 신분제에 대한 개념은 맹자 이후에 만들어진 유교 이념이다. 맹자가 살았던 2,500년 전의 시대에는 학문을 하는 선비들이 사회적으로 가장 낮은 계층이었다. 이런 시대 상황에서 맹자의 어머니가 자녀의 교육을 위해 이사를 세 번 했다는 것은 당시의 유행이나 풍조에 반하는, 큰 용기를 필요로 하는 것이었다.

① '사농공상'의 신분 질서에서 선비는 가장 낮은 계층이었다.
② 맹자가 살았던 시대에는 선비가 인정받지 못하는 직업이었다.
③ 맹자의 어머니는 당시의 시대 상황에 맞게 아들을 교육시켰다.
④ 맹자는 당시의 사람들이 부러워하는 직업을 갖기 위해 노력했다.

34.

> 비정부기구(NGO)는 세상을 좀 더 살기 좋은 곳으로 만들고자 한다. 전쟁이 있는 나라에 의사와 간호사를 보내고, 가난한 사람들을 위해 집이나 농장 짓는 것을 돕고, 정부가 여성에게 교육 기회를 주지 않는 나라에서 여성들을 위한 교육을 제공한다. 이러한 활동들은 많은 희생이 따르는 결코 쉽지 않은 일이다. NGO의 자원봉사자들이 자국민과 다른 나라 국민을 위해 위험을 감수하고 있기에 가능한 것이다.

① NGO 자원봉사자들은 어려운 환경에서 일하고 있다.

② NGO 활동가들은 각 나라가 원하는 봉사 활동을 한다.

③ NGO 활동가들은 좋은 세상을 만들기 위해 정부에서 일한다.

④ NGO 자원봉사자들은 자기 나라 국민을 위해 일하지는 않는다.

※ [35~38] 다음을 읽고 글의 주제로 가장 알맞은 것을 고르십시오. (각 2점)

35.

> 항생제 오남용은 기후 변화나 테러만큼 위협적인 문제이다. 우리 몸에 꼭 필요한 균까지 죽일 뿐 아니라, 항생제를 더 많이 사용할수록 기존 항생제에 대한 내성을 갖게 되기 때문이다. 결국 기존 항생제가 듣지 않는 슈퍼 박테리아가 등장하게 되는데, 새로운 슈퍼 박테리아의 등장 속도를 항생제 개발 속도가 따라가지 못하는 점이 문제이다. 항생제 오남용 문제는 정부와 의사, 환자의 협력 없이는 해결할 수 없다.

① 항생제 오남용은 테러만큼 위협적인 국제 문제이다.

② 슈퍼 박테리아의 등장으로 항생제 개발이 촉진되고 있다.

③ 항생제 오남용을 줄이기 위해 다각적인 노력이 필요하다.

④ 항생제 오남용을 막기 위해서 정부가 강력하게 대응해야 한다.

36.

> 창작물에서 역사는 신중히 다뤄야 한다. 역사에 기록되지 않은 부분에 상상력을 더해 만드는 이야기를 가지고 왜곡을 논하는 것은 어폐가 있다. 하지만 역사를 소재로 하는 이상 아무리 순수한 의도로 만든 작품이라도 여러 집단 사이의 이해관계로 인해 확대되고 재생산될 우려가 있다. 해당 매체의 파급 효과가 클 때 이런 현상은 더욱 심하다. 역사는 과거에 끝나 버린 사건이 아니라 현재까지 이어지는 일이므로 조심해서 다뤄야 한다.

① 역사를 소재로 하면 파급 효과가 커진다.
② 창작물에서 역사를 다룰 때 왜곡해서는 안 된다.
③ 역사를 다룬 창작물은 상상을 바탕으로 제작해야 한다.
④ 역사를 소재로 한 창작물은 순수한 의도로 만들어야 한다.

37.

> 안보와 통일 준비 간의 우선순위에 대한 국민적 논의가 시급하다. 전문가들은 이구동성으로 통일을 위해서는 튼튼한 안보보다 교류 협력 확대가 더 필요함을 역설한다. 하지만 북한의 군사 도발에 대한 우려가 증폭되고 있는 상황에서 교류 협력 확대를 통해 북한을 개혁과 개방으로 이끌어 가야 한다는 목소리가 커지고 있는 것은 모순이다. 통일 시대를 미리 준비하는 것도 중요하지만 당장 북한의 군사적 위협에 대한 대책이 더 시급하다.

① 통일을 위해 교류 협력을 확대할 필요가 있다.
② 통일을 위한 국민적인 논의는 아직 시기상조이다.
③ 북한과의 교류 협력 확대보다 국가의 안보가 먼저이다.
④ 북한의 개혁과 개방이 먼저 이루어져야 통일을 할 수 있다.

38.

양치질은 언제 하는 것이 좋을까? 일반적으로 음식을 먹은 뒤 3분 안에 이를 닦는 게 좋다고 알려져 있다. 하지만 이는 잘못된 상식이다. 밥, 음료 등을 먹고 가볍게 입안을 헹구고 나서 30~60분이 지난 후에 하는 것이 좋다. 특히 신 과일이나 토마토, 탄산음료를 먹은 후에 바로 양치하는 것은 삼가야 한다. 음식에 든 산 성분이 치아를 약하게 만들기 때문이다. 하지만 단 음식을 먹은 후에는 바로 양치질을 하는 것이 좋다.

① 양치질은 식후 3분 안에 하는 것이 좋다.

② 먹은 음식에 따라 양치질을 하는 시간이 달라야 한다.

③ 신 과일을 먹고 난 후에 바로 양치질을 하면 소용이 없다.

④ 음식을 먹은 후 30~60분이 지난 다음에 양치질을 해야 한다.

※ [39~41] 주어진 문장이 들어갈 곳으로 가장 알맞은 것을 고르십시오. (각 2점)

39.

먹다 남은 수박은 랩이나 비닐로 포장하거나 밀폐 용기에 담아 보관하게 된다. (㉠) 하지만 전문가들은 두 보관 방법 모두 세균이 많이 번식한다고 말한다. (㉡) 수박 보관 방법에 따라 세균이 얼마나 증식되는지 실험을 하였다. (㉢) 그 결과 보관 방법에 관계없이 냉장고에 보관한 수박에서 모두 하루만 지나도 식중독균이 검출됐다. (㉣) 또한 수박을 먹을 때는 수박을 자른 후에 가급적 빨리 먹는 것이 좋다.

〈보 기〉

따라서 수박을 자르기 전에 칼을 깨끗이 세척하는 게 좋다.

① ㉠   ② ㉡   ③ ㉢   ④ ㉣

40.

　(　㉠　) 지휘자 금난새는 음악이 주는 즐거움, 황홀함을 삶에서 만끽하고 있는 사람이다. 돈이 없거나 장소가 마땅하지 않거나 관객이 없다는 한계는 그에게 문제가 되지 않는다. (　㉡　) 또한 단순히 듣는 음악으로만 소통하는 것이 아닌, 곡에 대한 모든 이야기를 풀어 놓는 '해설이 있는 콘서트'는 지휘자 금난새만의 특징이 되었다. (　㉢　) 그는 늘 음악과 청중과 함께하는 삶을 살고 싶다고 말한다. (　㉣　)

〈보 기〉

어디서든 음악을 즐길 수 있도록 건물 로비에서도, 도서관에서도 공연을 열었다.

① ㉠　　　　　② ㉡　　　　　③ ㉢　　　　　④ ㉣

41.

　'신어'란 새로 생겨난 개념 혹은 사물을 표현하기 위해 지어낸 말을 의미한다. (　㉠　) 또한 이미 있던 말이라도 새 뜻을 갖게 된 것과 다른 언어로부터 빌려 쓰는 외래어도 포함한다. (　㉡　) 신어는 사람들에 의해서 자연스럽게 만들어져 쓰이는 것과 언어 정책상 계획적으로 만들어져 보급되는 것이 있다. (　㉢　) 이러한 신어들은 현실적인 필요에 의해 만들어진다. (　㉣　)

〈보 기〉

그리고 기존의 표현을 새롭게 바꾸려는 대중적 욕구 때문에 생겨나는 것도 있다.

① ㉠　　　　　② ㉡　　　　　③ ㉢　　　　　④ ㉣

호텔이 도시의 중심지에 있고 방이 거리 쪽에 있는 까닭에 창가에 의자를 가져가면 바로 눈 아래 거리가 내려다보인다. 창으로는 사람도 자그마하게 보이고 줄줄이 늘어선 자동차도 단정하게 보이며 모든 것이 잘 정돈되어 보인다. 나는 이 전망이 마음에 들어서 방에 머무르고 있는 대부분의 시간을 창가 의자에서 보냈다. 저녁 식사 후 거리에 막 가로등이 켜지기 시작할 때와 지금처럼 아침 일찍 해가 뜨는 거리에 사람들의 왕래가 차츰차츰 늘어 갈 때가 가장 아름다운 때이다. 호텔 식당에서는 지금쯤 한식, 일식, 중식 등 다양한 음식이 준비되어 투숙객들을 기다리고 있을 것이다. 호텔 조식의 메뉴를 머리에 떠올려 보다가 식당으로 내려가기조차 귀찮아서 아침 식사는 그냥 방에서 빵과 커피로 대신하기로 했다.

(중략)

"더 필요한 건 없으세요?"

식탁 위에 음식 그릇을 늘어놓은 후에도 종업원은 돌아가지 않고 시간을 끌었다. 내가 팁을 주기를 기다리는 모양이었다. 나는 주머니에 손을 넣어 천 원짜리 지폐를 잡았다가 그만뒀다. 그리고 "네." 하고 짧게 대답했다.

이효석 〈합이빈〉

42. 밑줄 친 부분에 나타난 '나'의 태도로 알맞은 것을 고르십시오.

① 인색하다
② 겸손하다
③ 무례하다
④ 자상하다

43. 윗글의 내용으로 알 수 있는 것을 고르십시오.

① 나는 호텔 식당에서 아침 식사를 했다.
② 종업원은 한식, 일식, 중식을 가져다주었다.
③ 지금은 거리에 막 가로등이 켜지기 시작할 때이다.
④ 나는 호텔 방에서 거리를 내려다보는 것을 좋아한다.

대부분의 사람들은 외국어로 말하거나 발표하는 자리를 꺼린다. 실수가 두렵기 때문이다. 그러나 알고 보면 사람들은 외국어로 말하는 사람이 어떤 실수를 하는지에 별다른 관심이 없다. 그저 외국어로 말하는 것 자체에 대해 감탄하는 경우가 대부분이다. 외국어를 배워서 말하는 것이 얼마나 어려운지 알기에 그렇게 말하기까지 들인 노력에 대해 감탄할 수밖에 없는 것이다. (   ) 사람들은 당신이 완벽하게 말하는 것을 기대하지도 않을뿐더러, 실수 역시 배움의 일부분임을 이해한다. 언어의 목적은 서로 이해하고 대화하는 것이지, 완벽해지고자 하는 것이 아니라는 것을 기억해야 한다.

44. (   )에 들어갈 말로 가장 알맞은 것을 고르십시오.

① 모국어라고 하더라도

② 모국어 사용자가 아니기 때문에

③ 외국어는 잘 배워야 하기 때문에

④ 말을 잘하는 사람은 없기 때문에

45. 윗글의 주제로 가장 알맞은 것을 고르십시오.

① 외국어를 할 때 실수를 두려워하지 마라.

② 대부분의 사람들은 외국어로 말을 못한다.

③ 열심히 노력하면 외국어로 대화할 수 있다.

④ 외국어를 배울 때는 시간과 노력이 많이 든다.

숨겨진 카메라로 여성의 신체를 몰래 촬영해 유포하는 '불법 촬영' 범죄가 크게 늘고 있다. 이는 스마트폰의 확산과 영상 촬영 기기의 소형화에 따라 범죄도 동반해서 증가하는 양상으로 풀이된다. 불법 촬영 범죄를 저지르면 5년 이하의 징역형 또는 3천만 원 이하의 벌금형을 받게 되지만, 대부분 벌금형이나 집행 유예에 그치고 실형을 받은 경우는 많지 않은 것으로 나타났다. 경찰은 불법 촬영물을 실시간으로 모니터링하고, 공중 화장실 등에 설치된 불법 카메라 감지를 위해 노력하겠다고 했으나, 이런 조치만으로는 불법 촬영 범죄가 근절되지는 않을 것이다. 범죄를 줄이기 위해서는 불법 촬영 행위를 했을 때 강력한 처벌을 받게 된다는 사실이 사회 전반적인 인식으로 확고하게 자리잡아야 한다. 불법 촬영 범죄는 수많은 피해자의 삶을 고통으로 몰아넣는 만큼, 지금과 같은 가벼운 처벌이 지속되어서는 안 된다.

46. 윗글에 나타난 필자의 태도로 가장 알맞은 것을 고르십시오.

① 불법 촬영 범죄로 인한 여성들의 피해를 고발하고 있다.

② 불법 촬영 범죄가 성범죄임을 인식하도록 호소하고 있다.

③ 경찰이 불법 촬영 범죄의 심각성을 간과하고 있다고 지적하고 있다.

④ 불법 촬영 범죄가 늘어남에 따라 강한 처벌의 필요성을 주장하고 있다.

47. 윗글의 내용과 같은 것을 고르십시오.

① 불법 촬영 범죄를 줄이는 데 강력한 처벌은 효과가 적다.

② 불법 촬영 범죄를 저지른 사람들은 대부분 실형을 받았다.

③ 여성의 신체를 불법 촬영하여 유포하는 범죄가 확산되고 있다.

④ 경찰은 불법 촬영 범죄 예방을 위한 실질적인 해결책을 마련하였다.

※ [48~50] 다음을 읽고 물음에 답하십시오. (각 2점)

간접흡연 또한 직접 흡연만큼 건강에 치명적이라는 것을 기억해야 한다. 위험성이 널리 알려진 직접 흡연에 비해 간접흡연의 위험성에 대한 경각심은 여전히 높지 않은 편이다. 담배가 타면서 발생하는 연기가 간접흡연의 대부분을 차지한다. 이때 담배 연기는 입자의 크기가 작아서 폐의 깊은 부분까지 도달할 수 있는데, 독성이 강한 화학 물질이 높은 농도로 들어 있기 때문에 건강에 상당히 치명적이다. 특히 발암 물질인 카드뮴이 간접흡연을 통해 체내에 축적되는 것은 매우 심각한 문제다. 최근 한국 국민의 전체적인 흡연율은 낮아지고 있는 추세이지만 간접흡연 노출률은 오히려 높아진 경향을 보여 간접흡연에 대한 적극적인 관리와 대책이 필요한 실정이다. 흡연은 (   ) 훨씬 잘 관리되는 질환이므로 혼자 해결하려고 하지 말고 전문적인 금연 치료를 받아 흡연자 본인은 물론, 가족의 건강까지 지켜야 할 것이다.

48. 윗글을 쓴 목적으로 가장 알맞은 것을 고르십시오.
① 간접흡연으로 인한 피해 사례를 알리기 위해서
② 간접흡연 관리와 대책의 필요성을 알리기 위해서
③ 간접흡연 시 발생하는 경제적 손실을 알리기 위해서
④ 간접흡연으로 인해 논의되는 규제들을 알리기 위해서

49. (   )에 들어갈 말로 가장 알맞은 것을 고르십시오.
① 몸에 좋은 음식을 먹으면
② 꾸준한 운동과 식이요법을 하면
③ 강한 의지를 가지고 관리를 하면
④ 의사의 도움과 약물 치료를 받게 되면

50. 윗글의 내용과 같은 것을 고르십시오.
① 직접 흡연보다 간접흡연이 더 위험하다.
② 한국의 간접흡연율은 줄어들고 있는 경향이다.
③ 간접흡연은 직접 흡연과 같은 악영향을 끼친다.
④ 간접흡연 치료도 전문 의사와의 상담이 필요하다.

제 7 회 FINAL 실전 모의고사

The 7th Final Actual Test

TOPIK II

| 1교시 | 듣기, 쓰기 |

수험번호 (Registration No.)	
이 름 (Name)	한국어 (Korean)	
	영 어 (English)	

유 의 사 항
Information

1. 시험 시작 지시가 있을 때까지 문제를 풀지 마십시오.

   Do not open the booklet until you are allowed to start.

2. 수험번호와 이름을 정확하게 적어 주십시오.

   Write your name and registration number on the answer sheet.

3. 답안지를 구기거나 훼손하지 마십시오.

   Do not fold the answer sheet; keep it clean.

4. 답안지의 이름, 수험번호 및 정답의 기입은 배부된 펜을 사용하여 주십시오.

   Use the given pen only.

5. 정답은 답안지에 정확하게 표시하여 주십시오.

   Mark your answer accurately and clearly on the answer sheet.

6. 문제를 읽을 때에는 소리가 나지 않도록 하십시오.

   Keep quiet while answering the questions.

7. 질문이 있을 때에는 손을 들고 감독관이 올 때까지 기다려 주십시오.

   When you have any questions, please raise your hand.

TOPIK II 듣기(1번~50번)

※ [1~3] 다음을 듣고 가장 알맞은 그림 또는 그래프를 고르십시오. (각 2점)

1. ① 　②

　③ 　④

2. ① 　②

　③ 　④

3.　① 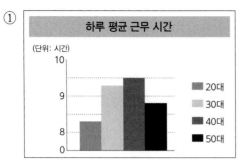　②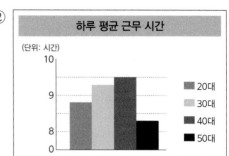

③ 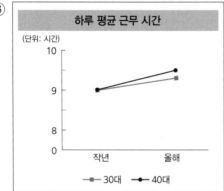　④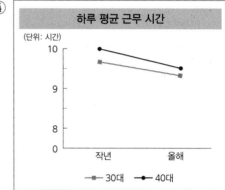

※　[4~8] 다음을 듣고 이어질 수 있는 말로 가장 알맞은 것을 고르십시오. (각 2점)

4.　① 공연 시간이 생각보다 짧네요.

② 다음에는 좀 일찍 와야겠어요.

③ 7시까지는 늦지 않고 올 수 있어요.

④ 시간이 남아서 예매할 수 있었어요.

5.　① 운동하기 전에 해 보세요.

② 스트레칭을 못 할 뻔했어요.

③ 근육이 아플까 봐 걱정이에요.

④ 스트레칭 방법을 알려 드릴게요.

6. ① 저도 제출해 봐야겠어요.

② 이미 과제를 제출한 후에요.

③ 시간보다 늦어질 것 같아요.

④ 교수님 연락처 좀 알려 주세요.

7. ① 디자인을 보고 싶어요.

② 마음에 들면 좋겠어요.

③ 밝은 분위기라서 좋아요.

④ 거실이 더 밝은 것 같아요.

8. ① 계획 짜는 것 좀 도와줘.

② 바꿨더니 훨씬 좋아졌어.

③ 계획을 바꾸는 게 좋겠다.

④ 늦잠을 자서 힘들 것 같아.

※ [9~12] 다음을 듣고 여자가 이어서 할 행동으로 가장 알맞은 것을 고르십시오. (각 2점)

9. ① 경찰서까지 운전한다.

② 잠시 길에 차를 세운다.

③ 사람들에게 길을 묻는다.

④ 지도에서 위치를 찾는다.

10. ① 복사기를 수리할 사람을 부른다.

② 수리 센터 전화번호를 찾아본다.

③ 다른 층에 가서 서류를 복사한다.

④ 복사기 수리 센터에 전화를 한다.

11. ① 커피를 주문한다.

② 쿠폰에 도장을 찍는다.

③ 영수증 이벤트에 참가한다.

④ 커피 말고 필요한 것을 주문한다.

12. ① 학과 게시판을 확인한다.

② 전공 사무실에 전화한다.

③ 사무실 조교에게 찾아간다.

④ 학과 홈페이지에 접속한다.

※ [13~16] 다음을 듣고 들은 내용과 같은 것을 고르십시오. (각 2점)

13. ① 남자는 여자에게 연체료를 빌려주기로 했다.

② 여자는 연체료가 없어서 책을 반납할 수 없다.

③ 본인이 직접 도서관에 가서 책을 반납해야 한다.

④ 여자는 일주일 전에 도서관에 책을 반납해야 했다.

14. ① 비행 중에는 선반을 열면 안 된다.

② 잠을 잘 때에도 좌석 벨트를 매야 한다.

③ 비행기는 아직 공항에서 출발하기 전이다.

④ 비행기는 지금 기류 변화로 흔들리고 있다.

15. ① 이번에 민속촌이 처음 만들어졌다.

② 민속촌은 다음 달에 새 단장을 시작한다.

③ 학생들은 학생증이 있어야 할인을 받는다.

④ 새 단장을 한 민속촌은 이번 달에 개장한다.

16. ① 남자는 오늘 부대표가 되었다.

② 남자는 오래전에 농사를 지었다.

③ 남자는 이 회사의 영업 사원이다.

④ 남자는 30년 동안 회사에서 일했다.

※ [17~20] 다음을 듣고 <u>남자</u>의 중심 생각으로 가장 알맞은 것을 고르십시오. (각 2점)

17. ① 부모님에게 선물을 드리는 게 좋다.

② 감정이 상할 선물은 안 하는 게 좋다.

③ 부모님을 잘 모르면 선물을 고르기가 힘들다.

④ 부모님에게 필요한 걸 물어보고 선물하는 게 좋다.

18. ① 아파트 주민들이 게시판을 봐야 한다.

② 아파트에 살면 분리수거를 잘 해야 한다.

③ 분리수거 방법을 잘 보이는 곳에 붙여야 한다.

④ 아파트 주민들이 분리수거 방법을 잘 모르고 있다.

19. ① 회사에서 추우면 겉옷을 껴입으면 된다.

② 요즘 가정에서 에너지를 낭비하고 있다.

③ 회사보다 일반 가정이 에너지를 더 절약하고 있다.

④ 에너지 절약은 정부나 회사에서 먼저 실천해야 한다.

20. ① 소통하는 방법을 바꾸면 갈등이 줄어들 수 있다.

② '자기 감정 중심'의 말하기 방식은 갈등을 만든다.

③ 잘못된 소통 방법으로 인해 서로 갈등이 생겨난다.

④ 상대의 기분을 고려한 소통으로 갈등을 줄일 수 있다.

21. 남자의 중심 생각으로 가장 알맞은 것을 고르십시오.

    ① 무조건 싸다고 해서 좋은 물건은 아니다.

    ② 인터넷과 매장의 가격을 잘 비교해야 한다.

    ③ 오래 쓰는 물건은 매장에 가서 사는 것이 더 좋다.

    ④ 물건에 따라 매장에서 사는 것이 더 좋을 수도 있다.

22. 들은 내용과 같은 것을 고르십시오.

    ① 침대 가격은 인터넷이 더 싼 편이다.

    ② 여자는 인터넷에서 침대를 주문했다.

    ③ 여자는 매장에서 파는 침대 가격을 모른다.

    ④ 남자는 여자에게 더 싼 곳을 추천하고 있다.

※ [23~24] 다음을 듣고 물음에 답하십시오. (각 2점)

23. 남자가 무엇을 하고 있는지 맞는 것을 고르십시오.

    ① 이력서 내용을 수정할 것을 제안하고 있다.

    ② 수정된 이력서 내용에 대해 보고하고 있다.

    ③ 개인 정보 보호 방법에 대해 알려 주고 있다.

    ④ 개인 정보 유출에 대한 문제점을 말하고 있다.

24. 들은 내용과 같은 것을 고르십시오.

    ① 이력서를 통해 업무와 관련된 정보를 알 수 없다.

    ② 이력서 내용에 아버지의 직업을 적는 부분이 있다.

    ③ 지원자들은 개인 정보 유출 문제를 걱정하고 있다.

    ④ 잘못된 개인 정보를 적으면 정보 유출의 위험이 있다.

※ [25~26] 다음을 듣고 물음에 답하십시오. (각 2점)

25. 남자의 중심 생각으로 가장 알맞은 것을 고르십시오.

① 미용 전문점에는 가지 않는 것이 좋다.

② 스스로 인터넷에서 미용 정보를 구해야 한다.

③ 불황기에는 미용에 가급적 돈을 쓰지 않는 것이 좋다.

④ 미용 기기를 사서 셀프 미용을 하는 것이 더 경제적이다.

26. 들은 내용과 같은 것을 고르십시오.

① 피부 관리실에서 미용 기기를 직접 판매한다.

② 요즘에 사람들은 전문점에서 관리를 받고 싶어 한다.

③ 인터넷에 있는 미용 관리 방법은 전문성이 낮은 편이다.

④ 요즘에 많은 사람들이 집에서 스스로 미용 관리를 한다.

※ [27~28] 다음을 듣고 물음에 답하십시오. (각 2점)

27. 남자가 말하는 의도로 알맞은 것을 고르십시오.

① 일회용 컵 사용에 대해 비판하기 위해

② 환경 보호의 필요성에 대해 주장하기 위해

③ 다양한 환경 보호 방법에 대해 설명하기 위해

④ 개인이 환경 보호에 참여하는 것의 중요성을 강조하기 위해

28. 들은 내용과 같은 것을 고르십시오.

① 환경 보호에 기업들의 참여가 부족하다.

② 여자는 종이컵 사용을 선호하는 편이다.

③ 요즘 카페에서는 머그 컵을 사용하지 않는다.

④ 환경 보호를 위해 정부에서 여러 해결책을 냈다.

29. 남자가 누구인지 고르십시오.
    ① 교수
    ② 경찰
    ③ 은행 직원
    ④ 정책 관계자

30. 들은 내용과 같은 것을 고르십시오.
    ① 남자는 최근 전화 사기를 당했다.
    ② 전화 사기단은 오래 전에 검거했다.
    ③ 모르는 사람의 전화를 받으면 안 된다.
    ④ 피해자들은 전화로 비밀번호를 알려 줬다.

※ [31~32] 다음을 듣고 물음에 답하십시오. (각 2점)

31. 남자의 중심 생각으로 가장 알맞은 것을 고르십시오.
    ① 특색 있는 도시가 되려면 기념관이 있어야 한다.
    ② 기념관 건립은 앞으로 도시 경제를 활성화시킬 것이다.
    ③ 관광객들 유입이 많아지면 시민들의 생활이 불편해진다.
    ④ 시민들이 힘을 모아서 평화 기념관을 만들어 나가야 한다.

32. 남자의 태도로 가장 알맞은 것을 고르십시오.
    ① 상대방의 동의를 구하며 타협점을 찾고 있다.
    ② 상대방 주장의 문제점에 대해 지적하고 있다.
    ③ 단호한 태도로 자기 의견을 주장을 하고 있다.
    ④ 실제 사례를 예로 들며 의견을 구체화하고 있다.

※ [33~34] 다음을 듣고 물음에 답하십시오. (각 2점)

33. 무엇에 대한 내용인지 알맞은 것을 고르십시오.
    ① '너무'의 사용 방법
    ② 어법 공부의 어려움
    ③ 표준 어법의 변화 가능성
    ④ '너무 좋다'라는 문장이 틀린 이유

34. 들은 내용과 같은 것을 고르십시오.
    ① 앞으로 '너무'를 사용하지 않기로 했다.
    ② 사람들이 '너무'를 긍정문에서도 많이 사용했다.
    ③ 사람들이 '너무'를 많이 사용해서 문제가 되었다.
    ④ '너무'를 부정문에서만 사용하는 것으로 바뀌었다.

※ [35~36] 다음을 듣고 물음에 답하십시오. (각 2점)

35. 남자가 무엇을 하고 있는지 고르십시오.
    ① 회사의 성과에 대해 보고하고 있다.
    ② 다른 회사와 수익 성장률을 비교하고 있다.
    ③ 자체 실시한 고객 만족도를 분석하고 있다.
    ④ 회사 일에 열심히 참여할 것을 요청하고 있다.

36. 들은 내용과 같은 것을 고르십시오.
    ① 직원들은 회사 소유 물건을 소중히 다룬다.
    ② 회사는 부피가 작은 물품을 운송하고 있다.
    ③ 회사는 지난 3년 동안 수익이 25% 증가하였다.
    ④ 이 회사는 고객 만족도가 높은 편으로 나타났다.

37. 여자의 중심 생각으로 가장 알맞은 것을 고르십시오.

　　① 붓에는 정형화 된 펜과는 다른 독특함이 있다.

　　② 붓글씨를 통하여 얻는 것에는 모두 차이가 있다.

　　③ 서도는 붓글씨와 사람의 성품이 조화가 돼야 한다.

　　④ 서도를 통해서 마음을 수양하는 자세를 배워야 한다.

38. 들은 내용과 같은 것을 고르십시오.

　　① 서법은 붓으로 쓰는 예술을 의미한다.

　　② 오래된 글씨를 따라 써야 수양이 된다.

　　③ 펜은 글씨의 굵고 약함을 조절할 수 있다.

　　④ 서법, 서예, 서도는 붓으로 글을 쓰는 것이다.

39. 이 대화 전의 내용으로 가장 알맞은 것을 고르십시오.

　　① 학습지는 높은 학습 효과를 거두고 있다.

　　② 학부모들이 비싼 학원비로 고생하고 있다.

　　③ 저렴한 학습지 때문에 학원이 망하고 있다.

　　④ 학습지는 아이의 특성에 맞게 선택해야 한다.

40. 들은 내용과 같은 것을 고르십시오.

　　① 학습지는 싼 가격으로 학습 효과를 높일 수 있다.

　　② 최근에 학원을 이용하는 학부모가 늘어나고 있다.

　　③ 수준에 맞는 학습지를 선택하는 것은 어렵지 않다.

　　④ 학습지는 학교에서 배운 내용을 보충해 주지 못한다.

※ [41~42] 다음을 듣고 물음에 답하십시오. (각 2점)

41. 이 강연의 중심 내용으로 가장 알맞은 것을 고르십시오.

① 햄버거 커넥션이 지구의 이상 기후를 만들 수 있다.

② 숲을 만들어 지구의 이상 기후 현상을 막아야 한다.

③ 지구의 온도가 오르게 되면 사람의 생명이 위험해진다.

④ 햄버거를 먹는 양을 줄여서 숲이 없어지는 것을 막아야 한다.

42. 들은 내용과 같은 것을 고르십시오.

① 중앙아메리카에서는 주로 숲에서 소를 키운다.

② 미국의 햄버거는 중앙아메리카에서 만들어진다.

③ 소를 키우기 위해 나무를 베고 숲을 없애고 있다.

④ 숲이 없어지게 되면 지구의 온도가 떨어지게 된다.

※ [43~44] 다음을 듣고 물음에 답하십시오. (각 2점)

43. 무엇에 대한 내용인지 알맞은 것을 고르십시오.

① 길거리에 쓰레기를 함부로 버리면 안 된다.

② 환경이 파괴되는 이유는 생활 습관 때문이다.

③ 평소에 재활용을 철저히 하는 습관이 필요하다.

④ 환경을 지키기 위해 작은 습관부터 바꿔야 한다.

44. 환경이 파괴되면 위험한 이유로 맞는 것을 고르십시오.

① 주변의 환경이 소중하기 때문에

② 처음의 상태로 되돌리기 어렵기 때문에

③ 사람들이 죄책감을 느끼지 않기 때문에

④ 환경의 파괴는 빠르게 진행되기 때문에

45.　들은 내용과 같은 것을 고르십시오.
　　① 3급을 줄이면 기름을 많이 낭비하게 된다.
　　② 운전 습관을 바꾸면 에너지를 절약할 수 있다.
　　③ 차 안의 짐이 많을수록 기름이 적게 소비된다.
　　④ 최근 모든 차량들이 급출발과 급가속을 하지 않았다.

46.　여자가 말하는 방식으로 알맞은 것을 고르십시오.
　　① 운전자들의 안 좋은 운전 습관을 비판하고 있다.
　　② 자동차로 인한 환경 문제에 대하여 염려하고 있다.
　　③ 운전 습관을 토대로 자동차 연료 사용량을 분석하고 있다.
　　④ 연구 결과를 근거로 경제적인 운전 습관에 대한 정보를 제시하고 있다.

※　[47~48] 다음을 듣고 물음에 답하십시오. (각 2점)

47.　들은 내용과 같은 것을 고르십시오.
　　① 두뇌의 발달은 보통 4살 이전에 완성된다.
　　② 한국의 학생들은 영양 섭취가 부족한 편이다.
　　③ 아침 식사를 한 학생들의 시험 성적이 높았다.
　　④ 미국의 학생들이 한국 학생들보다 시험을 잘 봤다.

48.　남자가 말하는 방식으로 알맞은 것을 고르십시오.
　　① 아침을 먹지 않는 현상의 원인에 대해 설명하고 있다.
　　② 학생들이 아침 식사를 하지 않는 것에 대해 염려하고 있다.
　　③ 학생들에게 학습의 성취도를 높일 수 있도록 장려하고 있다.
　　④ 연구 결과를 근거로 균형 잡힌 아침 식사의 중요성을 밝히고 있다.

※ [49~50] 다음을 듣고 물음에 답하십시오. (각 2점)

49. 들은 내용과 같은 것을 고르십시오.

① 조선 시대에는 총 5번의 큰 홍수가 있었다.

② 홍수는 조선 시대에 처음 나타난 자연재해였다.

③ 조선 시대에는 댐을 건설하여 홍수를 대비하였다.

④ 세종 때 청계천에는 강물의 수위를 재는 수표가 있었다.

50. 남자가 말하는 방식으로 알맞은 것을 고르십시오.

① 기상 관측의 중요성에 대해 강조하고 있다.

② 현재와 과거의 홍수의 차이점을 비교하고 있다.

③ 역사적으로 홍수를 예측한 방법을 설명하고 있다.

④ 조선 시대의 홍수 대비법에 대하여 소개하고 있다.

※ [51~52] 다음 글의 ㉠과 ㉡에 알맞은 말을 각각 쓰시오. (각 10점)

51.

> **알립니다**
>
> 요즘 (　　　㉠　　　) 아래층에 사는 주민들이 많은 불편을 겪고 있습니다. 아파트는 함께 생활하는 공간이므로 (　　　㉡　　　).
>
> - 아이들이 집안에서 뛰지 않도록 해 주세요.
> - 저녁 9시 이후에 집 안에서 운동을 하지 말아 주세요.
> - 저녁 9시 이후에 세탁기나 청소기를 사용하지 말아 주세요.
>
> 서로 예절을 잘 지킨다면 더 쾌적하고 즐거운 아파트 생활이 될 것입니다.
>
> 한국아파트 관리 사무소

52.

> 인생을 살아가다 보면 어제 잡은 기회 때문에 다음날 더 좋은 기회를 놓치게 되거나 반대로 (　　　㉠　　　). 이처럼 인생은 어제의 손해가 반드시 오늘의 손해로 이어지는 것은 아니라고 할 수 있다. 그러므로 오늘 하나의 기회를 놓치더라도 그것을 후회하기보다는 (　　　㉡　　　) 자세가 필요하다.

53. 다음은 청소년 놀이 문화의 유형에 대한 자료이다. 이 내용을 200~300자로 쓰시오. 단, 글의 제목은 쓰지 마시오. (30점)

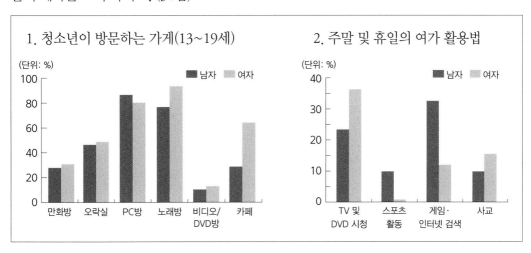

54. 다음을 참고하여 600~700자로 글을 쓰시오. 단, 문제를 그대로 옮겨 쓰지 마시오. (50점)

> 전 세계가 글로벌화되면서 각 나라 간의 관계는 빠르게 변화하고 있습니다. 이러한 변화 속에서 자기 나라의 역사를 제대로 아는 것은 매우 중요합니다. 대부분의 나라들이 역사 교육을 강조하고 있는데 여러분은 왜 역사 교육이 필요하다고 생각하십니까? 이러한 역사 교육을 통해 우리가 배울 수 있는 점은 무엇이며, 역사 교육이 우리 사회에 가져오는 이득은 무엇인지 대해 자신의 생각을 쓰십시오.

* 원고지 쓰기의 예

	머	리	는		언	제		감	는		것	이		좋	을	까	?		사
람	들	은		보	통		아	침	에		머	리	를		감	는	다	.	그

제1교시 듣기, 쓰기 시험이 끝났습니다. 제2교시는 읽기 시험입니다.

제7회 FiNAL 실전 모의고사

The 7th Final Actual Test

TOPIK II

| 2교시 | 읽기 |

수험번호 (Registration No.)	
이 름 (Name)	한국어 (Korean)	
	영 어 (English)	

유 의 사 항
Information

1. 시험 시작 지시가 있을 때까지 문제를 풀지 마십시오.

   Do not open the booklet until you are allowed to start.

2. 수험번호와 이름을 정확하게 적어 주십시오.

   Write your name and registration number on the answer sheet.

3. 답안지를 구기거나 훼손하지 마십시오.

   Do not fold the answer sheet; keep it clean.

4. 답안지의 이름, 수험번호 및 정답의 기입은 배부된 펜을 사용하여 주십시오.

   Use the given pen only.

5. 정답은 답안지에 정확하게 표시하여 주십시오.

   Mark your answer accurately and clearly on the answer sheet.

6. 문제를 읽을 때에는 소리가 나지 않도록 하십시오.

   Keep quiet while answering the questions.

7. 질문이 있을 때에는 손을 들고 감독관이 올 때까지 기다려 주십시오.

   When you have any questions, please raise your hand.

TOPIK Ⅱ 읽기(1번~50번)

※ [1~2] (   )에 들어갈 말로 가장 알맞은 것을 고르십시오. (각 2점)

1.   사랑하지 않는 사람과 (   ) 차라리 평생 혼자 살겠다.

    ① 결혼하느니   ② 결혼하더니

    ③ 결혼하도록   ④ 결혼한다고 해도

2.   길가에 핀 꽃이 너무 (   ) 차를 세우고 사진을 찍었다.

    ① 예쁜 듯   ② 예쁘기에

    ③ 예쁘고도   ④ 예쁠 정도로

※ [3~4] 밑줄 친 부분과 의미가 가장 비슷한 것을 고르십시오. (각 2점)

3.   <u>공부만 아니면</u> 내 삶은 참 행복할 것이다.

    ① 공부뿐이면   ② 공부만 있으면

    ③ 공부만 같아도   ④ 공부를 제외하면

4.   영화를 본 관객이 1,000만 명이 넘은 걸 보니까 그 영화가 <u>재미있나 보다</u>.

    ① 재미있기는 하다   ② 재미있기만 하다

    ③ 재미있는 것 같다   ④ 재미있기 마련이다

※ [5~8] 다음은 무엇에 대한 글인지 고르십시오. (각 2점)

5.
> 영양분이 살아 있는 깨끗한 물!
> 당신의 건강을 책임집니다.

① 세탁기　　　　② 정수기　　　　③ 에어컨　　　　④ 식기 세척기

6.
> 고객의 재산을 안전하게 키워 드립니다.
> 온라인 자산 관리 서비스 강화

① 은행　　　　② 병원　　　　③ 경찰서　　　　④ 연구소

7.
> ## 세계화 시대!
> 외국과의 활발한 교류로 인해 국외 이주 증가

① 이혼　　　　② 이민　　　　③ 다문화　　　　④ 한 부모

8.
> • 포장지를 뜯지 말고 냉장고에 두십시오.
> • 3일 이후에 드시려면 냉동실에 넣어 주십시오.

① 포장 방법　　　　② 사용 안내　　　　③ 보관 방법　　　　④ 상품 안내

※ [9~12] 다음 글 또는 그래프의 내용과 같은 것을 고르십시오. (각 2점)

9.

천년의 축제, 강릉 단오제

- **행사 장소**: 강릉시 남대천 단오장 및 지정 행사장
- **행사 기간**: 2024년 6월 18일 ~ 6월 25일 (8일간) 10:00~24:00
- **행사 내용**: 제례, 단오굿, 관노가면극 등과 같은 지정 문화재 행사, 공연 및 체험 행사 등
- **이용 요금**: 무료
- **연계 관광**: 행사장에서 20분 이내 거리에 경포 해수욕장과 오죽헌이 있습니다.

① 강릉 단오제 행사장 내에 오죽헌이 있다.

② 강릉 단오제는 한 달 동안 진행되는 축제이다.

③ 단오제 기념 공연은 하루에 8번, 20분 동안 진행된다.

④ 행사장에서 공연을 관람하고 체험 행사에 참여할 수 있다.

10.

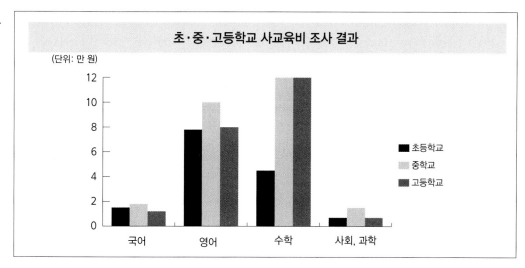

① 중학생은 영어 사교육비가 제일 적게 든다.

② 중·고등학생은 수학 사교육비 부담이 가장 크다.

③ 국어 사교육 비용은 중학생보다 초등학생이 더 많다.

④ 고등학생에 비해 중학생이 사회, 과학 교육비를 덜 지출하는 편이다.

11.

요즘 도서관의 '떠오르는 핵심 고객'은 노년층이다. 자료를 보면 10년 전에 비해 60대 이상의 비율이 2배 가까이 늘었다. 그런데 노년층이 도서관을 편하게 이용할 수 있도록 하는 노력은 부족해 보인다. 독서 편의를 높여 줄 보조 기기를 갖추고, 내부 안내문의 글자 크기를 키우는 등 개선이 필요한데, 이러한 노력은 노년층뿐만 아니라 전체 이용자의 편의를 높일 수 있을 것이다. 그리고 노년층이 관심을 가질 만한 참여 프로그램, 인문학 프로그램도 필요하다.

① 요즘 도서관의 떠오르는 핵심 고객은 미취학 아동이다.

② 60대 이상 이용자가 늘면서 이들을 위한 참여 프로그램이 많다.

③ 10년 전보다 60대 이상 도서관 이용자 비율이 2배 정도 증가했다.

④ 내부 안내문의 글자 크기를 키우는 노력은 노년층의 편의만 높인다.

12.

모두가 자율 주행 자동차를 타고 달릴 수 있는 날은 아직은 먼 미래의 일로 보인다. 미국에서 교통사고를 전문적으로 조사하는 기관인 연방교통안전위원회(NTSB)에서 자율 주행 보조 기능의 문제점을 지적하며 안전 개선을 권고했기 때문이다. 그리고 상용화에 앞서서 자율 주행 차량이 사고가 났을 때 누가, 어떤 방식으로, 어떤 범위까지 책임을 져야 하는지에 대한 명확한 표준과 시행 방법이 먼저 마련되어야 할 것이다.

① 15년 후에는 자율 주행 자동차를 타고 달릴 수 있다.

② 자율 주행 자동차가 상용화되려면 여러 준비가 필요하다.

③ 자율 주행 자동차가 상용화된 후 안전 문제가 개선되어야 한다.

④ 연방교통안전위원회는 자율 주행 보조 기능에 문제점이 없다고 밝혔다.

13.

> (가) 많은 사람들이 근육이 많을수록 건강하다고 생각한다.
>
> (나) 남성은 체중의 80~85%, 여성은 75~80%로 근육을 유지하는 것이 적당하다고 한다.
>
> (다) 근육량이 지나치게 많으면 콩팥에 무리가 가고, 심장과 간에도 영향을 미친다는 것이다.
>
> (라) 그런데 과도한 근육을 가진 사람이 사망률이 높다는 연구 결과가 나와서 충격을 주고 있다.

① (가)-(라)-(나)-(다)   ② (가)-(라)-(다)-(나)
③ (나)-(다)-(라)-(가)   ④ (나)-(라)-(가)-(다)

14.

> (가) 한국인 대부분이 소나무를 유별히 사랑한다.
>
> (나) 그래서인지 소나무 숲은 한국의 산림 면적의 23%를 차지한다.
>
> (다) 그런데 문제는 소나무 숲을 비롯한 침엽수림이 재해에 취약하다는 점이다.
>
> (라) 침엽수는 뿌리가 얕아서 바람이나 집중 호우에 잘 쓰러지고 산사태에 약하다.

① (가)-(나)-(다)-(라)   ② (가)-(라)-(나)-(다)
③ (다)-(가)-(나)-(라)   ④ (다)-(라)-(나)-(가)

15.

> (가) 이는 이슬람교도의 높은 출산율과 높은 청년 인구 비율 때문이다.
>
> (나) 미래에는 전 세계 이슬람교도 수가 기독교도 수를 능가할 것이란 전망이 나왔다.
>
> (다) 이슬람교도 여성 한 명이 낳는 자녀의 수는 평균 3.1명이고, 이슬람교도의 34%가 15세 이하이다.
>
> (라) 2050년이면 이슬람교도의 비중이 기독교도와 비슷해지다가 2071년 이후부터는 역전될 것이라고 한다.

① (나)-(라)-(가)-(다)　　　② (나)-(라)-(다)-(가)

③ (다)-(나)-(라)-(가)　　　④ (다)-(라)-(가)-(나)

※ [16~18] (　)에 들어갈 말로 가장 알맞은 것을 고르십시오. (각 2점)

16.

> 　참나무가 갈대에게 힘 자랑을 했다. 약한 바람에도 쉽게 굽힌다는 참나무의 놀림에 갈대는 그저 고개를 숙이고 있었다. 그때 거센 바람이 불었다. 갈대는 이리저리 흔들리면서 바람을 이겨냈지만, (　　　　　) 참나무는 결국 부러지고 말았다.

① 힘은 세지만 마음이 여린

② 갈대를 위로하고 도와주던

③ 바람에 휘어져서 쉽게 굴복한

④ 힘만 믿고 바람에 맞서 버티던

17.

> 인간은 사회의 문화를 익히고 사회에서의 자신의 역할을 습득함으로써 그 사회의 한 구성원이 되어 간다. 이러한 과정을 '사회화'라고 한다. 그런데 사회 구성원들은 사회의 역할 기대나 문화 규범을 따르기만 하는 것이 아니라 (   ). 따라서 사회화는 개인과 사회의 상호작용 과정이라고 할 수 있다.

① 그것들을 앞서서 나가기도 한다

② 그것들을 끊임없이 재구성해 나간다

③ 그것들과 대등 관계에 놓이기도 한다

④ 그것들과 다른 독자적인 행동을 하기도 한다

18.

> 간판은 건물의 내부에서 벌어지는 사건을 '안경점, 분식점, 서점' 하는 식으로 축약된 형태로 이야기해 준다. 그러므로 간판 없이 상업 행위가 일어나지 않고 간판 없이 도시가 존재하지 않는 것처럼 보인다. 간판이 없으면 우리는 감기약을 사기 위해 오랜 시간을 헤매야 할 것이다. 간판은 도시에서 (   ) 보여 주는 것이다.

① 도시인의 다양한 직업을

② 화려하게 번쩍이는 이유를

③ 무언가를 사고파는 행위가 벌어지고 있음을

④ 무엇이 자연 발생적으로 생겨나고 있는지를

> 외국어 조기 교육에 대한 찬반양론은 아직도 팽팽하게 맞서 있어 어느 쪽이 옳다 그르다 쉽게 말하기가 어렵다. (   ) 발음 한 가지만을 놓고 볼 때는 일찍 시작할수록 좋다는 점을 누구나 인정한다. 하지만 아직 주체적 판단 능력이 부족한 어린이들에게 외국어를 습득시키다 보면 어린이들이 자기 문화와 전통을 소중히 여기는 의식이 희박해질 것은 이미 예견된 일이다.

19. (   )에 들어갈 말로 가장 알맞은 것을 고르십시오.
    ① 마침　　　　　② 혹시　　　　　③ 다만　　　　　④ 끝내

20. 윗글의 주제로 가장 알맞은 것을 고르십시오.
    ① 외국어는 일찍 배울수록 도움이 된다.
    ② 외국어 조기 교육과 발음은 큰 상관관계가 있다.
    ③ 자기 문화와 전통의 소중함을 알 수 있도록 조기 교육이 필요하다.
    ④ 주체적 판단 능력이 부족한 어린이에게 외국어 조기 교육은 시기상조이다.

※ [21~22] 다음을 읽고 물음에 답하십시오. (각 2점)

> 기후 변화를 이야기할 때면 흔히 북극곰을 떠올린다. 북극이 남극에 비해 기후 변화의 모습이 더 잘 드러나기 때문이다. 그러나 남극이라고 해서 예외는 아니며, 이제는 남극의 얼음마저 녹고 있음이 드러났다. 특히 한반도와 비슷한 크기의 스웨이트 빙하가 녹는다면 해수면의 높이가 50㎝ 이상 높아질 것으로 예상된다. 그 후에 이어질 결과는 (   ) 일이다. 연구자들이 스웨이트 빙하에 '지구 종말의 날 빙하'라는 별명을 붙인 것은 이 때문이다.

21. (   )에 들어갈 말로 가장 알맞은 것을 고르십시오.
    ① 불 보듯 뻔한　　　　　② 사서 고생하는
    ③ 손꼽아 기다리는　　　　④ 물불을 가리지 않는

22. 윗글의 내용과 같은 것을 고르십시오.

① 북극보다 남극에 기후 변화 현상이 잘 나타난다.

② 스웨이트 빙하의 크기는 한반도의 두 배 이상이다.

③ 스웨이트 빙하는 지구 종말의 날 빙하라고도 불린다.

④ 해수면의 높이가 50㎝ 이상 높아져도 인간은 생존할 수 있다.

※ [23~24] 다음을 읽고 물음에 답하십시오. (각 2점)

방학이 되자 학교 도서실에서 독서 캠프를 열었다.

"여러분, 소원을 들어주는 마법 램프 이야기 들어 봤나요?"

잘 아는 동화 이야기에 아이들은 어느새 수업에 흠뻑 빠져들었다. 간절한 꿈을 매일 스무 번씩 말하고 노력하면 꼭 이루어진다고 하자 아이들은 저마다 소원을 이야기했다. 부자가 되고 싶다는 아이도 있었고, 가수가 되겠다는 아이도 있었다. 그러나 재우는 아무 말이 없었다.

수업이 끝나고 집으로 돌아가는 길에 재우를 보았다. 재우는 혼자 고개를 푹 숙인 채 터덜터덜 걷고 있었다. 가까이 가자 재우의 중얼거리는 소리가 들렸다.

"엄마, 아빠랑 같이 산다. 엄마, 아빠랑 같이 산다."

재우의 목소리가 얼마나 간절하던지 나는 코끝이 찡했다.

23. 밑줄 친 부분에 나타난 나의 심정으로 알맞은 것을 고르십시오.

① 괘씸하다   ② 섭섭하다   ③ 답답하다   ④ 안쓰럽다

24. 윗글의 내용과 같은 것을 고르십시오.

① 재우는 부자가 되고 싶다고 말했다.

② 재우는 선생님이 한 말을 믿고 있다.

③ 재우는 지금 엄마, 아빠와 함께 산다.

④ 재우는 독서 캠프에 참가하지 못했다.

25.

> 최고 인기 만화, 무대에 오르니 글쎄?

① 인기 있는 만화의 홍보 자리를 마련하였다.

② 화제가 되었던 만화가 연극 무대에 올랐다.

③ 화제가 된 만화를 영화로 만들어 인기가 있다.

④ 인기 있는 만화가 연극 무대에서는 반응이 별로다.

26.

> 휴양림 내 펜션 '성수기, 비수기 따로', 이젠 옛말

① 과거에는 휴양림 안에 있던 펜션이 인기가 없었다.

② 최근 휴양림 안에 있는 펜션에는 항상 이용객이 많다.

③ 휴양림 안에 있는 펜션은 요즘 성수기와 비수기가 따로 있다.

④ 옛날에 휴양림 안에 있는 펜션은 성수기보다 비수기가 길었다.

27.

> 전기차 판매 청신호, 충전소 확대 문제는 풀어야 할 숙제

① 충전소 부족 문제 때문에 전기차 이용자의 불만이 많다.

② 전기차 판매가 늘어나면서 충전소 확대 문제가 해결될 것이다.

③ 전기차 판매량이 늘어나고 있지만 충전소 확대 문제는 여전히 남아 있다.

④ 전기차 판매량이 늘어날 전망이지만 여전히 일반 자동차 판매가 더 많을 것이다.

※ [28~31] (　)에 들어갈 말로 가장 알맞은 것을 고르십시오. (각 2점)

28.

어떤 나라에서는 (　　　　　) 몸짓이 다른 나라에서는 자연스럽게 사용되는 몸짓일 수 있다. 예를 들어 한국에서는 집게손가락을 둥글게 감아서 다른 사람을 가리키는 행동을 해서는 안 된다. 하지만 미국인은 그러한 손짓으로 웨이터를 부르기도 한다. 팔꿈치를 밖으로 향하면서 손을 허리에 올리는 몸짓도 한국에서는 거만한 자세로 보이지만 미국에서는 그 사람이 개방적이고 포용력이 있다는 것을 나타낸다.

① 자신감이 넘치는
② 긍정적인 느낌을 주는
③ 무례한 행동으로 보이는
④ 바람직한 행동으로 여겨지는

29.

최근 학생들의 부정행위로 문제가 됐던 모 대학교의 자연과학대학이 '무감독 시험제'를 도입하기로 해 화제가 되고 있다. 이는 '시험 감독을 더욱 강화하라'는 대학 본부의 최근 지침과는 방향이 다르다. 자연과학대 학장은 시험 감독을 강화하는 것보다 자신의 명예에 대한 올바른 인식을 심어 주고, 스스로 부정행위에 대한 (　　　　　) 교육하는 것이 더 낫다고 말했다.

① 관심을 끌도록
② 거부감을 없애도록
③ 흥미를 유발하도록
④ 유혹을 뿌리칠 수 있도록

30.

가령 어두운 황야에서 벼락을 만나 공포에 시달린 사람이 그로 인해 과거에 저지른 죄를 뉘우치고 새 삶을 시작하게 되었다고 하자. 그렇다면 이때의 벼락은 (   ) 신의 형벌이라고 말할 수 있다. 이 경우 전자가 현상에 대한 과학적 해석이라면, 후자는 인간적 해석이라 할 수 있다. 과학의 법칙이 지배하는 영역이 있는가 하면 그렇지 않은 부분도 있는 것이다.

① 자연 현상이 아니라
② 신의 선물이 아니라
③ 인간의 능력이 아니라
④ 과학 현상의 예외가 아니라

31.

대개의 경우, 영화 제작자들은 (   ) 촬영을 한다. 그래서 필름을 2시간 전후 분량으로 편집을 한다. 그들은 장면을 선택하고 모으면서 잘 어울리지 않는 부분을 잘라 내고 때로는 질질 끄는 듯한 장면들을 줄이거나 잘라 냄으로써 생동감 있는 장면으로 연출한다. 그 작업은 몇 달이 걸리기도 하는데, 모든 장면들이 올바른 순서로 합쳐지면 비로소 영화 상영 준비가 완료되는 것이다.

① 필요한 분량 이상으로
② 잘라 내지 않을 부분만
③ 영화 내용의 순서대로
④ 생동감 있는 장면을 살리면서

※ [32~34] 다음을 읽고 글의 내용과 같은 것을 고르십시오. (각 2점)

32.

> 화장품 회사들이 화장품의 사용 기한을 식품의 유통 기한처럼 쉽고 명확하게 바꾸었다. 한국의 대표적인 화장품 회사들이 제품의 사용 기한을 'O년 O월까지'로 표기하면서 소비자의 편의가 높아졌다고 밝혔다. 그동안 제품 제조 연월일과 개봉 후 사용 기간을 제품에 표기했으나 제조 연월일만으로는 사용 기한을 알기 어렵고 '6M(6개월)', '12M(12개월)' 등의 개봉 후 사용 기한 역시 소비자들이 혼동할 여지가 있다는 판단에 따른 것이다.

① 식품의 유통 기한을 쉽게 표기하게 되었다.

② 그동안 화장품의 사용 기한을 명확하게 표기해 왔다.

③ 화장품 사용 기한을 6M, 12M 등으로 표기하기로 했다.

④ 지금은 사용 기한이 명확히 표기된 화장품을 구입할 수 있다.

33.

> 나이에 따라 추위를 느끼는 정도가 다르다. 추위의 정도는 기온보다 체온 조절 기능에 의해 결정되는데, 체온 조절 기능에 관여하는 것이 지방 조직이다. 지방 조직은 흰색 지방과 갈색 지방으로 나뉘는데, 갈색 지방은 열을 생산하는 역할을 하고 흰색 지방은 열이 체외로 빠져 나가지 않도록 막아 주는 역할을 한다. 인간은 갈색 지방을 가지고 태어나며, 나이가 많아짐에 따라 점차 줄어들다가 노인이 되면 더 이상 생성되지 않는다.

① 기온에 따라서 추위의 정도가 결정된다.

② 흰색 지방은 열을 만들고 보호하는 역할을 한다.

③ 노인은 갈색 지방이 부족해서 추위를 많이 느낀다.

④ 나이가 어릴수록 흰색 지방이 많고 갈색 지방이 적다.

34.

> 나무 모양을 닮은 브로콜리는 항암 효과가 뛰어난 채소이다. 브로콜리는 야채 중에 철분을 가장 많이 함유하고 있고 저칼로리 음식이면서 풍부한 섬유질을 갖고 있기 때문에 다이어트 음식으로도 좋다. 브로콜리의 효능을 살리려면 조리법이 중요하다. 생 브로콜리는 모든 영양소를 유지하고 있어 좋기는 하지만 장을 자극해서 가스를 발생시킨다. 오래 삶거나 끓일 경우에는 효능이 약화되기 쉬우므로 살짝 데쳐 먹는 것이 가장 좋다.

① 브로콜리는 나무의 한 종류이다.

② 브로콜리는 푹 삶아서 먹는 것이 좋다.

③ 브로콜리는 날 것으로 먹으면 효능이 떨어진다.

④ 브로콜리는 살짝 데치면 건강에 좋은 성분이 유지된다.

※ **[35~38] 다음을 읽고 글의 주제로 가장 알맞은 것을 고르십시오. (각 2점)**

35.

> 스마트 기기의 발달로 인간이 더욱 자유로워질 것이라는 긍정적인 미래가 예측되었다. 하지만 대부분이 스마트폰을 갖게 된 지금, 직장인들은 오히려 고통을 호소한다. 24시간 언제 어디에서든 업무를 처리할 수 있게 되면서 여가 시간에 잔업을 하는 일이 허다하기 때문이다. 물론 업무의 효율성을 높인다는 긍정적인 부분도 있다. 하지만 근무 시간 외에도 일 처리를 해야 한다는 강박에 시달릴 수밖에 없다.

① 스마트 기기의 발달로 직장인의 근무 환경이 바뀌었다.

② 스마트 기기의 발달로 직장인들의 업무 효율이 향상되었다.

③ 스마트 기기의 발달로 직장인들은 회사로 출근하지 않아도 된다.

④ 스마트 기기의 발달로 직장인들은 새로운 업무 스트레스를 받는다.

36.

땅콩은 시원한 맥주와 함께 먹는 안주로 인기가 많다. '심심풀이 땅콩'이라는 말이 있을 정도로, 한국 사람들에게 땅콩은 건강을 위해서 먹는 음식이 아니라 주전부리 정도로 인식되고 있다. 하지만 땅콩의 기능성을 알고 나면 생각이 달라질 것이다. 땅콩에는 바나나보다 칼륨이 많이 포함되어 있어 인체 내에 있는 나트륨을 밖으로 배출하는 기능이 탁월하므로 짠 음식을 많이 먹는 한국인에게 특히 유용하다.

① 땅콩은 시원한 맥주와 함께 먹는 것이 좋다.
② 땅콩에는 바나나보다 칼륨이 많이 들어 있다.
③ 땅콩은 주전부리이므로 많이 먹으면 건강에 안 좋다.
④ 땅콩은 짠 음식을 많이 먹는 사람에게 좋은 음식이다.

37.

반려견과 함께 산책을 나갈 때 반드시 개가 착용해야 하는 것이 있다. 바로 목줄이나 가슴 줄이다. 외형적으로만 보면 목줄보다 가슴 줄이 좀 더 자유롭게 움직일 수 있어 보이지만 무엇이든지 장단점이 있는 법이다. 어떤 줄이 산책할 때 더 좋다는 정답은 없다. 이는 용도와 기능 자체가 다르기 때문이다. 두 가지 다 산책할 때 사용에 큰 무리가 없으니 반려견과 함께 걷기에 안전하고 편한 줄을 선택하면 된다.

① 반려견과 산책 시 신체적 부담을 줄여야 한다.
② 반려견과 산책할 때는 반드시 가슴 줄을 착용해야 한다.
③ 반려견과 산책 시 목줄을 사용하든 가슴 줄을 사용하든 상관없다.
④ 반려견과 산책할 때는 반려견을 통제할 수 있는 줄을 선택해야 한다.

38.

사람들은 칼로리를 소모하기 위해 일부러 시간을 내서 운동을 하려고 한다. 그러나 일상생활 속에서도 칼로리를 소모할 수 있다. 예를 들어, 60분 동안 바닥을 닦으면 114kcal, 요리를 하면 68kcal, 다림질을 하면 65kcal를 소모할 수 있다. 단순히 웃는 것만으로도 33kcal가 소모된다. 앉아 있는 시간 줄이기, 스트레칭하기, 엘리베이터 대신 계단 이용하기 등 생활 습관을 바꾸면 평소보다 더 많은 칼로리를 소모할 수 있다.

① 칼로리를 소모하는 제일 좋은 방법은 청소이다.

② 칼로리 소모를 위해 집안일을 열심히 해야 한다.

③ 작은 생활 습관의 변화로도 칼로리를 더 많이 소모할 수 있다.

④ 시간을 내서 운동을 해야만 칼로리를 더 많이 소모할 수 있다.

※ **[39~41] 주어진 문장이 들어갈 곳으로 가장 알맞은 것을 고르십시오. (각 2점)**

39.

창업을 준비하는 사람들이 정부 지원보다 더 중요하게 여기는 것이 있다. (㉠) 다시 말해 성공한 선배 창업가들에게 창업 시 고려 사항, 실패 과정 및 창업 성공 스토리 등 다양한 정보와 사례를 듣는 것이다. (㉡) 실패를 통해 배운 점과 성공의 노하우를 공유함으로써 시행착오를 줄일 수 있기 때문이다. (㉢) 이렇듯 선배 창업가에게서 다양한 정보를 얻는 것이 예비 창업가들에게는 무엇보다도 가장 중요한 창업의 첫걸음이다. (㉣)

──────〈보 기〉──────

바로 창업에 성공한 선배들에게 돈 주고 살 수 없는 실전 경험을 전수받는 것이다.

① ㉠   ② ㉡   ③ ㉢   ④ ㉣

40.

류현진 선수가 메이저리그에 진출할 때만 해도 성공 가능성을 높게 보는 사람은 많지 않았다. (㉠) 하지만 그는 사람들의 예상을 뛰어넘는 높은 금액을 받고 메이저리그에 진출했다. (㉡) 게다가 그곳에서 무사히 자리 잡는 데서 그치지 않고 리그를 대표하는 투수 중 하나가 되었다. (㉢) 그의 활약을 지켜본 선수들은 메이저리그에 진출해 정상급 선수가 되는 것이 불가능한 목표가 아님을 알게 되었다. (㉣)

〈보 기〉

한국 야구 선수들이 메이저리그에 도전할 수 있는 계기가 된 것이다.

① ㉠ ② ㉡ ③ ㉢ ④ ㉣

41.

쌍둥이는 일란성과 이란성으로 구분할 수 있다. 일란성 쌍둥이는 수정란이 분열하여 세포가 되었을 때 세포들이 각각 독립된 개체로 자란 것을 말한다. (㉠) 따라서 일란성 쌍둥이는 성별뿐만 아니라 혈액형, 유전자가 동일하다. (㉡) 수정란이 세포 분열한 후 분리되는 이유는 아직 정확하게 밝혀지지 않고 있다. (㉢) 반면 이란성 쌍둥이는 한꺼번에 배란된 2개 이상의 난자가 각각 다른 정자와 수정되어 자란 것이다. (㉣)

〈보 기〉

그러므로 유전자도 다르고 성도 다를 수 있다.

① ㉠ ② ㉡ ③ ㉢ ④ ㉣

※ [42~43] 다음을 읽고 물음에 답하십시오. (각 2점)

> "이렇게 바람이 부는데 네 아버지 배는 괜찮을까?"
>
> "아버지 배는 새 배니까 안전할 거예요."
>
> 아들의 안부를 몰라 가슴을 태우는 늙은 할머니의 물음에 이렇게 대답을 하기는 하였으나 딸도 불안하기는 마찬가지였다. 태풍이 거세질수록 아버지의 생사가 배의 운명과 함께 어찌 되지나 않을까 불안에 떨어야 했다.
>
> "일기 예보에서 태풍이 올 거라고 했으니까 오늘은 배를 타지 마세요."
>
> "태풍은 밤에 온다니까 일찍 나갔다 오면 괜찮을 거다."
>
> 딸이 계속 말렸음에도 불구하고 멀리 나가지 않겠다는 약속을 하고 새벽에 아버지는 집을 나섰다. 그런데 오전부터 한 방울, 두 방울 빗방울이 떨어지더니 오후에 들어서면서 소나기로 변했고 거센 바람이 불기 시작했다. 태풍은 점점 세지는데 새벽에 나간 아버지는 밤이 늦도록 돌아오지 않고 있다. 딸은 속이 까맣게 타는 것 같았다. 전화벨이 울렸다. 급한 일이 생겨서 고기잡이를 나가는 대신 서울에 가셨다는 아버지의 말을 듣고 딸은 다리에 힘이 풀려 그 자리에 주저앉고 말았다.
>
> 이익상 〈어촌〉

42. 밑줄 친 부분에 나타난 딸의 태도로 알맞은 것을 고르십시오.

① 안도하고 있다　　　　　　　② 의심하고 있다

③ 원망하고 있다　　　　　　　④ 기대하고 있다

43. 윗글의 내용으로 알 수 있는 것을 고르십시오.

① 낮부터 태풍이 불기 시작했다.

② 아버지는 아침 일찍 새 배를 타고 나갔다.

③ 아버지는 딸의 말을 듣고 배를 타지 않았다.

④ 딸은 아버지의 안부가 걱정이 되어 쓰러졌다.

※ [44~45] 다음을 읽고 물음에 답하십시오. (각 2점)

대형 사고가 나면 우왕좌왕하며 그 원인을 남의 탓으로 돌리기 쉽다. 특히 최근 발생하는 대형 사고의 원인을 국민의 안전 불감증 탓으로 돌려 버리는 일이 잦아지고 있다. 하지만 단순히 (   ) 이러한 잘못이 반복되는 원인을 찾아 재발을 방지하는 것이 무엇보다 중요하다. 그러기 위해서는 재발 방지를 위한 정책 개발과 현장에서의 정책 효과에 대한 면밀한 평가가 필요하다. 안전 선진 국가들을 살펴보면 안전 사회를 지지하는 엄중한 현장 안전 규제 시스템이 작동한다는 사실을 직시하게 된다. 정부는 제도를 만들어서 발표하는 것뿐만 아니라, 그 제도가 실제로 효과가 있는지, 목표대로 운영되는지에 관심을 가져야 한다.

44. (   )에 들어갈 말로 가장 알맞은 것을 고르십시오.

① 대형 사고 방지 교육을 실시하기보다는

② 사고 방지 제도를 만들고 발표하기보다는

③ 안전에 대한 개인의 부주의함을 탓하기보다는

④ 안전 규제에 대한 정책 부재를 질책하기보다는

45. 윗글의 주제로 가장 알맞은 것을 고르십시오.

① 안전 선진 국가들의 정책을 본받아야 한다.

② 대형 사고의 책임 규명을 분명하게 해야 한다.

③ 재발 방지 정책의 효과에 대한 국민의 관심이 커져야 한다.

④ 대형 사고가 재발하지 않도록 정부가 관리·감독해야 한다.

> 술을 마신 후 머리가 아프고 속이 쓰린 이유는 무엇일까? 술은 주성분이 물과 에탄올이다. 술을 마시면 나타나는 여러 현상은 에탄올 때문이다. 소장과 위에서 흡수된 에탄올은 우리 몸 안의 독극물 분해 장소인 간에서 순차적으로 아세트알데히드와 아세트산으로 바뀐다. 에탄올에서 아세트알데히드로 바뀌는 것은 사람들마다 크게 차이가 없으나 아세트알데히드가 아세트산으로 바뀌는 것은 사람들마다 큰 차이가 있다. 아세트알데히드를 얼마나 빨리 분해할 수 있느냐에 따라서 사람들마다 술을 마시는 정도의 차이가 나타난다. 아세트알데히드는 속이 쓰리고 머리를 아프게 하는 숙취 물질로 독성이 강하다. 그래서 과학적으로 술을 잘 마시는 사람은 아세트알데히드의 분해 능력이 뛰어난 사람이라 할 수 있다.

46. 윗글에 나타난 필자의 태도로 가장 알맞은 것을 고르십시오.

① 아세트알데히드의 분해 능력에 개인 차이가 있음을 밝히고 있다.

② 술을 마시는 양에 따라 해독 능력에 차이가 있음을 역설하고 있다.

③ 술의 종류에 따라 숙취의 원인과 증상이 다르다는 것에 대해 회의적이다.

④ 아세트알데히드가 숙취 물질로 독성이 강하다는 점에 대해 걱정하고 있다.

47. 윗글의 내용과 같은 것을 고르십시오.

① 술의 주성분은 아세트알데히드와 아세트산이다.

② 아세트알데히드를 분해하지 못하는 사람은 술에 약하다.

③ 에탄올에서 아세트산으로 바뀌는 것은 사람마다 차이가 크다.

④ 술을 마신 후 머리가 아프고 속이 쓰린 것은 아세트산 때문이다.

※ [48~50] 다음을 읽고 물음에 답하십시오. (각 2점)

　　고용노동부가 중소기업과 대기업의 임금을 조사한 결과, 중소기업의 임금은 대기업의 60% 수준임이 드러났다. 이러한 임금 격차가 확대되지 않도록 정부는 중소기업에 여러 가지 지원 정책을 펼치고 있다. 대표적으로 중소기업 취업자 소득세 감면 정책이 있는데, 이는 요건에 해당되는 사람이 중소기업에 취업하는 경우 일정 기간 동안 소득세의 70% 또는 90%를 감면해 주는 정책이다. 납부해야 할 세금을 줄여 줌으로써 중소기업 취업자의 실질 임금을 높이고자 하는 것이다. 그러나 기존의 정책만으로 (　　　　　) 한계가 크다는 지적이 많다. 대한상공회의소의 보고서에 따르면, 최근 대기업과 중소기업의 임금 격차가 크게 늘어났고 한동안 이러한 추세가 계속될 것으로 전망했다. 이러한 소득 불균형을 해소할 수 있는 효과적인 정책이 필요한 시점이다.

48. 윗글을 쓴 목적으로 가장 알맞은 것을 고르십시오.
① 중소기업에서 대기업으로 이직하는 방법을 알려 주기 위해서
② 중소기업 취업자 소득세 감면 정책의 한계를 지적하기 위해서
③ 중소기업과 대기업의 소득 격차가 증가할 것이라 전망하기 위해서
④ 중소기업과 대기업의 소득 불균형을 해소할 정책 마련을 촉구하기 위해서

49. (　　　)에 들어갈 말로 가장 알맞은 것을 고르십시오.
① 지원 정책을 펼치기에는
② 안정적인 근무 환경에는
③ 세금을 줄여 주는 데에는
④ 임금 격차를 줄이는 데에는

50. 윗글의 내용과 같은 것을 고르십시오.
① 정부는 대기업에 여러 가지 지원 정책을 펼치고 있다.
② 중소기업 취업자의 세금을 감면해 주면 실질 소득이 증가한다.
③ 보고서에 따르면 앞으로 대기업과 중소기업의 임금 격차가 줄어들 것이다.
④ 중소기업 취업자 소득세 감면 정책만으로도 소득 불균형을 해결할 수 있다.

제8회 FiNAL 실전 모의고사

The 8th Final Actual Test

TOPIK II

| 1교시 | 듣기, 쓰기 |

수험번호 (Registration No.)	
이 름 (Name)	한국어 (Korean)	
	영 어 (English)	

유 의 사 항
Information

1. 시험 시작 지시가 있을 때까지 문제를 풀지 마십시오.

   Do not open the booklet until you are allowed to start.

2. 수험번호와 이름을 정확하게 적어 주십시오.

   Write your name and registration number on the answer sheet.

3. 답안지를 구기거나 훼손하지 마십시오.

   Do not fold the answer sheet; keep it clean.

4. 답안지의 이름, 수험번호 및 정답의 기입은 배부된 펜을 사용하여 주십시오.

   Use the given pen only.

5. 정답은 답안지에 정확하게 표시하여 주십시오.

   Mark your answer accurately and clearly on the answer sheet.

   marking example   

6. 문제를 읽을 때에는 소리가 나지 않도록 하십시오.

   Keep quiet while answering the questions.

7. 질문이 있을 때에는 손을 들고 감독관이 올 때까지 기다려 주십시오.

   When you have any questions, please raise your hand.

TOPIK Ⅱ 듣기(1번~50번)

※ [1~3] 다음을 듣고 가장 알맞은 그림 또는 그래프를 고르십시오. (각 2점)

1. ①

②

③

④

2. ①

②

③

④

3.

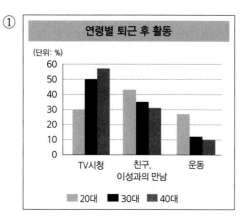

① 연령별 퇴근 후 활동
(단위: %)
20대 30대 40대

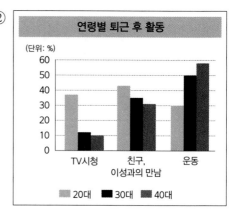

② 연령별 퇴근 후 활동
(단위: %)
20대 30대 40대

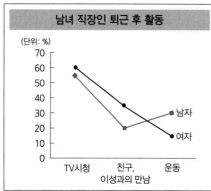

③ 남녀 직장인 퇴근 후 활동
(단위: %)

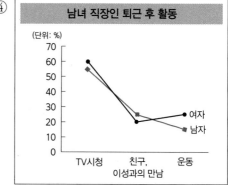

④ 남녀 직장인 퇴근 후 활동
(단위: %)

※ [4~8] 다음을 듣고 이어질 수 있는 말로 가장 알맞은 것을 고르십시오. (각 2점)

4. ① 표를 다시 확인해 볼게요.
② 미리 예약을 하는 게 좋아요.
③ 창가보다는 이곳에 앉을게요.
④ 다른 칸으로 가는 게 좋겠어요.

5. ① 사무실에 있을게요.
② 가격을 알아볼게요.
③ 그 정도면 적당해요.
④ 주문이 돼서 다행이에요.

6. ① 바꾸지 말 걸 그랬어.

② 수업을 듣기는 힘들겠다.

③ 이미 지난 학기에 들었어.

④ 그럼 이번에 같이 수업을 듣자.

7. ① 청소를 시작할게요.

② 얼룩을 닦고 올게요.

③ 걸레를 빨고 있을게요.

④ 이제는 깨끗한 것 같아요.

8. ① 택시를 타야겠어요.

② 회사 위치가 어떻게 돼요?

③ 신고서를 작성하려고 해요.

④ 지갑을 찾으면 알려 주세요.

※ [9~12] 다음을 듣고 여자가 이어서 할 행동으로 가장 알맞은 것을 고르십시오. (각 2점)

9. ① 사이트에서 가격을 비교한다.

② 사이트를 즐겨 찾기에 등록한다.

③ 가방에 대한 상품 평을 읽어 본다.

④ 가격 비교 사이트에 회원 가입을 한다.

10. ① 2차 면접 장소를 공지한다.

② 남자에게 이메일을 보낸다.

③ 서류 전형 합격자를 뽑는다.

④ 김 대리에게 명단을 보낸다.

11. ① 예약한 공항버스 표를 인쇄한다.

② 전철역 앞에서 공항버스를 탄다.

③ 공항까지 걸리는 시간을 확인한다.

④ 빠뜨린 짐이 없는지 먼저 확인한다.

12. ① 대여가 가능한 날짜를 확인해 본다.

② 남자가 대여할 책을 함께 찾아본다.

③ 남자가 대여할 책을 예약 신청해 준다.

④ 남자에게 도서 대여 예약 문자를 보낸다.

※　[13~16] 다음을 듣고 들은 내용과 같은 것을 고르십시오. (각 2점)

13. ① 여자는 채식을 해 본 적이 있다.

② 달걀을 먹는 채식주의자도 있다.

③ 남자와 여자는 채식을 하기로 했다.

④ 채식의 방법에는 한 가지 방법이 있다.

14. ① 올해 회사 워크숍은 회사에서 진행된다.

② 회사 워크숍은 해마다 진행되는 행사이다.

③ 장기자랑에 참가한 부서는 회식비를 받는다.

④ 이번 워크숍에는 사원들끼리 대화할 수 있다.

15. ① 요즘 점심값보다 비싼 커피가 많다.

② 기계가 고장 나면 무료로 수리를 해 준다.

③ 이 기계는 사무실에서만 사용이 가능하다.

④ 빌리는 사람이 커피 기계를 관리해야 한다.

16. ① 길에서 한복을 입은 사람은 쉽게 볼 수 없다.

② 한복이 놀이 문화가 되면서 전보다 자주 입게 되었다.

③ 한국에 놀러 온 외국인들은 한복을 입고 싶어 하지 않는다.

④ 지금도 사람들은 한복이 특별한 날에만 입는 옷이라고 본다.

※ [17~20] 다음을 듣고 남자의 중심 생각으로 가장 알맞은 것을 고르십시오. (각 2점)

17. ① 밥을 먹고 나서 물을 마셔야 한다.

② 습관을 고치는 일은 어려운 일이다.

③ 잘못된 식습관은 노력해서 바꿔야 한다.

④ 밥을 먹고 바로 물을 마시면 건강에 좋지 않다.

18. ① 자가용을 이용하면 교통비가 많이 든다.

② 대중교통을 이용하면 불편한 점이 있다.

③ 아침에 운전해서 오면 길이 많이 막힌다.

④ 출근 시간에는 대중교통을 이용하는 게 좋다.

19. ① 혼자 사는 것은 위험할 수도 있다.

② 앞으로 혼자 사는 사람이 더 증가할 것이다.

③ 안전하게 살기 위해 친구와 함께 살아야 한다.

④ 혼자 살면 좋은 점이 많으므로 혼자 사는 게 좋다.

20. ① 자원봉사에는 힘든 일만 있는 것은 아니다.

② 자원봉사는 자신의 재능대로 하는 것이 좋다.

③ 도움을 받는 입장에서 생각을 할 필요가 있다.

④ 전문적인 지식을 가진 사람들이 봉사를 해야 한다.

21. 남자의 중심 생각으로 가장 알맞은 것을 고르십시오.

　① 개인의 사생활은 보호받아야 한다.

　② SNS에 사진을 올리지 않는 게 좋다.

　③ SNS를 통해 친구들의 소식을 알 수 있다.

　④ SNS를 통한 사생활 노출을 조심해야 한다.

22. 들은 내용과 같은 것을 고르십시오.

　① 남자는 SNS를 하지 않는다.

　② 여자는 SNS에 사진을 올렸다.

　③ 여자는 SNS에서 친구를 찾았다.

　④ 남자는 사생활이 노출된 적이 있다.

23. 남자가 무엇을 하고 있는지 맞는 것을 고르십시오.

　① 이티켓 사용을 추천하고 있다.

　② 공항 이용 방법을 소개하고 있다.

　③ 비행기 표를 받는 방법을 알려 주고 있다.

　④ 비행기 표를 예약하는 방법을 설명하고 있다.

24. 들은 내용과 같은 것을 고르십시오.

　① 여자는 인터넷 면세점에서 물건을 구매했다.

　② 인터넷 면세점에서 이티켓을 이용할 수 있다.

　③ 이티켓은 공항에서 짐을 부칠 때 받을 수 있다.

　④ 비행기 표를 받기 전엔 인터넷 면세점을 이용할 수 없다.

※ [25~26] 다음을 듣고 물음에 답하십시오. (각 2점)

25. 남자의 중심 생각으로 가장 알맞은 것을 고르십시오.
① 요즘에 나오는 가요는 자극적이다.
② 옛날 가요의 가사는 전달력이 있다.
③ 옛날 가요는 요즘 가요와는 다른 매력이 있다.
④ 요즘 가요보다 오래된 가요의 장점이 더 많다.

26. 들은 내용과 같은 것을 고르십시오.
① 오래된 가요는 중독성이 있는 편이다.
② 옛날 가요의 가사를 바꿔서 다시 만들었다.
③ 기성세대보다 요즘 세대들의 반응이 더 좋다.
④ 요즘 세대들은 이 노래를 통해 향수를 느낀다.

※ [27~28] 다음을 듣고 물음에 답하십시오. (각 2점)

27. 남자가 말하는 의도로 알맞은 것을 고르십시오.
① 강아지를 돌봐 달라고 부탁하기 위해
② 애견 호텔의 필요성을 강조하기 위해
③ 애견 호텔에 대한 정보를 제공하기 위해
④ 애견 호텔 서비스에 대해 의논하기 위해

28. 들은 내용과 같은 것을 고르십시오.
① 남자는 이번에 외국으로 휴가를 가기로 했다.
② 여자는 휴가 때 친구에게 강아지를 맡기기로 했다.
③ 멀리서도 애견 호텔에 있는 강아지의 상태를 알 수 있다.
④ 강아지들은 애견 호텔에서는 불안해서 편하게 쉴 수 없다.

29. 남자가 누구인지 고르십시오.

① 채널 개발자

② 브이로그 운영자

③ 브이로그 구독자

④ 영상 편집 전문가

30. 들은 내용과 같은 것을 고르십시오.

① 남자는 처음부터 브이로그로 돈을 벌었다.

② 남자는 요즘 퇴근 후에 브이로그를 만든다.

③ 남자는 사람들과 소통하는 것에 재미를 느꼈다.

④ 브이로그는 유명인의 일상을 기록한 영상을 말한다.

※ [31~32] 다음을 듣고 물음에 답하십시오. (각 2점)

31. 남자의 중심 생각으로 가장 알맞은 것을 고르십시오.

① 전자 담배의 세금은 올리지 않아야 한다.

② 전자 담배를 피우는 사람들은 세금을 더 내야 한다.

③ 전자 담배 사용자의 대다수가 청소년이므로 큰 문제이다.

④ 담뱃값을 인상하는 대신 그 돈을 청소년 금연을 위해 사용해야 한다.

32. 남자의 태도로 가장 알맞은 것을 고르십시오.

① 실제적인 수치를 말하며 주장을 펼치고 있다.

② 대안을 제시하며 상대방의 의견에 반대하고 있다.

③ 상대방의 주장을 인정하며 타협점을 제시하고 있다.

④ 현재 상황을 비판하면서 상대방의 의견을 지지하고 있다.

※ **[33~34] 다음을 듣고 물음에 답하십시오. (각 2점)**

33. 무엇에 대한 내용인지 알맞은 것을 고르십시오.

① 처음의 중요성

② 좋은 부모의 조건

③ 부모 교육의 필요성

④ 실수가 끼치는 영향

34. 들은 내용과 같은 것을 고르십시오.

① 좋은 부모들은 모두 부모 교육을 받았다.

② 부모 교육은 자녀들과 함께 들을 수 있다.

③ 현명한 사람들도 자식을 키울 때 실수한다.

④ 경험이 많은 사람들은 실수를 잘 하지 않는다.

※ **[35~36] 다음을 듣고 물음에 답하십시오. (각 2점)**

35. 남자가 무엇을 하고 있는지 고르십시오.

① 건설 회사들의 성장 과정을 보고하고 있다.

② 공동체 마을 건설 사업 내용을 분석하고 있다.

③ 공동체 마을 건설 사업에 참여를 요청하고 있다.

④ 지역 경제 활성화 사업의 성과에 대해 평가하고 있다.

36. 들은 내용과 같은 것을 고르십시오.

① 참여 기업의 이미지가 나빠질 수 있으니 주의해야 한다.

② 공동체 마을 건설 사업은 세계적으로 비슷한 사례가 없다.

③ 4인 가구 맞춤 편의 시설이 갖춰진 마을을 건설할 것이다.

④ 정부는 지역 경제 활성화와 국내 경제 안정을 기대하고 있다.

37. 여자의 중심 생각으로 가장 알맞은 것을 고르십시오.

① 광합성 작용을 위해서 해조류는 꼭 필요한 존재이다.

② 다시마의 효용성을 분석하여 바다를 청정화해야 한다.

③ 깨끗한 지구를 위해 바다에 해조류를 많이 심어야 한다.

④ 해조류는 바다뿐만 아니라 지구 청정화에 큰 기여를 한다.

38. 들은 내용과 같은 것을 고르십시오.

① 해조류는 엽록소로 인해 광합성을 한다.

② 해조류는 바다와 땅의 숲을 이루는 식물이다.

③ 해조류는 산소를 흡수하여 이산화탄소를 만든다.

④ 다시마는 지구에서 발생하는 산소의 대부분을 만든다.

※ [39~40] 다음을 듣고 물음에 답하십시오. (각 2점)

39. 이 대화 뒤에 이어질 내용으로 가장 알맞은 것을 고르십시오.

① 물 절약을 위해 개발된 획기적인 과학 기술을 소개한다.

② 모두가 실천할 수 있는 물 절약 방법에 대해 설명하고 있다.

③ 해수를 이용하기 전에 환경 문제를 우선적으로 해결해야 한다.

④ 물 절약을 위한 대대적인 정책을 펼치는 국가가 늘어나고 있다.

40. 들은 내용과 같은 것을 고르십시오.

① 해수 담수화는 환경 개선을 위한 과학 기술이다.

② 해수 담수화는 현재 제한된 지역에서 사용되고 있다.

③ 최근에 약 14억 명의 인구가 물 부족으로 고생하고 있다.

④ 2050년도에는 약 50억 명 정도가 물 부족을 겪을 것이다.

41. 이 강연의 중심 내용으로 가장 알맞은 것을 고르십시오.

    ① 앞으로 갯벌에 다양한 생물이 필요하다.

    ② 갯벌은 생태계를 건강하게 하는 데 중요하다.

    ③ 환경을 깨끗하게 하기 위해 갯벌을 만들어야 한다.

    ④ 갯벌은 오염 물질을 자연 분해하는 기능이 필요하다.

42. 들은 내용과 같은 것을 고르십시오.

    ① 갯벌이 주기적으로 만들어지는 곳이 있다.

    ② 갯벌은 여러 가지 오염 물질을 깨끗하게 만든다.

    ③ 갯벌은 사람의 콩팥처럼 생겨서 자연의 콩팥이라 한다.

    ④ 육지에서 미생물에 의해 자연 분해된 것들이 갯벌에 모인다.

※ [43~44] 다음을 듣고 물음에 답하십시오. (각 2점)

43. 무엇에 대한 내용인지 알맞은 것을 고르십시오.

    ① 젊은이들은 드라마의 영향을 많이 받는 편이다.

    ② 요즘에는 의미가 담긴 선물이 인기를 끌고 있다.

    ③ 사랑을 고백할 때는 말보다는 꽃 선물이 더 낫다.

    ④ 앞으로 꽃말에 대한 관심은 계속 이어질 전망이다.

44. 사람들이 꽃말에 관심을 많이 갖는 이유로 맞는 것을 고르십시오.

    ① 꽃과 관련된 선물의 의미가 신선하기 때문에

    ② 기념일에 꽃으로 하는 고백이 성공률이 높다고 해서

    ③ 젊은 사람들이 연애에 관한 드라마를 좋아하기 때문에

    ④ 젊은 층에서 의미가 담긴 꽃으로 하는 고백이 인기를 끌어서

45. 들은 내용과 같은 것을 고르십시오.

① 자녀와의 대화를 위해서는 관심이 제일 중요하다.

② 자녀와의 공감을 위해 부모들의 적극적인 행동이 필요하다.

③ 자녀와의 소통을 방해하는 말은 감정적 대립을 유발할 수 있다.

④ 자녀와의 원활한 소통을 위해 자녀들의 요구를 들어주어야 한다.

46. 여자가 말하는 방식으로 알맞은 것을 고르십시오.

① 자녀와의 대화 유형을 분류하여 분석하고 있다.

② 자녀와의 대화에 대한 문제와 원인을 비판하고 있다.

③ 부모와 자녀 간 대화의 좋은 예를 들어 비교하고 있다.

④ 부모가 자녀와 대화를 잘하는 방법에 대해 설명하고 있다.

※ [47~48] 다음을 듣고 물음에 답하십시오. (각 2점)

47. 들은 내용과 같은 것을 고르십시오.

① 커피는 끓이는 온도가 달라도 맛이 같다.

② 커피는 취향에 따라 끓이는 온도가 다르다.

③ 풍부한 맛을 즐기려면 95℃에서 커피를 내려야 한다.

④ 100℃ 이하에서 커피를 내리면 카페인이 많이 나온다.

48. 남자가 말하는 방식으로 알맞은 것을 고르십시오.

① 커피 추출 연구소가 발표한 내용을 비판하고 있다.

② 취향에 따라 원두커피를 즐기는 방법에 대해 설명하고 있다.

③ 커피에 포함된 카페인 성분의 부작용에 대하여 분석하고 있다.

④ 높은 온도에서 커피를 끓이는 사람들에게 위험성을 알리고 있다.

49. 들은 내용과 같은 것을 고르십시오.

① 일본원숭이들은 원래 감자를 먹지 않았다.

② 극소수의 동물들은 화가 나면 상대를 공격한다.

③ '이모원숭이'는 다른 원숭이들에게 감자를 씻는 방법을 가르쳤다.

④ '이모원숭이' 사례를 통해 동물도 학습 능력이 있다는 것을 알 수 있다.

50. 남자가 말하는 방식으로 알맞은 것을 고르십시오.

① 동물이 감정과 생각을 가지지 않기를 희망하고 있다.

② 동물들의 감정에 대해 관심을 가질 것을 강조하고 있다.

③ 동물이 생각을 할 수 있는지를 예를 통해 설명하고 있다.

④ 사람들이 동물에게 느끼는 감정에 대하여 분석하고 있다.

TOPIK II 쓰기(51번~54번)

※ [51~52] 다음 글의 ⊙과 ⓒ에 알맞은 말을 각각 쓰시오. (각 10점)

51.

> ### 오픈 마켓을 개최합니다
>
> 옷, 신발, 가방, 전자 제품 등 모든 중고 물건을 판매합니다. 나에게는 불필요하지만 (⊙   ). 새것과 같은 제품을 저렴한 가격에 구매할 수 있는 기회입니다. 또한 버려질 물건을 활용하는 것이기 때문에 (ⓒ   ). 개최 시간과 장소는 다음을 참고하여 주십시오.
>
> - **개최 일시:** 2024. 10. 26 (토), 11:00~16:00
> - **개최 장소:** 문화 공원
> - **참여 대상:** 학생, 시민 누구나

52.

> 목표를 정할 때 (⊙   ). 지금 자신에게 가장 중요하고 필요한 것을 고려하여 한두 가지의 목표만 선택하는 것이 적당하다. 목표를 선택한 후에는 정해진 목표에 집중하는 것이 중요하다. 이처럼 목표를 이루는 데 있어 가장 중요한 것은 (ⓒ   ).

53. 다음은 20대 남녀 500명을 대상으로 직업을 선택할 때 중요하게 고려하는 요인이 무엇인지에 대한 설문 조사 자료이다. 이 내용을 200~300자로 쓰시오. 단, 글의 제목은 쓰지 마시오.

(30점)

항목	남자(%)
수입	32.8
안정성	26
적성·흥미	22.7
기타	18.5

항목	여자(%)
수입	29.3
안정성	26.4
적성·흥미	26.3
기타	18

54. 다음을 참고하여 600~700자로 글을 쓰시오. 단, 문제를 그대로 옮겨 쓰지 마시오. (50점)

과학의 발달은 장점과 단점을 모두 가지고 있습니다. 그중에서도 유전자 조작 식물, 인공 장기, 복제 생물과 같은 유전 공학 분야의 발달은 더욱 그러합니다. 유전 공학 발달이 가져오는 장점과 단점은 무엇이며, 우리가 유전 공학 연구에서 고려해야 할 점이 무엇인지에 대해 자신의 생각을 쓰십시오.

* 원고지 쓰기의 예

	머	리	는		언	제		감	는		것	이		좋	을	까	?		사
람	들	은		보	통		아	침	에		머	리	를		감	는	다	.	그

제1교시 듣기, 쓰기 시험이 끝났습니다. 제2교시는 읽기 시험입니다.

제8회 FiNAL 실전 모의고사

The 8th Final Actual Test

TOPIK II

| 2교시 | 읽기 |

수험번호 (Registration No.)	
이 름 (Name)	한국어 (Korean)	
	영 어 (English)	

유 의 사 항
Information

1. 시험 시작 지시가 있을 때까지 문제를 풀지 마십시오.

   Do not open the booklet until you are allowed to start.

2. 수험번호와 이름을 정확하게 적어 주십시오.

   Write your name and registration number on the answer sheet.

3. 답안지를 구기거나 훼손하지 마십시오.

   Do not fold the answer sheet; keep it clean.

4. 답안지의 이름, 수험번호 및 정답의 기입은 배부된 펜을 사용하여 주십시오.

   Use the given pen only.

5. 정답은 답안지에 정확하게 표시하여 주십시오.

   Mark your answer accurately and clearly on the answer sheet.

   marking example

6. 문제를 읽을 때에는 소리가 나지 않도록 하십시오.

   Keep quiet while answering the questions.

7. 질문이 있을 때에는 손을 들고 감독관이 올 때까지 기다려 주십시오.

   When you have any questions, please raise your hand.

TOPIK Ⅱ 읽기(1번~50번)

※ [1~2] ( )에 들어갈 말로 가장 알맞은 것을 고르십시오. (각 2점)

1. 정말 최선을 다 ( ) 더 이상 아쉬움은 없다.
   ① 했다가 　　　　　　　　　② 했건만
   ③ 했으므로 　　　　　　　　　④ 했거니와

2. 아무리 ( ) 건강을 위해서 아침을 꼭 먹는 것이 좋다.
   ① 바빠도 　　　　　　　　　② 바쁘나
   ③ 바쁘던데 　　　　　　　　　④ 바쁘거든

※ [3~4] 밑줄 친 부분과 의미가 가장 비슷한 것을 고르십시오. (각 2점)

3. 일하러 경주에 가는 김에 문화재와 유적지를 둘러보려고 한다.
   ① 갈 텐데 　　　　　　　　　② 가는 길에
   ③ 가는 바람에 　　　　　　　　　④ 가기가 무섭게

4. 오늘 우리 학교 야구팀이 결승전에서 연장전까지 갔지만 아쉽게도 지고 말았다.
   ① 져야 했다 　　　　　　　　　② 질 뻔했다
   ③ 지곤 했다 　　　　　　　　　④ 져 버렸다

※ [5~8] 다음은 무엇에 대한 글인지 고르십시오. (각 2점)

5.

> 부드러운 소가죽 제품!
> 굽이 높아도 운동화처럼, 사계절 편안하게!

① 구두　　　　② 장화　　　　③ 슬리퍼　　　　④ 운동화

6.

> **빠른 포장, 친절한 서비스!**
> 당신의 소중한 물건을 안전하게 옮겨 드립니다.
> ※ 피아노, 금고 등 무거운 물건은 추가 요금 있음.

① 관리실　　　　② 선물 가게　　　　③ 이삿짐센터　　　　④ 고객 지원 센터

7.

> **"엄마, 아빠, 책 읽고 싶어요."**
> 스스로 책을 찾아 읽는 아이!
> 독서 습관을 위한 새로운 독서 프로그램

① 교육 평가　　　　② 교육 소개　　　　③ 교육 교재　　　　④ 교육 시설

8.

> 바람이 많이 불고 쌀쌀한 날씨가 계속 이어지고 있습니다.
> 오늘은 올해 들어 일교차가 가장 큰 날이 되겠습니다.
> 감기에 걸리지 않도록 조심하십시오.

① 일기 예보　　　　② 예방 접종　　　　③ 건강 보험　　　　④ 태풍 주의보

[9~12] 다음 글 또는 그래프의 내용과 같은 것을 고르십시오. (각 2점)

9.

> ## '이효석 문학의 숲'에서 소설 속의 주인공이 되어 보세요
>
> - **입장료:** 일반 2,000원 / 단체 1,500원 / 지역 주민 1,000원
>   (단체: 20명 이상 동시 입장)
> - **이용 시간:** – 성수기(5월 ~ 9월): 오전 9시 ~ 오후 6시 30분
>   – 비수기(10월 ~ 4월): 오전 9시 ~ 오후 5시 30분
> - **휴관일:** 매주 월요일, 1월 1일, 설날, 추석
>
> ※ 숲속에 이효석의 소설 '메밀꽃 필 무렵'의 배경이 되는 시장과 등장인물을 그대로 재현했습니다.

① 문학의 숲은 연중무휴로 운영된다.

② 성수기에는 비수기보다 운영 시간이 길다.

③ 숲속에는 이효석이 살았던 집이 그대로 남아 있다.

④ 10명 이상 동시 입장하면 500원 할인받을 수 있다.

10.

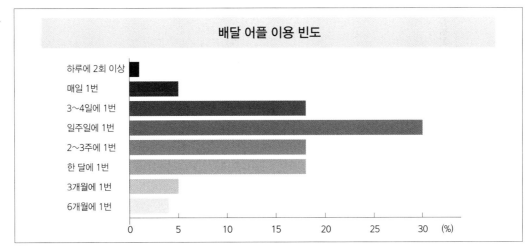

① 3~4일에 1번 이용하는 비율이 가장 많다.

② 6개월에 1번 이용하는 비율이 가장 적다.

③ 일주일에 1번 이상 이용하는 비율이 절반이 넘는다.

④ 매일 1번 이용하는 비율과 6개월에 1번 이용하는 비율이 같다.

11.

불황 속에서도 젊은 층에서 디저트 열풍이 불고 있다. 적지 않은 가격에도 불구하고 디저트 카페가 계속 확대되고 있는 것은 비교적 싼 가격에 고급스러움을 향유할 수 있는 물건이나 서비스를 즐기려는 사람이 늘고 있기 때문이다. 비싼 차와 비싼 집은 못 사더라도 일상에서 누릴 수 있는 작은 사치를 통해 행복을 느끼려고 하기 때문이다.

① 젊은 사람들은 적은 돈으로 사치를 누리고 싶어 한다.
② 디저트 가격이 싸기 때문에 디저트 열풍이 불고 있다.
③ 경제 상황이 좋아지면서 디저트 카페가 증가하고 있다.
④ 사람들은 비싼 차와 비싼 집으로 행복을 느끼려고 한다.

12.

클래식을 감상할 때는 몰입을 위해 곡이 완전히 끝난 후에 박수를 친다. 하지만 재즈를 감상할 때는 멤버 한 사람씩 즉흥 연주가 끝날 때마다 박수를 친다. 그런데 상당수의 관객은 언제 박수를 치는지 몰라 남이 박수를 칠 때 따라 하는 경우가 많다. 그래서 재즈 연주자들은 관객의 박수를 듣고 관객이 재즈에 익숙한지 파악한다고 한다.

① 박수 소리가 클수록 관객의 이해도가 높다.
② 박수를 쳐야 할 때를 잘 모르는 관객이 많다.
③ 관객들은 클래식 곡 연주 중간에 박수를 친다.
④ 재즈를 감상할 때는 다른 사람과 함께 박수를 쳐야 한다.

※ **[13~15] 다음을 순서에 맞게 배열한 것을 고르십시오. (각 2점)**

13.

> (가) 기존에도 평면 사진이나 동영상으로 이러한 것을 볼 수는 있었다.
>
> (나) 즉, 기구를 착용하면 두뇌가 실제로 그 현장에서 직접 보는 것처럼 느끼는 것이다.
>
> (다) 하지만 가상 현실은 3D 입체 영상을 통해 생생히 경험할 수 있다는 점이 다르다.
>
> (라) 가상 현실이란 생생한 이미지, 영상, 음성을 통해 마치 현실인 것처럼 느끼게 해 주는 기술이다.

① (가)-(나)-(다)-(라)   ② (가)-(다)-(나)-(라)
③ (라)-(가)-(나)-(다)   ④ (라)-(나)-(가)-(다)

14.

> (가) 최근 경찰이 음주 운전 특별 단속을 실시했더니 놀라운 결과가 나왔다.
>
> (나) 오후 1시에서 4시 사이에 음주 운전으로 적발된 사람이 가장 많았기 때문이다.
>
> (다) 다시 말해 음주 운전으로 적발된 운전자 중 70%가 낮술 운전을 했다는 것이다.
>
> (라) 경찰은 낮술 운전의 위험성에 대한 인식을 높일 수 있는 대책 마련에 힘쓰고 있다.

① (가)-(나)-(다)-(라)   ② (가)-(라)-(다)-(나)
③ (다)-(가)-(라)-(나)   ④ (다)-(라)-(나)-(가)

15.

> (가) 음식을 편식하지 않고 영양을 골고루 섭취해야 몸이 건강하다.
>
> (나) 정보도 마찬가지로 한쪽으로 치우치지 않도록 다양하게 습득해야 한다.
>
> (다) 그러므로 인터넷보다는 종이 신문을 통해 균형 잡힌 정보를 접하는 것이 좋다.
>
> (라) 인터넷으로 뉴스를 보면 관심 분야에 대한 기사, 포털 사이트에 자주 노출되는 기사만을 접하게 된다.

① (가)-(나)-(라)-(다)　　　　② (가)-(다)-(나)-(라)

③ (라)-(가)-(다)-(나)　　　　④ (라)-(나)-(가)-(다)

※ [16~18] (　)에 들어갈 말로 가장 알맞은 것을 고르십시오. (각 2점)

16.

> 휴대 전화가 (　　　　) 어떻게 해야 하는가? 그럴 때 바로 서비스 센터에 갈 수 없다면 통에 쌀을 담은 후 휴대 전화를 넣어 두면 된다. 쌀이 물기를 흡수해 휴대 전화를 보호해 주기 때문이다. 물론 물기를 흡수한 쌀은 불어서 먹을 수 없게 되기 때문에 쌀통에 바로 휴대 전화를 넣는 것은 추천하지 않는다.

① 물에 빠졌을 때

② 배터리가 없을 때

③ 전원이 안 켜질 때

④ 떨어져서 깨졌을 때

17.

> 생명을 절대 가치로 보는 종교계와 인간답게 고통 없이 삶을 정리하고 싶어 하는 일반인들 사이의 괴리는 어디서나 존재한다. 일부 국가에서는 안락사를 허용하고 있지만 아직 안락사를 살인으로 보는 나라가 많다. 따라서 '자살을 도와주는 것이 의료인가'에 대한 논란은 여전하다. 하지만 회생 불가능한 중증 환자에 대한 치료 중단은 (   ) 수용할 때도 됐다.

① 인간의 생명 보호를 위해서

② 인간의 수명 연장을 위해서

③ 인간의 존엄성을 지켜 주기 위해서

④ 인간의 종교적 신념을 지켜 주기 위해서

18.

> 해외 주요 박물관 중에는 '셀카봉 금지' 정책을 시행하는 곳이 있다. 셀카봉은 휴대 전화를 긴 막대기에 연결해 혼자서도 넓은 풍경을 배경으로 사진을 찍을 수 있게 만든 도구이다. 요즘 여행객들의 필수 아이템으로 떠올랐지만 박물관에선 (   ). 유물이나 전시품을 훼손할 수 있다는 우려와 감상 분위기를 어수선하게 만든다는 관람객의 불만이 주된 이유다.

① 민폐 아이템으로 등극했다

② 골칫덩어리 해결사로 떠올랐다

③ 없어도 되는 아이템으로 전락했다

④ 있으나 마나 한 물건으로 추락했다

※ [19~20] 다음을 읽고 물음에 답하십시오. (각 2점)

> 서울식물원에서는 식물원에서 기르는 식물들의 씨앗을 대여해 주는 프로그램을 운영하고 있다. 도서관에서 책을 빌리는 것처럼, 식물원에서 씨앗을 빌린 뒤에 반납하는 방식이다. 빌린 씨앗을 재배한 뒤에 수확한 씨앗을 반납하면 되는데, 씨앗 반납은 의무 사항은 아니다. (   ) 반납 실적에 따라 추가로 빌릴 수 있는 씨앗의 종류와 개수가 달라진다. 만약 수확에 실패했다면 씨앗을 재배한 과정을 기록한 사진 자료를 제출하면 되고, 빌린 것과 다른 종류 씨앗을 반납해도 된다.

19. (   )에 들어갈 말로 가장 알맞은 것을 고르십시오.

① 결국   ② 다만   ③ 비로소   ④ 그다지

20. 윗글의 주제로 가장 알맞은 것을 고르십시오.

① 책 대신 씨앗을 빌릴 수 있어서 씨앗 도서관이라 불린다.

② 씨앗을 빌리고 나면 재배 후 반드시 수확에 성공해야 한다.

③ 서울식물원에서 씨앗을 빌린 뒤에 반납하면 추가로 대여 가능하다.

④ 빌린 씨앗과 함께 재배 과정을 기록한 사진 자료를 함께 제출해야 한다.

※ [21~22] 다음을 읽고 물음에 답하십시오. (각 2점)

> (   )라는 말이 있다. 높은 곳에 이르기 위해서는 낮은 곳부터 차근차근 밟아야 하듯이 일의 순서를 생각하지 않으면 목표한 것을 얻기가 어려운 법이다. 그 어떤 위대한 인물도 단번에 높은 곳으로 뛰어오른 적은 없다. 공부도 마찬가지다. 기본 원리를 익히지 않고서 문제부터 해결하려는 조급한 마음을 버려야 한다. 기초부터 탄탄히 다져야만 문제 앞에서 당당해질 수 있다.

21. (   )에 들어갈 말로 가장 알맞은 것을 고르십시오.

① 울며 겨자 먹기   ② 같은 값이면 다홍치마

③ 천 리 길도 한 걸음부터   ④ 구슬이 서 말이라도 꿰어야 보배

22. 윗글의 내용과 같은 것을 고르십시오.

① 기본 원리부터 차근차근 공부해야 한다.

② 일의 순서를 먼저 생각하지 않고 일해야 한다.

③ 좋은 성적을 받으려면 문제를 많이 풀어야 한다.

④ 조급한 마음을 버려야 문제를 빨리 해결할 수 있다.

※ [23~24] 다음을 읽고 물음에 답하십시오. (각 2점)

> 오늘도 내 휴대 전화에선 휘파람 소리가 들린다. 벨 소리로 정할 만큼 난 휘파람 소리가 좋다. 휘파람 소리를 들으면 나도 모르게 얼굴에 미소가 떠오르고 가슴이 콩닥거린다. 거기엔 내 첫사랑이 녹아 있기 때문이다. 25년 전, 나를 따라다니던 수줍음 많던 소년이 있었다. 어느 날, 소년이 물었다.
>
> "혹시 휘파람 소리 못 들었니?"
>
> 내가 못 들었다고 하자 그 소년은 "매일 저녁 일곱 시에 네 창문 밖에서 불었는데." 하고 말했다.
>
> 그 뒤 신기한 일이 일어났다. 한 번도 들린 적 없던 휘파람 소리가 귓가에 선명하게 울렸다.
>
> "휘익~ 휘익~."
>
> 어김없이 저녁 일곱 시면 그 소리가 들렸다. 시간이 지나면서 나는 점점 그 소리가 들리기를 기다리게 되었고, 지금 나는 휘파람을 불던 그 소년과 결혼해 알콩달콩 살고 있다.

23. 밑줄 친 부분에 나타난 나의 심정으로 알맞은 것을 고르십시오.

① 놀라다   ② 설레다

③ 긴장하다   ④ 부끄럽다

24. 윗글의 내용과 같은 것을 고르십시오.

① 나는 첫사랑인 남자와 결혼하고 싶다.

② 지금도 저녁 7시면 휘파람 소리가 들린다.

③ 내 휴대 전화 벨 소리는 '휘파람'이라는 노래다.

④ 25년 전 휘파람을 불던 소년은 나의 첫사랑이다.

※ [25~27] 다음 신문 기사의 제목을 가장 잘 설명한 것을 고르십시오. (각 2점)

25.
제주 한라산에 1,400㎜ '물 폭탄', 하늘길도 바닷길도 묶였다

① 제주 한라산에 비가 많이 와서 하늘과 바다가 안 보인다.

② 제주 한라산에 비가 많이 와서 비행기와 배가 다닐 수 없다.

③ 제주 한라산에 비가 많이 와서 하늘과 바다가 구별되지 않는다.

④ 제주 한라산에 비가 많이 왔기 때문에 비행기든 배든 같은 시간이 걸린다.

26.
세계 각국 영화의 신세계로 출항 준비 완료, 더위 날려 줄 영화 축제 기대

① 세계 각국에서 열리는 여름 영화 축제가 기대된다.

② 배를 타고 영화 축제로 유명한 세계 여러 나라로 떠날 것이다.

③ 세계 각국의 영화를 볼 수 있는 영화 축제가 곧 시작될 것이다.

④ 여름에 열리는 영화 축제를 보기 위해 해외로 떠날 준비가 되었다.

27.
용돈 연금, 전 세계 유례없는 거북이 개혁

① 용돈을 연금으로 전환하기 위해 개혁하고 있다.

② 용돈으로 지급되는 연금은 전 세계 어디에서도 볼 수 없다.

③ 용돈밖에 안 될 정도로 적은 연금을 개혁하는 속도가 느리다.

④ 용돈을 마련할 수 있는 연금 제도가 빠른 속도로 변화하고 있다.

※ [28~31] (　)에 들어갈 말로 가장 알맞은 것을 고르십시오. (각 2점)

28.

　　산수화는 자연을 그린 그림인데 서양의 풍경화처럼 자연의 객관적인 재현을 목적으로 하지는 않는다. 마음속의 산수, 즉 실제로 존재하지는 않지만 이상향의 자연 풍경을 그리는 것이다. 실제의 경치를 그리더라도 시각적인 사실 묘사가 아니라 경치에 비추어 자신의 마음을 표현한다. 그래서 산수화에는 평범한 경치가 아닌 빼어나게 아름다운 비경이 많이 보인다. 따라서 산수화는 (　　　　　)이라는 점에서 풍경화와 구별되는 양식이다.

① 경치를 그대로 옮긴 그림

② 마음을 빗대어 표현한 그림

③ 사실적으로 똑같이 그린 그림

④ 아름다운 자연의 모습을 담은 그림

29.

　　개에게 초콜릿을 먹이면 위험하다. 얼마나 위험한지는 (　　　　　) 다르다. 초콜릿은 테오브로민이라고 불리는 화학 물질을 함유하는데, 인간과 달리 개는 카페인과 비슷한 테오브로민을 효율적으로 소화시킬 수 없다. 특히 화이트 초콜릿보다 다크 초콜릿이 테오브로민 수치가 높아서 더 위험하다. 적은 양의 초콜릿이라도 개에게 배탈과 구토를 일으킬 수 있고, 많은 양을 먹으면 내출혈과 심장마비까지 생길 수 있다.

① 개의 건강과 증상에 따라

② 개의 종류와 소화 능력에 따라

③ 초콜릿의 종류와 먹은 양에 따라

④ 초콜릿의 원료와 만드는 방법에 따라

30.

임금 피크제란 일정 연령이 되면 임금을 삭감하거나 동결하는 대신, 정년을 연장하는 제도를 말한다. 이 제도를 도입하면 근로자는 일찍 퇴직하는 것을 피할 수 있다. 하지만 임금 피크제를 선택하는 비율이 업종에 따라 다른 것으로 나타났다. 임금 피크제 전환 후에도 직책 변경 없이 하던 일을 계속 할 수 있는 생산직 근로자와 달리, 사무직 근로자들은 (   ) 임금 피크제 선택을 꺼리는 것으로 나타났다.

① 퇴직에 대한 두려움 때문에

② 업무에 대한 부담감으로 인해

③ 주변 사람들의 차가운 시선 때문에

④ 기존 상하 관계가 바뀌는 부담감으로 인해

31.

어떤 상품을 고객의 인기를 얻어 비싼 값에 많이 팔리게 하기 위해서는 그 내용보다는 눈에 보이는 겉의 디자인, 상표, 포장 등을 훨씬 아름답게 만들도록 힘써야 한다. 인간도 마찬가지다. 지금은 '자기 자신을 값비싸게 팔 수 있는 기술'이 중시되는 사회이다. 화장품이나 약품 등의 상품이 그 자체의 기능적 가치보다 용기의 디자인이나 화려한 광고로 소비자들의 마음을 잡는 것처럼, 인간의 가치도 (   )에 따라 좌우된다.

① 인간성이 얼마나 좋은가

② 내면이 어떻게 채워졌느냐

③ 남에게 얼마나 아름답게 보이는가

④ 성장하기 위해 얼마나 노력했느냐

※ [32~34] 다음을 읽고 글의 내용과 같은 것을 고르십시오. (각 2점)

32.

백열전구는 발광 효율이 아주 낮고 안에 있는 필라멘트가 끊어지기 쉬워 수명도 짧다. 발광 효율이란 소비 전력이 빛으로 변환되는 비율을 말한다. 양 끝에 필라멘트가 있는 형광등은 백열전구가 소비하는 전력의 30% 정도로 같은 밝기의 빛을 낼 수 있다. 또한 백열전구에 비해 적외선 방출도 적고 수명도 5~6배 정도 길다. 반면에 LED는 필라멘트와 같은 가열체가 없으므로 형광등에 비해 수명이 길고 에너지 손실이 적다.

① 수명이 가장 긴 것은 형광등이다.

② 필라멘트가 없는 것은 LED뿐이다.

③ 전력 소비가 가장 많은 것은 LED다.

④ 백열전구는 형광등의 30% 전력을 소비한다.

33.

벌에 물렸을 때 대개 물린 부위 주변이 부으면서 통증이 나타난다. 벌 독이 전신에 퍼지는 것을 막으려면 재빨리 지혈대를 감아야 한다. 벌에 쏘인 부위가 눈으로 확인된다면 신용 카드같이 얇고 단단한 물건을 이용해 피부를 밀어내듯 긁어서 침을 빼 주는 것이 좋다. 손으로 무리하게 제거하려고 하면 침이 피부 속으로 더 깊이 박힐 수 있고 온몸에 독이 퍼질 수 있다. 벌침을 제거한 후에는 얼음찜질을 해 주는 것이 좋다.

① 벌에 쏘이면 병원에 가는 것이 좋다.

② 벌에 물렸을 때 도구를 이용하면 좋다.

③ 벌에 물리면 손으로 긁어서 침을 뺀다.

④ 벌에 쏘였을 때 침을 건드리면 안 된다.

34.

> 탱고는 아르헨티나의 하층민에 의해 시작된 것으로 그들의 고단한 삶을 달래 주는 춤이었다. 당시 아르헨티나의 지배 계급은 탱고를 '부둣가에서나 추는 천박한 춤'이라고 멸시했지만 특유의 전염성으로 이민자들을 통해 유럽으로 번져 나갔다. 20세기에 유럽에서 탱고가 전성기를 누리자 아르헨티나의 주류 엘리트들도 차츰 탱고를 배우기 시작했다. 탱고는 현재 아르헨티나의 주요한 관광 자원이 되었다.

① 탱고는 20세기에 유럽에서 크게 유행했다.

② 초기의 탱고는 아르헨티나의 엘리트들이 즐기는 춤이었다.

③ 아르헨티나 사람들은 유럽에 탱고를 적극적으로 전파했다.

④ 유럽 사람들은 전염병과 함께 탱고를 피해야 하는 것으로 여겼다.

※ [35~38] 다음을 읽고 글의 주제로 가장 알맞은 것을 고르십시오. (각 2점)

35.

> 한국 콘텐츠가 지속적인 인기를 끌기 위해서는 콘텐츠 자체의 경쟁력을 계속해서 높여야 한다. 요즘 전 세계적으로 인기 있는 한국 콘텐츠가 늘어났지만 이를 유지하기 위해서는 많은 노력이 필요하다. 문화 상품은 유행과 비슷해서 끊임없이 새로운 트렌드를 창출해야 살아남을 수 있기 때문이다. 현재 인기 있는 내용만을 반복적으로 생산하면서 눈앞의 이익만을 좇을 것이 아니라, 해외 활로 확장과 함께 콘텐츠 다양화 전략을 고민하여 장기 계획을 세워야 한다.

① 문화 콘텐츠 개발보다 한국 제품의 개발이 시급하다.

② 한국 콘텐츠의 지속적인 성장을 위한 장기적인 노력이 필요하다.

③ 한국 콘텐츠가 지속적인 인기를 끌기 위해서는 유행을 잘 파악해야 한다.

④ 해외 활로를 확장하지 않아도 콘텐츠의 가치가 높다면 인기를 끌 수 있다.

36.

　　일에서 벗어나 스트레스 없이 매일 생활하면 얼마나 좋을까? 문득 이런 생각을 떠올려 본 사람들이 있을 것이다. 그런데 실직 상태가 길어지면 부정적인 영향을 줄 수 있다는 연구 결과가 나와 관심이 쏠리고 있다. 연구 결과에 따르면, 실직 기간이 긴 남녀 대상자들은 '친화성'이 이전보다 떨어지는 것으로 나타났다. 그리고 실직 상태가 길어져서 부정적인 생각에 젖어 들게 되면 재취업하기 어려운 악순환에 빠지게 되는 것으로 나타났다.

① 일에서 벗어나고 싶어 하는 사람이 많다.

② 쉬는 기간이 길수록 정신 건강에 악영향을 끼친다.

③ 실직 기간은 정신 건강과 아무런 상관관계가 없다.

④ 쉬었다가 다시 일을 시작하면 업무 효율이 떨어진다.

37.

　　최근 젊은 나이에도 불구하고 노안으로 불편함을 느끼는 사람이 많다. 통계청 자료에 따르면 30~40대의 젊은 연령층에서 노안, 백내장 환자가 계속 증가하고 있다. 한 번 떨어진 시력은 수술 이외의 방법으로는 회복하기 힘들기 때문에 평소 눈 건강에 신경을 써야 한다. 가까운 곳, 먼 곳을 번갈아 바라보면서 초점을 맞추는 습관을 갖고 눈을 자주 쉬어 주면 노안 예방을 할 수 있을 뿐만 아니라 동시에 작업 능률을 높일 수 있다.

① 떨어진 시력은 습관 개선을 통해 회복할 수 있다.

② 가까운 곳보다 먼 곳을 보는 것이 눈 건강에 좋다.

③ 젊은 사람도 노안을 예방하기 위해 노력해야 한다.

④ 젊을 때 눈 건강에 신경을 쓰면 나이가 들어서 노안을 예방할 수 있다.

38.

산과 바다 중 어디로 여름휴가를 가는 것이 좋을까? 만약 무릎이 좋지 않은 사람이라면 바닷가가 최상의 휴가지이다. 무더위에 달궈진 백사장에서 뜨거워진 모래를 덮고 10~15분 정도 있는 것만으로도 혈액 순환이 원활해져서 근육과 관절이 이완된다. 또한 푹신한 모래사장에서 걸으면 무릎에 가해지는 충격을 줄일 수 있다. 해수욕도 관절에 좋다. 바닷물에는 칼슘, 마그네슘, 칼륨 등 각종 미네랄이 풍부해 신진대사가 촉진된다.

① 여름철 가장 인기가 많은 휴가지는 산과 바다이다.

② 무릎이 아픈 사람은 바닷가로 휴가를 가는 것이 좋다.

③ 모래사장을 걸음으로써 혈액 순환을 촉진시킬 수 있다.

④ 모래찜질을 위해서 산보다 바다로 여름휴가를 가야 한다.

※ [39~41] 주어진 문장이 들어갈 곳으로 가장 알맞은 것을 고르십시오. (각 2점)

39.

두통을 자주 겪는 사람들은 보통 통증을 참지 않고 진통제에 손을 뻗는다. (㉠) 하지만 진통제를 자주 먹으면 오히려 약 때문에 더 심한 두통에 시달릴 수 있으므로 주의해야 한다. (㉡) 약을 먹어도 증상이 나아지지 않는다. (㉢) 그리고 일상생활을 못할 정도로 심한 두통이 2~3일에 한 번씩 나타나기 시작한다. (㉣) 또한 두통과 함께 구토, 불안, 초조, 우울 같은 증상이 나타날 수도 있다.

───────〈 보   기 〉───────

약물 과용으로 인해 두통이 생기면 다음과 같은 증상이 나타난다.

① ㉠   ② ㉡   ③ ㉢   ④ ㉣

40.

온라인 동영상 서비스(OTT)의 인기로 인해 방송을 자막과 함께 보는 시청 습관이 자연스럽게 자리 잡았다. (㉠) 한국어 자막이 더 이상 번역을 위한 도구로만 인식되지 않게 된 것이다. (㉡) 하지만 자막을 통해 정확한 정보를 전달할 수 있다는 점에서 시청자의 호응을 얻고 있다. (㉢) 또한 시끄러운 환경에서도 쉽게 집중할 수 있으며, 청각 장애인의 접근성을 높인다는 장점도 있다. (㉣) 앞으로도 온라인 동영상 서비스가 바꾸어 놓은 시청 습관이 방송 표준에 많은 영향을 끼칠 것으로 보인다.

〈 보 기 〉

물론 자막이 화면을 가린다는 불편함을 호소하는 사람들도 있다.

① ㉠   ② ㉡   ③ ㉢   ④ ㉣

41.

(㉠) 정전기가 생기는 이유는 마찰 때문이다. (㉡) 건조한 겨울철에 털이 많은 스웨터를 벗을 때나 금속으로 된 문고리를 잡다가 전기가 통한 적이 있을 것이다. (㉢) 그때마다 우리 몸과 물체가 전자를 주고받으며 몸과 물체에 조금씩 전기가 저장된다. (㉣) 한도 이상 전기가 쌓였을 때 적절한 유도체에 닿으면 그동안 쌓았던 전기가 순식간에 불꽃을 튀기며 이동하는데, 이것이 바로 정전기다.

〈 보 기 〉

이렇게 생활하면서 주변의 물체와 접촉하면 마찰이 일어나기 마련이다.

① ㉠   ② ㉡   ③ ㉢   ④ ㉣

성운은 흐르는 강물을 하염없이 바라보고 또 바라보았다. 10년 전 아버지가 돌아가신 후에 처음으로 찾아온 고향이었다. 강을 바라보는 그의 마음은 서글펐다. 그는 그동안 성공을 향해 앞만 보고 열심히 달렸다. 그러다 어느 날 문득 일만 하는 일벌레가 되어 있는 자신을 발견하고 무작정 여행을 떠났다. 정신을 차려 보니 자신이 어릴 적 놀던 강가에 앉아 있었다. 오늘 성운은 아버지가 너무 그리웠다.

성운의 아버지는 농사꾼으로 일생을 보냈다. 그는 남의 논밭을 빌려 농사를 지어 가난한 삶을 살면서도 성운에게 공부를 가르치려는 희망으로 힘든 줄을 모르고 살았다. 성운이 대학교를 졸업하고 작은 회사의 입사 시험에 합격했을 때 성운의 아버지는 자기 아들이 무슨 큰 성공이나 한 것같이 여기며 어깨를 으쓱해했다.

성운은 소매를 걷고 팔에 물을 적셔 보고 물을 만지기도 하고 얼굴에 물을 끼얹기도 했다. 조용히 흐르는 물소리가 아버지의 따뜻한 음성같이 느껴졌다. 성운의 눈에서 굵은 눈물방울이 뚝 떨어졌다.

조명희 〈낙동강〉

42. 밑줄 친 부분에 나타난 아버지의 심정으로 알맞은 것을 고르십시오.

① 당황스럽다 　　　　　　　　② 고통스럽다

③ 자랑스럽다 　　　　　　　　④ 후회스럽다

43. 윗글의 내용으로 알 수 있는 것을 고르십시오.

① 성운은 그동안 일을 아주 열심히 했다.

② 성운은 아버지가 그리워서 여행을 떠났다.

③ 성운은 오래전부터 계획했던 여행을 하고 있다.

④ 성운은 아버지가 돌아가신 후 자주 고향을 찾아왔다.

※ [44~45] 다음을 읽고 물음에 답하십시오. (각 2점)

유통 기한 대신 소비 기한을 제품에 표시해야 하는 '소비 기한 표시제'가 시행되었다. 유통 기한은 제품을 제조한 날짜로부터 소비자에게 유통과 판매가 허용되는 기한을 의미하는 반면, 소비 기한은 표시된 보관 조건을 준수한다면 안전하게 섭취 가능한 기한을 의미한다. 유통 기한은 영업자 중심의 표기 방식이기 때문에 기한이 경과해도 (   ), 소비자는 제품을 섭취해도 되는지 판단하기 어려워 유통 기한을 폐기 시점으로 인식하는 경우가 많았기 때문이다. 소비 기한 표시제의 도입으로 소비자들에게 안전한 식품 섭취 기준을 명확히 제시하는 한편, 식량 폐기물을 감소할 수 있을 것으로 기대된다.

45. (   )에 들어갈 말로 가장 알맞은 것을 고르십시오.

① 바로 폐기해야 하는데

② 상관없이 소비 가능하지만

③ 일정 기간 섭취가 가능하지만

④ 안전한 섭취 기간을 알 수 있지만

44. 윗글의 주제로 가장 알맞은 것을 고르십시오.

① 유통 기한 대신 소비 기한을 표시해야 한다.

② 유통 기한은 영업자 중심의 표기법이라는 문제가 있다.

③ 소비 기한은 보관 조건과 상관 없이 섭취 가능한 기간이다.

④ 소비 기한 표시제의 도입으로 소비자의 편의가 높아질 것이다.

뇌가 크면 지능이 더 높을까? 뇌의 크기는 보통 무게로 나타낸다. 지금까지 알려진 사람의 뇌 가운데 가장 작은 것은 0.45kg, 가장 큰 뇌는 2.3kg인데 둘 다 지능은 보통이었다. 동물 중에서는 고래의 뇌가 5~8kg 정도로 가장 크지만, 인간보다는 지능이 훨씬 낮다. 그렇다면 뇌의 크기보다 뇌의 비율이 지능과 더 관계가 깊은 것은 아닐까? 사람의 뇌가 몸에서 차지하는 비율은 약 50분의 1로 다른 동물들보다 비율이 높은 편이다. 이 때문에 상대적인 뇌의 크기와 지능의 연관성에 주목한 주장이 많았다. 하지만 이 또한 사실은 아니다. 몸에 비해 머리가 큰 동물이라고 해서 똑똑하다는 근거는 없다. 따라서 뇌의 크기나 비율 등 단 하나의 기준만으로 지능과의 연관성을 찾기는 어려워 보인다.

46. 윗글에 나타난 필자의 태도로 가장 알맞은 것을 고르십시오.

① 뇌의 비율이 지능과 관련이 있음을 비교하며 논한다.

② 뇌의 크기나 비율이 지능과의 비례한다는 것을 부정한다.

③ 사람의 뇌 비율이 동물 중에 가장 크다는 점에 반신반의한다.

④ 사람의 지능 발전 과정을 다른 동물의 진화 과정으로 풍자한다.

47. 윗글의 내용과 같은 것을 고르십시오.

① 뇌의 크기가 가장 작은 사람은 지능이 낮았다.

② 뇌가 차지하는 비율이 높으면 지능이 높다는 근거는 희박하다.

③ 사람의 뇌가 몸에서 차지하는 비율은 상대적으로 낮은 편이다.

④ 지구에 있는 동물 중에서 뇌의 비율이 가장 큰 동물은 고래이다.

※ **[48~50] 다음을 읽고 물음에 답하십시오. (각 2점)**

> 　2023년 6월부터 법률, 행정 등 여러 분야에서 나이 기준을 만 나이로 통일하는 '만 나이 통일법'이 제정되었다. 일상생활에서는 소위 한국 나이라고 부르는 '세는 나이'를 사용하지만, 대부분의 금융·법의 영역에서는 '만 나이'를 사용하고, 일부 법률에서는 현재 연도에서 출생 연도를 뺀 나이인 '연 나이'를 사용하면서 나이 해석에 각종 혼란이 있었기 때문이다. '만 나이 통일법'이 제정됨으로 인해 별도의 특별한 규정이 없으면 법률, 계약, 공문서 등에 표시된 나이를 만 나이로 해석하는 원칙이 확립되면서 불필요한 법적 다툼이 해소될 것으로 전망된다. 다만 대부분의 법률은 이전부터 만 나이를 주로 사용해 온 데다가, 군 입대나 초등학교 입학 나이 등은 (　　　　　) 계속해서 연 나이를 기준으로 한다. 그러므로 실생활에서 만 나이로 통일되었음을 체감할 일은 많지 않아 보인다.

48. 윗글을 쓴 목적으로 가장 알맞은 것을 고르십시오.

　① 만 나이 통일법의 도입을 반대하기 위해서

　② 만 나이 통일법의 필요성을 강조하기 위해서

　③ 만 나이 통일법 도입의 문제점을 지적하기 위해

　④ 만 나이 통일법의 제정 목적과 전망을 알리기 위해

49. (　　　)에 들어갈 말로 가장 알맞은 것을 고르십시오.

　① 기존 방식에 문제가 있어서

　② 여러 현실적인 상황으로 인해

　③ 만 나이 통일법의 제정으로 인해

　④ 지금까지 만 나이를 사용해 왔으므로

50. 윗글의 내용과 같은 것을 고르십시오.

　① 만 나이 통일법으로 불필요한 법적 다툼이 해소될지 의심스럽다.

　② 그동안 세 가지의 나이 기준이 존재해서 나이 해석에 혼란이 있었다.

　③ 만 나이 통일법의 제정 이후 모든 분야에서 만 나이 하나만 사용한다.

　④ 별도의 특별한 규정이 있어도 법률, 계약 등에서 나이를 만 나이로 해석한다.

제9회 FiNAL 실전 모의고사

The 9th Final Actual Test

TOPIK II

1교시	듣기, 쓰기

수험번호 (Registration No.)	
이 름 (Name) 한국어 (Korean)	
영 어 (English)	

유 의 사 항
Information

1. 시험 시작 지시가 있을 때까지 문제를 풀지 마십시오.

   Do not open the booklet until you are allowed to start.

2. 수험번호와 이름을 정확하게 적어 주십시오.

   Write your name and registration number on the answer sheet.

3. 답안지를 구기거나 훼손하지 마십시오.

   Do not fold the answer sheet; keep it clean.

4. 답안지의 이름, 수험번호 및 정답의 기입은 배부된 펜을 사용하여 주십시오.

   Use the given pen only.

5. 정답은 답안지에 정확하게 표시하여 주십시오.

   Mark your answer accurately and clearly on the answer sheet.

6. 문제를 읽을 때에는 소리가 나지 않도록 하십시오.

   Keep quiet while answering the questions.

7. 질문이 있을 때에는 손을 들고 감독관이 올 때까지 기다려 주십시오.

   When you have any questions, please raise your hand.

TOPIK Ⅱ 듣기(1번~50번)

※ [1~3] 다음을 듣고 가장 알맞은 그림 또는 그래프를 고르십시오. (각 2점)

1. ①

②

③

④

2. ①

②

③

④

3.

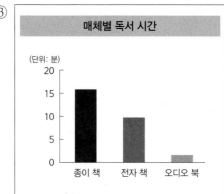

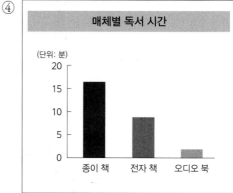

※　[4~8] 다음을 듣고 이어질 수 있는 말로 가장 알맞은 것을 고르십시오. (각 2점)

4.　① 언어가 다양해서 좋았어요.

　　② 저는 이해하기 쉽더라고요.

　　③ 다음에는 다양한 언어로 안내해요.

　　④ 그러면 몇 개 국어가 필요한지 알아볼게요.

5.　① 대신 주말엔 쉬도록 할게요.

　　② 그러면 저도 좀 쉬어야겠어요.

　　③ 만약에 피곤하면 말씀해 주세요.

　　④ 그래도 나왔으니까 열심히 해 봐요.

6. ① 수업이 들을 만했어.

    ② 재미있을 것 같은데.

    ③ 말을 타서 재미있었어.

    ④ 방학에 가면 좋았을 거야.

7. ① 이미 감기에 걸렸어요.

    ② 병원에 가는 게 좋겠어요.

    ③ 감기가 빨리 낫길 바라요.

    ④ 추울 때는 집에서 쉬세요.

8. ① 그렇게 싱거운지 몰랐어요.

    ② 저도 한번 만들어 봐야겠어요.

    ③ 그래도 밥을 먹는 게 좋겠어요.

    ④ 건강을 위해서는 싱겁게 먹는 게 나아요.

※ [9~12] 다음을 듣고 여자가 이어서 할 행동으로 가장 알맞은 것을 고르십시오. (각 2점)

9. ① 강아지 샴푸를 바꾸러 간다.

    ② 인터넷 애견 카페에 가입한다.

    ③ 동물 병원에 강아지를 데려간다.

    ④ 병원에서 남자에게 전화를 한다.

10. ① 신청서를 받으러 인사팀에 간다.

    ② 무료 영어 수업 신청을 취소한다.

    ③ 회사에서 무료 영어 수업을 듣는다.

    ④ 남자와 함께 영어 수업을 신청한다.

11. ① 인터넷에서 쿠폰을 인쇄한다.

② 우편으로 할인 쿠폰을 받는다.

③ 인터넷에서 본인 확인을 받는다.

④ 휴대 전화로 할인 쿠폰을 보여 준다.

12. ① 학교 게시판에 글을 올린다.

② 무료 식권 이벤트에 참가한다.

③ 식당 서비스에 대해 평가한다.

④ 평가 애플리케이션을 다운로드 받는다.

※ [13~16] 다음을 듣고 들은 내용과 같은 것을 고르십시오. (각 2점)

13. ① 학생이 아니면 공동 구매를 하기 어렵다.

② 여자는 학생 때 공동 구매를 해 본 적이 있다.

③ 공동 구매는 일반 구매보다 시간이 더 걸린다.

④ 공동 구매자가 많을수록 기다리는 시간이 길다.

14. ① 채소는 시장이 더 저렴한 편이다.

② 알뜰 시장은 주민만 사용할 수 있다.

③ 알뜰 시장의 이용 시간은 제한이 있다.

④ 알뜰 시장 수박은 배달이 불가능하다.

15. ① 뮤지컬의 이야기는 외국인이 썼다.

② 미국에서 뮤지컬 공연을 한 적이 있다.

③ 뮤지컬 의상은 실제로 옛날에 쓰던 것이다.

④ 한국적인 이야기는 보통 미국인들에게 인기가 좋다.

16. ① 인간 복제 기술은 지금 사용되고 있다.

    ② 인간 복제 기술로 사람들이 죽지 않는다.

    ③ 인간 복제의 위험성에 대한 경고가 부족하다.

    ④ 인간 복제 기술로 범죄율이 낮아진다는 연구가 있다.

※ [17~20] 다음을 듣고 <u>남자</u>의 중심 생각으로 가장 알맞은 것을 고르십시오. (각 2점)

17. ① 영양가 없는 라면은 먹지 말아야 한다.

    ② 하루 중에 점심을 가장 잘 먹어야 한다.

    ③ 회의가 있으면 점심을 빨리 먹어야 한다.

    ④ 컵라면은 간단하게 먹을 수 있어서 좋다.

18. ① 남산에 가면 야경을 봐야 한다.

    ② 피곤할 때는 쉬면서 여행해야 한다.

    ③ 여행을 왔으면 야경을 꼭 봐야 한다.

    ④ 여행은 야경을 볼 수 있는 곳으로 가야 한다.

19. ① 외국인과 결혼하면 많이 싸우게 된다.

    ② 사랑하는 마음이 있으면 문제가 없다.

    ③ 문화가 다른 외국인과 결혼을 하면 안 된다.

    ④ 국제결혼은 문화 차이가 있다는 문제점이 있다.

20. ① 온돌 문화는 외국인에게 불편한 문화이다.

    ② 하룻밤은 따뜻한 바닥에서 잠을 자야 한다.

    ③ 한국 문화를 체험하려면 바닥에서 자야 한다.

    ④ 해외여행을 갈 때는 주거 문화를 체험해 봐야 한다.

21.　남자의 중심 생각으로 가장 알맞은 것을 고르십시오.

　　① 상품을 많이 팔려면 지역의 특산물을 활용해야 한다.

　　② 지역 문화를 체험하려면 직접 지역 관광을 해야 한다.

　　③ 관광객이 많아지는 것은 지역 축제의 활성화 때문이다.

　　④ 한국 문화를 직접 체험할 수 있는 상품을 만들어야 한다.

22.　들은 내용과 같은 것을 고르십시오.

　　① 지역 축제에서 캐릭터 상품을 살 수 있다.

　　② 지역 축제와 관련된 상품은 다양한 편이다.

　　③ 지역 축제를 방문하는 사람들이 감소하고 있다.

　　④ 체험형 관광 상품뿐 아니라, 특산품도 개발해야 한다.

※　[23~24] 다음을 듣고 물음에 답하십시오. (각 2점)

23.　남자가 무엇을 하고 있는지 맞는 것을 고르십시오.

　　① 다른 방법을 제안하고 있다.

　　② 직원들의 휴가 일정을 짜고 있다.

　　③ 휴가 신청 방법을 알려 주고 있다.

　　④ 휴가 신청할 수 없는 이유를 설명하고 있다.

24.　들은 내용과 같은 것을 고르십시오.

　　① 여자는 주말에 일을 했다.

　　② 휴가를 신청한 사람이 많다.

　　③ 부장님에게 신청서를 받아야 한다.

　　④ 여자는 마지막 주에 휴가를 내려고 한다.

[25~26] 다음을 듣고 물음에 답하십시오. (각 2점)

25. 남자의 중심 생각으로 가장 알맞은 것을 고르십시오.

① 독거노인들은 사람을 많이 그리워한다.

② 주말이나 명절에 배달 봉사를 더 많이 해야 한다.

③ 노인들은 주말이나 명절에 외로움을 더 많이 느낀다.

④ 도시락을 배달할 때 독거노인들을 직접 만나서 드려야 한다.

26. 들은 내용과 같은 것을 고르십시오.

① 독거노인들에게 자식이 필요하다.

② 독거노인들이 직접 도시락을 배달한다.

③ 한번 봉사를 시작했으면 그만두면 안 된다.

④ 독거노인들의 친구가 되어 주는 것이 의의가 더 크다.

※ [27~28] 다음을 듣고 물음에 답하십시오. (각 2점)

27. 남자가 말하는 의도로 알맞은 것을 고르십시오.

① 화장품 세일 제도의 효과를 강조하기 위해

② 화장품 세일 제도의 의문을 제기하기 위해

③ 화장품 세일 기간에 대한 정보를 얻기 위해

④ 화장품 세일 기간에 대한 소식을 알리기 위해

28. 들은 내용과 같은 것을 고르십시오.

① 화장품 가게는 모두 같은 날 세일을 한다.

② 남자는 주로 세일 기간에 화장품을 구매한다.

③ 세일 기간에 화장품을 구매하면 손해를 본다.

④ 화장품 회사는 세일 행사를 통해 얻는 이익이 없다.

29. 남자가 누구인지 고르십시오.
    ① 의사
    ② 방송국 PD
    ③ 잡지사 기자
    ④ 다이어트 전문가

30. 들은 내용과 같은 것을 고르십시오.
    ① 밥을 먹으면 거식증을 치료할 수 있다.
    ② 다이어트에 실패하면 거식증에 걸리지 않는다.
    ③ 음식을 섭취하지 않아서 다이어트에 실패한다.
    ④ 다이어트에 성공한 사람들이 거식증에 많이 걸린다.

※ [31~32] 다음을 듣고 물음에 답하십시오. (각 2점)

31. 남자의 중심 생각으로 가장 알맞은 것을 고르십시오.
    ① 동물 실험에는 어느 정도 규제가 필요하다.
    ② 동물을 살아 있는 생명체로 여기면 안 된다.
    ③ 동물 실험은 인류의 발전을 위해 불가피하다.
    ④ 동물 실험을 하면 사람이 병에 걸리지 않게 된다.

32. 남자의 태도로 가장 알맞은 것을 고르십시오.
    ① 자신의 주장을 재확인하며 설득시키고 있다.
    ② 상대방의 의견을 반박하며 타협하지 않고 있다.
    ③ 새로운 가설에 대한 사실 정보를 제시하고 있다.
    ④ 앞으로 발생할 문제점을 지적하며 반박하고 있다.

※ [33~34] 다음을 듣고 물음에 답하십시오. (각 2점)

33. 무엇에 대한 내용인지 알맞은 것을 고르십시오.

① 저렴한 제품의 인기 비결

② 사람들이 립스틱을 사는 이유

③ 불황으로 인해 바뀐 소비 경향

④ 불황인 상황에서 돈을 아끼는 방법

34. 들은 내용과 같은 것을 고르십시오.

① 불황기에 저가 화장품이 잘 팔리고 있다.

② 경기가 나빠질수록 과시 소비가 늘어난다.

③ 과시하기 위해 디저트를 사는 사람이 많다.

④ 경기가 나빠져서 사람들이 소비를 안 한다.

※ [35~36] 다음을 듣고 물음에 답하십시오. (각 2점)

35. 남자가 무엇을 하고 있는지 고르십시오.

① 미술관의 특징에 대해 설명하고 있다.

② 미술 작품의 과거 전시 방법을 밝히고 있다.

③ 미술관 보안 시스템의 장점을 강조하고 있다.

④ 미술관 관람 시 유의 사항에 대해 말하고 있다.

36. 들은 내용과 같은 것을 고르십시오.

① 미술관 건물은 모두 4층으로 구성되어 있다.

② 미술관은 이 도시에서 가장 먼저 생긴 건물이다.

③ 이곳에서 가장 오래된 작품은 미술관 맨 위층에 있다.

④ 미술관의 보안 시스템은 이 도시에서 가장 오래되었다.

37. 여자의 중심 생각으로 가장 알맞은 것을 고르십시오.

① 적극적 읽기를 위해 책을 많이 읽어야 한다.

② 독서 전에 체계적인 지식을 쌓는 것이 중요하다.

③ 적극적 읽기를 위해 수준에 맞는 책을 골라야 한다.

④ 글의 내용에 따라 다양한 질문을 만들 수 있어야 한다.

38. 들은 내용과 같은 것을 고르십시오.

① 독서량은 독서 능력과 비례한다.

② 적극적 읽기는 맥락을 이해하며 읽는 것이다.

③ 읽기 능력이 부족해도 적극적 읽기를 할 수 있다.

④ 요즘 부모님들은 자녀들의 책 읽기에 신경을 쓰지 않는다.

※ [39~40] 다음을 듣고 물음에 답하십시오. (각 2점)

39. 이 대화 전의 내용으로 가장 알맞은 것을 고르십시오.

① 요즘 교육계는 열린 교육이 유행이다.

② 요즘 아이들이 박물관 가는 것을 싫어한다.

③ 최근 현장 체험 학습이 점차 확대되고 있다.

④ 박물관과 교육관은 좋은 현장 체험 공간이다.

40. 들은 내용과 같은 것을 고르십시오.

① 열린 교육은 박물관에서도 이루어질 수 있다.

② 과학관과 박물관이 아이들의 놀이터로 바뀌고 있다.

③ 최근 열린 교육의 움직임은 점차 감소하는 추세이다.

④ 박물관과 과학관에 숙제를 하러 가는 아이들이 많아졌다.

42. 이 강연의 중심 내용으로 가장 알맞은 것을 고르십시오.

① 나이가 어릴수록 깊은 잠을 자는 것이 중요하다.

② 어릴 때일수록 텔레비전 보는 시간을 줄여야 한다.

③ 될 수 있으면 아이들 방에는 텔레비전이 없는 게 좋다.

④ 나이가 한 살이라도 많을 때 텔레비전 시청을 끊어야 한다.

41. 들은 내용과 같은 것을 고르십시오.

① 텔레비전을 오래 보면 잠을 잘 잘 수 있다.

② 아이들은 텔레비전이 있는 방에서 잠을 더 잔다.

③ 어린 어린이들이 텔레비전으로 인해 수면 장애를 많이 겪는다.

④ 남자 어린이보다 여자 어린이가 텔레비전의 영향을 더 많이 받는다.

※ [43~44] 다음을 듣고 물음에 답하십시오. (각 2점)

44. 무엇에 대한 내용인지 알맞은 것을 고르십시오.

① 새로운 생물종의 조사는 전문가들이 해야 한다.

② 생물의 다양성에 대한 일반인의 관심이 많아져야 한다.

③ 대도시에서 진행하는 행사에는 많은 학생들이 참여해야 한다.

④ 대도시에서 함께 사는 생물에게 관심을 가질 수 있는 행사가 열린다.

43. 생태 탐사 행사가 유명해진 이유로 맞는 것을 고르십시오.

① 도시 한복판에서 개최된 행사라서

② 학생과 일반인까지 참여할 수 있는 행사라서

③ 다양한 생물을 아무 조건 없이 조사할 수 있어서

④ 도시 사람들에게 생물종에 대한 관심을 불러 일으켜서

45. 들은 내용과 같은 것을 고르십시오.

① 사람들은 위험한 곳에는 로봇을 보내지 않는다.

② '뱀형 로봇'의 머리에는 각종 센서와 장치가 있다.

③ '뱀형 로봇'은 건물 잔해가 깔린 곳은 이동할 수 없다.

④ 사람들은 옛날부터 전쟁터에서 일하는 로봇을 사용해 왔다.

46. 여자의 태도로 알맞은 것을 고르십시오.

① 기준을 제시하면서 대상을 제거하고 있다.

② 안정된 논리로 청중의 협조를 구하고 있다.

③ 예리한 관찰을 통해 현상을 분석하고 있다.

④ 구체적인 사례로 자신의 의견을 제시하고 있다.

※ [47~48] 다음을 듣고 물음에 답하십시오. (각 2점)

47. 들은 내용과 같은 것을 고르십시오.

① 남자의 금메달과 한국 팀의 종합 우승은 관련이 없다.

② 기능 올림픽은 장애인에 대한 인식 개선을 목표로 한다.

③ 기능 올림픽에는 여러 나라 선수들이 참가해서 경쟁한다.

④ 기능 올림픽에는 육상과 수영 같은 운동 경기 종목이 많다.

48. 남자의 태도로 알맞은 것을 고르십시오.

① 자신의 실력을 발휘하지 못한 것에 아쉬워하고 있다.

② 전 세계의 선수들과 경쟁하는 것에 압박감을 느끼고 있다.

③ 최선을 다한 시간에 대한 보답을 받아 보람을 느끼고 있다.

④ 기능 올림픽을 통해 장애인의 권리가 강화되기를 기대하고 있다.

49. 들은 내용과 같은 것을 고르십시오.

① 대중문화의 소비자는 용의주도하다.

② 대중문화는 소비자를 이용해 이익을 추구한다.

③ 대중문화는 전략적 마케팅이 필요한 고급문화이다.

④ 대중문화는 소비자의 욕구에 맞는 상품을 만들어 낸다.

50. 남자의 태도로 알맞은 것을 고르십시오.

① 대중문화의 변화에 대해 비관적이다.

② 대중문화의 생산자에 대해 우호적이다.

③ 대중문화의 바람직한 변화상을 제시하고 있다.

④ 대중문화의 문제를 우회적으로 비판하고 있다.

※ [51~52] 다음 글의 ㉠과 ㉡에 알맞은 말을 각각 쓰시오. (각 10점)

51.

```
● ○ ○

제목: 예약을 변경하고 싶습니다.
─────────────────────────────────────────────

안녕하세요? 다음 주에 제주도 여행을 예약한 김강희입니다.
제가 회사에 급한 일이 생겨서 (          ㉠          ).
하지만 다음 달에는 시간 여유가 많아서 괜찮을 것 같습니다.
혹시 (          ㉡          )?
갑자기 날짜를 바꾸게 되어서 죄송합니다.
여행 일정 변경에 대한 빠른 답변 부탁드립니다.
```

52.

음식물 쓰레기는 다른 쓰레기에 비해 처리가 힘들고, 비용도 많이 든다. 그러므로
(㉠   ). 음식물 쓰레기를 줄이기 위해서 가정에서 할 수 있는 방법은
다음과 같다. 우선 식품을 구매할 때 미리 (㉡   ). 적당한 양의 식품
을 구매한 후에는 냉장고에 한 번 먹을 정도의 분량으로 나누어 담아 알아보기 쉽게 보
관하는 것이 좋다. 그리고 보관된 음식을 정기적으로 정리하는 것이 필요하다. 무엇보
다 한 번에 먹을 사람의 수와 양을 고려하여 적절한 양을 조리하는 것이 좋다.

53. 다음은 산업별 취업자 현황입니다. 이 내용을 200~300자의 글로 쓰시오. 단, 글의 제목을 쓰지 마시오. (30점)

보건업 및 사회 복지 서비스업	숙박 및 음식점업	정보 통신업	도매 및 소매업	운수 및 창고업	농림어업
+22만 명	+21만 4천 명	+7만 2천 명	−6만 1천 명	−5만 1천 명	−4만 7천 명
9.3% ↑	10.2% ↑	7.7% ↑	1.8% ↓	3.0% ↓	−3.8% ↓

54. 다음을 참고하여 600~700자로 글을 쓰시오. 단, 문제를 그대로 옮겨 쓰지 마시오. (50점)

옛날부터 발생하여 전해 내려오는 그 나라 고유의 문화를 전통문화라고 합니다. 빠르게 변해 가는 현대 사회의 흐름 속에서도 전통문화를 지켜야 한다는 주장이 많습니다. 전통문화가 가지는 가치와 의미는 무엇이며, 우리가 이러한 전통문화를 계승하고 보존해야 하는 이유가 무엇인지에 대해 자신의 생각을 쓰십시오.

* 원고지 쓰기의 예

	머	리	는		언	제		감	는		것	이		좋	을	까	?		사
람	들	은		보	통		아	침	에		머	리	를		감	는	다	.	그

제1교시 듣기, 쓰기 시험이 끝났습니다. 제2교시는 읽기 시험입니다.

TOPIK II

2교시	읽기

수험번호 (Registration No.)	
이 름 (Name)	한국어 (Korean)	
	영 어 (English)	

유 의 사 항
Information

1. 시험 시작 지시가 있을 때까지 문제를 풀지 마십시오.

   Do not open the booklet until you are allowed to start.

2. 수험번호와 이름을 정확하게 적어 주십시오.

   Write your name and registration number on the answer sheet.

3. 답안지를 구기거나 훼손하지 마십시오.

   Do not fold the answer sheet; keep it clean.

4. 답안지의 이름, 수험번호 및 정답의 기입은 배부된 펜을 사용하여 주십시오.

   Use the given pen only.

5. 정답은 답안지에 정확하게 표시하여 주십시오.

   Mark your answer accurately and clearly on the answer sheet.

6. 문제를 읽을 때에는 소리가 나지 않도록 하십시오.

   Keep quiet while answering the questions.

7. 질문이 있을 때에는 손을 들고 감독관이 올 때까지 기다려 주십시오.

   When you have any questions, please raise your hand.

TOPIK Ⅱ 읽기(1번~50번)

※ [1~2] (   )에 들어갈 말로 가장 알맞은 것을 고르십시오. (각 2점)

1. 그는 가정 형편이 어려워 (   ) 고등학교도 못 갔다.
① 대학교조차
② 대학교마저
③ 대학교는커녕
④ 대학교야말로

2. 술을 한잔하면서 친구에게 속마음을 털어 (   ) 마음이 가벼워졌다.
① 놓던데
② 놓았더니
③ 놓기에는
④ 놓는데도

※ [3~4] 밑줄 친 부분과 의미가 가장 비슷한 것을 고르십시오. (각 2점)

3. 화가 많이 났었는데 그의 이야기를 듣고 보니 그의 행동이 이해가 되었다.
① 듣고 나니
② 듣는 만큼
③ 듣고 해서
④ 듣는 사이에

4. 왜 돈을 그렇게 많이 찾아요? 그 돈을 다 이디에 쓰게요?
① 쓰고요
② 쓸까요
③ 쓰려고요
④ 쓰는지 알아요

※ [5~8] 다음은 무엇에 대한 글인지 고르십시오. (각 2점)

5.

단순한 가구가 아닙니다.
쾌적한 수면으로 당신의 아침이 달라집니다.

① 침대　　　　　② 소파　　　　　③ 책상　　　　　④ 옷장

6.

봄꽃으로 꾸민 도시락 만들기
여름을 이겨 낼 수 있는 보양식 만들기

① 꽃꽂이　　　　② 요리 교실　　　③ 미술 교실　　　④ 공예 교실

7.

'나 하나쯤이야!' 하고 생각하십니까?
당신은 우리의 얼굴입니다.
질서는 우리 모두의 인격입니다.

① 안전 규칙　　　② 공익 광고　　　③ 상업 광고　　　④ 도로 교통법

8.

• 냄새가 나거나 물이 새는 제품은 비닐로 쌉니다.
• 깨지기 쉬운 유리 제품은 종이나 스티로폼 상자에 담습니다.

① 제품 문의　　　② 고객 불만　　　③ 포장 방법　　　④ 주문 안내

※ [9~12] 다음 글 또는 그래프의 내용과 같은 것을 고르십시오. (각 2점)

9.

주민 센터 건강 프로그램

시간 (오후)	프로그램	수강료	기간
7:00 ~ 8:00	노래 교실	45,000원	1월 ~ 3월 (3개월간)
8:00 ~ 9:00	웰빙 댄스	50,000원	
9:00 ~ 10:00	요가	40,000원	

※ 매주 일요일은 휴무
※ 대상: 희망동에 거주하는 주민
※ 복수 신청 시 프로그램당 5,000원 할인

① 모든 프로그램의 수강료가 동일하다.

② 3개월간 매일 저녁마다 프로그램이 진행된다.

③ 한 사람이 하나의 프로그램만 신청할 수 있다.

④ 희망동에 살고 있는 사람이면 누구나 신청이 가능하다.

10.

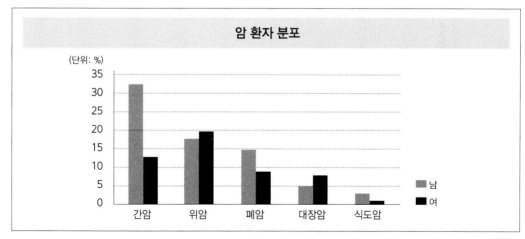

① 폐암은 남녀가 비슷한 분포를 보였다.

② 위암과 식도암은 남자보다 여자가 더 많다.

③ 남자는 다른 암보다 대장암에 많이 걸린다.

④ 남녀가 가장 큰 격차를 보인 것은 간암이다.

11.

> 매년 5월 1일은 근로자의 날이다. 근로자의 날은 근로기준법에 따라 유급 휴일로 정의된다. 따라서 5인 이상을 고용하는 사업장의 경우 5월 1일에 근무하면 평상시의 1.5배에 해당하는 휴일 수당을 지급하게 되어 있다. 하지만 이와 같은 규정은 여전히 많은 노동자에게 '그림의 떡'인 상황이다.

① 근로자의 날은 한 달에 한 번씩 돌아온다.

② 근로자의 날 관련 규정이 현장에서 잘 지켜지지 않고 있다.

③ 5월 1일에 일을 안 해도 평상시의 1.5배의 휴일 수당을 받을 수 있다.

④ 5인 이상 근무하는 사업장의 직원들이 근로자의 날에 일하면 돈을 50% 덜 받는다.

12.

> 요즘 20~30대 남자들이 똑같은 옷을 입고 사진관에 가서 '우정 사진'을 찍는 것은 이미 흔한 일이 되었다. SNS에서도 군 입대를 앞두고, 취직 기념 등 갖가지 사연을 담은 남자 단체 사진을 흔히 볼 수 있다. 과거에는 여자들만 우정 사진을 찍곤 했다. 하지만 더 이상 남자들이 자신을 꾸미고 기념 사진을 남기는 것이 낯선 일이 아닌 만큼 친구들과 기념 삼아 사진을 남기고 싶어 하는 남자들이 늘어났기 때문이다.

① SNS에 올리기 위해서 우정 사진을 찍는다.

② 우정 사진은 커플인 남자들이 찍는 사진이다.

③ 여자들보다 남자들이 먼저 우정 사진을 찍기 시작했다.

④ 요즘 젊은 남녀들은 다양한 이유로 우정 사진을 찍는다.

※ **[13~15] 다음을 순서에 맞게 배열한 것을 고르십시오. (각 2점)**

13.

> (가) 결국 자동차 유리에 햇빛 차단 필름을 붙이게 되었다.
>
> (나) 자동차에 유리가 부착되기 시작한 것은 1910년대부터다.
>
> (다) 그런데 투명한 유리를 사용하니 뜨거운 태양열이 문제였다.
>
> (라) 자동차 속도가 오르면서 공기 저항이 커지자 바람을 막는 장치로 앞이 보이는 유리가 사용되었다.

① (나)-(다)-(가)-(라)　　　　② (나)-(라)-(다)-(가)

③ (라)-(가)-(다)-(나)　　　　④ (라)-(다)-(나)-(가)

14.

> (가) 그러나 지금은 세계인들이 모두 모여 즐기는 축제로 발전했다.
>
> (나) 전통문화가 놀이로 바뀌어 관광객들을 끌어들이는 콘텐츠로 거듭난 셈이다.
>
> (다) 동남아시아에는 4월부터 5월까지 물과 관련된 이색 축제가 연이어 개최된다.
>
> (라) 원래 이 축제들은 나쁜 기운을 없애고 모두의 안녕과 풍년을 기원하는 전통 의식이었다.

① (나)-(라)-(가)-(다)　　　　② (나)-(라)-(다)-(가)

③ (다)-(나)-(가)-(라)　　　　④ (다)-(라)-(가)-(나)

15.

> (가) 뿐만 아니라 이는 자살 시도와도 연관성이 있다.
>
> (나) 미세 먼지나 오존 같은 대기 오염 물질은 호흡기 질환의 원인이 된다.
>
> (다) 따라서 정부에서 자살 예방 대책을 세울 때 대기 오염과의 연관성을 고려할 필요가 있다.
>
> (라) 미세 먼지가 많고 오존 농도가 높을수록 우울증이 심해지면서 자살로 이어질 가능성이 높다.

① (나)-(가)-(라)-(다) ② (나)-(라)-(다)-(가)

③ (라)-(가)-(나)-(다) ④ (라)-(다)-(나)-(가)

※ [16~18] ( )에 들어갈 말로 가장 알맞은 것을 고르십시오. (각 2점)

16.

> 피에로가 슬픈 이유는 삶의 초점이 자신의 행복이 아니라 타인의 웃음에 맞춰져 있기 때문이다. 우리가 행복하지 못한 이유는 ( )에 대해 집착하기 때문이다. 모두에게 좋은 사람이 될 수는 없다. 욕먹는 것을 두려워하지 말고 각자 자신만의 행복을 찾아 나서야 한다.

① 내가 생각하는 나

② 타인이 평가하는 나

③ 솔직하고 객관적인 나

④ 인맥을 활용하지 못하는 나

17.

> '영원함'을 뜻하는 다이아몬드는 세상에서 가장 단단한 물질로, 오랜 세월 수많은 연인들의 변치 않을 사랑을 약속하는 증표로 활용되어 왔다. 하지만 다이아몬드는 17세기 이전에는 (   )이었다. 따라서 다이아몬드는 17세기까지 국민들이 두려워하면서도 공경했던 왕족들의 장식물로 활용되었다.

① 권력과 허세의 상징

② 겸손과 공손의 상징

③ 지혜와 교양의 상징

④ 권위와 존경의 상징

18.

> 우주인이 우주선에서 달리기를 하려면 끈으로 몸을 운동 기구에 고정시켜야 한다. 무중력 상태에서는 몸이 공중에 떠서 몸에 무게가 실리지 않기 때문이다. 그런데 이렇게 하면 끈이 몸을 잡아당기기 때문에 몹시 불편하다. 그럼에도 불구하고 우주인들은 건강을 위해 정기적으로 (   ). 그렇지 않으면 근육의 밀도가 급속도로 낮아지기 때문이다.

① 무산소 운동을 해야 한다

② 체중을 줄이는 운동을 해야 한다

③ 몸에 체중이 실리는 운동을 해야 한다

④ 무중력 상태에서 떠다니는 운동을 해야 한다

※ [19~20] 다음을 읽고 물음에 답하십시오. (각 2점)

속담 속에 나타난 동물의 이미지를 보면 중립적인 경우가 가장 많고, 부정적 이미지, 긍정적 이미지가 그 뒤를 잇는다. (　　　　) 속담에서 부정적인 이미지로 묘사되는 동물이 더 많은 것은 실제 성격 때문이 아니라, 속담이 가지는 특징이 교훈성이기 때문이다. 예를 들어 한국 속담에서 개미와 벌은 근면한 동물로, 굼벵이와 늑대는 게으른 동물로 나타난다. 또한 개는 책임감 있는 동물로, 원숭이는 변덕스럽고 자만심에 가득 찬 동물로 그려진다.

19. (　　　　)에 들어갈 말로 가장 알맞은 것을 고르십시오.

① 마침내　　　　　② 그러면　　　　　③ 도저히　　　　　④ 대체로

20. 윗글의 주제로 가장 알맞은 것을 고르십시오.

① 동물의 특징을 한국 속담으로 설명할 수 있다.

② 속담에 나오는 동물은 긍정적 이미지로 나타내야 한다.

③ 한국 속담에 나오는 동물은 교훈성으로 부정적 이미지가 많다.

④ 한국 속담에서 중립적인 이미지의 동물이 가장 적게 등장한다.

※ [21~22] 다음을 읽고 물음에 답하십시오. (각 2점)

최근 우리 사회는 건강한 삶이 인기이다. 하지만 사람들의 관심이 대부분 건강식 섭취와 운동 등에 한정되어 있다는 점에서 우려가 된다. 타인과 비교하지 않고 자신의 삶에 만족하는 것, 주변 사람들에게 감사하는 마음을 갖는 것 등을 보통의 삶으로 만들지 않는다면 진정한 의미에서 건강한 삶을 살기란 쉽지 않기 때문이다. 경쟁이 일상화된 환경에서 (　　　　) 식의 살벌한 조직 생활을 하면서 유기농 야채를 먹고 꾸준히 운동한다고 해서 건강한 삶이 될 리 없다.

21. (　　　　)에 들어갈 말로 가장 알맞은 것을 고르십시오.

① 꿩 먹고 알 먹기　　　　　　　　② 땅 짚고 헤엄치기

③ 죽기 아니면 까무러치기　　　　　④ 닭 잡아먹고 오리 발 내놓기

22. 윗글의 내용과 같은 것을 고르십시오.

① 건강한 삶을 위해서는 꾸준한 운동이 가장 중요하다.

② 회사 생활에서 건강한 삶을 위한 노력을 실천해야 한다.

③ 유기농 야채를 먹고 꾸준히 운동하는 삶에는 문제가 있다.

④ 마음의 건강도 함께 챙겨야 진정한 의미에서 건강한 삶을 살 수 있다.

※ [23~24] 다음을 읽고 물음에 답하십시오. (각 2점)

> "새로운 미래가 온다"라는 책으로 유명한 미래 학자, 다니엘 핑크가 한국을 방문했을 때의 일이다. 나는 그에 대한 기사를 쓰기 위해 그와 인터뷰를 했다. 한국의 젊은이들에게 해 주고 싶은 조언을 부탁하자 그는 이렇게 대답했다.
> "계획을 세우지 마십시오."
> <u>그의 대답을 듣고 어리둥절해하는 나에게</u> 그는 이렇게 설명했다.
> "세상은 복잡하고 빨리 변해서 절대 예상대로 되지 않습니다. 계획을 세우는 대신 뭔가 새로운 것을 배우고, 새로운 것을 시도해 보는 것이 중요합니다."
> 그리고 그는 멋진 실수의 필요성을 강조하면서, 중요한 것은 실수를 하지 않는 것이 아니라, 어리석은 실수를 반복하지 않는 것이라는 말을 남겼다.

23. 밑줄 친 부분에 나타난 나의 심정으로 알맞은 것을 고르십시오.

① 갑작스럽다   ② 감격스럽다

③ 존경스럽다   ④ 당황스럽다

24. 윗글의 내용과 같은 것을 고르십시오.

① 나는 "새로운 미래가 온다"라는 책을 썼다.

② 실수는 하되 같은 실수를 반복하지는 말아야 한다.

③ 계획을 세우는 것보다 실수를 하지 않는 것이 중요하다.

④ 다니엘 핑크는 미래 학자로서 계획의 필요성을 강조했다.

25. ‘생계 외면 경영 외면’, 노사 모두 최저 임금 액수에 불만

① 노동자와 사용자 모두 최저 임금 액수가 만족스럽지 않다.

② 사용자는 최저 임금이 적어서 경영하기 힘들다고 생각한다.

③ 노동자와 사용자 모두 최저 임금 액수가 너무 많다고 생각한다.

④ 사용자는 생계를 유지하는 데 최저 임금 액수가 부족하다고 생각한다.

26. 골라 태우는 콜택시, ‘행선지 가까우면 묵묵부답, 장거리는 바로 배차’

① 콜택시는 먼 곳에 가는 승객을 환영한다.

② 콜택시는 가까운 거리에 있는 승객을 태운다.

③ 콜택시는 일하는 시간을 자기 마음대로 결정한다.

④ 콜택시는 가까운 곳은 천천히 가고 먼 곳은 바로 간다.

27. 사이버 테러인가? 증시와 항공 줄줄이 먹통

① 사이버 테러 때문에 증시와 항공이 모두 마비되었다.

② 증시와 항공이 마비된 원인을 사이버 테러로 추측하고 있다.

③ 사이버 테러로 인해 증시와 항공이 차례대로 공격을 받았다.

④ 증시와 항공이 교대로 공격받는 이유를 사이버 테러로 확신하고 있다.

※ [28~31] (   )에 들어갈 말로 가장 알맞은 것을 고르십시오. (각 2점)

28.

> 이 세상의 모든 직업에는 그 나름의 존재 이유가 있다. 그중에서도 의사라는 직업에는 특별한 뜻이 숨겨져 있다. (   ) 인간의 생명을 지킨다는 것과 아픈 이웃의 상담자요, 교사가 되어야 한다는 데 있다. 이런 이유에서 누구든지 돈을 벌 목적만으로 의사가 되어서는 안 된다. 의사는 자신보다 환자를 먼저 배려해야 하고, 자기 자신에 대해 떳떳한 윤리적인 의사가 되고자 노력해야 한다.

① 의사라는 직업이 생긴 것은

② 의사라는 직업이 귀한 까닭은

③ 의사라는 직업이 돈을 못 버는 것은

④ 의사라는 직업이 인기가 있는 이유는

29.

> 만화는 기호를 통해 현실을 재현한다. 만화에 등장하는 인물은 영화의 연기자처럼 실재하는 인물은 아니지만, 기호를 통해 작품 속에서 살아 있는 인물이 되는 것이다. 스마일 마크가 (   ) 웃는 얼굴로 받아들여지는 것처럼 만화 캐릭터는 독자들에게 친숙한 기호들을 통해 받아들여진다. 비현실적인 인물이나 사건, 배경이 독자들을 효과적으로 설득할 수 있는 것도 바로 이 때문이다.

① 장면의 전환을 통해

② 날카로운 풍자를 통해

③ 독자 자신의 경험을 통해

④ 한두 개의 선과 점을 통해

30.

> 　　요즘 텔레비전 프로그램을 보면 중간 광고가 지나치게 많아서 눈살을 찌푸릴 때가 많다. 제작비를 지원받기 위해서 프로그램 사이사이에 광고를 여러 개 삽입한 것이다. 이뿐만 아니라 간접 광고 역시 곳곳에서 찾아볼 수 있다. 하지만 여러 사람들에게 강한 영향력을 끼치는 매체인 방송이 (　　　　) 공익성을 지나치게 훼손할 수 있다. 방송 제작자들은 방송에는 공적 역할도 있음을 잊지 말아야 한다.

① 공정성만 따지면
② 보도 역할만 강조하면
③ 정보 전달만을 추구하면
④ 상업성만 추구하다 보면

31.

> 　　조정래는 한국에서 유명한 소설가이다. 그의 대표적인 장편소설 3편을 읽다 보면 (　　　　) 알 수 있다. '아리랑'은 1904년부터 1945년 광복에 이르기까지의 시기를 배경으로 당시 한민족이 겪었던 수난을 묘사한 작품이다. '태백산맥'은 1950년 6.25 전쟁과 그로 인한 분단의 아픔을 다루었다. '한강'은 1959년 이후 30년 동안 산업화를 이룬 한국인의 땀과 눈물을 증언하고 있다.

① 한국의 근현대 역사를
② 한국인의 정서와 애정관을
③ 한국인의 사상과 미래관을
④ 한국의 고대사와 고전 문화를

32.

> 상품의 특성에 적합한 이미지를 가진 인물이 광고를 해야 광고 효과가 좋다. 예를 들어 자동차, 카메라, 치약과 같은 상품의 경우에는 자체의 성능이나 효능이 중요하므로 전문성과 신뢰성을 갖춘 인물이 적합하다. 반면 감성적인 느낌이 중요한 보석, 초콜릿, 여행 같은 상품은 매력과 친근성을 갖춘 모델이 잘 어울린다. 그런데 유명인이 여러 상품 광고에 중복 출연하면 이미지가 분산되어 광고 효과에 부정적인 영향을 미친다.

① 카메라는 신뢰감이 느껴지는 모델이 광고하는 것이 좋다.

② 치약은 친근감을 주는 인물이 광고를 하는 것이 효과적이다.

③ 중복 출연하더라도 유명인을 광고 모델로 쓰는 것이 효과적이다.

④ 초콜릿 광고는 자체의 성능이나 효능을 중심으로 광고를 해야 한다.

33.

> 몸이 아플 때는 통증을 느끼는데 통증이 없다면 치료 시기를 놓쳐 치명적인 병에 걸릴 수 있다. 통증은 몸의 곳곳에 분포한 통점이 자극을 받아서 통각 신경을 통해 뇌로 전달될 때 느껴진다. 통각 신경은 다른 신경에 비해 굵기가 가늘어서 통증이 느리게 전달되는데, 이 문제는 촉각 신경이 보완해 준다. 그런데 피부에는 1㎠당 약 200개의 통점이 분포하고 있지만 내장 기관에는 4개에 불과하다. 폐암과 간암이 늦게 발견되는 것은 이 때문이다.

① 통증은 고통을 주기 때문에 없어야 한다.

② 인체는 다른 감각보다 통증을 빨리 감지한다.

③ 우리는 피부보다 내장 기관의 통증을 더 빨리 느낀다.

④ 인체는 촉각이 반응하여 통각의 느린 속도를 보충하고 있다.

34.

> 한국의 70여 개 꽃 축제의 효시가 된 에버랜드 장미 축제가 올해 30주년을 맞았다. 에버랜드는 장미 축제가 시작된 후 지금까지 총 6,000만 송이의 장미를 선보였다. 6,000만 송이를 한 줄로 심어 놓으면 2,420km에 달한다. 올해는 에버랜드가 자체 개발한 신품종 5종을 포함해 670종의 장미 100만 송이를 선보일 예정이다. 밤에는 2만 송이 LED 장미가 빛을 내며 실제 100만 송이 장미와 어우러져 일몰 후에 찾는 사람이 더 많을 전망이다.

① 에버랜드는 야간에도 장미 축제를 한다.
② 에버랜드는 2,420km에 장미꽃을 심었다.
③ 에버랜드는 올해 670종의 신품종을 공개한다.
④ 에버랜드는 그동안 70여 개의 꽃 축제를 열었다.

※ [35~38] 다음을 읽고 글의 주제로 가장 알맞은 것을 고르십시오. (각 2점)

35.

> 청년 일자리 문제는 한국뿐 아니라 대부분의 나라가 공통적으로 해결해야 하는 숙제다. 대학에 가지 않더라도 숙련된 기능인이나 기술자들이 좋은 일자리를 얻을 수 있고 사회적 대우를 받는 사회가 되면 많은 젊은이가 대학 대신 생산 현장으로 뛰어들 것이다. 그러면 청년 실업 문제가 어느 정도 해소될 뿐 아니라 중소기업의 인력난, 노동 시장의 구조적인 문제도 해결될 것이다.

① 숙련된 기술자에 대한 사회적 인식 변화가 필요하다.
② 좋은 일자리에 대한 인식 개선이 먼저 이루어져야 한다.
③ 대학 진학보다 생산 현장 경험을 쌓을 수 있도록 권고해야 한다.
④ 청년 실업 해소를 위해 중소기업이 나서서 일자리를 창출해야 한다.

36.

> 　한자어는 한국어의 약 60%를 차지하고 있다. 따라서 한자를 몰라서 의사소통에 어려움을 겪는 경우를 종종 볼 수 있다. 한자를 외국어로 보는 사람들은 초등학교에서 한자를 교육해서는 안 된다고 주장한다. 하지만 단어의 뜻을 제대로 잘 이해하고 사용하려면 한자를 알아야 한다. 한국어는 다의어가 많기 때문에 한글만으로 의미상의 차이를 뚜렷이 구분하는 것이 쉽지 않기 때문이다.

① 한국어는 다의어가 많아서 배우기 어렵다.

② 한자어는 외국어이기 때문에 초등학교에서 가르치면 안 된다.

③ 한자어는 한국어의 대부분을 차지하므로 많이 배울수록 좋다.

④ 한국어의 정확한 이해와 표현을 위해 한자어를 가르칠 필요가 있다.

37.

> 　입에서 나는 특이한 냄새는 일종의 건강 이상 신호일 수 있다. 대부분의 입 냄새는 구강 내 문제로 발생하지만 몸속에 이상이 있는 경우에도 입 냄새가 난다. 특히 당뇨병이나 신장 기능에 이상이 있을 때 구취가 발생한다. 당뇨가 있는 경우 입에서 과일 향이나 아세톤 냄새가 나며, 신장에 이상이 있는 경우에는 강한 암모니아 냄새가 날 수 있다. 따라서 입 냄새를 입 안의 문제라고만 생각해서는 안 된다.

① 입 냄새를 없애려면 먼저 입 안을 치료해야 한다.

② 입 냄새가 날 경우 다른 신체 질환을 의심해야 한다.

③ 입 냄새는 구강 내의 문제이므로 양치질을 잘 하면 된다.

④ 입에서 나는 과일 향과 같은 냄새는 건강하다는 증거이다.

38.

새로 지은 아파트나 주택, 건물에서는 인체에 해로운 화학 물질이 발생한다. 그래서 새집에서 생활하면 피부염, 두통, 신경성 질병 등 각종 질환에 시달리게 되는데, 이것을 '새집 증후군'이라고 한다. 그렇다면 오래된 집은 안전한 것일까? 오래된 집에서도 사람에게 해로운 대기 오염 물질이 나온다. 따라서 우리는 유해 물질을 제거해 주는 식물을 집 안 곳곳에 두고, 매일 집 안을 깨끗이 청소하고 환기를 해야 한다.

① 새로 지은 집에서 살려면 새집 증후군을 조심해야 한다.

② 오래된 집에서도 새집 증후군 예방을 위해 노력해야 한다.

③ 집 안 공기 걱정을 줄이기 위해 오래된 집에서 살아야 한다.

④ 오래된 집에 살아도 공기의 질을 개선하도록 노력해야 한다.

※ [39~41] 주어진 문장이 들어갈 곳으로 가장 알맞은 것을 고르십시오. (각 2점)

39.

청년 실업률이 최고치를 경신하자 정부는 청년들의 일자리 20만 개를 만들겠다고 대책을 발표하였다. (㉠) 일자리 수가 늘어나도 정규직 일자리 수는 별다른 차이가 없고, 임시직 일자리 수만 크게 증가하고 있기 때문이다. (㉡) 또한 최근의 노동자 실질 임금 상승률을 보면 매년 제자리 걸음 수준이거나 심지어 감소하기도 한다. (㉢) 청년들이 안심하고 오래 일할 곳이 충분하지 않으면 한국의 미래는 어두울 것이다. (㉣) 그러므로 청년 일자리의 질을 높이는 것이 무엇보다 시급하다고 할 수 있다.

─────〈 보 기 〉─────

하지만 정부의 그 많은 청년 실업 대책에도 불구하고 청년 일자리 문제는 갈수록 더 악화되고 있다.

① ㉠   ② ㉡   ③ ㉢   ④ ㉣

40.

'죽는 날까지 하늘을 우러러 한 점 부끄러움이 없기를……'은 '서시'라는 시의 첫 구절이다. (㉠) 이것은 윤동주 시인이 쓴 대표적인 시로, 짧지만 강렬한 인상을 준다. (㉡) 이 시는 시인의 어린 시절의 애틋한 추억을 되새기며, 조국의 광복을 염원하는 간절한 열망을 담고 있다. (㉢) 그는 어둡고 가난한 생활 속에서 인간의 삶과 고뇌를 사색하고, 일제의 강압에 고통받는 조국의 현실을 가슴 아프게 생각하는 시인이었다. (㉣)

〈보 기〉

즉, 윤동주의 생애와 애국심을 단적으로 암시해 주는 상징적인 작품인 것이다.

① ㉠   ② ㉡   ③ ㉢   ④ ㉣

41.

예상치 못한 일이나, 상상을 초월하는 일이 발생하여 어이가 없을 때 '어처구니없다' 또는 '어이없다'는 표현을 사용한다. (㉠) 이러한 표현의 유래에 대해서 정확하게 알려진 것은 없지만 구전되는 이야기는 있다. (㉡) 맷돌로 무엇을 갈아야 할 때 손잡이가 없다면 어떨까? (㉢) 이러한 황당하고 기막힌 상황을 빗대어 생긴 표현이 바로 '어처구니없다', '어이없다'라고 전해진다. (㉣)

〈보 기〉

'어이' 또는 '어처구니'는 맷돌을 손으로 돌릴 때 쓰는 맷돌에 달린 나무 손잡이를 말한다.

① ㉠   ② ㉡   ③ ㉢   ④ ㉣

> 동혁이 탄 버스가 막 떠나려는데, 놓치면 큰일이나 날 듯이 뛰어오르는 한 여학생이 있었다. 그는 조금 전 발표회에서 동혁에게 큰 감동을 주었던 채영신이었다. 영신은 승객들에게 밀려서 동혁이가 앉아 있는 좌석까지 와서는 손잡이를 붙잡고 섰다. 두 사람은 무릎이 닿을 듯한 거리에서 만나게 되었다. 두 눈이 마주치자 두 사람은 눈인사를 주고받았다. 비록 오늘 저녁 발표회에서 처음 알게 된 사이지만 여러 해 사귀어 온 오래된 친구와 같이 반가웠다. 동혁은 혼자 앉아 있기가 미안해서 "이리 앉으시지요." 하고 일어서며 자리를 내주었다. 영신은 "고맙습니다. 그런데 전 서 있는 게 좋아요." 하고 사양했다.
>
> 두 사람이 서서 서로 자리를 양보하는 사이에 옆에 서 있던 승객이 냉큼 자리에 앉아 버렸다. 그리고 <u>모른 척하며 시선을 창밖으로 돌렸다</u>. 영신과 동혁은 그러한 승객의 모습을 보고 웃음을 참느라 얼굴이 빨개졌다. 버스는 한참을 달렸다. 영신이 종로에서 내리자 동혁도 영신의 뒤를 따라 종로에서 내렸다.
>
> 심훈 〈상록수〉

42. 밑줄 친 부분에 나타난 승객의 태도로 알맞은 것을 고르십시오.
    ① 너그럽다
    ② 나태하다
    ③ 뻔뻔하다
    ④ 초조하다

43. 윗글의 내용으로 알 수 있는 것을 고르십시오.
    ① 영신은 동혁이 탄 버스를 놓쳤다.
    ② 영신은 동혁에게 자리를 양보했다.
    ③ 동혁과 영신은 버스에서 처음 만났다.
    ④ 동혁과 영신은 같은 정류장에서 하차했다.

정부 지원으로 난임 시술을 받은 부부 3쌍 중 2쌍은 3개 이상의 배아를 이식한 것으로 조사됐다. 쌍둥이 이상의 다태아를 낳고 싶어 하는 부모의 바람이 반영된 셈인데 다태아 출산은 조산율이 높아 주의가 필요하다. 현재 한국에는 체외 수정 시술에 대한 의학적 기준이 마련돼 있지만 단순히 지침일 뿐, 법적인 관리 기준은 없다. 반면 다른 나라의 경우 이식 배아 수를 1~2개로 제한하고 있으며, 이를 어길 경우 3년의 징역형에 처하도록 하고 있다. 따라서 (   ) 건강한 아이와 산모에 대한 관리 기준 내용이 포함되도록 해서 최소한 국가로부터 지원받는 여성에 한해서라도 과도한 배아 이식을 막아야 할 것이다.

44. (   )에 들어갈 말로 가장 알맞은 것을 고르십시오.

① 정부 지원을 신청할 때는

② 난임 부부 판정을 받을 때는

③ 출산 장려 정책을 마련할 때는

④ 육아 관련 법안을 준비할 때는

45. 윗글의 주제로 가장 알맞은 것을 고르십시오.

① 난임 부부를 위한 정책 지원을 늘려야 한다.

② 다태아 출산을 장려하는 정책이 있어야 한다.

③ 정책적으로 배아 이식 수를 제한할 필요가 있다.

④ 체외 수정 시술에 대한 의학적 기준 마련이 시급하다.

고양이는 오랫동안 함께한 주인도 며칠 동안 못 보면 못 알아본다는 속설이 있다. 그래서 고양이가 개보다 머리가 나쁘다고 믿어 왔다. 그러나 최근에는 고양이가 육상 동물 중에서 침팬지 다음으로 지능이 높다는 설이 설득력을 얻고 있다. 개가 기계적인 반복을 통해 학습하여 행동하는 것에 반해 고양이는 사람이 하는 것을 보고 잘 기억했다가 그대로 따라 하기도 하고 새로운 방법을 스스로 생각해 내기도 한다. 특히 고양이는 앞발을 사용하는 데 능숙하여 서랍을 쉽게 열기도 하고 직접 선풍기를 틀어 바람을 쏘이기도 한다. 재미있는 사실은 고양이의 지능 역시 사람과 마찬가지로 유전과 환경의 영향을 모두 받는다는 것이다.

46. 윗글에 나타난 필자의 태도로 가장 알맞은 것을 고르십시오.
   ① 고양이에게 반복 학습의 필요성을 강조한다.
   ② 고양이가 개보다 똑똑하다고 예를 들어 설득한다.
   ③ 고양이가 환경의 영향을 받는다는 사실에 회의적이다.
   ④ 고양이가 스스로 새로운 방법을 생각한다는 점에 긍정적이다.

47. 윗글의 내용과 같은 것을 고르십시오.
   ① 고양이는 창의적인 동물이다.
   ② 고양이의 지능은 환경에 영향을 미친다.
   ③ 개는 육식 동물 중 침팬지 다음으로 지능이 높다.
   ④ 과거에는 고양이가 개보다 더 똑똑하다고 여겼다.

※ [48~50] 다음을 읽고 물음에 답하십시오. (각 2점)

불필요하고 현실과 거리가 있는 제도를 정해진 시점 이후에 자연스럽게 사라지도록 하는 제도를 일몰제라고 한다. 시간이 지나면 해가 지는 것처럼 일정 시간이 지나면 제도의 효력이 점차 사라진다는 뜻에서 붙여진 이름이다. 법이나 기관, 제도 등이 한번 만들어지고 나면 (   ) 계속해서 존재하게 된다는 우려가 일몰법이 생긴 배경이다. 도시 공원 일몰제를 예시로 살펴보자. 한 도시에서 오래 전에 공원 조성 사업을 시행했는데, 관련 토지를 구입하고 보상하는 과정에서 전체 예산이 초기 계획보다 2천억 원이 초과하게 되었다. 사업비가 증가하면서 자금 마련이 어려워지자 20년이 넘도록 공원이 조성되지 않은 채 방치되었다. 이 문제를 해결하기 위해 헌법재판소의 결정에 따라 공원이 조성되기로 했던 토지는 공원 지정 기간이 해제되었다. 이를 해당 토지에 대한 공원 지정 시효가 일몰되었다고도 표현한다. 이제 해당 토지는 다른 목적으로 자유롭게 이용 및 판매가 가능해진 것이다.

48. 윗글을 쓴 목적으로 가장 알맞은 것을 고르십시오.

① 헌법재판소의 판단을 소개하기 위해서

② 일몰제로 인한 우려를 제기하기 위해서

③ 일몰제의 특징과 예시를 알리기 위해서

④ 사업비가 증가에 따른 문제를 해결하기 위해서

49. (   )에 들어갈 말로 가장 알맞은 것을 고르십시오.

① 기대나 전망이 없더라도

② 장점이나 효과가 없더라도

③ 단점이나 문제점이 없더라도

④ 부작용이나 역효과가 없더라도

50. 윗글의 내용과 같은 것을 고르십시오.

① 사업비가 증가해서 자금 마련이 어려워지면 일몰제가 시행된다.

② 특정 시점 이후에 자연스럽게 시행되는 제도를 일출제라고 한다.

③ 지정 시효가 일몰되었다는 것은 지정 기간이 해제되었다는 의미이다.

④ 도시 공원 일몰제가 시행되어도 해당 토지는 이용 및 판매가 불가능하다.

제10회 FINAL 실전 모의고사

The 10th Final Actual Tests

TOPIK II

1교시	듣기, 쓰기

수험번호 (Registration No.)		
이 름 (Name)	한국어 (Korean)	
	영 어 (English)	

유 의 사 항
Information

1. 시험 시작 지시가 있을 때까지 문제를 풀지 마십시오.

   Do not open the booklet until you are allowed to start.

2. 수험번호와 이름을 정확하게 적어 주십시오.

   Write your name and registration number on the answer sheet.

3. 답안지를 구기거나 훼손하지 마십시오.

   Do not fold the answer sheet; keep it clean.

4. 답안지의 이름, 수험번호 및 정답의 기입은 배부된 펜을 사용하여 주십시오.

   Use the given pen only.

5. 정답은 답안지에 정확하게 표시하여 주십시오.

   Mark your answer accurately and clearly on the answer sheet.

   marking example

6. 문제를 읽을 때에는 소리가 나지 않도록 하십시오.

   Keep quiet while answering the questions.

7. 질문이 있을 때에는 손을 들고 감독관이 올 때까지 기다려 주십시오.

   When you have any questions, please raise your hand.

TOPIK II 듣기 (1번~50번)

※ [1~3] 다음을 듣고 가장 알맞은 그림 또는 그래프를 고르십시오. (각 2점)

1.

①

②

③

④

2.

①

②

③

④

3. ① 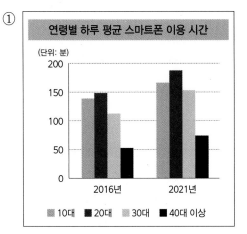 ②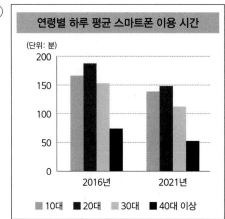

③ 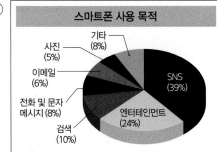 ④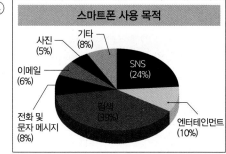

※ [4~8] 다음을 듣고 이어질 수 있는 말로 가장 알맞은 것을 고르십시오. (각 2점)

4. ① 굽이 높아서 불편했었나 봐요.

② 발이 아플까 봐 걱정되시는군요.

③ 그럼 다른 색상으로 찾아볼게요.

④ 유행하는 디자인으로 보여 드릴게요.

5. ① 갈아타는 것도 많이 어려워.

② 이참에 버스를 한번 타 볼게.

③ 그러면 아침에 조금 일찍 만나자.

④ 버스로 갈아타 보는 것도 좋을 거야.

6. ① 결석하지 않게 조심할게요.

② 생각보다 높아서 놀랐어요.

③ 출석 점수가 높으면 좋겠어요.

④ 저는 수업에 빠진 적이 없어요.

7. ① 천천히 맛있게 드세요.

② 제가 가게에서 사 올게요.

③ 배달 음식 메뉴판을 가져올게요.

④ 배달이 빨리 와서 정말 다행이에요.

8. ① 열심히 일할 걸 그랬어요.

② 정말 가고 싶은데 아쉬워요.

③ 이번 달에도 휴가를 가서 좋아요.

④ 그럼 휴가 신청서를 제출하겠습니다.

※ [9~12] 다음을 듣고 여자가 이어서 할 행동으로 가장 알맞은 것을 고르십시오. (각 2점)

9. ① 남자에게 상품을 가져다준다.

② 남자가 고른 물건을 계산한다.

③ 진열대에 상품을 채워 넣는다.

④ 창고에서 상품을 찾아서 온다.

10. ① 회식에 참가하는 인원을 파악한다.

② 식당에 전화해서 자리를 예약한다.

③ 게시판에 회식에 관한 내용을 알린다.

④ 직원들에게 먹고 싶은 메뉴를 묻는다.

11. ① 남자의 연락을 기다린다.

② 남자에게 전화번호를 묻는다.

③ 제주도 여행 상품을 예약한다.

④ 예약이 가능한 날짜를 알려 준다.

12. ① 학생회관으로 간다.

② 학교 앞 은행에 간다.

③ 학생회관에 전화한다.

④ 성적 증명서를 발급받는다.

※ [13~16] 다음을 듣고 들은 내용과 같은 것을 고르십시오. (각 2점)

13. ① 여자는 수강료를 할인받을 수 있다.

② 여자는 학원에서 일을 한 적이 있다.

③ 남자는 학원에서 여자를 본 적이 있다.

④ 수강증이 있어야 학원에 등록할 수 있다.

14. ① 주말에는 주차장 이용이 불가능하다.

② 쇼핑을 한 고객은 주차비가 무료이다.

③ 오늘 패션쇼에 나온 옷은 신상품이다.

④ 패션쇼를 본 고객은 할인받을 수 있다.

15. ① 반드시 자기소개서를 가지고 가야 한다.

② 취업을 한 적 있는 청년은 참가할 수 없다.

③ 일자리 박람회는 당일 날 참가가 가능하다.

④ 일자리 박람회는 청년들에 의해서 만들어졌다.

16. ① 시민들이 공원 설립을 원하였다.

② 시민들이 공원 디자인에 참여한다.

③ 이 공원은 평화의 날에 만들어진다.

④ 공터는 시민들이 이용하는 장소였다.

※　[17~20] 다음을 듣고 <u>남자</u>의 중심 생각으로 가장 알맞은 것을 고르십시오. (각 2점)

17. ① 취미로 외국어를 배우는 것이 좋다.

② 외국어를 배우려면 학원에 다녀야 한다.

③ 외국어를 공부하면서 시험을 봐야 한다.

④ 외국어를 공부할 때는 목표를 정해야 한다.

18. ① 스트레스는 바로바로 풀어 줘야 한다.

② 스트레스를 많이 받으면 병이 생긴다.

③ 스트레스는 풀지 않으면 더 많이 쌓인다.

④ 스트레스를 받으면 아무것도 하지 말아야 한다.

19. ① 범죄자 이름을 알면 범죄를 막을 수 있다.

② 인터넷에 범죄자의 이름을 공개해야 한다.

③ 범죄자들은 또 다른 사람에게 피해를 준다.

④ 죄 없는 범죄자 가족들은 보호해 줘야 한다.

20. ① 어린아이들은 어릴 때 부모의 관심이 필요하다.

② 전자 제품은 사용 시간을 정하고 사용해야 한다.

③ 전자 제품을 많이 쓰면 눈과 목뼈가 안 좋아진다.

④ 전자 제품을 사용할 때 좋은 습관을 가져야 한다.

※ **[21~22] 다음을 듣고 물음에 답하십시오. (각 2점)**

21. 남자의 중심 생각으로 가장 알맞은 것을 고르십시오.

   ① 밤에 잠을 일찍 자는 것이 좋다.

   ② 잠들기 전에 텔레비전을 보면 안 된다.

   ③ 피곤한 이유는 밤에 잠을 못 자서이다.

   ④ 불면증을 고치려면 생활 습관을 바꿔야 한다.

22. 들은 내용과 같은 것을 고르십시오.

   ① 남자는 밤에 늦게 자는 편이다.

   ② 남자는 최근에 불면증에 걸렸다.

   ③ 여자는 요즘 생활 습관을 바꿨다.

   ④ 여자는 밤늦게까지 텔레비전을 본다.

※ **[23~24] 다음을 듣고 물음에 답하십시오. (각 2점)**

23. 남자가 무엇을 하고 있는지 맞는 것을 고르십시오.

   ① 소액 결제 방법에 대해 물어보고 있다.

   ② 소액 결제의 문제에 대해 이야기하고 있다.

   ③ 휴대 전화 요금 종류에 대해 알아보고 있다.

   ④ 자신의 휴대 전화 요금에 대해 문의하고 있다.

24. 들은 내용과 같은 것을 고르십시오.

   ① 남자는 소액 결제 제도로 휴대 전화를 샀다.

   ② 남자는 이번 달에 휴대 전화로 물건을 샀다.

   ③ 남자는 소액 결제로 10만 원 이상 사용하였다.

   ④ 휴대 전화 요금보다 소액 결제 요금이 많이 나왔다.

25. 남자의 중심 생각으로 가장 알맞은 것을 고르십시오.

① 채식을 해야 건강하게 살 수 있다.

② 경제가 발전해서 고기를 많이 먹게 되었다.

③ 짜고 매운 식단 위주의 식습관은 암을 유발한다.

④ 맵고 짠 식단은 고기를 자주 먹는 것보다 위험하다.

26. 들은 내용과 같은 것을 고르십시오.

① 경제 성장으로 인해 식습관이 변했다.

② 야채와 고기를 둘 다 먹어야 건강하다.

③ 고기를 많이 먹으면 암에 걸릴 수 있다.

④ 과거의 한국인들은 고기를 즐겨 먹었다.

27. 남자가 말하는 의도로 알맞은 것을 고르십시오.

① 경복궁에 함께 가자고 부탁하기 위해

② 경복궁 관람의 중요성을 강조하기 위해

③ 경복궁 관람에 대한 정보를 제공하기 위해

④ 경복궁 관람 신청 방법에 대해 소개하기 위해

28. 들은 내용과 같은 것을 고르십시오.

① 경복궁은 이번에 무료로 개방한다.

② 남자는 경복궁에서 일하는 직원이다.

③ 사전 예약을 하지 않아도 들어갈 수 있다.

④ 경복궁은 매달 마지막 주 화요일이 휴궁일이다.

29.   남자가 누구인지 고르십시오.

    ① 곤충학자

    ② 생태학자

    ③ 정부 관계자

    ④ 문화재 연구원

30.   들은 내용과 같은 것을 고르십시오.

    ① 흰개미는 나무와 낙엽을 먹이로 삼는다.

    ② 외래종보다 국내종 흰개미가 더 위험하다.

    ③ 흰개미는 목조의 얇은 곳만 갉아 먹는 특성이 있다.

    ④ 흰개미로부터 피해를 입은 문화재의 수는 많지 않다.

※   [31~32] 다음을 듣고 물음에 답하십시오. (각 2점)

31.   남자의 중심 생각으로 가장 알맞은 것을 고르십시오.

    ① 다른 과목을 줄이고 체육 수업 시간을 늘려야 한다.

    ② 체육 활동을 통해 학생들이 사회성을 키울 수 있다.

    ③ 학교는 학생들이 공부를 할 수 있게 배려해야 한다.

    ④ 성적이 좋은 학생들은 반드시 체육 활동을 해야 한다.

32.   남자의 태도로 가장 알맞은 것을 고르십시오.

    ① 앞으로 발생할 일에 대해 예상하고 있다.

    ② 상대방의 의견에 대한 지지를 보내고 있다.

    ③ 예상되는 문제점에 대해 질문을 하고 있다.

    ④ 상대방의 의견에 대해 강하게 반박하고 있다.

33. 무엇에 대한 내용인지 알맞은 것을 고르십시오.

    ① 존중받기를 원하는 심리

    ② 말을 잘하는 사람의 특징

    ③ 사람을 대할 때 중요한 것

    ④ 대화법을 배워야 하는 이유

34. 들은 내용과 같은 것을 고르십시오.

    ① 대화 기술이 좋으면 진심은 중요하지 않다.

    ② 사람을 대할 때 말을 잘하는 것이 중요하다.

    ③ 설득하는 대화법이 어떤 것인지 이해가 필요하다.

    ④ 사람들은 누구나 존중받기를 원하는 심리가 있다.

35. 남자가 무엇을 하고 있는지 고르십시오.

    ① 설문 조사 결과를 분석하여 안내하고 있다.

    ② 리서치 회사의 성장 과정을 보고하고 있다.

    ③ 설문지 분석 자료를 창업에 활용하고 있다.

    ④ 새로운 프로그램 개발에 참여를 요청하고 있다.

36. 들은 내용과 같은 깃을 고르십시오.

    ① 지금 회사를 창업을 하면 창업 비용이 가장 많이 든다.

    ② 새 회사들은 비전문가를 위한 프로그램을 만들고 있다.

    ③ 개발자들은 응용 프로그램의 가격을 계속 높게 팔았다.

    ④ 비전문가들이 고급 소프트웨어를 쉽게 사용할 수 있게 되었다.

37. 여자의 중심 생각으로 가장 알맞은 것을 고르십시오.

① 한창 배울 때는 많이 먹어야 한다.

② 아침을 잘 먹어야 학습 능력을 발휘할 수 있다.

③ 편식은 영유아기 때부터 습관을 바로잡아야 한다.

④ 건강 비결은 평소 생활 습관을 바르게 하는 것이다.

38. 들은 내용과 같은 것을 고르십시오.

① 패스트푸드 음식은 안 먹는 것이 좋다.

② 편식은 초등학교 때부터 신경을 써야 한다.

③ 자녀들이 어린 시기에 충치 예방이 중요하다.

④ 고칼로리 음식은 성장기에 되도록 많이 먹어야 한다.

※ [39~40] 다음을 듣고 물음에 답하십시오. (각 2점)

39. 이 대화 전의 내용으로 가장 알맞은 것을 고르십시오.

① 비만의 원인은 개인의 의지 부족 때문이다.

② 특정 유전자를 가진 사람은 비만이 되기 쉽다.

③ 비만의 원인은 음식 섭취와 운동의 불균형이다.

④ 비만은 각종 질환의 원인이 되므로 주의해야 한다.

40. 들은 내용과 같은 것을 고르십시오.

① 비만을 치료해야 암에 걸리지 않는다.

② FTO 유전자는 신진대사를 조절할 수 없다.

③ 유전자가 변형되지 않은 쥐는 50%나 날씬해졌다.

④ 비만 치료법에 대한 연구는 아직 완성되지 않았다.

41. 들은 내용과 같은 것을 고르십시오.

① 실험에 참가한 초등학생은 모두 지능이 높았다.

② 교사들은 실험 내용에 대해 정확히 알고 있었다.

③ 무작위로 선별된 학생들이 실험의 대상이 되었다.

④ 실험에 참가한 학생들은 지능이 높아지지 않았다.

42. 이 강연의 중심 내용으로 가장 알맞은 것을 고르십시오.

① 사람들은 타인의 말에 영향을 많이 받는다.

② 타인에게 기대를 갖고 긍정적인 말을 해야 한다.

③ 사람들은 타인의 기대에 부응하려는 경향이 있다.

④ 교사는 학생들을 긍정적인 시각으로 바라보아야 한다.

※ [43~44] 다음을 듣고 물음에 답하십시오. (각 2점)

43. 멀티 태스킹이 뇌의 피로를 유발하는 이유로 맞는 것을 고르십시오.

① 일정 간격으로 일과 휴식을 반복하기 때문에

② 뇌의 과부화로 인해 기억력과 집중력이 나빠지기 때문에

③ 여러 정보 중 중요한 것을 구별해 내서 기억해 내야 하므로

④ 일정 간격으로 일과 휴식을 반복하는 것을 어렵게 만들어서

44. 무엇에 대한 내용인지 알맞은 것을 고르십시오.

① 멀티 태스킹은 주의력과 기억력을 낮춘다.

② 멀티 태스킹은 가장 효율적인 일 처리 방식이다.

③ 뇌를 효율적으로 사용하려면 중간에 휴식을 취해야 한다.

④ 멀티 태스킹은 비효율적이므로 하나씩 일 처리하는 것이 좋다.

45. 들은 내용과 같은 것을 고르십시오.

    ① 멸종 위기에 처한 동식물은 이미 희망이 없다.

    ② 생물 종의 복원 프로젝트는 실제로 효과가 있었다.

    ③ 전 세계 동식물 10만여 종이 멸종 위기에 처해 있다.

    ④ 생물 종 복원 프로젝트로 인해 멸종된 종이 3~4배 늘었다.

46. 여자가 말하는 방식으로 알맞은 것을 고르십시오.

    ① 연도별로 분류하여 해결책을 제시하고 있다.

    ② UN의 견해에 대해 논리적으로 반박하고 있다.

    ③ 청중의 동의를 구하며 자신의 주장을 펼치고 있다.

    ④ 연구 자료를 근거로 자신의 의견을 제시하고 있다.

※ [47~48] 다음을 듣고 물음에 답하십시오. (각 2점)

47. 들은 내용과 같은 것을 고르십시오.

    ① 한국은 우울증의 치료 접근성이 가장 높다.

    ② 코로나로 인해 전 세계적으로 우울증을 앓는 사람이 급증했다.

    ③ 한국인은 자신의 우울증을 인지하고 치료하겠다는 인식이 높은 편이다.

    ④ 우울증을 마음의 감기라고 부르는 것은 감기처럼 혼자 이겨 낼 수 있기 때문이다.

48. 남자가 말하는 방식으로 알맞은 것을 고르십시오.

    ① 여자가 제시한 내용에 일부만 동의하고 있다.

    ② 여자가 제시한 내용에 새로운 방향을 제시한다.

    ③ 여자가 제시한 내용의 장단점을 분석하고 있다.

    ④ 여자가 제시한 내용을 근거를 들어 뒷받침하고 있다.

※ [49~50] 다음을 듣고 물음에 답하십시오. (각 2점)

49. 들은 내용과 같은 것을 고르십시오.

　① 울돌목은 바다가 울기 때문에 붙인 이름이다.

　② 울돌목의 유속은 보통 바다에 비해 6배 빠르다.

　③ 울돌목은 이순신 장군이 전쟁에서 승리한 곳이다.

　④ 울돌목에서 2012년에 연구용 조류 발전소를 건설하였다.

50. 남자가 말하는 방식으로 알맞은 것을 고르십시오.

　① 한국의 물을 이용한 에너지 개발 세태를 비판하고 있다.

　② 대체 에너지로서의 조력 발전의 유용성을 전망하고 있다.

　③ 조력 발전소의 입지 조건에 대해 설명하면서 예를 들고 있다.

　④ 조류 발전소를 설치했을 때 가져올 이점에 대해 분석하고 있다.

※ [51~52] 다음 글의 ㉠과 ㉡에 알맞은 말을 각각 쓰시오. (각 10점)

51.

고객 상담 게시판 ··

제목: **바지를 교환하고 싶습니다.**

안녕하세요? 저는 지난주 금요일에 바지를 주문했습니다. 토요일에 옷을 받았는데 바지의 색깔과 디자인은 온라인 쇼핑몰 사진처럼 예쁩니다.

그런데 (㉠   ). 그래서 크기가 작은 바지로 교환하고 싶습니다.
(㉡   ). 제 연락처는 010-2233-4455이며, 이메일 주소는 khu4455@khu.com입니다.

52.

변화는 누구에게나 낯설고 두렵게 느껴진다. 그래서 편안하고 익숙한 (㉠   ). 그러나 사회는 끊임없이 변화하고 있으며 변화에 적응하지 못하고 제자리에 있게 되면 더 이상의 발전을 기대하기 어렵다. 변화를 두려워하는 원인은 자기 자신에게 있기 때문에 해결책 또한 대부분 자신의 마음속에서 찾을 수 있다. 결국 변화를 가로막는 가장 큰 방해물은 자기 자신이므로 (㉡   ). 그렇지 않을 경우 아무것도 변화되지 않는다.

53. 다음은 60대 이상의 노인 남녀 500명을 대상을 '가장 원하는 복지 서비스'와 '현재 느끼는 가장 큰 어려움'이 무엇인지에 대한 설문 조사 자료이다. 이 내용을 200~300자의 글로 쓰시오. 단, 글의 제목은 쓰지 마시오. (30점)

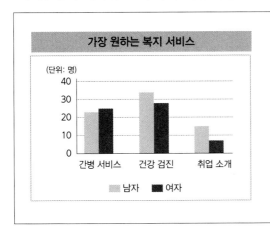
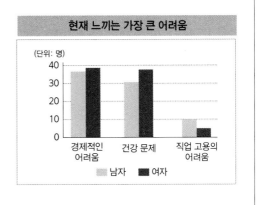

54. 다음을 참고하여 600~700자로 글을 쓰시오. 단, 문제를 그대로 옮겨 쓰지 마시오. (50점)

> 인터넷을 활용한 비대면 수업 방식이 활성화되면서 언제, 어디서나, 누구든지 자기 스스로 공부를 할 수 있게 되었습니다. 이러한 사이버 학습이 가져온 변화가 교육에 미치는 영향이 무엇인지 교육의 내용과 방법을 중심으로 자신의 생각을 쓰십시오. 그리고 교사와 학습자의 측면에서 비대면 수업을 제대로 활용하는 방법과 그 효과를 중심으로 쓰십시오.

* 원고지 쓰기의 예

	머	리	는		언	제		감	는		것	이		좋	을	까	?		사
람	들	은		보	통		아	침	에		머	리	를		감	는	다	.	그

제1교시 듣기, 쓰기 시험이 끝났습니다. 제2교시는 읽기 시험입니다.

제10회 FiNAL 실전 모의고사

The 10th Final Actual Tests

TOPIK II

2교시	읽기

수험번호 (Registration No.)	
이 름 (Name)	한국어 (Korean)	
	영 어 (English)	

유 의 사 항
Information

1. 시험 시작 지시가 있을 때까지 문제를 풀지 마십시오.

   Do not open the booklet until you are allowed to start.

2. 수험번호와 이름을 정확하게 적어 주십시오.

   Write your name and registration number on the answer sheet.

3. 답안지를 구기거나 훼손하지 마십시오.

   Do not fold the answer sheet; keep it clean.

4. 답안지의 이름, 수험번호 및 정답의 기입은 배부된 펜을 사용하여 주십시오.

   Use the given pen only.

5. 정답은 답안지에 정확하게 표시하여 주십시오.

   Mark your answer accurately and clearly on the answer sheet.

6. 문제를 읽을 때에는 소리가 나지 않도록 하십시오.

   Keep quiet while answering the questions.

7. 질문이 있을 때에는 손을 들고 감독관이 올 때까지 기다려 주십시오.

   When you have any questions, please raise your hand.

TOPIK II 읽기(1번~50번)

※ [1~2] (   )에 들어갈 말로 가장 알맞은 것을 고르십시오. (각 2점)

1. 우리는 (   ) 자기가 할 일을 남에게 미루지 말고 스스로 해야 한다.

① 피곤하고도   ② 피곤한 탓에

③ 피곤하더라도   ④ 피곤한 대신에

2. 수학 문제가 너무 어려웠지만 포기하지 않고 끝까지 (   ).

① 파 놓았다   ② 파고들었다

③ 파나 싶었다   ④ 파는 셈 쳤다

※ [3~4] 밑줄 친 부분과 의미가 가장 비슷한 것을 고르십시오. (각 2점)

3. 퇴근하는 대로 출발하면 7시까지 세미나 장소에 도착할 수 있다.

① 퇴근할 때   ② 퇴근하자마자

③ 퇴근하는 김에   ④ 퇴근한 다음에

4. 정부에서 서민을 위한 정책을 내놓았지만 반대에 부딪혀 그만둬야 했다.

① 그만두기로 했다   ② 그만둘 수밖에 없었다

③ 그만두는 것이 당연했다   ④ 그만두는 둥 마는 둥 했다

※ [5~8] 다음은 무엇에 대한 글인지 고르십시오. (각 2점)

5.

> ### 한 알로 두통, 치통, 생리통 꽉 잡았습니다!

① 진통제   ② 소화제   ③ 영양제   ④ 비타민

6.

> 지금 구입하시면 10% 할인에, 제품을 하나 더 드립니다.
> 5분이 지나면 이 모든 혜택이 사라집니다.
> 지금 빨리 전화 주세요.

① 백화점   ② 홈쇼핑   ③ 할인 매장   ④ 온라인 매장

7.

>  위　험
> 장마로 인하여 교통이 통제되었습니다.
> 다른 길로 돌아서 가십시오.

① 교통수단   ② 안전 관리   ③ 운전 방법   ④ 공사 안내

8.

> ### 더 넓은 장소에서! 새로운 모습으로!
> 다음 달 1일부터 맞은편 건물 2층에서 여러분을 모시겠습니다.

① 개업 안내   ② 폐업 안내   ③ 휴업 안내   ④ 이전 안내

※ [9~12] 다음 글 또는 그래프의 내용과 같은 것을 고르십시오. (각 2점)

9.

한아름 가족을 모십니다

- ■ **모집 분야:** 마케팅 분야 교육 강사
- ■ **지원 자격:** 캐나다 내 취업에 결격 사유가 없는 자 (영어 능통자 우대)
- ■ **지원 서류:** 자기소개서를 포함한 영문 및 한글 이력서
- ■ **지원 방법:** 직접 방문 접수 (자세한 사항은 홈페이지 확인)
- ■ **직원 혜택:** 캐나다 파견 근무, 숙식 제공, 필요시 영어 교육비 지원

① 뽑히면 캐나다에서 일하게 된다.

② 홈페이지에 들어가서 직접 지원하면 된다.

③ 마케팅 업무 담당 직원을 뽑는 구직 광고이다.

④ 영어를 잘하는 사람에게 영어 교육비를 지원한다.

10.

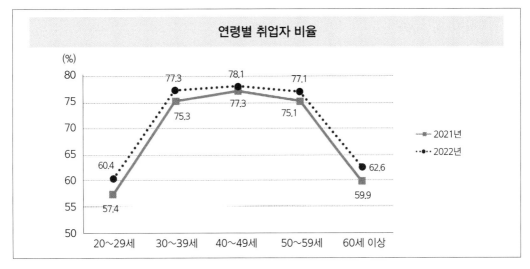

① 2022년에 60세 이상은 절반 이상이 취업자였다.

② 2022년에는 50~59세 취업자의 비율이 가장 적었다.

③ 40~49세의 취업률은 2021년이나 2022년이나 변함이 없다.

④ 40세 이상의 취업률은 감소했고, 40세 이하의 취업률은 증가했다.

11.

> 캠핑이 대중화되면서 많은 사람들이 캠핑을 떠나는 가운데 차박이 인기를 끌고 있다. 차박은 '차에서 숙박하는 것'을 의미하는 말로, 텐트 등 캠핑 장비에 대한 공간적, 시간적 부담을 줄여 준다는 장점이 있다. SUV 차량의 인기와 함께 차박을 선호하는 사람들도 늘고 있다. 다만 차 안에서 잘 수 있는 인원은 한계가 있고, 장기간 캠핑을 하기에는 적합하지 않다는 점에서 호불호가 나뉜다.

① 차박은 호불호 없이 모두가 선호하는 캠핑 방법이다.
② 캠핑이 대중화되면 차박이 인기를 끌 것으로 예측된다.
③ 차박을 하면 캠핑 장비에 대한 공간적, 시간적 부담이 늘어난다.
④ SUV 차량의 구입이 늘면서 차박을 하려는 사람도 늘어나고 있다.

12.

> 대학의 수강 신청이나 유명 가수의 콘서트 예매 때면 포털 사이트의 인기 검색어 순위에 어김없이 '원자시계'가 등장한다. 한국의 표준시와 컴퓨터의 시계를 정확하게 맞추려는 사람이 많아서 생긴 현상이다. 포털이나 이동 통신사도 원자시계를 사용하기 때문에 컴퓨터 시계를 여기에 맞추면 수강 신청이나 예매 성공 확률이 미세하나마 높아진다고 한다.

① 원자시계가 없으면 콘서트 표를 예매할 수 없다.
② 포털 사이트의 인기 검색어에는 항상 원자시계가 있다.
③ 컴퓨터 시계를 원자시계에 맞추면 예매 성공률이 급격히 높아진다.
④ 수강 신청이나 예매에 성공하려면 컴퓨터 시계를 원자시계에 맞추면 좋다.

13.

> (가) 보존 과학자는 파손된 유물에 새 생명을 불어 넣는 예술가라고 할 수 있다.
>
> (나) 조사를 마친 유물은 재질에 따라 이를 담당하는 연구실에서 복원, 보존 처리된다.
>
> (다) 박물관에 유물이 들어오면 먼저 유물의 제작 시기, 재료, 제작 방법 등을 조사한다.
>
> (라) 이때 연구실에서 유물을 복원하고 보존 처리를 하는 사람을 보존 과학자라고 한다.

① (가)-(다)-(나)-(라)　　　　② (가)-(라)-(다)-(나)

③ (다)-(나)-(라)-(가)　　　　④ (다)-(라)-(나)-(가)

14.

> (가) 하지만 만 65세 이상을 노인으로 분류하는 정책이 많다.
>
> (나) 기초연금이나 노인장기요양보험 적용 시기가 대표적이다.
>
> (다) 따라서 노인으로 인식되는 연령은 65세 이상이라고 볼 수 있다.
>
> (라) 현재 노인으로 규정할 수 있는 나이를 정해 놓은 국내법은 없다.

① (나)-(가)-(라)-(다)　　　　② (나)-(다)-(가)-(라)

③ (라)-(가)-(나)-(다)　　　　④ (라)-(나)-(다)-(가)

15.

> (가) 봄철에 자주 피곤하고 졸린 증상을 춘곤증이라고 한다.
>
> (나) 사람들은 보통 춘곤증이 있을 때 음식으로 해결하려고 한다.
>
> (다) 그러나 먹는 것보다 중요한 것은 생활 리듬을 제대로 갖춰 나가는 것이다.
>
> (라) 이는 겨울에 맞춰졌던 생체 리듬이 봄이 되면서 바뀌는 과정에서 발생한다.

① (가)-(나)-(라)-(다)　　　　② (가)-(라)-(나)-(다)

③ (나)-(다)-(라)-(가)　　　　④ (나)-(라)-(가)-(다)

※ [16~18] (　)에 들어갈 말로 가장 알맞은 것을 고르십시오. (각 2점)

16.

> 한국은 지진의 중심권에서 벗어나 있어서 지진이 상대적으로 자주 발생하지 않는 편이다. 하지만 지진으로부터 (　　　　). 현존하는 역사서인 '삼국사기'에도 지진에 관한 기록이 보이며, '조선왕조실록'에도 지진이라는 단어가 등장한다. 과거의 사실로 미래의 지진 발생 가능성을 예측할 수 있는 것이다.

① 굉장히 자유로운 곳이다

② 많은 인명 피해가 있었다

③ 완전한 안전지대는 아니다

④ 미래의 기후를 예측할 수 있다

17.

> 여행 배낭을 쌀 때는 먼저 목적지와 여행 일정을 생각해야 한다. 꼭 필요한 것을 빼놓아서는 안 되지만, 배낭의 무게는 자기 체중의 1/3을 넘지 않는 것이 좋다. 공부를 할 때도 마찬가지다. (   ) 공부할 내용을 정하고, 지나치게 욕심을 내어 학습량을 많이 잡지 말아야 한다.

① 목표와 주어진 시간을 고려하여

② 중요한 내용을 먼저 결정한 후에

③ 학습량과 자신의 신체 조건을 생각해서

④ 자신의 지적 능력과 학습 시간을 반영하여

18.

> 요즘 중년들 사이에서 보톡스 미용 시술이 인기다. 보톡스는 칼을 대는 성형 수술에 비해 비교적 안전하고 부작용이 적다는 장점이 있다. 주로 주름 개선용으로 알려진 보톡스는 사실 (   ) 활용된다. 안과에서는 양쪽 눈의 시선이 서로 다른 사시를 교정할 목적으로, 치과에서는 턱 교정과 이갈이 완화를 위해 사용한다. 비정상적으로 땀을 많이 흘리는 다한증에도 보톡스가 효과적이다. 하지만 효과가 일시적인 것이 단점이다.

① 다양한 치료에

② 여성들의 미용을 위해

③ 성형 수술 대체 물질로

④ 일시적으로 주름을 가리고 싶을 때

※ [19~20] 다음을 읽고 물음에 답하십시오. (각 2점)

> 한국에서 삼신할머니는 아이를 낳고 기르는 일을 주관하는 여신이다. (   ) 아이를 갖게 해 주는 신이라 하여 옛날부터 아이를 기다리는 사람들에게 숭배의 대상이 되었다. 한국에서 이러한 신앙이 자리 잡은 데에는 자손에 대한 전통 사상이 큰 역할을 했다. 대를 이을 아들을 낳지 못하는 여인들이 평생을 죄인처럼 지내야 했던 사회적 관습 속에서 아이가 없는 여인들이 무엇에라도 빌고 싶은 마음을 가지는 것은 당연한 일이었다.

19. (   )에 들어갈 말로 가장 알맞은 것을 고르십시오.
   ① 특히   ② 먼저   ③ 달리   ④ 한편

20. 윗글의 주제로 가장 알맞은 것을 고르십시오.
   ① 한국에는 삼신할머니를 모시는 전통이 있었다.
   ② 옛날에는 아들을 낳아야 대를 잇는다고 생각했다.
   ③ 삼신할머니는 아이를 양육해 주는 신으로 중요한 역할을 한다.
   ④ 과거에 아이가 없는 여인들은 삼신할머니께 빌어 아이를 얻고자 했다.

※ [21~22] 다음을 읽고 물음에 답하십시오. (각 2점)

> 늘 젊은이들로 북적이는 대림 미술관은 미술품 전시회보다 (   ) 부대 행사가 더 인기 있는 미술관이다. 홍대 앞 파티 문화를 전시장에 도입했고, 밴드 공연도 하고, DJ가 랩을 선보이기도 한다. 대림 미술관이 지향하는 이미지는 명료하다. '재미있는 미술관'이다. 사진 촬영에 제한을 두는 기존 미술관과는 달리 마음껏 사진도 찍을 수 있어 사람들은 미술관이 더 이상 멀게 느껴지지 않아서 좋다고 말한다. 대림 미술관은 앞으로 미술관이 지향해야 할 방향을 보여 주고 있는 것이다.

21. (   )에 들어갈 말로 가장 알맞은 것을 고르십시오.
   ① 눈 밖에 난   ② 구색을 맞춘
   ③ 찬물을 끼얹는   ④ 어깨를 나란히 하는

22. 윗글의 내용과 같은 것을 고르십시오.

① 대림 미술관은 부대 행사가 많아서 인기가 많다.

② 다른 미술관은 전시품뿐만 아니라 부대 행사를 진행한다.

③ 대림 미술관은 미술관이 발전해 온 역사를 보여 주는 곳이다.

④ 다른 미술관에서도 시민들에게 언제든지 사진을 찍을 수 있다.

※ [23~24] 다음을 읽고 물음에 답하십시오. (각 2점)

대학에서 학생들을 가르치는 즐거움 중 하나는 사시사철 변모하는 캠퍼스의 아름다움을 온몸으로 느낄 수 있다는 것이다. 아직 바람이 차가운 입학식 즈음에는 매화가, 개강을 할 때쯤에는 진달래, 개나리, 목련이 핀다. 중간고사 즈음에는 단연 벚꽃이다. 계절의 여왕, 5월에는 장미꽃이 피다가 여름 방학이 시작되면 나팔꽃, 해바라기가 보인다. 이윽고 책상 위에 꽂힌 국화를 보면서 나는 가을이 왔음을 안다. 이 꽃들 중에서 어떤 꽃이 가장 훌륭한가? 이것은 참으로 어리석은 질문이다. 가장 훌륭한 꽃이란 없다. 저마다 훌륭하다. 꽃들도 저렇게 자신이 피어야 할 시기를 잘 알고 있는데, 왜 인간들은 하나같이 동백처럼 초봄에 피어나지 못해 안달인가?

23. 밑줄 친 부분에 나타난 나의 심정으로 알맞은 것을 고르십시오.

① 답답하다   ② 서운하다

③ 섭섭하다   ④ 허무하다

24. 윗글의 내용과 같은 것을 고르십시오.

① 나는 대학에서 꽃을 기꾸는 일올 한다.

② 중간고사를 볼 때쯤에는 장미꽃이 핀다.

③ 사람들은 동백처럼 일찍 피는 꽃을 몹시 좋아한다.

④ 계절마다 바뀌는 캠퍼스의 모습을 보는 것이 즐겁다.

※ [25~27] 다음 신문 기사의 제목을 가장 잘 설명한 것을 고르십시오. (각 2점)

25.

재미와 감동 두 마리 토끼 잡아, 늦은 시간대에도 시청률 쑥쑥

① 재미와 감동을 주기 때문에 늦은 시간에 방송되지만 시청률이 높다.

② 재미와 감동이 없어서 시청률이 낮은 시간으로 방송 시간을 옮겼다.

③ 재미와 감동이 있어서 시청률이 높은 시간으로 방송 시간이 변경되었다.

④ 재미와 감동이 없기 때문에 방송 시간을 바꾸어도 시청률이 계속 떨어진다.

26.

장밋빛만은 아니었던 이민 생활, 이주민 센터에서 위안 얻어

① 행복하지 못한 이민자가 많아서 이주민 센터가 확대되었다.

② 이주민 센터로부터 아름다운 이민 생활 방법에 대해 배웠다.

③ 이주민 센터에서 받은 위로로 행복한 이민 생활을 꿈꾸게 되었다.

④ 이민 생활을 하면서 힘들었던 마음을 이주민 센터에서 위로받았다.

27.

한 번 고장 나면 끝? 시행착오 반복하며 스스로 해법 찾는 로봇 등장

① 로봇은 한 번 고장 나면 다른 방법이 없다.

② 고장이 나면 스스로 해결하는 로봇이 나왔다.

③ 고장 났을 때 한 번에 해결 방법을 찾는 로봇이 나왔다.

④ 로봇은 시행착오를 반복하기 때문에 고장 나면 끝이다.

※ [28~31] (　)에 들어갈 말로 가장 알맞은 것을 고르십시오. (각 2점)

28.

　　'눈치가 빠르다'는 말은 다른 사람의 말과 몸짓을 읽어서 포착한 정보를 분석하는 능력이 뛰어나다는 말이다. 우리의 언어생활에서 자주 쓰이는 언어 표현은 몇 가지 안 되지만 우리가 대화 중에 쓰는 표정과 몸짓은 대략 25만 가지가 넘는다. 눈치가 빠른 사람들은 (　　　　　) 상대방의 진심을 파악하는 것이다. 눈치가 빠른 사람은 대화 상황에서 언어와 몸짓을 결합해서 민감하게 맥락을 이해한다. 그러니 입으로 거짓말을 하고 상대를 속였다고 안심하면 안 된다.

① 말과 표정을 읽어서

② 표정과 몸짓을 보고

③ 상대방의 눈치를 보고

④ 상대방의 마음을 읽어서

29.

　　과거에는 시청률 1위를 기록하는 드라마가 방영되는 시간대에는 수돗물 사용량과 술집 매상이 떨어졌다고 한다. 이는 당시에 텔레비전 방송이 우리 생활에서 (　　　　　) 단적으로 보여 준다. 그런데 오늘날에는 방송 시간에 맞춰 텔레비전으로 드라마를 시청하기보다는 자신이 원할 때, 텔레비전, 태블릿 PC, 스마트폰 등 여러 기기를 통해서 편하게 드라마를 시청할 수 있게 되었다. 과거와 달리 텔레비전 방송이 사람들에게 미치는 영향력이 약화된 것이다.

① 외면당하고 있었다는 것을

② 일부분에 불과했다는 것을

③ 큰 비중을 차지했다는 것을

④ 확대될 가능성이 컸다는 것을

30.

시험 전에는 머릿속에 지식과 온갖 정보로 가득했는데 시험이 일단 끝나면 공부한 내용을 모두 잊어버려서 머리가 완전히 빈 것처럼 느껴지는 경험을 해 보았을 것이다. 이것을 '자이가르닉 효과'라고 부른다. 러시아 심리학자, 자이가르닉은 미완성된 과업이 정신적 긴장을 만든다는 이론을 만들었다. 이것은 사람들이 미완성된 과업에 대해 걱정하며 최대한 빨리 그것을 끝내려고 한다는 뜻이다. 사람들은 (   ) 동기 부여를 받는다.

① 종결을 하려는 욕구에 의해

② 새로운 시작을 하려는 열망에 의해

③ 일의 과정을 즐기려는 생각에 의해

④ 잊어버린 기억을 찾으려는 노력에 의해

31.

(   ) 살아남는 지구 최강의 생명체, 곰벌레에 대한 새로운 사실이 발견되었다. 곰벌레는 지금까지 영상 150도, 영하 273도의 온도에서도 살아남을 수 있고, 심지어 치명적인 농도의 방사성 물질에 노출되어도 죽지 않는다고 알려져 있었다. 그러나 곰벌레가 활동 상태로 고온에 장시간 노출되면 죽는다는 사실이 밝혀졌다. 인류는 지구 온도가 2도만 높아져도 멸종할 확률이 높은 만큼, 곰벌레가 고온 환경에서 어떻게 적응하는지 연구하는 것이 중요하다고 과학자들은 밝혔다.

① 극한의 환경에서도

② 주변 환경이 자신에게 잘 맞을 때만

③ 바퀴벌레가 생존하기 유리한 곳에서도

④ 생명체가 적응하기에 적합한 조건에서만

※ [32~34] 다음을 읽고 글의 내용과 같은 것을 고르십시오. (각 2점)

32.

> 이누이트인들은 이글루 안이 추울 때 바닥에 물을 뿌린다. 여름철 마당에 뿌린 물은 증발되면서 열을 흡수하기 때문에 시원하지만, 이글루 바닥에 뿌린 물은 곧 얼면서 열을 방출하기 때문에 실내 온도가 올라간다. 이글루에는 찬물보다 뜨거운 물을 뿌리는 것이 더 효과적이다. 이누이트인들이 과학적 원리를 이해하고 이글루를 짓지는 않았을 것이다. 이글루에는 극한 지역에서 살아가는 사람들이 경험을 통해 터득한 삶의 지혜가 담겨 있다.

① 여름에 마당에 물을 뿌리면 따뜻해진다.

② 이글루 안에 물을 뿌리면 실내가 추워진다.

③ 이누이트인들은 과학적 방법으로 이글루를 지었다.

④ 이누이트인들은 경험을 바탕으로 이글루를 만들어서 생활한다.

33.

> 게스트 하우스로 운영되는 독특한 한옥이 있다. 이 집은 방마다 국악기가 하나씩 놓여 있어서 손님이 직접 연주해 볼 수 있다. 방 크기는 악기 크기로 미루어 짐작할 수 있다. 가야금이 있는 방은 3명이 묵을 수 있고, 해금이 있는 방은 2명이, 피리가 있는 방은 혼자 지내기 좋다. 2만 원을 더 내면 게스트 하우스에서 7분 거리에 있는 공방에서 전통주와 떡 만들기 체험도 할 수 있기 때문에 내국인은 물론 외국인들에게도 인기가 많다.

① 해금은 가야금보다 작은 악기이다.

② 게스트 하우스에서 떡을 맛볼 수 있다.

③ 이 집에는 국악기가 있는 방이 하나 있다.

④ 추가 요금을 내면 피리가 있는 방을 사용할 수 있다.

34.

> 언어 예절에서는 화자가 청자를 배려하여 자신을 겸손하게 낮추는 언어 사용이 중요하다. 명령문보다는 청유문이나 의문문을 사용하면 좀 더 공손하게 표현할 수 있다. 예를 들어, 만원 버스에서 "비켜 주세요." 대신 "좀 내립시다." 또는 "내리실 거예요?"라고 하면 더 공손하다. 청자가 거절할 수 있는 여지를 남기는 말이기 때문이다. 또 "저 다음 정류장에서 내립니다."와 같이 평서문을 쓰는 것도 명령문보다 공손한 표현이다.

① 언어 예절에서는 청자가 자신을 낮추어야 한다.

② 명령문보다 평서문, 청유문, 의문문이 더 공손한 표현이다.

③ "좀 내립시다."보다 "비켜 주세요."라는 표현이 더 공손하다.

④ "비켜 주세요."는 청자가 거절할 수 있는 기회를 주는 말이다.

※ **[35~38] 다음을 읽고 글의 주제로 가장 알맞은 것을 고르십시오. (각 2점)**

35.

> 우리는 사람을 처음 만날 때 그 사람이 어떤 사람인지를 외모와 말투 등으로 빠르게 판단하게 된다. 그리고 이렇게 한번 형성된 인상은 일관성이 유지되는 경향이 강하다. 또한 어떤 사람에 대한 상반된 정보가 시간 간격을 두고 주어질 때, 먼저 습득된 정보가 뒤에 습득된 정보보다 더 큰 영향을 미친다. 따라서 처음 만날 때 좋은 인상을 주는 것이 중요하다. 사람을 소개할 때도 긍정적인 정보를 부정적인 정보보다 먼저 제시하는 것이 좋다.

① 사람의 첫인상은 쉽게 바뀌지 않는다.

② 소개할 때 솔직하게 단점을 먼저 밝혀야 한다.

③ 나중에 얻은 정보가 먼저 얻은 정보보다 중요하다.

④ 여러 번 만나야 그 사람이 어떤 사람인지 알 수 있다.

36.

> 사람은 음식만으로 균형 잡힌 영양소를 충분히 섭취할 수 없기 때문에 비타민을 복용한다. 비타민을 선택할 때는 한두 가지 영양소를 다량 함유한 것보다 모든 영양소가 골고루 들어 있는 제품을 골라야 한다. 영양소는 상호작용을 통해 시너지 효과를 나타내므로 영양소를 균형 있게 공급하는 제품을 선택하는 것이 좋다. 단, 좋은 영양소라도 지나치게 많으면 해로울 수 있으므로 최소의 양으로 최대의 영양소를 공급할 수 있는 것을 선택해야 한다.

① 사람은 음식만으로 충분한 비타민을 섭취할 수 있다.

② 비타민을 선택할 때는 기능이 특화된 제품을 고른다.

③ 좋은 영양소가 많이 들어 있는 비타민이 좋은 비타민이다.

④ 비타민 선택 시 모든 영양소가 포함된 것을 선택해야 한다.

37.

> 인공지능의 발달은 인간의 일자리를 얼마나 위협하게 될까? 이 질문에 대한 답은 관점에 따라 다양하지만, 자동화 기술의 적용 가능성이 높은 분야의 일자리를 위협할 것이라는 것에는 공감대가 형성되어 있다. 물론 자동화 기술이 적용되는 분야에서도 높은 인지력, 창의력, 판단력을 필요로 하는 고숙련 노동자가 대체되는 것은 쉽지 않을 것이다. 그러니 앞으로 우리는 인공지능이 대체할 수 없는 영역을 개발하여 기술과 보완해 일하는 법을 익혀야 할 것이다.

① 10년 뒤에는 데이터 관련 직업을 가져야 한다.

② 단순 서비스 직종은 10년 후 완전히 사라질 것이다.

③ 인공지능이 대신할 수 없는 능력을 개발할 필요가 있다.

④ 데이터 관련 직종은 뜨는 직업이고 단순 서비스 직종은 지는 직업이다.

38.

미국 미시간 대학교 연구팀은 성인 40명을 선발하여 낮잠이 업무 효율에 미치는 영향을 실험하였다. 무작위로 두 그룹으로 나누어 한 그룹은 낮잠을 자게 하고 다른 그룹은 비디오를 보게 한 후 업무를 주었다. 그 결과 낮잠을 잔 그룹이 비디오를 본 그룹에 비해 주어진 업무에 더 많은 시간을 할애한 것으로 나타났다. 또한 낮잠을 잔 그룹은 비디오를 본 그룹에 비해 충동적인 행동을 하는 경우가 적었다.

① 낮잠과 업무 효율은 관계가 없다.

② 낮잠은 업무의 효율을 높이는 데 효과적이다.

③ 낮잠을 자는 사람은 업무에 집중하지 못한다.

④ 낮잠은 충동적인 행동을 억제하는 데 도움이 된다.

※ **[39~41] 주어진 문장이 들어갈 곳으로 가장 알맞은 것을 고르십시오. (각 2점)**

39.

여름철마다 야생 버섯으로 인한 중독 사고가 발생하고 있으므로 채취에 주의해야 한다. (㉠) 최근 야생 버섯 사고는 모두 5건으로 12명이 피해를 입었고, 이 중 2명은 목숨을 잃었다. (㉡) 독버섯 중독 사고는 잘못된 상식이나 오해에서 비롯되는 경우가 많다. (㉢) 전문가는 "이는 전혀 근거가 없으며, 버섯의 색깔은 같은 종이라 해도 기온이나 습도 등 주변 환경에 따라 다를 수 있다."고 설명한다. (㉣)

〈보 기〉

대표적인 것이 '화려한 버섯은 독버섯'이라는 오해다.

① ㉠   ② ㉡   ③ ㉢   ④ ㉣

40.

앙드레 김은 한국 최초의 남성 패션 디자이너이다. (㉠) 남성 디자이너에 대한 사람들의 편견 속에서도 개성 있는 디자인으로 1966년 파리에서 한국인으로는 최초로 패션쇼를 열었다. (㉡) 한국 패션의 개척자로 평가되는 앙드레 김은 패션쇼에 당대 최고의 스타들을 모델로 등장시키는 것으로 유명하였다. (㉢) 특히 패션쇼의 마지막 부분에서 남녀 모델에게 이마를 맞대게 했는데 이 모습이 인기를 끌어 지금까지도 '앙드레 김 포즈'라고 흔히 사용된다. (㉣)

〈보 기〉

그의 무대에 서야 최고의 스타로 인정받는다는 말이 있을 정도였다.

① ㉠   ② ㉡   ③ ㉢   ④ ㉣

41.

맷돌은 곡식을 가루로 만들 때 쓰는 기구이다. (㉠) 맷돌은 곡식을 쉽게 갈 수 있도록 화강암이나 현무암처럼 단단하고 무거운 돌을 이용해서 만든다. (㉡) 맷돌은 위짝 밑부분과 아래짝 윗부분에 곡물이 잘 갈리게 도와주는 홈이 있고, 구멍이 있어 공기를 통하게 해 주어 마찰로 인한 열을 식혀 준다. (㉢) 맷돌로 곡식을 갈면 믹서와 비교했을 때 영양소의 파괴가 적어 건강에 좋은 음식을 만들 수 있다. (㉣)

〈보 기〉

맷돌은 과학적인 구조와 원리로 되어 있다.

① ㉠   ② ㉡   ③ ㉢   ④ ㉣

커피! 좋다. 그러나 경성역 홀에 한 걸음을 들여 놓았을 때 나는 내 주머니에는 돈이 한 푼도 없는 것을 깨달았다. 아득하였다. 나는 그저 맥없이 머뭇머뭇하면서 어쩔 줄을 모를 뿐이었다. 얼빠진 사람처럼 그저 이리 갔다 저리 갔다 하면서…….

(중략)

나는 어디로 쏘다녔는지 하나도 모른다. 다만 몇 시간 후에 내가 덕수궁 벤치에 앉아 있는 것을 깨달았을 때는 거의 해가 질 무렵이었다. 덕수궁은 오늘처럼 주머니가 비어 있는 날, 내가 자주 가는 곳이다. 나는 아무 데나 주저앉아서 내 자라 온 스물여섯 해를 회고하여 보았다. 몽롱한 기억 속에서는 어떤 특별한 기억도 나지 않았다. 나는 또 내 자신에게 물어보았다. 너는 인생에 무슨 욕심이 있느냐고. 그러나 있다고도 없다고도 그런 대답은 하기가 싫었다. 나는 거의 나 자신의 존재를 인식하기조차도 어려웠다. 그러한 순간에도 내 머릿속에서 떠나지 않는 것이 있었다. 나에게는 아직 끝내지 못한 원고가 있다는 사실이다. 나는 마지못해 집을 향해 터덜터덜 걸음을 옮겼다.

이상 〈날개〉

42. 밑줄 친 부분에 나타난 나의 심리로 알맞은 것을 고르십시오.

① 심심하고 지루하다.

② 다급하고 짜증난다.

③ 난처하고 민망하다.

④ 불쾌하고 불안하다.

43. 윗글의 내용으로 알 수 있는 것을 고르십시오.

① 나는 지금 작품을 쓰고 있는 작가이다.

② 나는 치열하게 나 자신에 대해서 고민했다.

③ 나는 생각을 하고 싶을 때 덕수궁으로 간다.

④ 나는 집으로 돌아가 살아온 날을 돌이켜 생각했다.

> 소득 불평등이 지나치게 빠른 속도로 심화되고 있다. 이런 현상이 지속되면 결국 부자와 가난한 자만 남게 된다. 중간 계층인 중산층이 줄어든다는 것은 사회적 완충 지대가 사라지면서 (   )는 것을 의미한다. 소득 불평등을 개선하는 가장 좋은 방법은 물론 양질의 일자리를 제공하는 것이다. 하지만 기업들이 당장 경기 부진으로 발목이 잡혀 있다. 따라서 우선은 급한 대로 노동 개혁이라도 서둘러 일자리를 늘릴 수 있는 여건을 만들어야 한다. 더불어 소득 재분배 효과를 높이는 방안도 나와야 한다. 적재적소에 복지 지출이 이루어질 수 있도록 지원하고 필요하면 관련 법안도 개편할 필요가 있다.

44. (   )에 들어갈 말로 가장 알맞은 것을 고르십시오.

① 소득의 양극화가 해소된다

② 계층 구조의 변화가 일어난다

③ 계층 간 소득의 재분배가 이루어진다

④ 계층 간 갈등 유발의 가능성이 커진다

45. 윗글의 주제로 가장 알맞은 것을 고르십시오.

① 앞으로는 부자와 가난한 사람만이 존재할 것이다.

② 소득 불평등을 완화할 수 있는 개선책이 요구된다.

③ 현재 소득 재분배 효과를 누릴 수 있는 방법이 없다.

④ 경기 부진에도 기업은 일자리를 제공할 수 있어야 한다.

버뮤다 삼각 지대는 버뮤다 제도와 마이애미, 푸에르토리코를 삼각형으로 잇는 해역을 말한다. 이곳에서 비행기와 배 사고가 자주 일어났는데, 배나 비행기의 파편은 물론 실종자의 시체도 발견되지 않은 경우가 많아 풀리지 않는 수수께끼로 남아 있다. 1609년부터 현재까지 비행기 15대, 배 17척이 버뮤다 삼각 지대에서 사라졌다고 알려져 있다. 기록된 수치가 이 정도이니 실제는 이보다 더 많을 수 있다. 실종 사건이 발생하는 이유도 몇 가지 추측할 뿐이다. 아직도 버뮤다 삼각 지대는 의문에 싸여 있다. 전자파나 중력의 이상, 조류의 영향, UFO의 장난 등 그 원인에 관한 여러 가지 설이 발표되었으나 현재로서는 정확히 알 수 없다.

46. 윗글에 나타난 필자의 태도로 가장 알맞은 것을 고르십시오.
① 버뮤다 삼각 지대에서 발생한 사고 원인을 발표하고 있다.
② 버뮤다 삼각 지대의 사고 원인을 조사해야 하는지 회의적이다.
③ 버뮤다 삼각 지대에서 발생한 실종 사건에 대해 염려하고 있다.
④ 버뮤다 삼각 지대에 발상하는 사고와 그 특징에 관해 설명하고 있다.

47. 윗글의 내용과 같은 것을 고르십시오.
① 버뮤다 삼각 지대에서 일어난 사건의 증거 자료가 발표되었다.
② 버뮤다 삼각 지대의 의문은 아직까지 과학적으로 설명하지 못한다.
③ 전자파나 중력의 이상으로 버뮤다 삼각 지대에 사고가 많이 발생했다.
④ 버뮤다 삼각 지대에서 일어난 사건의 원인은 앞으로도 설명하기 힘들 것이다.

※ **[48~50] 다음을 읽고 물음에 답하십시오. (각 2점)**

저소득층 대학생을 위해 정부에서 시행하는 근로 장학금 제도가 있다. 형편이 어려운 학생들에게는 휴학을 하지 않고 (   ) 좋은 제도라고 할 수 있지만, 정작 일부 대학에선 배정된 근로 장학금 예산을 잘못 운영하고 있어서 그림의 떡이 되고 있는 실정이다. 근로 장학금은 최저 시급이 넘는 데다 학교에서 일할 수 있어서 인기가 높다. 하지만 지난해 근로 장학금을 신청한 기초생활 수급 대상자 등 저소득층 학생 22만 명 중 학생 중 2/3가 탈락했다. 탈락한 학생들은 자신들보다 가정 형편이 나은 학생들이 선정되는 경우가 적지 않다고 말한다. 일부 학생들은 근로 장학금을 특정 학생들에게 몰아주는 경우가 많이 있다며 의문을 제기한다. 이는 학생들이 선정 결과에 대해서 납득할 만한 투명한 기준이 없기 때문이다. 근로 장학금 도입 취지대로 저소득층 학생들에게 우선적으로 혜택이 돌아가도록 각 대학이 제도를 운영해야 한다는 지적이 나온다.

48. 윗글을 쓴 목적으로 가장 알맞은 것을 고르십시오.

① 근로 장학금의 효과를 홍보하기 위해서

② 근로 장학금의 필요성을 강조하기 위해서

③ 근로 장학금 운영의 투명성을 요구하기 위해서

④ 근로 장학금 운영의 문제점을 보완하기 위해서

49. (   )에 들어갈 말로 가장 알맞은 것을 고르십시오.

① 편안하게 일할 수 있어서

② 일자리를 쉽게 구할 수 있어서

③ 공부와 병행하여 일할 수 있어서

④ 전적으로 공부에 집중할 수 있어서

50. 윗글의 내용과 같은 것을 고르십시오.

① 근로 장학금 선정 과정이 보다 더 공정하게 이루어진다.

② 근로 장학금 시급이 낮아서 많은 지원자가 탈락하고 있다.

③ 근로 장학금 제도는 휴학을 하지 않고 회사에서 일할 수 있다.

④ 근로 장학금 수혜자가 소득이 많은 학생들에게도 지원되고 있다.

한국어능력시험
TOPIK II

1 교시 (듣기)

성 명 (Name)	한국어 (Korean)	
	영 어 (English)	

수험번호	8

문제지 유형 (Type)

홀수형 (Odd number type) ◯
짝수형 (Even number type) ◯

※ 결시 결시자의 영어 성명 및 ◯
확인란 수험번호 기재 후 표기

※ 위 사항을 지키지 않아 발생하는 불이익은 응시자에게 있습니다.

※ 감독관 본인 및 수험번호 표기가 (인)
확 인 정확한지 확인

번호	답 란			
1	①	②	③	④
2	①	②	③	④
3	①	②	③	④
4	①	②	③	④
5	①	②	③	④
6	①	②	③	④
7	①	②	③	④
8	①	②	③	④
9	①	②	③	④
10	①	②	③	④
11	①	②	③	④
12	①	②	③	④
13	①	②	③	④
14	①	②	③	④
15	①	②	③	④
16	①	②	③	④
17	①	②	③	④
18	①	②	③	④
19	①	②	③	④
20	①	②	③	④

번호	답 란			
21	①	②	③	④
22	①	②	③	④
23	①	②	③	④
24	①	②	③	④
25	①	②	③	④
26	①	②	③	④
27	①	②	③	④
28	①	②	③	④
29	①	②	③	④
30	①	②	③	④
31	①	②	③	④
32	①	②	③	④
33	①	②	③	④
34	①	②	③	④
35	①	②	③	④
36	①	②	③	④
37	①	②	③	④
38	①	②	③	④
39	①	②	③	④
40	①	②	③	④

번호	답 란			
41	①	②	③	④
42	①	②	③	④
43	①	②	③	④
44	①	②	③	④
45	①	②	③	④
46	①	②	③	④
47	①	②	③	④
48	①	②	③	④
49	①	②	③	④
50	①	②	③	④

절취선

한국어능력시험
TOPIK II

1 교시 (쓰기)

수 험 번 호

8												
⓪	⓪	⓪	⓪	⓪	⓪		⓪	⓪	⓪	⓪	⓪	⓪
①	①	①	①	①	①		①	①	①	①	①	①
②	②	②	②	②	②		②	②	②	②	②	②
③	③	③	③	③	③		③	③	③	③	③	③
④	④	④	④	④	④		④	④	④	④	④	④
⑤	⑤	⑤	⑤	⑤	⑤		⑤	⑤	⑤	⑤	⑤	⑤
⑥	⑥	⑥	⑥	⑥	⑥		⑥	⑥	⑥	⑥	⑥	⑥
⑦	⑦	⑦	⑦	⑦	⑦		⑦	⑦	⑦	⑦	⑦	⑦
⑧	⑧	⑧	⑧	⑧	●		⑧	⑧	⑧	⑧	⑧	⑧
⑨	⑨	⑨	⑨	⑨	⑨		⑨	⑨	⑨	⑨	⑨	⑨

문제지 유형 (Type)

홀수형 (Odd number type) ○
짝수형 (Even number type) ○

※ 결 시 결시자의 영어 성명 및 ○
  확인란 수험번호 기재 후 표기

※ 위 사항을 지키지 않아 발생하는 불이익은 응시자에게 있습니다.

※ 감독관 본인 및 수험번호 표기가 (인)
  확 인 정확한지 확인

주관식 답안은 정해진 답란을 벗어나거나 답란을 바꿔서 쓸 경우 점수를 받을 수 없습니다.
(Answers written outside the box or in the wrong box will not be graded.)

51	㉠	
	㉡	

52	㉠	
	㉡	

53 아래 빈칸에 200자에서 300자 이내로 작문하십시오 (띄어쓰기 포함).
(Please write your answer below; your answer must be between 200 and 300 letters including spaces.)

										50
										100
										150
										200
										250
										300

※ 54번은 뒷면에 작성하십시오. (Please write your answer for question number 54 at the back.)

주 관 식 답 란 (Answer sheet for composition)

아래 빈칸에 600자에서 700자 이내로 작문하십시오 (띄어쓰기 포함).
(Please write your answer below; your answer must be between 600 and 700 letters including spaces.)

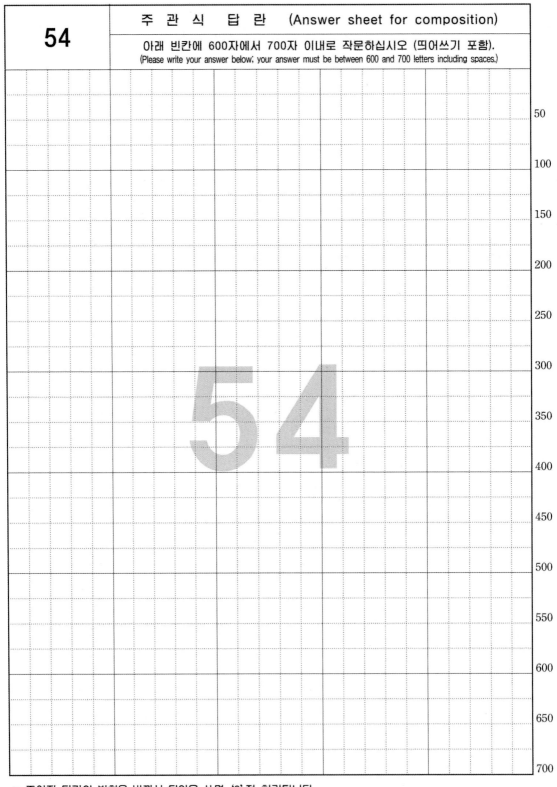

50
100
150
200
250
300
350
400
450
500
550
600
650
700

※ 주어진 답란의 방향을 바꿔서 답안을 쓰면 '0' 점 처리됩니다.
(Please do not turn the answer sheet horizontally. No points will be given.)

한국어능력시험
TOPIK II
2 교시 (읽기)

성 명	한 국 어 (Korean)	
(Name)	영 어 (English)	

수 험 번 호						8						
0	0	0	0	0	0		0	0	0	0	0	0
1	1	1	1	1	1		1	1	1	1	1	1
2	2	2	2	2	2		2	2	2	2	2	2
3	3	3	3	3	3		3	3	3	3	3	3
4	4	4	4	4	4		4	4	4	4	4	4
5	5	5	5	5	5		5	5	5	5	5	5
6	6	6	6	6	6		6	6	6	6	6	6
7	7	7	7	7	7		7	7	7	7	7	7
8	8	8	8	8	8	●	8	8	8	8	8	8
9	9	9	9	9	9		9	9	9	9	9	9

문제지 유형 (Type)

홀수형 (Odd number type) ○
짝수형 (Even number type) ○

결 시 결시자의 영어 성명 및
확인란 수험번호 기재 후 표기

※ 위 사항을 지키지 않아 발생하는 응시자의 불이익은 응시자에게 있습니다.

감독관 본인 및 수험번호 표기가
확 인 정확한지 확인 (인)

번호	답 란
1	① ② ③ ④
2	① ② ③ ④
3	① ② ③ ④
4	① ② ③ ④
5	① ② ③ ④
6	① ② ③ ④
7	① ② ③ ④
8	① ② ③ ④
9	① ② ③ ④
10	① ② ③ ④
11	① ② ③ ④
12	① ② ③ ④
13	① ② ③ ④
14	① ② ③ ④
15	① ② ③ ④
16	① ② ③ ④
17	① ② ③ ④
18	① ② ③ ④
19	① ② ③ ④
20	① ② ③ ④

번호	답 란
21	① ② ③ ④
22	① ② ③ ④
23	① ② ③ ④
24	① ② ③ ④
25	① ② ③ ④
26	① ② ③ ④
27	① ② ③ ④
28	① ② ③ ④
29	① ② ③ ④
30	① ② ③ ④
31	① ② ③ ④
32	① ② ③ ④
33	① ② ③ ④
34	① ② ③ ④
35	① ② ③ ④
36	① ② ③ ④
37	① ② ③ ④
38	① ② ③ ④
39	① ② ③ ④
40	① ② ③ ④

번호	답 란
41	① ② ③ ④
42	① ② ③ ④
43	① ② ③ ④
44	① ② ③ ④
45	① ② ③ ④
46	① ② ③ ④
47	① ② ③ ④
48	① ② ③ ④
49	① ② ③ ④
50	① ② ③ ④

한국어능력시험
TOPIK II

1교시 (듣기)

성 명
(Name)
한 국 어 (Korean)
영 어 (English)

수 험 번 호

문제지 유형 (Type)
홀수형 (Odd number type) ○
짝수형 (Even number type) ○

결 시
확인란
결시자의 영어 성명 및
수험번호 기재 후 표기 ○

※ 위 사항을 지키지 않아 발생하는 불이익은 응시자에게 있습니다.

감독관
확 인
본인 및 수험번호 표기가
정확한지 확인 (인)

※ 감독관란 및 수험번호 표기 확인

번호	답 란
1	① ② ③ ④
2	① ② ③ ④
3	① ② ③ ④
4	① ② ③ ④
5	① ② ③ ④
6	① ② ③ ④
7	① ② ③ ④
8	① ② ③ ④
9	① ② ③ ④
10	① ② ③ ④
11	① ② ③ ④
12	① ② ③ ④
13	① ② ③ ④
14	① ② ③ ④
15	① ② ③ ④
16	① ② ③ ④
17	① ② ③ ④
18	① ② ③ ④
19	① ② ③ ④
20	① ② ③ ④

번호	답 란
21	① ② ③ ④
22	① ② ③ ④
23	① ② ③ ④
24	① ② ③ ④
25	① ② ③ ④
26	① ② ③ ④
27	① ② ③ ④
28	① ② ③ ④
29	① ② ③ ④
30	① ② ③ ④
31	① ② ③ ④
32	① ② ③ ④
33	① ② ③ ④
34	① ② ③ ④
35	① ② ③ ④
36	① ② ③ ④
37	① ② ③ ④
38	① ② ③ ④
39	① ② ③ ④
40	① ② ③ ④

번호	답 란
41	① ② ③ ④
42	① ② ③ ④
43	① ② ③ ④
44	① ② ③ ④
45	① ② ③ ④
46	① ② ③ ④
47	① ② ③ ④
48	① ② ③ ④
49	① ② ③ ④
50	① ② ③ ④

한국어능력시험
TOPIK II

1 교시 (쓰기)

성명	한국어 (Korean)	
(Name)	영어 (English)	

주관식 답안은 정해진 답란을 벗어나거나 답란을 바꿔서 쓸 경우 점수를 받을 수 없습니다.
(Answers written outside the box or in the wrong box will not be graded.)

51	㉠
	㉡
52	㉠
	㉡

아래 빈칸에 200자에서 300자 이내로 작문하십시오 (띄어쓰기 포함).
(Please write your answer below; your answer must be between 200 and 300 letters including spaces.)

53		50
		100
		150
		200
		250
		300

※ 54번은 뒷면에 작성하십시오. (Please write your answer for question number 54 at the back.)

수험번호

8

문제지 유형 (Type)
홀수형 (Odd number type) ○
짝수형 (Even number type) ○

결시 결시자의 영어 성명 및
확인란 수험번호 기재 후 표기 ○

※ 위 사항을 지키지 않아 발생하는 불이익은 응시자에게 있습니다.

감독관 본인 및 수험번호 표기
확인 정확한지 확인 (인)

주 관 식 답 란 (Answer sheet for composition)

아래 빈칸에 600자에서 700자 이내로 작문하십시오 (띄어쓰기 포함).
(Please write your answer below; your answer must be between 600 and 700 letters including spaces.)

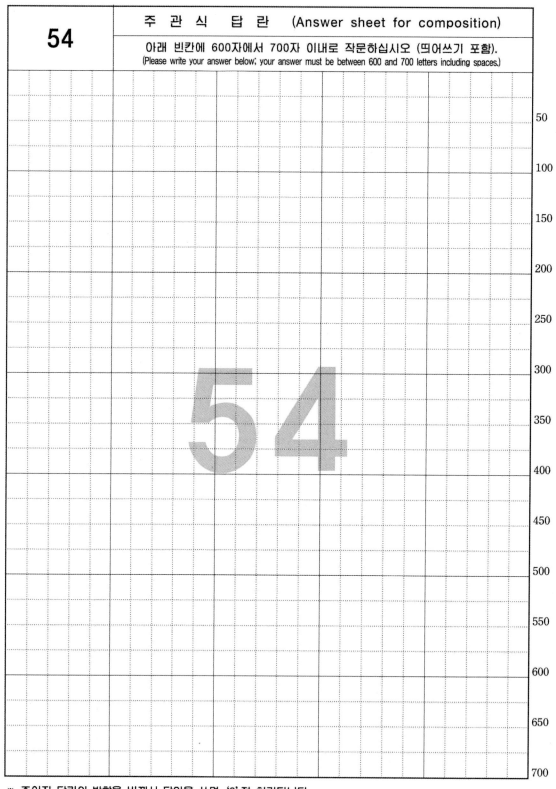

50

100

150

200

250

300

350

400

450

500

550

600

650

700

※ 주어진 답란의 방향을 바꿔서 답안을 쓰면 '0' 점 처리됩니다.
(Please do not turn the answer sheet horizontally. No points will be given.)

연습용

한국어능력시험
TOPIK II

2 교시 (읽기)

성 명 (Name)	한 국 어 (Korean)	
	영 어 (English)	

수 험 번 호

문제지 유형 (Type)

홀수형 (Odd number type) ◯
짝수형 (Even number type) ◯

※ 결 시 결시자의 영어 성명 및
  확인란 수험번호 기재 후 표기

※ 위 사항을 지키지 않아 발생하는 불이익은 응시자에게 있습니다.

※ 감독관 본인 및 수험번호 표기
  확 인 이 정확한지 확인 (인)

번호	답	란
1	① ② ③ ④
2	① ② ③ ④
3	① ② ③ ④
4	① ② ③ ④
5	① ② ③ ④
6	① ② ③ ④
7	① ② ③ ④
8	① ② ③ ④
9	① ② ③ ④
10	① ② ③ ④
11	① ② ③ ④
12	① ② ③ ④
13	① ② ③ ④
14	① ② ③ ④
15	① ② ③ ④
16	① ② ③ ④
17	① ② ③ ④
18	① ② ③ ④
19	① ② ③ ④
20	① ② ③ ④

번호	답	란
21	① ② ③ ④
22	① ② ③ ④
23	① ② ③ ④
24	① ② ③ ④
25	① ② ③ ④
26	① ② ③ ④
27	① ② ③ ④
28	① ② ③ ④
29	① ② ③ ④
30	① ② ③ ④
31	① ② ③ ④
32	① ② ③ ④
33	① ② ③ ④
34	① ② ③ ④
35	① ② ③ ④
36	① ② ③ ④
37	① ② ③ ④
38	① ② ③ ④
39	① ② ③ ④
40	① ② ③ ④

번호	답	란
41	① ② ③ ④
42	① ② ③ ④
43	① ② ③ ④
44	① ② ③ ④
45	① ② ③ ④
46	① ② ③ ④
47	① ② ③ ④
48	① ② ③ ④
49	① ② ③ ④
50	① ② ③ ④

3rd Edition

TOPIK MASTER

TOPIK II ● Intermediate
- Advanced

해설집

FINAL
실전 모의고사
Actual Tests

3rd Edition

TOPIK MASTER FINAL ACTUAL TESTS TOPIK II · Intermediate-Advanced 해설집

Written by	Darakwon Korean Language Lab
Translated by	Katelyn Hemmeke, Kim Hye-jin
Third Edition	June 2023
First printing	June 2023
Publisher	Chung Kyudo
Editors	Lee Suk-hee, Baek Da-heuin, Lee Hyeon-soo
Cover Design	Yoon Ji-young
Interior Design	Yoon Ji-young, Park Eun-bi
Proofread by	Michael A. Putlack
Illustrated by	AFEAL
Voice Actors	Jeong Ma-ri, Cha Jin-wook, Kim Sung-hee, Kim Hee-seung

圖 DARAKWON

Darakwon Bldg., 211 Munbal-ro, Paju-si,
Gyeonggi-do, 10881 Republic of Korea
Tel: 02-736-2031 **Fax:** 02-732-2037
(Marketing Dept. ext.: 250~252 Editorial Dept. ext.: 420~426)

Visit the Darakwon homepage to learn about our other publications and
promotions and to download the contents in MP3 format.

http://www.darakwon.co.kr
http://koreanbooks.darakwon.co.kr

3rd Edition

TOPIK
MASTER

TOPIK II • Intermediate - Advanced

해설집

FINAL
실전 모의고사
Actual Tests

DARAKWON

서문 PREFACE

　　K-POP과 K-콘텐츠의 인기에 힘입어 한국 문화에 대한 많은 관심으로 한국어 학습 수요 역시 꾸준히 늘고 있다. 이에 따라 국내는 물론 해외에서도 많은 학습자들이 한국어능력시험에 관심 갖고 응시를 하고 있다. 더불어 한국어 강의를 개설한 해외 초·중등 교육 기관이나 한국어 과목을 대학 입학 시험에 채택하는 국가도 증가하는 추세이기 때문에 한국어능력시험에 대한 높은 수요는 앞으로도 계속될 것으로 예상한다.

　　이런 상황에서 다양한 한국어능력시험 대비서가 출간되고 있는데, 그 중에서도 TOPIK MASTER 시리즈를 아껴 주신 여러분들에게 먼저 감사하다는 말씀을 전하고 싶다. 여러분들의 성원에 힘입어 최신 문항과 문제 유형 등 최근 경향을 반영하여 전면 개정한 "TOPIK Master Final 실전 모의고사 - 3rd Edition" 시리즈를 출간하였다. 기존에 공개된 기출 문제뿐만 아니라 개편된 한국어능력시험 체제에 관한 보고서와 예시 문항에 대한 철저한 검토를 바탕으로 성심성의껏 책을 만들었다.

　　"TOPIK Master Final 실전 모의고사 - 3rd Edition"은 문항의 각 유형별로 제시된 자세한 문제풀이 전략을 통해 학습자들이 문제 출제 의도를 파악하고 고득점에 다가갈 수 있도록 하였다. 또한, 10회분의 실전 모의고사를 통해 충분히 연습하고 실전 감각을 익힐 수 있다. 그리고 직접 강의하듯 설명해 주는 친절하고 자세한 해설을 통해 수험생 스스로 실력을 점검하고 부족한 부분을 보완할 수 있으며, 추가 어휘 및 표현을 학습하며 TOPIK 시험에 더욱 철저히 대비할 수 있다. 모의고사의 모든 지문과 문제풀이 전략 및 해설, 추가 어휘 및 표현은 모두 영어로도 번역되어 있어 외국인 수험생이 더욱 쉽게 내용을 이해하고 시험을 준비할 수 있도록 했다.

　　다년간 TOPIK 대비서를 출간한 경험을 바탕으로 오랫동안 준비한 끝에 최근의 경향을 반영하여 전면 개정한 TOPIK 실전 모의고사 시리즈를 출간할 수 있었다. 이 책으로 한국어능력시험에 응시하는 분들의 한국어 능력이 향상되고 시험에서 목표로 한 등급을 얻을 수 있기를 바란다. 뿐만 아니라 한국어능력시험 대비 강의를 담당하시는 선생님들께도 많은 도움이 되었으면 한다.

다락원 한국어 연구소

Thanks to the popularity of K-POP and K-content, interest in Korea and demand for learning the Korean language are steadily increasing. In turn, many language learners are becoming interested in the Test of Proficiency in Korean and taking the exam, both in Korea and abroad. The high demand for Test of Proficiency in Korean is expected to continue in the future, as the number of overseas primary and secondary education institutions offering Korean language courses and the number of countries adopting Korean language subjects for university entrance exams are also increasing.

In this situation, a variety of exam preparation books for the Test of Proficiency in Korean are being published, and we would like to thank you for your support of the TOPIK MASTER series. Thanks to your support, we have completely revised the "TOPIK Master Final Actual Test - 3rd Edition" series to reflect the latest trends, questions, and question types. The book was thoughtfully created based on a thorough review of not only previously published test questions, but also reports on the restructured TOPIK system and example questions as well.

"TOPIK Master Final Actual Test - 3rd Edition" allows learners to understand the intention of each question and achieve a high score through detailed problem-solving strategies presented for each type of question. In addition, students can sufficiently practice and experience how it feels to take the test using 10 mock tests. Through friendly and detailed explanations that feel like direct lectures, test takers can check their skills, make up for their shortcomings, and learn additional vocabulary words and expressions as they prepare for the TOPIK exam more thoroughly. All passages in the mock tests, problem-solving strategies and explanations, and additional vocabulary and expressions are translated into English so foreign test takers can more easily understand the content and prepare for the exam.

After long preparation based on years of experience publishing TOPIK preparation books, we have been able to publish the TOPIK Actual Tests Series, which has been completely revised to reflect the latest trends. We hope that this book will help test takers improve their Korean language skills and achieve the score they are aiming for, as well as help teachers who are in charge of preparing students for the test.

Darakwon Korean Language Lab

이 책의 구성 및 활용 HOW TO USE THIS BOOK

'TOPIK MASTER Final 실전 모의고사 – 3rd Edition' 시리즈는 한국어능력시험(TOPIK)의 체계를 따른다. TOPIK II 문제집에는 총 10회분의 듣기·쓰기·읽기 모의고사 문제를 수록하였고, 해설집에는 정답과 함께 각 문제에 대한 상세한 해설, 듣기 및 읽기 지문을 영어 번역과 함께 제시하였다.

실전 모의고사

개편된 TOPIK에 대한 샘플 문항과 공개된 기출 문제를 바탕으로 한 모의고사 10회분을 수록하여 학습자들이 사전에 시험에 충분히 대비할 수 있도록 하였다. 다양한 주제와 시사 정보에 관한 지문을 학습함으로써 실전 경험을 높여 실제 시험에서 목표한 점수를 얻을 수 있도록 하였다.

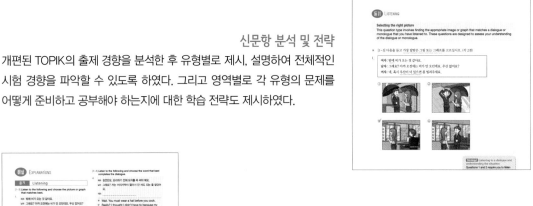

신문항 분석 및 전략

개편된 TOPIK의 출제 경향을 분석한 후 유형별로 제시, 설명하여 전체적인 시험 경향을 파악할 수 있도록 하였다. 그리고 영역별로 각 유형의 문제를 어떻게 준비하고 공부해야 하는지에 대한 학습 전략도 제시하였다.

정답 및 해설

문제집과 별도로 구성되어 있는 해설집으로 모의고사에 수록된 문제의 정답과 함께 상세한 해설을 제공하고 있다. 또한 〈듣기〉와 〈읽기〉 문제에 대한 이해도를 높일 수 있도록 모든 지문을 영어 번역과 함께 제시하였다. 〈쓰기〉는 간략한 해설과 모범 답안을 제시하였다. 문제 풀이 후 해설집을 꼼꼼히 학습함으로써 문제 풀이 능력이 향상될 수 있도록 하였다.

The "TOPIK MASTER Actual Tests - 3rd Edition" series follows that of the TOPIK exam. In the TOPIK II question book, there are a total of ten mock tests, including Listening, Writing and Reading questions, and in the explanation book, there are detailed explanations for each question along with the correct answer. The English translation of the listening script and reading passages is also provided.

Actual Tests

Based on the sample items of the revised TOPIK and previous tests questions that were available, we offer ten mock tests to help learners sufficiently prepare for the TOPIK. We aim to help learners simulate a real test experience through a variety of topics and current events to help them achieve the score that they want on the real test.

Analysis of New Items & Strategies for Test Questions

After analyzing the trends of the revised TOPIK format, this section divides the questions by type and explains them. This section was written to help students understand the test patterns of the new TOPIK. Strategies are also offered with regard to how to best prepare and study for each type of question.

Answers and Explanations

This is an answer booklet, which provides the correct answers to the questions in the mock tests along with detailed explanations of the answers. In addition to that, to increase the degree of understanding of questions in the Listening and Reading sections, all instructions are presented with English translations. Writing questions are provided with short explanations and sample answers. We hope to provide a platform for learners to improve their problem-solving skills with meticulous explanations to each and every question on the mock tests.

차례 CONTENTS

한국어능력시험 TOPIK 안내

1. **시험의 목적**
   - 한국어를 모국어로 하지 않는 외국인 및 재외 동포의 한국어 학습 방향 제시 및 한국어 보급 확대
   - 한국어 사용 능력을 측정 · 평가하여 그 결과를 유학 및 취업 등에 활용

2. **응시 대상**
   한국어를 모국어로 하지 않는 재외 동포 및 외국인으로서
   - 한국어 학습자 및 국내외 대학 유학 희망자
   - 국내외 한국 기업체 및 공공 기관 취업 희망자
   - 외국 학교 재학 중이거나 졸업한 재외국민

3. **유효 기간**
   성적 발표일로부터 2년간 유효

4. **시험 주관 기관**
   교육부 국립국제교육원

5. **시험의 활용처**
   - 정부 초청 외국인 장학생 진학 및 학사 관리
   - 외국인 및 12년 외국 교육 과정 이수 재외 동포의 국내 대학 및 대학원 입학
   - 한국 기업체 취업 희망자의 취업 비자 획득 및 선발, 인사 기준
   - 외국인 의사 자격자의 국내 면허 인정
   - 외국인의 한국어 교원 자격 시험(2~3급) 응시 자격 취득
   - 영주권 취득
   - 결혼 이민자 비자 발급 신청

6. 시험 시간표

구분	교시	영역	한국			시험 시간(분)
			입실 완료 시간	시작	종료	
TOPIK I	1교시	듣기 읽기	09:20까지	10:00	11:40	100
TOPIK II	1교시	듣기 쓰기	12:20까지	13:00	14:50	110
	2교시	읽기	15:10까지	15:20	16:30	70

※ TOPIK I은 1교시만 실시함.

※ 해외 시험 시간은 현지 접수 기관에 문의하시기 바랍니다.

7. 시험 시기

■ 연 6회 시험 실시

■ 지역별·시차별 시험 날짜 상이

8. 시험의 수준 및 등급

– 시험 수준: TOPIK I, TOPIK II

– 평가 등급: 6개 등급(1~6급)

– 획득한 종합 점수를 기준으로 판정

구분	TOPIK I		TOPIK II			
	1급	2급	3급	4급	5급	6급
등급 결정	80점 이상	140점 이상	120점 이상	150점 이상	190점 이상	230점 이상

※ 35회 이전 시험 기준으로 TOPIK I은 초급 TOPIK II는 중·고급 수준입니다.

9. 문항 구성

(1) 수준별 구성

시험 수준	교시	영역(시간)	유형	문항수	배점	총점
TOPIK I	1교시	듣기(40분)	선택형	30	100	200
		읽기(60분)	선택형	40	100	
TOPIK II	1교시	듣기(60분)	선택형	50	100	300
		쓰기(50분)	서답형	4	100	
	2교시	읽기(70분)	선택형	50	100	

(2) 문제 유형

– 선택형 문항(4지선다형)

– 서답형 문항(쓰기 영역)

• 문장 완성형(단답형): 2문항

• 작문형: 2문항(200~300자 정도의 중급 수준 설명문 1문항, 600~700자 정도의 고급 수준 논술문 1문항)

10. 쓰기 영역 작문 문항 평가 범주

문항	평가범주	평가 내용
51-52	내용 및 과제 수행	– 제시된 과제에 맞게 적절한 내용으로 썼는가?
	언어 사용	– 어휘와 문법 등의 사용이 정확한가?
53-54	내용 및 과제 수행	– 주어진 과제를 충실히 수행하였는가? – 주제에 관련된 내용으로 구성하였는가? – 주어진 내용을 풍부하고 다양하게 표현하였는가?
	글의 전개 구조	– 글의 구성이 명확하고 논리적인가? – 글의 내용에 따라 단락 구성이 잘 이루어졌는가? – 논리 전개에 도움이 되는 담화 표지를 적절하게 사용하여 조직적으로 연결하였는가?
	언어 사용	– 문법과 어휘를 다양하고 풍부하게 사용하며 적절한 문법과 어휘를 선택하여 사용하였는가? – 문법, 어휘, 맞춤법 등의 사용이 정확한가?

11. 문제지의 종류: 2종(A · B형)

종류	A형	B형 (홀수, 짝수)
시행 지역	미주 · 유럽 · 아프리카 · 오세아니아	아시아
시행 요일	토요일	일요일

12. 등급별 평가 기준

시험 수준	등급	평가 기준
TOPIK I	1급	• '자기소개하기, 물건 사기, 음식 주문하기' 등 생존에 필요한 기초적인 언어 기능을 수행할 수 있으며 '자기 자신, 가족, 취미, 날씨' 등 매우 사적이고 친숙한 화제에 관련된 내용을 이해하고 표현할 수 있다. • 약 800개의 기초 어휘와 기본 문법에 대한 이해를 바탕으로 간단한 문장을 생성할 수 있다. • 간단한 생활문과 실용문을 이해하고, 구성할 수 있다.
	2급	• '전화하기, 부탁하기' 등의 일상생활에 필요한 기능과 '우체국, 은행' 등의 공공시설 이용에 필요한 기능을 수행할 수 있다. • 약 1,500~2,000개의 어휘를 이용하여 사적이고 친숙한 화제에 관해 문단 단위로 이해하고 사용할 수 있다. • 공식적 상황과 비공식적 상황에서의 언어를 구분해 사용할 수 있다.
TOPIK II	3급	• 일상생활을 영위하는 데 별 어려움을 느끼지 않으며, 다양한 공공시설의 이용과 사회적 관계 유지에 필요한 기초적 언어 기능을 수행할 수 있다. • 친숙하고 구체적인 소재는 물론, 자신에게 친숙한 사회적 소재를 문단 단위로 표현하거나 이해할 수 있다. • 문어와 구어의 기본적인 특성을 구분해서 이해하고 사용할 수 있다.
	4급	• 공공시설 이용과 사회적 관계 유지에 필요한 언어 기능을 수행할 수 있으며, 일반적인 업무 수행에 필요한 기능을 어느 정도 수행할 수 있다. • '뉴스, 신문 기사' 중 평이한 내용을 이해할 수 있다. 일반적인 사회적·추상적 소재를 비교적 정확하고 유창하게 이해하고, 사용할 수 있다. • 자주 사용되는 관용적 표현과 대표적인 한국 문화에 대한 이해를 바탕으로 사회·문화적인 내용을 이해하고 사용할 수 있다.

5급	• 전문 분야에서의 연구나 업무 수행에 필요한 언어 기능을 어느 정도 수행할 수 있다. • '정치, 경제, 사회, 문화' 전반에 걸쳐 친숙하지 않은 소재에 관해서도 이해하고 사용할 수 있다. • 공식적, 비공식적 맥락과 구어적, 문어적 맥락에 따라 언어를 적절히 구분해 사용할 수 있다.
6급	• 전문 분야에서의 연구나 업무 수행에 필요한 언어 기능을 비교적 정확하고 유창하게 수행할 수 있다. • '정치, 경제, 사회, 문화' 전반에 걸쳐 친숙하지 않은 주제에 관해서도 이용하고 사용할 수 있다. • 원어민 화자의 수준에는 이르지 못하나 기능 수행이나 의미 표현에는 어려움을 겪지 않는다.

13. 성적 발표 및 성적 증명서 발급

(1) 성적 발표 및 성적 확인 방법

홈페이지(www.topik.go.kr) 접속 후 확인

※ 홈페이지에 접속하여 성적을 확인할 경우 시험 회차, 수험 번호, 생년월일이 필요함.

(2) 성적 증명서 발급 대상

부정행위자를 제외하고 합격·불합격 여부에 관계없이 응시자 전원에게 발급

(3) 성적 증명서 발급 방법

※ 인터넷 발급 TOPIK 홈페이지 성적 증명서 발급 메뉴를 이용하여 온라인 발급(성적 발표 당일 출력 가능)

14. 접수 방법

(1) 원수 접수 방법

구분	개인 접수	단체 접수
한국	개인별 인터넷 접수	단체 대표자에 의한 일괄 접수
해외	해외 접수 기관 방침에 의함.	

※ 접수 시 필요한 항목: 사진, 영문 이름, 생년월일, 시험장, 시험 수준

(2) 응시료 결제

구분	주의사항
신용 카드	국내 신용 카드만 사용 가능
실시간 계좌 이체	외국인 등록 번호로 즉시 결제 가능 ※ 국내 은행에 개설한 계좌가 있어야 함.
가상 계좌 (무통장 입금)	본인에게 발급된 가상 계좌로 응시료 입금 지원자마다 계좌 번호를 서로 다르게 부여하기 때문에 타인의 가상 계좌로 입금할 경우 확인이 불가능하므로 반드시 본인에게 주어진 계좌 번호로만 입금해야 함. – 은행 창구에서 직접 입금 – ATM, 인터넷 뱅킹, 폰뱅킹 시 결제 확인 필수 – 해외 송금 불가

15. 시험 당일 응시 안내

홈페이지(www.topik.go.kr) 접속 후 확인

Test of Proficiency in Korean TOPIK Guidelines

1. Objective of the TOPIK:

- This examination aims to set a proper Korean language-learning path for overseas Koreans and foreigners who do not speak Korean as their mother tongue and to promote the use of the Korean language.
- TOPIK scores can also be used for local university applications as well as for employment purposes.

2. TOPIK Target Test Takers:

Overseas Koreans and foreigners who do not speak Korean as their mother tongue
- Those learning the Korean language and those with the intention of applying to local universities
- Those who intend to join/work for domestic/overseas Korean companies and public organizations
- Koreans who studied at or graduated from schools overseas

3. Validity:

Valid for two (2) years after the announcement of the examination results

4. Administrator:

National Institute for International Education (NIIED), Ministry of Education

5. Benefits of TOPIK

- University admission and academic management of foreign Korean government scholars
- Local university admission for foreigners and overseas Koreans who have completed 12 years of education abroad
- Obtaining a work visa for those who want to be employed at Korean companies and serving as a standard for selecting and managing employees
- Recognizing a domestic practitioner license for foreigners with medical doctor qualifications
- Application for Korean Language Teaching Qualification test (levels 2 and 3) and the acquisition of a certificate
- Acquisition of permanent residency rights
- Application for the issuance of a marriage-based immigrant visa

6. Examination Timetable:

	Period	Section	Korea			Duration (min)
			Must enter the room by	Start	End	
TOPIK I	1st period	Listening Reading	09:20	10:00	11:40	100
TOPIK II	1st period	Listening Writing	12:20	13:00	14:50	110
	2nd period	Reading	15:10	15:20	16:30	70

※ There is only one period for TOPIK I.
※ If you are taking the test outside Korea, contact your local TOPIK registration center for the exact test time.

7. Testing Schedule:

- 6 times per year (Korea)
- Exam dates differ by region and time zone.

8. Level and Grade of Examination:

- Level of examination: TOPIK I, TOPIK II
- Evaluation grade: 6 grades (1st to 6th grades)
- The evaluation is based on the total score earned, and the cut-off scores by grades are as follows:

Type	TOPIK I		TOPIK II			
	1st Grade	2nd Grade	3rd Grade	4th Grade	5th Grade	6th Grade
Determination of grade	80 or more points	140 or more points	120 or more points	150 or more points	190 or more points	230 or more points

※ Based on the difficulty level before the 35th examination, TOPIK I is the basic level, and TOPIK II is the intermediate/advanced level.

9. Structure of Questions:

(1) Structure by difficulty level:

Examination Level	Period	Area Tested (length of exam)	Question Type	Number of Questions	Points	Total Points
TOPIK I	1st period	Listening (40 minutes)	Multiple-choice questions	30	100	200
		Reading (60 minutes)	Multiple-choice questions	40	100	
TOPIK II	1st period	Listening (60 minutes)	Multiple-choice questions	50	100	300
		Writing (50 minutes)	Subjective questions	4	100	
	2nd period	Reading (70 minutes)	Multiple-choice questions	50	100	

(2) Type of questions:

- Multiple-choice question (selecting 1 answer among the 4 given choices)
- Subjective questions (Writing)
  - Sentence completion type (short-answer): 2 questions
  - Essay type (1 descriptive essay ranging from 200-300 words at the intermediate level and 1 argumentative essay ranging from 600-700 words at the advanced level

10. Evaluation of Writing Part:

Questions	Evaluation Category	Specific Criteria
51-52	Content and task execution	- Are the written contents suitable for the presented task?
	Use of language	- Are the vocabulary, words, etc. correct?
53-54	Content and task execution	- Has the given task been performed adequately? - Is the related writing rich in content? - Is it constructed in a diversified way?
	Development structure	- Is the writing structure clear and logical, and is the key idea conveyed well? - Is the writing well structured based on the given topic? - Are discourse markers used properly in order to logically develop the argument?
	Use of language	- Are vocabulary, grammar, etc. used correctly and in a diversified way? - Are the grammar structures, choice of vocabulary, and spelling correct?

11. Exam Types: 2 types (Type A, Type B):

Type	Type A	Type B (odd/even numbers)
Exam Region	Americas, Europe, Africa and Oceania	Asia
Day of Exam	Saturday	Sunday

12. Evaluation Standards by Grade:

Examination Level	Grade	Evaluation Criteria
TOPIK I	1st grade	• Able to carry out basic conversations related to daily survival skills, self-introduction, purchasing things, ordering food, etc., and can understand contents related to very personal and familiar subjects, such as himself/herself, family, hobbies, weather, etc. • Able to create simple sentences based on about 800 basic vocabulary words and possess an understanding of basic grammar. • Able to understand and compose simple and useful sentences related to everyday life.
	2nd grade	• Able to carry out simple conversations related to daily routines, such as making phone calls and asking favors, as well as using public facilities in daily life. • Able to use about 1,500 to 2,000 vocabulary words and can understand the natural order of sentences on personal and familiar subjects. • Able to use formal and informal expressions depending on the situation.
TOPIK II	3rd grade	• Able to perform basic linguistic functions necessary to use various public facilities and to maintain social relationships without experiencing significant difficulty in routine life. • Able to carry out a daily routine with fair use of public facilities and able to socialize without significant difficulty. • Able to express or understand social subjects familiar to herself/himself, as well as specific subjects, based on paragraphs. Able to understand and use written and spoken language based on their distinctive basic characteristics.
	4th grade	• Linguistic ablity necessary to use various public facilities and to maintain social relationships and can carry out the functions to somes degree which is necessary for the performance of ordinary work. • Able to understand easy parts of news broadcasts and newspapers and can understand and use the expressions related to social and abstract subjects relatively correctly and fluently. • Able to understand social and cultural subjects based on an understanding of Korean culture and frequently used idiomatic expressions.
	5th grade	• Able to some degree to perform linguistic functions which are which is necessary for research and work in professional fields. • Able to understand and use expressions related to even unfamiliar aspects of politics, economics, society, and culture. • Able to use expressions properly depending on formal, informal, and spoken/written context.
	6th grade	• Able to perform linguistic functions necessary to do research and work in professional fields relatively correctly and fluently. • Able to understand and use expressions related to even unfamiliar subjects of politics, economics, society, and culture. • Experience no difficulty performing the functions or conveying the meaning although proficiency has not reached full native speaker proficiency.

13. Announcement of Examination Results & Issuance of Score Report:

(1) How to check the examination results:

Log on to the website (www.topik.go.kr) to check the results and status of the score report.

※ The number of the examination, the candidate's seat number, and the candidate's date of birth are required to check the results on the website.

(2) Issuance of score report:

With the exception of fraud, regardless of whether the candidate attains a level or not, a score report is issued to all candidates.

(3) How score report is issued:

※ Internet:

- The score report can be printed online by using the score report issuance menu at the TOPIK website (available from the day the results are announced).

14. Procedure for Examination Application:

(1) Procedure for examination application:

Location	Individual Application	Collective Application
Korea	Acceptance of individual online applications	Acceptance of collective applications made by the representative of a concerned group
Overseas	As per the policy of designated overseas organizations to accept applications	

※ A photo and the following information are required for application: English name, date of birth, the examination venue, and the level of the examination.

(2) Payment method for application fee:

Type	Individual Application
Credit card	Only domestic credit cards can be used.
Real-time account transfer	Payment can be made immediately based on alien registration number. ※ A domestic bank account number is required.
Virtual account (deposit without a bankbook)	The application fee must be deposited in the unique virtual account issued to the applicant. Applicant should deposit the amount only in the designated account number because the amount deposited into the virtual account of other people cannot be checked considering that different virtual accounts are allocated to each applicant. - Deposit can be made directly at a bank. - In case of payment via ATM, Internet banking, and phone banking, the applicant should check the payment as necessary. - Overseas remittance is not allowed.

15. Guidance on Examination:

Please refer to the website www.topik.go.kr

3rd Edition

TOPIK
MASTER

TOPIK II ● **Intermediate - Advanced**

FINAL
실전 모의고사
Actual Tests

● 신문항 분석 및 전략
  Analysis of New Items & Strategies for Test Questions

● 실전 모의고사 1~10회 정답 및 해설
  Answers & Explanations for the Actual tests 1-10

 LISTENING

Selecting the right picture

This question type involves finding the appropriate image or graph that matches a dialogue or monologue that you have listened to. These questions are designed to assess your understanding of the dialogue or monologue.

※ [1~3] 다음을 듣고 가장 알맞은 그림 또는 그래프를 고르십시오. (각 2점)

1.
> 여자: 밖에 비가 오는 것 같아요.
>
> 남자: 그래요? 아까 오전에는 비가 안 오던데요. 우산 없어요?
>
> 여자: 네, 혹시 우산이 더 있으면 좀 빌려주세요.

①  ②

③  ④

> **Strategy!** Listening to a dialogue and understanding the situation
> Questions 1 and 2 require you to listen to a brief conversation and select the image that best represents the action taken by the man and woman or the situation they are in.

3.

남자: 20대를 대상으로 외식 횟수를 조사한 결과 일주일에 1회 정도라고 답한 비율이 가장 높았으며, 일주일에 2~3회라고 답한 비율이 그 뒤를 이었습니다. 마지막으로 일주일에 4회 이상이라고 응답한 비율이 가장 낮았습니다.

①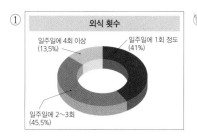

②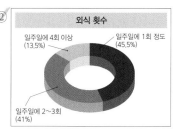

③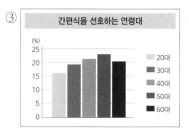

④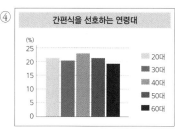

> **Strategy!** Listening to a monologue and understanding information
>
> Question 3 requires you to listen to a article and select the correct graph that corresponds to the information described. Typically, this question involves survey results. Before listening to the audio, it is recommended to review the presented graphs and understand what each item/axis represents.

Selecting the following sentence

These types of questions require you to select the most appropriate sentence to follow a short dialogue that you have listened to. They assess your ability to comprehend the nature of the conversation, such as whether it is a question, a request for a favor, a suggestion, a confirmation, an order, or the provision of information.

※ [4~8] 다음을 듣고 이어질 수 있는 말로 가장 알맞은 것을 고르십시오. (각 2점)

4.

여자: 잠깐만요. 요리하기 전에 모자를 꼭 써야 해요.
남자: 그래요? 저는 머리카락이 짧아서 안 써도 되는 줄 알았어요.
여자: _____

① 머리카락이 짧아서 안 돼요.
② 그래도 모자를 꼭 써야 해요.
③ 요리 후에 모자를 써도 돼요.
④ 요리하려면 머리를 잘라야 해요.

> **Strategy!** Understanding information after listening to a dialogue
>
> This question describes a presented dialogue that could occur in everyday situations, such as at school or at public institutions like banks, travel agencies, or post offices. To understand the meaning accurately, it is important to pay extra attention to the last person who speaks in the conversation.

Choosing the following action

These questions require you to listen to a brief dialogue and determine the action the woman will take after the conversation. As the woman's action will be based on the man's words, these questions assess your ability to accurately understand the man's last sentence.

※ [9~12] 다음을 듣고 여자가 이어서 할 행동으로 가장 알맞은 것을 고르십시오. (각 2점)

9.
> 여자: 자전거를 탈 만한 색다른 장소가 없을까?
> 남자: 자전거 동호회에 가입하는 건 어때? 자전거 타기 좋은 곳을 알 수 있을 거야.
> 여자: 좋은 생각이다. 그럼 혹시 아는 동호회라도 있어?
> 남자: 선배 중에 가입한 사람이 있어. 내가 그 선배에게 사이트 주소를 물어볼게.

① 선배에게 주소를 물어본다.
② 자전거 동호회에 가입한다.
③ 남자와 자전거를 타러 간다.
④ 선배에게 자전거를 구입한다.

> **Strategy!** Understanding the details
> Questions 9 to 11 depict situations that commonly occur in daily life or school settings, while question 12 typically pertains to official situations. To answer these questions correctly, it is essential to comprehend what the man and woman say during the conversation and what action the woman will take afterward.

Finding the answers that matches the dialogue

This question type involves listening to a brief dialogue or monologue and selecting the answer that matches the content of the audio. These questions assess whether you have accurately understood the audio text.

※ [13~16] 다음을 듣고 들은 내용과 같은 것을 고르십시오. (각 2점)

13.
> 여자: 미국에서 친구가 놀러 오는데 갈 만한 데가 없을까?
> 남자: 다음 주부터 고궁을 야간에도 볼 수 있대. 외국인뿐만 아니라
> 한국인들에게도 인기가 정말 많다는데?
> 여자: 정말? 그럼 빨리 표를 예약해야겠다.
> 남자: 현장에서 살 수도 있지만 예약을 하는 게 더 좋을 거야.

① 밤에는 고궁을 열지 않는다.
② 고궁은 한국인들에게만 인기가 많다.
③ 고궁 입장표는 현장에서 구매할 수 없다.
④ 예약을 하지 않아도 고궁에 입장할 수 있다.

> **Strategy!** Understanding the details
> Question 13 is a dialogue that provides information, Question 14 is a recorded announcement, Question 15 is an introduction of information, and Question 16 is an interview. For these questions, you are not expected to find an exact match for the audio text, but rather an answer that expresses similar information among the given choices.

Finding the main idea

This question involves identifying the main idea expressed by a man in a conversation or an interview after listening to it. These questions assess whether you have understood the main focus of the man's discussion.

※ [17~20] 다음을 듣고 남자의 중심 생각으로 가장 알맞은 것을 고르십시오. (각 2점)

17.

> 남자: 집에 컵이 많네요. 왜 이렇게 많아요?
>
> 여자: 저는 외국으로 여행을 가면 기념으로 그 나라의 이름이 새겨진 컵을 꼭 사요. 컵을 안 사면 왠지 허전하더라고요.
>
> 남자: 돈은 좀 들겠지만 컵을 보면 여행했던 기억이 떠올라서 기념이 되겠어요. 저도 이제부터 컵을 모아 봐야겠어요.

① 나라 이름의 새겨진 컵을 사야 한다.

② 외국으로 여행을 가면 컵을 사야 한다.

③ 여행에서 컵을 사기 위해 돈을 모아야 한다.

④ 기념품을 보면 여행했던 기억을 떠올릴 수 있다.

20.

> 여자: 축하드립니다. 고객들이 뽑은 '이 달의 우수 서비스 사원'에 선정되셨어요. 고객들에게 어떻게 감동을 주셨나요?
>
> 남자: 감사합니다. 저는 서비스를 할 때 고객의 입장에서 생각했기 때문에 고객분들에게 칭찬을 많이 받았던 것 같습니다. 그리고 저희 매장에는 할머니나 할아버지 손님들이 많으신데 그분들을 시골에 계신 저의 할머니와 할아버지라고 생각하고 진심으로 대해 드렸습니다. 그래서 정말 저를 좋아해 주셨어요.

① 칭찬을 받기 위해 서비스를 해야 한다.

② 할머니와 할아버지께 더 잘해 드려야 한다.

③ 고객이 만족할 때까지 서비스를 해야 한다.

④ 서비스할 때 고객의 입장에서 생각해야 한다.

> **Strategy!** Understanding the main idea
>
> To answer this question, you need to comprehend the main thoughts expressed by a man in a conversation or an interview after listening to it. While it is necessary to understand the entire dialogue, you should pay greater attention to the man's speech. It is important to understand both what the man and the woman say. However, it is essential to be careful not to confuse minor details with the main idea.

Solving two questions after listening audio 1

These types of questions require you to listen to a dialogue or interview and answer a question based on the content. Each audio text may contain two questions. The question patterns include understanding the main idea, specific information, intention/attitude, and occupation. Additionally, there is a common question that asks you to comprehend the details. These questions assess whether you have accurately understood the dialogue or interview.

※ [21~22] 다음을 듣고 물음에 답하십시오. (각 2점)

> 여자: 와, 이 강아지 좀 봐. 정말 귀엽다. 이참에 나도 강아지를 키워 볼까?
> 남자: 근데 너 혹시, 지금 가족들과 함께 살고 있어?
> 여자: 아니. 혼자 사니까 좀 외로워서 강아지라도 키우면 좋을 것 같아서.
> 남자: 네가 요즘 집을 비우는 시간이 많으니까 강아지를 키우지 않는 게 좋을 것 같아. 나도 예전에 키워 봤는데 강아지가 집에 혼자 있는 시간이 많으면 불쌍하더라고.

21. 남자의 중심 생각으로 가장 알맞은 것을 고르십시오.

① 가족과 함께 강아지를 키워야 한다.
② 외로울 때 강아지를 키우는 것이 좋다.
③ 혼자 살 때는 집을 비우지 말아야 한다.
④ 집 비우는 시간이 많으면 강아지를 키우는 것이 좋지 않다. ✓

22. 들은 내용과 같은 것을 고르십시오.

① 남자는 현재 혼자 살고 있다.
② 여자는 가족들과 함께 살고 있다.
③ 여자는 집을 비우는 시간이 많다. ✓
④ 남자는 강아지를 키워 본 적이 없다.

Strategy! Understanding the details: a common question

This question type requires finding the answer that corresponds to the audio text, which necessitates a thorough understanding of the details. It is important to note that many answer choices may sound similar to the dialogue but contain incorrect information. Therefore, the best approach is to eliminate the incorrect answer choices first.

※ [23~24] 다음을 듣고 물음에 답하십시오. (각 2점)

> 남자: 총무과죠? 이번 주에 회의실을 빌리려고 하는데 예약할 수 있나요?
>
> 여자: 어떡하죠? 이번 주는 이미 예약이 다 차 있네요. 언제 사용하실 건데요?
>
> 남자: 이번 주 금요일 오전이요. 갑자기 회의가 잡혔는데 빈 회의실이 없으면 큰일이네요.
>
> 여자: 다른 예약이 취소될 수도 있으니까 일단 신청서를 작성해서 총무과로 보내 주세요. 빈 회의실이 생기면 제가 바로 연락드릴게요.

23. 남자가 무엇을 하고 있는지 고르십시오.

① 회의실 대여를 문의하고 있다.

② 회의를 할 날짜를 정하고 있다.

③ 회의실 사용 방법을 알아보고 있다.

④ 회의실 위치에 대해서 물어보고 있다.

Strategy! Inferring discourse situations
To answer this question, you must understand the actions of the man in the dialogue. It is important to listen carefully to the conversation and pay particular attention to the beginning, as the reason or purpose of an action is often mentioned there.

※ [27~28] 다음을 듣고 물음에 답하십시오. (각 2점)

> 남자: 요즘에 학생들이 학교에 늦게 가는 것 같더라?
>
> 여자: 응. 대부분의 학교에서 오전 9시까지 학교를 가도록 하는 9시 등교제를 실시하고 있잖아.
>
> 남자: 과연 9시 등교제가 좋을까? 차라리 학교에 일찍 가서 자습을 더 하는 게 효율적인 것 같은데.
>
> 여자: 9시 등교제 실시 이후에 학생들의 수면과 건강에 긍정적인 영향을 끼쳤다는 반응이 많았어.
>
> 남자: 그래? 맞벌이 가정 등을 고려하지 않은 획일적인 정책은 아닐까? 9시 등교제 때문에 오히려 다른 부작용들도 생겼을 것 같아.

27. 남자가 말하는 의도로 알맞은 것을 고르십시오.

① 9시 등교제에 대해 비판하고 있다.

② 9시 등교제 폐지를 설득하고 있다.

③ 9시 등교제에 대한 의문을 제기하고 있다.

④ 9시 등교제의 문제점에 대해 조언하고 있다.

Strategy! Understanding the speaker's intention and purpose
To answer this question, you need to select the speaker's intention and purpose. Careful listening to the conversation is necessary, with a focus on the last part where the speaker's thoughts or opinions are usually expressed.

> **여자:** 하나의 토지에 두 가구가 거주하는 땅콩집에 관심 있는 분이 많으실 텐데요. 땅콩집에 대해 설명 부탁드립니다.
>
> **남자:** 땅콩집은 두 가구가 공동으로 토지를 구매해서 건물을 짓고, 공간을 분리하여 거주하는 주택을 말합니다. 땅콩집은 공사 비용을 절약할 수 있어서 경제적이라는 것이 가장 큰 장점입니다. 무엇보다 제가 땅콩집을 설계할 때 가장 고려하는 점은 난방비와 같은 관리비인데요. 창문 크기를 최대한 줄이고 친환경적인 방법으로 열을 차단해서 기존 아파트보다 난방비가 적게 들도록 합니다. 하지만 두 주택이 붙어 있는 형태로 인해 사생활 침해 문제가 발생하기도 합니다.

29. 남자는 누구인지 고르십시오.
    ① 공인 중개사 ②✓ 건축 설계사
    ③ 주택 전문가 ④ 공사장 감독관

> **Strategy!** Inferring about the man in the discourse
> This question necessitates inferring about the man. In this interview-style dialogue, there will be repetition of words and expressions related to his occupation, so listen attentively for them. By closely noting these words and expressions, you should be able to deduce the type of job he encompasses.

※ [31~32] 다음을 듣고 물음에 답하십시오. (각 2점)

> **여자:** 요즘 소비자들에게 혼란을 주는 광고가 많은데. 과장된 광고는 어느 정도 제한을 두어야 한다고 생각합니다.
>
> **남자:** 네, 요즘 과장된 광고가 없다고 할 수는 없습니다. 하지만 광고의 목적이 사람들의 시선을 끌기 위한 것인 만큼 어느 정도의 과장도 필요하다고 봅니다.
>
> **여자:** 하지만 그런 과장으로 인해 소비자들이 피해를 보는 경우도 적지 않습니다.
>
> **남자:** 물론 그럴 수 있지만 과장의 기준이라는 것이 모호하기 때문에 소비자 스스로 광고의 정보를 분별하고, 파악하는 것도 중요합니다.

31. 남자의 중심 생각으로 가장 알맞은 것을 고르십시오.
    ① 과장의 기준을 정할 수 있다.
    ② 요즘에는 과장된 광고가 없다.
    ③ 광고 때문에 혼란스러운 소비자가 많다.
    ④✓ 소비자가 광고의 정보를 분별할 수 있어야 한다.

> **Strategy!** Inferring the central thought of the man
> This question requires you to identify the man's opinion about the topic discussed in the conversation. In the dialogue, both the man and the woman will express different opinions about the same topic, so it is important to distinguish between their perspectives. Be careful not to confuse the woman's thoughts with with those of the man.

※ [33~34] 다음을 듣고 물음에 답하십시오. (각 2점)

> 여자: 인간은 보고 싶은 것만 보고 믿고 싶은 것만 믿는다는 흥미로운 연구 결과
> 가 공개되었습니다. 즉, 우리의 뇌는 착각과 현실을 구분하지 못한다고 합
> 니다. 우리가 오감을 통해 받아들이는 정보는 1초에 천백만 개입니다. 하지
> 만 이 중에 40개 정도만 저장을 하는데요. 뇌가 우리도 모르게 보고 들은 것
> 들을 편집하는 것입니다. 이때 생기는 생각의 오류가 착각입니다. 결국 내
> 가 원하는 것, 내가 생각하는 것, 내가 믿는 것만 남게 되는 것이지요. 사람
> 들은 이렇게 자신이 믿는 것을 확신하지만 이런 믿음이 착각이라는 것을 알
> 려 주는 특정 뇌 부위는 존재하지 않습니다.

33. 무엇에 대한 내용인지 알맞은 것을 고르십시오.

① 착각의 문제점
② 신비로운 인간의 뇌
③ 기억을 잘하는 방법
④ 착각을 일으키는 이유

> **Strategy!** Understanding the main topic
> This question requires you to comprehend the main topic of the presented lecture. First, you should understand the overall content and then identify the key detail that encompasses the entire passage.

※ [35~36] 다음을 듣고 물음에 답하십시오. (각 2점)

> 남자: 오늘 이렇게 우리 도서관의 '독서 나눔 프로그램'을 알리게 되어 기쁩니다.
> 독서 나눔은 단순히 현직에서 은퇴한 어르신들의 지식과 경험을 활용하는
> 차원을 넘어 사회적 일자리를 창출하는 사업입니다. 이 프로그램에서는 먼
> 저 어르신들에게 아동 독서 지도법에 대해 교육을 실시한 후 각 보육 기관
> 에 강사로 파견할 예정입니다. 그러면 어르신들은 각 보육 기관에서 아이들
> 에게 동화 구연과 독서 활동을 지도하게 됩니다. 앞으로 이 프로그램은 아
> 이들에게 올바른 독서 습관을 길러 주고 즐거움을 전하며 더 나아가 세대
> 간 친밀감 회복에 앞장설 것으로 기대합니다.

35. 남자가 무엇을 하고 있는지 고르십시오.

① 보육 기관의 강사에 대해 설명하고 있다.
② 더 많은 사회적 일자리를 요청하고 있다.
③ 독서 나눔 프로그램의 의의를 밝히고 있다.
④ 독서 교육 프로그램의 필요성을 강조하고 있다.

> **Strategy!** Inferring discourse situations from formal greetings
> It is important to determine the speaker's situation in this question. Since speaker is speaking in a formal setting with a clear purpose, you need to focus on expressions related to emotions, attitudes, and objectives.

※ [39~40] 다음을 듣고 물음에 답하십시오. (각 2점)

> **여자:** 그렇게 엄청난 양의 기름이 일부 국가에만 매장되어 있다는 사실이 참 불공평하다는 생각이 드는데요. 그러면 이런 점이 원유 가격 조정 실패의 주된 원인이 되는 건가요?
>
> **남자:** 사실 더 심각한 이유로 볼 수 있는 것은 원유 생산 국가의 가격 결정에 숨어 있는 의도입니다. 세계 원유 시장에서 원유 가격은 원유 매장량이 풍부한 몇몇 국가들에 의해 결정됩니다. 이들 국가들이 의도적으로 생산량을 줄이면 가격이 올라가게 되고, 결국 원유가 귀해지는 거죠. 그러면 전 세계적으로 원유가 꼭 필요한 나라들이 경제적으로 큰 타격을 받게 됩니다. 자연스럽게 산유국의 의도에 따라 세계 경제가 움직일 수밖에 없는 거죠. 따라서 이들 일부 산유국들의 의도에 따라 원유 가격이 좌우되지 않도록 국제기구에 의해 가격이 결정되어야 한다고 생각합니다.

39. 이 대화 전의 내용으로 가장 알맞은 것을 고르십시오.

   ① 세계적으로 원유 가격 결정의 문제가 심각하다.
   ② 세계 원유 매장량 중 많은 양이 일부 국가에 집중되어 있다.
   ③ 세계 원유 시장에서는 몇몇 국가들의 주도로 가격이 결정된다.
   ④ 원유 생산량을 줄이면 원유가 필요한 국가는 경제적 피해가 크다.

40. 들은 내용과 같은 것을 고르십시오.

   ① 산유국들은 이윤을 위해 원유를 대량 생산한다.
   ② 원유 가격이 오르면 국제기구가 시장에 개입한다.
   ③ 국제기구는 원유가 나지 않는 나라에 원유를 싸게 공급한다.
   ④ 원유 생산국의 원유 생산량에 의해서 세계 경제가 움직인다.

> **Strategy!** Inferring the context from before/after
>
> In questions asking for inference from before, the host summarizes the preceding context before moving on to the next question. In questions asking for inference from after, the host summarizes the preceding context, poses a question, and requests additional explanations. Understanding the type of conversation and the information being requested based on the host's speech is important. Focus on the host's words as they develop the previous and subsequent content of the conversation.

※ [43~44] 다음을 듣고 물음에 답하십시오. (각 2점)

> **여자:** 한국의 복지 서비스의 종류가 300개가 넘는다고 하는데요. 이렇게 많은 복지 서비스 사이에서 자신이 받을 수 있는 서비스를 찾아 내서 이용할 수 있을까요? 사실상 쉽지 않은 일입니다. 이처럼 몰라서 복지 서비스를 이용하지 못하는 경우가 없도록 이용자의 편의성을 높인 제도가 바로 맞춤형 급여 안내입니다. 복지 멤버십이라고도 불리는 이 제도는 처음에 한 번 신청하기만 하면, 신청한 개인 또는 가구의 소득과 재산 등의 특성을 분석해서 해당되는 복지 서비스를 맞춤형으로 알려 줍니다. 복지 멤버십에 가입하기 위해서는 웹사이트나 어플을 통해 온라인으로 신청하거나, 전국의 주민 센터 어디에서든 신청할 수 있습니다. 지금 바로 복지 멤버십에 가입해 보세요.

43. 무엇에 대한 내용인지 알맞은 것을 고르십시오.

① 많은 복지 서비스 중에서 필요한 복지 서비스를 찾는 것은 어렵다.
② 복지의 사각 지대에 놓여 힘들어하는 사람들이 많다는 문제점이 있다.
③ 맞춤형 급여 안내를 받을 수 있도록 복지 멤버십에 가입하는 것이 좋다.
④ 현재 안내 대상 서비스의 종류가 충분하지 않으므로 확대해 나가야 한다.

44. 맞춤형 급여 안내 제도를 도입하게 된 이유로 맞는 것을 고르십시오.

① 생애 주기에 맞는 복지 서비스의 숫자를 확대하기 위해서
② 복지 서비스를 몰라서 이용하지 못하는 문제점을 해결하기 위해서
③ 필요할 때마다 간편하게 신청할 수 있는 서비스를 제공하기 위해서
④ 선착순으로 제공되는 서비스를 빠르게 신청할 수 있도록 안내하기 위해서

> **Strategy!** Understanding the details
> This question type requires you to determine the accuracy of the information asked in the question. It is important to first accurately understand what the question is asking before listening to the content, in order to avoid incorrect answers.

※ [45~46] 다음을 듣고 물음에 답하십시오. (각 2점)

> **남자:** 최근 초등학교 고학년 여학생 가운데 화장을 하는 어린이가 늘고 있다고 합니다. 이런 현상에 대해 부모님들의 걱정이 많다고 하는데, 저는 아름다움을 추구하는 것은 개인의 자유이기 때문에 어린이들에게 화장을 하지 못하게 하는 것은 지나친 간섭이라고 생각합니다.
>
> **여자:** 저는 적절한 관여라고 생각합니다. 전문가들이 초등학생에게 화장을 권하지 않는 이유는 어릴 때부터 화장품을 사용하면 화장품 속의 색소나 보존제 등의 첨가물이 알레르기나 피부 질환을 일으킬 수 있기 때문입니다. 게다가 식품의약품안전처에서 '화장품 안전 사용 7계명'을 제시할 정도로 어린이는 안전한 화장품을 구입하고 사용하는 방법에 대해 잘 알지 못하는 경우가 많습니다. 여전히 많은 어린이들이 문구점에서 파는 불량 화장품을 구입하고 있는 게 현실입니다. 그러므로 단순히 개인의 자유에 맡겨서는 안 되며, 어린 나이에 화장품을 사용하는 것에 대해 부모님의 주의가 더욱 필요하다고 생각합니다.

45. 들은 내용과 같은 것을 고르십시오.
   ① 색소나 보존제 등의 첨가물이 없는 화장품을 사용해야 한다.
   ② 어린이를 위한 안전한 화장품 사용법이 아직 마련되지 않았다.
   ③ 아직도 많은 어린들이 문구점에서 파는 불량 화장품을 구입한다.
   ④ 전문가들은 초등학생의 피부에 맞는 화장품을 사용할 것을 권한다.

46. 여자의 태도로 알맞은 것을 고르십시오.
   ① 화장품 속 첨가물과 피부 질환의 상관관계를 설명하고 있다.
   ② 어린이의 화장품 사용에 부모님의 주의가 필요함을 주장하고 있다.
   ③ 연령보다 아름다움을 추구하려는 자유가 더 중요함을 설득하고 있다.
   ④ 안전한 화장품 판매를 위해 식품의약품안전처의 협조를 요청하고 있다.

> **Strategy!** Understanding the speaker's attitude and speaking style
> To answer this question, you need to familiar with verbs that indicate the speaker's attitude or speaking style, such as 비판하다(to criticize), 설득하다(to persuade), 의문을 제기하다(to raise a question), 조언하다(to advise), 전하다(to convey), 알려 주다(to inform), 반박하다(to refute), 주장하다(to assert), 설명하다(to explain), 지적하다(to point out), 지지하다(to support), 제시하다(to suggest), 반대하다(to oppose).

※ [49~50] 다음을 듣고 물음에 답하십시오. (각 2점)

> **남자:** 그럼 다시 작가 연구로 돌아가서, 역사·전기적 접근 방법론을 써서 어떻게 작품을 해석할 수 있는지 예를 한번 들어 볼까요? 1930년대에는 시인이면서 동시에 평론 활동도 같이했던 김기림이라는 사람이 있었습니다. 이 사람은 신문 기자를 하다가 선생님이 돼서 학생들을 가르치기도 했고 과수원을 경영하기도 했었습니다. 이렇게 직업을 자주 바꾸는 걸 보면 이 사람은 늘 새로운 변화를 추구하는 경향이 강했다는 걸 알 수 있겠죠? 이처럼 새로운 변화를 적극적으로 수용하는 그의 세계관을 〈기상도〉라는 시에서 읽을 수 있는 거죠. 예를 하나 더 들어볼까요? 식민지 때 소설을 썼던 이효석이라는 작가 얘깁니다. 이 사람은 1930년대에 이미 가족 전체가 침대 생활을 했으며 피아노를 사서 연주도 했다고 합니다. 커피의 맛과 향도 사랑했죠. 이렇게 이효석은 서구 문화에 흠뻑 빠져 있었습니다. 이런 서구 지향적 생활 태도는 이 사람의 작품에서도 쉽게 읽을 수 있습니다.

49. 들은 내용과 같은 것을 고르십시오.
① 김기림은 신문사에서 일을 한 적이 있다.
② 이효석은 과수원을 직접 경영한 적이 있다.
③ 이효석은 1930년대에 〈기상도〉라는 시를 썼다.
④ 김기림은 서구 지향적 생활 태도를 지닌 사람이다.

50. 남자의 말하기 방식으로 알맞은 것을 고르십시오.
① 작가의 서구 문화에 대한 인식을 분석하고 있다.
② 작가와 작품의 공통점을 중심으로 설명하고 있다.
③ 역사·전기적 접근 방법을 예를 통해 설명하고 있다.
④ 역사·전기적 접근 방법의 부정적 특성을 강조하고 있다.

Strategy! Understanding the speaker's attitude and speaking style
Question 50 also focuses on the speaker's attitude or speaking style, but it often utilizes more formal language. It is crucial to listen attentively to the lecture, grasp the main topic, and then observe how the speaker elaborates on that topic. It is important to familiar with verbs that indicate the speaker's speaking style, such as N을 중심으로 설명하다(to expalin with a focus on X), 예를 들어 설명하다(to provide examples), 원인 규명을 촉구하다(to urge the identification of causes), 대책을 강구하다(to seek solutions).

Writing a sentence for the context

These types of questions evaluate your ability to comprehend context and complete a sentence that is meaningful.

※ [51~52] 다음 글의 ㉠과 ㉡에 들어갈 말을 각각 쓰시오. (각 10점)

51.

> **– 잃어버린 휴대 전화를 찾습니다 –**
>
> 지난 8월 5일에 도서관에서 잃어버린 휴대 전화를 찾습니다. 오전 11시쯤 책상 위에 휴대 전화 두고 잠깐 화장실에 다녀왔는데 휴대 전화가 없어졌습니다. 그 안에는 (㉠   ). 그리고 제가 여행하면서 찍은 사진들도 들어 있습니다. 제 휴대 전화는 한국전기에서 나온 흰색 휴대 전화입니다. 저에게는 정말 중요한 물건입니다. 찾아 주신 분께는 사례하겠습니다. 가져가신 분은 꼭 돌려주시고, 혹시 제 휴대 전화를 (㉡   )
>
> • 이름: 박수미   • 전화번호: 010-2828-8390

Strategy! **Completing a text that has a format**
Question 51 provides you with a text related to daily living, such as an invitation, letter, email, or leaflet (poster). The question asks for the key part that reveals the function of the text, so it is crucial to understand the appropriate function or purpose for each type of text. Before providing an answer, it is important to check whether there is a period or question mark after the blank. This will indicate what type of ending should be used.

52.

> 우리는 모든 것을 다 잘할 수는 없다. 만일 모든 것을 다 잘하려고 한다면 (㉠   ). 그러므로 모든 것을 잘하려고 애쓰기보다는 내가 꼭 해야 하는 것과 내가 가장 잘할 수 있는 것을 몇 가지 정하고, 원하는 목표를 이루기 위해 실천하는 것이 중요하다. 이렇게 하면 (㉡   )

Strategy! **Completing a paragraph**
Question 52 provides an explanatory text in a single paragraph. To fill in the blank, it is crucial to understand the main idea of the text. Start by checking where the blank spaces are: are they at the beginning, middle, or end of the text? Then, construct a sentence that takes into account the main point of the text. Generally, if the blank is located in the middle of the text, it should provide a specific explanation, and if it is in the final part, it should provide a summary. If there is a conjunctive adverb in the sentence with a blank, consider that as a hint and use it to complete your sentence.

Writing an explanatory essay based on the given information

This type of question evaluates your ability to write an explanatory essay based on the provided information.

53. 다음은 '60세가 넘어서 혼자 살아야 할 때, 행복한 삶을 위해서 꼭 필요하다고
    생각하는 것'에 대해 60~75세의 노인 300명을 대상으로 실시한 설문 조사 자료이다.
    이 내용을 200~300자로 쓰시오. 단, 글의 제목은 쓰지 마시오. (30점)

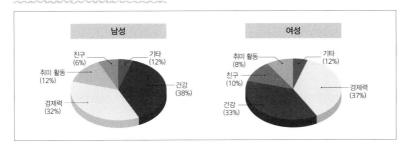

> **Strategy!** Writing in comparison
> Question 53 presents a simple table or graph displaying survey results, and requires a short essay that compares the provided information. It is important to select an appropriate text structure: introduce the survey and current situation in the beginning, compare the given information in the middle, and summarize the details or discuss prospects in the conclusion. It is recommended to use complex sentences with connective endings instead of simply listing information in simple sentences.

Writing an essay to argue your opinion for the given topic

This question type evaluates your ability to write an argument on a given topic. It is important to include the details and conditions suggested by the question in your essay, and to avoid exceeding the given character limits.

54. 다음을 주제로 하여 자신의 생각을 600~700자로 글을 쓰십시오. (50점)

> 현대 사회는 여러 요인으로 인해 출산율이 빠르게 감소하고 있습니다. 이러한 출산율의 변화가 미래 사회에 미치는 영향은 매우 다양합니다. 여러분은 출산율이 감소하는 원인이 무엇이며, 이러한 출산율의 감소가 사회에 미치는 영향은 무엇이라고 생각합니까? 또한 출산율을 높이기 위해 어떤 노력을 해야 한다고 생각하십니까? 이에 대해 쓰십시오.

> **Strategy!** Writing with limitations
> Question 54 requires you to write a persuasive essay on a given topic. The question provides three tasks that you must include in your essay, and it is important to properly structure your essay by placing these tasks in the introduction, body, and conclusion. To help with the logical flow of your essay, you can use expressions commonly used in persuasive writing such as:
> · Mode of Introduction:
> ① Definition: N(이)란 ~N이다/-(으)ㄴ/는 것을 말한다.
> ② Current Situation: 최근 -고 있다/-아/어지고 있다
> · Mode of Body
> ① Enumeration: N은/는 다음과 같다, 첫째, 둘째, 셋째/우선(먼저), 다음으로, 마지막으로
> ② Illustration: 예를 들면, 실례로, 가령
> ③ Basis: 그 이유는/왜냐하면 N(이)기 때문이다. 그 이유(원인)을 살펴보면 다음과 같다.
> ④ Cause and Effect: N(으)로 인해서, 이로 인해, 그 결과, N(으)로 말미암아
> · Mode of Conclusion: 이와 같이 N은/는 -아/어야 한다/N이다/N(이)라 할 수 있다.

Selecting the right word or expression

These questions evaluate whether you understand essential vocabulary and grammar at an intermediate level. It is recommended to learn collocations by grouping frequently used vocabulary together.

※ [1~2] ( )에 들어갈 말로 가장 알맞은 것을 고르십시오. (각 2점)

1. 오전에는 비가 많이 ( ) 지금은 날씨가 맑게 개었다.

   ① 오더니   ② 오더라도

   ③ 와 가지고   ④ 오는 대신에

> **Strategy!** Understanding the appropriate word or grammar to fill in the parentheses
>
> Questions 1 and 2 require you to read a sentence and select the correct word or expression to fill in the parentheses. It is important to understand the meaning of the sentence and choose the appropriate answer that fits the context. These questions present expressions that combine conjunctive endings and grammar elements, which you should carefully review and study.

Selecting the similar expression

These questions evaluate whether you understand well similar expressions with close meanings at an intermediate level. If you don't memorize similar expressions with similar meanings and functions together, you may get confused easily, so be careful.

※ [3~4] 밑줄 친 부분과 의미가 가장 비슷한 것을 고르십시오. (각 2점)

3. 취업 준비생의 70% 이상이 면접시험 준비를 할 때 <u>외모로 인하여</u> 고민해 본 적이 있다고 말했다.

   ① 외모에 따라서   ② 외모를 비롯해서

   ③ 외모로 말미암아   ④ 외모에도 불구하고

> **Strategy!** Understanding expressions
>
> Questions 3 and 4 also involve word and grammar questions. You read a sentence and choose the appropriate expression for the context. You need to find the expression that has a similar meaning to the underlined part. Study similar expressions that have the same meanings and functions.

Selecting the key contents

This question type requires you to read a functional text and identify the referent of the text. The text could be an advertisement, a notice, or a description of a product or service. It is important to read the text attentively to grasp the main idea and the specific information provided.

※ [5~8] 다음은 무엇에 대한 글인지 고르십시오. (각 2점)

5.

창문 열기 두려운 황사철
우리집 주치의
가습과 제습 기능은 기본, 온도 조절까지!

① 제습기 ② 가습기
③ 온도계 ④ 공기 청정기

> **Strategy!** Understanding the object and purpose of an advertisement
> Questions 5 to 7 present advertisement texts. These texts typically advertise products, public facilities, and public interests. It is crucial to read a concise text consisting of noun forms and understand what it is describing.

8.

★★★★★
매우 만족

가격 대비 품질이 좋네요.
디자인도 마음에 쏙 들고요.
방송에서 본 것보다 훨씬 예뻐요.

① 이용 방법 ② 사용 후기
③ 문의 사항 ④ 상품 설명

> **Strategy!** Understanding the object and purpose of a notice
> Question 8 presents instructions, guides, or product reviews. It showcases the type of text that is commonly encountered in daily life. It is important to pay attention to how these daily life texts are expressed in Korean and familiarize yourself with key expressions.

Selecting the matching answer 1

These questions assess your ability to understand and interpret different types of written information, including notices, announcements, tables, and graphs.

※ [9~12] 다음 글 또는 그래프의 내용과 같은 것을 고르십시오. (각 2점)

9.

○회 부산 국제 영화제

- **일시:** 10.02(목) ~ 10.11(토)
- **장소:** 영화의 전당, 센텀시티 백화점 및 해운대 일대, 남포동 상영관
- **개막식 사회자:** 이준수, 엠마 스미스
- **폐막식 사회자:** 다이스케 사토, 박진아
- **기타:** 79개국의 314편 작품을 상영
  영화제 기간 중 행사장 주변 교통 통제

① 개막식에서 박진아 씨가 사회를 본다.
② 79개의 나라에서 영화를 1편씩 출품했다.
③ 영화의 전당에서 314편의 작품이 상영된다.
④ 영화제 기간에는 해운대 일대의 교통이 통제된다.

> **Strategy!** Understanding the details
> Question 9 provides a notice, typically in the form of an event or exhibition poster. First, read the answer choices and compare them with the text to find the solution. By familiarizing yourself with words commonly used to convey information about events, you can quickly identify the correct answer.

10.

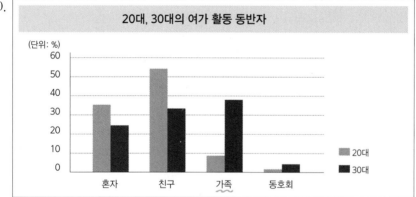

① 30대는 20대보다 동호회 활동을 더 싫어한다.
② 20대, 30대 모두 혼자 보내는 시간이 제일 많다.
③ 20대는 친구보다 가족과 더 많은 여가 시간을 보낸다.
④ 가족과 함께 보내는 시간을 중요하게 생각하는 것은 30대이다.

> **Strategy!** Understanding the details
> Question 10 requires you to interpret a graph. You should be proficient in reading various types of graphs, such as pie charts, bar graphs, and line graphs. It is essential to practice examining the graph's details, including the title, both axes, and the presented data. By honing your skills in graph interpretation, you will be able to effectively answer this type of question.

11.

> 한국도로공사가 최근 졸음운전과의 전쟁을 발표했다. 그래서 졸음운전의 위험성을 알리는 문구를 눈에 잘 띄는 곳에 모두 붙였다. 도로공사에 따르면 지난해 121명이 졸음운전으로 인한 교통사고로 사망했다고 한다. 그동안 방송을 통해 광고를 내보냈지만 그다지 효과가 없었는데 이번에 하는 대대적인 캠페인은 효과가 있을 것으로 기대된다.

① 이번에 시행하는 캠페인의 성공을 바라고 있다.

② 졸음운전을 예방하는 방송 광고를 내보낼 예정이다.

③ 지난해 교통사고로 사망한 사람의 수는 모두 121명이다.

④ 한국도로공사는 졸음운전 예방에 소극적인 태도를 취하고 있다.

Strategy! Understanding the details
Questions 11 and 12 provide you with an article that serves as an introduction or provides information about a certain topic. Your task is to comprehend the overall text and select the answer choice that best matches the information presented in the text. It is important to note that the choices will often paraphrase the content of the text rather than using the exact same words. Therefore, exercise caution to avoid selecting an incorrect answer.

Selecting the answer in the right order

The question evaluates your ability to arrange four sentences in the correct order to create a coherent context. Out of the four given sentences, only two can be considered as the beginning of the text. Therefore, it is important to determine which of the two sentences should be the first sentence to establish the proper sequence.

※ [13~15] 다음을 순서에 맞게 배열한 것을 고르십시오. (각 2점)

13.

> (가) 그동안 국세청은 세금을 걷는 곳이라고만 생각했다.
>
> (나) 하지만 이제부터 국세청을 창업 도우미로 생각해도 된다.
>
> (다) 국세청에는 지역별 업종 현황에 대한 자세한 정보가 있다.
>
> (라) 창업하기 전에 국세청 홈페이지에서 이런 자료를 확인하면 실패 확률을 줄일 수 있다.

① (가)-(나)-(다)-(라)   ② (가)-(다)-(라)-(나)

③ (다)-(나)-(라)-(가)   ④ (다)-(라)-(나)-(가)

Strategy! Understanding the logical relations of the sentences
While arranging the sentences, it is important to pay attention to the order of the sentences and be mindful of commonly used expressions, demonstrative pronouns (이는, 이에 대해, 그런, etc.), and conjunctive adverbs (그리고, 그래서, 그런데, 그러므로, 그러나, 하지만, 반면에, 따라서, 또한, etc.). These linguistic cues can provide hints about the logical flow and connectivity between the sentences.

Selecting the right answer for the context

These questions evaluate your reading comprehension skills and require you to deduce the correct answer based on the given context. It is important to grasp the overall context in order to infer the specific details accurately.

※ [16~18] 다음을 읽고 ( )에 들어갈 말로 가장 알맞은 것을 고르십시오. (각 2점)

16.

이번 사진 찍기 강좌에서는 '봄꽃 축제에서 멋진 사진을 찍는 방법'을 가르쳐 준다. 벚꽃 나무를 배경으로 예쁘게 사진 찍는 법은 물론 셀프 사진을 멋있게 찍는 방법도 배운다. ( ) 사진 찍는 법을 배우다 보면 빛과 각도 등 과학과 관련된 상식이 저절로 풍성해질 것이다.

① 멋있는 포즈를 배우면서
② 배경 사진을 감상하면서
③ 봄꽃의 명칭을 공부하면서
④ 사진의 원리를 이해하면서

Strategy! Deducing the details by understanding the context
To answer these questions, you need to comprehend the sentences before and after the parentheses and choose the appropriate word or expression to smoothly connect them. It is crucial to have a comprehensive understanding of the entire text before making your selection.

Solving two questions after reading one passage 1

From questions 19 to 20, you will read a text and answer two questions. These questions evaluate your comprehension of specific details from the text and your ability to make deductions based on the context.

※ [19~20] 다음을 읽고 물음에 답하십시오. (각 2점)

취업난으로 인해 합격의 기쁨을 누리는 구직자는 소수에 그치고 있다. 불합격자들은 채용 과정의 공정성과 신뢰성 확보를 위해 불합격 사유를 공개할 것을 요구한다. ( ) 회사 측에서는 채용 평가에는 객관화하기 힘든 부분이 많기 때문에 불합격 이유를 구체적으로 알려 주기가 곤란하다고 말하고 있다. 그렇지만 불합격자들에게 불합격 사유를 알려 줘야 다음 응시 때 이를 보완해서 지원할 수 있으므로 꼭 필요하다고 본다.

19. ( )에 들어갈 말로 알맞은 것을 고르십시오.
① 아마　　　　　　　② 결국
③ 반면　　　　　　　④ 마침

20. 윗글의 주제로 가장 알맞은 것을 고르십시오.
① 직업을 구하고 있는 사람이 별로 없다.
② 취업난 속에서도 수많은 합격자가 나오고 있다.
③ 회사에서는 불합격 사유를 공개하는 것을 꺼린다.
④ 불합격자의 다음 지원을 위해 불합격 사유를 알려 줘야 한다.

Strategy! Understanding the correct adverb or conjunctive adverb for the context
These questions require you to choose the appropriate adverb or conjunctive adverb that fits the context. To do this, it is essential to comprehend the entire text and the connection between the sentence preceding and following the blank. Therefore, it is advisable to familiarize yourself with the meanings and functions of different adverbs and conjunctive adverbs in advance.

Strategy! Understanding the main idea
This pattern is frequently seen in questions where you are required to answer two questions based on a given text. Many of the answer choices may contain information that appears similar to the text but is actually incorrect. Therefore, it is important to approach these questions by eliminating the incorrect answers.

> 우리는 병을 치료하기 위해 약을 먹는다. 하지만 그 약 때문에 더 큰 병이 생긴다면 차라리 약을 먹지 않는 것이 더 낫다. 과학도 이와 같다. 과학이 다수를 위해 옳게 사용될 때는 인류의 문제를 해결해 주는 고마운 존재가 되겠지만, 특정 소수의 불순한 이익을 위해 사용될 때는 무서운 결과를 가져올 것이다. 과학은 (   )과 같은 존재이다.

21. (   )에 들어갈 말로 가장 알맞은 것을 고르십시오.

① 양날의 칼　　　　　　② 양손의 떡

③ 그림의 떡　　　　　　④ 떠오르는 별

Strategy! Understanding idioms
Question 21 requires you to select the appropriate proverb or idiom for the given context. It can be challenging to understand these expressions solely based on their literal meanings. Therefore, it is recommended to study common idiomatic expressions that frequently appear in intermediate and advanced level tests. Familiarity with these idioms will help you choose the correct answer that fits the context.

22. 윗글의 내용과 같은 것을 고르십시오.

① 과학은 다수에게 약이 될 수도 있다.

② 병을 고치기 위해서 약을 안 먹는다.

③ 약 때문에 또 다른 병이 생길 수 있다.

④ 과학은 무서운 결과를 낳으므로 사용하면 안 된다.

Strategy! Understanding the details
To answer this type of question, you need to select the main idea of the text. Start by comprehending the entire text and identifying the core information that encompasses the entire passage. Typically, the essence of the text is provided either in the beginning or the final part, so it is important to pay close attention to these sections.

※ [23~24] 다음을 읽고 물음에 답하십시오. (각 2점)

> 나는 매일 지하철로 등교한다. 지하철을 타고 가다 보면 여러 사람들의 다양한 모습을 보게 된다. 그런데 일주일에 서너 번 눈살을 찌푸리게 만드는 광경을 본다. 젊은 사람들이 자신의 자리인 양 '노약자석'에 앉아 휴대폰을 보고 있고, 노약자들은 그 앞에서 비에 맞은 나무처럼 힘겹게 서 있는 모습이다. 그런 광경을 볼 때마다 나는 얼굴이 화끈거린다. 오늘도 지하철에 앉아 오늘도 지하철에 앉아 휴대폰으로 세상을 보는 당신, 당신이 무심코 앉은 자리가 혹시 노약자를 위한 자리는 아닌지 확인해 보라. 노약자석은 우리 이웃을 위한 최소한의 배려이다. 신문이나 잡지로 세상을 보기 선에 주변을 먼저 보는 마음을 가지는 것을 어떨까?

23. 밑줄 친 부분에 나타난 '나'의 심정으로 알맞은 것을 고르십시오.

① 어색하다　　　　　　② 창피하다

③ 감격스럽다　　　　　④ 자랑스럽다

Strategy! Understanding the writer's emotions or moods
Questions 23 and 24 present an essay. To comprehend the writer's emotions or moods in the underlined sentence, it is crucial to understand the preceding and following context. Although it may be challenging to grasp the entire context since it is an excerpt from a longer text, you can still answer the question based on the provided text. By analyzing the given text carefully, you can identify the writer's emotions or moods expressed in the specified sentence.

Understanding what the headline means

You will be presented with a newspaper article headline. These questions evaluate your skill in reading a headline and comprehending its intended meaning. By carefully analyzing the headline, you should be able to understand the main idea or message conveyed.

※ [25~27] 다음 신문 기사의 제목을 가장 잘 설명한 것을 고르십시오. (각 2점)

25.

> 얼어붙은 건축 시장에 봄바람, 소형 아파트가 경기 주도

① 건축 시장 상황이 안 좋아서 소형 아파트도 안 팔린다.
② 소형 아파트가 잘 팔리면서 건축 경기가 살아나고 있다.
③ 겨울이 지나고 봄이 오면 건축 시장이 활성화될 것이다.
④ 봄이 되자 건축 회사들이 주로 소형 아파트를 짓고 있다.

> **Strategy!** Inferring the main content of a headline
> A newspaper headline is a concise phrase without a complete sentence structure. It typically ends with a noun form. Since contracted forms are often used, you need to infer the meaning based on the provided information. It is advisable to familiarize yourself with common words and expressions (in Chinese characters) that frequently appear in newspaper headlines.

Finding the right phrase for the context 2

These questions evaluate your proficiency in selecting suitable phrases for a given context. The format is similar to Questions 16 to 18, but the topics are less familiar and require a higher level of vocabulary and grammar understanding.

※ [28~31] (   )에 들어갈 말로 가장 알맞은 것을 고르십시오. (각 2점)

28.

> '아모니카'라는 악기는 서로 다른 양의 물로 채워진 유리컵들이다. 각각의 컵의 테두리를 손가락으로 문지르면 소리가 난다. 소리는 파동의 형태로 퍼지는데 짧은 파동이 높은 음을 만들어 내는 반면, 긴 파동은 낮은 음을 만들어 낸다. 적은 양의 물이 담긴 유리컵에는 긴 파동을 만들어 낼 만한 공간이 많이 남아 있어서 낮은 음을 만들어 낸다. 물이 거의 가득 찬 유리컵은 공간이 적어서 (   ).

① 파동은 짧아지고 음은 높아진다
② 파동은 길어지고 음은 높아진다
③ 파동은 짧아지고 음은 낮아진다
④ 파동은 길어지고 음은 낮아진다

> **Strategy!** Deducing the details by understanding the context
> You should comprehend the structure of the text and its overall content. Pay attention to the relationship between sentences, especially through the use of conjunctive adverbs, particularly those before and after the parentheses.

Selecting the matching answer 2

This question is comparable to Questions 11 and 12, but the article's content is more specialized and less familiar. The vocabulary and grammar levels are also more advanced.

※ [32~34] 다음을 읽고 글의 내용과 같은 것을 고르십시오. (각 2점)

32.

> 할랄(Halal) 식품은 이슬람 율법에 따라 무슬림들이 먹을 수 있는 식품을 말한다. 높은 출산율 때문에 2060년에는 무슬림 인구가 약 30억 명에 달할 것이라고 한다. 또한 주로 기독교와 천주교를 믿는 선진국보다 무슬림 국가들의 경제 성장 속도도 빠르다. 그래서 다국적 기업들은 일찍 할랄 전쟁에 뛰어들어 할랄 식품 시장의 80%를 장악하고 있다. 할랄을 특수한 종교 문화로 치부하지 않고 사업적 관점에서 시장을 공략한 결과이다.

① 할랄 식품은 무슬림이 먹어서는 안 되는 식품을 말한다.
② 2060년에는 무슬림이 세계 인구의 과반수를 차지하게 될 것이다.
③ 무슬림 국가는 인구 증가뿐만 아니라 경제 성장 속도 또한 빠르다.
④ 다국적 기업들은 할랄을 특수한 종교 문화로 받아들이고 활용했다.

Strategy! Understanding the details
First, you need to comprehend the entire text and then carefully analyze the details by comparing them with the given options. It is crucial to avoid relying solely on background knowledge when answering the questions, as it can lead to mistakes. Therefore, make sure to thoroughly compare the text and the choices.

33.

> 같은 내용이라도 글씨체에 따라서 다른 느낌을 준다. 명조체는 눈에 잘 띄지는 않지만 가독성이 높고 편안한 느낌을 준다. 그래서 부드러운 느낌을 주고 싶을 때 명조체를 사용한다. 반면 12세기에 이탈리아에서 처음 사용된 고딕체는 선이 굵고 균일하기 때문에 강인하고 단정한 느낌을 준다. 눈에 쉽게 들어오는 고딕체는 간판이나 포스터에 주로 이용된다. 서로 다른 이 두 글씨체를 혼합하면 새로운 이미지의 글씨체를 얻을 수 있다.

① 명조체는 강인하고 단정해 보인다.
② 명조체는 가독성이 높아서 눈에 쉽게 들어온다.
③ 고딕체는 눈에 잘 띄어서 간판에 많이 사용된다.
④ 고딕체는 다른 글씨체와 혼합하면 어울리지 않는다.

※ [35~38] 다음을 읽고 글의 주제로 가장 알맞은 것을 고르십시오. (각 2점)

35.

숙면을 방해하는 대표적 원인은 잘못된 수면 자세이다. 사람들은 각자 잠잘 때 편안한 자세가 따로 있는데 편안한 자세가 숙면을 방해하는 경우가 많다. 엎드리거나 옆으로 누워서 자는 자세가 몸에 통증을 유발한다. 옆으로 누워서 자면 똑바로 누울 때보다 허리에 약 3배의 압력이 더해지고, 엎드려서 자게 되면 머리의 무게가 목에 그대로 전해져 목과 어깨에 부담을 준다. 따라서 잠을 잘 때는 천장을 바라보고 반듯하게 누워서 자야 숙면할 수 있다.

① 숙면을 취한다면 엎드려서 자도 괜찮다.

② 편안한 자세보다는 올바른 자세로 자야 한다.

③ 평상시 잘못된 자세는 잠을 자는 자세에도 영향을 미친다.

④ 숙면을 취하기 위해서는 무엇보다도 허리 건강이 중요하다.

36.

주택 가격이 계속 상승할 것이라는 불안감에 무리하게 대출을 받아 집을 구입한 사람들이 위기에 빠질 것이라는 걱정이 현실로 나타났다. 주택 담보 대출을 받은 사람의 절반 이상이 집값이 떨어지고, 금리가 상승하면서 원리금을 제대로 갚지 못해 하우스 푸어로 전락했기 때문이다. 급격한 집값 하락과 금리 인상은 대부분의 서민들에게 재앙이다. 정부는 과연 이런 재앙을 해결할 수 있는 대책을 갖고 있는지 묻지 않을 수 없다.

① 무리한 대출을 받아 집을 구입한 사람들이 많다.

② 하우스 푸어 문제를 해결할 정부 대책이 필요하다.

③ 집값이 떨어지고 소득이 줄면 하우스 푸어가 된다.

④ 주택 가격의 상승으로 대출을 받는 사람들이 늘고 있다.

Inserting a sentence for the context

These questions evaluate your skill in inserting a sentence correctly within a given context. It is crucial to understand the content and flow of the text to determine the appropriate placement for the missing sentence. By identifying the logical progression of ideas and the connections between sentences, you can effectively choose the right location for the sentence in question.

※ [39~41] 주어진 문장이 들어갈 곳으로 가장 알맞은 것을 고르십시오. (각 2점)

39.

서울의 한 대학 연구팀이 중·고등학생 4,000명을 대상으로 수면 시간과 우울증 및 자살 충동과의 관련성을 조사했다. (㉠) 이는 주중 수면 시간이 적어 주말에 보충하는 것으로 해석된다. (㉡) 또한 수면 시간이 짧을수록 자살 충동이 많아지는 것으로 나타났다. (㉢) 7시간 미만으로 수면 하는 학생들이 7시간 이상 자는 학생들보다 우울감이 더 강하고 자살 사고 위험이 더 큰 것으로 나타났다. (㉣)

─────〈 보   기 〉─────

중·고등학생들은 평일에는 평균 7시간, 주말에는 8시간 51분을 자는 것으로 나타났다.

① ㉠   ② ㉡
③ ㉢   ④ ㉣

> **Strategy!** Deducing the logical relations in a text
> To correctly place the missing sentence in these questions, it is crucial to have a solid grasp of the context and the flow of the text. The missing sentence often adds important information or further develops the topic, so understanding the overall content is essential. Paying attention to conjunctive adverbs and other transitional phrases can also help in determining the appropriate location for the missing sentence.

40.

'피겨스케이팅 여왕'으로 불리는 김연아 선수는 2010년 밴쿠버 동계 올림픽에서 세계 신기록을 세웠다. (㉠) 김연아 선수가 전 세계 사람들의 사랑을 받은 이유는 완벽한 점프와 탁월한 연기력에 있다. (㉡) 그뿐만 아니라 속도, 높이 모두 탁월하다는 평가를 받았다. (㉢) 또한 영화 〈007〉의 음악에 맞춰 관객의 반응을 이끌어 낸 그녀의 연기에 감동하지 않은 사람이 없었다. (㉣)

─────〈 보   기 〉─────

그녀의 점프는 '점프의 교과서'라고 불릴 정도로 정교하다.

① ㉠   ② ㉡   ③ ㉢   ④ ㉣

Questions 42 and 43 consist of a fictional text, and for each text, there are two accompanying questions. Along with questions that ask you to infer the attitude or emotions of the characters in the fictional text, there are also questions that require you to infer specific details.

※ [42~43] 다음을 읽고 물음에 답하십시오. (각 2점)

남편은 국이 없으면 밥을 잘 먹지 못한다. 그래서 그런지 특별히 반찬 투정은 하지 않으나 국에 대한 집착이 강한 편이다. 장맛이 좋기로 유명한 우리 집인데 올해는 웬일인지 장이 맛없게 되었다. 간장, 된장이 싱거우니 김칫국, 미역국 등 만드는 국마다 영 맛이 나질 않았다. 국을 만들 때 소금을 더 넣어도 진한 간장이나 된장으로 간을 할 때와는 그 맛이 전혀 달랐다. 남편은 열심히 요리를 한 내 입장을 생각해서 입 밖에 말을 꺼내지는 않았으나 국을 먹다가 이마가 살짝 찡그려지면서 수저의 놀림이 차츰 늦어지다가 숟가락을 놓곤 하는 때가 종종 있었다. 그럴 때면 나는 입안의 밥알이 갑자기 돌로 변하는 것을 느끼며 슬며시 고개를 돌리곤 했다. 어떤 때 남편은 식욕을 충동시키고자 국에 고춧가루를 한 숟가락씩 떠 넣었다. 그럴 때면 매워서 눈이 빨개지고 이마에 주먹 같은 땀방울이 맺히곤 하였다. 오늘도 국에 고춧가루를 넣는 남편을 보면서 "고춧가루는 왜 그렇게 많이 넣어요?" 하는 말이 입에서 나오다가 그만 입이 다 물어지고 말았다.

강경애 〈소금〉

42. 밑줄 친 부분에 나타난 '나'의 심정으로 가장 알맞은 것을 고르십시오.

① 기가 막히다　　　② 면목이 없다
③ 가슴이 벅차다　　　④ 마음이 홀가분하다

> **Strategy!** Understanding the writer's attitude/emotions
> The context preceding and following the underlined sentence will assist you in deducing the attitude or emotions experienced by the individual (main character or writer). It is recommended to familiarize yourself with words that convey a character's attitudes or emotions.

43. 이 글의 내용과 같은 것을 고르십시오.

① 간장, 된장이 맛이 없으면 국도 맛이 없다.
② 남편은 국이 맛이 없어서 나에게 화를 냈다.
③ 국을 만들 때 소금으로 간을 하면 맛이 있다.
④ 남편은 꼭 국에 고춧가루가 들어가야 먹는다.

Solving two questions after reading one passage 3

Questions 44 and 45 contain explanatory or rhetorical passages, and each passage is accompanied by two questions. The questions include inferring the content to fill in the blanks based on the context, as well as deducing the main idea of the passage.

※ [44~45] 다음을 읽고 물음에 답하십시오. (각 2점)

> 연구 보고서에 따르면 직원들에게 직장에서 오전 10시 이전에 근무하도록 강요하면 직원들의 건강을 심각하게 망치게 된다고 한다. 인간의 하루 동안의 생체 리듬을 자세히 분석했더니, 16세는 오전 10시 이후에, 19세 이상 대학생들은 오전 11시 이후에 공부를 시작하는 것이 집중력과 학습 효과가 가장 높았다는 결과가 나왔다. 마찬가지로 직원들에게 (   ) 작업의 효율을 해치고, 신체 기능과 감정에도 부정적 영향을 끼쳐서 직원들의 생체 시스템에 손상을 줄 수 있다. 그러므로 직장과 학교에서는 인간의 자연스러운 생체 시계에 맞도록 시간대 조정을 할 필요가 있다.

44. (   )에 들어갈 말로 가장 알맞은 것을 고르십시오.

① 업무 시간을 조정하는 것은

② 이른 시간에 근무를 강요하는 것은

③ 과도한 업무를 하도록 지시하는 것은

④ 근무 시간 외의 근무를 요구하는 것은

45. 이 글의 주제로 알맞은 것을 고르십시오.

① 인간의 생체 리듬을 정밀 분석해 봐야 한다.

② 근무 시간은 인간의 감정에 악영향을 미친다.

③ 생체 리듬에 맞게 출근 및 등교 시간을 조절해야 한다.

④ 오전 10시 이전에 근무하는 것은 심신에 위협이 될 수 있다.

> **Strategy!** Deducing the topic
>
> To determine the topic of a text, it is important to locate the topic sentence, which is the main sentence that presents the writer's argument. In the given text, the topic sentence is "Therefore, it is necessary to adjust the starting time of work both at the office and at school to suit the natural human biological clock." By practicing the skill of identifying topic sentences while reading, you can improve your ability to deduce the main topic of a text.

Solving two questions after reading one passage 4

Question 46 and 47 present a persuasive essay. You need to read a text and infer the writer's attitude and understand the specific details.

※ [46~47] 다음을 읽고 물음에 답하십시오. (각 2점)

> 엘니뇨는 원래 에콰도르와 페루의 어민들이 쓰던 말에서 비롯되었다. 몇 년에 한 번씩 바닷물의 흐름이 평소와 반대로 바뀌고 따뜻한 해류가 밀려오면서 엘니뇨가 발생한다. 엘니뇨는 기상 현상에도 큰 영향을 끼치는데, 엘니뇨로 인해 어획량이 줄어드는 것이 대표적인 현상이다. 하지만 엘니뇨가 기상 현상에 끼치는 영향이 언제나 비슷한 것은 아니다. 어떨 때는 가볍게 지나가기도 하고, 또 어떨 때는 해수면 온도가 지나치게 높아져 엄청난 양의 에너지가 대기로 쏟아져 나오면서, 세계 곳곳에서 폭염, 홍수, 가뭄, 폭설 등의 이상 기후가 나타나기도 한다. 그러나 엘니뇨가 발생하는 원인에 대해서는 아직까지도 정확히 밝혀지지 않은 부분이 많다.

46. 윗글에 나타난 필자의 태도로 가장 알맞은 것을 고르십시오.

   ① 엘리뇨로 인한 경제적 피해에 대해 걱정하고 있다.
   ② 엘리뇨의 발생과 기상에 미치는 영향을 설명하고 있다.
   ③ 엘리뇨 현상을 여러 형태의 기상 현상과 비교하고 있다.
   ④ 엘리뇨라는 단어가 어디에서 시작되었는지 밝히고 있다.

> **Strategy!** Understanding the writer's attitude
>
> This question evaluates your ability to comprehend the author's attitude expressed in the writing. Firstly, it is important to understand the meanings of verbs that indicate attitude, such as 걱정하다 (to worry), 설명하다 (to explain), 비교하다 (to compare), 밝히다 (to reveal), 역설하다 (to paradox), 강조하다 (to emphasize), 부정하다 (to negate), 적극적이다 (to be positive), etc. Secondly, you should identify the main point of the text and ensure that it aligns well with the chosen verb. By considering the connection between the content and the verb, you can make an informed choice.

47. 이 글의 내용과 같은 것을 고르십시오.

   ① 엘니뇨가 발생하면 따뜻한 해류로 인해 어획량이 증가한다.
   ② 최근 과학자들은 엘니뇨 발생 원인에 대해 명확하게 밝혀냈다.
   ③ 엘니뇨로 해수면 온도가 높아지면 많은 에너지가 대기로 나온다.
   ④ 폭염, 홍수, 가뭄 등 이상 기상 현상으로 인해 엘니뇨가 발생한다.

Solving three questions after reading one passage

Questions 48 to 50 feature a rhetorical text that deals with a highly abstract and specialized topic. The vocabulary and grammar used in these questions are at the highest level, making it the most challenging text on the entire test. There are three questions based on this single text, requiring a deep understanding and analysis of the content.

※ [48~50] 다음을 읽고 물음에 답하십시오. (각 2점)

'예금자 보호 제도'에 대해 잘 모르는 사람들이 많다. 이는 금융 기관이 고객의 금융 자산을 반환하지 못할 경우, 예금 보호 기금을 통해 일정 금액 한도 내에서 예금을 돌려주는 제도이다. 어떤 사람들은 은행의 실패를 정부에서 보조해 주는 제도라고 부정적으로 말하기도 한다. 하지만 나라에서 이 제도를 갖추고 있는 이유는 금융 회사가 고객의 예금을 지급하지 못하게 되면 예금자의 가계 생활이 불안정해지고 나아가 나라 전체의 금융 안정성도 큰 타격을 입게 되기 때문이다. 일반적으로 저축은 원금 손실의 위험이 매우 작아 이율이 높지 않은 대신 안정적으로 이자 수입을 얻어 돈을 늘려 갈 수 있는 방법이다. 이는 은행 등의 금융 회사가 영업 정지나 파산 등으로 인해 고객의 예금을 지급하지 못할 경우에 대비하여 예금자를 보호하는 법과 제도가 운영되고 있기 때문에 가능한 것이다. 현재 금융 회사가 (   ) 예금 보험 공사가 예금자 보호법에 의해 예금자에게 돌려줄 수 있는 보호 금액은 1인당 최고 5,000만 원이다.

---

48. 윗글을 쓴 목적으로 가장 알맞은 것을 고르십시오.

① 예금자 보호 제도에 대해 알려 주기 위해서
② 예금자 보호 제도의 폐해를 지적하기 위해서
③ 예금자 보호 제도의 필요성을 주장하기 위해서
④ 예금자 보호 제도의 안정성을 강조하기 위해서

> **Strategy!** Understanding the purpose
> In these questions, you are required to determine the writer's intention in writing the article. To do so, you need to carefully analyze the entire article and identify the writer's argument. The first half of the article typically presents a phenomenon or general situation, while the latter half often includes the writer's criticism, opposition, or advocacy. Therefore, it is important to pay close attention to the latter part of the article in order to find the answer that reflects the writer's intention.

49. (   )에 들어갈 내용으로 알맞은 것을 고르십시오.

① 고객의 개인정보를 보호하지 못할 경우
② 고객의 금융 자산을 지급하지 못할 경우
③ 고객의 원금 손실의 위험을 막지 못할 경우
④ 고객의 예금으로 이자 수입을 얻지 못할 경우

TOPIK MASTER 3rd Edition

FINAL 실전 모의고사 1회
The 1st Final Actual Test

정답 ANSWERS

1교시: 듣기, 쓰기

듣기

1. ③	2. ①	3. ②	4. ②	5. ③	6. ①	7. ④	8. ④	9. ②	10. ④
11. ①	12. ④	13. ④	14. ④	15. ③	16. ③	17. ④	18. ①	19. ③	20. ④
21. ④	22. ③	23. ①	24. ①	25. ③	26. ②	27. ③	28. ④	29. ②	30. ④
31. ④	32. ①	33. ④	34. ①	35. ③	36. ④	37. ③	38. ③	39. ②	40. ④
41. ④	42. ③	43. ③	44. ②	45. ③	46. ②	47. ②	48. ②	49. ①	50. ③

쓰기

51. ㉠ (5점) 제 가족과 친한 친구들의 전화번호가 들어 있습니다.
   (3점) 많은/중요한 전화번호가 있습니다.

   ㉡ (5점) 보신 분은 아래 번호로 연락해 주십시오.
   (3점) 보신 분은 연락 주십시오/연락바랍니다.

52. ㉠ (5점) 어느 하나도 완벽하게/제대로 할 수 없을 것이다.
   (3점) 완벽하게/제대로 할 수 없다/없을 것이다.

   ㉡ (5점) 가장 중요한 것들을 놓치지 않을 수 있을 것이다.
   (3점) 원하는 것을/목표를 이룰 수 있다/있을 것이다.

2교시: 읽기

읽기

1. ①	2. ③	3. ③	4. ④	5. ④	6. ①	7. ①	8. ②	9. ④	10. ④
11. ①	12. ③	13. ①	14. ②	15. ②	16. ④	17. ③	18. ②	19. ②	20. ④
21. ①	22. ②	23. ②	24. ①	25. ②	26. ③	27. ④	28. ①	29. ④	30. ①
31. ②	32. ①	33. ③	34. ②	35. ②	36. ③	37. ④	38. ③	39. ④	40. ②
41. ③	42. ②	43. ①	44. ②	45. ③	46. ②	47. ③	48. ①	49. ②	50. ②

53. Writing sample answer

	60	~	75	세	의		노	인		30	0	명	을		대	상	으	로		'	60	세	가		넘
어	서		혼	자		살	아	야		할		때	,		행	복	한		삶	을		위	해	서	
꼭		필	요	하	다	고		생	각	하	는		것	'	에		대	해		설	문		조	사	
를		실	시	하	였	다	.		그		결	과		여	성	의		경	우	는		경	제	력	이
가	장		필	요	하	다	는		응	답	이		37	%	로		1	위	였	으	며	,		건	강,
친	구		등	이		그		뒤	를		이	었	다	.		반	면		남	성	의		경	우	,
여	성	과		달	리		건	강	이		38	%	로		1	위	,		경	제	력	이		2	위
로		나	타	났	다	.		이	러	한		결	과	로		볼		때	,		남	녀	의		차	이
는		있	지	만		60	세		이	후	에		가	장		중	요	한		것	은		경	제	
력	과		건	강	이	며	,		그		외		취	미		활	동	이	나		친	구	가		있	
어	야		행	복	하	다	고		여	기	는		것	을		알		수		있	었	다	.			

54. Writing sample answer

　　현대　사회는　　출산율이　　빠르게　　감소하고　　있다.
개인적　요인으로　　결혼관의　　변화,　자녀　　양육에　　대
한　부담,　미래에　　대한　　경제적　　불안　등을,　사회적
요인으로　사회적　　지원의　　부족,　고용　　불안　등을
원인으로　볼　수　　있다.
　　이러한　　출산율의　　감소는　　인구의　　감소로　　이어지
는데,　무엇보다　　큰　　문제점은　　경제　　활동을　　해야
하는　젊은　　인구가　　급격히　　감소하는　　반면,　노년층
의　수는　여전히　　많은　　비중을　　차지한다는　　것이다.
이러한　젊은　　층과　　노년층의　　인구　불균형은　　장기
적으로　국가의　　경제를　　어렵게　　만든다.　출산율의
감소를　막기　위해서는　　미혼　남녀가　　결혼할　　수
있도록　다양한　　지원을　　해야　　한다.　최근　고용　불
안과　집값　상승　등의　경제적　문제로　　인해　결혼
준비　기간이　길어지면서　　결혼을　포기하는　　사람이
늘고　있다.　그러므로　우선　좋은　　일자리를　늘려
고용의　질을　높이고　주택　공급　가격을　　낮춰야
한다.　결혼을　하더라도　양육　환경에　대한　부담
때문에　출산을　미루거나　한　자녀로　만족하는　경
우도　많다.　따라서　출산을　한　사람들에게　적절한
경제적　지원을　하고,　어린이집이나　유치원　등　보
육　환경을　마련해서　지속적으로　사회적　지원을
제공해야　한다.　이와　같은　지원이　다양하게　이루
어진다면　출산율의　감소를　막는　데　도움이　될
것이다.

듣기   Listening

[1~3] Listen to the following and choose the picture or graph that matches best.

1.

여자 밖에 비가 오는 것 같아요.

남자 그래요? 아까 오전에는 비가 안 오던데요. 우산 없어요?

여자 네, 혹시 우산이 더 있으면 좀 빌려주세요.

W I think it's raining outside.

M Really? It didn't rain in the morning. Don't you have an umbrella?

W No, could you please let me borrow an umbrella if you have an extra one?

In this situation, the woman does not have an umbrella and is asking the man to borrow one from him. She mentions that it is raining outside, indicating that they are indoors. Therefore, the correct answer is ③.

2.

남자 어서 오세요. 무엇을 도와드릴까요?

여자 제 아이가 이 놀이 기구를 타고 싶어 해서요.

남자 죄송하지만 키가 140cm가 안되면 놀이 기구를 이용할 수 없습니다.

M Hello. How may I assist you?

W My child wants to go on this ride.

M I'm sorry, but if his height is under 140cm, he cannot go on this ride.

When the woman says that her child wants to go on the ride, the man apologetically explains that the minimum height requirement is 140cm. In this situation, the child has not yet gone on the ride. The answer is ①, as it shows a height measurement tool.

3.

남자 20대를 대상으로 외식 횟수를 조사한 결과 일주일에 1회 정도라고 답한 비율이 가장 높았으며, 일주일에 2~3회라고 답한 비율이 그 뒤를 이었습니다. 마지막으로 일주일에 4회 이상이라고 응답한 비율이 가장 낮았습니다.

M According to a survey on the frequency of eating out among people in their 20s, the highest proportion of respondents answered that they eat out about once a week, followed by those who eat out 2-3 times a week. The lowest proportion of respondents answered that they eat out more than four times a week.

This is about the results of a survey on the frequency of eating out among people in their 20s. According to the survey, 45.5% of respondents answered that they eat out about once a week, 41% answered 2-3 times a week, and 13.5% answered four or more times a week. Therefore, the correct answer is the first graph labeled with the corresponding numbers in that order, which is labeled as ②.

[4~8] Listen to the following and choose the word that best completes the dialogue.

4.

여자 잠깐만요. 요리하기 전에 모자를 꼭 써야 해요.

남자 그래요? 저는 머리카락이 짧아서 안 써도 되는 줄 알았어요.

여자 _____

W Wait. You must wear a hat before you cook.

M Really? I thought I didn't have to because my hair is short.

W _____

The man thinks he does not have to wear a hat because he has short hair, but the woman says that it is necessary to wear a hat while cooking. The correct answer is ②.

5.

남자 운동 후 샤워 시설을 무료로 이용하려면 어떻게 해야 하나요?

여자 오늘까지 회원 등록을 하시면 무료 이용 가능합니다.

남자 _____

M What should I do if I want to use the shower facilities for free after my workout?

W You can use them for free if you sign up for a membership today.

M _____

The man is inquiring about the process to use the shower facilities for free after working out, and the woman provides a solution that involves signing up for a membership. This implies that the man is not currently a member but can become one if he signs up today. The best answer is still ③, but the wording has been modified for better clarity.

6.

여자 민호야, 너 아직 수강 신청을 못 했다면서?

남자 지금 하려고 해. 6시까지니까 아직 시간이 있어.

여자 _____

W Minho, is it true that you haven't registered for the course yet?

M I'm about to. I can do that by [until] 6 o'clock, so there's still time.

W _____

In this dialogue, the woman is urgently asking if the man has registered for a course yet, and the man casually answers that there is still time. Given the tone of her question, the woman is most likely to urge the man to hurry up and to register for the course. The best answer is ①.

7.

여자 어제 주문한 책상이 왔는데 크기가 다른 것 같아요.

남자 아, 그래요? 죄송합니다. 어떻게 해 드릴까요?

여자 _____

W The desk I ordered arrived yesterday, but I think it is not the right size.
M Is it? I'm so sorry. What would you like us to do?
W _____

The woman received a desk, but she thinks it is not the right size. The man apologizes and asks what she would like them to do, implying that she can either exchange the desk or issue a refund. The best answer is ④.

8.
남자 휴대 전화를 계속 봐서 그런지 눈이 아파.
여자 눈이 아플 때는 30분씩 눈을 쉬어 주는 것이 좋대.
남자 _____

M Perhaps the reason is that I look at my smartphone all the time, but my eyes hurt.
W When your eyes hurt, you should make them rest for half an hour [or so I heard].
M _____

The man's eyes hurt because he uses his smartphone too much. The best response for the man to appropriately react to the woman's advice would be ④. ③ cannot be the answer because taking a rest for 30 minutes before using a smartphone and resting the eyes for 30 minutes at a time are not related.

[9~12] Listen to the following and choose the answer that would be most appropriate as the woman's next action.

9.
여자 자전거를 탈 만한 색다른 장소가 없을까?
남자 자전거 동호회에 가입하는 건 어때? 자전거 타기 좋은 곳을 알 수 있을 거야.
여자 좋은 생각이다. 그럼 혹시 아는 동호회라도 있어?
남자 선배 중에 가입한 사람이 있어. 내가 그 선배에게 사이트 주소를 물어볼게.

W Is there any special place to ride a bike?
M How about joining a cycling club? You can learn about some good places to ride.
W That's a good idea. Do you know any clubs?
M I know a senior who is a member of one. I'll ask him for the website address.

When the man tells the woman to join a bike club, she asks him to recommend a club if he knows one. It is probable that she will join the club when he gets the club's website address for her. The best answer is ②. Answer ① describes the man's next action.

10.
남자 정아 씨, 이번에 해외 연수 왜 안 가요?
여자 저도 정말 가고 싶은데 연수 기간이 너무 길어서요.
남자 3개월짜리 단기 연수도 있어요. 회사 홈페이지에서 한번 알아봐요.
여자 정말요? 몰랐어요. 바로 확인해 봐야겠어요.

M Jeong-ah, why aren't you participating in the overseas training program this time?
W I would really like to, but the training period is too long.
M Well, there is also a 3-month short-term training program available. You can find more information about it on our corporate website.
W Oh, really? I had no idea. I'll check it out right away.

The woman had decided not to participate in the overseas training program due to the lengthy training period. However, upon hearing the man's suggestion, she expressed interest in checking out the short-term training program information. Therefore, the best answer is ④.

11.
여자 이 의자가 플라스틱인데 재활용 쓰레기로 버릴 수 있을까요?
남자 글쎄요. 크기가 커서 잘 모르겠네요. 이따가 관리실에 전화해 봐요.
여자 아까 관리실에 전화해 봤는데 점심시간이라 그런지 안 받더라고요.
남자 그러면 우리도 점심 먹고 와서 다시 전화해 봐요.

W This chair is made of plastic. Do you think it can be recycled?
M Well, I'm not sure since it's quite big. Why don't you try calling the janitor's office later?
W I already called them a while ago, but no one answered. Maybe because it's lunchtime.
M Okay, let's grab lunch now and you can try calling again later.

The woman attempted to contact the janitor's office to inquire whether her plastic chair could be recycled, but did not receive a response, presumably because it was during lunchtime. The man suggests they go have lunch and then try calling again later, so the best answer would be ①.

12.
여자 저……, 이 보고서를 찾고 싶은데요. 어디에 있나요?
남자 이 보고서는 오래된 논문이라 여기에 없어요. 인터넷에서 검색해 보세요.
여자 인터넷 말고 종이로 볼 수 있는 다른 방법은 없나요?
남자 다른 대학교 도서관에 신청하면 돼요. 여기에 도서 신청서가 있습니다.

W Excuse me, I'm trying to find this report. Do you know where it is?
M Since it's an old thesis, it's not available here. You may be able to find it online.
W Is there any way to view it in print, rather than online?
M You could try requesting to borrow it from a library at another university. Here's a book request form.

The woman is searching for an old thesis report, and the man informs her that it is not available at their location. He suggests that she can try requesting to borrow it from a library at another university if she wishes to view it in print. He also hands her a book request form for this purpose. Therefore, the best answer in this situation would be ④.

[13~16] Listen to the following and choose the statement that agrees with the content you have heard.

13. 여자 미국에서 친구가 놀러 오는데 갈 만한 데가 없을까?

남자 다음 주부터 고궁을 야간에도 볼 수 있대. 외국인뿐만 아니라 한국인들에게도 인기가 정말 많다는데?

여자 정말? 그럼 빨리 표를 예약해야겠다.

남자 현장에서 살 수도 있지만 예약을 하는 게 더 좋을 거야.

W I have a friend visiting from the United States. Do you know any good places to recommend?

M Starting next week, you can visit the palaces at night. I hear it's very popular among both Koreans and foreigners.

W Oh, really? I should book tickets as soon as possible then.

M While you can buy them on-site, it might be better to make a reservation in advance.

The man suggests that starting next week, the palaces will be open for nighttime visits, which are popular among both Koreans and foreigners. While it is possible to purchase tickets on-site, he recommends making a reservation in advance. Therefore, the best answer is ④.

14. 여자 손님 여러분, 오늘도 저희 6호선을 이용해 주셔서 감사합니다. 이번에 내리실 역은 합정역입니다. 다음 정거장은 상수역입니다. 2호선으로 갈아타실 분은 이번 정거장에서 내리시기 바랍니다. 이 열차의 종착역은 신내역입니다.

W Thank you for riding Line 6 today. This stop is Hapjeong. The next stop will be Sangsu. Passengers who wish to transfer to Line 2 should exit here. The last stop for this train will be Sinnae.

The speaker announced that "The final stop for this train is Sinnae," indicating that the train will terminate at Sinnae station. Therefore, the answer is ④.

15. 남자 여러분, 설거지를 깨끗이 하고 나도 영 찝찝하셨죠? 아무리 깨끗이 씻어 내도 혹시 그릇에 세제가 남아 있는 건 아닌지 걱정되셨을 것입니다. 이번에 저희 회사에서 개발한 친환경 세제는 몸에 해로운 화학 성분을 확 낮추어 인체에도 해롭지 않고, 환경에도 좋습니다. 오늘만 특별히 한 개를 구입하시면 한 개를 더 드리겠습니다. 어서 오세요.

M Everyone, have you ever had an uneasy feeling even after thoroughly washing all the dishes? You might still be worried that there is detergent residue left on the dishes. Our company has developed an eco-friendly detergent that reduces harmful chemicals in our bodies and is also environmentally friendly. Today, we have a special offer for you: buy one, get one free. Hurry and come visit us!

As the man mentioned, the eco-friendly detergent developed by his company significantly reduces harmful chemicals in our bodies and is also environmentally friendly. Therefore, the correct answer is ③.

16. 여자 이번 영화에서는 소방관 역을 연기하셨다는데 영화 촬영은 어떠셨어요?

남자 우선 개봉 전인데도 많은 분들이 관심을 가져 주셔서 정말 기쁩니다. 이번 영화에서는 제가 소방관이 되어 실제로 불을 끄는 연기를 하는 게 가장 힘들었어요. 소방관들이 얼마나 힘들게 일하는지도 느끼게 되었고요. 많은 분들이 이 영화를 보고 열심히 일하시는 소방관들에게 고마움을 느꼈으면 좋겠어요.

W So you played a firefighter in this movie. How was filming?

M First of all, I'm really pleased that many people are interested even before the screening. In this film, I portrayed a firefighter and the biggest challenge during filming was having to put out a real fire. It made me realize just how hard firefighters work. My hope is that many people watch this film and feel grateful for the hardworking firefighters.

The man playing a firefighter in an upcoming movie said that his biggest challenge was having to put out a real fire during filming, indicating that answer ③ is correct.

[17~20] Listen to the following and choose the answer that best matches the man's main point.

17. 남자 집에 컵이 많네요. 왜 이렇게 많아요?

여자 저는 외국으로 여행을 가면 기념으로 그 나라의 이름이 새겨진 컵을 꼭 사요. 컵을 안 사면 왠지 허전하더라고요.

남자 돈은 좀 들겠지만 컵을 보면 여행했던 기억이 떠올라서 기념이 되겠어요. 저도 이제부터 컵을 모아 봐야겠어요.

M You have a lot of cups at home. How come you have so many?

W When I travel abroad, I make it a rule to buy a cup engraved with the name of the country as a souvenir. I feel like I've missed out if I don't buy one.

M They may cost money, but they make good souvenirs because they remind you of your trip. I should start collecting them too.

The woman mentioned that she buys cups when traveling overseas, and the man agreed that they make great souvenirs to remember the trips by, suggesting that the best answer is ④.

18.

남자 아까 그 책, 오늘 꼭 봐야 하는 책 아니었어?

여자 응, 맞아. 그런데 내가 거절을 못해서 친구한테 빌려줬어.

남자 그럴 때는 거절을 해야지. 거절할 때는 확실히 거절을 하고 거절하는 이유를 정확하게 말해 주는 게 좋아. 그렇다고 네가 나쁜 사람이 되는 것은 아니야.

- -

M Isn't that the book you have to read today?

W Yes, it is. But I have trouble saying no, so I let my friend borrow it.

M In situations like that, you should say no. It's important to clearly explain why you're refusing something. Doing so won't make you a bad person.

The woman has difficulty saying no, and the man advises her to clearly refuse something when necessary and provide detailed reasons. This suggests that the answer is ①.

19.

남자 요즘 아파트를 사는 것보다 집을 짓는 게 유행이래.

여자 직접 집을 지으면 관리하기가 힘들지 않을까?

남자 좀 힘들 수도 있지만 오히려 집주인이 관리를 하니까 더 꼼꼼히 잘할 수 있어. 그리고 자신에게 필요한 시설만 지으니까 불필요한 비용이 들지 않을 수도 있고 말이야.

여자 나는 그래도 아파트 생활이 더 편리할 것 같아.

- -

M It seems that building a home is becoming more popular than buying an apartment these days.

W Wouldn't it be difficult to maintain if you built your own home?

M It could be, but you can also take better care of it because you are the owner. Plus, since you only build the facilities you need, you can avoid unnecessary costs.

W I still think living in an apartment would be more convenient, though.

The man believes that owning a house you've built yourself allows for better maintenance since you're the owner, so the answer is ③.

20.

여자 축하드립니다. 고객들이 뽑은 '이 달의 우수 서비스 사원'에 선정되셨어요. 고객들에게 어떻게 감동을 주셨나요?

남자 감사합니다. 저는 서비스를 할 때 고객의 입장에서 생각했기 때문에 고객 분들에게 칭찬을 많이 받았던 것 같습니다. 그리고 저희 매장에는 할머니나 할아버지 손님들이 많으신데 그분들을 시골에 계신 저의 할머니와 할아버지라고 생각하고 진심으로 대해 드렸습니다. 그래서 정말 저를 좋아해 주셨어요.

- -

W Congratulations on being named the customer service employee of the month as chosen by customers. How did you manage to touch their hearts?

M Thank you. When I offer assistance, I try to think from the customer's perspective. I believe that's

why I received praise from them. Our store has many senior visitors, and I treated them with sincerity, as if they were my own grandparents in the countryside. They appreciated it and that's why they liked me.

The man believes that adopting a customer-focused perspective has yielded positive results in terms of his service performance, indicating that the best answer is ④.

[21~22] Listen to the following and answer the questions.

여자 와, 이 강아지 좀 봐. 정말 귀엽다. 이참에 나도 강아지를 키워 볼까?

남자 근데 너 혹시, 지금 가족들과 함께 살고 있어?

여자 아니. 혼자 사니까 좀 외로워서 강아지라도 키우면 좋을 것 같아서.

남자 네가 요즘 집을 비우는 시간이 많으니까 강아지를 키우지 않는 게 좋을 것 같아. 나도 예전에 키워 봤는데 강아지가 집에 혼자 있는 시간이 많으니까 불쌍하더라고.

- -

W Oh, look at this puppy. It's so cute. Speaking of which, should I get one too?

M But are you living with your family now?

W No, I live alone, and I feel a bit lonely. That's why I think getting a puppy is a good idea.

M You spend a lot of time outside of your home these days, so I think it's better not to get a puppy. I had one before, but I felt really bad when it had to be alone at home for so long.

21. The man sympathizes with puppies that have to spend too much time alone at home, so the answer is ④.

22. The woman lives alone and spends a lot of time away from home, which is why the answer is ③.

[23~24] Listen to the following and answer the questions.

남자 총무과죠? 이번 주에 회의실을 빌리려고 하는데 예약할 수 있나요?

여자 어떡하죠? 이번 주는 이미 예약이 다 차 있네요. 언제 사용하실 건데요?

남자 이번 주 금요일 오전이요. 갑자기 회의가 잡혔는데 빈 회의실이 없으면 큰일이네요.

여자 다른 예약이 취소될 수도 있으니까 일단 신청서를 작성해서 총무과로 보내 주세요. 빈 회의실이 생기면 제가 바로 연락드릴게요.

- -

M Hello, is this General Affairs? I'd like to use a meeting room this week. Can I make a reservation?

W I'm sorry, all of the meeting rooms are fully booked. When would you like to use one?

M This Friday morning. This meeting was set up unexpectedly, and we'll be in trouble if we can't find a meeting room.

W　There's a chance of cancellations, so please send a booking request form to General Affairs. I'll contact you as soon as a meeting room becomes available.

23. The man is calling the General Affairs Department to book a meeting room for this Friday, so the answer is ①.

24. The man attempted to book a meeting room, but the woman informed him that all the rooms were fully reserved for the week. She suggested he submit a booking request form and assured him she would contact him once a room became available. This indicates that the answer is ①.

[25~26] Listen to the following and answer the questions.

여자　인사부에서 오랫동안 근무하시면서 많은 자기소개서를 읽어보셨을 텐데 어떤 자기소개서가 잘 쓴 자기소개서인가요?

남자　자기소개서는 기업에 지원자 자신을 홍보하는 도구나 다름없습니다. 그렇기 때문에 아무리 사소한 이야기라도 꾸밈없이 담아내는 게 좋아요. 자신의 성장 과정이나 실제 경험했던 일들을 진정성 있게 서술하면서 그 경험을 통해 무엇을 느끼고 배웠는지에 초점을 맞춰서 작성해야 합니다. 또 지원자들의 나이가 대부분 20대 중후반이기 때문에 인생에서 큰 사건을 겪은 사람들은 많지 않아요. 그렇기 때문에 이야기를 쓸 때 너무 부담 갖지 않아도 됩니다.

W　You must have read many cover letters during your time in the HR Division. What makes a good cover letter for introducing yourself?

M　When you're a candidate, a cover letter is a tool for promoting yourself. Even if your story may seem ordinary, it's important to be honest and sincere. Describe your family background or past experiences truthfully, and focus on what you learned and felt through those experiences. Since most candidates are in their late 20s, there aren't many who have experienced a huge event in life. So you don't have to feel too much pressure when you write your story.

25. The man believes that honesty and sincerity are crucial in a cover letter, even if your story may seem trivial. So the answer is ③.

26. Since the woman began by saying "Having worked in the HR Division so long," the answer is ②. In addition, the man mentioned that many people in their late 20s have not experienced significant events in their lives, but he did not say that they have not experienced any. Therefore, ④ is incorrect.

[27~28] Listen to the following and answer the questions.

남자　요즘에 학생들이 학교에 늦게 가는 것 같더라?

여자　응, 대부분의 학교에서 오전 9시까지 학교를 가도록 하는 9시 등교제를 실시하고 있잖아.

남자　과연 9시 등교제가 좋을까? 차라리 학교에 일찍 가서 자습을 더 하는 게 효율적인 것 같은데.

여자　9시 등교제 실시 이후에 학생들의 수면과 건강에 긍정적인 영향을 끼쳤다는 반응이 많았어.

남자　그래? 맞벌이 가정 등을 고려하지 않은 획일적인 정책은 아닐까? 9시 등교제 때문에 오히려 다른 부작용들도 생겼을 것 같아.

M　Do you think students are arriving at school later these days?

W　Yes, Most schools have implemented a 9AM start policy that requires students to be at school by that time.

M　Is this policy really effective? I think it might be more efficient for students to come earlier and study independently.

W　There have been positive responses regarding the policy's impact on students' sleep and health.

M　Really? But it's a standardized policy that doesn't take into account households with dual incomes. I think it may have caused unintended consequences.

27. The man expresses concerns about the 9AM start policy, suggesting that it may not consider households with dual incomes and could have unintended consequences. This indicates that the answer is ③.

28. It can be inferred that the answer is ④ based on the woman's statement that most schools now require students to be at school by 9AM due to the implementation of a start policy.

[29~30] Listen to the following and answer the questions.

여자　하나의 토지에 두 가구가 거주하는 땅콩집에 관심 있는 분이 많으실 텐데요. 땅콩집에 대해 설명 부탁드립니다.

남자　땅콩집은 두 가구가 공동으로 토지를 구매해서, 건물을 짓고 공간을 분리하여 거주하는 주택을 말합니다. 땅콩집은 공사 비용을 절약할 수 있어서 경제적이라는 것이 가장 큰 장점입니다. 무엇보다 제가 땅콩집을 설계할 때 가장 고려하는 점은 난방비와 같은 관리비인데요. 창문 크기를 최대한 줄이고 친환경적인 방법으로 열을 차단해서 기존 아파트보다 난방비가 적게 들도록 합니다. 하지만 두 주택이 붙어 있는 형태로 인해 사생활 침해 문제가 발생하기도 합니다.

W　There are likely many people interested in a "peanut house," where two households reside on a single property. Can you explain what a peanut house is?

M　A peanut house is a type of residential building where two households jointly purchase land, construct a building, and have separate living spaces. The biggest advantage of a peanut house is that it is cost-effective, as construction costs can be shared. When designing a peanut house, I prioritize maintenance costs, such as heating. I aim to reduce heating bills by keeping the windows small and insulating the house in an eco-friendly manner. However, as the two homes are adjacent to each other, there may be privacy concerns.

29. The man discusses the factors he prioritizes when designing a peanut house. The correct answer is ②.

30. The man mentions that he tries to keep the sizes of the windows as small as possible and insulate the peanut house in an ecofriendly way. The answer is ④.

[31~32] Listen to the following and answer the questions.

여자 요즘 소비자들에게 혼란을 주는 광고가 많은데, 과장된 광고는 어느 정도 제한을 두어야 한다고 생각합니다.

남자 네, 요즘 과장된 광고가 없다고 할 수는 없습니다. 하지만 광고의 목적이 사람들의 시선을 끌기 위한 것인 만큼 어느 정도의 과장도 필요하다고 봅니다.

여자 하지만 그런 과장으로 인해 소비자들이 피해를 보는 경우도 적지 않습니다.

남자 물론 그럴 수 있지만 과장의 기준이라는 것이 모호하기 때문에 소비자 스스로 광고의 정보를 분별하고, 파악하는 것도 중요합니다.

W These days, there are so many advertisements that confuse consumers. I think there needs to be some limits on the use of puffery in advertising.

M I can't say that there is no exaggerated advertising today. However, considering the purpose of advertising is to grab people's attention, a certain level of hype is necessary.

W But in many cases, these exaggerations end up harming customers.

M Yes, that can happen, but since the criteria for what counts as exaggeration are unclear, it's also crucial for consumers to be able to distinguish and comprehend the information conveyed in ads on their own.

31. In his last comment, the man says that it's important for consumers to discern and understand the information in advertisements due to the vague standards for exaggeration. The answer is ④.

32. The man agrees with the woman that exaggerated advertising exists, but he also argues that a certain level of hype is necessary. The answer is ①.

[33~34] Listen to the following and answer the questions.

여자 인간은 보고 싶은 것만 보고 믿고 싶은 것만 믿는다는 흥미로운 연구 결과가 공개되었습니다. 즉, 우리의 뇌는 착각과 현실을 구분하지 못한다고 합니다. 우리가 오감을 통해 받아들이는 정보는 1초에 천백만 개입니다. 하지만 이 중에 40개 정도만 저장을 하는데요. 뇌가 우리도 모르게 보고 들은 것들을 편집하는 것입니다. 이때 생기는 생각의 오류가 착각입니다. 결국 내가 원하는 것, 내가 생각하는 것, 내가 믿는 것만 남게 되는

것이지요. 사람들은 이렇게 자신이 믿는 것을 확신하지만 이런 믿음이 착각이라는 것을 알려 주는 특정 뇌 부위는 존재하지 않습니다.

W An interesting research result has been published suggesting that humans only see and believe what they want to see and believe, meaning the brain cannot distinguish delusion from reality. Despite taking in 11 million pieces of information per second through the five senses, the brain only retains 40 of them. Without our knowledge, the brain edits what we have seen and heard, leading to errors in thinking that can result in delusions. As a result, humans tend to believe only what they want, think, and believe, without any particular part of the brain being able to inform them that their beliefs are delusions.

33. The statement explains how the human brain processes information and how delusions can arise as a result. The answer is ④.

34. According to the man, the brain edits what we have seen and heard without us knowing. The answer is ①.

[35~36] Listen to the following and answer the questions.

남자 오늘 이렇게 우리 도서관의 '독서 나눔 프로그램'을 알리게 되어 기쁩니다. 독서 나눔은 단순히 현직에서 은퇴한 어르신들의 지식과 경험을 활용하는 차원을 넘어 사회적 일자리를 창출하는 사업입니다. 이 프로그램에서는 먼저 어르신들에게 아동 독서 지도법에 대해 교육을 실시한 후 각 보육 기관에 강사로 파견할 예정입니다. 그러면 어르신들은 각 보육 기관에서 아이들에게 동화 구연과 독서 활동을 지도하게 됩니다. 앞으로 이 프로그램은 아이들에게 올바른 독서 습관을 길러 주고 즐거움을 전하며 더 나아가 세대 간 친밀감 회복에 앞장설 것으로 기대합니다.

M I am delighted to promote the Reading & Sharing Program at our library today. The Reading & Sharing Program goes beyond simply utilizing the knowledge and experiences of retired seniors, as it aims to create social employment opportunities for them. The program provides training for senior citizens in reading guidance skills for children and then dispatches them as lecturers at nurseries and childcare institutions. At each institution, the senior citizens will guide children in story-telling and reading. I expect this program to help children develop good reading habits, have fun, and take the lead in regaining cross-generational closeness.

35. The man is explaining the newly launched "Reading & Sharing Program" and its significance, so the answer is ③.

36. The man says that senior citizens will receive training on reading guidance skills for children, and then they will be dispatched as lecturers to nurseries and childcare institutions. The answer is ④.

남자 작가님이 저술하신 '딸과 함께하는 요리 시간'이 요즘 화제를
　　 모으고 있는데요. 아직 읽어 보지 않은 분들을 위해 소개 좀 해
　　 주시겠습니까?

여자 '딸과 함께하는 요리 시간'은 하루하루 열심히 살아가는 딸에
　　 게 너의 모든 하루가 소중하다는 응원을 보내는 책입니다. 매
　　 순간 즐거울 수는 없는 삶에서 딸이 그날의 아픔을 극복할 수
　　 있기를 희망하며 딸과 엄마가 함께 요리한 내용을 담았습니
　　 다. 스트레스를 많이 받은 날에는 매콤한 '떡볶이'를, 기운이
　　 없고 지친 날에는 '닭죽'을, 혼자 있고 싶은 날에는 '콩나물 김
　　 치 라면'을 함께 만들면서 힘들고 지친 마음을 위로받을 수 있
　　 도록 했습니다. 또한 이 책을 통해, 살다 보면 힘든 순간도 있
　　 지만 맛있는 음식을 먹으며 기분을 전환하고 새로운 에너지를
　　 얻게 해 주고 싶었습니다.

M Your recent book, *Cooking Time with My Daughter,*
   has become a sensation these days. Will you
   introduce it for people who may not have read it
   yet?

W *Cooking Time with My Daughter* is a book for my
   daughter, who is living with all her might every
   single day, to support her by saying how each day
   is precious. In this life, not every moment can be
   pleasant, and I wrote what my daughter and I [her
   mom] cooked together in this book in the hope
   that she will be able to get over her daily struggles.
   Hot and spicy *tteokbokki* for a day when you are
   particularly stressed out, chicken rice porridge
   for a day when you are exhausted, bean sprouts
   and kimchi ramyeon for a day when you want to
   be alone—we made these together to comfort
   a troubled and worn-out heart. And through this
   book, I also wanted (my daughter) to eat delicious
   food, to refresh herself, and to get new energy
   during those tough moments she experience in life.

37. According to the author, she wrote this book to let her
    daughter refresh herself with delicious food and to get
    new energy from it. The answer is ③.

38. In the books the author recommends what food is good
    to cook when her daughter is in a specific situation or
    wants to refresh herself. The answer is ③.

[39~40] Listen to the following and answer the questions.

여자 그렇게 엄청난 양의 기름이 일부 국가에만 매장되어 있다는
　　 사실이 참 불공평하다는 생각이 드는데요. 그러면 이런 점이
　　 원유 가격 조정 실패의 주된 원인이 되는 건가요?

남자 사실 더 심각한 이유로 볼 수 있는 것은 원유 생산 국가의 가격
　　 결정에 숨어 있는 의도입니다. 세계 원유 시장에서 원유 가격
　　 은 원유 매장량이 풍부한 몇몇 국가들에 의해 결정됩니다. 이
　　 들 국가들이 의도적으로 생산량을 줄이면 가격이 올라가게 되
　　 고, 결국 원유가 귀해지는 거죠. 그러면 전 세계적으로 원유가
　　 꼭 필요한 나라들이 경제적으로 큰 타격을 받게 됩니다. 자연
　　 스럽게 산유국의 의도에 따라 세계 경제가 움직일 수밖에 없
　　 는 거죠. 따라서 이들 일부 산유국들의 의도에 따라 원유 가격

이 좌우되지 않도록 국제기구에 의해 가격이 결정되어야 한다
고 생각합니다.

W The fact that such a huge amount of oil is buried in
   a limited number of countries seems very unfair to
   me. Do you think such an aspect is the major cause
   in the failure to adjust crude oil prices?

M In fact, a more serious cause is the intention hidden
   behind the pricing decisions made by the oil-
   producing states. In the global crude oil market,
   the prices are determined by a few countries that
   have rich oil reserves. If they intentionally cut crude
   output, the prices will rise, and oil will become
   scarce. Then, countries around the world that really
   need oil will be hit hard economically. Naturally,
   the global economy is obliged to work following
   the intentions of the oil-producing states. That is
   why I believe that the pricing must be done by an
   international organization so that crude oil prices
   may not be influenced by the intentions of a few
   oil-producing countries.

39. As the woman mentioned at the beginning of the
    conversation that it is unfair that such a huge amount of
    oil is buried in a limited number of countries, the most
    appropriate answer is ②.

40. According to the man, if oil-producing states cut oil
    production on purpose, countries that need crude oil
    will be hurt economically. ④ is the answer.

[41~42] Listen to the following and answer the questions.

남자 우리는 '인간만이 생각하는 존재다'라는 착각 속에 삽니다. 동
　　 물은 본능적으로 움직이고 인간은 생각하고 움직인다는 고정
　　 관념은 사실과 다르므로 버려야 합니다. 동물도 사람처럼 그
　　 리워하는 감정을 느끼고 심지어 상대방을 속이기도 합니다.
　　 그럼 사람과 다를 바 없는 동물의 새로운 모습을 살펴봅시다.
　　 예를 들어, 코끼리는 물과 풀을 찾아 먼 거리를 이동하는 습성
　　 이 있습니다. 이동 중 동족의 뼈를 발견하면 냄새를 맡고 이리
　　 저리 뼈를 굴립니다. 특히 코끼리는 이동하다가도 자기 어머
　　 니의 두개골이 놓인 곳을 잊지 않고 찾아와 한참 동안 그 뼈를
　　 굴립니다. 즉, 감정이 있다는 증거죠. 한편 동물도 자신의 목적
　　 을 위해 상대를 속이기도 하는데요. 영국에서 발견된 파리의 한
　　 종류는 짝짓기를 할 때 수컷이 암컷에게 먹이를 선물로 줍니다.
　　 암컷이 먹이를 먹는 동안 짝짓기를 할 수 있기 때문입니다.

M We live with the deluded belief that only human
   beings can think. The fixed idea that animals move
   instinctively and humans move after thinking first
   is wrong and should be discarded. Animals can
   experience emotions and even deceive others. Let's
   explore some new aspects of animals that are not
   any different from those of humans. For example,
   elephants have a habit of traveling long distances
   to find water and grass. When they come across
   the bones of other dead elephants along the way,
   they sniff and roll the bones about. Above all, an

elephant may roam around, but it remembers and goes back to where its mother's skull lies and rolls the bones around for quite a while. This is evidence that they have feelings. Meanwhile, animals may deceive others to achieve their goals. In a species of fly discovered in England, the male gives prey to the female as a gift during mating because it can mate while the female is eating the prey.

41. The man argues that animals also have feelings like humans do and that we must discard fixed ideas that are different from facts. The answer is ④.

42. According to the man, elephants have a habit of moving long distances to find water and grass. The answer is ③.

[43~44] Listen to the following and answer the questions.

여자 한국의 복지 서비스의 종류가 300개가 넘는다고 하는데요. 이렇게 많은 복지 서비스 사이에서 자신이 받을 수 있는 서비스를 찾아내서 이용할 수 있을까요? 사실상 쉽지 않은 일입니다. 이처럼 몰라서 복지 서비스를 이용하지 못하는 경우가 없도록 편의성을 높인 제도가 바로 맞춤형 급여 안내입니다. 복지 멤버십이라고도 불리는 이 제도는 처음에 한 번 신청하기만 하면, 신청한 개인 또는 가구의 소득과 재산 등의 특성을 분석해서 해당되는 복지 서비스를 맞춤형으로 알려 줍니다. 복지 멤버십에 가입하기 위해서는 웹사이트나 어플을 통해 온라인으로 신청하거나, 전국의 주민 센터 어디에서든 신청할 수 있습니다. 지금 바로 복지 멤버십에 가입해 보세요.

W There are over 300 types of welfare services in Korea. Is it possible to find and use the services that one can receive among such a wide range of welfare services? In reality, it is not an easy task. To prevent situations where people cannot access welfare services due to a lack of knowledge, a system called customized salary guidance has been implemented to provide more convenience for users. This system, also known as welfare membership, analyzes the income and assets of individuals or households who apply for it, and provides information on relevant welfare services in a customized manner. To join the welfare membership, you can apply online through a website or app, or at any resident center across the country. Sign up for welfare membership now.

43. The woman recommends joining the welfare membership system, which provides personalized guidance on welfare services once registered, making ③ the appropriate answer.

44. As it was mentioned that the customized salary guide system was introduced to increase convenience and prevent cases of people not utilizing welfare services due to lack of knowledge, the answer is ②.

[45~46] Listen to the following and answer the questions.

남자 최근 초등학교 고학년 여학생 가운데 화장을 하는 어린이가 늘고 있다고 합니다. 이런 현상에 대해 부모님들의 걱정이 많다고 하는데 저는 아름다움을 추구하는 것은 개인의 자유이기 때문에 어린이들에게 화장을 하지 못하게 하는 것은 지나친 간섭이라고 생각합니다.

여자 저는 적절한 관여라고 생각합니다. 전문가들이 초등학생에게 화장을 권하지 않는 이유는 어릴 때부터 화장품을 사용하면 화장품 속의 색소나 보존제 등의 첨가물이 알레르기나 피부 질환을 일으킬 수 있기 때문입니다. 게다가 식품의약품안전처에서 '화장품 안전 사용 7계명'을 제시할 정도로 어린이는 안전한 화장품을 구입하고 사용하는 방법에 대해 잘 알지 못하는 경우가 많습니다. 여전히 많은 어린이들이 문구점에서 파는 불량 화장품을 구입하고 있는 게 현실입니다. 그러므로 단순히 개인의 자유에 맡겨서는 안 되며, 어린 나이에 화장품을 사용하는 것에 대해 부모님의 주의가 더욱 필요하다고 생각합니다.

M The number of elementary school girls wearing makeup seems to be increasing these days. Although many parents are concerned about this trend, I think it is an excessive intervention to prohibit children from wearing makeup because we have the freedom to pursue beauty.

W I believe it is appropriate intervention. The reason why experts do not recommend children using cosmetics at an early age is because additives such as colorants and preservatives in cosmetics can cause allergies or skin disorders. Moreover, many children are unaware of how to purchase and use safe cosmetics, to the extent that the Ministry of Food and Drug Safety has provided the "7 Commandments for Safe Cosmetic Use" specifically for children. It remains a reality that many children are purchasing substandard cosmetics from stationery stores. Therefore, it should not be left solely to individual freedom, and I believe that parental attention is crucial when it comes to children using cosmetics at a young age.

45. According to the woman's statement, since it is a reality that many children are still purchasing substandard cosmetics from stationery stores, the answer is ③.

46. The woman believes that parental intervention is appropriate and argues why parental care is necessary when children use cosmetic products at young ages. The answer is ②.

[47~48] Listen to the following and answer the questions.

여자 세계인의 축제라 불리는 '월드컵'은 모두 들어 보셨을 텐데요. 그러면 AI 로봇 축구팀이 대결하는 '로보컵(RoboCup)'에 대해 들어 본 적 있으신가요? AI 로봇 축구팀은 2050년까지 로보컵에서 인간 축구 대표팀과의 대결에서 승리하는 것을 목표로 한다고 하는데요. 이 야심찬 AI 로봇 축구팀에 대해 스포츠 전문 기자에게 들어 보겠습니다.

남자 네. AI 로봇이 월드컵에 참가한다면 인간 선수와의 경기에서 승리할 수 있을까요? 1997년에 설립된 후 매년 열리고 있는 로보컵은 세계에서 가장 오래되고 큰 규모의 AI 로봇 대회입니다. 몇 가지 경기 영역 중에서 축구 경기가 가장 인기가 많습니다. 어떻게 사람과 AI 로봇이 축구 경기를 할 수 있을지 궁금하실 텐데요. 인간과 유사한 형태의 로봇이 직접 경기하는 방식도 있지만, 인간의 형체가 아니거나 가상의 공간에서 경기하는 방식도 있습니다. 로봇 선수는 기계 학습 모델을 사용해 지속적인 훈련을 받고 있는데, 특히 경기 중에 발생하는 돌발 상황에 대처하는 법과 같은 팀 선수와 협력하는 방법 등에 중점을 맞추어 훈련 중이라고 합니다. 이들이 2050년에는 정말로 인간 선수의 실력을 넘어설 수 있을지는 앞으로의 AI 기술의 발달 속도에 달려 있습니다. AI 로봇 선수들의 활약을 기대하겠습니다.

W You must have heard of the "World Cup," known as the festival of the world. Have you ever heard of the "RoboCup," where AI robots compete against each other in soccer matches? The goal of the AI robot soccer team is to defeat the human soccer team in the RoboCup by 2050. Let's hear more about this ambitious AI robot soccer team from a sports journalist.

M Koreans love soccer, don't they? Soccer games can be enjoyed by everyone, including the players and spectators, so this event was created in the belief that combining robots with soccer games would attract many people's attention to robotics. It has now become an international event with 51 countries participating from all over the world, such as Korea, Brazil and Australia. In Korea, it is so popular that there are over 200 robot football teams at elementary, middle, and high schools as well as at universities. There are various games, including HuroSot and MicroSot, and each game has a specific arena size, ball size, and set of rules. These competitions are expected to make youths who aspire to be scientists and robotics researchers become more passionate about creating smarter and more active robots.

47. According to the man's statement, he mentioned that the RoboCup is the oldest and largest-scale AI robot competition in the world, so the correct answer is ②.

48. The man is explaining in sequence that the RoboCup has been held annually since its establishment in 1997, and he describes the methods of playing the game and the training techniques used. Therefore, the correct answer is ②.

[49~50] Listen to the following and answer the questions.

남자 그럼 다시 작가 연구로 돌아가서, 역사·전기적 접근 방법론을 써서 어떻게 작품을 해석할 수 있는지 예를 한번 들어 볼까요? 1930년대에는 시인이면서 동시에 평론 활동도 같이했던 김기림이라는 사람이 있었습니다. 이 사람은 신문 기자를 하다가 선생님이 돼서 학생들을 가르치기도 했고 과수원을 경영하기

도 했었습니다. 이렇게 직업을 자주 바꾸는 걸 보면 이 사람은 늘 새로운 변화를 추구하는 경향이 강했다는 걸 알 수 있겠죠? 이처럼 새로운 변화를 적극적으로 수용하는 그의 세계관을 〈기상도〉라는 시에서 읽을 수 있는 거죠. 예를 하나 더 들어 볼까요? 식민지 때 소설을 썼던 이효석이라는 작가 얘기입니다. 이 사람은 1930년대에 이미 가족 전체가 침대 생활을 했으며 피아노를 사서 연주도 했다고 합니다. 커피의 맛과 향도 사랑했죠. 이렇게 이효석은 서구 문화에 흠뻑 빠져 있었습니다. 이런 서구 지향적 생활 태도는 이 사람의 작품에서도 쉽게 읽을 수 있습니다.

M Let's return to the study of the author and explore how we can use historical and biographical approaches to interpret a literary work by providing some examples. In the 1930s, there was a man named Kim Kirim who worked as a poet and critic. He frequently changed jobs, working as a journalist, a school teacher, and even managing an orchard. These job changes suggest that he had a strong inclination to constantly pursue new things, doesn't it? From the title of his poem, "A Weather Map," we can infer his receptive worldview to new changes. Let's consider another example, the story of author Lee Hyoseok, a novelist during Korea's colonial period. By the 1930s, everyone in his family slept in a bed and they owned and played a piano. He also had a fondness for the flavor and aroma of coffee. Lee Hyoseok was deeply immersed in Western culture, and this West-oriented lifestyle can be easily seen in his works.

49. The man says that Kim Kirim used to work as a journalist. The answer is ①.

50. The man provides historical and biographical approaches by using the examples of Kim Kirim and Lee Hyoseok. The answer is ③.

쓰기 Writing

[51~52] **Write an appropriate word in each of the blanks in the following text.(10 points each)**

51. ㉠: The reason for finding the lost item should be provided.

   ㉡: Just below, the person's name and phone number are displayed. Taking this hint into account, one should be able to request the person who found the mobile phone to make a call to the provided number.

   → This notice is about locating a lost item. Therefore, it should mention what the lost item is and why it needs to be recovered. Additionally, the contact information of the person who lost the item should be included so that anyone in possession of it can contact them. Sometimes, such notices may also offer compensation if the item is found. Answers that earn 3 points should employ grammar and vocabulary expressions at an elementary level.

52. ⊙: It is necessary to provide a reason for finding the lost item.

⊙: Considering the phrase "If we do so" at the beginning, the missing phrase should explain the potential outcomes or results that can be achieved by following the action mentioned in the preceding sentence.

53. The following is a survey conducted on 300 elderly people aged 60 to 75 about what they consider essential for a happy life when living alone after the age of 60. Explain the content in a text of 200-300 characters. Do not write a title.

[Summary]

Introduction: a brief overview of the question, which revolves around identifying the essential elements for a happy life when living alone after the age of 60

Body: the text compares the survey results obtained from both men and women, highlighting any similarities or differences in their responses

Conclusion: a summary of the key findings from the survey

54. Refer to the following and write a text of 600-700 characters. Do not simply copy the text of the question when writing your answer.

[Summary]

Introduction: identifying the causes of the low birth rate

Body: ① the societal impact of low fertility and the challenges it presents to the national economy
② the various efforts that have been made to increase the birth rate

Conclusion: a summary of the overall argument

읽기 | Reading

[1~2] Choose the most appropriate word for the blank.

1.

> It rained a lot in the morning, (　　) is sunny now.

Question type Choosing a word ending for the context (connective/short sentence)

The sentence indicates that the morning weather and the current weather are different. ① is the best answer.

> **–더니:**
> ① a reason or cause
> 🔊 매일 도서관에서 공부하더니 시험에 합격했구나!
> ② a contrast between the past and the current states
> 🔊 어릴 때는 키가 작더니 지금은 키가 큰 편이다.
> ③ connecting facts
> 🔊 그녀는 갑자기 창문을 열더니 소리를 질렀다.
> **Tip** The sentence following –더니 cannot be a future, imperative, or suggestive form.

• **–더라도:** this expression is equivalent to "regardless of the preceding fact," implying the preceding fact, although presumed or admitted, does not have any relation to or impact on the following contents.

🔊 기홍이는 좀 힘들더라도 공부를 끝까지 해야 한다고 생각했다.

• **–아/어 가지고:**
① an expression used to indicate that the result or status from the previous action is continued
🔊 해외여행을 가셨던 부모님이 내 선물을 사 가지고 오셨다.
② an expression used to indicate that the action or state in the preceding is the cause, means, or reason of the following; a spoken form of 아서/어서
🔊 어제 잠을 못 자 가지고 아주 피곤해요.

• **–는 대신에:**
① instead of; an expression to indicate that you replace the preceding action with another
🔊 재미있는 영화가 없어서 영화를 보는 대신에 공연을 보았다.
② instead of; an expression to indicate that you will compensate the preceding action with something that is equivalent to it
🔊 나는 일찍 출근하는 대신에 일찍 퇴근한다.

2.

> Sumin said, "I'm too tired, so I'll go home early and (　　)!"

Question type Choosing a word ending for the context (ending/short sentence)

The speaker is expressing her desire to go home early and to get some rest because she is tired. ③ is the best answer.

> **–아/어야지:**
> ① an expression used to imply the speaker's determination or will
> 🔊 오늘부터 일찍 자고 일찍 일어나야지.
> ② (to a friend or one's subordinate/junior) an expression used to mean the other party must do something or must be in a certain state
> 🔊 농구 선수가 되려면 키가 커야지.
> **Tip** In the middle of a sentence, –아/어야지 indicates a prerequisite.
> 🔊 한국어 실력이 좋아야지 그 회사에 들어갈 수 있다.

• **–(으)ㄹ걸:**
① a word ending that expresses a guess or speculation
🔊 아마 이번 주말에는 비가 올걸.
② a word ending expressing a slight degree of repentance or regret
🔊 한 시간만 더 빨리 왔으면 좋았을걸.

• **–더라:** a word ending indicating that the speaker is now communicating what he or she has learned through personal experience
🔊 어제 친구 집들이에 갔었는데 집이 정말 좋더라.

• **–기도 하다:** an expression used to say that the preceding fact happens from time to time
🔊 보통은 기숙사에서 공부하지만 주말에는 도서관에 가기도 해요.

3.

Over 70% of job seekers said that they had been worried due to their appearance when they prepared for the interview.

Question type Choosing a similar word ending (connective/short sentence)

The sentence means that many job applicants have worried about their appearance when they prepared for their interviews. ③ is the best answer.

> N(으)로 인하여: an expression indicating that when the preceding phrase results in the following phrase
> **Eg.** 환경오염으로 인하여 여러 가지 문제가 생기고 있다.
> 많은 학생들이 학업에 대한 스트레스로 인하여 고통 받는다.
> **Tip** –(으)로 인하여 is used mainly in official speech or writing and cannot be followed by an imperative or a suggestive form. It can be substituted by –(으)로 인해(서) or –(으)로 말미암아.

- N에 따라서: according to; an expression that indicates dependence on a certain situation or standard
  Eg. 대통령은 법과 원칙에 따라(서) 국가를 운영하겠다고 강조했다.
- N을/를 비롯해서: in addition to N; an expression used to indicate that N is the first or the center that includes many others
  Eg. 나를 비롯해서 회의에 참석한 모든 사람들이 그 안건에 찬성했다.
- N(으)로 말미암아: because of N; an expression used to indicate that a certain object or phenomenon is the reason or cause; generally used in written text
  Eg. 이번 장마로 말미암아 많은 사람들이 집을 잃었다.
- N에도 불구하고: in spite of N; an expression used to indicate that either an event expected from N has not happened or an event contrary to N has happened
  Eg. 가정 형편이 어려운 상황임에도 불구하고 기홍이는 항상 밝고 씩씩하다.

4.

Since there are many students studying during the exam period, the lights have been left on all night at the library.

Question type Choosing a similar word ending (ending/short sentence)

It means the library has left the lights on all night long for many students studying during the exam period, indicating continuation. The best answer is ④.

> –아/어 놓다: this expression is used to indicate the continuation of a state after an action is finished or to emphasize the continuation of a previous state.
> **Eg.** 외출할 때 난방을 꺼 놓았다.
> 요리를 한 후에 환기를 하려고 창문을 열어 놓았다.
> **Tip** –아/어 놓다 and –아/어 두다 are interchangeable.

- –아/어야 하다: an expression used to indicate the preceding phrase is either a mandatory action or a prerequisite to do something or to reach a certain state
  Eg. 시간이 늦어서 이만 집에 가야 해.
- –곤 하다: an expression used to indicate a repetition of the same situation (the shortened form of –고는 하다)
  Eg. 정진이는 방학만 되면 서울에 있는 할머니 댁에 놀러 가곤 했다.
- –게 하다: a causative expression, meaning either to make someone do something or to make something work in a certain way
  Eg. 나는 배탈이 나서 친구에게 나 대신 약속 장소에 가게 했다.
- –아/어 두다: an expression used to indicate that a preceding action has ended but the result is maintained
  Eg. 손님이 오기 전에 미리 식탁에 음식을 차려 두었다.

[5~8] Choose the answer that says what the following is about.

5.

It's the yellow dust season,
and we are too scared to open the window.
Here's our family doctor:
not only does it have humidifier and dehumidifier functions,
but it also has temperature control!

Question type Understanding the object/type of text (advertising)

The key word in this advertisement is 황사철, which indicates that it is related to dust. As the machine should be capable of dehumidifying, humidifying, and temperature control, ④, the air purifier is the best answer.

- 주치의: a family doctor or a doctor designated to treat someone's illness

6.

There is a fire somewhere even at this moment.
Stop prank calling.

Question type Understanding the object/type of text (advertising)

The key word in this notice is 화재. The Fire Department is the relevant institution. Since the notice urges people to stop making prank calls, ① is the best answer.

7.

Once a month, please remember the dreams of disadvantaged children.
The money you send will be used
for the welfare of and educational projects
for children without parents.

Question type Understanding the object/type of text (advertising)

The key phrase in this advertisement is 보내 주신 돈. Since the money sent will be used for the welfare of and educational projects for children, ① is the best answer. 교육비 means money spent for education.

- 보증금: a deposit; money given as collateral for a contract or other occasions
- 생계비: cost of living; money you need to live

8.

★★★★★

Very satisfied Good quality for the price.
The design catches my heart.
It looks way better than it looked at the show.

Question type Understanding the object/type of text (notice)

The text has the format and contents of a user review, something you write on the Internet after receiving and using an item you purchased. ② is the best answer.

[9~12] Choose the statement that agrees with the following text or graph.

9.

The Oth Busan International Film Festival

- **Date:** Oct. 2 (Thu) — Oct. 11 (Sat)
- **Venue:** Busan Cinema Center, Centum City Department Store, film theaters in Haeundae and Nampo-dong areas
- **Opening Ceremony Host:** Lee Jun-su, Emma Smith
- **Closing Ceremony Host:** Daisuke Sato, Park Jin-ah
- **Miscellaneous:** 314 films from 79 countries will be screened. Traffic around the event venues will be controlled during the festival period.

Question type Choosing the answer that matches the text/table (notice)

During the film festival, there will be traffic controls around the festival venues, including the Busan Cinema Center, Centum City Department Store and the Haeundae area, and Nampo-dong theaters. Therefore, the appropriate answer is ④, "Traffic around the festival venues will be controlled during the festival period."

① Park Jin-ah will host the ~~opening ceremony~~. → closing ceremony

② ~~Each of the 79 countries submitted 1 film.~~ → 314 films were submitted from 79 countries

③ 314 films will be shown at the ~~Busan Cinema Center~~. → Busan Cinema Center, Centum City Department Store, and theaters in the Haeundae and Nampo-dong.

10.

Leisure Companions for People in their 20s & 30s

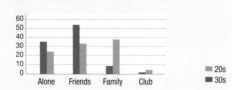

Question type Choosing the answer that matches the text/table (graph)

The largest group of people in their 30s do their leisure activities with their families. ④ is the best answer.

① Compared to those in their 20s, people in their 30s ~~avoid~~ club activities. → do more

② Both people in their 20s and 30s spend most of their time ~~alone~~. → with friends (20s) and family (30s)

③ People in their 20s spend their leisure time ~~more with their families than with friends~~. → more with friends than family

11.

The Korea Expressway Corporation (KEC) has declared war against drowsy driving and has placed warning signs about the risks of drowsy driving in highly visible locations. According to the KEC, 121 people died in traffic accidents caused by drowsy driving last year. Although previous broadcasting advertisements had limited effect, the current extensive campaign is expected to make a significant impact.

Question type Choosing the answer that matches the text/table (article)

① is the best answer since it is expected to have some impact this time.

② ~~They are planning to air a broadcast advertisement to prevent drowsy driving.~~ → They have previously aired broadcast advertisements.

③ The annual average of people killed in ~~traffic accidents~~ last year is 121. → traffic accidents due to drowsy driving

④ The KEC has ~~a passive~~ attitude to prevent drowsy driving. → an active

12.

A sinkhole is a phenomenon in which the ground, including roads, collapses at once and creates a huge hole. A sinkhole happens not in any specific regions but all around the world, and it occurs without any warnings of various shapes and sizes. Korea has been considered a safe place from sinkholes, but now it needs measures against them as they have recently appeared all around [Korea's] downtown.

Question type Choosing the answer that matches the text/table (article)

Korea has been considered safe from sinkholes, but they have recently appeared all around downtown. ③ is the best answer.

① Sinkholes occur ~~mainly in specific regions~~. → not in any specific regions but all around the world

② Korea ~~is trying to~~ prevent sinkholes. → needs measures to

④ ~~A sinkhole progresses slowly and is therefore predictable.~~ → It is impossible to predict a sinkhole because the ground collapses suddenly without any warning.

13.

(가) The National Tax Service (NTS) has only been seen as a tax collector.

(나) However, now you can consider the NTS as a business startup aid.

(다) The NTS provides detailed information about business types by region.

(라) By checking this kind of data on the NTS website before starting your own business, you can reduce the likelihood of failure.

Question type Placing sentences in the right order

The text tells people to see the NTS not only as a tax collector but also as a business startup and provides reasons for that statement. (가) comes first as it is about how the NTS has been seen only as a tax collector so far. (나) comes next, starting with 하지만 and telling people to see the NTS as a business startup aid. Next is (다) since it explains why the NTS can be a helping hand in opening a business. (라) is naturally next as it, is about how checking this kind of (business type) data can reduce the risk of failure. (가)–(나)–(다)–(라), or ① is the answer.

14.

(가) Recently, there is a growing trend of people showing interest in various "apptech".

(나) "Apptech" is a portmanteau of smartphone app and wealth management, referring to wealth management using smartphone apps.

(다) As such, as long as you have a smartphone, you can easily participate, making it a valuable wealth management method in an era of high prices.

(라) It works by receiving cash-like points through activities such as walking, gaming, watching advertisements, and then converting these points into cash or gift vouchers.

Question type Placing sentences in the right order

The most natural order is to begin with (가), which speaks to the current trend of increasing interest in "apptech," followed by (나), which defines what apptech is. Then comes (라), which explains specifically how one can manage their wealth using smartphone apps, and finally, (다), which starts with "as such," explaining why apptech is getting attention. Therefore, the correct answer is ②.

- 앱(APP): a word for application software. It is also referred to as 어플 or 애플리케이션.

15.

(가) The Jeonju Hanok Village has a variety of attractions, including Omokdae and Jeondong Catholic Cathedral.

(나) The unique foods cooked fresh on site and various snacks, including different types of bread, are also attractive.

(다) In addition to its many attractions, the Hanok Village is known for offering a delicious culinary experience.

(라) Especially popular is the handmade chocolate cake from Pungnyeon Jegwa (PNB), which is one of the nation's top 5 bakeries.

Question type Placing sentences in the right order

The text introduces what to see and eat at the Jeonju Hanok Village. (가) should come first as it introduces how the Jeonju Hanok Village has many attractions. (다) follows, starting with "in addition to many attractions" and mentioning another reason for popularity (tasty trip). (나) is next as it introduces popular foods. (라) goes last as it starts with 특히 and gives a specific example (handmade chocolate cake). (가)–(다)–(나)–(라), or ②, is the answer.

16.

This photography session will teach you how to take great photos at a spring flower festival. You will learn how to take great selfies as well as beautiful pictures with cherry blossom trees in the background. (   ) learn how to take photos, your general knowledge related to science, such as light and angles, will automatically increase.

Question type Choosing the best phrase for the context

The text reads that your general knowledge of science, such as light and angles, will automatically increase. To understand things like light and angles, you must understand the principles of photography. ④ is the best answer.

17.

Well-dying means a prepared death, a beautiful death. Well-dying refers to the "whole process of life to live well and to end well," and well-being and well-dying mean something similar. The goal of well-dying may be (   ) in that it is in the end about spending the rest of your life in the most valuable and beautiful manner as long as you are alive.

Question type Choosing the best phrase for the context

The text asks for the purpose of well-dying. The blank comes before the phrase "in that it is about spending the rest of your life in the most valuable and beautiful manner as long as you are alive," so ③ is a better answer than ②. ② is not the goal but is rather the meaning of well-dying.

18.

According to statistics on annual coffee consumption in each country, Korea ranked second with 367 cups, which is more than twice the global average of 161 cups. This means that Koreans drink more than one cup of coffee a day. In addition, statistics on the number of coffee shops per 1 million people show that Korea has 1,384 coffee shops, showing (   ) compared to Japan's 529, which is second, clearly demonstrating Koreans' love for coffee.

Question type Choosing the best phrase for the context

According to statistics on the number of coffee shops per 1 million people, Korea showed an overwhelming difference with 1,384 shops compared to Japan's 529, which is more than twice as many. Therefore, the answer is ②, indicating an overwhelming difference with Japan.

- 압도적: Dominating or crushing others with superior strength or skills, leaving them unable to move.

[19~20] Read the following and answer the questions.

Only a few job seekers can experience the joy of finding jobs due to the difficulty in the job market. And candidates who are not selected demand that the reasons they failed be disclosed to ensure the fairness and credibility of the employment process. (   ) the companies say that it is difficult to specifically inform job seekers of the reasons why they failed since many parts of the employment evaluation are hard to objectify. However, I think it's important to let the failed candidates know why they failed so that they can improve and apply for the next application.

19. **Question type** Choosing the best conjunction for the context

The preceding sentence represents the failed candidates' stance, and the following sentences represent that of the companies. Therefore, the blank must have a conjunctive that implies contrary details. ③ is the best answer.

- 아마: a word used for speculation without any conclusion
  Eg. 그는 아마 지금쯤 서울에 도착했을 것이다.
- 결국: in the end; finally
  Eg. 일주일을 견디다가 철수는 결국 그 일을 포기하고 말았다.
- 반면: on the other hand; an adverb indicating that the preceding and the following are contrary
  Eg. 그 회사는 월급을 많이 준다. 하지만 늦게까지 일을 시킨다.
  그 회사는 월급을 많이 주는 반면 늦게까지 일을 시킨다.
- 마침: at just the right time/occasion
  Eg. 물어볼 것이 있어서 지금 전화를 하려고 했는데 마침 잘 왔다.

20. **Question type** Understanding the topic

The text above states that in the hiring process, failed candidates should be informed of the reasons for their rejection so that they can improve their application for the next round. Therefore, ④ is the correct answer.

① Not so many people ~~seek jobs~~. → experience the joy of finding jobs
② In an unemployment crisis, there are ~~many people who find jobs~~. → only a few people experience the joy of finding jobs

③ ~~Those who have been selected~~ demand [the company] disclose the reasons ~~why they succeeded~~. → Those who have not been selected, why they failed

[21~22] Read the following and answer the questions.

We take medicine to treat diseases. But if a medicine should cause a more serious disease, it is better not to take it at all. It's the same case for science. If science is used properly for many people, it will be something that humankind should be thankful for since it solves problems, but if it [science] is used for the ill-gotten gains of a limited few, it will produce scary results. Science is like (   ).

21. **Question type** Choosing the best proverb/idiom for the context

The text says that science can be either helpful or harmful for humankind. ① is the best answer.

- 양날의 칼: a double-edged sword; a situation that can have both favorable and unfavorable consequences
  Eg. 정부의 주택 담보 대출 정책은 양날의 칼이다. 잘 사용하면 주택 시장에 안정을 가져올 수 있지만 자칫 잘못하면 수많은 신용 불량자를 양산할 것이다.
- 양손의 떡: a rice cake in each hand; to have two good things. This idiom is mainly used when it is difficult to choose between two things.
  Eg. 미영이는 회사와 대학원에 모두 합격했다. 어느 곳을 선택할지 양손에 떡을 쥐고 고민하고 있다.
- 그림의 떡: a rice cake in the picture; pie in the sky; something that cannot be used or had no matter how much you like it
  Eg. 돈이 하나도 없는 나에게 진열장 안의 만두는 그림의 떡이었다.
- 칼로 물 베기: cutting water with a sword (knife); an occasion in which people make up quickly after a quarrel (proverb)
  Eg. 부부 싸움은 칼로 물 베기다.
- 떠오르는 별: a rising star; a figurative way of referring to a new figure in a certain area who has become distinguished
  Eg. 그는 연극계의 떠오르는 별이다.

22. **Question type** Understanding the object/type of text

The comparison made in the sentence between the misuse of science and the negative effects of a harmful medicine implies that the correct answer is ③.

① Science ~~can be a remedy for many people~~. → When used properly, it can be a helpful remedy for many people.
② ~~In order to cure the disease, you don't take medicine~~. → If taking medicine could result in a more serious disease, it would be better not to take it.
④ Science ~~can produce scary results, so it shouldn't be used~~. → When used for the impure profits of a specific minority, it can lead to scary results.

I go to school by subway every day. As I ride on the subway, I can see the diverse aspects of many people. But three or four times a week, I see something that makes me frown. It is the sight of the elderly and the infirm struggling hard to stand up like trees drenched by rain in front of the seats designated for them, while young people are seated, looking at their phones. Whenever I see such a sight, I feel my face burn. As you sit on the subway today, looking at the world on your phone, please take a moment to check if the seat you casually took is designated for elderly or disabled individuals. Designated seating is the least thing we can do (the minimal care) for our neighbors. Before reading about the world in a newspaper or magazine, why not try looking around first and see if there are people who need your seat more than you?

23. **Question type** Understanding emotions (essay)

The underlined text expresses how the writer feels at the sight of the elderly and the infirm standing in front of designated seating where young people are sitting. ② is the best answer.

- 눈살을 찌푸리다: to frown; to have one's eyebrows brought together, indicating disapproval
  Eg 그의 무례한 행동은 저절로 눈살을 찌푸리게 했다.
- 얼굴이 화끈거리다: to feel one's face burn; to blush with shame and embarrassment at the moment
  Eg 내 실수임을 알고 얼굴이 화끈거려 고개를 들 수 없었다.

24. **Question type** Understanding the details (correspondence/essay)

According to line 6, "If you take a seat on a subway train today and read about the world in a newspaper or magazine, just check whether the seat you carelessly take is not designated for the elderly, the infirm, and the handicapped." ③ is the best answer.

① I read newspapers and magazines on the subway train. → Young people

② The elderly and the infirm are ready to look around first. → Young people should try to look around first before they read about the world in a newspaper or magazine.

④ I can see young people sitting in the priority seats for elderly and disabled individuals every day. → three or four times a week

[25~27] Choose the answer that best describes the title of the following newspaper articles.

25.
Spring breeze in frozen construction market, business led by small apartments

Question type Understanding a contracted sentence (news article)

As sales of small apartment units increases, they are revitalizing the construction market. The headline refers to it as a spring breeze blowing in the market. ② is the best answer.

- 경기: economy (business, market); the conditions of economic activities that appear in trade, which can be divided into two: 호황(boom), during which economic activities are dynamic, and its opposite, 불황(recession)
- 주도: leading or initiating something
- 봄바람이 불다: "A spring breeze blows" can be used to mean "The economy has improved."

26.
A hyped promotional sale by a department store offers poor quality

Question type Understanding a contracted sentence (news article)

The headline means that the price discount at a department store was loudly advertised, but the quality was not very good. ③ is the best answer. ① cannot be the answer because it does not necessarily mean that all products being discounted at the department store are of poor quality.

- 요란하다: too messy and showy

27.
Juvenile Protection Act; idle teenage runaways with nowhere to go

Question type Understanding a contracted sentence (news article)

The headline implies that teenage runaways cannot be protected because the Juvenile Protection Act is not established quickly. ④ is the best answer.

- 낮잠 자다: to take a nap; a figurative way of expressing that something is not properly used and is lying idle or to say that someone is not doing what he or she is supposed to do

[28~31] Choose the most appropriate word for the blank.

28.
The armonica is a musical instrument made of glass cups filled with varying amounts of water. When the rim of each glass is rubbed with your fingers, sound is produced. The sound is transmitted through sound waves, with short waves creating higher notes and long waves producing lower notes. A glass with less water produces lower notes due to the extra space, allowing for a longer wave. A cup nearly full of water has little space, so (   ).

Question type Choosing the best phrase for the context

The passage reads, "적은 양의 물이 담긴 유리컵은 파동이 길고 음이 낮다." Therefore, its opposite, namely a cup nearly full of water, will have a short wave and a high note. ① is the best answer.

29.
The most basic unit of a text is a word. Words come together to make a sentence, multiple sentences come together to make a paragraph, and multiple paragraphs come together to make a piece of writing. And with a text completed in this manner, we do various activities while we are (lit. along the

course of). reading. In the end, reading a text refers to the concept of confirming, deducing, criticizing, extending in depth, or reconstructing (   ).

Question type Choosing the best phrase for the context

The passage reads, "단어들이 모여서 문장을 이루고, 여러 개의 문장이 모여 문단을 이루며, 문단이 여러 개가 모여 한 편의 글이 된다." So words, sentences, and paragraphs are the fundamental elements in a piece of writing. ④ is the best answer.

30.

The youth employment problem in Korea looks increasingly like the one in southern European countries such as Spain and Italy. First, while the number of university graduates is greatly increasing, there are not enough good jobs that can be given to them. The divides between big and smaller businesses and between regular and irregular employees are as great as those in southern European countries. As the wage gap between workers widens, it intensifies the tendency of job seekers to only pursue regular employment at big companies with high annual salaries from the beginning. That is why (   ) of youths is increasing.

Question type Choosing the best phrase for the context

Job seekers are increasingly pursuing regular employment at big companies that offer higher annual salaries from the outset. This implies that job seekers are avoiding smaller companies that may have vacancies, indicating voluntary unemployment. ① is the answer.

31.

When in love people actually feel some sense of insecurity. According to a study, this is related to serotonin. When the serotonin levels of people in love were tested, the results came back lower than those of ordinary people by 40%. This is what makes people feel insecure and depressed and fall in love. But when the couples were tested again after a year had passed, their serotonin levels were back to normal. Therefore, it is not surprising that many couples (   ) after one year.

Question type Choosing the best phrase for the context

According to the text, a low serotonin level makes people feel insecure and depressed and fall in love. Therefore, it a person's level is back to normal, the result will be the opposite. ② is the best answer.

[32~34] Read the following and choose the statement that agrees with the content of the text.

32.

Halal foods refer to foods that Muslims can eat according to Islamic law. It is said that due to the high birth rate, the Muslim population will reach around 3 billion in 2060. Economic growth is also faster in Muslim states compared to that in

advanced countries where the major religions are Protestantism or Catholicism. Therefore, multinational corporations have joined the halal war at an early stage, occupying 80% of the halal food market. This is the outcome of approaching the market from a business perspective instead of considering halal as a specific religious culture.

Question type Understanding the details (correspondence)

Muslims have a high birth rate and rapid economic growth. ③ is the best answer.

① Halal foods refer to foods that Muslims ~~cannot~~ eat. → can

② In 2060, Muslims will ~~make up more than half of the world's population~~. → reach around 3 billion

④ Multinational corporations ~~accepted and used halal as a specific religious culture~~. → did not consider halal a specific religious culture but approached the market from a business perspective.

33.

Even the same content can make different impressions depending on the font. The Ming font is not very prominent but highly readable and gives a comfortable impression. On the other hand, Gothic font, which was first used in Italy in the 12th century, makes a strong and neat impression because it has bold and uniform lines. Gothic is mainly used for billboards and posters as it is conspicuous. By combining these two different fonts, we can create a new font with a new image.

Question type Understanding the details (correspondence)

Gothic is mainly used for billboards posters as it is conspicuous. ③ is the best answer.

① ~~Ming font~~ looks strong and tidy. → Gothic font

② ~~Ming font~~ is highly readable and therefore is conspicuous. → Gothic font

④ ~~Gothic font does not go well with another font~~. → It is possible to get a font that has a new image if we combine Ming and Gothic fonts

34.

World Vision was established for starving war orphans and women who had lost their husbands in 1950 during the Korean War. Having received foreign aid for about 40 years, in 1991, Korea decided to take care of its neighbors around the world and started the Bread of Love campaign. Coins were collected through money boxes in the shape of bread at a breathtaking speed, and the money was used to sponsor children and to pay for health and educational projects for Korea's global neighbors. Today, World Vision consists of about 100 member countries from around the world.

Question type Understanding the details (correspondence)

According to the text, World Vision was established for Koreans in need in 1950 during Korean War. Having received foreign aid for about 40 years, in 1991, Korea decided to take care of its neighbors around the world. Currently, World Vision has grown to be an organization with around 100 global member states. ② is the best answer.

① World Vision started to ~~sell the Bread of Love~~ from 1991. → conduct the Bread of Love campaign

③ World Vision was made ~~to sponsor children around the world~~ at first. → for starving war orphans and widows

④ World Vision launched the Bread of Love campaign ~~with donations made~~. → which is a voluntary donation campaign

[35~38] **Read the following and choose the answer that best matches the topic of the text.**

35.

One of the typical causes that hinders sound sleep is sleeping in the wrong position. People have different comfortable positions when they sleep, but often these comfortable positions can interfere with a good night's sleep. Lying face down or on one side while sleeping can cause body aches. A side-sleeping position can put three times more pressure on your back compared to lying on your back, and if you lie face down while sleeping, the weight of your head will go straight to your neck, putting pressure on your neck and shoulders. Therefore, to sleep soundly, it is recommended to lie on your back and look up at the ceiling.

Question type Understanding the topic

This text explains that each person has a sleeping position that he or she feels comfortable with when sleeping and that the position must be right for a person to sleep soundly. ② is the best answer.

36.

The concern that people who have taken out loans to buy a house due to the anxiety that housing prices will continue to rise will fall into crisis has become a reality. More than half of those who have aken out a mortgage have become house poor as they are unable to properly repay the principal and interest due to a drop in housing prices and an increase in interest rates. A sudden drop in housing prices and an increase in interest rates are disasters for most ordinary people. We cannot help tbut ask whether the government has measures in place to prevent such disasters.

Question type Understanding the topic (daily living)

The sentence means "Asking if the government has measures to solve the house poor problem while explaining the reality of people in crisis due to excessive loans for buying a house, ② is the appropriate answer."

37.

Some people choose to engage in a diet where they only reduce food intake, excluding exercise due to lack of time or laziness. However, this approach may actually increase the risk of developing a food addiction. When we consume food, our brains perceive it as pleasurable, and those who frequently starve themselves tend to experience an increased sense of enjoyment when they do eat. This is because the psychological reward is more significant when food intake is less frequent. Therefore, it is necessary to establish proper eating habits to prevent any issues with the brain's reward system.

Question type Understanding the topic

At first, the text reads that going on diets by simply reducing our food intake and skipping exercise can develop into a food addiction. ④ is the best answer.

38.

A scandal involving the manipulation of vehicle emissions by a famous car company is shaking up the whole world. This company was known for manufacturing cars optimized for global environmental standards, but in reality, it turned a blind eye to the earth's environment and consumers' health in pursuit of financial gains. It had built trust through its good image, and the sense of betrayal felt by consumers towards the company is beyond imagination. If the company tries to save itself for the moment without disclosing everything, it will be impossible for it to win back consumers' trust.

Question type Understanding the topic

The text says that it will be impossible to win back the hearts of consumers who feel betrayed unless the company discloses everything in a transparent manner. ③ is the best answer.

[39~41] **Choose the most appropriate place for the given sentence.**

39.

(㉠) A research team at a university in Seoul studied the correlation of sleep time to depression and suicide impulses with 4,000 middle and high school students. (㉡) In the results, it turns out that the shorter the amount of time a person sleeps, the greater the person's suicidal impulse. (㉢) And students who sleep fewer than 7 hours are often much more depressed and have a greater chance of committing suicide when compared to those who sleep for 7 or more hours. (㉣) Although they catch up on [make up for] their sleep on weekends, it is far from enough.

┌ Missing Sentence ─────────────

It turns out that students in middle and high school sleep an average of 6 hours on weekdays and an average of 8 hours and 51 minutes on weekends.

"Although they catch up on [make up for] their sleep time on weekends, it is far from enough" can be read as an interpretation of the missing sentence. The missing sentence fits naturally in (ㄹ), so ④ is the answer.

40.

Kim Yuna, dubbed the Queen of Figure Skating, set a world record at the 2010 Vancouver Winter Olympics. (ㄱ) Kim Yuna was loved by people around the world because of her perfect jumps and outstanding performance. (ㄴ) In addition, she was praised for her outstanding speed and the height of her jumps. (ㄷ) There was not one person unmoved by her performance to the music from 007 James Bond movies, which drew a (positive) response from the audience. (ㄹ)

— Missing Sentence —
Her jumps are so sophisticated that they can be called "textbook jumps."

Question type Inserting a sentence for the context

The missing sentence is about Kim Yuna's jumping techniques. Therefore, it fits naturally after the sentence about how she is loved for her jumps. It also fits naturally before the sentence about how her jumps are received as it starts with "In addition." ② is the answer.

41.

Misutgaru is a powder containing mixed grains that has many healthy grains that have been roasted and ground in a manner to prevent the destruction of nutrients. (ㄱ) Until now, I only knew *Misutgaru* as a summer beverage. (ㄴ) However, I have recently discovered that *Misutgaru* is an excellent food substitute for all seasons. (ㄷ) It is said to have the same effect as eating a bowl of mixed grain rice. (ㄹ) It is particularly beneficial for women who are on a diet, as even a small amount can be a sufficient meal replacement.

— Missing Sentence —
Misutgaru contains a variety of essential nutrients for the body, which help strengthen the body's energy and provide a sense of fullness.

Question type Inserting a sentence for the context (book review/ impression essay)

Misutgaru is a great food because it has various balanced nutrients our bodies need, reinforces body's energy and makes us feel satiated. This naturally leads to how it has the same effects as eating a bowl of multi-grain rice. ③ is the answer.

[42~43] Read the following and answer the questions.

My husband cannot eat his meals well if there is no soup. Perhaps that's why he has a rather strong obsession over soup whereas he is not particularly picky about food. My house is [I am] well known for making good condiments and sauces, but somehow, they all turned out bland this year. Now that my *ganjang* (soybean sauce) and *doenjang* (fermented soybean paste) are flat, no soup I make, be it kimchi or seaweed soup, tastes right. Even if I add salt when I cook soup, the flavor is completely different from the flavor seasoned with rich *ganjang* or *doenjang*. Considering how I did my best to cook, my husband never brought this up, but there were many occasions when he frowned while eating his soup, gradually moved his spoon more slowly, and eventually put it down. When that happened, I would gently turn my head, feeling the rice in my mouth suddenly turn into pebbles. At times, my husband would add a spoonful of red chili powder to his soup to improve his appetite. When that happened, his eyes would turn red from the hot spice, and gigantic beads of sweat would appear on his brows. Today, when I saw my husband adding red chili powder again, I almost asked, "Why do you add so much red chili powder?" But I ended up somehow keeping my mouth shut.

Salt, Kang Gyeong-ae

42. Question type Understanding emotions (fiction)

The underlined sentence describes how the narrator feels when her husband cannot eat the bland soup. Therefore, ② is the best answer, meaning that she "cannot face someone proudly/with a clear conscience."

43. Question type Understanding the details (correspondence/ fiction)

The narrator writes, "올해는 웬일인지 장이 맛없게 되었다. 간장, 된장이 싱거우니 김칫국, 미역국 등 만드는 국마다 영 맛이 나질 않았다." From what she writes, ① is the best answer.

② My husband ~~got angry with me because the soup was tasteless.~~ → did not say anything in consideration of how I would feel.

③ It ~~tastes good~~ when salt is used to make soup. → tastes bland

④ My husband would ~~not eat soup unless it had red chili power.~~ → add red chili powder at times

[44~45] Read the following and answer the questions.

According to research reports, it is said that forcing employees to work before 10 AM. in the workplace severely compromises their health. Detailed analysis of the human circadian rhythm throughout the day revealed that individuals aged 16 and older university students achieved the highest levels of concentration and learning effectiveness when studying after 10 AM. and 11 AM, respectively. Similarly, ( ) on employees not only impairs work efficiency but also has negative effects on their physical function and emotions, potentially damaging their biological systems. Therefore, it is necessary for both workplaces and schools to adjust their schedules to align with the natural circadian rhythm of human beings.

44. **Question type** Choosing a phrase for the context

The sentence in parentheses starts with 마찬가지로 and is about how it harms workplace efficiency and damages biological systems. ② is the best answer.

45. **Question type** Understanding the topic

The text is about the right time for the biological rhythms of both students and workers and argues that the starting times need to be adjusted both at work and school. ③ is the best answer.

[46~47] Read the following and answer the questions.

The term "El Niño" originated from the language used by fishermen in Ecuador and Peru. It occurs approximately every few years when the usual flow of seawater reverses, and warm currents surge in, resulting in the occurrence of El Niño. El Niño has a significant impact on weather phenomena, with a notable effect being a decrease in fishery yields. However, the influence of El Niño on weather patterns is not always consistent. Sometimes it passes by mildly, while other times it leads to a significant rise in sea surface temperatures, releasing an enormous amount of energy into the atmosphere, causing abnormal climatic events such as heatwaves, floods, droughts, and heavy snowfalls worldwide. Nevertheless, there are still many aspects regarding the causes of El Niño that have not been precisely determined to this day.

46. **Question type** Choosing the writer's stance (persuasive essay)

Since it explains in detail how El Niño occurs and its impact on weather, the appropriate answer is ②.

47. **Question type** Understanding the details (correspondence/persuasive essay)

According to the text, when El Niño rleads to a significant rise in sea surface temperatures, releasing an enormous amount of energy into the atmosphere. ③ is the best answer.

① When El Niño occurs, the number of fish caught ~~increases~~ due to warm ocean currents. → decreases

② ~~Recently, scientists clearly identified the cause of El Niño.~~ → There are many things yet unidentified.

④ ~~El Niño occurs due to abnormal whether, including heat waves, floods, and droughts.~~ → El Niño has an impact on the weather.

[48~50] Read the following and answer the questions.

Many people are unfamiliar with the depositor protection system, which is designed to return customers' deposits up to a certain limit through a deposit protection fund in the event a financial institution cannot return its customers' financial assets. Some individuals negatively refer to it as a system where the government provides assistance to failing banks. However, the reason why countries have this system is that if financial companies fail to pay customers' deposits, it would destabilize their household finances and, ultimately, have a significant impact on the overall financial stability of the country. Depositing money in banks is generally a safe way to accumulate money with a low risk of capital loss and stable interest income. This is possible because of laws and a system that protect depositors when a financial company cannot pay its customers' deposits due to business suspension, bankruptcy, or another reason. At present, if a financial company should (   ), the Korea Deposit Insurance Corporation can return deposits under the Depositor Protection Act, and the amount protected is a maximum of 50 million won per person.

48. **Question type** Understanding the purpose (persuasive essay)

The text starts with "예금자 보호 제도에 대해 잘 모르는 사람이 많다." Therefore, it is obviously written to provide information on the depositor protection system. ① is the best answer.

49. **Question type** Choosing a phrase for the context (persuasive essay)

The depositor protection system is a measure to return the money within a certain limit by way of a deposit protection fund in the event a financial company is unable to return the financial assets to its customers. ② is the answer.

50. **Question type** Understanding the details (correspondence/persuasive essay)

The reason why the country has a system to protect depositors' deposits is that if a financial company is unable to pay its customers' deposits, it can make the customers' lives unstable and this can also have an impact on the national finance, hence it can be understood that the appropriate answer is ②.

① Depositors can receive high interest income on their savings. → Savings have a very low risk of capital loss, so depositors can receive stable interest income.

③ Even if a bank closes, depositors ~~can still receive all of their deposits back~~. → The maximum protection amount under the Deposit Insurance Law is KRW 50 million per person.

④ If a financial company is unable to pay its customers' deposits, ~~it does not affect the national financial stability~~. → it can also cause a significant impact on the overall financial stability of the country.

- 두말할 필요가 없다: needless to say; the contents are very certain and do not have to be discussed further
- 반신반의: half in belief and half in doubt; although the subject believes something to a certain extent, he or she also has some doubts

정답 ANSWERS

1교시: 듣기, 쓰기

듣기

1. ②	2. ④	3. ③	4. ④	5. ④	6. ③	7. ④	8. ④	9. ③	10. ③
11. ③	12. ④	13. ④	14. ①	15. ③	16. ②	17. ④	18. ①	19. ②	20. ③
21. ③	22. ③	23. ④	24. ④	25. ①	26. ②	27. ①	28. ③	29. ④	30. ①
31. ②	32. ④	33. ③	34. ②	35. ④	36. ④	37. ③	38. ④	39. ④	40. ④
41. ①	42. ①	43. ④	44. ③	45. ③	46. ③	47. ④	48. ②	49. ④	50. ④

쓰기

51. ㉠ (5점) 함께 지낼/사실 분을 구합니다/찾습니다/구하려고 합니다/찾고 있습니다
    (3점) 같이 살 사람을 구합니다

   ㉡ (5점) 학교와 가까워서 편하고/편할 뿐만 아니라 건물이 매우 깨끗합니다
    (3점) 편하고 깨끗합니다

52. ㉠ (5점) 어떤 일을 결정하는 데 큰 도움을 받을 수 있다
    (3점) 도움이 된다/될 수 있다

   ㉡ (5점) 지나간 과거의 결정을 통해서 같은 실수를 반복하지 않으면 되는 것이다
    (3점) 같은 실수를 안 하는 것이 중요하다

2교시: 읽기

읽기

1. ①	2. ①	3. ①	4. ③	5. ①	6. ③	7. ②	8. ④	9. ③	10. ③
11. ②	12. ②	13. ②	14. ③	15. ①	16. ②	17. ③	18. ①	19. ③	20. ③
21. ①	22. ②	23. ①	24. ③	25. ③	26. ②	27. ②	28. ①	29. ④	30. ③
31. ④	32. ③	33. ④	34. ④	35. ④	36. ③	37. ①	38. ④	39. ③	40. ①
41. ①	42. ③	43. ②	44. ②	45. ①	46. ①	47. ③	48. ②	49. ③	50. ④

53. Writing sample answer

　대학교　이상　교육　기관에　재학　중인　학생　천명을　대상으로　대학　교육이　필요한　이유에　대해　조사를　한　결과,　남녀　모두　'좋은　직업을　갖기　위해'라는　대답이　가장　높게　나타났다.　그리고　'능력과　소질을　개발하기　위해'와　'부모님의　기대　때문에'가　그　뒤를　이었다.　이것은　대학　교육을　받는　목적이　좋은　직업이나　능력과　소질을　개발하기　위해서라는　개인적인　이유뿐만　아니라　부모님의　기대에　부응해야　한다는　사회·문화적인　요인도　있다는　것을　알려　준다.　결국　대학　교육은　개인　자신의　발전을　위한　것이지만　사회의　영향을　받는　것이라고　할　수　있다.

　　흡연은 가벼운 호흡기 질환부터 폐암, 후두암과 같은 심각한 질병을 유발할 수 있다. 담배에는 인체에 해로운 타르나 니코틴, 일산화탄소 등이 있기 때문에 흡연자의 건강에 해로운 영향을 준다. 또한 담배 연기에도 이러한 성분이 포함되어 있기 때문에 흡연자뿐만 아니라 주변에서 담배 연기를 마시게 되는 간접 흡연자에게도 건강상의 피해를 줄 수 있다.

　　흡연으로 인한 피해를 줄이기 위해 흡연율을 낮추는 방안 중 하나로 담뱃값을 인상하는 방안이 있다. 담뱃값이 비싸지면 경제적인 부담을 느껴 담배를 피우는 사람이 줄어들 수 있기 때문이다. 실제로 여러 나라에서 담뱃값을 인상하여 흡연율이 감소했다는 결과가 있다.

　　그러나 담배는 개인의 선호도에 따른 선택 사항이기 때문에 비용을 높여 강제적으로 피울 기회를 줄이는 것을 차별이라고 생각하는 사람도 있다. 경제적으로 여유가 있는 사람에게는 담뱃값의 인상이 흡연 습관에 영향을 주지 않을 수 있기 때문이다. 결국 담뱃값 인상이 빈부의 차별을 일으키게 된다는 것이다.

　　그럼에도 불구하고 담뱃값을 인상하게 되면 많은 사람들이 담배가 저렴할 때보다 편하게 담배를 사서 피울 수 없게 되고, 그 결과 흡연율은 어느 정도 감소할 수밖에 없다. 그러므로 담뱃값 인상은 흡연율의 감소에 영향을 준다고 할 수 있다.

듣기　Listening

[1~3] Listen to the following and choose the picture or graph that matches best.

1.
남자 어서 오세요. 오시느라 고생했지요?

여자 아니에요. 집이 정말 좋네요. 이거 받으세요.

남자 감사해요. 이쪽으로 와서 앉으세요.

M　Welcome. It must have been a tough trip. [Thank you for coming all the way here.]

W　No, it wasn't. This is a very nice house. This is for you.

M　Thank you. Come and have a seat over here.

In this situation, the woman was invited to the man's house, and she hands a gift to the man before she goes inside. The answer is ②.

2.
여자 혹시 오늘 퇴근 후에 약속 있어요?

남자 아뇨, 퇴근길에 카페에 들러서 잠깐 동생을 만나기만 하면 돼요.

여자 그럼 저랑 뮤지컬 보러 같이 갈래요?

W　Do you have any plans for after work today?

M　No, I just need to drop by a cafe and see my younger sister/brother for a while.

W　Then would you like to go to see a musical with me?

This conversation is taking place in an office as the woman is asking the man about his plans for after work. Because the man answers that he is doing nothing special, she asks him to go to see a musical with her. The best answer is ④.

3.
남자 서울 시민을 대상으로 출근할 때 이용하는 교통수단을 조사한 결과, 지하철 이용객이 가장 많았으며 다음으로 버스 이용객이 많은 것으로 조사되었습니다. 그 뒤를 이어 시민들이 자가용을 이용해 출근하는 것으로 나타났습니다.

M　According to a survey on commuter transportation by Seoul residents, the largest group takes the subway, followed by the bus. In contrast, the third group of residents use their own cars to commute.

This is a survey on the type of transportation commuters take. The most frequently used means of transportation are subway, bus, and car. The graph that matches this result is ③.

[4~8] Listen to the following and choose the word that best completes the dialogue.

4.
여자 다음 주에 워크숍을 갈 거래요. 어디인지 아세요?

남자 회사에서 가까운 곳이라고 들었어요.

여자 _____

W　It looks like we are going to a workshop next week. Do you know where the venue is?

M　I heard that it is somewhere near the office.

W　_____

The woman asks the man about the venue of the workshop scheduled for next week, and he tells her that it is close to the office. Given the flow of the conversation, ④ ("That's good because if it is close, the travel time will be short.") is the best answer.

5.
남자 다음 주부터 온도가 떨어지면서 바람이 많이 분대요.

여자 그래요? 감기 조심해야겠네요.

남자 _____

M　They say that the temperature will drop starting next week, and it will be very windy.

W　Really? I must take care not to catch a cold.

M　_____

The woman says that she must take care not to catch a cold as the weather is going to get colder. The most appropriate response from the man is ④ as he advises her to dress warmly.

6.
남자 오늘 강의 시간이 2시로 바뀌었어.

여자 그래? 그러면 다음 수업에 늦을까 봐 걱정인데.

남자 _____

M　The time for today's lecture has changed to 2 o'clock.

W　Has it? Then I'm afraid I may be late for my next class.

M　_____

The woman is worried because she might be late for her next class due to the changed lecture time. The most natural response from the man is ③, telling her that she won't be late for her next class.

7.
여자 손님, 주문한 커피 나왔습니다. 따뜻한 커피 맞으시죠?

남자 아니요. 저는 차가운 커피를 주문했는데요.

여자 _____

W　Sir, here's the coffee you ordered. It's hot coffee, right?

M　No, I ordered iced coffee.

W　_____

The man ordered iced coffee but the woman brought hot coffee. She has to make the coffee that the man ordered, so the answer is ④.

8.
여자 이 회사에 들어와서 하고 싶은 일은 무엇입니까?
남자 현장에 나가서 많은 경험을 쌓고 싶습니다.
여자 _____

W What do you want to do the most when you start at this company?
M I want to go out in the field and acquire a lot of experience.
W _____

The man's aspiration is to build up a lot of experience at the company. ④ is the best answer.

[9~12] Listen to the following and choose the answer that would be most appropriate as the woman's next action.

9.
여자 손님, 식사는 어떤 걸로 하시겠습니까? 닭고기와 해산물이 있습니다.
남자 지금은 좀 자고 싶어요. 한 시간 뒤에 먹을 수 있어요?
여자 그러면 제가 메모를 해 놓고 한 시간 뒤에 깨워 드리겠습니다.
남자 고마워요. 한 시간 뒤에 닭고기 요리로 주세요.

W Sir, what would you like to have for your meal? We have chicken and seafood.
M I'd rather sleep now. Can I have it in an hour?
W Then I'll make a note and wake you up in an hour.
M Thank you. I'll have chicken in an hour.

The man would rather get some sleep than eat a meal now. The woman agrees to make a note and to bring him his food in an hour, so the next action should be ③.

10.
여자 부장님, 프린터 잉크가 다 떨어졌나 봐요.
남자 그래요? 서랍 안에 있는 잉크를 사용해 봐요.
여자 제가 확인해 봤는데 다 쓴 잉크였어요. 가게에서 새로 사 올까요?
남자 가게에 가기 전에 인터넷에서 더 싼 것이 있는지 찾아 봐요.

W Sir, I think the printer has run out of ink.
M Has it? Why don't you use the ink in the drawer?
W I checked, but it was an empty cartridge. Shall I go to the store and buy a new one?
M Before you go to the store, try checking online to see if there is a cheaper option available.

The statement correctly summarizes the conversation, where the man advises the woman to check online for cheaper options before purchasing new ink. Therefore, the answer to the question is ③.

11.
여자 이번 생일 때 카페에서 친구들과 잔치를 하려고 해.
남자 그러면 미리 예약을 해야 될 것 같은데?
여자 응. 어제 예약했어. 지금 집에 가는 길에 들러서 예약금을 내야 해. 같이 갈래?
남자 그래. 그럼 나 은행에 갔다 올 동안 조금만 기다려 줘.

W I'd like to have a party with my friends at a cafe on my birthday.
M Then don't you have to make a reservation first?
W Yes, I did that yesterday. Now I have to visit it on my way home and pay a deposit. Will you come with me?
M Sure. But wait a bit while I visit the bank.

The woman wants to go to the cafe with the man to pay a deposit for a reservation she made for her birthday party. But the man has to drop by the bank first, so he asks her to wait. The best answer is ③.

12.
여자 전공이 나와 맞지 않아서 다른 전공으로 바꿔야 할 것 같아.
남자 전과 신청을 하기 전에 먼저 교수님과 상담을 해 봐.
여자 음……. 그래야겠다. 교수님 연구실이 어디인지 알아?
남자 학과 사무실에 전화해서 물어봐.

W I don't think this is the right major for me, so I think I have to change to a different major.
M Before you request a transfer to another department, consult with the professor first.
W Well, maybe I should. Do you know where the professor's office is?
M Call and ask the department office.

The woman does not know where the professor's office is, so she has to call the department office first and ask the location. The answer is ④.

[13~16] Listen to the following and choose the statement that agrees with the content you have heard.

13.
여자 아이들 방에 책상을 하나 두려고 하는데 사이즈가 맞는 게 없어요.
남자 요즘에는 스스로 사이즈를 재고, 디자인할 수 있는 맞춤 가구가 유행이래요. 우리도 해 볼까요?
여자 저도 들어 본 적 있어요. 그런데 너무 복잡하지 않을까요?
남자 초보자도 쉽게 할 수 있대요. 가격도 훨씬 저렴하니까 오늘 한번 알아봐요.

W I'd like to have a desk in my children's room, but I can't find a size that fits.
M Nowadays, it looks like custom-made furniture is all the rage because you can measure the size and make the design by yourself. Shall we try that?
W I've heard about it, too. But won't it be too complicated?

ᴹ From what I have heard, beginners can do it easily. And the price is much cheaper, so why don't we check it out today?

In his last comment, the man says that custom-made furniture is much cheaper. The answer is ④.

14.
여자 안내 말씀드리겠습니다. 잠시 후 두 시부터 2층에서 무료 전시 해설이 시작됩니다. 외국어 해설 서비스가 필요하신 분은 1층 안내 데스크에 신청해 주시기 바랍니다. 또 어린이 관람객을 위한 체험 행사가 박물관 외부에서 진행되고 있습니다. 많은 참여 바랍니다.

ᵂ Attention, please. Starting at 2 o'clock, a free exhibition commentary service will be provided on the second floor. If you need a foreign language guide, please come to the information desk on the first floor and request one. Additionally, we are offering an experience program for children outside the museum building. We hope to see you there.

The announcement says that those who need a foreign language guide can make a request at the information desk on the first floor. The answer is ①.

15.
남자 외국인이 뽑은 좋은 전통 시장으로 성안길시장이 선정되었다. 외국인 관광객이 가장 많이 찾는 성안길시장은 한국의 전통 시장 모습 그대로다. 앞으로 더 많은 외국인 관광객을 모으기 위해 외국어 안내판 설치, 환전소 설치 등을 통해 필수 관광 코스가 될 수 있도록 여러 가지 방안이 검토되고 있다.

ᴹ Seong-an-gil Market was selected the best traditional market chosen by foreigners. Seong-an-gil Market, the market most frequently visited by foreigners, retains the original features of a Korean traditional market. To attract more foreign tourists, various measures are reviewed to make it a must-see sightseeing venue, including the establishment of foreign language notice boards and a currency exchange bureau.

Seong-an-gil Market was selected the best traditional market by foreigners. The answer is ③.

16.
여자 다양한 재능 기부를 하신다고 하셨는데요. 재능 기부에 대해 자세히 설명 좀 해 주시겠어요?
남자 재능 기부는 자신의 재능을 이용하여 봉사를 하거나 기부를 하는 것입니다. 생각보다 어렵게 전혀 어렵지 않아요. 저와 같은 대학생들도 방학을 이용하여 다양한 재능 기부를 하고 있습니다. 암 환자를 돕기 위해 자신의 영화 출연료를 기부한 배우의 이야기가 바로 잘 알려진 재능 기부 사례라고 할 수 있습니다.

ᵂ You mentioned that you are doing various talent donations. Can you explain more about talent donation?

ᴹ Talent donation is using your skills to volunteer or donate. It's not as difficult as you might think. Even college students like me are doing various talent donations during vacations. An example of a well-known talent donation is a story of an actor who donated their movie appearance fee to help cancer patients.

The man said that donating talent is not as difficult as people think and that he and other college students are also donating various talents during their school vacations, so the answer is ②.

[17~20] Listen to the following and choose the answer that best matches the man's main point.

17.
남자 이번에도 월급의 절반을 저금했다면서?
여자 응. 나는 저금을 안 하면 조금 불안해. 미래에 어떤 일이 생길지도 모르잖아.
남자 미래보다는 현재가 중요한 것 같아. 가끔, 사고 싶은 것을 사는 것도 나쁘지 않아. 아직 생기지도 않은 미래의 일 때문에 많은 기회를 놓치고 있는 것일 수도 있어.

ᴹ So you saved half of your monthly pay again. Is that right?
ᵂ Yes. I feel a little insecure if I don't save any money. You don't know what may happen in the future.
ᴹ I think the present is more important than the future. It is not so awful to buy what you want to from time to time. You might miss out on many opportunities because of some future events that have not happened yet.

The woman is saving half of her salary, and the man tells her that the present is more important than the future. The answer is ④. ③ is a wrong answer as he does not say that she "always(항상)" has to buy things. He limits his statement to "from time to time(가끔)."

18.
남자 이 복사기 수리하기로 했죠?
여자 네. 그런데 김 대리님께서 고칠 수 있다고 해서 아직 수리 센터에 맡기지 않았어요.
남자 그래도 전문가한테 맡기는 게 낫지 않아요? 돈은 아낄 수 있겠지만 괜히 우리 같은 비전문가가 고쳤다가 완전히 망가질 수도 있잖아요.

ᴹ We decided to have this copy machine repaired, right?
ᵂ Yes, but Mr. Kim said he can fix it, so we haven't asked the repair center for service yet.
ᴹ But wouldn't it be better to leave it to a professional? We may save money, but it can go completely wrong if laymen like us try to repair it.

The man thinks it is better to ask a professional to fix the copy machine than to handle it by themselves. The answer is ①.

19.

남자 아까 전철에서 어떤 아주머니가 큰 소리로 오랫동안 통화를 해서 너무 불쾌했어.

여자 맞아. 전철에 사람들이 정말 많았는데 말이야.

남자 많은 사람들이 있는 장소에서는 나보다는 남을 좀 더 생각해서 배려할 필요가 있어. 퇴근하는 길에 조용히 쉬면서 집에 가고 싶은데 전화 내용을 듣고 싶지 않아도 계속 듣게 되니까 정말 불편했어.

여자 그러게 말이야. 나도 조심해야겠어.

M I was so annoyed because a lady on the subway was talking on the phone in a loud voice for so long.

W I know. And there were so many people in that subway car.

M In a crowded place, we need to think more about others than ourselves and be considerate. I want to get some rest quietly on my way home from work, but it was so uncomfortable because I had to keep listening to her phone conversation when I didn't want to.

W I agree. I should be careful myself.

The man is talking about his unpleasant experience on the subway because someone was talking on the phone in a loud voice. And he says that we should be considerate of others in public places. The answer is ②.

20.

여자 교수님께서 이번에 청소년을 위한 책을 내셨다고 들었어요. 어떤 내용인지 설명 부탁드립니다.

남자 요즘 청소년들은 공부는 잘하지만 자신의 마음을 어떻게 표현하는지를 모르더라고요. 정말 중요한 것이 무엇인지 잘 모르는 것 같아요. 그래서 부모님과 대화도 잘 하려고 하지 않죠. 이 책은 요즘 청소년들이 자신들의 마음을 어떻게 표현해야 하는지 방법을 알려 줍니다.

W Professor, I heard that you published a book for adolescents. Please tell us what it is about.

M Adolescents these days know how to study but not how to speak their minds. They don't seem to know what is really important. And they would rather not talk with their parents either. This book teaches today's adolescents how to say what is on their minds. The book is about teaching adolescents how to speak their minds.

As the man explains why he wrote his book, he says that today's adolescents do not seem to know how to express their thoughts and feelings. He also says that by reading his book, they will learn how to say what is on their minds. The answer is ③.

[21~22] Listen to the following and answer the questions.

여자 세탁기가 고장이 났나 봐요. 빨래가 깨끗하게 되지 않네요.

남자 세탁기의 성능만 믿으면 안 돼요. 혹시 세탁기에 빨래를 넣기 전에 더러운 부분을 먼저 안 빨았어요?

여자 네, 요즘에는 세제가 좋으니까 더러운 부분을 먼저 빨 필요가 없을 것 같아서요.

남자 아무리 세제나 세탁기가 좋아도 직접 손으로 빤 것만 못하죠. 빨래를 하기 전에 더러운 부분은 미리 빤 다음에 세탁기에 넣도록 해요.

W I think there's something wrong with my washing machine. It is not cleaning the laundry well.

M You can't just rely on the washing machine's function. Did you, by any chance, forget to hand-wash the dirty clothes before you put them in the machine?

W No, we have good detergents these days, so I didn't think it was necessary to hand-wash anything before putting it in the machine.

M No matter how good the detergent or the washing machine is, it isn't as good as washing by hand. You should clean the dirty spots before putting the laundry in the machine.

21. As the woman complains about her laundry not being cleaned properly, the man advises her that hand-washing is cleaner no matter how good a detergent or a washing machine is. The answer is ③.

22. According to the woman, her laundry is not cleaned well. The answer is ③.

[23~24] Listen to the following and answer the questions.

여자 손님, 지금 적금을 중단하기에는 조금 아까운 것 같아요. 왜 적금을 중단하려고 하세요?

남자 이 상품은 이자율이 좀 낮은 것 같아서요. 대신 이자율이 높은 상품을 추천해주세요.

여자 손님께서 적금 기간이 짧은 것을 원하신다면 지금 이 상품이 제일 좋아요. 이자율이 좋은 것은 적금 기간이 길어요. 그래도 바꾸시겠어요?

남자 네. 사실 이자가 얼마 안 되니까 돈이 필요할 때마다 자꾸 깨게 되더라고요. 적금 기간이 길더라도 이자율이 높은 것으로 보여 주세요.

W Sir, if you cancel this installment fixed deposit now, you will lose out. Why do you want to cancel it?

M I think that the product offers a very low interest rate. Could you recommend something with a higher rate instead?

W But if you want a short-term deposit, the current one is the best. Those with better interest rates require longer deposit terms. Are you sure you want to switch?

M Yes, actually the interest rate is not that high, so I end up withdrawing money whenever I need it. Please show me a savings plan with a high interest rate, even if it has a longer maturity.

23. From what the woman is saying, the man is obviously trying to cancel his installment fixed deposit now. The answer is ④.

24. The man is canceling his installment fixed deposit product to switch to one with a higher interest rate and a longer deposit term. The answer is ④.
- 적금을 들다: to open an installment fixed term deposit account at a bank

[25~26] Listen to the following and answer the questions.

여자 스님, 요즘 절에서 하룻밤을 자고, 절 문화를 체험해보는 어린이 템플스테이가 인기인데요. 인기의 비결이 무엇이라 생각하십니까?

남자 아이들은 경험을 통해 배우고 자란다고 생각합니다. 그래서 어렸을 때 많은 경험을 해 보는 것이 중요한데요. 요즘 사회가 워낙 경쟁이 치열하고 빠른 것을 추구하는 편이라 아이들이 정신적인 스트레스를 많이 받는 편이잖아요. 그래서 부모가 아이에게 요즘 시대와는 다른 문화를 경험하게 해 줄 수 있어서 주목을 받는 것 같습니다. 아이에게 하루쯤은 느린 삶을 경험하게 해 주면서 전통 예절도 함께 교육을 시켜 주니까 부모님들의 만족도가 높더라고요.

W Sunim*, Temple stays for children are becoming popular as they offer a chance to stay at a Buddhist temple and experience temple culture. What makes them so popular?

M I think it's because children learn and grow through experience. It's important for them to have a variety of experiences while they're young. Today's society is very competitive and fast-paced, which can cause a lot of stress for children. The temple stay program offers parents the opportunity to expose their children to a unique culture that is unlike anything they would experience in their daily lives. We provide children with a slower-paced environment for at least one day and teach them traditional manners. Parents are very satisfied with the program.

Tip *Sunim*: A Buddhist monk is respectfully called *sunim*, and this Korean word is used to address one.

25. The man believes that children learn and grow through experience and that the temple stays are popular because they provide a different experience. The answer is ①.

26. According to the woman, the temple stay program offers a one-night stay at a temple, so the answer is ②. ④ is a wrong answer because the program only teaches people about temple culture, not about a variety of cultures.

[27~28] Listen to the following and answer the questions.

남자 주차할 자리가 여기 밖에 없는데 공간이 좁아서 그런지 주차하기가 너무 어려워.

여자 이럴 때는 옆의 거울만 보지 말고 창문을 내려서 바깥을 보면서 주차를 하는 게 더 좋아. 한번 해 봐.

남자 알겠어. 그런데 자꾸 옆의 차에 부딪힐 것 같아서 걱정이 돼. 네가 내려서 주차하는 것을 좀 봐 주면 안 될까?

여자 아직은 네가 초보라서 주차가 어렵게 느껴지는 거야. 앞으로 주차를 잘하려면 이런 상황에서 혼자 연습해 보는 게 좋아.

남자 그래도 혹시 사고가 날까 봐 너무 걱정이 돼. 연습은 차가 없는 다른 곳에서 해 볼게.

M This is the only parking space available, but it's so narrow that it is difficult to park in it.

W In this case, don't just look at the side-view mirror, but roll down the window and look out while you park. Try it.

M Okay. But I'm worried that I may hit the cars on both sides. Can't you get out and watch while I park?

W You feel parking is difficult because you are inexperienced. If you want to be good at it, you'd better practice on your own in a situation like this.

M But I'm too worried that I may cause an accident. I will practice at another place where there are no cars.

27. The man is concerned that he may cause an accident while parking, so he asks for help from the woman. The answer is ①.

28. The woman advises the man, who is an inexperienced driver, to practice on her own so that she can improve her parking skills. The answer is ③.

[29~30] Listen to the following and answer the questions.

여자 요즘 드라마에서 출연자들이 사용하는 제품의 브랜드가 그대로 방송되면서 시청자들에게 자연스럽게 노출되고 있는데요. 이런 식의 제품 협찬은 어떤 효과가 있나요?

남자 특정 제품을 드라마 속에 자연스럽게 노출시켜 주는 대가로 협찬비를 받는데요. 저희 입장에서는 제작비가 많을수록 완성도 높은 드라마를 제작할 수 있기 때문에 많은 도움이 됩니다. 또 물건뿐만 아니라 드라마에 제공되었던 장소는 관광지로 개방되어 관광객 유치에 큰 몫을 하기도 해서 지역 경제에도 큰 영향을 미치지요. 하지만 한편으로는 이런 간접 광고가 너무 많아진다면 예술로서의 드라마, 영화와 광고의 경계가 모호해질 수 있다고 생각합니다.

W Recently, product brands used by actors on TV dramas are aired as they are, so they naturally get exposed to viewers. What kind of impact do such product tie-ins have?

M For the natural exposure of specific products on TV dramas, [we] receive sponsorship fees. From our perspective, it helps a lot since we can produce shows with better quality if we have a higher production budget. In addition to goods, the venues used on dramas can become tourists attractions and play a huge role in inviting tourists, eventually having a big impact on the local economy. On the other hand, if such indirect advertisements happen too much, I think the boundary between a TV drama or a film as a work of art and advertising can be blurred.

29. The man says that "from our [producer's] perspective," it is possible to produce a TV drama of greater quality when there is more money in the budget. The answer is ④.

30. The man says that venues where TV dramas are filmed sometimes become tourist attractions, which means that the locations are also sponsored. The answer is ①.

[31~32] Listen to the following and answer the questions.

여자 올해 신호 위반이나 주차 위반 등과 같은 교통 범칙금이 두 배나 인상이 되었는데요. 이렇게 단순히 범칙금만 인상하는 것은 근본적인 해결책이 아니라고 봅니다.

남자 하지만 저는 범칙금 인상이 가장 쉽고 확실한 해결책이라고 생각합니다. 실제로 범칙금이 인상되면서 교통 규칙 위반 사례가 줄어들지 않았습니까?

여자 단순히 눈앞의 일만 생각하지 말고 좀 더 멀리 봐야 합니다. 범칙금 인상만으로 돈이 많은 사람들은 교통 규칙을 위반해도 돈으로 모든 것을 해결할 수 있다고 생각할 것입니다.

남자 하지만 범칙금을 올린 다른 나라들의 사례들을 살펴보면 그런 경우는 생각보다 많지 않다는 것을 알 수 있습니다. 또 범칙금이 세금으로 사용되니까 사회 복지적인 측면에서도 도움이 될 것입니다.

W This year, traffic violation fines, including fines for traffic signal and parking lot violations, have doubled. But I don't think simply increasing fines is a fundamental solution.

M But I believe that increasing fines is the easiest and most effective solution. As fines have increased, the number of traffic violations has actually decreased, hasn't it?

W However, we should not only focus on the present, but also look ahead to the future. If we simply increase fines, wealthy people may think that they can get away with violating traffic laws by paying the fine.

M However, in other countries that have increased fines, such incidents have not occurred as often as you may think. Moreover, since the fines will be used as taxes, they will be beneficial from a social welfare perspective.

31. The man says that the easiest way to reduce traffic violations is to increase the fines. The answer is ②.

32. The man is using real examples of how increased fines led to lower numbers of traffic violations. The answer is ④.

[33~34] Listen to the following and answer the questions.

여자 요즘 젊은이들은 주변 환경을 탓하면서 시작하는 것조차 포기하는 경우가 많습니다. 그러나 수많은 전쟁의 역사가 보여 주듯이 병사나 무기가 많다고 해서 무조건 승리하는 것은 아닙니다. 누구도 전쟁의 결과를 알 수 없듯이 미래도 예측할 수 없는 것입니다. 성공적인 전쟁의 전략이 싸워 보기 전에는 미리

구상될 수 없듯이 우리의 미래도 책상에 앉아서 고민한다고 해서 해결되지 않습니다. 세상에는 전쟁처럼 예상하지 못한 변수들이 많기 때문입니다. 성공은 마음먹기에 달려있습니다. 자, 이제 책상을 벗어나 세상이라는 전쟁터로 가십시오.

W Today's young people often blame their environment and give up starting anything at all. But as the history of many wars demonstrates, you do not win just because you have more soldiers or weapons. As no one can know the results of a war, so can no one predict the future. As it is impossible to design a strategy for a successful war before the actual fighting, so is it impossible to settle the future by simply thinking about it at our desks. The reason is that there are many unpredictable variables in the world as there are in war. Success depends upon your mindset. Now, please get up from your desk and head toward the battlefield of the world.

33. The woman compares life to war to talk about the mindset young people need to have. The answer is ③.

34. According to the woman, the result of a war cannot be predicted, nor can the strategy for a winning war be planned in advance. The answer is ②.

[35~36] Listen to the following and answer the questions.

남자 정기 모임에 참석해 주신 여러분, 진심으로 환영합니다. 오늘 이 모임은 정부의 '청년 일자리 창출' 계획에 기업의 적극적인 참여를 부탁드리고자 마련한 자리입니다. 청년 일자리 창출 사업은 정부가 청년 실업 문제를 해결하고 국가 경제 활성화를 위해 추진하는 사업입니다. 이 사업은 청년들의 구직 가능성을 높이고 기업의 안정적인 인재 확보에 기여할 것으로 기대됩니다. 또한 불안정한 사회 환경을 바꾸는 계기도 될 것이라고 봅니다. 여러분의 적극적인 참여를 기대하겠습니다.

M Ladies and gentlemen, thank you for attending our regular meeting. I sincerely welcome you. Today's meeting is an event organized to ask for active participation from businesses in the government's plan to create jobs for youths. The project to create jobs for youths is being implemented by the government in order to solve the youth unemployment issue and to revitalize our national economy. The project is expected to contribute to enhancing employment opportunities for young people and to help businesses secure talented people in a stable manner. I also believe that it will be a chance to change our insecure society [social environment]. I look forward to your active participation.

35. The man is discussing a project to create jobs for youths. In his last comment, he says that he is looking forward to the listeners' active participation. The answer is ④.

36. According to the man, the meeting was organized

to ask for the active participation of business in the project to create jobs for youths. Therefore, the answer is ④. ② is a wrong answer because this is obviously a government-led project considering the man's mentioning of "정부의 청년 일자리 창출 계획."

[37~38] Listen to the following and answer the questions.

남자 시장님, '독서 경영'이라는 말이 조금은 생소한데요. 이 사업이 어떤 것인지 소개 좀 해 주시겠습니까?

여자 말 그대로 책 속에서 정보를 얻어 세상 경영에 도움을 받는 것입니다. 책을 읽는 과정에서 얻는 간접 경험을 통해 자연스럽게 길러진 상상력이 세상을 이겨 낼 역량이 됩니다. 이 역량은 어떤 상황에서도 이겨 낼 힘을 가져다줍니다. 그런 역량을 지닌 사람은 기술이 아무리 발달해도 두려울 것이 없습니다. 우리 시가 '독서 경영' 사업을 통해 지역 사회 독서 문화를 확산시키고 실천하는 데 앞장서려고 합니다. 앞으로도 '독서 경영'을 통해 우리 시를 문화와 경제가 모두 조화롭게 발전하는 도시로 만들어 시민 누구나 행복한 삶을 살도록 할 것입니다.

M Mr. Mayor, the name of the Read & Manage project sounds unfamiliar to me. Can you explain more about that and how it works?

W As the name suggests, Read & Manage is a project that encourages people to read books to gain knowledge and skills to help manage their lives. The imaginative power naturally fostered in the process of reading books will become a valuable tool for overcoming any challenges in life. By fostering this competency, individuals can have the power to face any situation, no matter how advanced technology becomes. The project aims to spread a reading culture in our community and to put it into practice. We believe that Read & Manage will help our city become a place where culture and the economy can develop together, allowing all citizens to live happy lives.

37. The woman believes that the Read & Manage project can develop the city, so the answer is ③. ④ is a wrong answer because the woman is not arguing for the need to designate Read & Manage as a new project but is introducing it as a project being implemented.

38. The woman argues that the imaginative power naturally fostered in the process of reading books will become a valuable tool for overcoming any challenges in life. By fostering this competency, individuals can have the power to face any situation. Therefore, ④ is the best answer.

[39~40] Listen to the following and answer the questions.

여자 농촌이 자연 생태를 보호하고 녹색 혁명을 주도하고 있다니 생각하지 못했던 점입니다. 그럼 박사님, 농촌이 가지고 있는 또 다른 기능에는 뭐가 있을까요?

남자 농촌이 환경을 보호하고 녹색 혁명을 주도하고 있는 것 외에 사회·문화적 기능도 있습니다. 전통문화를 계승하고 지역 사회 유지 또는 휴양 및 레저 공간을 제공하는 거죠. 농촌의 이런 기능은 앞으로도 중요하다고 생각합니다. 이런 사회·문화적 기능을 강화하기 위해서 농촌 체험 교육과 의료·문화 시설을 확충해야 합니다. 또 지역 문화재를 발굴·보호하고, 정서적 휴식 및 휴양 공간을 확대해 농촌의 사회·문화적 기능에 대한 홍보를 더욱 더 강화해야 한다고 생각합니다.

여자 농촌의 사회·문화적 기능이 이렇게 중요한지 몰랐네요. 그럼 농촌에서 자체적으로 홍보를 할 수 있는 방법으로 뭐가 있을까요?

W It has never dawned on me that rural villages serve to protect the ecology and lead a green revolution. Doctor, what are some other functions that rural villages should have?

M Aside from protecting the environment and leading a green revolution, rural villages have social and cultural functions. They inherit traditional culture, maintain their local communities, and provide places for relaxation and leisure. I think these functions of rural villages will matter in the future, too. In order to reinforce their social and cultural functions, it is necessary to expand rural experience training and medical and cultural facilities. I also believe that we should discover and protect local cultural assets and increase the number of places where we can relax and recuperate (emotionally) to better publicize the social and cultural functions of rural villages.

W Wow, I didn't realize the significance of the social and cultural functions of rural villages. Could you please elaborate on some ways that rural areas can promote themselves?

39. The woman in the interview asked specifically about ways that rural areas can promote themselves without external help. Therefore, ④ is the best answer.

40. According to the man, it is necessary to expand rural experience training and other things to reinforce the social and cultural functions of rural villages. The answer is ④. It is also one of the functions of rural areas to protect the environment and lead the green revolution. Therefore, the statement ③ is incorrect.

[41~42] Listen to the following and answer the questions.

남자 여러분, '머피의 법칙'을 들어 본 적이 있나요? 이 법칙은 1949년에 미국 항공기 엔지니어였던 에드워드 머피 대위가 발견한 우연의 법칙입니다. 이 법칙은 잘못될 가능성이 있는 것은 어김없이 잘못된다는 거죠. 그런데 정말 이런 현상을 '법칙'이라고까지 말할 수 있을까요? 사실 세상의 모든 좋은 일과 나쁜 일은 각각 50%씩의 가능성을 갖고 있습니다. 그런데 왜 나쁜 일만 계속 일어난다고 생각하는 걸까요? 그것은 아마도 좋은 일보다 나쁜 일이 더 충격을 주기 때문일 것입니다. 기쁜 일보다는 슬픈 일이 더 오래 기억되는 것이죠. 그래서 우리는 이런 법칙을 믿지 말아야 합니다. 실제로 그런 법칙은 없기 때문입니다. 우리의 생각이 행복보다는 불행, 기쁨보다는 슬픔, 보람보다는 아픈 쪽에 더 민감한 반응을 보이기 때문에 일어나는 착각에 불과합니다. 이런 미신에 착의존하지 말고 주도적으로 여러분의 삶을 이끌어 가길 바랍니다.

M Have you heard of Murphy's Law? It is a concept of coincidence that was first discovered by Captain Edward Murphy, an Air Force engineer in 1949. The law states that whatever has the possibility of going wrong, will go wrong. But can we really call this a law? In reality, everything, both good and bad, has a fifty percent chance of happening. So why do we tend to think that bad things happen all the time? Perhaps it's because bad things tend to have a stronger impact than good things. Sad events tend to be remembered longer than happy ones. Therefore, we should not believe in this "law" because it is not actually a law. It is nothing more than a delusion caused by our minds having a more sensitive response to unhappiness over happiness, sadness over joy, and pain over a sense of fulfillment. I hope you will not rely on such a superstition but instead take the initiative to lead your own life.

41. The man takes the example of Murphy's Law and asks people not to rely on a superstition but to take the initiative to lead their lives. The answer is ①.

42. According to the man, people show more sensitive reactions for unhappiness, sadness, and pain. The answer is ①.

[43~44] Listen to the following and answer the questions.

여자 여러분은 펀드에 관심이 있으신가요? 펀드는 자산 운용 회사가 여러 투자자들의 자금을 주식, 채권 등 상품에 투자한 후 그 결과를 돌려주는 간접 투자 상품입니다. 그중에서도 보통 사람들이 비교적 쉽게 접근할 수 있는 대표적인 펀드 상품에는 '상장 지수 펀드(ETF)'가 있습니다. 상장 지수 펀드란 특정 지수의 움직임을 따라가도록 만들어진 펀드 상품이며, 주식처럼 실시간으로 사고 팔 수 있다는 특징이 있습니다. 한두 가지의 종목에 투자하는 것이 아니라서 분산 투자 효과가 큰 편이며, 장기적으로 보유했을 때 개별 주식에 투자하는 것보다 안정적인 수익을 확보할 수 있다는 장점이 있습니다. 다만 간접 투자 상품이므로 수수료에 주의해야 합니다. 자주 사고 팔다 보면 수익을 얻기보다 수수료를 더 많이 낼 수도 있기 때문입니다.

W Are you interested in funds? A fund is an indirect investment product in which an asset management company invests the funds of various investors in stocks, bonds, and other products and returns the results. Among them, the representative fund product that ordinary people can access relatively easily is the "exchange-traded fund (ETF)." ETFs are fund products designed to follow the movements of a specific index and have the characteristic of being able to be bought and sold in real-time like stocks. As it is not investing in one or two stocks, it has a significant effect on diversified investment, and has the advantage of securing stable profits in the long run compared to investing in individual stocks. However, as it is an

indirect investment product, you should be careful about fees. As you buy and sell often, you may end up paying more in fees than what you earn in profits.

43. The woman explains the concept and features of exchange-traded funds (ETFs) and mentions both the advantage and the disadvantage of them being indirect investment products, which requires attention to the fees. Therefore, the answer is ④.

44. An exchange-traded fund (ETF) is a type of fund that is a indirect investment product in which an asset management company invests the capital and returns the results, so the answer is ③.
   ① Unlike stocks, it cannot be bought or sold in real time. → It can be bought and sold in real time, just like stocks.
   ② It should be invested with caution because its diversification effect is low. → Its diversification effect is relatively high.
   ④ Since the commission fee is not high, it is not a matter of caution for investment. → If bought and sold frequently, one may end up paying more in commission fees than making a profit, so caution is needed.

[45~46] Listen to the following and answer the questions.

여자 앞에서 잠깐 말했듯이 현대 사회를 일컬어 '정보의 시대'라고 합니다. 우리가 살고 있는 이 시대는 우주를 탐사할 정도로 과학과 기술이 매우 발달했는데, 왜 과학의 시대나 기술의 시대라고 하지 않고 굳이 정보의 시대라고 부르는 걸까요? 그것은 현대 사회가 정보와 지식을 바탕으로 운영되고 있기 때문입니다. 물론 과거에도 정보와 지식은 사회 전체를 이끌어 나가는 매우 중요한 요소였습니다. 하지만 지금은 그 어느 때보다 정보가 차지하는 자리가 크고 중요합니다. 예를 들어 옛날에는 돈을 부치기 위해 직접 은행에 가야만 했지만 요즘에는 스마트폰의 '모바일 뱅킹'을 이용하여 그 자리에서 모든 것을 해결할 수 있게 되었습니다. 그러나 이러한 정보를 모르는 사람들은 여전히 은행에 직접 가야 하는 불편함을 감수해야 합니다. 이렇듯 정보의 부재는 신체적 불편함뿐만 아니라 시간의 낭비, 금전적 낭비로 이어지기도 합니다. '정보의 시대'의 도래로 인해 개인은 물론 국가의 힘도 정보의 크기로 결정된다 해도 과언이 아닐 것입니다.

M As mentioned earlier, modern society is often referred to as the information age. Despite the remarkable advancements in science and technology that allow us to explore space, it is called the age of information because our society operates primarily on information and knowledge. Information and knowledge have always played crucial roles in shaping societies, but in today's world, their importance has grown exponentially. Lack of awareness of relevant information can lead to inconveniences such as physically visiting a bank, resulting in wasted time and money. Therefore, in the information age, the quantity of information one possesses becomes a significant determinant of power for both nations and individuals. The role of information in our daily lives has become even more substantial. For instance, in the past, one had to visit a bank in person to transfer money. However, today, through the convenience of mobile banking on smartphones, one can manage all financial transactions in one place. Conversely, those who are not aware of such information still face the inconvenience of physically visiting a bank. In summary, the information age is characterized by the dominance and significance of information. Its absence can lead to various drawbacks, including physical inconveniences, wasted time, and financial losses. Consequently, the power of nations and individuals will increasingly be determined by the quantity and accessibility of information they possess in this age.

45. According to the woman, the power of nations is determined by the quantity and accessibility of information they possess in this age. The answer is ③.

46. The woman is providing examples to explain why modern society is described as being in the age of information and why information is so important. The answer is ③.

[47~48] Listen to the following and answer the questions.

여자 최근 공교육의 문제점이 부각되면서 학교에 가지 않고 집에서 공부하는 홈스쿨링에 대한 관심이 높아지고 있는데요, 이에 아이들의 교육에 대한 어머니들의 고민도 늘어나고 있습니다. 그래서 오늘은 이 분야의 전문가 한 분을 모시고 의견을 들어 보겠습니다. 교수님, 최근 홈스쿨링이 유행하는 것에 대해 어떻게 생각하십니까?

남자 요즘 여러 문제로 탈학교 운동이 일어나고 있는 것은 사실입니다. 그렇지만 대안 학교에 보내는 것도, 집에서 직접 아이를 가르치는 것도 근본적인 해결책은 아닙니다. 가장 중요한 것은 아이에게 자기 주도 학습 능력을 길러 주는 것입니다. 그러나 자기 주도 학습이라고 해서 혼자 해야 하는 것은 아닙니다. 오히려 초기에는 이 학습법에 익숙해지도록 부모님이나 선생님의 지도가 반드시 필요합니다. 그다음에 아이 스스로 목표를 정하고, 계획도 세우고, 그에 맞춰 실천해 나가도록 해야 합니다. 틀림없이 말씀드릴 수 있는 건 이렇게 훈련을 받은 학생들은 반드시 좋은 성과를 낸다는 것입니다.

W With the current focus on the problems of public education, homeschooling, or educating children at home instead of in traditional schools, has gained increased interest. Consequently, mothers are now taking their children's education more seriously. Today, we have invited an expert in this field to share his thoughts. Professor, what are your views on the recent rise in popularity of homeschooling?

M It is indeed true that there is a growing deschooling movement due to various issues. However, simply transferring children to alternative schools or educating them at home is not a fundamental solution. The most crucial aspect lies in cultivating self-motivated learning abilities. When we talk about self-motivated learning, it doesn't imply that children must navigate it entirely on their own. Guidance from parents or teachers is essential, especially in the early stages, to help children become familiar with this learning approach. Subsequently, parents or teachers must assist children in setting goals, creating plans, and implementing them independently. I can confidently say that students trained in this manner are likely to achieve successful outcomes.

47. According to the woman, homeschooling, or education at home, is attracting attention as public education has recently had problems. The answer is ④.

48. The man asserts with certainty that students who undergo training in self-motivated learning are likely to achieve successful outcomes. The answer is ②.

[49~50] Listen to the following and answer the questions.

남자 인간은 유전자와 환경 가운데 어느 쪽의 영향을 더 많이 받을까요? 답을 말하기가 쉽지 않습니다. 복제 인간의 경우 유전자에 관심이 집중될 수밖에 없습니다. 그렇다면 복제 인간은 체세포 제공자를 어느 정도나 닮게 될까요? 일종의 '복제 인간'이라 할 만한 일란성 쌍둥이를 예로 들어 보겠습니다. 쌍둥이를 연구하는 과학자들에 따르면, 일란성 쌍둥이의 경우 키나 몸무게 같은 생물학적 특징뿐 아니라 심지어 이혼 패턴과 같은 비생물학적 행동까지도 유사하다고 합니다. 그렇다면 아인슈타인을 복제하면 복제 인간도 아인슈타인과 똑같은 천재가 될까요? 과학자들은 이 같은 질문에 대부분 '아니다'라고 말합니다. 일란성 쌍둥이는 비슷한 환경에 놓이는 반면 복제 인간과 체세포 제공자는 완전히 다른 환경에 놓일 수 있기 때문에, 환경 변수로 인해 서로 다른 특징을 가질 확률이 일란성 쌍둥이의 경우보다 훨씬 클 것입니다. 그래서 과학자들은 유전자가 동일하더라도 복제 인간이 체세포 제공자와 생각보다 비슷하지 않을 거라고 예상합니다.

W Between genetics and the environment, which has a greater influence on humans? It is not easy to give an answer. In the context of human cloning, our attention naturally turns to genetics. However, to what extent will a human clone resemble the donor of the somatic cells? To explore this, we can examine the example of identical twins, who can be seen as a form of human clone. According to scientists who study twins, identical twins not only exhibit similar biological characteristics like height and weight but also display comparable behavioral patterns, such as divorce rates. Considering this, one might wonder if a clone of Einstein would possess the same genius-level intellect. However, most scientists would answer this question with a resounding "no." While identical twins may live in similar environments, a human clone and the somatic cell donor could potentially experience vastly different surroundings. Therefore, due to the influence of environmental variables, the chances of the clone having different characteristics from the donor are much higher compared to identical twins. This is precisely why scientists do not anticipate a human clone and the somatic cell donor to be remarkably similar, despite sharing the same genetic material.

49. According to the man, the environment will have a greater influence on human clones than on identical twins. The answer is ④.

50. The man first asks whether human characteristics are influenced more by genetics or by the environment and explains this question with examples. The answer is ④.

쓰기 | Writing

[51~52] Write an appropriate word in each of the blanks in the following text.(10 points each)

51. ⊙: The title of this text is "Wanted," and it states that the writer's housemate is graduating now. Therefore, the blank should contain information about finding a new housemate.

⊙: Prior to the blank, the passage mentions, "Because the house is 5 minutes away from the school and is a new building." Therefore, something that emphasizes these points should be inserted in the blank.

→ The text serves as a notice to find a new housemate. It should include specific details about the house's structure, its utilization, and its location. Additionally, contact information is necessary to allow interested individuals to make inquiries about the available room. Answers that earn 3 points should include grammar and vocabulary expressions at an elementary level.

52. ⊙: The blank should include information about the impact of a decision made in the past on a significant moment in the present.

⊙: In the previous sentence, the passage states, "What is past is past" and also mentions "Rather than to regret." Hence, an opinion that opposes having regrets should be inserted in the blank.

53. The following is a survey data on the reasons why university education is necessary, conducted on one thousand students attending higher education institutions. Explain the content in a text of 200-300 characters. Do not write a title.
[Summary]

Introduction: introduction of survey results—why do we need a university education?

Body: the reasons provided by male and female college students regarding the reasons why university education is necessary

Conclusion: summary

54. Refer to the following and write a text of 600-700 characters. Do not simply copy the text of the question when writing your answer.
[Summary]

Introduction: a brief overview of the issues related to smoking and its associated dangers

Body: ① smoking-related damage
② the influence of rising tobacco prices on the smoking rate and delve into the reasons behind it

Conclusion: summary of your own opinion

읽기 | Reading

[1~2] Choose the most appropriate word for the blank.

1.
> This ( ) easy for people with no disablities, yet he climbed such a high mountain with a handicap.

Question type Choosing the word ending for the context (connective/daily living)

The phrase should imply speculation, "It would not be easy even for a person without a handicap," presenting a basis for the next phrase. ① is the best answer.

> -(으)ㄹ 텐데: used when the preceding sentence indicates the speaker's speculation and becomes the basis for the following sentence
> Eg 버스가 곧 출발할 텐데 서두르세요.
> 내일은 바쁠 텐데 다음에 만나는 게 어때요?

- -(으)ㄹ까 봐: an expression used to indicate a feeling of concern or fear that the situation implied by the preceding may happen
  Eg 숙제를 안 해 온 민아는 선생님께 야단을 맞을까 봐 무서웠다.
- -(으)ㄹ 테니까:
  ① an expression of a condition for the following used to indicate an action by or the will/intention of the speaker
     Eg 제가 선생님께 말씀드릴 테니까 걱정하지 말고 병원에 갔다가 오세요.
  ② an expression of a condition for the following phrase used to imply strong speculation
     Eg 오늘 회의가 늦게 끝날 테니까 기다리지 마세요.
- -(으)ㄴ 데다가: an expression that another state or action is added to the preceding state or action, aggravating the degree
  Eg 도시는 사람이 많은 데다가 교통도 복잡해서 싫다.

2.
> As the weather grows warmer from now on, the mountains will gradually ( ) green.

Question type Choosing the word ending for the context (ending/short sentence)

The sentence should mean how the mountains will gradually turn green as it gets warmer. ① is the best answer, meaning that an action or state or the alteration mentioned in the preceding statement is continued.

–아/어 가다: an expression used to indicate that an action or state or the alteration mentioned in the preceding statement is continued.

> **Eg** 아이가 아빠를 점점 닮아 갔다.
> 다 먹어 가니 잠시만 기다려.

> **Tip** If something has continued from the past, –아/어 오다 is used; if something continues from the present into the future, –아/어 가다 is used.

> **Eg** 우리는 오래전부터 친하게 지내 온 이웃이야.
> 그 선생님은 평생 제자들을 키워 오셨다.

- **–아/어 오다**: an expression used to indicate that the action or state indicated by the preceding phrase continues to progress as it gets close to a certain point
  > **Eg** 인기 가수였던 그는 오랫동안 팬들의 사랑을 받아 왔다.
- **–아/어 보다**: an expression used to indicate that the preceding action is done on a trial basis
  > **Eg** 오늘 광장에서 큰 행사가 있으니 구경 한번 와 보세요.
- **–아/어 대다**: an expression used to indicate that the preceding action is repeated or the extent of the repeated action is severe
  > **Eg** 여자는 남자에게 잔소리를 하며 쏘아 댔다.

[3~4] Choose the answer that has the most similar meaning to the underlined section.

3.
> I gave my friend *yeot* (taffy) and *tteok* (rice cake) so that my friend may pass the employment review exam.

Question type Choosing the word ending for the context (connective/short sentence)

When –도록 is used to mean a purpose, it is interchangeable with –게. ① is the best answer.

> **–도록** :
> ① It indicates the purpose of the following sentence.
> > **Eg** 내일 지각하지 않도록 일찍 잠을 자야겠다.
> ② It indicates the manner or extent of the following sentence. **Eg** 그는 몸살이 나도록 열심히 일했다.
> ③ It means "until it reaches a certain time."
> > **Eg** 12시가 다 되도록 집에 돌아오지 않았다.

- **–게**: a connective ending meaning that the preceding sentence is the purpose, result, manner, or extent of the following phrase
  > **Eg** 아침에 일찍 일어나게 알람을 맞추어 놓았다.
- **–거든**: a connective ending meaning "if something is or becomes true"
  > **Eg** 혹시 비가 오거든 꼭 빨래를 걷어라.
- **–(으)려고**:
  ① a connective ending meaning that the subject has an intention or motivation to do something
  > **Eg** 책을 읽으려고 안경을 찾고 있다.
  ② a connective ending indicating an upcoming move or change of state
  > **Eg** 상처에 새살이 돋으려고 한다.

- **–(으)ㄹ 만큼**: an expression that the following is in proportion to the preceding or that its extent or quantity is similar to that of the preceding
  > **Eg** 모두 깜짝 놀랄 만큼 성적이 향상되었다.

4.
> A country's future will differ depending on its national educational policy.

Question type Choosing the similar word ending (ending/short sentence)

This sentence means that the future of a country is determined by its national educational policy. ③ is the best answer.

> **–에 따라 다르다**: it means the result differs due to N.
> > **Eg** 그 사람 기분은 날씨에 따라 다르다.
> > 말하기 성적은 평가하는 사람에 따라 달랐다.
>
> **Tip** When it is used with interrogatives such as 언제, 누구, 어디, 무엇, 얼마나 –느냐에 따라 다르다 is used.
> > **Eg** 인생의 성공은 얼마나 노력하느냐에 따라 달라진다.

- **N이/가 되다**:
  ① To become N or to have a new status or position
  > **Eg** 명수는 자라서 국회의원이 되었다.
  ② To change or turn into something
  > **Eg** 진수는 과거와 다른 사람이 되었다.
- **N일 수가 있다**: N is possible; the event indicated by the preceding is possible
  > **Eg** 그는 꼼꼼한 사람이므로 이번 일은 실수일 수가 있다.
- **N에 달려 있다**: to depend on N; an expression used to indicate that N is the most important thing in deciding something
  > **Eg** 행복은 마음에 달려 있다.
- **N(으)로 인한 것이다**: due to N; an expression used to indicate that N is the cause or reason of something
  > **Eg** 비만은 잘못된 식습관으로 인한 것이다.

[5~8] Choose the answer that says what the following is about.

5.
> "Love is the answer."
> A book of wisdom on happiness by an author who has spent 30 years of his life as a psychiatrist

Question type Understanding the topic/type of text (advertising)

The key phrase in this advertisement is 행복 지혜서. "서" means a book, so ① is the best answer.

6.
> Have no time to go to a private institute?
> You can take classes offered by the nation's best instructors at the times you want and at the places that are convenient for you.

Question type Understanding the topic/type of text (advertising)

According to this text, you can take a class at the times you want at places convenient for you. ③ is the best answer.

7.

> There will be no sunbathing or seafood
> in a polluted sea.
> Habits that kill the sea and habits that save the sea
> — Which are your choice?

Question type Understanding the topic/type of text (notice)

The text stresses habits that do not contaminate the sea but save it. ② is the best answer.

8.

> **May 30**
> • **Gemini (05/21~06/21)**
>   This is a day that requires a rational decision. If you face a challenge, seek help from the people around you.
> • **Virgo (08/23~09/23)**
>   If you have been preparing something, you can put it into action now. You may expect good results.
> • **Libra (09/24~10/22)**
>   You may feel physically and mentally tired, but cheer up. Your hard work will bring good results.

Question type Understanding the topic/type of text (advertising)

Gemini, Virgo, and Libra are all zodiac signs. This text shows a horoscope, so ④ is the best answer.

- 점: fortunetelling; the art of guessing things about the past and predicting people's fortunes for the present or the future in an unscientific manner
- 사주: korean fortunetelling ("human's life") that uses the hour, date, month, and year of one's birth to tell one's fortune
- 운세: fortune or luck; things destined to happen in the future

[9~12] Choose the statement that agrees with the following text or graph.

9.

> **Hanwoori Architecture Exhibition**
> • **Period:** August 26 - 29
> • **Venue:** 1st Floor, Housing Exhibit Hall
> • **Special Exhibit:** "All about Hanok Architecture" Booth will be open
> • **Features:** Asia's largest international eco-friendly architecture exhibition, which will be held simultaneously with a cyber architecture exhibition. (You can search for details of last year's exhibition at the cyber exhibition.)

Question type Choosing the answer that matches the text/table (notice)

A booth called All about Hanok Architecture will open. ③ is the best answer.

① ~~Only Asian firms~~ can participate in this exhibition → International companies

② ~~This exhibition~~ will display last year's contents again. → The cyber exhibition

④ This is the largest ~~cyber exhibition~~ in Asia. → ecofriendly architecture exhibition

10.

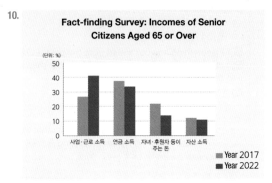

Fact-finding Survey: Incomes of Senior Citizens Aged 65 or Over

Question type Choosing the answer that matches the text/table (graph)

Business and labor income increased from 26.9% in 2017 to 41.3% in 2022, and all others decreased, so the answer is ③.

① The proportion of elderly people earning money by working ~~decreased~~. → It increased.

② ~~The pension ratio~~ was the highest ~~in both years~~. → In 2017, the proportion of pension income was the highest, and in 2020, the proportion of business and labor income was the highest.

④ Asset income was the lowest in 2017, and ~~labor income~~ was the lowest in 2020. → In both years, the proportion of income from assets was the lowest.

11.

> Recently, there has been a noticeable trend of students showing a preference for medical-related fields. Survey results indicate that over half of the students in the natural science track express a desire to pursue a career in the medical field. Particularly, among the incoming students at Seoul National University, 6% opted to take a leave of absence immediately after admission, and if we consider only the engineering students, this figure corresponds to approximately 7.5%. It is estimated that the majority of these students intend to take this break with the goal of reapplying to medical or dental schools.

Question type Choosing the answer that matches the text/table (article)

According to the text, it is mentioned that 6% of incoming students at Seoul National University took a leave of absence immediately after admission, therefore the correct answer is number ②.

① The preference for medical-related fields among students remains ~~similar to the past~~ → Recently, there has been a noticeable trend of students showing a preference for medical-related fields.

③ ~~Only a minority of students~~ in the natural science track aspire to pursue a career in the medical field. → that over half of the students

④ The reason students took a leave of absence right after admission is presumed ~~to be the difficulty of their academic studies.~~ → to be the difficulty of their academic studies.

12.

The human body is composed of 70% water. Water makes up 75% of muscles, 80% of the brain, and 50% of bones. Thus, a lack of water can lead to stiff muscles, impaired brain function, and weakened bones. Water is not only a significant component of the human body, but it also plays a critical role in bodily functions such as blood circulation, temperature regulation, and nutrient transportation.

Question type Choosing the answer that matches the text/table (article)

The text notes that a lack of water means that bones lose their strength. ② is the best answer.

① ~~Nutrients transport water.~~ → Water transports nutrients.

③ Water plays ~~a role as a nutrient~~ in the human body. → a role by transporting nutrients

④ ~~Muscles have more water than the brain.~~ → The brain has more water than muscles.

• 비중: the level of importance compared to others

[13~15] **Choose the option that places the statements in the right order.**

13.

(가) Clothing made of paper textiles is in the news.

(나) It has the best quality as functional clothing.

(다) This clothing is as thin and light as paper, but it does not get wet or torn.

(라) What is more surprising is its air permeability; water cannot pass through it, but air can.

Question type Placing sentences in the right order

The text is about why clothes made of paper textiles are in the news. (가) comes first as it mentions how paper textile clothing is in the news. (다) is next as it starts to explain what function "이 옷은" has. (라) follows by explaining an additional function starting with "더욱 놀라운 것은" (나) comes last as it sums up the preceding details. (가)–(다)–(라)–(나), or ②, is the best answer.

• 통기성: the property or extent of allowing air to pass through

14.

(가) Recently, there are many air fryer models available with various features and easy cleaning options.

(나) Many people recommend an "air fryer" to those who start living on their own.

(다) It is expected that air fryers will continue to gain popularity as essential kitchen appliances in the future.

(라) Using an air fryer allows you to make crispy and delicious dishes quickly and easily, with minimal use of oil.

Question type Placing sentences in the right order

The text introduces the features and advantages of an air fryer. (나) mentions the fact that an air fryer is mainly recommended for those who start living on their own, while (라) explains the reasons behind this recommendation. Following that, (가) describes the recent trends, and (다) presents the outlook for the future. Therefore, the natural progression would be (나)–(라)–(가)–(다), or answer choice ③.

• 세척: thoroughly washing or cleansing

15.

(가) I have a place that I often visit on vacation when I want to get some rest.

(나) Now I don't have to go as far as Japan when I need some rest.

(다) It is an alley in a quiet and ordinary neighborhood near Mejiro Station in Japan.

(라) Recently, I found out that there is a similar alley in Korea as well.

Question type Placing sentences in the right order

The text is about a place the speaker often visits while on vacation. (가) comes first as it is mentions a place the speaker often visits to get some rest. (다) should be next as it explains where the place is. It is followed by (라), which is about a similar place the speaker recently found in Korea. (나) comes last, concluding that the speaker does not have to go to Japan now. (가)–(다)–(라)–(나), or ①, is the best answer.

• 한적하다: not crowded, quiet

[16~18] **Choose the most appropriate word for the blank.**

16.

Sodium ( ) such as high blood pressure, kidney diseases, and osteoporosis. That is why we need to cut the intake of salt, whose main ingredient is sodium. Yet sodium is absolutely necessary for the human body. The reason is that it is related to physiological functions, including heart rate conditioning, total body fluid control, and muscle contraction.

Question type Choosing the best answer for the context

After the blank, this sentence follows: "나트륨이 주성분 인 소금의 섭취를 줄여야 하는 것은 그 때문이다." Therefore, the blank should include negative aspects of sodium, so it is natural to have a phrase that means "it causes diseases" such as high blood pressure, kidney diseases and osteoporosis. ② is the best answer.

• 주범: a culprit; the main cause of a bad result from something

17.

> The Seoul Art Museum shows a good film at 4 PM on Saturdays. Since the Seoul Art Museum started screening free movies, (   ). As people naturally turn to the art museum, the prejudice that art is difficult is disappearing, too. Accordingly, the art museum is not a place one feels uncomfortable in any more, and it has been born again to become a place of culture and welfare for community members.

Question type Choosing the best answer for the context

After the blank, the passage reads, "As people naturally turn to the art museum," and, "[the art museum] has been born again to become a place of culture and welfare for community members." ③ is the best answer.

- 편견: an unfair and biased thought

18.

> "T-commerce" means a service enabling the trading of goods with a remote control by connecting a TV to the Internet. Consumers can choose goods that appear on the T-commerce broadcast, place an order, and make payments with a remote control. (   ) that presents one product at a single time, T-commerce allows customers to buy various products they want in the same manner that they do on an Internet search.

Question type Choosing the best answer for the context

What presents one product at a single time is the home shopping service. Even if you don't know what home shopping is, you can still solve this question. Before the blank, the text is about presenting one product at a time, and after the blank, it is about buying multiple products that you may want. Therefore, the sentences before and after the blank must have different qualities. ① is the best answer as it has "다르다 (unlike)" in the phrase.

[19~20] Read the following and answer the questions.

> If you defecate fewer than three times a week, you have constipation. The average incidence of constipation is about 16%. So there are many people who seek laxatives, but if you take laxatives over an extended period of time, that could lower your bowels' sensitivity, potentially deteriorating symptoms (   ). In that case, instead of using a drug, try warming up the area around your navel with a massage. Then, you should be able to defecate more than twice a week.

19. **Question type** Choosing the best conjunction for the context

Since taking medicine can make the symptoms worse, ③ is the best answer, meaning "contrary to or unlike expectations."

- 드디어: finally; implying what one has been eagerly looking forward to; in the end
  - 📖 긴 학기가 끝나고 드디어 여름 방학이 시작되었다.
- 게다가: besides; in addition

📖 날씨가 춥고 게다가 비까지 내려서 감기에 걸렸다.

- 오히려:
  ① unlike or contrary to general predictions or expectations
     - 📖 너무 잘하려고 애쓰다 보면 오히려 실패하기 쉽다.
  ② would rather than
     - 📖 맛없는 음식을 먹을 바에야 오히려 안 먹는 게 낫다.
- 반드시: without fail; certainly
  - 📖 기홍이는 정확한 사람이라 약속 시간은 반드시 지킨다.
- 민감성: the quality of a very sharp and quick response to a certain stimulus

20. **Question type** Understanding the main idea

According to the text, it suggests warming up the area around the navel with a massage to promote bowel movements, rather than taking laxatives for an extended period of time. Therefore, ③ is the best answer.

① It is effective if you take laxatives for an extended period of time. → It can aggravate the symptoms by deteriorating the sensitivity of your bowels

② The number of times you defecate will decrease if you massage your stomach. → increase

④ If you defecate more than three times a week, you have constipation. → fewer than

[21~22] Read the following and answer the questions.

> One of the biggest characteristics of modern-day people is that they value visual elements. Like the saying "A thousand words are not worth one sight," when one strong visual image is engraved in a person's memory, it is remembered longer than a hundred words. In line with such a tendency, businesses must pay attention to the visual elements when they advertise. It would be good to prepare a photo or a video image (   ) of consumers in a short time.

21. **Question type** Choosing the best proverb/idiom for the context

The sentence in parentheses should mean that a photo or video image that can attract the attention of customers in a short time should be used. ① is the best answer.

- 시선을 끌다: to grab people's attention
  - 📖 이번 전시회에서 가장 시선을 끄는 작품은 어떤 것입니까?
- 눈치를 보다: to study someone's mood or attitude
  - 📖 미숙이는 용돈을 받으려고 엄마의 눈치를 살피고 있었다.
- 발길이 잦다: to frequently come and go
  - 📖 명동은 번화가라서 사람들의 발길이 잦다.
- 손길이 가다: to extend a (helping) hand
  - 📖 엄마가 없는 민정이에게 나도 모르게 자꾸 손길이 갔다.

22. **Question type** Understanding the details (correspondence)

According to the text, businesses must pay attention to the visual elements when they advertise. Therefore, ② is the best answer.

① Consumers are more interested in sounds than images. → video images and visual elements more than sounds

③ Companies nowadays focus on creating or ~~long-form video ads~~. → visuals that make a strong impression on consumers in a short amount of time

④ People like ~~to hear things multiple times rather than see them once~~. → 백문이 불여일견: A thousand words are not worth one sight.

[23~24] **Read the following and answer the questions.**

My youngest son has reached the age when he was supposed to be in the first grade of elementary school a year ago. However, he has not attended any school since then. It has already been two years since my child caught a rare disease. He underwent surgery at that time and has been receiving treatment ever since. Unfortunately, his condition has become alarming in the last few days as he has been suffering from a high fever. Both my spouse and I were aware that his current medication would not be effective in treating a potential relapse of the disease. Holding our son's hands, we entered the hospital grounds, <u>struggling to breathe as if a heavy stone were weighing down on our chests</u>. However, we received some unexpected test results. It turned out that our son had only caught a cold, and the disease he had been suffering from had been magically cured. We were so surprised that we couldn't move for a long time.

23. **Question type** Understanding emotions (essay)

The expression "무거운 돌이 가슴을 누르는 듯하다." means "to feel heavy at heart and agonized as there are many things to worry about." In this context, they are afraid the child may have had a relapse. ① is the best answer.

24. **Question type** Understanding the details (correspondence/essay)

According to the text, the test results were unexpected. ③ is the best answer.

① The child ~~has relapsed~~. → had been cured.

② It was ~~a lie~~ that the disease had been cured. → true

④ The child ~~started~~ elementary school a year ago. → could not start

[25~27] **Choose the answer that best describes the title of the following newspaper articles.**

25.
Home fire extinguisher is equivalent to one fire engine at the outset of fire

Question type Understanding a contracted sentence (news article)

The newspaper headline means that one home fire extinguisher can work as well as one fire engine in the early stages of a fire. ③ is the best answer.

- 맞먹다: to be similar in quantity or size

26.
Painless breakthrough in brain surgery method grabs the attention of people around the world!

Question type Understanding a contracted sentence (news article)

The headline means that a new, painless brain surgery method is drawing attention from people around the world. ② is the best answer.

27.
Relatively satisfactory communication with daughters; poor communication with sons

Question type Understanding a contracted sentence (news article)

The headline means that on a relative basis, communication with daughters is better that those with sons. ② is the best answer.

- 양호하다: to be very good; to be satisfactory

[28~31] **Choose the most appropriate word for the blank.**

28.
I have never seen the police catch vehicles violating the principle of designated lanes. The three principles of designated lanes include: to overtake a car using the left lane; to return to the original lane immediately after the overtake; and to drive more slowly than cars in the left lane and faster than cars in the right lane. Such simple rules are not observed because there are no strong regulations. One big dam can crumble due to an ant hole. We can maintain traffic order only if we thoroughly regulate (   ).

Question type Choosing the answer for the context

The sentence before the blank warns that "큰 댐도 개미 구멍 하나에 무너질 수 있다." It means that a big problem can start from a small mistake. ① is the best answer.

29.
In the past, our ancestors thought that trees were divine and that forests were sacred places. They prayed for the peace of a house or the well being of the village in front of a tree or in a forest. But (   ) that they did not cut down any wood. Cutting down a tree was permitted when necessary, but it was considered taboo to fell a giant tree, an ancient tree, or a tree worshipped by people. Our ancestors thought that something bad would happen if [anyone] should cut down a tree like that.

Question type Choosing the answer for the context

The sentence before the blank reads that trees were thought to be divine. Since there is 하지만 right in front of the blank, the blank should include something contrary to the preceding sentence. ④ is the best answer.

- 신성하다: to be so precious and great as to be generally unapproachable.

30.
Everyone must have heard the sound of a stomach rumbling. This is a sound produced when food is being processed by the bowels. The bowels make movements to digest food by crushing it. Even if there is no food in the stomach, the bowels almost

always move. The stomach rumbles louder when we are hungry because the bowels are empty. The stomach rumbling is nothing special, but it is only (   ).

Question type Choosing the answer for the context

The stomach rumbling is a growling sound produced as the bowels crush consumed food. The bowels crush food as they move, and they move even if there is no food in the stomach. ③ is the best answer.

31.

"The Ant and the Grasshopper" in *Aesop's Fables* speaks highly of the ant's diligence. But there is a study result that not all ants are hardworking work bugs (workaholics). Even in the community of ants, there is a kind that prefers playing like the grasshopper. Recently, an article in the international journal *Animal Behavior* stated, "An observation of ergate proves that 45% did nothing." The case is the same with honeybees, (   ) with ants. According to an observation of honeybee behavior, 20% of honeybees did more than half of the work.

Question type Choosing the answer for the context

In the first part, the diligent image of ants from *Aesop's Fables* is described, followed by a study result that not all ants are hard working. The blank is modified by 개미와 함께, followed by a sentence that reads, "The case is the same with honeybees." ④ is the best answer.

- 우화: a narrative that has an edifying or satiric meaning, using animals, plants, or nonliving objects as heroes
- 마찬가지: the same appearance or situation of two or more objects or events

[32~34] Read the following and choose the statement that agrees with the content of the text.

32.

As society ages, knowing how to age well is becoming increasingly important. Even elderly individuals can maintain their health like younger people through consistent exercise. Getting enough sleep is also key to staying youthful. The research findings from the British Association of Dermatology support the claim that individuals who sleep for less than 5 hours a day have less skin resistance to ultraviolet rays compared to those who sleep for 7 to 9 hours. And above all, confidence is the most important. Rather than trying to hide wrinkles and gray hair, it is better to have light makeup and proudly showcase gray hair in a sophisticated style.

Question type Understanding the details (correspondence)

The skin's resistance to ultraviolet rays is weaker for those who sleep fewer than 5 hours a day than those who sleep for 7 to 9 hours. ③ is the best answer.

① Dying gray hair black will make you look younger. → It is better to flaunt your gray hair in a sophisticated style.

② If you work out constantly, you can have the appearance of a young person. → regardless of your appearance, you can maintain your health as well as young people.

④ If you wear bold makeup with confidence, your wrinkles won't show. → It is better to wear light makeup.

- 역풍: a headwind or a wind blowing against the course of a ship; a figurative way of saying "to experience challenges as things are not progressing as smoothly as intended"

33.

The milk we usually drink undergoes a pasteurization process where raw milk is heated to a high temperature for sterilization. The sterilization methods can be divided into three based on the heating temperature. There is the "low-temperature (low temp) pasteurization method" which involves sterilizing at 63 degrees for 30 minutes, the low temperature short time (LTSH)" which sterilizes at 75 degrees for 15 seconds, and the "ultra high temperature (UHT)" which sterilizes at 134 degrees for 2-3 seconds. Milk treated with the high-temperature method has the characteristic of being able to be preserved for over a month, whereas milk treated with other pasteurization methods has a shelf life of about 5 days.

Question type Understanding the details (correspondence)

Temperature is high in the order of UHT-LTSH-low temp; thermal processing time is short in the order of UHT-low temp-LTSH. ④ is the best answer.

① LTSH pasteurization method takes the longest. → Low temp pasteurization

② The milk processed by the low temp pasteurization method has a long shelf life. → UHT method

③ The heat-treated milk undergoes a sterilization process, making it beneficial for health. → Not mentioned in the text

34.

Pseudoscience refers to the labeling of things as "scientific" when they are not actually scientific. Blood type psychology, a well-known example, falls under the category of pseudoscience. It attempts to explain personal dispositions or characters by linking them to blood types, despite the lack of any correlation between the two. Despite the lack of statistical evidence and many people not exhibiting the personality traits explained by blood type psychology, it has been established as if it were a theory.

Question type Understanding the details(correspondence)

Blood types do not have any correlation with personal dispositions or characters, there are no supporting statistics, and many people have completely different personalities from what blood type psychology explains. Yet it has been established like a theory. ④ is the best answer.

① Pseudoscience ~~explains scientific phenomena~~.
→ refers to a case where the word "scientific" is attached to things that are not scientific.

② Blood type psychology ~~is proved by numeric statistics~~. → has no statistical proof

③ ~~Personal dispositions or characteristics are related to blood types~~. → Many people have different personalities from what is explained/defined by blood type psychology.

[35~38] **Read the following and choose the answer that best matches the topic of the text.**

35.
Platform screen doors (PSDs), also known as safety doors, have been installed at all subway stations. This measure has become mandatory due to accidents where passengers fell onto the railway and took their own lives. It is important to note that all PSDs should be designed to allow manual opening and closing in case of emergencies such as fires, ensuring the smooth evacuation of passengers. If these safety doors operate solely on automatic mode, they may hinder passengers' escape during emergencies and potentially worsen the situation compared to the absence of PSDs.

Question type Understanding the topic

In the middle of the text, the topic sentence reads, "All PSDs must be built so as to allow manual opening and closing in case of emergencies like fires to allow the smooth escape of passengers." It also warns that if PSDs only work automatically and hinder the safe escaping of passengers, it will be worse than not having any PSDs at all. ④ is the best answer.

• 개폐되다: to open and close

36.
Many people struggle to quit smoking, but using smoking cessation tools can aid in the process. Electronic products, nicotine patches and gum are common smoking cessation aids that help individuals quit smoking. While electronic products can be effective, they often come with a relatively higher financial burden compared to other quit-smoking aids. A nicotine patch is a smoking cessation product that slowly delivers nicotine to the body through the skin. Similarly, gum designed to assist with smoking cessation contains a certain amount of nicotine, working in a similar way to a nicotine patch by maintaining nicotine levels in the body.

Question type Understanding the topic

The text mentions that some tools can help people quit smoking, and it mentions various products. ③ is the best answer.

37.
A campaign has been constantly conducted to discourage the use of disposable plastic bags. But advocates of plastic bags rebut that plastic bags

can be manufactured at a lower cost compared to alternative materials and are not that harmful to the environment since they can be recycled. They argue that paper bags are more harmful to the environment as they require a lot of oil and trees for production and transportation. However, the problem is that even if plastic bags are recycled, there are still 4 billion non-biodegradable plastic bags discarded every year.

Question type Understanding the topic

The text provides opinions from advocates of plastic bag use and refutes their opinions. Although the text refers to the problem of many plastic bags being thrown away, it does not mention anything about garbage disposal. ① is the best answer.

38.
The worst habit that ruins a diet is eating quickly. Fast eating can easily lead to overeating and binge-eating. By eating slowly, even if you don't consume large quantities, you can feel satiated and reduce the amount of food intake. However, eating for too long can have the opposite effect. When you spend a prolonged time eating, you may not realize that you are overeating because you lose track of how much you have consumed. Therefore, it is advisable to finish your meal within one hour, if possible.

Question type Understanding the topic

The writer notes that the worst habit to ruin your diet is to eat fast. But in the middle of the text, the writer mentions, "Eating for too long can have the opposite effect." Therefore, ④ is the best answer since we should eat at a moderate pace.

[39~41] **Choose the most appropriate place for the given sentence.**

39.
(㉠) Bean sprouts, which have a pleasant texture and taste, stimulate the appetite when you have no appetite and help replenish weakened health due to heat. (㉡) This is because bean sprouts are rich in vitamin C. (㉢) They also help prevent virus intrusion and boost immunity. (㉣) And according to *Donguibogam: Principles and Practice of Eastern Medicine*, bean sprouts are "used as medicine when a person feels sluggish or has aches all over the body and have a great effect on getting rid of fevers."

┌ Missing Sentence ────────────

Vitamin C not only helps relieve fatigue but also works well to prevent colds and anemia.

Question type Inserting a sentence for the context

The missing sentence talks about the effects of vitamin C and should come later than "bean sprouts are rich in vitamin C." Since the sentences after ㉢ or ㉣ start with

또한 and 그리고, it is natural that the example should come before them. ③ is the best answer.

- 보강하다: to add or supplement something to make it stronger

40.

Many historical figures have appeared as protagonists in novels or movies. (㉠) Hwang Jini is regarded as a woman who possessed a beautiful appearance, exceptional talent, and a spirit of challenge in history. (㉡) Despite her low social status, she engaged with intellectuals of her time on equal terms, being a beauty with literary and musical talents. (㉢) In particular, the poems left by Hwang Jini are highly acclaimed for their exceptional artistic quality, to the extent that several of her works are included in the "best poems selected by poets."

Missing Sentence

Among them, it is extremely rare to find a figure as beloved by the public as Hwang Jini.

Question type Inserting a sentence for the context

The missing sentence starts with 그중에, meaning that the preceding sentence must present multiple options. Therefore, it fits after "사람이 많이 있다." Judging by the use of the pronoun 그녀 after ㉠, the name 황진이 must come before it. ① is the best answer.

- 충만하다: to be full of or filled with

41.

Rice is Koreans' main staple and is one of the most important grains globally. (㉠) Due to global climate change, the Earth's temperature was a record high in the first half of this year. (㉡) According to major studies on climate change, it turns out that the rice yield reduces by 10% whenever the Earth's temperature rises by one degree. (㉢) Before long, rice will face a climate that has never been experienced in the history of agriculture and will be impossible to adapt to. (㉣) We must work hard to protect rice with a sense of responsibility and insight.

Missing Sentence

Yet in food security, rice is also facing danger.

Question type Inserting a sentence for the context (book review/impression essay)

The missing sentence talks about how rice is also facing danger in food security, so it is natural to place it behind ㉠, which introduces the importance of rice. ① is the best answer.

[42~43] Read the following and answer the questions.

This is something that happened in a train car heading from Daegu to Seoul. A man was sitting in the seat opposite mine. He was incessantly talking to the woman next to him. <u>He kept saying something to her even though she had closed her eyes with folded arms,</u>

<u>bluntly sending out a signal that she did not wish to talk.</u> The man kept asking questions and answered his own questions, but when there was still no response, he turned his eyes and smiled at me. I just avoided his eyes. The man was silent for a while and vacantly looked out the window, but as if unable to bear not to talk, he suddenly turned to me and asked with a Gyeongsang-do accent.

"What was your business in Daegu?"

"I'm on my way home from a business trip," I blurted out a curt reply.

"Oh, is that so? I lived in Daegu before I emigrated to the United States, but now that I visited the place after fifteen years, it has changed so much. It feels like my hometown disappeared."

At his words, I felt a bit sorry for him and turned toward him to ask, "And did you meet the people you missed?"

42. **Question type** Understanding emotions (fiction)

The man keeps talking although the narrator is sending a signal that she does not wish to speak. ③ is the best answer.

- 가식적: to be insincere or to be phony in words or actions **Eg** 그 사람의 눈물이 가식적으로 보였다.
- 냉소적: to be sarcastic or to laugh at something in a cold manner **Eg** 그 사람은 세상에 대해 냉소적이었다.
- 눈치가 없다: to be tactless/witless or to unable to understand the other party's feelings or the circumstances without being told
  Eg 내 친구는 눈치가 없어서 분위기에 안 맞는 말을 할 때가 있다.
- 사려가 깊다: to be considerate; to think deeply and carefully about something
  Eg 나는 그의 사려 깊은 태도가 마음에 들었다.

43. **Question type** Understanding the details (correspondence/fiction)

The man keeps talking to the woman, who is not friendly to him and the narrator, which means that he wants to speak with others. ② is the best answer.

① I am ~~on my way to~~ a business trip to Daegu. → on my way home from
③ The woman sitting next to the man ~~was interested~~ in him. → was not interested
④ I ~~liked~~ the man opposite my seat ~~from the beginning~~ → did not like, at first

[44~45] Read the following and answer the questions.

Postpartum depression is literally clinical depression (   ). Many new mothers experience a certain degree of sadness or "baby blues" for a period of time after giving birth, which is a natural symptom. However, about 10-20% of women after childbirth may experience postpartum depression, which can lead to serious consequences such as inadequate care for the newborn and even death. Postpartum depression can be caused by various factors, including fear of parenting, lack of sleep, and household responsibilities, but the fundamental cause lies in the rapid drop in female hormones after childbirth. If a new mother experiences headaches, abdominal pain, loss of appetite, or similar symptoms, it is important to suspect postpartum depression. Professional treatment is necessary, but the most crucial aspect is the support of family members. By alleviating the burdens faced by the new mother, understanding mood changes, and working together as a family to find solutions, postpartum depression can be addressed.

44. **Question type** Choosing a phrase for the context

From the sentence "많은 산모들이 출산 후에 일정 기간 동안 어느 정도 우울감을 느끼는데," we can see that this text is about depression after childbirth. ② is the best answer.

45. **Question type** Understanding the topic

The text stresses that the role of the mother's family and husband is as important as professional treatment, arguing that it is an issue to be solved by the entire family by reducing the burden of housework and child care. ① is the best answer.

[46~47] **Read the following and answer the questions.**

With the discovery of traces of flowing water on the surface of Mars, the speculation about the potential existence of life on Mars has increased. However, the prevention of Martian contamination that occurs during these exploration processes has become a new concern. The issue arises from the possibility that Earth materials carried by Mars rovers could contaminate Mars upon arrival. However, regulations to prevent such contamination already exist. The international organization, the Committee on Space Research (COSPAR), established regulations known as "Planetary Protection" as early as 1967. While exploring life on other planets is a significant endeavor, it is crucial to prioritize not contaminating those planets. Adhering to these regulations, the landers searching for life should be kept clean to ensure that exploration missions do not contaminate other planets.

46. **Question type** Choosing the writer's stance (persuasive essay)

The author emphasizes the need for our rovers to be clean, worrying that a contaminated Earth probe to Mars could contaminate life on other planets. Therefore, ① is the correct answer.

47. **Question type** Understanding the details (correspondence/persuasive essay)

Based on the regulation established by the COSPAR in 1967, it can be inferred that the international community is making efforts to explore other planets without contaminating them. ③ is the best answer.

① Evidence was found that ~~organisms are living on Mars~~. → liquid water flows on Mars' surface

② There is a problem that Mars ~~was contaminated~~ by Earth materials. → can be contaminated

④ The international community ~~is about to~~ establish a regulation to prevent the contamination of another planet. → has established

[48~50] **Read the following and answer the questions.**

The wage peak system is a mechanism that ensures continued employment for workers through agreement between labor and management, by adjusting wages based on a certain age criteria and guaranteeing employment for a specified period of time. In other words, as a quid pro quo for cutting wages of workers that reach a certain age employment continues by being guaranteed until the person reaches retirement age, and new jobs are created because new recruits can be hired with the reduced wages. People who support the wage peak system argue that it reduces labor costs from the perspective of companies and provides advantages for workers, such as (   ). They propose investing a significant portion of the reduced wages into youth employment to help increase the youth employment rate. However I believe there are concerns that it could be exploited as a system that exploits the labor of skilled workers at low wages. It is unfair to reduce wages based on age. Furthermore, with the delayed retirement age resulting in a decrease in retirees, it will ultimately make it difficult to hire new employees. There is also doubt as to whether reduced wages will actually lead to new hiring.

48. **Question type** Understanding the purpose (persuasive essay)

The writer, contrary to the perspective of businesses, points out the drawbacks of the wage peak system, stating that it is an unfair practice to reduce wages based on age and has a high potential for abuse. ② is the best answer.

49. **Question type** Choosing a phrase for the context (persuasive essay)

This sentence is about the advantage of the wage peak system from the workers' viewpoint. In the preceding sentence, it is also explained as a system to "guarantee jobs for a set period of time." ③ is the best answer.

50. **Question type** Understanding the details (correspondence/persuasive essay)

The writer expressed doubt whether the reduced wages due to the wage peak system will actually be used for new hires, so the correct answer is number ④.

① The wage peak system is a policy ~~unilaterally proposed by companies~~. → through agreement between labor and management

② With the wage peak system, it is possible to ~~work at the same wage even~~ after reaching the retirement age. → to work with reduced wages

③ The extension of the retirement age due to the wage peak system contributes to an increase in ~~youth unemployment rate~~. → youth employment rate

FINAL 실전 모의고사 3회
The 3rd Final Actual Test

정답 ANSWERS

1교시: 듣기, 쓰기

듣기

1. ②	2. ④	3. ④	4. ①	5. ①	6. ④	7. ②	8. ④	9. ③	10. ①
11. ③	12. ④	13. ③	14. ④	15. ②	16. ②	17. ④	18. ③	19. ②	20. ③
21. ④	22. ③	23. ②	24. ①	25. ②	26. ③	27. ①	28. ④	29. ②	30. ③
31. ③	32. ④	33. ④	34. ③	35. ②	36. ④	37. ④	38. ④	39. ④	40. ①
41. ④	42. ③	43. ④	44. ④	45. ①	46. ③	47. ②	48. ③	49. ③	50. ④

쓰기

51. ㉠ (5점) 강아지를 기르실 분을 구합니다/강아지를 분양하려고 합니다.
   (3점) 강아지를 가져가실 분을 찾습니다

   ㉡ (5점) 온순하고 착하기 때문에/온순하고 착해서 (수식어 두 가지 이상, '아서/어서, –기 때문에'와 같은 표현과 함께 사용하면 5점)
   (3점) 하나만 작성할 경우 3점

52. ㉠ (5점) 삶의 균형이 깨지기 마련이다/삶의 균형을 유지할 수 없다
   (3점) 삶이 불균형해진다

   ㉡ (5점) 행복해지기 위해서는 삶의 균형을 유지하는 것이 중요하다/행복해지려면 삶의 균형을 유지해야 한다
   (3점) 행복하려면 삶의 균형이 중요하다

2교시: 읽기

읽기

1. ④	2. ①	3. ③	4. ①	5. ②	6. ③	7. ④	8. ④	9. ④	10. ③
11. ③	12. ④	13. ①	14. ④	15. ②	16. ②	17. ④	18. ④	19. ③	20. ③
21. ④	22. ③	23. ①	24. ②	25. ④	26. ④	27. ③	28. ②	29. ①	30. ①
31. ④	32. ③	33. ③	34. ④	35. ②	36. ④	37. ②	38. ②	39. ④	40. ④
41. ③	42. ②	43. ③	44. ③	45. ④	46. ④	47. ③	48. ③	49. ②	50. ②

53. **Writing sample answer**

	한	국		중	·	고	등	학	생	을		대	상	으	로		하	루		평	균		인	터
넷		이	용		시	간	과		이	용		유	형	에		대	해		조	사	하	였	다	.
그		결	과		하	루	에		1	~	3	시	간		정	도		인	터	넷	을		사	용
하	는		청	소	년	이		55	%	로		가	장		높	게		나	타	났	으	며	,	1
시	간		이	내	로		이	용	하	는		학	생	이		20	%	로		그		뒤	를	
이	었	다	.		또	한		하	루	에		5	시	간		이	상	을		이	용	하	는		학
생	도		5%	를		차	지	하	였	다	.		인	터	넷		이	용		유	형	의		경	우
청	소	년	의		56	.4	%	가		온	라	인		게	임	을		하	기		위	해	서	,
17	.4	%	는		채	팅	을		하	기		위	해	서		사	용	하	는		것	으	로	
조	사	되	었	다	.		이	와		같	은		결	과	를		통	해	서		청	소	년	이	
인	터	넷	을		학	습	이	나		자	기		개	발	보	다		게	임	과		채	팅	과
같	은		용	도	로		사	용	하	고		있	다	는		것	을		알		수		있	다	.

50
100
150
200
250
300

54. Writing sample answer

　고령화란 65세 이상인 노령 인구의 비율이 현저히 높은 것을 말한다. 고령화 사회가 되면 경제적, 사회적 문제가 발생할 수 있다. 먼저 경제적으로는 노동력이 부족해서 생산성이 감소할 것이다. 또한 돈을 벌어 세금을 내는 인구층은 감소하고 노인층을 위한 복지 예산이 늘어나야 하므로 국가 재정에 어려움이 생길 수 있다. 사회적으로는 나라를 지켜야 할 청년층이 감소하므로 국력이 약해져 다른 나라의 위협을 받을 수도 있다. 이러한 경제적, 사회적 문제로 인해 나라 전체가 어려움에 처할 수 있다.

　이를 해결하기 위해서 우선 저출산 문제를 해결해야 한다. 출산율 감소는 장기적으로 청년층의 감소와 노년층의 증가로 이어지기 때문이다. 다음으로 근로 정년을 연장하고, 노인들을 위한 일자리를 제공하여 사회적으로 부족한 노동력을 보충할 뿐만 아니라, 노년층의 경제적인 어려움을 해소할 수 있도록 해야 한다. 노년층이 제2의 직업과 인생을 살아갈 수 있도록 지원한다면 급증할 복지 예산을 줄이고 사회를 안정시키는 데 도움이 될 것이다. 마지막으로 외국인을 받아들이는 개방적인 근로 환경을 만드는 것이 필요하다. 이를 통해 노동력 부족 문제를 어느 정도 해결할 수 있을 것이다.

　고령화 사회는 경제적, 사회적 문제를 발생시켜 국가에 부정적인 영향을 주게 된다. 하지만 이에 대해 위와 같은 대책을 세워 미리 준비한다면 극복할 수 있을 것이라 생각한다.

[1~3] Listen to the following and choose the picture or graph that matches best.

1.

남자 이 옷 좀 봐 주세요. 유행이 지난 것 같아요?

여자 아니요, 괜찮은데요. 요즘에도 많이 입는 디자인이에요.

남자 그럼 이 옷에 어울리는 바지도 좀 찾아 주세요.

M Please look at this outfit. Does it look old fashioned?

W No, it looks fine. That is a design [people] wear a lot these days.

M Then please find a pair of pants to match it.

The man came to the store to buy clothes, and the woman is helping him shop. Since he is asking her whether he looks good in his clothes (coat), the answer is ②.

2.

여자 환자 분, 어떠세요? 아직도 많이 아프세요?

남자 네, 자전거 타다가 넘어졌는데 이렇게 많이 다칠 줄 몰랐어요. 아직 좀 아프네요.

여자 그럼 약을 좀 드릴게요. 수술은 잘 되어서 괜찮을 거예요.

W Sir [Mr. Patient], how do you feel? Are you still in pain?

M Yes, I never thought that I would get hurt this much by falling while riding my bike. I still have some pain.

W Then I'll give you some medication. The surgery went well, so you will be fine.

In this situation, the man had surgery after he had fallen from a bike. The woman is checking how he feels. The answer is ④.

3.

남자 서울 시민이 서울을 떠나는 이유를 조사한 결과, 이동의 가장 큰 이유는 주택 문제와 직장 문제 순이며, 그다음으로 가족 문제도 이동의 주된 원인으로 조사되었습니다. 또 전문가들은 앞으로 서울 밖으로 이동하는 인구수가 더 늘 것으로 예상했습니다.

M According to the survey on the reasons why Seoul citizens leave Seoul, the primary reasons for relocation are housing issues followed by work-related problems, and the next significant cause is family issues. Furthermore, experts predict that the population moving out of Seoul will continue to increase in the future.

In the listening material, specific population numbers based on reasons for relocation were not mentioned, so you must choose between graph ③ and graph ④, which represent the percentage distribution by reasons for relocation. Since the stated order of reasons for

relocation is housing issues, work-related problems, and family issues, the correct answer is graph ④.

[4~8] Listen to the following and choose the word that best completes the dialogue.

4.

여자 오늘 외출하지 말까요? 미세 먼지 때문에 하늘이 흐리게 보여요.

남자 일기 예보에서 오늘 공기가 매우 안 좋대요. 만약 외출을 하게 되면 마스크를 꼭 쓰세요.

여자 _____

W Maybe I shouldn't go out today. The sky looks gray because of the fine dust.

M The weather forecast said that today's weather will be very bad. If you are going out, be sure to wear a mask.

W _____

The woman mentions fine dust to the man before she goes out. The man recommends that she wears a mask if she is going out. The answer is ①.

5.

남자 이거 환불하고 싶은데 어떻게 해야 하지?

여자 왜? 어제 인터넷에서 싸게 샀다고 아주 좋아했잖아.

여자 _____

M I want to get a refund on this. How do I do it?

W Why? You were so happy yesterday that you bought it very cheap on the Internet.

M _____

The man bought a product online but wants a refund. Given the flow of this conversation, ① is the best answer.

6.

여자 봉사 동아리에 가입하면 특별한 혜택이 있나요?

남자 우선 가장 큰 혜택은 봉사 활동을 통해서 다양한 경험을 쌓을 수 있다는 것이에요.

여자 _____

W Is there a special benefit if I join the volunteer club?

M The biggest benefit is that you can gain diverse experiences from volunteer activities.

W _____

The woman is asking about the benefits if she joins a volunteer club. Since she is interested in specific benefits, the answer is ④.

7.

남자 좀 더 이자가 높은 저축 상품은 없나요?

여자 이 상품은 어떠세요? 이자가 높아서 직장인들이 많이 가입하는 상품이에요.

남자 _____

M Isn't there a saving plan with a higher interest rate?

W How about this product? It has a high interest rate, so many working professionals sign up for it.

M _____

The man asks the woman about a saving plan with a higher interest rate. As she recommends one that offers more interest, the best answer is ②.

8.
여자 저는 주로 맨손으로 설거지를 하는 편이에요.

남자 설거지를 할 때는 고무장갑을 꼭 끼세요. 위생적이고 손이 트는 것을 막아 준대요.

남자 _____

W I usually wash dishes with my bare hands.

M You must wear rubber gloves when you wash dishes. It's hygienic and will protect your hands from being cracked.

W _____

The man gives a new piece of information to the woman that wearing rubber gloves while washing dishes is hygienic and can protect her hands from being cracked. The best answer from the woman is ④.

[9~12] Listen to the following and choose the answer that would be most appropriate as the woman's next action.

9.
여자 서점 갔더니 김 작가님 책이 3주 연속 베스트셀러였어요.

남자 그러면 이번엔 김 작가님과 인터뷰를 해 봐야겠어요.

여자 그럼 작가님께 이메일을 보내 봐요. 제가 인터뷰 장소를 알아볼게요.

남자 네. 이메일을 보내기 전에 작가님께 전화를 먼저 해 볼게요.

W I went to the bookstore and Ms. [Author] Kim's book has appeared on the bestseller (list) for 3 consecutive weeks.

M Maybe we should do an interview with Ms. Kim now.

W Then why don't you send an e-mail to her? I'll search for an interview venue.

M Okay. But I'll call her first before I send an e-mail.

The man and the woman decided on their next interviewee, and the woman will find an interview venue. The answer is ③.

10.
여자 부장님, 휴가 날짜를 변경하고 싶습니다.

남자 그래요? 아마 다른 사원과 휴가 날짜를 바꿔야 할 거예요.

여자 저와 김민수 씨가 휴가 날짜를 바꾸기로 했습니다.

남자 그러면 이 서류에 변경한 내용을 적고 나에게 가져와요.

W Sir, I'd like to change the dates of my leave.

M Do you? Then you'll have to coordinate the changes with another employee.

W Kim Minsu and I have agreed to switch dates.

M Then please fill out this document (form) with the changes and bring it to me.

The woman wants to change her leave dates and has arranged to switch them with Kim Minsu. Now she has to fill out a form regarding the changes and then give it back to the man. The answer is ①.

11.
남자 오늘 저녁에 어제 본 식당에 가자.

여자 근데 그 식당은 예약을 해야 할 거야. 예약할까?

남자 내가 이미 예약을 했어. 식당에 전화해서 예약 확인을 해 줘.

여자 알았어. 확인하고 다시 너한테 연락할게.

M Let's go to the restaurant we saw yesterday this evening.

W I think we need a reservation there. Shall I make one?

M I already made a reservation. Just call the restaurant and confirm my reservation.

W Okay. I'll confirm it and get back to you.

The man has already made a reservation at the restaurant, and he asks the woman to confirm the reservation. The answer is ③.

12.
여자 여기에 공부방 신청서를 내면 돼요?

남자 네. 그런데 친구들 생년월일을 모두 적어야 해요.

여자 친구들 생년월일은 잘 몰라요. 다시 물어보고 적을게요.

남자 네. 그리고 공부방은 2시부터 이용 가능해요.

W So, do I need to submit the request form for the study room here?

M Yes, but you need to write down the dates of birth of all your friends.

W I don't know their dates of birth. I'll ask them and fill it in later.

M Okay. And you can use the study room from 2 PM

The woman does not know the dates of birth of her friends. Since she is planning to ask them and to fill in the request form, the answer is ④.

[13~16] Listen to the following and choose the statement that agrees with the content you have heard.

13.
여자 우리 이번 주말에는 새로 생긴 캠핑장에 가는 게 어때요?

남자 좋아요. 인터넷에서 봤는데 시설이 아주 좋더라고요. 대신 음식을 준비해 가야 해요.

여자 네. 제가 준비할게요. 캠핑장 사용 신청은 당일에 할 수 있죠?

남자 주말에는 당일 신청이 안 돼요. 제가 오늘 예약할게요.

W Shall we go to the new camping site this weekend?

M Okay. I saw it on the Internet, and the facilities looked excellent. But we'll have to bring our own food.

W I see. I'll prepare it. Can we make a reservation for the same day?

M Same-day reservations are not available on weekends. I'll make the reservation today.

The man and the woman are planning to go to a camping site this weekend. According to the man, same-day reservations are not allowed on weekends. The answer is ③.

14.

여자 잠시 후, 한 시부터 모의시험이 시작됩니다. 모의시험은 듣기 평가가 끝난 후 바로 읽기 평가가 진행됩니다. 듣기 평가가 시작되면 자리에서 일어날 수 없습니다. 시험 중에 화장실에 가고 싶은 분은 조용히 손을 들어 감독관에게 알려 주십시오. 지금부터 모의시험을 시작하도록 하겠습니다.

W The practice test will begin shortly at one o'clock. During the practice test, as soon as the listening test is over, the reading test will follow. Once the listening test starts, you cannot leave your seat. If anyone wishes to use the bathroom during the test, please silently raise your hand and let the supervisor know. We will begin the practice test now.

Since the reading test will immediately follow the listening test, there is obviously no break in between. The answer is ④.

15.

남자 올해 초 인기를 끌었던 추억 여행 콘서트가 많은 사람들의 요청으로 이번 달부터 다시 공연을 시작합니다. 많은 분들의 사랑을 받아 5개월로 늘어난 콘서트 기간도 주목을 받고 있습니다. 특히 이번에는 서울뿐만 아니라 지방에서도 콘서트를 즐길 수 있습니다 현장 구매보다 더욱 저렴한 인터넷 예매를 추천합니다.

M The Walk Down Memory Lane Concert, which was very popular earlier this year, will begin again this week upon the request of many people. What is notable is that the concert period has been extended to five months because it is loved by so many people. This time, in particular, you can enjoy the concert not only in Seoul but also in other provinces. I recommend making a much cheaper online reservation for tickets rather than onsite purchases.

According to the man, you can enjoy the concerts not only in Seoul but also in other provinces this time. This implies that the previous concerts were only held in Seoul. The answer is ②.

16.

여자 여기 이분이 바로 국내 최초로 양심 계산대를 운영하시는 카페 사장님이십니다. 사장님, 양심 계산대란 무엇입니까?

남자 양심 계산대란 종업원 없이 손님이 스스로 커피값을 내고 거스름돈을 가져가는 계산대예요. 처음엔 제대로 돈을 내는 손님들이 적었어요. 그런데 이렇게 모인 돈을 가난한 어린이를 돕는 데 사용한다는 사실을 알고 오히려 돈을 더 내는 손님도 생길 정도로 인기가 많아요. 다음 주에는 수원시에 3호점을 개업하려고 합니다.

W This gentleman here is the cafe owner who operates Korea's first "Counter with a Conscience." Sir, could you tell us more about what this is?

M The Counter with a Conscience is a checkout system without a staff member, where customers pay for their coffee and collect their change by themselves. Initially, not many people paid the correct price for their coffee. However, as they have come to understand that the money collected will be used to help underprivileged children, it has become very popular. In fact, some customers now even pay more than the listed price. We will be opening our third store in Suwon next week.

The Counter with a Conscience is an unmanned checkout counter where customers pay for their coffee and take the change with their own hands. The answer is ②.

[17~20] Listen to the following and choose the answer that best matches the man's main point.

17.

남자 어제 식당에서 여자 친구와 음식값을 똑같이 나누어서 냈는데 기분이 좀 이상했어요.

여자 왜요? 각자 먹은 음식값은 각자가 내는 게 좋지 않아요?

남자 저는 데이트할 때 남자가 돈을 내는 게 보기 좋더라고요. 이렇게 각자 나누어서 내니까 별로 친하지 않다고 느껴졌어요.

M I went Dutch with my girlfriend yesterday at a restaurant, and it felt a bit strange.

W Why? Isn't it nice that we pay for our own meal?

M But on a date, it's nice when the man pays the bill. Since we split the bill, it felt like we weren't very close.

The man thinks it is better for a man to pay the bill on a date. The answer is ④.

18.

남자 이번에 새로 나온 노트북을 샀어.

여자 와, 예쁘다. 그런데 이거 신제품이라 비싸지 않아? 한 달 후면 가격이 떨어질 텐데 그때 사지 그랬어.

남자 신제품이라 좀 비싸기는 하지만 난 남들보다 더 빨리 새로운 제품을 써 볼 수 있다는 게 좋아. 그리고 가격이 많이 떨어지기 전에 중고로 팔고 또 다른 신제품을 살 수 있어.

M I bought a brand-new laptop.

W Wow, that's cool. But isn't it expensive since it's new? The price will go down in a month, so you should have waited until then.

M It's a bit expensive because it's a new product, but I like being able to use a new product before others. Plus, I can sell it secondhand before the price drops too much and then buy another new product.

The man thinks it is nice to use a new product earlier than others even though it might be more expensive. The answer is ③.

19.
남자 요즘 청소년들을 보면 화장을 많이 하는 것 같아.

여자 맞아. 어른들보다 화장을 더 잘하는 청소년도 있더라고.

남자 청소년은 화장을 안 해도 될 것 같아. 청소년들이 너무 싼 화장품을 쓰니까 피부에 화장품이 해롭기도 하고, 또 연예인을 따라서 무분별하게 화장을 하니까 학생답지 않고 다들 어른 같아 보이던걸?

여자 맞아. 사실 청소년 때는 화장을 안 해도 예쁜데 말이야.

M Adolescents nowadays seem to wear a lot of makeup.

W That's right. Some are even more skilled than adults in putting on their makeup.

M I think adolescents can do without makeup. They use very cheap cosmetics, which are harmful to their skin, and because they blindly imitate celebrities, they end up looking more like adults than students.

W I agree. In fact, you are pretty enough without any makeup when you are an adolescent.

The man talks about why adolescents do not have to wear any makeup, and he hopes that they will not. The answer is ②.

20.
여자 팬들의 사랑을 많이 받았던 수영 선수셨는데 이렇게 은퇴를 하게 돼서 정말 아쉽습니다. 후배들에게 해 주고 싶은 말이 있나요?

남자 무리하지 않고 훈련하는 것도 중요한데요. 정말 중요한 것은 은퇴 후 미래 계획입니다. 저는 어렸을 때는 다른 생각은 안 하고 수영만 했어요. 그리고 국가 대표가 된 후 훈련이 끝나면 미래를 생각해서 틈틈이 공부를 했는데, 그게 은퇴 후에 많이 도움이 될 것 같아요.

W You have been a swimmer so dearly loved by fans, and I'm sorry that you are about to retire now. Do you have anything you want to say to your junior colleagues?

M It is important not to work too hard when training. But what is even more important is to have a plan for the future after retirement. When I was very young, I focused on nothing but swimming. But when I joined the national team, I studied

in my spare time after training as I was thinking about the future. I think that will be a big help after I retire.

When the man was a member of the national team, he used to study in his spare time for the future, and he thinks it will be helpful for him after retirement. Since he believes that it is good to have a post-retirement plan in advance, the answer is ③.

[21~22] Listen to the following and answer the questions.

여자 요즘 스마트폰으로 전자책을 읽고 있는데 종이 책보다 저렴하고 편리해요.

남자 맞아요. 전자책이 편하긴 해요. 책을 무겁게 가지고 다니지 않아도 되고요.

여자 그런데 민호 씨는 왜 전자책을 안 보고 종이책을 봐요?

남자 저는 종이로 된 책을 읽어야 정말 책을 읽고 있다는 느낌이 들어서요. 책을 읽다가 느낀 점을 책에 적어 두는 것도 좋아하고요.

W I'm reading an e-book on my smartphone these days, and it is cheaper and more convenient than a paper book.

M That's right. E-books are convenient. And you don't have to carry heavy books around.

W Then why do you prefer paper books over e-books, Minho?

M Because I feel like I'm really reading when I read paper books. And when I have a feeling or thought while reading, I like to make a note of it in the book.

21. For the man, it feels like real reading when he reads a paper book. The answer is ④.

22. Although the man prefers paper books, he acknowledges the positive aspects of e-books and hence does not feel negative about them. The answer is ③ since the woman starts by saying that she is reading an e-book on her smartphone.

[23~24] Listen to the following and answer the questions.

여자 김 대리님, 이번에 회사에서 업무 평가제를 한다던데, 업무 평가제가 뭐예요?

남자 업무 평가제는 사원들의 업무 능력을 평가하는 거예요. 원래는 상사가 부하 직원을 평가하는 건데 이번에는 구분 없이 서로를 평가하기로 했대요.

여자 그럼 제가 상사를 평가할 수도 있는 거네요? 어쩐지 좀 부담스러워요.

남자 그래도 익명으로 진행되니까 너무 부담 갖지 마세요. 그동안 같이 일하면서 느꼈던 점을 솔직하게 적으면 돼요.

W Mr. Kim, I heard that the company is going to introduce a performance appraisal system. What is this performance appraisal system about?

M It is a system for reviewing the performance abilities of employees. Usually, the boss evaluates the staff, but from what I hear, this time, it will be everyone appraising one another.

W Then I may evaluate my boss, right? That sounds rather uncomfortable.

M But it will be done anonymously, so don't feel too uncomfortable. You can just frankly write down what you have felt while working together with your boss so far.

23. The woman asks about the performance appraisal system, and the man explains the newly revised system to her. The answer is ②.

24. While the woman feels uncomfortable about the performance appraisal system, the man tells her not to feel that way because it will be done anonymously. The answer is ①.

[25~26] Listen to the following and answer the questions.

여자 시장님, 결혼 이주민 여성들을 위한 찾아가는 교실이 인기인데요. 찾아가는 교실을 만드신 이유가 무엇입니까?

남자 조사에 의하면 결혼 이주민 여성들의 가장 큰 고민은 낮은 한국어 실력이었습니다. 그래서 다문화 센터의 한국어 강의를 늘렸는데 강의에 잘 오지 않더라고요. 이유를 알아봤더니 결혼 이주민 여성들 대부분이 집에서 아이를 돌보거나 살림을 해야 해서 센터에 올 시간이 없다는 사실을 알게 되었습니다. 그래서 직접 가정으로 찾아가서 한국어를 가르쳐 주는, '찾아가는 교실'을 만들었습니다.

W Mr. Mayor, the visiting class for female immigrants coming through international marriage seems to be popular. What made you launch the visiting class?

M According to a survey, the biggest concern for female immigrants coming for international marriage is their low Korean proficiency. So we increased the number of Korean classes at our multicultural centers, but they didn't attend. When we looked into the cause, we found out that most of the married immigrant women didn't have time to come to the center due to either childcare or housework. So we launched this visiting class to go to their homes and teach them Korean.

25. The man reveals that he has launched a classroom to cater to marriage immigrant women who find it practically difficult to go out to attend Korean language classes. The answer is ②.

26. According to the man, most married immigrant women didn't have time to come to the center due to either childcare or housework. The answer is ③.

[27~28] Listen to the following and answer the questions.

남자 이번에 스마트 시계가 새로 나왔는데 본 적 있어?

여자 난 어제 텔레비전 광고로 봤는데 스마트 시계 광고가 정말 멋져서 나도 사고 싶은 생각이 들더라고.

남자 요즘 자신에게 필요 없는 물건인데도 불구하고 신제품이 나오면 무조건 사고 싶어 하는 사람들이 많은 것 같아.

여자 응, 맞아. 신제품이 나오면 처음에는 관심 없다가도 주변 사람들이 많이 사면 나도 사야겠다는 마음이 들어.

남자 스마트 시계 같은 경우에는 가격이 저렴한 편도 아닌데 그냥 남들이 사니까 따라서 사는 것은 좀 아닌 것 같아.

M A new smart watch has been launched. Have you seen it?

W I saw it on a TV commercial yesterday, and the commercial looked so cool that I wanted to buy one, too.

M Nowadays, I think there are many people who want to buy new products whenever they are launched even though they are not things they really need.

W I agree. When a new product comes out, if many people around me buy it, I also feel like buying it even though I may not have been interested in it at first.

M As for the smartwatch, it isn't even affordable, so I don't think it's reasonable to buy one just because others are buying it.

27. The man has a negative view on a recent consumer trend in which people buy new products when they do not really need them. The answer is ①.

28. The woman says that she now wants to buy a smart watch after having seen a TV commercial yesterday. The answer is ④.

[29~30] Listen to the following and answer the questions.

여자 요즘 지하철을 타면 스마트폰을 통해 인터넷 만화를 보는 사람들이 정말 많아졌더라고요. 요즘 많이 바쁘시죠?

남자 저의 이야기를 보면서 울고 웃는 사람들이 정말 많다고 들었어요. 정말 감사하게 생각합니다. 웹툰은 출판 만화와는 다르게 독자들과 댓글로 직접 소통한다는 점이 정말 좋아요. 원래 만화 기획을 할 때 전체적인 이야기의 흐름을 계획하고 작업을 하지만, 가끔 독자들의 의견을 반영하여 다음 회를 그린 적도 있어요. 또 웹툰은 일주일에 한 번, 정해진 요일에 만화를 완성해서 인터넷에 올려야 하기 때문에 힘든 점도 있지만 그만큼 독자의 반응을 빨리 접할 수 있어서 좋아요.

W I've noticed that there are a lot more people these days on the subway who watch webtoons on their smartphones. You must be really busy these days, right?

M I've heard that many people laugh and cry while reading my stories. I'm truly grateful. Unlike published comics, webtoons allow direct communication with readers through comments, which is really nice. When planning a comic, I usually design the overall flow of the story and work on it, but there have been times when I drew the next episode based on readers' feedback. Also, webtoons have their challenges, such as having to complete a comic once a week and upload it to the internet on a set day. However, it's rewarding because I can quickly see readers' reactions.directly with the readers through their comments.

29. The man thanks the readers for reading his stories as a webtoon artist and talks about the challenges in publishing online comics. The answer is ②.

30. According to the man, he must upload an episode of his webtoon once a week on a designated day. The answer is ③.

[31~32] Listen to the following and answer the questions.

여자 저출산 문제를 해결하기 위한 방안으로 결혼하지 않은 미혼에게 세금을 부과하는 싱글세 도입에 대해 적극 검토해야 한다고 생각합니다.

남자 물론 저출산 문제가 심각하지만 싱글세 도입은 국가가 개인의 의사 결정권을 침해하는 행위라고 생각합니다. 결혼은 개인의 선택인데 국가에서 결혼을 강요하는 것과 다름없습니다.

여자 하지만 몇 년 내에 저출산 문제가 해결되지 않는다면 국가 경제에 위기가 올 수 있습니다.

남자 그러면 저출산 문제를 해결하기 위한 근본적인 방안을 검토해야 합니다. 뚜렷한 해결 방안 없이 결혼을 강요하고, 세금을 도입한다면 국민들이 강하게 반발할 겁니다.

w As a measure to solve the low-birth issue, I think we must consider positively introducing a single-person tax, imposing a tax on unmarried people.

M Of course, the low-birth issue is serious, but I believe that the introduction of a single-person tax infringes on an individual's right to make decisions. Marriage is a personal choice, and this proposal seems like the state is compelling people to get married.

w However, if the low-birth problem is not resolved in a few years, it could pose a crisis to our national economy.

M In that case, we should examine fundamental measures to address the low-birth issue. Forcing people to marry and implementing a new tax without a solution could result in strong public resistance.

31. The man sees the introduction of a single-person tax as the state's violation of an individual's right to make a decision. The answer is ③.

32. The man opposes the woman's view and expects strong resistance from people in case a single-person tax is introduced. The answer is ④.

[33~34] Listen to the following and answer the questions.

여자 만약에 운동 경기장에서 맨 앞줄에 앉아 있는 사람이 경기 상황을 더 잘 관람하기 위해 일어선다면 어떻게 될까요? 아마도 뒷줄에 앉아 있던 관람자들이 모두 일어서게 되고, 결국 모두가 불편한 상태에서 경기를 제대로 관람하지 못하게 될 것입니다. 이런 상황을 경제 용어로 '구성의 모순'이라고 합니다. 경제적으로 구성의 모순이 발생하는 사례로 저축을 들 수 있습니다. 개인이 저축을 많이 하면 미래의 소득이 늘어나지만, 모든 국민이 소비하지 않고 저축한다면 오히려 물건이 팔리지 않아 재고가 쌓이고 국민 소득이 감소해서 경기가 침체될 것입니다.

w What will happen if people in the front row of a sports arena stand up to better see how a game is going? All the people in the back rows will rise too, and everyone will probably be in an uncomfortable situation, being unable to watch the game properly. Such a situation is described as the fallacy of composition in economic terms. The fallacy of composition may happen economically in the case of savings. If an individual saves a lot, their future income may increase, but if everyone chooses not to consume but to save money, things will not sell, inventory will be backlogged, the national income will decrease, and the economy will fall into a recession.

33. The woman is explaining the fallacy of composition by using the example of savings. The answer is ④.

34. According to the woman, if everyone chooses to save money, the national income may decrease, leading to an economic recession. The answer is ③.

[35~36] Listen to the following and answer the questions.

남자 우리 한국그룹이 '이웃 사랑' 방송 프로그램과 함께하기로 약속한 지 벌써 10년이 되었군요. 10년 전, 이 방송 프로그램의 제작비를 전액 후원하게 된 것은 기업의 사회적 공헌이라는 회사 이념을 실천하기 위해서였습니다. 단순히 유명인을 써서 수익을 창출하는 광고를 만들기보다 기업의 사회적 역할을 강화해 가는 것이 더 필요하다고 판단했기 때문입니다. 특히 이 후원 활동은 우리 한국그룹이 진행한 첫 사회 공헌 활동이었다는 점에서도 의미가 깊다고 생각합니다.

M It has been 10 years already since we, the Hankook Group, committed ourselves to go with the broadcasting program *Love Your Neighbor*. 10 years ago, we sponsored the entire production cost of this program to put our belief in corporate social responsibility into action. We considered the need to reinforce our corporate social responsibility as greater than the need to make advertisements using celebrities and creating profits. Above all, this sponsorship activity is meaningful in that it was the first corporate social responsibility program done by the Hankook Group.

35. The man is speaking on behalf of the Hankook Group since he says, "우리 한국그룹." He explains why the company has sponsored the program production cost for the past 10 years and talks about the Hankook Group's corporate social responsibility activities. The answer is ②.

36. The man says this sponsorship is more meaningful because it was the Hankook Group's first corporate social responsibility program. The answer is ④.

[37~38] Listen to the following and answer the questions.

남자 오늘은 김 박사님을 모시고 상하수도 연구소에서 어떤 연구를 하는지 이야기를 들어 보겠습니다. 박사님, 말씀해 주시죠.

여자 저희 상하수도 연구소에서 주로 하는 일은 상수도를 만들어서 깨끗한 물을 공급하고 하수도로는 우리가 쓴 더러운 물을 처리하는 것입니다. 그리고 가장 중요한 것은 환경 보전을 위한 자원 재생 연구입니다. 바로 더러운 물을 정화하여 깨끗한 물을 공급하는 방법을 연구하는 것이죠. 사람들이 많이 모여 사는 도시의 식수가 오염된다면 많은 사람들이 병에 걸리기 쉽습니다. 반대로 상하수도 시설이 잘 되어 있다면 시민들의 건강을 안전하게 지킬 수 있죠. 우리가 사는 환경과 무심코 마시는 물도 상하수도 시설을 통해 나온 것이라는 것을 잊어서는 안 됩니다.

M We have invited Dr. Kim here today to learn about what kind of research is done at the Water & Sewerage Institute. Doctor, please tell us.

W What we mainly do at the Water & Sewerage Institute is to make the water system for the clean water supply and to ensure the sewerage to process dirty water. The most important part is our research on resource recovery to protect the environment. This research aims to purify contaminated water and supply clean water. If the drinking water in a city with a large population gets contaminated, people will be prone to diseases. On the other hand, if we have good water and sewerage facilities, we can safely protect the citizens' health. We should not forget that the environment we live in and the water we drink casually are the result of the water and sewerage system.

37. The woman says that good water and sewerage systems will protect the residents' health. The answer is ④.

38. The Water & Sewerage Institute conducts research on resource recovery. The answer is ④.

[39~40] Listen to the following and answer the questions.

남자 영화감독에서 올림픽 개폐회식 총감독으로 정말 활약이 대단하신데요. 그런데 앞에서 이야기하신 것처럼 계속 사양하시다가 왜 갑자기 생각을 바꾸신 건가요?

여자 사실 영화감독이라는 직업에 만족하며 열중해 왔던 제 자신이 자랑스러웠습니다. 그런데 되돌아보니 저는 항상 제 경력에

도움이 되는 일에만 열중하고 있다는 것을 깨닫게 되었습니다. 그래서 사회에 공헌할 수 있는 활동을 생각하고 있던 중에 전 세계인이 체육으로 하나 되는 올림픽에서 개회식과 폐회식 공연을 맡아 달라는 요청을 받게 되었습니다. 이번에야말로 사회적으로 뭔가 해야 할 시점이 아닐까 하는 생각이 들었습니다. 그래서 개인 활동을 접고 개폐회식 총감독직에 응하게 되었습니다. 제가 공연 예술 기획은 처음이라 아직 어려움이 있지만 국가의 상징이 되는 공연인 만큼 꼭 성공적인 개폐회식을 만들도록 노력하겠습니다.

M You have had a very active career as a filmmaker, and now you are the chief producer of the opening and closing ceremonies for the Olympics. But you mentioned before that you kept refusing the post. What made you suddenly change your mind?

W I was proud of myself for having focused on my career as a filmmaker and felt happy about it. But when I looked back, I realized that I was always focusing on things that would help my personal career. As I was considering options to contribute to society, I was asked to be in charge of performing arts for the opening and closing ceremonies. And I thought this could be the time for me to do something for society. That is why I stopped my private work and accepted the chief producer position. There are some challenges because this is my first time planning a performing arts show, but I will work hard to make the opening and closing ceremonies successful as they will be symbols of our country.

39. The woman has been happy with and focused on her career so far. The best answer is ④. So she kept refusing the chief producer of the opening and closing ceremonies for the Olympics.

40. The woman accepted this job while she was considering options in order to make a social contribution. The answer is ①. She has put an end to her career only temporarily and is engaged in the performing arts for the first time, and she has not quit her film-making career either. ③ and ④ are wrong answers.

[41~42] Listen to the following and answer the questions.

남자 완벽한 결혼식을 위한 조건이 무엇이라고 생각하십니까? 한국에선 결혼식에 하객이 많이 참석하는 것이 중요하다고 생각하는 경향이 있는데요. 이 때문에 한국의 결혼식은 두 집안의 정성을 손님들에게 보여 줘야 하는 행사이기도 해서 결혼식 날 하루에 쓰는 비용이 엄청난 편입니다. 이런 현상은 체면을 중시하는 한국 사람들의 '겉치레' 문화와 연관이 있습니다. 다른 사람의 시선과 체면을 가장 중요시하기 때문에 결혼식, 장례식, 취업 등 많은 일들을 남들 보기에 어떤지를 기준으로 결정하게 됩니다. 이로 인해 한국에는 남들보다 더 나아 보여야 한다는 압박감을 느끼는 사람들이 많습니다. 하지만 최근에는 작은 결혼식이 자연스러워지면서 비싼 예복이나 예식장 대신, 소박한 예복을 입고 소수의 지인들만 초대하여 결혼식을 올리는 것도 괜찮다는 인식이 퍼져 나가고 있습니다. 남의 시선을

기준으로 하기보다 자신의 만족을 중시한다는 점에서 긍정적인 현상이라고 봅니다.

M What do you think are the conditions for a perfect wedding? In Korea, we tend to think that having many guests is important. Accordingly, a Korean wedding is a ceremony that shows the sincere and best efforts of the two families, and they spend a huge amount of money on this day. This phenomenon is related to the culture of pretense in Korean people who value saving face. I think this culture of pretense was created because we see individuals as members of families and value the family image. This made Koreans feel the pressure of having to look better than others. But recently, as small weddings or DIY weddings have spread, the huge trend now is to have a wedding in a dress of your own design and to invite a small group of people to a venue outside the city or to a park with beautiful scenery, in place of expensive gowns and wedding halls. I can see this as a positive change that the culture of pretense is gradually declining among young people.

41. The man is explaining Korea's superficial culture using weddings as an example, stating that perceptions have been changing recently, with small weddings becoming more natural. He considers this a positive phenomenon, and therefore, the most appropriate central theme for this lecture is ④.

42. According to the man, we can understand that recently, there has been an increase in people who prefer weddings that prioritize substance rather than being a show for others, as small weddings have become more natural. Therefore, the correct answer is ③.

[43~44] Listen to the following and answer the questions.

여자 여러분은 비타민에 대해 얼마나 알고 있나요? 비타민은 소량이지만 우리 몸에서 큰 역할을 맡고 있습니다. 비타민을 미량 영양소라고도 하는데요. 미량 영양소란 아주 소량이지만 우리 몸에 필요한 영양소를 의미합니다. 이 영양소는 우리 몸의 뇌 활동, 기억력, 생각하는 능력 및 감정에 큰 영향을 끼치고 신체의 성장을 돕는 핵심적인 역할을 하고 있습니다. 좀 더 자세히 살펴보면, 비타민 B군은 우리 몸의 에너지를 만들 때 이를 돕는 역할을 합니다. 비타민 B군이 충분한 상태가 되면 에너지를 만드는 공장이 활발하게 돌아갈 수 있는 확률이 높아집니다. 한 의학 전문의에 의하면 개나 고양이 등은 비타민 C를 직접 만들 수 있지만 인간은 체내에서 비타민 C를 만들 수 없다고 합니다. 그렇기 때문에 음식에서 비타민 섭취가 부족하면 다른 형태로라도 섭취를 해야 한다고 합니다.

W How much do you know about vitamins? Although they are required in small quantities, vitamins play a significant role in our bodies. Vitamins are also referred to as micronutrients. Micronutrients are nutrients required by the human body in small quantities. These nutrients have a significant influence on brain activity, memory, thinking ability, emotions, and play a key role in physical growth. If we look more closely, B-vitamins help our bodies create energy. When the body has enough B-vitamins, the probability of operating the energy-producing factory increases. According to medical experts, while dogs and cats can produce vitamin C in their bodies, humans cannot. Therefore, we need to take vitamins in different forms to get sufficient amounts.

43. In explaining micronutrients and their roles, the woman emphasizes how vitamins are elements that are absolutely needed by the human body. The answer is ④.

44. The woman says that vitamins play a huge role in the human body in small quantities and explains that vitamins are micronutrients. The answer is ③.

[45~46] Listen to the following and answer the questions.

여자 우리는 앞에서 기후 변화의 원인 두 가지를 알아봤습니다. 하나는 태양과 지구의 관계에서 비롯되는 것이었고 또 하나는 수증기나 이산화탄소와 같은 온실 기체로 인한 온실 효과였지요. 그렇다면 둘 중에 어느 것이 지구 기후 변화에 더 큰 영향을 끼칠까요? 네, 그렇습니다. 여러분도 아시다시피 지구 기후에 가장 많은 영향을 끼치는 것은 바로 온실 기체에 의한 변화입니다. 인간이 자동차를 몰 때, 또는 음식을 조리하거나 불을 켜기 위해 연료를 태울 때 대표적인 온실 기체인 이산화탄소가 배출됩니다. 이러한 인간의 활동이 바로 이산화탄소를 만들어 내고 결국에는 지구 온난화 같은 기후 변화를 일으키는 것입니다. 좀 더 자세히 설명하면, 대기에서 온실 효과를 가장 잘 일으키는 것은 수증기입니다. 그런데 대기 중에 이산화탄소가 많아지면 대기가 따뜻해지면서 수증기를 더 많이 포함할 수 있습니다. 이로 인해 온도가 더욱 상승하는 것입니다.

W We have seen the two causes of climate change before: the relationship between the sun and the Earth, and the greenhouse effect due to greenhouse gases such as water vapor and carbon dioxide. Between the two, which will have a bigger impact on the Earth's changing climate? As you know, the greenhouse effect caused by greenhouse gases has the greatest impact on the Earth's changing climate. When humans drive cars, burn fuel to cook, or turn on lights, they emit carbon dioxide, the most typical greenhouse gas of all. Such human actions generate carbon dioxide and eventually cause climate change, such as global warming. To explain in more detail, water vapor causes the greenhouse effect in the air. When the amount of carbon dioxide in the air increases, the air gets warmer and can hold more water vapor. This, in turn, causes the temperature to rise further.

45. More CO_2 in the air will make the air include more water vapor, eventually making the temperature rise. The answer is ①.

46. The woman is explaining the causes of climate change as well as the impact of human actions on it. The answer is ③.

[47~48] Listen to the following and answer the questions.

여자 박사님은 옛 문헌 중에서도 일상에서 주고받은 편지를 주로 연구해 오셨습니다. 왜 편지에 관심을 가지시는지, 또 그것을 연구하는 일이 현대에 어떤 의미가 있는지 궁금합니다.

남자 제가 연구하고 있는 편지들은 주로 양반들끼리 주고받았던 편지들입니다. 당시 일반 대중들은 글을 잘 몰랐기 때문에 일반 대중들이 썼던 편지는 몹시 드문 편입니다. 하지만 온전히 남아 있는 몇 안 되는 귀한 자료라는 점에서 중요도는 어느 것에도 뒤지지 않습니다. 장르도 다양해서 연애편지나 부모와 자식 간에 서로의 삶을 걱정하는 글, 상업용 문서, 편지 작성법을 모아 놓은 실용서 같은 것들이 있습니다. 대표적으로 퇴계와 고봉의 편지글은 학문적 가치도 높습니다. 이런 자료들을 통해서 옛 사람들의 삶을 구체적이고 사실적으로 복원할 수 있는데요. 이것은 문헌 연구뿐만 아니라 문화와 사상의 연구라는 큰 틀에 있어서도 아주 중요한 활동이라고 생각합니다.

W Doctor, you have mainly studied people's daily correspondences. I'd like to know why you are interested in letters and what significance the study of them has for today.

M What I mainly study are the letters that the yangban elites exchanged. The general public at the time was not literate, so we rarely have letters written by them. But the value of these letters is as great as any other source in that they are among the few valuable ones that remain intact at present. The genres are diverse, and there are love letters, letters between parents and children worrying about each other's lives, commercial documents, and practical books on letter-writing skills. Typically, the epistles by Toegye and Gobong have high academic value. We can restore ancient life through these sources in a specific and realistic manner, which is a very important activity for the bigger frame of the studies of culture and ideology as well as for the study of literature.

47. According to the man, letters by members of the general public were rare. So while the number may be very few, they are not nonexistent. The answer is ②.

48. Explaining the value of ancient correspondences, the man says that ancient letters play an important part in the study of literature, culture, and ideology. The answer is ③.

[49~50] Listen to the following and answer the questions.

남자 한 결혼정보회사가 결혼한 지 2년 이내의 신혼부부를 대상으로 한 조사에 따르면, 작년에 결혼 비용으로 평균 2억 9천만 원 정도를 지출했다고 합니다. 그런데 최근 대졸 신입사원의 평균 나이는 31세로, 취업 후에 각각 결혼 비용을 모으기 위해서는 평균적으로 약 7년이라는 시간이 걸립니다. 부모님의 도움을 받지 않고 결혼하려면 현실적으로 30대 중반 이후가 되어야 한다는 것입니다. 전문가들은 요즘 청년들이 결혼 시기를 늦추거나 결혼을 하지 않는 현상에는 취업 시기와 결혼 비용 같은 물리적인 한계가 큰 영향을 끼치고 있다고 보았습니다. 한국의 출산율은 결혼 비율과 밀접한 관련이 있는 만큼, 출산율을 높이기 위해서는 이러한 물리적 한계를 해결하는 것이 관건이라는 것입니다. 반면 결혼 비율이 낮아지는 것에 반드시 물리적인 요인만 있는 것은 아니라는 의견은 있습니다. 작년에 통계청이 실시한 사회 조사에 따르면 국민의 46.8%가 결혼을 하지 않아도 괜찮다고 답했다고 합니다. 특히 결혼을 해야 한다고 답한 비율이 미혼 남자의 36.9%, 미혼 여자의 22.1%에 그쳤습니다. 다시 말해 청년들이 결혼 시기를 늦추거나 결혼하지 않는 현상을 의식의 변화로 인한 결과라고도 해석할 수 있습니다.

M According to a survey conducted by a marriage information company, newlyweds who have been married for less than two years spent an average of 290 million won on wedding expenses last year. However, the average age of recent college graduates is 31, and it takes an average of about seven years to save up for a wedding after starting a job. Experts believe that physical limitations, such as the timing of employment and the cost of marriage, have a significant impact on the phenomenon of young people delaying or abandoning marriage. Since Korea's fertility rate is closely related to the marriage rate, resolving these physical limitations is crucial to increasing the fertility rate. On the other hand, there are some who believe that the declining marriage rate is not solely due to physical factors. According to a social survey conducted by the National Statistical Office last year, 46.8% of the public said they were okay with not getting married, with only 36.9% of unmarried men and 22.1% of unmarried women saying they should. In other words, the phenomenon of young people delaying marriage or not getting married can be interpreted as a result of a change in mindset.

49. The man argued that realistically, one would need to be in their 30s or later to get married without relying on their parents' help. Therefore, the correct answer is ③.
① Korea's fertility rate is not closely related to the marriage rate. → is
② According to the survey, 46.8 percent of people said they should get married. → they were okay with not getting married
④ Only physical limitations prevent young people from delaying or avoiding marriage. → Changes in consciousness also play a role in young people

50. The man explains the recent phenomenon of young people delaying marriage or not marrying at all with "statistics on the cost of marriage, the average age of new college graduates, and the results of social surveys conducted by the National Statistical Office." Therefore, ④ is the correct answer.

[51~52] Write an appropriate word in each of the blanks in the following text.(10 points each)

51. ㉠: The text explains the reason why the writer cannot live with a puppy, so the blank should state the purpose of this writing.

㉡: Prior to the blank, the word "temperament" is mentioned, indicating that the blank should describe the puppy's temperament. Since the writer mentions that there are no issues living with it after the blank, it is preferable to use words related to a pleasant and gentle nature and temperament.

→ This text serves as a notice seeking someone who can take care of a puppy. It should mention the reasons why the writer is unable to raise the puppy, including its breed, age, temperament, or characteristics. Additionally, contact information should be provided so that anyone interested in raising the puppy can get in touch with the writer. Responses that earn 3 points should demonstrate grammar and vocabulary usage at an elementary level.

52. ㉠: When you reduce the amount of time you spend with your family due to work and find yourself dissatisfied with your current situation, there will be consequences. It is important to connect these consequences to the balance of life. The text highlights the importance of life balance before the blank, and after the blank, there is a comment regarding the imbalance in life. You should consider these points when responding.

㉡: Prior to the blank, the problems that arise from an imbalance in life are explained. Therefore, it is necessary to discuss the actions we should take to resolve them. You should consider the theme of this text.

53. The following is a survey data on the average daily internet usage time and types of internet usage among Korean teenagers. Explain the content in a text of 200-300 characters. Do not write a title.
[Summary]
Introduction: Introduction of survey results on the average daily Internet usage and types of usage among adolescents.

Body: Detailed explanation of average daily Internet usage among adolescents and their activities.

Conclusion: Summary of the survey results and key takeaways.

54. Refer to the following and write a text of 600-700 characters. Do not simply copy the text of the question when writing your answer.
[Summary]
Introduction: a definition of aging and its impact on society

Body: solutions to problems in an aging society

① addressing the low-fertility issue

② tackling the labor shortage

③ creating an open labor environment

Conclusion: Summary of your own opinion

[1~2] Choose the most appropriate word for the blank.

1.
> This year, (   ) of fruit production, fruit prices generally went down.

Question type Choosing a word ending for the context (connective/short sentence)

The sentence after the blank is about the result that fruit prices went down. The best answer is ④, speculating the reason.

> –아/어서인지: this expression is used when the preceding action or state looks like the following situation, but it is impossible to tell for certain.
> Eg. 아이가 피곤해서인지 앉은 채로 졸고 있었다.
> 영화가 재미없어서인지 자는 사람들이 많았다.
> Tip –아/어서인지 is interchangeable with –아/어서 그런지.

- –ㄴ/는다면: a connective ending that supposes a fact or situation
  Eg. 네가 이번 시험에 합격한다면 네가 원하는 선물을 사 줄게.
- –아/어야:
  ① a connective ending that the preceding phrase is a precondition for the following phrase
  Eg. 영호는 아직 어려서 부모님의 허락을 받아야 여행을 갈 수 있다.
  ② a connective ending that the preceding supposition does not have any effect in the end
  Eg. 아무리 노력해 봐야 결과가 달라지지 않는다.
- –ㄴ/는다거나:
  ① an expression used to explain various actions enumerating examples
  Eg. 교실에서 큰 소리로 떠든다거나 냄새 나는 음식을 먹으면 안 된다.
  ② an expression used to choose one of two or more different actions
  Eg. 기다리는 동안 책을 읽는다거나 영화를 보면 되겠네.

2.
> The doctor (   ) the size of meal for the gastritis patient.

Question type Choosing a word ending for the context (ending/short sentence)

The doctor should make the gastritis patient control the size of his or her meals in a causative sentence. The best answer is ①.

−게 하다: used when one person makes another person do something

🔘 선생님이 학생들에게 책을 큰 소리로 읽게 했다.
비가 와서 엄마는 아이를 밖에 나가지 못하게 했다.

Tip −게 하다 in a causative sense is interchangeable with −도록 하다.

- −(으)려고 하다:
  ① an expression used to indicate that the subject has an intention to do the preceding action
  🔘 영호는 모든 책임을 혼자 다 끌어안으려고 했다.
  ② an expression used to indicate that the preceding thing is likely to happen or begin soon
  🔘 우리 학교 홈페이지 방문자의 수가 십만 명을 넘으려고 한다.

- −게 되다: an expression used to indicate that something will become the state or situation mentioned in the preceding sentence
  🔘 예전에는 몰랐는데 시간이 지나면서 자연스럽게 알게 되었다.

[3~4] Choose the answer that has the most similar meaning to the underlined section.

3.
As [I] arranged forsythia flowers in a vase and then put it on the table. It feels like spring has come.

Question type Choosing a similar word ending (connective/short sentence)

It means that the subject put forsythias in a vase and then put the vase on the desk. The best answer is ③.

−아/어다가: this expression means that you do something first and then do the following act based on the result of the preceding one.
🔘 도서관에서 책을 빌려다가 읽었어요.
은행에서 돈 좀 찾아다가 주시겠어요?

- −(으)ㄹ 뿐: an expression used to indicate that there is no possibility or condition other than the current one
  🔘 미숙이는 가만히 앉아 있을 뿐 아무것도 하지 않았다.

- −기에: a connective ending used to indicate the cause or foundation of the following
  🔘 오늘은 바람이 심하기에 창문을 꼭 닫아 두었다.

- −아/어 가지고:
  ① an expression used to indicate that the result or state of the preceding action is maintained
  🔘 여행을 갔던 친구가 내 선물을 사 가지고 왔다.
  ② an expression used to indicate that the result or state of the preceding action is the cause, means, or reason for the following
  🔘 영호는 늦게 일어나 가지고 학교에 지각하고 말았다.

- −는 바람에: an expression used to indicate that the preceding action is the cause of or reason for the following situation
  🔘 길이 너무 막히는 바람에 늦었어요.

4.
It is just sad that the national economic condition is not improving despite the government's efforts.

Question type Choosing a similar word ending (ending/short sentence)

It means that you feel nothing but sadness as the national economy is not improving despite the government's efforts. The best answer is ①.

−(으)ㄹ 따름이다: an expression used to indicate that there is no other possibility or condition than the current one and that any other choice is excluded
🔘 나는 내가 해야 할 일을 했을 따름이다.
나는 먹으라고 해서 먹었을 따름이다.

- −(으)ㄹ 뿐이다: an expression used to indicate that there is no other possibility or condition than the current one and that there is no choice
  🔘 유미는 물만 먹었을 뿐인데 왜 살이 찌는지 모르겠다고 야단이다.

- −(으)ㄹ 수 있다: an expression used to indicate the possibility of the preceding phrase
  🔘 공휴일이라서 식당에 사람들이 많을 수 있다.

- −(으)ㄹ 정도이다: an expression used to indicate an extent or quantity proportionate or similar to the preceding
  🔘 방이 넓어서 학생 20명이 공부할 수 있을 정도였다.

- −(으)ㄹ 리가 없다: an expression used to indicate that there is no reason or possibility for the preceding phrase, indicating the confidence of the speaker
  🔘 유명한 디자이너가 만들어 준 옷인데 예쁘지 않을 리가 없지.

[5~8] Choose the answer that says what the following is about.

5.
The secret to her fresh fragrance!
Healthy, shiny, rich hair!

Question type Understanding the object/type of text (advertising)
The key word for this advertisement is 머릿결. The advertisement is about how to make hair fragrant and healthy, so ② is the best answer.

- 비결: a secret; a method or formula for doing or making something well that is known only to oneself

6.
Great traffic networks,
a pleasant natural environment!
A reading room furnished within the complex,
the best living conditions!

Question type Understanding the object/type of text (advertising)
The key phrases for this advertisement is 주거 조건. This is about having great conditions to live in. ③ is the best answer.

- 완비: being fully equipped

7.

It is not one sheet. These are two sheets.
The back is not any different from the front.

> **Question type** Understanding the object/type of text (advertising)

The key phrases are found in "It is not one sheet" and
"The back is not any different." It means the back of a
sheet of paper can be used just same as the front. ④ is
the best answer.

8.

- When you have a burn, cool it with cold water
  before you visit the hospital.
- When you have dust in your eye, rinse it with
  clean water.

> **Question type** Understanding the object/type of text (notice)

The text is about what to do when you go to the
hospital with burns or when dust gets into your eyes.
④ is the best answer.

- 화상을 입다: to burn oneself with fire, things at high
  temperatures, or chemicals

[9~12] Choose the statement that agrees with the following
text or graph.

9.

Line of Hope 129

**- Guide for Using Sign Language Counseling
Service -**

- **Service Details:** Professional sign language
  counselors provide guidance for concerns
  through the screen.
- **Service Hours:** Weekdays from 9 AM to 6 PM
- **Application Method:**
  - Apply at the Health and Welfare Counseling
    Center (www.129.go.kr).
  - If it is difficult to apply online: 070-7947-3745, 6
    (Internet and video calling device are required.)

> **Question type** Choosing the answer that matches the text/table
> (notice)

It reads, "전문 수어 상담사가 화면을 통해 청각 장애인들의 고
민을 상담해 줍니다." Therefore, it is a counseling service
using video calls. ④ is the best answer.

① This is a service that ~~teaches sign language~~. → gives
   consultations in sign language
② This service is only available for application ~~through
   the internet~~. → through the internet or by calling 070-
   7947-3745, 6.
③ You can ~~dial 129~~ to request the service. → access the
   Internet

- 수어: sign language; a system of communication
  involving hand or body movements between people
  who are unable to hear, speak, or converse with such
  people

10.

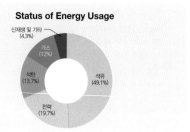

Status of Energy Usage

> **Question type** Choosing the answer that matches the text/table
> (graph)

Combining coal (13.7%), gas (12%), and renewable
energy and other sources (4.3%), they account for
45.4%, so answer ③ is correct.

① ~~Electricity is~~ being used the most. → Petroleum is
② ~~There is a significant difference~~ in the use of coal and
   gas. → There is almost no difference.
④ Gas occupies a ~~lower~~ proportion than renewable
   energy and other sources. → Higher

11.

Last year, the total number of financial delinquents
was 747,299, according to a survey. Broken down
by age group, there were 82,327 people in their
20s, 131,757 in their 30s, 188,843 in their 40s,
191,531 in their 50s, and 152,841 aged 60 or older.
Among them, 41.8% of delinquent borrowers in
their 20s with debts of 5 million won or less had the
most loans, and the main reason for their borrowing
was to cover their living expenses.

> **Question type** Choosing the answer that matches the text/table
> (article)

As it was stated that 41.8% of financial delinquents in
their 20s were borrowers with loans of KRW 5 million or
less, it can be inferred that 4 out of 10 debt defaulters
in their 20s borrowed small amounts of KRW 5 million
or less. Therefore, the answer is ③.

① The number of financial delinquents was highest in
   ~~their 30s~~. → their 40s
② The main reason for taking out loans among all age
   groups was ~~for purchasing a house~~. → The main
   reason for taking out loans among all age groups
   cannot be inferred from the text.
④ The main reason for financial delinquents in their 20s
   to take out loans was ~~to cover living expenses~~. →
   to cover educational expenses.

12.

With the growth of the e-book market, "e-book
subscription services" that allow you to borrow
as many books as you need on a monthly basis
are popular, and e-book libraries are also being
operated in various forms. According to statistics,
the e-book reading rate was 19% for adults and
49.1% for students, with an increase of 2.5% for
adults and 11.9% for students compared to two
years ago. It can be seen that the habit of reading
e-books is becoming established among students
and young adults in their 20s.

It was stated that the habit of reading e-books has mainly been established among students and young people in their 20s, so the correct answer is ④.

① E-books ~~cannot be borrowed~~. → They can be borrowed on a monthly basis, and e-book libraries are also available for use.

② More people are ~~buying books at bookstores~~. → using e-books

③ The e-book reading rate increased ~~by 11.9% for adults and 2.5% for students~~. → 2.5% for adults, 11.9% for students

[13~15] Choose the option that places the statements in the right order.

13.
(가) But as silhak scholars (the realist school of Confucianism) emerged, such a perspective changed.

(나) In the Joseon Era, people neglected fishery and valued agriculture.

(다) In particular, Jasan-Eobo (Record on the Fish Species of Heuksan), written by the representative silhak scholar Jeong Yakjeon, was enough to turn people's attention to the sea.

(라) This book recorded 155 species of marine life and used the scientific method of exploration, which was uncommon in the world at the time.

Question type Placing sentences in the right order

The text introduces 자산어보 (Record on the Fish Species of Heuksan), written by Jeong Yakjeon. People in the Joseon Era did not value fishery, according to (나). It is naturally followed by (가), which starts with 그런데. It is elaborated by (다), which starts with 특히 (in particular). (라) fits last, starting with the subject 이 책은. (나)–(가)–(다)–(라) or ①, is the answer.

- 실학: Silhak; or a realist school of Confucianism popular from the late 17th century to the close of the Joseon Era whose purpose was to improve practical life and social institutions
- 시각이 바뀌다: to change a perspective or a standpoint to understand and judge something

14.
(가) Korea is not an exception with regard to sugar over-consumption.

(나) For Koreans who consume a lot of carbohydrates, sugar is as dangerous as salt.

(다) The amount may seem small, but this is the amount you consume when you drink a bottle of cola.

(라) The U.S. health authority advises that a person's daily sugar consumption should be limited to 200kcal or less.

Question type Placing sentences in the right order

The text is about daily sugar consumption. (라) is the beginning sentence as it describes the daily sugar consumption advised by the U.S. health authority. (다) follows, "꽤 많아 보이는 양이지만 이는 (200kcal)." Next is (가), which is about how Korea is not an exception. (나) comes last as it explains why sugar is dangerous for Koreans. (라)–(다)–(가)–(나), or ④, is the answer.

15.
(가) Cosmetics firms are enthusiastic about collaborating with different sectors these days.

(나) This is to grab customers' attention with the designs of cosmetic cases.

(다) It is a strategy chosen to win the hearts of women who have a strong interest in design.

(라) More and more companies are joining hands with popular artists in fashion, film, animation, and other industries.

Question type Placing sentences in the right order

The text is about the collaboration of cosmetic firms with other sectors. The first sentence should be (가), which is about how cosmetics companies are enthusiastic about working with other sectors, and (라) provides some examples. Next should be (다), 이는, stating the reason for (라). Finally, (나) gives the reason for (다). (가)–(라)–(다)–(나), or ②, is the answer.

- 손잡다: to join hands; to work together

[16~18] Choose the most appropriate word for the blank.

16.
Revision is what you do to check your writing once you have finished the draft as you alter what is wrong and refine areas to be improved. Depending on how well you revise, (   ). Therefore, it is necessary to read your writing again once you have finished it to check the clarity of the theme and materials, the accuracy of the content, and the grammar and spelling.

Question type Choosing the best phrase for the context

"주제와 소재의 명확성, 내용의 정확성, 문법과 맞춤법" after the blank are the elements to be checked to improve the final quality of the writing. ② is the best answer.

17.
Apartment advertisments that features ordinary neighbors rather than celebrities like movie stars and singers are seen quite a lot. The reason is that construction companies made advertisements featuring local community members and put up the posters all over the town. Amid the avalanche of new apartment units for sales, construction companies are reinforcing community-focused marketing (   ) targeting local residents that need the apartment units in the area.

Question type Choosing the best phrase for the context

"지역 밀착형 마케팅" after the blank means that the

advertisments features community residents rather than celebrities. The purpose of using your neighbors as advertising models is to provides a sense of familiarity. ④ is the best answer.

- 밀착: a sense of being emotionally close
- 등을 돌리다: to turn one's back on (someone); to sever a relationship with (someone)
  - **Eg** 그는 가난한 사람들에게서 등을 돌렸다.
- 친근감: being very closely related

18.

To have a violin make a clear sound, it is necessary to choose good wood that can become a musical instrument and to let it dry well for a long time. The case is the same when producing strings and bows: a masterpiece with a clear sound is born only when human devotion and effort have been added. Of course, (   ). How can someone with no ear for music can create a musical instrument that will please the ears of others?

Question type Choosing the best phrase for the context

The text is about the conditions needed to create a fine violin. After the blank, it reads that you need to have an ear for music. ④ is the best answer, which is about the need for musical sense.

- 현: a long, narrow cord stretched on an stringed instrument to produce tones
- 현악기: stringed instruments like the violin or cello that are plucked or bowed to produce tones
- 물론: needless to say
  - **Eg** 물론 월급은 매월 말에 지급될 것이다.
    물론 이 방법이 누구에게나 똑같이 좋은 효과를 낼 수는 없다.

[19~20] Read the following and answer the questions.

It is fascinating to explore the sleep patterns of animals. Just like koalas, there are animals that sleep for up to 20 hours a day, while others, like giraffes, sleep for an average of 2 hours a day. However, there are no animals that do not sleep (   ). They may not appear to be asleep as humans do, but that's only because their sleep patterns differ. Dolphins, for example, sleep by alternating between both hemispheres of their brain every 5 to 10 minutes. They sleep while keeping one eye open and remain in motion.

19. **Question type** Choosing the best conjunction for the context

After the blank comes a negative expression, "잠을 자지 않는 동물은 없다." Therefore, ③ is the best answer as it is always used with a negative.

- 겨우: narrowly; barely (synonym) 가까스로, 간신히
  - **Eg** 현우가 겨우 잠이 들려고 하는데 전화벨이 울렸다.
- 훨씬: (mostly used with the comparative postposition 보다 or with a noun indicating extent, time, or quantity) to be far more in extent compared to something
  - **Eg** 그 산을 오르는 것은 생각보다 훨씬 힘들었다.

- 아예: (mostly used with a negative) from the start; before you do something
  - **Eg** 나에게 거짓말할 생각은 아예 하지 마라.
- 고작: only; no more than, indicating how small a number or amount is
  - **Eg** 넓은 바다 위에 떠 있는 배는 고작 두 척뿐이었다.

20. **Question type** Understanding the main idea

The text explains that although the duration and methods of sleep vary, all animals need to sleep. Therefore, the correct answer is ③.

① The sleep duration of animals is ~~similar~~. → diverse
② ~~There are similarities between human and animal sleep.~~ → The text did not compare human and animal sleep.
④ ~~Developed animals tend to have longer sleep durations.~~ → The text did not specifically refer to developmental variations.

[21~22] Read the following and answer the questions.

Of those who are injured in falls while skating, it is more often the case that the injured person is a skilled skater than a novice. In driving, too, drivers with more than a year's experience cause traffic accidents more often than inexperienced drivers who have just started driving. The reason is that people's arrogance has grown as much as their skills have improved. As the saying (   ) goes, we must be cautious (ourselves).

21. **Question type** Choosing the best proverb/idiom for the context

The text argues that we must cautiously watch so that our arrogance does not grow together with our skills. ④ is the best answer.

- 교만: arrogance; the act of ignoring in an overbearing manner of speech or behavior
- 고생 끝에 낙이 온다: "Sweet after bitter," meaning that pleasant and nice things follow after painful and difficult experiences
- 떡 본 김에 제사 지낸다: "When you see *tteok* (rice cake), you perform the ancestral rite," meaning that you complete some business you have intended to do when you have a good chance
- 놓친 고기가 더 커 보인다: "The fish that got away looks bigger," meaning that you believe what you had before to be better than what you have now
- 벼는 익을수록 고개를 숙인다: "The riper the rice is, the lower it hangs," meaning that the more cultivated and disciplined a person is, the more humble he or she is

22. **Question type** Understanding the details (correspondence)

According to the text, both in skating and driving, those who are more experienced are more likely to be injured and to cause traffic accidents than beginners. Therefore, ③ is the correct answer.

① Skaters ~~do not get injured~~. → get injured a lot, even though they are very skilled

② An experienced driver become cautious of traffic accidents. → cause traffic accidents more often

④ Experienced professionals who are improving their skills also need to have an arrogant attitude. → adopt an attitude of caution towards arrogance

[23~24] Read the following and answer the questions.

As I saw shadow play on TV, it brought back memories of my childhood when I made shadow shapes while playing with my dad. I remembered how we changed the shapes of our hands and made a cute bunny and a duck as well. Besides making shadows with my dad, the bedtime stories he used to tell come to my mind, too. When I was lying in bed and listening to the stories he told me, I would sink into the world of sweet dreams before I knew it. But nowadays I am not interested in this kind of game. The reason is that I have far more interesting computer games. Come to think of it, I think I gradually became distant from my dad as I started playing computer games. Today, I would like to make hand shadows with my dad. I feel like I will be able to feel close to him again and bring back old memories, too.

23. **Question type** Understanding emotions (essay)

The text is about how the writer reminisces about making hand shadows and hearing bedtime stories with his father. ① is the best answer.

- 그림자놀이: making shadows; a game played to make shadows of various shapers appear on a wall or window by moving one's hands near the light

24. **Question type** Understanding the details (correspondence/essay)

The writer is not interested in the games he used to play now that there are computer games. ② is the best answer.

① When I was young, I used to fall asleep while making shadows with my hands. → listening to my dad's stories.

③ I still make shadows in the forms of bunny and duck. → I'm not interested in making shadows now.

④ My dad and I can get close through computer games. → making shadows

[25~27] Choose the answer that best describes the title of the following newspaper articles.

25.
Has the anti-smoking policy succeeded by raising the price of tobacco? Tobacco sales are back on the rise

Question type Understanding a contracted sentence (news article)

It was assumed that raising the price of tobacco would bring success to the anti-smoking policy, but now tobacco sales have increased again. ④ is the best answer.

26.
Eating Out at Restaurants Instead of Home-Cooked Meals, 27% Decrease in Proportion of Home-Cooked Meals Compared to 10 Years Ago!

Question type Understanding a contracted sentence (news article)

The meaning of this headline is that the proportion of people cooking home-cooked meals has decreased by 27% compared to 10 years ago, as more people prefer eating out instead of cooking at home. Therefore, the correct answer is ④.

27.
With phenomenal interest from the middle-aged, a film festival prize winner about middle-aged life is in competition for contract

Question type Understanding a contracted sentence (news article)

A film festival prize winner is about middle-aged life and has attracted a lot of attention from middle-aged viewer. And there is a heated competition to win the contract for this film. ③ is the best answer.

- 입상작: a prize winner; a work that won a prize

[28~31] Choose the most appropriate word for the blank.

28.
As the luxury brand syndrome sweeps across society in general, companies are using the word luxury (   ). It is natural for the number of luxury enthusiasts (referred to as the "luxury tribe") to increase as national income grows. However, it is a serious problem that people leave their reality behind and get absorbed in buying luxury goods as they are fooled by corporate commercial strategies. The issues arising as people get obsessed with luxury goods when they cannot afford them can develop into not only individual bankruptcy but also social problems.

Question type Choosing the best phrase for the context

From the expression "기업의 상업 전략," it is possible to assume that companies use the word 명품 to influence consumer sentiment. ② is the best answer.

- 파산: bankruptcy; losing all one has
- 소비 심리: consumer sentiment; people's perception or attitude regarding consumption

29.
The ancient Greeks and Romans used to kiss lips, hands, and even knees and feet as a token of respect or greetings. Early Christians also expressed their happiness by kissing on the lips with a "holy kiss" when they meet one another. The custom of kissing continued, but most people today think of a kiss as a way to express romantic love. But the ancient use of a kiss (   ) is still very common. National leaders greet one another when the meet by kissing on the cheek.

Question type Choosing the best phrase for the context

Given what is explained in the first part of this text, the ancient usage of kiss included "존경의 표시나 인사" and "반가운 마음의 표시." After the blank, the passage notes that the ancient usage of a kiss is still very common as it gives an example of national leaders greeting one another with a kiss on the cheek. ① is the best answer.

30.

Pansori novels are *pansori* narratives established as fiction and include satires about the social state of the times or the ruling class. Accordingly, the villains in *pansori* narratives and the villains that appear in general classic novels show some differences in their human characteristics. The villains in classical novels exhibit intelligent and strategic evil, whereas the villains in Pansori novels are characterized by (   ) rather than hatred

Question type Choosing the best phrase for the context

The "증오하기보다는" description implies that even though they are villains, there should be some positive feelings about them. ① is the best answer.

- 풍자하다: to satirize; to show what is not desirable or reasonable in reality by allusion and satire
- 판소리: *Pansori*; Korean folk music that combines a story with songs and narratives to a drum beat accompanied by gestures

31.

Jajangmyeon is a mixed noodle dish that Chinese immigrants created to suit the Korean taste. When we look at the history of *jajangmyeon*, we are faced with the flow of the modern history of China. The realization of the aspirations for China to become a strong and prosperous country without being swayed by the power of Western superpowers was by no means easy. During this process, the suffering of the people was severe, and some of those who had lost their places to go settled in Korea, a foreign land, leaving their hometown behind. Hence, we can say that *jajangmyoen* is a symbol of (   ) that have overcome hardships.

Question type Choosing the best phrase for the context

The first part is about the hardships suffered by the Chinese, and the blank is modified by "고난을 극복해 온." This implies the persistent life force or tenacity by Chinese people. ④ is the best answer.

- 내력: history; past paths/experiences

[32~34] **Read the following and choose the statement that agrees with the content of the text.**

32.

There is a small fly that we can see in summer called the drosophila. Drosophilae like alcohol and even have enzymes that break down alcohol. Drosophilae have long been loved as good experimental models because they are easy to keep, have a very short life cycle of about one

week, and lay many eggs for easy statistical processing. Drosophilae are also used in medical research related to diabetes, cancer, immunity, and aging. The reason for this is that their genes that cause illnesses are 75% similar to those of humans.

Question type Understanding the details (correspondence)

Drosophilae lay many eggs for easy statistical processing. ③ is the best answer.

① Drosophilae, which have the same genes as humans, ~~cause diabetes and cancer~~. → are used in medical research related to diabetes, cancer, immunity, and aging

② Drosophilae are loved as good experimental models because they are easy to keep and ~~live long~~. → have a short life cycle

④ Drosophilae have a good reproductive rate and ~~started to be used as experimental models recently~~. → have long been loved as good experimental models

- 용이하다: to be easy; not difficult and convenient
- 한살이: a life cycle; a period of life for an organism

33.

The global labor shortage is becoming more severe, especially in the manufacturing industry. According to a report by a US manufacturing research institute, 2.1 million manufacturing jobs will still be unfilled by 2030. This labor shortage is expected to lead to production delays and have a significant impact on profitability. Of the manufacturing companies surveyed, 36% said they are struggling to find talent much more than they were five years ago. There are growing concerns about the increasing severity of this labor shortage.

Question type Understanding the details (correspondence)

It was stated that a labor shortage leads to production delays and has a significant impact on profitability, so it can be expected that the profitability of the manufacturing industry will become worse due to labor shortages. Therefore, the correct answer is ③.

① It is not easy to find ~~a place~~ to work, especially in the manufacturing industry. → people

② People all over the world are struggling to ~~find a job~~. → find workers

④ ~~In 2030~~, 2.1 million new jobs are expected to be created. → It is estimated that 2.1 million jobs will be unfilled by 2030.

- 구인난: labor shortage; a condition in which it is difficult to find workers
- 애를 먹다: to struggle and have a difficult time

34.

There are three things in human nature that are the main causes of conflict. They are a competitive spirit, a timid heart, and a desire for fame. A competitive spirit induces people to hurt others in order to profit; a timid heart, in order to secure safety; and desire for fame, in order to get a favorable opinion. A competitive spirit makes people use violence in the process of getting hold of others and wealth; a timid heart, in the process of defending oneself; and desire for fame, in of process of protecting the dignity of one's family, colleagues and nation as well as oneself.

Question type Understanding the details (correspondence)

A desire for fame makes people use violence in the process of protecting the dignity of one's family, colleagues, and nation as well as oneself. ④ is the best answer.

① A competitive spirit, a timid heart, and a desire for fame ~~advance humanity~~. → are the main causes of conflict

② ~~A timid heart~~ makes one become sensitive to others' opinions about oneself. → A desire for fame

③ It is due to ~~a competitive spirit~~ that one uses violence to protect oneself. → a timid heart

- 분쟁: a conflict or dispute; to fiercely fight with no one backing away

[35~38] **Read the following and choose the answer that best matches the topic of the text.**

35.

More fathers are now taking paternity leave to share the burden of child care with their wives. If you are worried about career disruption due to (paternity) leave, you can also use the working hour reduction system during the childcare period. When a man uses the working hour reduction system, it helps not only himself and his family but also the business. As employees get less stressed, their job satisfaction increases; the change in the manner of working makes people work more efficiently, eventually boosting their company's productivity.

Question type Understanding the topic

The text argues that when a man works fewer hours, it helps not only himself and his family but also his business. ② is the best answer.

- 경력 단절: career disruption, meaning that one's experiences related to one's education, occupation, and job are not connected but severed

36.

Mathematics is a subject that students consider to be difficult as they advance through school. Moreover, in the recent school curricula, thinking and problem-solving skills have become more important than calculation skills. Therefore it is necessary to move away from the existing learning method of repeating tests and to start training and reinforcing thinking skills. For that purpose, [students] must reflect on their thinking style on a continued basis through activities using diverse teaching tools, presentation, discussion, and other various communication activities, rectify mistaken

concepts, and solidly establish concepts and fundamentals.

Question type Understanding the topic

The text argues that students must firmly establish concepts and fundamentals to improve their thinking and problem-solving skills. ② is the best answer.

- 교구: teaching aids; tools other than textbooks for effective learning

37.

The horrendous reality of refugees who flee the Middle East and Africa to Europe at the risk of their lives is nothing new. The number of refugees is reported to be the largest since World War II. European countries that used to show dissension regarding the admission of refugees backed down a little under furious public pressure. The reluctant admission of refugees to avoid political criticism will not solve the problem. It is not acceptable to look away from people who escape death to save their lives.

Question type Understanding the topic

The text argues that the reluctant admission of refugees to avoid political criticism will not solve the problem and that it is not acceptable to look away from people who make an escape of death to protect life. ② is the best answer.

- 난민: a refugee; a person who lost a home or assets due to a war or disaster
- 마지못하다: to be unwilling; not to be eager but to have no choice but to do something
- 한발 물러서다: to back down; to yield to a certain extent after resistance

38.

In general, people believe that they must take medication after eating a meal. But the time to take it differs by medication. Medication taken once a day, like anti-hypertensive medicine is effective mostly when taken in the morning. Blood pressure is the highest when we get up in the morning, and the medicinal effects are good when medication for it is taken at this time. On the contrary, medication for generic or nasal cold can have side effects, including drowsiness, sluggishness, and problems with concentration, so it is better to take it in the evening when one's daily activities are over.

Question type Understanding the topic

Medication to be taken once a day, like anti-hypertensive medication, should be taken in the morning; generic and nasal cold medicine are to be taken in the evening. ② is the best answer.

- 약효: medicinal effect
- 장애: an obstacle; hinderance from doing something

39.

According to Donguibogam: *Principles and Practice of Eastern Medicine*, mushrooms stimulate energy, promote appetite, and strengthen the stomach. (㉠) Mushrooms are being highlighted as food for longevity, and they lower the cholesterol level and prevent obesity and cancer. (㉡) At the center of such effects is the ingredient called beta-glucan, which reduces cholesterol in the [our] body and has outstanding anti-cancer effects. (㉢) In addition, mushrooms are over 90% water and are rich in dietary fiber. (㉣)

┌─ Missing Sentence ─────────────────────────┐

Therefore, if you struggle with constipation due to water deficiency, it is good to frequently eat mushrooms.

└──┘

Question type Inserting a sentence for the context

The missing sentence starts with "따라서 수분이 부족해서 변비로 고생한다면" This naturally fits after (㉣), which explains that mushrooms are over 90% water. ④ is the answer.

- 탁월하다: to be outstanding; to be much better than others

40.

(㉠) Golfer Pak Seri won the championship after a hard battle, and when that was broadcast live, Koreans who had been despondent in the era of the Asian financial crisis [IMF Bailout] found hope again. (㉡) Pak Seri started golf upon her father's suggestion, and she is known to have voluntereered to train rigorously to become the best as she worked out alone at a training field by 2 AM when she was still a young elementary school student. (㉢) After the legendary success of Pak Seri, the number of children learning golf increased nationwide. (㉣)

┌─ Missing Sentence ─────────────────────────┐

Some female golfers who started their golf careers around this period and became successful are called Pak Seri Kids.

└──┘

Question type Inserting a sentence for the context

"이 무렵 (around this period)" means "after the legendary success by Pak Seri, when the number of children learning golf increased." ④ is the best answer.

- 악전고투: a hard battle; a fight requiring all one's might due to the tough and challenging circumstances

41.

During the early stages of capitalism, businesses solely pursued immediate profits. (㉠) In a situation where capital was scarce and free competition prevailed, relinquishing momentary gains would result in immediate elimination from the competition. (㉡) Therefore, companies had to maximize the utilization of their resources

and sell their products at the lowest price possible in order to survive in the competition. (㉢) It signifies that the interests of the company's owners and managers were not separate, as they were synonymous with the interests of the capitalists. (㉣)

┌─ Missing Sentence ─────────────────────────┐

This behavior, driven by the company's self-interest, eventually led to societal benefits as well.

└──┘

Question type Inserting a sentence for the context (book review/ impression essay)

The missing sentence starts with 이는. It means that the sentence is explaining the previous sentence, and "사회적 이득" indicates a business supplying goods at moderate prices. Therefore, the missing sentence fits naturally in (㉢). ③ is the answer.

[42~43] Read the following and answer the questions.

None of Eung-o's friends who had threshed grain with him last year, will ask (about matter) the any further. Without a doubt, it was a joy to harvest the grain one had taken care of with eager anticipation and great devotion. He started working at the break of dawn, not thinking his labor hard. But after threshing into the darkest night, once he had paid the farm rent to the landowner, all that was left was the cold sweat that ran down his back. There was nothing as shameful as having to set out for home with empty hands as the friends with whom he had threshed stared at him. Eung-o held back as best as he could, but he finally gave way to tears.

That was last year, a year of good crops. And now this is a year of bad crops. Most of the rice withered due to the east wind and rain. Even if he did harvest (some crops), not only there would be nothing left to eat, but he would also be unable to pay back his debts. He had no choice but to give up the harvest and to leave it alone. After all, if word got out that he had harvested his crops, the landowner would take them all.

And when the rice from the paddy vanished, Eung-o's elder brother Eung-chil was suspected as the culprit. The reason is that he had slapped the landowner in the face after a fight when he visited the landowner for his younger brother, asking him to cut back on the (land) rent.

"Scoundrels," Kim Yujeong

42. **Question type** Understanding emotions (fiction)

After threshing the rice he had raised for a year and paying the rent to the landowner, nothing was left. Therefore, ② is the best answer.

- 만족스럽고 뿌듯하다: Satisfied and proud
- 절망스럽고 허탈하다: Desperate and empty
- 겁에 질리고 초조하다: Scared and anxious
- 당황스럽고 죄책감을 느끼다: Embarrassed and guilty

43. Question type Understanding the details (correspondence/fiction)

"He had no choice but to give up the harvest and to leave it alone. After all, if word got out that he had harvested his crops, the landowner would take them all." Considering these sentences, ③ is the best answer.

① Eung-o farms ~~his own land~~. → somebody else's land he leased

② Eung-o ~~harvested the rice and paid all of his debts~~. → will not harvest the rice.

④ ~~Eung-o and the landowner help each other and do the farming~~. → Eung-o does the farming while the landowner gets the land lease after the harvest.

- 추수: harvest; gathering ripened grains or crops in fall from rice paddies or fields

[44~45] Read the following and answer the questions.

Parkinson's disease is one of the neurodegenerative disorders, named after the British physician James Parkinson. The disease occurs when the secretion of dopamine, one of the neurotransmitters in the brain, decreases, leading to improper transmission of information in the brain's nerve cells. As a result, people with Parkinson's disease have difficulty speaking properly and their bodies become rigid, resulting in similar facial expressions. Additionally, due to tremors (   ) and abnormalities in the nervous system, they tend to sweat and salivate excessively. Therefore, if you notice excessive sweating or salivation compared to others of the same age, it is better to visit a hospital and undergo an examination, even if there are no other noticeable symptoms.

44. Question type Choosing a phrase for the context

Since the blank should contain a symptom of bodily shaking, ③ is the best answer.

45. Question type Understanding the topic

Sweating and drooling are described as symptoms of Parkinson's Disease. The text also advises that if you perspire or drool a lot as you grow old, you need to visit the hospital for a checkup. ④ is the best answer.

[46~47] Read the following and answer the questions.

Videos summarizing movies and dramas are gaining popularity on YouTube and social media. The reason is that people can quickly understand the content of popular movies and dramas without investing much time and without having to watch frustrating conflict scenes. There are even people who watch at accelerated speeds or multiple times faster. The increasing number of individuals who struggle to concentrate for long periods is one reason, but another reason is that some view content as a means to engage in conversations with others. The desire to quickly skim through the main plot rather than fully enjoying the entirety of the content is the driving force behind this. However, a drawback of adopting this viewing style as a habit is that it may diminish one's ability to comprehend lengthy videos.

46. Question type Choosing the writer's stance (persuasive essay)

The writer explains the reasons why videos summarizing movies and dramas have become popular and highlights the potential issues that may arise when this viewing style becomes a habit. Therefore, the correct answer is ④.

- 기승전결: The structure of organizing a piece of writing in a coherent and compelling manner.

47. Question type Understanding the details (correspondence/persuasive essay)

The writer stated that the reason summary videos of movies and dramas are gaining popularity is because viewers don't have to watch frustrating conflict scenes, which is why ③ is the correct answer.

① Summary videos of movies and dramas are ~~being criticized~~. → gaining popularity.

② There is an increase in people ~~who want to fully enjoy the climax of the content~~. → who prefer to quickly watch it focusing on the main content rather than fully enjoying the climax of the content

④ Developing a habit of watching summary videos can lead to ~~an improvement~~ in understanding long videos. → a decrease

[48~50] Read the following and answer the questions.

According to Article 63, paragraph 7 of the Local Civil Service Act, civil servants can use self-development leave for job-related research tasks, study, research, and other self-development activities. Employees who have worked for more than five years are eligible, and the leave period must be less than one year. However, during the leave, the employee cannot work for any monetary consideration or be recruited by any organization. This program was introduced with the aim of enhancing civil servants' capabilities through various self-development programs and increasing the learning atmosphere in the workplace. The response to the program has been positive. It has given civil servants the opportunity to take time off from work to rest and study, even if it's not for illness, childbirth, or caregiving. However, there are many practical difficulties in actually using the leave, as not many employees have taken advantage of it yet. Encouragement at the government level is needed to prevent the program from becoming just a system (   ).

48. Question type Understanding the purpose (persuasive essay)

The text above gives information about eligibility, length of time, and the purpose of self-development leave for civil servants. Therefore, ③ is the best answer.

49. **Question type** Choosing a phrase for the context (persuasive essay)

According to the text, the system does not have many actual users due to practical difficulties. The blank should be filled in with the statement that they need to make sure that it does not become a system that only looks good on paper and has no practical utility. Therefore, ② is the correct answer.

50. **Question type** Understanding the details (correspondence/persuasive essay)

It was mentioned that there are not many employees who have used the self-development leave yet, and that there are many practical difficulties in actually using the leave. Therefore, ② is the correct answer.

정답 ANSWERS

1교시: 듣기, 쓰기

듣기

1. ④	2. ②	3. ②	4. ④	5. ④	6. ③	7. ④	8. ④	9. ①	10. ①
11. ②	12. ②	13. ③	14. ①	15. ①	16. ④	17. ④	18. ④	19. ②	20. ②
21. ②	22. ④	23. ②	24. ③	25. ②	26. ③	27. ①	28. ②	29. ④	30. ②
31. ④	32. ③	33. ④	34. ③	35. ④	36. ④	37. ②	38. ④	39. ②	40. ③
41. ③	42. ②	43. ②	44. ④	45. ④	46. ③	47. ②	48. ②	49. ①	50. ③

쓰기

51. ㉠ (5점) 아래의/다음의 일정을 참고하시기 바랍니다
　　 (3점) 다음 내용을 보십시오/보시기 바랍니다

　 ㉡ (5점) 날씨가 추울 수도 있으니(까)
　　 (3점) (날씨가) 추우니(까)

52. ㉠ (5점) 지나치게 남과 비교를 하게 되면
　　 (3점) 남과 비교를 하면

　 ㉡ (5점) (자신을 긍정적으로 바라보며) 자신감을 가지는 것이/게 중요하다
　　　　 ～는 것이/게 필요하다, 자신감을 가지는 게 좋다
　　 (3점) 자신을 긍정적으로 바라봐야 한다/자신감을 가져야 한다

2교시: 읽기

읽기

1. ②	2. ①	3. ④	4. ④	5. ③	6. ①	7. ②	8. ②	9. ②	10. ①
11. ③	12. ③	13. ④	14. ①	15. ④	16. ④	17. ②	18. ④	19. ②	20. ④
21. ③	22. ②	23. ①	24. ②	25. ②	26. ①	27. ③	28. ③	29. ③	30. ④
31. ①	32. ②	33. ④	34. ②	35. ①	36. ②	37. ②	38. ②	39. ④	40. ③
41. ④	42. ①	43. ④	44. ③	45. ④	46. ③	47. ③	48. ②	49. ①	50. ③

　　평균　소비　성향　그래프를　살펴보면 2019년부터 2021년까지　꾸준히　감소하고　있음을　알　수　있다. 품목별　가계　지출　변화　그래프를　보면　식료품·비주류음료　품목과　주거·수도·광열　품목이 3년　동안　꾸준히　상승했으며, 그　외　교육, 오락·문화, 의류·신발　품목은　대체　하락했음을　알　수　있다. 이를　통해　소비　심리가　하락하면　식품, 공과금　등　필수　소비　품목의　지출이　상승하는　반면, 교육, 오락, 의류　등의　비필수　소비　품목의　지출은　하락하는　경향이　나타남을　알　수　있다.

54. Writing sample answer

　우리　사회는　장애인을　위한　편의　시설이　부족하여　장애인들이　일상생활에　많은　고통을　겪고　있다.　그들이　겪는　불편함은　생각보다　매우　크다.　비장애인에게는　일상적이고　문제가　되지　않는　많은　일들이　장애인들에게는　힘들고　어려운　일이기　때문이다.　예를　들어　횡단보도　건너기,　건물의　엘리베이터나　계단　이용하기,　교통　기관　이용하기,　화장실과　같은　시설의　이용　등　어느　하나도　쉽지　않다.

　이　사회는　장애인과　비장애인이　함께　살아가는　공간이다.　비장애인이　사회의　편의　시설을　자유롭게　이용하듯이　장애인들도　그렇게　할　수　있도록　장애인　편의　시설이　충분히　갖춰져야　한다.　이를　위해　장애인에게　관심을　가지고　그들의　입장에서　가장　필요한　시설이　무엇인지를　충분히　조사해야　한다.　그리고　이러한　시설을　확충하기　위한　시행　계획을　세워야　한다.　만약　시설을　만드는　데　경제적　어려움이　있다면　장애인　시설을　짓기　위한　모금　운동　등을　통해서　비용을　마련할　수도　있을　것이다.

　장애인들은　우리　주변　가까이에　있다.　그리고　누구나　장애인이　될　수　있다.　장애인들이　같은　사회의　일원으로　살아가는　데　불편함이　없도록　편의　시설을　충분히　갖춰　사회생활에서　겪을　어려움을　줄일　수　있도록　노력해야　할　것이다.

 Explanations

[1~3] Listen to the following and choose the picture or graph that matches best.

1.
여자 여행 계획은 다 세웠어요?

남자 아직 세우고 있는 중이에요. 영신 씨는 영국에 가 봤죠? 맛있는 식당 좀 추천해 주세요.

여자 그럼 이 책을 볼래요? 제가 빌려드릴게요.

W Have you finished making your travel plans?

M I'm still doing them. Haven't you been to the United Kingdom, Youngshin? Please recommend a good restaurant.

W Then will you read this book? I'll lend it to you.

The man is trying to make his travel plans and asks the woman to recommend a restaurant that serves good food. The woman is about to lend him her book to do that. The answer is ④.

2.
남자 손님, 이곳 동물들에게는 음식을 주면 안 됩니다.

여자 죄송합니다. 몰랐어요. 너무 귀여워서요.

남자 동물들이 병에 걸릴 수도 있어요. 사람이 먹는 음식을 주면 안 됩니다.

M Ma'am, you can't give food to the animals here.

W I'm sorry. I didn't know. They are so cute, so...

M The animals can get ill. You can't give them food humans eat.

The man is a staff member at a zoo who is trying to stop the woman's from giving food to the animals. The answer is ②.

3.
남자 지난해 가구당 월평균 통신비를 조사한 결과 2년 연속 평균 전화 요금이 높아진 것으로 나타났습니다. 월 평균 통신비가 증가한 요인에 대해 전문가들은 데이터 사용량의 증가와 함께 새로운 요금제의 도입 때문으로 예측하고 있습니다.

M According to a survey conducted last year on the monthly average communication expenses per household, the average phone bill has increased for two consecutive years. Experts predict that the increase in monthly communication expenses is due to the increase in data usage and the introduction of new pricing plans.

Since it was stated that the average phone bill has increased for two consecutive years based on a survey of monthly communication expenses per household, the most appropriate graph would be the one showing a steady increase in monthly communication expenses from 2020 to 2022, which is represented by ②.

[4~8] Listen to the following and choose the word that best completes the dialogue.

4.
여자 이 식탁, 아직 버리기는 아까운 것 같은데 어떡하죠?

남자 중고 시장에 팔까요? 요즘 많은 사람들이 중고 시장을 이용한다고 들었어요.

여자 _____

W I think this table is too good to throw away yet. What shall I do?

M How about selling it at a second-hand market? I heard that many people are using second-hand markets nowadays.

W _____

The woman is unsure about throwing her table away, and the man gives a piece of information about using a second-hand market. The best answer is ④.

5.
남자 2인용 자전거를 빌리고 싶은데요.

여자 공원 이용 규칙이 바뀌면서 자전거 대여 서비스는 없어졌어요. 대신에 공원 열차를 이용해 보세요.

남자 _____

M I'd like to rent a tandem bicycle.

W We no longer have a bike rental service because the regulations for the park changed. Why don't you use the park train instead?

M _____

The man wants to rent a bike from the park but finds out that the service is no longer available. The best answer for the blank is ④.

6.
여자 우리 MT 장소가 좀 좁을 것 같아서 다시 정해야겠어.

남자 왜? 이미 예약했다고 했잖아. 교통도 편리하던데.

여자 _____

W Our trip [MT or membership training] venue may be too small for us, so we need to find another place.

M Why? You said you already made a reservation. And the transportation seems to be good, too.

W _____

The woman already booked a place for their trip but is trying to find a new place. Since she thinks the venue is too small, it is natural to think that there are more participants than expected. The answer is ③.

7.
여자 이 드라마는 재미있지만 아이들이 보기에는 너무 폭력적인 것 같아요.

남자 하지만 요즘에 이 드라마를 안 보면 대화를 할 수가 없어요.

여자 _____

W This drama is interesting, but I think it is too violent for children to watch.

M But you can't join a conversation these days unless you watch this show.

W _____

After watching the TV drama, the woman's assessment is that it is too violent. Since she is concerned about the impact of violent content on children, the best answer is ④.

8.
남자 요즘엔 밥값보다 커피값이 더 비싼 것 같아요.

여자 맞아요. 건강을 위해서라도 커피 대신 차를 마시는 것이 좋을 것 같아요.

남자 _____

M Coffee seems to be more expensive than a meal nowadays.

W I agree. I think we should drink tea instead of coffee, if only for our health's sake.

M _____

The man is commenting on how coffee is expensive, and the woman agrees with him and suggests that drinking tea may be better. The answer is ④.

[9~12] Listen to the following and choose the answer that would be most appropriate as the woman's next action.

9.
남자 열이 많으시네요. 주사를 맞는 게 좋겠어요.

여자 네. 그런데 혹시 약을 일주일 치 처방해 주시면 안 되나요?

남자 일단 약을 3일 동안 먹어 보고 결정하죠. 3일 뒤 다시 오세요. 이제 주사실로 가세요.

여자 네. 알겠습니다.

M You have a fever. You'd better get an injection.

W I see. Can't you prescribe some medication for a week?

M Let's decide after you take it for three days. Please come back in three days. Please go to the injection room first.

W Okay, I see.

In this conversation, the woman is a patient, and the man is a doctor. As the woman asks for a prescription for more medicine, the man recommends that she take it for three days and tells her to go to the injection room first. The answer is ①.

10.
여자 김 대리, 호텔 예약했어요?

남자 네. 그런데 이번에 출장이 이틀 정도 더 길어질 것 같습니다.

여자 그럼 호텔에 연락해서 날짜를 더 연장해 보세요. 저는 출장 일정표를 찾아 보고 수정할게요.

남자 네. 제가 부장님께도 말씀드리겠습니다.

W Mr. Kim, did you book the hotel?

M I did. But the business trip is likely to be extended for about two more days.

W Then contact the hotel and extend the stay (dates). I will find the travel schedule and revise it.

M Okay. I will tell the senior manager, too.

The woman orders the man to contact the hotel and to extend their stay, saying that she will find and revise the travel schedule herself. The answer is ①.

11.
여자 이곳에 주차하기 힘들 것 같아.

남자 그래? 옆 차가 잘못 주차해서 그런 것 같은데. 저쪽에 다시 주차하자.

여자 저기는 장애인 전용 주차라서 안 돼. 다른 곳에 주차할 수 있는지 찾아 볼게.

남자 알았어. 그동안 나는 옆 차 주인에게 전화해 볼게.

W I think it's going to be difficult to park here.

M Really? I guess the reason is that the car right next (to us) was not parked properly. Let's park over there.

W We can't. That is a handicapped parking zone. I'll look around to see if we can park in another space.

M Okay. Then I'll try to call the owner of this car.

The space the man points at is a handicapped parking zone, so they cannot park over there. The woman must find another space to park in. The answer is ②.

12.
여자 이번 축제 때 사용할 옷은 도착했어?

남자 응. 아까 전공 사무실에 도착했다고 전화 왔어.

여자 오전에 가 봤는데 없더라고. 지금 전공 사무실에 가면 바로 가져올 수 있어?

남자 응. 가면 조교님이 주실 거야.

W Have the outfits for this festival arrived yet?

M Yes. I got a phone call that they just arrived at the department office.

W I was there in the morning, but they weren't there. So if I go to the department office now, can I get them?

M Yes. Go, and the TA will give them to you.

The outfits for their festival have arrived at the department office. The man says that the woman can go there and pick them up now, and her next action is likely to be ②.

[13~16] Listen to the following and choose the statement that agrees with the content you have heard.

13.
여자 이번에 '블랙핑크'의 새로 나온 노래 들어 봤어?

남자 그럼, 요즘 가게마다 이 노래가 안 나오는 곳이 없어.

여자 오늘 당장 앨범을 사러 가야겠어. 너는 샀어?

남자 응 그럼. 그건 그렇고 오늘 강남에 있는 서점에서 블랙핑크의 사인회를 한대.

- -

W Did you listen to the new song by BLACKPINK?

M Sure. That song is playing in every store nowadays.

W I'll have to (go) buy the album today. Did you buy it?

M Of course I did. By the way, there is an autograph event by BLACKPINK today at Gangnam.

According to the man, BLACKPINK is having an autograph event at Gangnam today. The answer is ③.

14.

여자 고객 여러분께 알려 드립니다. 오늘 마트 1층에서 오만 원이상 상품을 구매하신 영수증을 보여 주시면 사은품을 드리고 있습니다. 더불어 오늘 고객 카드를 만드시면 다음 쇼핑 때 사용할 수 있는 할인 쿠폰을 받으실 수 있습니다. 행복마트에서 즐거운 쇼핑 되십시오.

- -

W Customers, attention, please. On the first floor today, if you present a receipt for goods that you purchased for more than 50,000, we will give you a gift. And if you make a membership (lit. client) card today, you will get a discount coupon you can use while shopping next time. Please enjoy your shopping at Haengbok Mart.

The notice says that the store will give a gift if customers present a receipt worth 50,000 won or more. The answer is ①.

15.

남자 청주시에서는 50세 이하 시민들로 구성된 시민 안전 근무조를 만들 예정입니다. 안전 근무조에 지원한 시민들은 소방관에게 안전 교육을 받은 후 휴가철에 물놀이 위험 구역을 담당하게 됩니다. 또한 물놀이 사고 예방을 위해 초등학생을 대상으로 청주시가 선발한 전문가들이 물놀이 안전 교육을 실시할 예정입니다.

- -

M The city of Cheongju is planning to make a Citizens' Safety Team consisting of citizens age 50 or under. Citizens who apply for this safety team will get safety training from firefighters and be in charge of water safety in danger zones during the vacation period. In addition, to prevent any accidents in the water, experts selected by the city of Cheongju will give a water safety training course to elementary school students.

The Citizens' Safety Team will consist of people who are 50 or under and who will get training from firefighters and be in charge of water safety in danger zones during the vacation period. The answer is ①.

16.

여자 시장님, 종로 전통거리의 새로운 발전 방향에 대해서 설명을 부탁드립니다.

남자 종로 전통 거리는 전통이 잘 지켜져서 시장이 활성화된 반면에 시민들이 즐길 거리가 좀 부족했었지요. 그래서 이번에 거리 예술단을 만들려고 합니다. 거리 예술단의 공연 활동을 지원해 주어서 예술가들에게는 재능을 펼칠 기회를 주고 일반 시민들에게는 다양한 무료 공연을 즐길 수 있도록 할 예정입니다.

- -

W Mr. Mayor, please tell us about the new directions the development of the Jongno Traditional Streets is taking.

M While the Jongno traditional streets have maintained (their) traditions (well) and made the markets dynamic, they haven't done enough for citizens to enjoy. That's why we plan to create a street art group. By supporting the performance of this group, we will give an opportunity for artists to prove their talents and for citizens to enjoy diverse free performances.

The man is about to create a street art group because there is not much to enjoy on the Jongno traditional streets. The answer is ④.

[17~20] Listen to the following and choose the answer that best matches the man's main point.

17.

남자 수미 씨, 또 커피를 마셔요?

여자 네, 요즘 너무 피곤해서 커피를 안 마시면 일에 집중할 수가 없어요.

남자 그래도 앞으로는 커피 대신 건강 음료를 마시도록 해요. 커피는 가격도 비싼 데다가 많이 마시면 건강에도 안 좋잖아요.

- -

M Sumi, are you having another coffee?

W Yes. I'm too tired these days, and I can't focus on work if I don't drink coffee.

M But try to have healthy drinks instead of coffee from now on. Coffee is not only expensive but also bad for (your) health if you have it too much.

The man advises the woman to have healthy drinks instead of coffee because he thinks coffee is not good for her health. The answer is ④.

18.

남자 요즘에는 사람들이 명절에 해외로 여행을 간다면서요?

여자 네, 명절에 가족들과 함께 여행을 가니까 더 의미가 있는 것 같아요.

남자 그런데 한편으로는 전통적인 명절이 사라지는 것 같아 좀 아쉽네요. 몇 년 후에는 명절 분위기가 완전히 달라질 것 같아요.

- -

M I hear that nowadays, people go on overseas trips during traditional holidays, right?

W Yes, I think it means a lot more to travel with your family on a traditional holiday.

M On the other hand, I feel rather sorry that our traditional holidays are seeming to disappear. I think in a few years, the atmosphere of traditional holidays will completely change.

The man is rather sorry that people go on overseas trips during traditional holidays because it feels like the traditional holidays are disappearing. The answer is ④.

19.
남자 요즘 연예인들은 충분히 예쁜데도 계속 성형 수술을 하는 것 같아.

여자 연예인이라는 직업의 특성상 계속 관리를 하고 예뻐져야 하니까 그렇지.

남자 연예인이라고 해서 무조건 예뻐야 할 필요는 없는 것 같아. 오히려 개성이 더 중요하다고 생각해. 연예인들 때문에 보통 사람들도 위험한 성형 수술을 많이 하잖아.

여자 그렇지만 성형 수술이 꼭 나쁜 것만은 아니야.

M Today's celebrities seem to keep having cosmetic surgery when they look beautiful enough.

W That is being a celebrity, or the nature of the occupation that they must keep managing themselves and keep looking better.

M I don't think a celebrity must look beautiful. What matters more is unique charm. And because of celebrities, many ordinary people get dangerous cosmetic surgery.

W But I don't think cosmetic surgery is necessarily bad.

The man values unique personal charm more than appearance in celebrities and talks about the negative aspects of cosmetic surgery. The answer is ②.

20.
여자 사장님께서는 최근에 젊은 나이에 성공한 사업가로 주목을 받고 있는데요. 청년들에게 한마디 부탁드립니다.

남자 많은 사람들이 실패할 거라는 두려움 때문에 도전을 포기하는 것 같아요. 저는 스무 살 때 처음 사업을 시작했는데 그때는 실패에 대한 두려움이 없었어요. 도전이 없다면 발전도 없습니다. 나이가 적을수록 많은 경험이 필요한데 실패도 좋은 경험이 될 수 있습니다. 청년 여러분, 두려워하는 마음을 버리고 도전하십시오.

W Mr. CEO, you were recently highlighted as a successful businessman at a young age. Please give a word of advice to young people.

M I think many people give up making challenges because they fear failure. I started my first business when I was twenty, and I didn't have any fear of failure then. If you don't dare, you don't grow. The younger you are, the more experience you need. And I think failure can be a good experience. I ask young people to lose their fear and to make challenges.

According to the man, if you don't dare, you don't grow. He thinks it is important to stop being afraid of failure. The answer is ②.

[21~22] Listen to the following and answer the questions.

여자 '간헐적 단식'이라고 들어 봤어? 정해진 시간에만 음식을 먹고 나머지는 공복을 유지한대.

남자 나도 텔레비전에서 본 적 있어. 그런데 주변에 하는 사람도 없고 건강에 도움이 되는지도 모르겠어.

여자 미국 연구팀이 연구해 보니 체중도 감소하고 혈압도 낮아졌다고 하던데.

남자 사람에 따라 부작용도 있을 것 같아. 텔레비전에서 이렇게 검증되지 않은 방법을 그냥 내보내면 안 되는 거 아닌가? 무작정 따라 하는 사람들이 많아지면 문제가 될 텐데.

W Have you heard of "intermittent fasting"? It means you only eat during certain times and fast for the rest of the day.

M I've seen it on TV too, but I don't know anyone around here who does it, and I'm not sure if it's actually good for your health.

W An American research team found that it can help reduce weight and lower blood pressure, though.

M I feel like it might have side effects depending on the person. Isn't it a problem to just promote unverified methods like this on TV? If more people blindly follow it, it could become a problem.

21. The man thinks it can be dangerous to broadcast an unproven method on TV. The answer is ②.

22. According to the woman's statement, it can be inferred that there is a study that shows that intermittent fasting can lead to weight loss and lower blood pressure, so the answer is ④.

[23~24] Listen to the following and answer the questions.

여자 뭘 좀 여쭤보려고요. 제가 비밀번호를 세 번 틀렸는데 이제 로그인을 할 수 없어요. 어떻게 해야 해요?

남자 비밀번호를 잘못 누르신 건가요? 비밀번호가 기억나신다면 로그인할 수 있도록 제한을 풀어 드릴게요. 홈페이지를 다시 열어서 로그인해 보세요.

여자 아무래도 비밀번호를 잊어버린 것 같아요. 기억이 잘 안 나네요.

남자 그러면 비밀번호 찾기를 누르세요. 그다음 지금 제가 문자로 보내 드리는 인증 번호를 입력하시고 비밀번호를 변경해야 해요.

W I have a question. I typed in the wrong password three times, and it looks like I can't log in now. What shall I do?

M Did you mistakenly type your password? If you remember your password, I can unlock it so that you can log in. Please open the website again and try logging in.

W I guess I must have forgotten my password. I don't remember for sure.

ᴹ Then press the "find password" button. Then, you have to key in the authentication number I text you now and change your password.

23. The woman forgot her password and asks the man for help. The man tells her how to find her password. The answer is ②.

24. The man must send her an authentication number to help her find her password. The answer is ③.

[25~26] Listen to the following and answer the questions.

여자 이번 방학 때 부산에서 출발하여 서울까지 걸어가는 국토 대장정에 참가한다고 들었는데요. 이렇게 힘든 도전을 하려는 이유가 무엇입니까?

남자 대학교에 와서 처음 맞이하는 방학인데 긴 시간을 의미 있게 보내고 싶었어요. 그러다가 인터넷에서 국토 대장정을 알게 되었는데 대학생 때가 아니면 두 번 다시 도전할 기회가 없을 것 같았습니다. 대학생 때는 이렇게 조금은 무모한 도전을 해도 괜찮을 거라 생각을 했고 실패해도 좋으니 여러 가지 도전을 해야 된다고 생각했거든요. 또 전국 각지에서 모인 여러 사람들을 만나면서 다양한 친구들도 사귈 수 있고, 다양한 경험을 쌓을 수 있을 것 같아서 신청했습니다.

ᵂ I heard that you will take part in the cross-country walk starting from Busan and walking up to Seoul. Why will you do such a tough activity [challenge]?

ᴹ This is my first vacation at my university, and I wanted to spend the long hours in a meaningful way. I found out about the walk across the country on the Internet, and I thought I would never have another opportunity to do something like this when I'm out of university. I thought it would be okay to do something bold as a college student, and I also thought that I have to make various attempts even if I fail. And I applied for this because I can make many different friends as I meet people from all over the country and have (lit. build up) various experiences.

25. The man thinks it is okay to do something bold when he is still at university, and he is taking part in the cross-country walk because of that. The answer is ②.

26. The man thinks he can make friends with people from all over the country through the cross-country walk. The answer is ③.

[27~28] Listen to the following and answer the questions.

남자 이번에 학교에서 '걸어서 등교하기 운동'을 하던데 우리도 이번에 같이 동참해볼까?

여자 '걸어서 등교하기 운동'? 그게 뭔데?

남자 한 달 동안 등교를 할 때 대중교통을 이용하지 않고, 모은 교통비를 가난한 사람들에게 기부하는 운동이야.

여자 그래도 아침부터 걸어서 등교를 하면 너무 힘들지 않을까?

남자 힘은 좀 들겠지만 건강을 위해서 운동한다고 생각하면 될 것 같아. 우리 학교가 집에서 먼 거리는 아니지만 걸어 다니기에는 좀 힘드니까 자전거를 타면 괜찮겠다.

ᴹ Our school is doing the Walk-to-School Project this time. Shall we take part in it, too?

ᵂ The Walk-to-School Project? What's that?

ᴹ It's a project that makes you stop using public transportation when you go to school for a month and then save the (equivalent of one month's) fees to donate to the poor.

ᵂ But won't it be too hard to walk to school in the morning?

ᴹ It may be a bit hard, but I can use it as a workout for my health. My school is not too far from my home, but it may be too much to walk all the way, so I think I may ride my bike to school.

27. The man explains to the woman the positive aspects of the Walk-to-School Project and invites her to take part in it. The answer is ①.

28. The public transportation fees that are saved for one month for the Walk-to-School Project will be donated to the poor. The answer is ②.

[29~30] Listen to the following and answer the questions.

여자 전 세계적으로 청년 실업 문제가 심각해지고 있는데요. 선생님, 청년 실업 문제의 원인과 대처 방안에는 무엇이 있을까요?

남자 해마다 늘어가는 청년 실업의 가장 큰 이유로 기업은 청년의 눈높이를, 청년층은 기업의 노력 부족을 가장 먼저 꼽으면서 의견차를 보였습니다. 기업과 정부에서는 청년들이 눈높이를 낮추면 청년 실업 문제가 해결될 거라고 하는데요. 제 생각에는 대학 기관과 기업의 연계를 통해 구직자가 실무적인 업무 능력을 키울 수 있고 이를 통해 취업도 할 수 있는 프로그램을 개발해야 한다고 봅니다. 요즘 취업 센터로 찾아오는 많은 대학생들과 이야기해 보면 자신의 전공과 원하는 업무와의 연관성을 못 찾는 경우가 많거든요.

ᵂ Youth unemployment is becoming a serious problem worldwide. Teacher, what are the causes and solutions to youth unemployment?

ᴹ The biggest cause of the annually increasing youth unemployment is a matter of debate. Businesses point to the expectations of young people, while young people point to the lack of effort by businesses, which highlights the differences in opinions. Some argue that the youth unemployment issue will be solved if young people lower their expectations, but I don't think that's a sustainable solution. Instead, I believe we should develop a program that connects universities and businesses to help job seekers build practical working skills and find jobs that match their interests and qualifications. Many college students who come to the employment center have difficulty connecting their majors to the jobs they want. By fostering better communication and cooperation between educational institutions and the business community, we can help ensure that young people have the skills they need to succeed in the workforce.

29. The man uses the example of college students who come to the employment center. The answer is ④.

30. According to the man, students cannot connect their majors to the jobs they want. The answer is ②.

[31~32] Listen to the following and answer the questions.

여자 버림받는 동물이 많아지면서 인간도 피해를 입는 등 문제가 심각한 상황입니다. 그래서 저는 유기견 안락사에 동의하는 바입니다.

남자 유기견이 많아지는 이유는 바로 인간의 편의주의와 이기심 때문입니다. 인간의 편의를 위해 생명체를 죽이는 것은 매우 이기적인 생각입니다.

여자 하지만 유기견 보호소의 수가 매우 부족한 상태입니다. 정부와 지자체가 유기 동물 근절에 힘을 쓰지 않는다면 안락사는 불가피한 일입니다.

남자 동물들이 유기되는 것은 사람의 책임이 가장 큰데도 유기견들이 희생을 하는 것은 말이 안 됩니다. 유기견들도 생명체로 존중해서 안락사 외에 다른 방안을 찾아봐야 할 것입니다.

W As the number of abandoned animals increases, serious problems occur, causing damage to humans as well. That's why I agree with using euthanasia on abandoned dogs.

M The number of abandoned dogs increases because of the human pursuit of expediency and selfishness. Taking a life for human convenience is a very selfish idea.

W But the number of shelters for abandoned dogs is insufficient. If the central and local governments do not make an effort to stop people from abandoning animals, euthanasia will be unavoidable.

M It does not make sense to sacrifice abandoned dogs when humans are the most responsible for the abandonment of animals. We must treat abandoned dogs with respect for their lives and find measures other than euthanasia.

31. The man says that animals are abandoned because humans seek only what is convenient for them and act selfishly. He is against euthanasia for abandoned dogs. The answer is ④.

32. The man holds humans responsible for the increase in the number of abandoned dogs and their euthanization, finding the cause to be the human pursuit of expediency and selfishness. The answer is ③.

[33~34] Listen to the following and answer the questions.

여자 1774년에 출간된 소설 '젊은 베르테르의 슬픔'은 남자 주인공인 베르테르가 권총으로 삶을 마감한다는 결론으로 끝나는데요. 당시 이 책이 큰 인기를 끌면서 많은 젊은 사람들이 베르테르의 마음에 공감하며 자살하는 일이 벌어졌습니다. 현대에도 이와 비슷하게 유명인의 자살 소식이 알려지면 일반인들의 자살률이 높아지는 현상을 보고 '베르테르 효과'라고 부르게 되었습니다. 자살이 마치 바이러스처럼 전염되는 현상입니다. 모방 자살이라고도 하는 이 '베르테르 효과'는 유명인의 자살이 일반인에게 미치는 영향력이 얼마나 큰지를 보여 주는 사례입니다.

W The Sorrows of Young Werther, a novel published in 1774, ends with the hero Werther taking his own life with a pistol. As this book was enormously popular at the time, many young people sympathized with Werther's feelings and killed themselves. Similarly, in modern times, there is a phenomenon called the Werther Effect, where the suicide rate among the general public increases after news of a celebrity suicide is publicized. And it is a case where suicide becomes contagious like a virus. The "Werther Effect," also known as copycat suicide, is a case that demonstrates how significant an impact celebrity suicide has on the general public.

33. The woman is talking about the relevance between a celebrity suicide and the suicides of ordinary people by explaining the Werther Effect. The answer is ④.

34. As the book became popular, many people sympathized with Werther's feelings and killed themselves. The answer is ③.

[35~36] Listen to the following and answer the questions.

남자 오늘 이렇게 우리 박물관의 고서적 전시실 개관을 알리게 되어 기쁩니다. 이 전시실은 조선 시대 의학 발전에 대해 교육할 목적으로 마련되었습니다. 조선은 한국 역사상 가장 많은 의학 시적을 남긴 나라였습니다. 또한 조선뿐만 아니라 주변 나라의 의학을 정리해 백과사전 형식으로 편찬하였으며, 그 자료를 보존하기 위해 큰 노력을 기울였습니다. 새로 문을 연 고서적 전시실은 조선 시대 의학 서적의 편찬 절차, 보존법에 대한 자료와 허준의 동의보감 같은 대표적인 의학 서적들을 전시하고 있습니다. 이 공간이 시민들과 청소년들을 위한 의학 교육의 장으로 널리 이용되기를 기대합니다.

M I am pleased to announce the opening of the Ancient Book Exhibition Room in our museum today. This exhibition room is designed to educate people about the development of medical science in the Joseon Period. The Joseon Dynasty left behind the largest number of books on medical science in Korean history. They not only compiled their own medical knowledge but also incorporated medical science from neighboring countries, and published it in the form of encyclopedias. They made great efforts to preserve these sources.

The newly opened Ancient Book Exhibition Room showcases the publication procedures of medical books in the Joseon Period, the methods of preservation, and representative medical books like Donguibogam: Principles and Practice of Eastern Medicine by Heo Jun. I hope that this space will be widely used for the education of citizens and youth in medical science.

35. The man is announcing the opening of the Ancient Book Exhibition Room and declares that its purpose is to educate people about the development of medical science in the Joseon Period. The answer is ④.

36. In the new Ancient Book Exhibition Room, you can learn about the publication procedures of medical books in the Joseon Period. The answer is ④.

[37~38] Listen to the following and answer the questions.

여자 평생을 교사로, 어린이 문화 운동가로 활동하신 선생님의 시집이 요즘 화제를 모으고 있는데요. 아직 읽어 보지 않은 분들을 위해 소개 좀 해 주시겠습니까?

남자 이 시집은 아이들이 자신의 마음을 건강하게 표현할 수 있는 계기가 되었으면 하는 마음으로 쓴 책입니다. 요즘 시를 읽는 분들이 많지 않은데 시는 짧은 글로 사람들의 마음을 움직이는 힘이 있다고 생각합니다. 이 시집에는 제가 10년 동안 학생들과 상담을 마친 후, 아이들 한 명 한 명에게 주었던 시들이 수록되어 있습니다. 책 이름을 '시를 피우다'라고 한 까닭은 제자들이 앞으로 어떤 일을 하더라도 자신의 꿈을 당당하게 꽃피우기를 바라는 마음으로 썼기 때문입니다. 아울러 자신이 어떤 삶을 살아야 할지 몰라 방황하는 제자들과 함께 지었던 시와 제 삶에 좋은 영향을 주신 분들께 드리는 헌시도 실려 있습니다.

W You have spent your entire life as a teacher and activist for children's culture, and a collection of your poems has become popular recently. Would you like to introduce it to those who may have not read it yet?

M This book is a collection of poems I wrote in the hope that they can give a chance to children to express their hearts in a healthy way. Not many people read poems nowadays, but I think poetry has the power to move people's hearts in short sentences. This collection has poems that I have given to each child I have counseled over the past 10 years whenever the counseling was over. I entitled the book Poetry Blooms because I wrote these poems in the hope that my students would proudly make their dreams bloom no matter what they do. The book also has poems I wrote together with my students who were lost and didn't know what kinds of lives they wanted to live as well as a poem dedicated to the people who had a positive influence on my life.

37. The man believes that poetry has the power to move people's hearts in short sentences. The answer is ②.

38. The man entitled book Poetry Blooms in the hope that his students will do well no matter what they do. The answer is ④.

[39~40] Listen to the following and answer the questions.

남자 한국과 북한의 경제적인 불균형이 크다는 건 물론 큰 문제입니다. 하지만 더 심각한 이유로 볼 수 있는 것은 통일에 대한 한국과 북한 젊은이들의 인식의 차이입니다. 한국의 젊은이들은 '통일이 반드시 필요한가?'라는 질문에 대해서 '그렇다'와 '그렇지 않다'라고 반반의 비율로 응답한 반면, 북한을 탈출하여 한국에 정착한 젊은이들은 '반드시 필요하다'고 응답하였습니다. 또한 북한에서 온 젊은이들은 '정부 차원에서는 교류가 없어도 민간 차원에서는 꾸준히 교류가 필요하다'고 대답한 반면 한국의 젊은이들은 '북한과의 교류는 정부와 민간이 함께 해 나가야 한다'고 대답하였습니다. 따라서 통일을 위한 전제 조건은 이러한 인식의 차이를 극복하는 것이라고 할 수 있습니다.

여자 한국과 북한 젊은이들의 인식이 이렇게까지 차이 난다는 사실이 저는 좀 충격인데요. 그렇다면 교수님, 이런 인식 차이를 줄이기 위한 방안으로는 어떤 것이 있을까요?

M The economic imbalance is certainly a big issue, but a more serious problem is the gap of perception in young people in the South and the North. Asked if "unification is absolutely necessary," while half of young South Koreans replied yes and the other half replied no, young North Korean defectors who settled in South Korea replied "it is absolutely necessary." While young North Korean defectors said "inter-Korean exchanges must continue on a private, if not on a government level," young South Koreans said that "the exchange with the North must be done jointly by the government and private levels." So the prerequisite for our unification is to overcome such gap in perception.

W I am shocked to learn that there is such a big difference in perception between young people in South Korea and North Korea. Professor, what measures can be taken to reduce this gap in perception?

39. The woman is asking the professor about measures to reduce the gap in perception between South Korea and North Korea. Therefore, ② is the correct answer.

40. The man argues that the prerequisite for the unification of the two Koreas is to overcome the difference between the perceptions of North and South. The answer is ③.

[41~42] Listen to the following and answer the questions.

남자 여러분, 아빠의 스킨십이 자녀를 바꾼다는 말을 들어 본 적 있습니까? 유교 사상의 영향으로 한국인들은 엄마의 이미지를 떠올릴 때 너그럽고 편한 이미지를 떠올리는 반면, 아빠는 어렵고 무서운 이미지를 떠올리는 편입니다. 하지만 자녀에게는 엄마의 사랑만큼 아빠의 사랑도 중요하다는 연구 결과가 발표됐는데요.

영국의 한 대학교에서 같은 해에 태어난 아이 7천 명을 대상으로 33살까지 성장 과정을 관찰한 결과, 자녀의 발달과 교육에 적극적으로 관심을 보이는 아빠의 자녀가 그렇지 않은 아빠를 둔 자녀보다 성공적인 사회생활과 결혼 생활을 한다는 결과가 있었습니다. 또 미국의 심리학 연구팀에서 100쌍의 부모를 대상으로 조사를 한 결과, 1세부터 6세 때까지 아빠가 자주 목욕시킨 아이들의 3%만이 10대가 돼서 친구를 사귀는 데 문제를 겪은 반면, 아빠와 목욕한 적이 없는 아이들의 30%가 친구를 사귀는 데 어려움을 겪었다고 합니다. 이 두 연구 결과는 모두 아빠의 스킨십이 자녀에게 긍정적 영향을 준 사례들입니다. 이런 사례들에 비춰봤을 때 매일 아침에 안아 주기 등, 쉽게 실천할 수 있는 것부터 시작해서 가부장적인 아빠들이 달라져야 한다고 생각합니다.

M Have you ever heard that the intimacy or "skinship" with one's father can influence a child? Due to the influence of Confucianism, Koreans have a positive and nurturing image of mothers, but a difficult and intimidating image of fathers. However, research has shown that a father's love is just as crucial as a mother's love. When a British university followed the development of 7,000 children born in the same year until the age of 33, the results showed that children whose fathers showed active interest in their development and education led more successful lives in society and marriage compared to those who did not have such a father. Additionally, an American research team studying 100 parental couples found that only 3% of children whose fathers often gave them baths between ages 1 and 6 had problems making friends in their teenage years, compared to 30% of children whose fathers had never given them a bath. These studies show how a father's intimacy can have a positive influence on children. Given these findings, I believe that patriarchal fathers should start changing their ways with simple actions, such as giving a hug every morning.

41. The man talks about study results on intimacy with a father and argues that patriarchal fathers must change their ways, starting with the easy things they can do in life. The answer is ③.

42. According to the man, there are study results that show how a father's love is as important as a mother's love for children. The answer is ②.

[43~44] Listen to the following and answer the questions.

여자 집이 인간의 전유물일까요? 그렇지 않습니다. 동물도 집을 지을 수 있습니다. 동물들은 우리의 생각보다 훨씬 오래전부터 집을 지어 왔습니다. 또 동물들은 인간들보다 훨씬 다양한 재료들을 이용하여 집을 짓습니다. 전문가다운 실내 장식 솜씨를 뽐내는 동물이 있는가 하면 남이 애써 만든 집을 차지하는 뻔뻔한 동물도 있습니다. 이처럼 동물들이 집을 짓는 이유는 거친 야생으로부터 자신을 보호하기 위해서입니다. 그래서 대부분의 동물들은 본능적으로 눈에 잘 띄지 않는 안전한 곳에 집을 짓습니다. 예를 들어, 북아메리카의 야심만만한 건축가인 비버는 단단한 나무로 튼튼한 성을 만드는데 이 성은 물에 둘러싸여 있어 매우 안전합니다. 그리고 지푸라기와 진흙을 바른 두꺼운 벽 덕분에 아주 견고한 편입니다.

W Is a home something exclusive for humans? No, it isn't. Animals can build homes, and they have been doing so for much longer than we think. In fact, animals build homes with much more diverse materials than humans do. While some animals show off their skills in decorating their homes like experts, others brazenly take possession of the homes other animals have worked hard to make. Animals build homes to protect themselves from the tough wilderness. That's why most animals instinctively make their homes in safe places that do not stand out. For instance, the beaver, an ambitious architect in North America, builds a formidable castle with hard wood, which is very safe as it is surrounded by water, and it is solid thanks to the thick wall made of straw and clay.

43. The woman explains how animals instinctively build homes in places that will not be noticed by their enemies. The answer is ②.

44. The woman says that animals build homes to protect themselves in the wild. The answer is ④.

[45~46] Listen to the following and answer the questions.

여자 여러분, 미래에는 자신이 원하는 유전자로 만든 아이를 가질 수 있을까요? 네. 가질 수 있다고 합니다. 미래에는 부모가 원한다면 우수한 유전자만을 조합해 키도 크고, 지능 지수도 높으며, 병에 걸릴 위험도 적은 아이만 태어나게 하여 '슈퍼 신인류'가 나타날 수도 있다고 합니다. 하지만 우수한 유전자를 조합하는 것은 위험한 일이 될 수 있습니다. 사람의 몸은 각 부분이 알맞게 균형을 이루고 있고, 그 균형에 맞춰서 에너지도 분배됩니다. 그런데 평범한 사람보다 뇌의 기능을 더 높이거나, 근육이 더 발달하도록 조작한다면 다른 부분에서는 기형이 나타날 가능성을 무시할 수 없습니다. 또한 유전 형질이 뛰어난 사람들만 사는 세상이 온다면 경쟁은 더 치열해지고, 사람들 사이에서 유대감도 약해질 수 있겠지요. 완벽한 것이 반드시 최선이라고는 할 수 없습니다. 생명 공학이 발전하면서 유전자를 이용한 다양한 치료법과 연구가 진행되고 있지만, 발전된 기술로 인해 나타날 사회적인 영향도 우리가 대비해야 할 중요한 문제라고 생각합니다.

W Can we create a child with only the genes that we want in the future? It seems that we can. In the future, it may be possible for parents to select only desirable genes to give birth to taller, higher IQ, and lower disease-risk children, leading to the emergence of "superhumans." However, combiningonly desirable genes may be dangerous. In the human body, each part maintains a delicate balance, and energy is distributed accordingly. If we were to enhance the functions of the brain or manipulate muscles to develop further, deformities may occur in other parts of the body, a possibility that we cannot ignore. Moreover, if only people with desirable genetic traits are allowed to exist, competition may become more intense, and social bonds may weaken. Perfection does not necessarily mean it's the best. While biotechnology continues to advance, it is important to be aware of the potential social impact of such advancements.

45. The woman thinks that competition may grow more intense if the world becomes a place where only people with great genetic traits live. The answer is ④.

46. The woman argues while biotechnology continues to advance, it is important to be aware of the potential social impact of such advancements. Therefore, the answer is ③.

[47~48] **Listen to the following and answer the questions.**

여자 최근 한 언론에서 녹색 채소를 많이 먹으면 다이어트에도 도움이 되고 건강에도 도움이 된다고 했는데요. 박사님께서는 이에 대해 어떻게 생각하시는지요?

남자 그건 잘 모르고 하시는 말씀입니다. 여러분도 자주 들어서 알고 있듯이 녹색 채소에는 동물성 식품 재료보다 식이성 섬유가 풍부하여 변비 예방에 좋으며 콜레스테롤 수치를 낮게 하는 효과가 있습니다. 하지만 몸에 좋다고 많이 먹으면 오히려 해가 될 수도 있습니다. 녹색 채소를 많이 먹으면 비타민 A 섭취는 늘어나지만 간에 안 좋을 수도 있습니다. 따라서 무조건 많이 먹을 것이 아니라 몸에 맞게 적절히 먹는 것이 중요합니다. 다이어트를 위해 식사 대용으로 녹색 채소를 주스로 만들어서 마시는 사람도 있는데요. 이 경우 하루 적당량을 여섯 번에서 일곱 번으로 나눠서 먹는 것이 좋습니다. 하지만 채소를 분쇄할 때 영양소와 섬유소가 파괴될 수 있습니다. 그러므로 섬유소가 거의 제거된 맑은 액체 상태로 주스를 마시는 것은 몸에 이로운 섬유소가 낭비되는 것임을 주의해야 합니다.

W Recently, a media report claimed that consuming green vegetables is beneficial for weight loss and overall health. What is your professional opinion on this matter, Doctor?

M Well, they don't know what they're talking about. As you may have heard, green vegetables contain more dietary fiber than meat, making them effective at preventing constipation and lowering cholesterol levels. However, consuming too many green vegetables can be harmful to your health, no matter how good they are for you. An excessive intake of green vegetables may lead to an increase in vitamin A, which can damage your liver. Therefore, it's not just about eating a lot but eating in moderation and properly for your body. Some people substitute a meal with green vegetable juice to lose weight. In that case, it is recommended to divide the juice into moderate quantities and consume it six to seven times a day. But grinding vegetables can destroy their nutrients and fiber. Drinking juice in a clear liquid form, which removes most of the fiber, is equivalent to wasting the beneficial fiber for the body.

47. In discussing the effects of green vegetables, the man mentions that they lower the body's cholesterol level. The answer is ②.

48. The man contradicts the media report by explaining the potential side effects of eating to many green vegetables. The answer is ②.

[49~50] **Listen to the following and answer the questions.**

남자 요즘 지구촌 곳곳에 자원 부족 문제로 심각한 고통을 겪고 있는 나라들이 많습니다. 이제 곧 자원 부족 시대가 도래할 것이라는 예상이 전 세계적으로 많은 관심의 대상이 되고 있는데요. 이러한 관심은 신재생 에너지에 대한 관심으로 이어지고 있습니다. 신재생 에너지는 신에너지와 재생 에너지를 합쳐 부르는 말입니다. 신재생 에너지는 화석 에너지에 비해 경제적 효율성은 떨어지지만, 환경 친화적이면서 화석 에너지의 고갈 문제와 환경 오염 문제를 해결할 수 있습니다. 또한 앞으로 신재생 에너지는 불안정한 유가와 기후 변화 협약에서 규제한 내용 등에 대한 대응책으로 그 중요성이 점차 커지게 될 것입니다. 이에 한국은 공급 비중 면에서 폐기물이 가장 많고 태양광·풍력 등은 아직 적은 편이기 때문에 신재생 에너지를 만들기 위해 체계적이면서도 정책적인 지원을 아끼지 않아야 할 것입니다.

M Today, many countries around the world are suffering from serious resource shortages. It is forecasted that an age of resource scarcity will soon arrive, and this prediction is garnering global attention, leading to interest in new and renewable energy. New and renewable energy is a term that encompasses new energy and renewable energy. New and renewable energy may have lower economic efficiency than fossil fuels, but it is eco-friendly and can solve the problems of fossil fuel depletion and environmental contamination. In the future, new and renewable energy will be even more important as measures against insecure oil prices and the regulations set forth by the Climate Change Convention. Regarding energy supply in Korea, waste-to-energy accounts for the largest portion, while solar, wind, and other types of energy account for a smaller portion. Therefore, we need to support the creation of systems and policies that promote new and renewable energy.

49. According to the man, new and renewable energy can solve such problems as the exhaustion of fossil fuels and environmental contamination. The answer is ①.

50. The man explains the status of new and renewable energy and, at the same time, forecasts the future and proposes a policy. The answer is ③.

[51~52] Write an appropriate word in each of the blanks in the following text.(10 points each)

51. ㉠: You should take the hint from the details below and ask the readers to check the details below.

㉡: Before the blank, there is the word "mountain," and after the blank, there is some advice to prepare warm clothes. You should explain the reason for the latter.

→ The text is a notice about a corporate picnic. Usually, it includes a brief description of the purpose of the picnic as well as the schedule. In general, the term 다음 (below) is used to provide details such as the date and time of departure, venue, fee, and any precautions. Answers that earn 3 points should use expressions on an elementary level in terms of grammar and vocabulary.

52. ㉠: Before the blank, the text explains the advantage of comparing oneself with others. Since the sentence with parentheses starts with 그러나 (however), it implies that something opposite should be explained in the blank. When you write the answer, you should consider using the form –(으)면 –기 마련이다" to express likelihood or inevitability.

㉡: You should consider the theme of this text. There should be a reference to confidence or looking at oneself positively.

53. The following is data on the relationship between "average consumption tendency" and "changes in household expenditure by item." Explain the content in a text of 200-300 characters. Do not write a title.

[Summary]

Introduction: brief introduction to the details of the table and graph (average consumption and changes in household expenditure by item)

Body: compare the average consumption and changes in household expenditure by item in 2019~2022.

Conclusion: summary

54. Refer to the following and write a text of 600-700 characters. Do not simply copy the text of the question when writing your answer.

[Summary]

Introduction: a summary of the details presented in the question—providing an overview of the current status of convenience facilities for people with disabilities.

Body: ① reasons to have convenience facilities for people with disabilities.

② ways to improve the facilities for people with disabilities.

Conclusion: a summary of your own opinion

[1~2] Choose the most appropriate word for the blank.

1.
> Judging by his behavior, he is a person that cannot be trusted (   ).

Question type Choosing a word ending for the context (connective/short sentence)

If you look at how he behaves, he is a person that cannot be trusted. Therefore, you cannot trust him even if you want to. ② is the best answer.

> –(으)려야: used in the –(으)려야 –(으)ㄹ 수가 없다 form, the first part indicates that the subject intends to do something, and the latter part generally means that it is impossible to do so due to a situation contrary to the intention.
> **Eg** 영호의 장점을 찾으려야 찾을 수가 없었다.
> **Tip** –(으)려야 is the shortened form of –(으)려고 하려야, and it is often used with the adverb 도저히.
> **Eg** 그는 도저히 믿으려야 믿을 수가 없는 사람이다.

- –아/어도: a connective ending used to indicate that although the preceding phrase is supposed or admitted, it is not related or does not influence the following phrase
  Eg 영호는 몸이 아파도 학교에 결석하는 일이 없었다.

- –더라도: a connective ending used to indicate that although the preceding phrase is supposed or admitted, it is not related or does not influence the following phrase
  Eg 부모들은 아이들 물건을 살 때 조금 비싸더라도 좋은 것을 사려고 한다.

- –는 통에: an expression used to indicate that the following is a negative consequence and that the preceding is the situation or cause that made it
  Eg 아이들이 시끄럽게 떠드는 통에 아기가 깼어요.

2.
> I (   ) love from the hands of my mother, who attended to me.

Question type Choosing a word ending for the context (ending/short sentence)

The speaker gets to feel his or her mother's love as she takes care of him or her. ① is the best answer.

> –아/어지다: (attached to verbs) this expression indicates that the agent gets to do something or that an action happens to lead to such state.
> **Eg** 반이 둘로 나누어졌다.
> 접시를 떨어뜨려서 접시가 깨어졌다.
> **Tip** Attached to adjectives, –아/어지다 means a change of state.
> **Eg** 날씨가 추워졌다.
> 미영이가 많이 예뻐졌다.

- –아/어 보다:
  ① an expression used to indicate that the preceding action is done on a trial basis

Eg. 오늘 광장에서 큰 행사가 있으니 구경 한번 와 보세요.

② an expression used to indicate that the preceding action has been experienced before

Eg. 너는 유명한 사람한테 사인 받아 봤니?

- **−는 듯하다**: an expression used to indicate that the preceding is speculated.

  Eg. 아직 이 일은 아무도 모르는 듯하다.

- **−(으)ㄹ 정도이다**: an expression used to indicate the extent or quantity to do the preceding

  Eg. 너무 많이 웃어서 배가 아플 정도예요.

[3~4] Choose the answer that has the most similar meaning to the underlined section.

3.

> Day by day, the number of foreign students coming to Korea to enter Korean universities is increasing.

Question type Choosing a similar word ending (connective/short sentence)

The sentence notes that the number of foreign students coming to Korea is increasing, and their goal is to enter a university. ④ is the best answer.

> **−고자**: an expression used to indicate the purpose of doing the following action
>
> **Eg.** 당신을 만나고자 여기까지 왔습니다.
> 나는 지금까지 좋은 선생님이 되고자 노력해 왔다.
>
> **Tip** It is generally used in official speech or writing, and the following sentence cannot be in an imperative or suggestive form. It is interchangeable with −(으)려고 and −기 위해서. When the form is −고자 하다, it expresses the intention or hope of the speaker.
>
> **Eg.** 오늘은 '환경 문제'에 대해서 말씀드리고자 합니다.

- **−고서**:
  ① a connective ending used to emphasize that the preceding and following events occurred in consecutive order

  Eg. 기홍이는 점심을 먹고서 잠시 쉬고 있었다.

  ② a connective ending used to indicate that the preceding is a condition of the following

  Eg. 직접 겪어 보지 않고서 그들의 심정을 이해할 수 없다.

  ③ a connective ending used to indicate that the preceding and the following facts are contrary

  Eg. 영호는 밤새 낚시를 하고서 한 마리도 잡지 못했다.

- **−아/어 봤자**: an expression used to indicate that it is no use to try the action indicated by the preceding

  Eg. 공부도 안 하는데 도서관에 가 봤자 시간만 아깝죠.

- **−자마자**: a connective ending used to indicate that immediately after the preceding situation or event, the situation or event that followed occurred

  Eg. 나는 너무 피곤해서 소파에 앉자마자 잠이 들었다.

- **−기 위해서**: an expression used to indicate a goal or intention in doing something

  Eg. 살을 빼기 위해서 운동을 시작했어요.

4.

> No matter what you do, <u>it is always hard</u> when you begin.

Question type Choosing a similar word ending (ending/short sentence)

When you do something for the first time, it is naturally very hard. ④ is the best answer.

> **−는 법이다**: an expression used to indicate that the act or state mentioned in the preceding statement is reasonable
>
> **Eg.** 기대가 클수록 실망도 큰 법이다.
> 다른 사람에게 한 만큼 받는 법이다.
>
> **Tip** −는 법이다 is interchangeable with −는 게 당연하다 and −기 마련이다.

- **−아/어도 되다**: an expression used to indicate permission or consent for a certain action

  Eg. 여기 앉아도 되나요?
  교실 청소 끝냈으면 집에 가도 돼.

- **−기만 하다**:
  ① (attached to verbs) an expression used to indicate that the agent is doing only one action without doing anything else

  Eg. 기홍이는 묻는 말에는 대답하지 않고 웃기만 한다.

  ② (attached to verbs) an expression used to indicate to state that a certain state continues regardless of any other circumstances related to an object or to emphasize the state

  Eg. 나는 아직 할아버지가 무섭기만 하다.

- **−는 모양이다**: an expression used to indicate to indicate that the speaker is speculating that something is happening now or in a certain state, considering another fact or situation

  Eg. 빗소리가 들리는 걸 보니 밖에 비가 오는 모양이에요.

- **−기 마련이다**: an expression used to indicate that something is bound to happen

  Eg. 어떤 일도 시간이 지나면 잊히기 마련이다.

[5~8] Choose the answer that says what the following is about.

5.

> High-speed Internet great call sound quality,
> a size that perfectly fits your hand

Question type Understanding the object/type of text (advertising)

This is something that offers Internet service, allows phone calls, and is small enough that it fits your hand. ③ is the best answer.

6.

> Drama theme songs perfect for winter nights
> A time when you can enjoy music
> with those famous scenes
> You are cordially invited to a time
> that will touch your heart

Question type Understanding the object/type of text (advertising)

The key phrase in this notice is 드라마 주제가. Since you

can enjoy the music with famous scenes, ① is the best answer.

7.

See, hear, and feel first hand 17 subjects, including history and the environment!
Children who were never interested in classroom lessons now show curiosity and focus.

Question type Understanding the object/type of text (advertising)

The text notes how children can have first-hand experiences seeing, hearing, and feeling subjects like history and the environment. It also claims that children who did not pay attention to classroom lessons are curious. ② is the best answer.

8.

- Do not run or walk.
- Stay inside the yellow safety lines.
- Grasp the handle firmly.

Question type Understanding the object/type of text (notice)

The key phrases for this notice are 노란색 안전선 and 손잡이. It is cautioning people who are using an escalator. ② is the best answer.

[9~12] Choose the statement that agrees with the following text or graph.

9.

Admission Coupon for Ceramics Exhibition

- **The term of validity:** December 31st, 2024
- Please use this coupon at the ticket office to exchange if for an admission ticket.
- Our company cannot take responsibility for ticket theft or loss
- It cannot be exchanged for cash and is not eligible for a refund.
- One coupon serves up to two people.
- **Phone inquiry:** Yeoju Ceramics Exhibition Hall (031-888-1234)

Question type Choosing the answer that matches the text/table (notice)

The valid period is until December 31st of 2024. ② is the best answer.

① ~~You can enter the exhibition hall with this coupon.~~ → You must exchange it for an admission ticket at the ticket office.

③ If four people are going to the ceramics festival, ~~you need four coupons.~~ → up to two people can enter with one coupon, so you need two coupons

④ ~~If you lose the coupon, you can get one reissued at the Yeoju Ceramics Exhibition Hall.~~ → The exhibition hall will not be held responsible for theft or loss.

- 도난: theft; being stolen

10.

Secret of Longevity: Men & Women Aged 100 or Over

Question type Choosing the answer that matches the text/table (graph)

The largest group of respondents gave disciplined diet as the secret to longevity. ① is the best answer.

② ~~More~~ women take health supplements than men. → Less

③ Both men and women said that the biggest secret to longevity is ~~regular habits~~. → a moderate diet

④ Women think ~~a happy family life is more important than heredity~~. → heredity is more important than a happy family life

- 절제되다: to be properly controlled and limited rather than to be excessive
- 원만하다: to be smooth with regard to the course of things
- 낙천적: considering the world and life as pleasant and good

11.

Recently, the basic fare of Seoul taxis has increased by 1,000 won, from 3,800 won to 4,800 won. In addition, the basic distance for taxis has been reduced from 2.2km to 1.6km, a decrease of 400m, making the perceived fare increase even greater for citizens. The basic fare for late-night hours, during which up to a 40% fare surcharge is added depending on the time of day, has also increased to 6,700 won, leading to an expected increase in the burden for those who take taxis during late-night hours.

Question type Choosing the answer that matches the text/table (article)

As the basic taxi distance was reduced by 400m, the perceived fare increase became even greater for citizens, so the correct answer is ③.

① The basic fare for taxis ~~nationwide~~ has been raised by 1,000 won. → in Seoul

② The basic taxi distance ~~has not been adjusted and remains the same~~. → It was reduced by 400m from 2.2km to 1.6km.

④ The burden of people who take taxis late at night will be ~~reduced~~. → increased

- 할증: adding a certain amount to a fixed price
  - 예 50만 원 이상 고가 물품을 보내는 경우에 택배비에 할증이 붙는다.

12.

Namdaemun Market is a place with a 600-year history and tradition. At Namdaemun Market, nearly 1,700 goods are traded at about 12,000 stores, and goods are sold to 400,000 customers per day. There are as many as 10,000 foreign customers. It is Korea's largest market selling general merchandise, and the stores that operate at night open their doors at 10:30 PM and operates until late at night, becoming lively by 2:00 AM with retail merchants.

Question type Choosing the answer that matches the text/table (article)

The text reads that goods are sold to 400,000 customers per day. ③ is the best answer.

① There are ~~fewer~~ retailers at around 2:00 AM → crowd the market the most

② The market opens at 10:30 ~~AM~~ → PM

④ ~~There are 12,000 stores that have a 600-year history at Namdaemun Market.~~ → Namdaemun Market is a place with a 600-year history, and there are 12,000 stores at the market now.

[13~15] Choose the option that places the statements in the right order.

13.

(가) The situation surrounding the home shopping industry is just like this.

(나) Business profits have sharply decreased from last year, and TV broadcasting fees have also increased.

(다) There is a saying called "adding insult to injury," which means that unfortunate events happen successively.

(라) Now is the time for home shopping companies to enhance their competitiveness by focusing on selling high-profit products.

Question type Placing sentences in the right order

The text talks about the recent circumstances in the homeshopping industry and how the industry must move forward. (다) suggests the topic by explaining the meaning of 설상가상 (when it rains, it pours), so it can come at the start. (가) follows as it notes that the recent circumstances surrounding the homeshopping industry are just like that (difficult things happening at the same time). (나) fits next as it provides a specific explanation on the industry, and (라) comes last as it suggests a solution. (다)–(가)–(나)–(라), or ④, is the answer.

14.

(가) It is not easy to climb as it is situated in a high place.

(나) Namhansanseong is a castle built on Namhansan Mountain at an altitude of 500 meters.

(다) But once you enter the castle, you can see that it is a fortress blessed by nature with an outstanding landscape.

(라) In addition to such geological conditions, the great architecture of the fortress is what allowed Namhansanseong to be listed as a World Heritage site.

Question type Placing sentences in the right order

The text explains why Namhansanseong was put on the World Heritage list. (나) is first as it mentions that Namhansanseong is a castle built on Namhansan Mountain at an altitude of 500 meters. (가) is next as it mentions the castle's weakness of being situated in a high place (an altitude of 500 meters). (다) follows as it starts with 하지만 and is about its strengths (a fortress blessed by nature), and (라) comes next with "이런 지리적 조건 (a fortress blessed by nature,)" and it summarizes why the castle was added to the World Heritage list. (나)–(가)–(다)–(라), or ①, is the answer.

- 천혜: a favor granted by the heaven's or nature's bounty.
- 요새: defense facilities solidly built in a place crucial for national defense

15.

(가) However, this poses a problem as it is based on the average walking speed.

(나) For instance, for a 30-meter long crosswalk, an extra 7 seconds will be added to 30 seconds, making it 37 seconds.

(다) The pedestrian signal is determined by adding a reserve of 7 seconds to the 1 second of walking time per 1 meter of the crosswalk.

(라) It is necessary to set the time for pedestrian signals at crosswalks more sufficiently, taking into consideration people who cannot walk fast.

Question type Placing sentences in the right order

The text presents an opinion that the time for pedestrian signals at crosswalks should be longer. (다) comes first as it explains how the time for pedestrian signals is determined. (나) comes next as it provides an example for (다). It should be followed by (가), which highlights the issue that it is based on the average walking speed. Lastly, the thematic subject of (라) comes as it argues for the need to increase the time for pedestrian signals at crosswalks. (다)–(나)–(가)–(라), or ④, is the answer.

[16~18] Choose the most appropriate word for the blank.

16.

Penguins need to find food in the sea, but they hesitate to jump into the water. The reason is that they are afraid of natural enemies that might be lurking in the sea. But if one penguin in a colony throws itself into the sea first, the others jump into it and catch prey all together. In anything and everything, (   ).

Question type Choosing the best phrase for the context

Before the blank, it is said that if one penguin jumps into the sea first, the others all follow suit. Deducing from the sentence, ④ is the answer as it is about the importance of beginning.

17.

When your computer does not work properly or when things do not go as you intend in an online game, you press the button to restart. This is called a reset, and when people are confused and believe that it is possible to reset things in reality as well, such a belief [symptom] is called reset syndrome. Reset syndrome takes the form of people (   ) when they face difficulties or easily making and severing relationships with other people as if they are reseting a computer.

Question type Choosing the best phrase for the context

The text discusses the problem of reset syndrome, or how people try to start again when things do not go like they want. ② is the best answer.

18.

According to research from the London Business School, a significant number of successful entrepreneurs attribute their success to "Attention Deficit Hyperactivity Disorder (ADHD)." This is a mental disorder characterized by symptoms such as inattention, hyperactivity, and impulsivity. However, in the process of overcoming this disorder, they were able to develop other skills such as improved concentration and coping abilities. No one is perfect. It only requires the will (   ) and grow based on one's own.

Question type Choosing the best phrase for the context

Business people say that they could develop other abilities to focus on or to handle situations thanks to the disorder, and nobody is perfect. This means that you need a mental attitude to develop your weakness, so ④ is the best answer.

[19~20] Read the following and answer the questions.

The phenomenon of *ulzzang* culture began when some netizens pointed out individuals as *ulzzang* (good-looking) based on their photos posted on the internet, which became a hot topic. The problem is that as the *ulzzang* culture rapidly spread, it ingrained a narrow value system in society that places excessive importance on appearance. *Ulzzang* culture was an Internet game culture in the beginning, but now it is expanding to become a social problem, combined with commercialism and lookism. (   ), is appearance so important?

19. Question type Choosing the best conjunction for the context

The text questions whether looks are so important. ② is the best answer.

- 괜히: for nothing; without any reason
  - **Eg** 그 사람을 보면 나도 모르게 괜히 화가 난다.

- 과연:
  ① as one has believed; indeed
    - **Eg** 퀴즈 대회에서 일등을 하다니 승규는 과연 똑똑하다.
  ② without question about extended results
    - **Eg** 이 방법이 과연 효과가 있을지 모르겠네요.
- 하필: a word used to ask why one must do something or why something must be that way
  - **Eg** 하필 왜 나에게 이런 일이 생겼을까?
- 대개: in general
  - **Eg** 화장품 광고는 대개 피부가 좋은 사람이 모델을 한다.
- 편협하다: to be partial and hence narrow minded in thinking or at heart

20. Question type Understanding the main idea

it was mentioned that although the trend of *Ulzzang* (good-looking) culture started in Internet game culture, it has expanded into a social issue as it has become combined with commercialism and appearance worship. Therefore, ④ is the best answer.

[21~22] Read the following and answer the questions.

In our society, art collectors are often not viewed favorably. The act of purchasing art is considered a highly extravagant form of consumption. This is because when people think of buying art, they often have in mind the acquisition of an expensive masterpiece by a renowned artist. However, such instances are (   ), and in most cases, art collectors simply purchase ordinary pieces of art. Furthermore, not everyone can buy art, even if they have the financial means. Only those with an interest in art can acquire paintings that they truly appreciate.

21. Question type Choosing the best proverb/idiom for the context

The selling of a masterpiece by a famous artist happens very rarely, and most sales involve ordinary pieces of art. ③ is the best answer.

- 꿈도 못 꾸다: not to dream of doing something; not to consider doing something due to believing that it is impossible to do
  - **Eg** 영호는 가난한 살림에 아이들 학원 보내는 것은 꿈도 못 꾸었다.
- 색안경을 끼고 보다: to consider something to be bad due to one's perspective or prejudice
  - **Eg** 아버지는 연예인이라면 무조건 색안경을 끼고 보셨다.
- 가뭄에 콩 나듯 한다: "As the beans grow in a drought"; to appear or happen very rarely (proverb)
  - **Eg** 요즘에는 출산율이 낮아져서 아기 있는 집이 가뭄에 콩 나듯 한다.
- 다람쥐 쳇바퀴 돌듯 한다: "As a squirrel spinning a wheel"; to go round and round, meaning that something remains the same without getting any better
  - **Eg** 그들은 같은 주장만을 다람쥐 쳇바퀴 돌듯 되풀이할 뿐 실질적인 대안은 내놓지 못했다.

22. **Question type** Understanding the details (correspondence)

In most cases, art collectors simply purchase ordinary pieces of art. Therefore, ② is the correct answer.

① Non-wealthy individuals ~~cannot afford paintings they like~~. → Not everyone can buy art, even if they have the financial means.

③ Art collectors tend to buy ~~more expensive masterpieces~~. → In most cases, art collectors simply purchase ordinary pieces of art.

④ It is commonly believed that purchasing artworks is a ~~modest form of consumption~~. → a highly extravagant form of consumption

[23~24] Read the following and answer the questions.

It was when I was a third grader in elementary school. One summer day, my grandfather took me to the rooftop, gave me a telescope, and said, "Now, try to find the sign of Silla Galbi (ribs). If you do, I'll buy you pork ribs tomorrow." I adjusted the lens this way and that to focus it and eagerly searched for the sign of the *galbi* restaurant. I looked a long time but could not see the sign. My grandfather said, "You can't see it because you are looking only afar," telling me to look at nearby places. And the *galbi* restaurant sign hung at a distance only 20 meters away from the rooftop. I felt like I was in a daze at the moment. 20 years later, I still have the telescope. Whenever I feel like I'm not good enough because of my greed, I recall the day and think about the value of what is around me and what I have now.

23. **Question type** Understanding emotions (essay)

The underlined indicates the writer's feelings when he realized his foolishness for not seeing what was near him as he was trying to look afar. ① is the best answer.

• 어이없다: to be astonished as something unexpected happened

24. **Question type** Understanding the details (correspondence/essay)

The author still has the telescope after 20 years. ② is the best answer.

① I ~~could~~ find the *galbi* restaurant sign easily. → could not

③ The *galbi* restaurant sign was ~~far~~ away from the rooftop. → only 20 meters

④ My grandfather taught me that it is important to look ~~far away~~. → near me

[25~27] Choose the answer that best describes the title of the following newspaper articles.

25.

The age of recession, a lighter purse but the same consumer sentiment

Question type Understanding a contracted sentence (news article)

The headline indicates that people do not have money

due to recession but still have the same inclination to spend. ③ is the best answer.

• 불황: a recession; a general decline in economic activities
syn 불경기

26.

The destruction of the eco system, the culprit is a man-eating fish

Question type Understanding a contracted sentence (news article)

The ecosystem has been destroyed, and the main cause is an exotic man-eating fish. ① is the best answer.

• 식인 물고기: a man-eating fish; a fish that eats human flesh

27.

Shortage of jobs, Every card imaginable played, but all in vain

Question type Understanding a contracted sentence (news article)

This is the headline of an article saying that even though numerous measures imaginable had been used to solve the job crunch, their efforts turned out to be in vain. ③ is the best answer.

• 허사: something in vain

[28~31] Choose the most appropriate word for the blank.

28.

When we see an advertisement that a specific product is offered at a discount at a store, we think that we can save a lot of money. But by the time we finish shopping, we realize that we have bought a lot more than we had originally wanted. This is the power of items on special promotion. Special promotions are sold with only a small profit margin or even at a loss, and their goal is to lure more customers to the store and (   ). That is why the special promotions are placed in strategically advantageous spots.

Question type Choosing the best phrase for the context

Customers who came to buy 특가품 eventually buy more than they had originally planned. ③ is the best answer.

29.

Adults generally blink their eyes 10 to 15 times a minute. But babies only blink once or twice during the same amount of time. No one knows the exact reason. Some say the reason is that babies have smaller eyes than adults, so they let in less dust or dirt that frequently causes blinking in eyes. Others say the reason is that babies sleep as much as 15 hours a day, which makes it less possible to make their eyes dry. Whatever the reason is, (   ) is normal.

Question type Choosing the best phrase for the context

The text explains why babies blink their eyes less than adults. ③ is the best answer.

30.
> Sometimes a behavior is learned (   ) between the behavior and the result. For instance, when Skinner placed a device that automatically dispensed food at regular intervals, a mouse was accidentally climbing the wall and met the descending food. Afterwards, the mouse learned the behavior of climbing the wall. Namely, the mouse became convinced that food would come out if it climbed the wall. In this way, learning can be achieved by misperception.

Question type Choosing the best phrase for the context

An accident leads to misperception, and misperception leads to learning. ④ is the best answer.
- 착각: a misperception; the act of feeling or believing something in a wrong or false manner

31.
> A map contains diverse information about the spaces humans live in, and such information is meaningful to the lives of the people of the times. Through various maps, we can meet not only people who live in the present but also people who used to live in the past in places we have never visited, and we can learn about their lives. In this sense, a map is (   ). When we understand the world through a map, the map becomes a valuable book.

Question type Choosing the best phrase for the context

이런 점 before the blank indicates "we can meet... people who used to live in the past in places we have never visited, and we can learn about their lives." ① is the best answer.

[32~34] **Read the following and choose the statement that agrees with the content of the text.**

32.
> Boccia, a rehabilitation sport for individuals with cerebral palsy or severe disabilities, is an official sport in the Paralympics. However, many people are unfamiliar with it. Boccia is a game that you win when you have the largest number of balls thrown or rolled near the white target ball. It is similar to curling, a winter sport, but the difference is that it is played in mixed-gender groups. The game is divided into different grades based on the level of disability, and assistant personnel assisting with pitching according to the player's instructions should only look in the direction where the player is located during the game and should not look towards the court direction.

Question type Understanding the details (correspondence)

In the beginning, boccia is specified as a sport unfamiliar to us. ② is the best answer.

① Boccia is ~~another name for curling~~, a winter sport. → a sport similar to curling
③ The helper for throwing balls ~~tells the player what is going on on the court.~~ → can never look at the court.
④ Boccia is played without dividing people by gender, ~~regardless of the severity of disability.~~ → divided into different grades based on the level of disability

33.
> The Bahrain World Trade Center, which opened its doors in 2008, was recognized as the world's first building to harness wind power. The Bahrain Trade Center consists of two interconnected 50-story buildings, with three large wind turbines installed between them for wind power generation. Each turbine has a diameter of 29 meters, and together they can supply up to 15% of the building's electricity needs. The building is designed in a streamlined shape similar to an airplane wing, which helps to increase the speed of the wind as it passes through the space between the buildings.

Question type Understanding the details (correspondence)

According to the text, the energy acquired from these three turbines can supply up to 15% of the building's electricity needs. Therefore, one turbine can supply 5% of the the electricity needed at the building. ④ is the answer.

① The BWTC is the world's first ~~ecofriendly building~~. → building that generates wind power
② The BWTC consists of ~~three~~ 50-floor towers. → two
③ ~~The wings of the turbines are~~ designed to enhance the speed of the wind. → Building is

34.
> Even among words that have the same concept, some have a positive and friendly meaning while others have a negative and hostile meaning. While the role of 점술가 (astrologer) looks decent, the job of 점쟁이 (fortuneteller) looks vulgar. 아내 (spouse/wife) is more respected than 마누리 (old lady). The words previously compared have the same conceptual meanings but completely different emotional meanings. As society changes, words that share same conceptual meaning but have different emotional meanings will continue to appear.

Question type Understanding the details (correspondence)

According to the text, 점술가 looks more decent than 점쟁이, and 아내 is more respected than 마누라. ② is the best answer.

① ~~If the conceptual meaning is the same, emotional meaning must be the same.~~ → Even if the conceptual meaning is the same, their emotional meanings can vary.
③ ~~Wife and~~ old lady have a negative and hostile meaning. → While wife has a positive and friendly meaning,
④ Spouse and old lady have ~~a different conceptual~~

~~meaning but the same emotional meaning~~. → the same conceptual meaning but a different emotional meaning

[35~38] Choose the most appropriate answer that shows the topic of the following text.

35.
Everybody has ideas, but not everyone is considered to be creative. The reason is that we often hesitate to make new attempts out of fear of failure. To produce creative results, we must take trial and error. No matter how great our ideas may be, unless we overcome our fear of wasting time, money, or being criticized, we will remain stuck in our current situation.

Question type Understanding the topic

The text emphasizes how we must overcome our fear of failure and try to do things. ① is the best answer.

- 시행착오: trial and error; gradually finding the right way as one repeats attempts and failures to achieve a certain goal

36.
According to the announcement from the Ministry of Health and Welfare, the proportion of people who drink enough water, as recommended for daily intake, is decreasing. The adequate intake of water varies depending on age and gender, but generally, it is less than 1 liter per day. However, there is a tendency to replace water with beverages for hydration. Replacing water with beverages can lead to excessive intake of sugar and cause issues like excessive energy consumption. Moreover, you should be careful because consuming coffee or alcohol can actually result in a decrease in the body's water content.

Question type Understanding the topic

The writer mentions the tendency to consume beverages instead of water, and warns about the potential problems that may arise from replenishing fluids through beverages. Therefore, the topic of the text is stated as ②.

- 섭취: Intake or consumption; absorbing nutrients and other substances into the body
- 과잉: Excessive or surplus; excessive amount or quantity that exceeds what is needed or required, resulting in leftovers

37.
To publish or otherwise use the words, paintings, music, photos, or other works created by another as one's own is called plagiarism. The act of plagiarism is extensively committed not only in literary works but also in TV dramas, advertising, popular songs, and other works. But plagiarism is an unlawful act. Since it infringes upon the copyright of another, it is subject to punishment under the Copyright Act and other measures.

Question type Understanding the topic

Plagiarism is an unlawful act and hence is subject to punishment under the Copyright Act and other measures. ③ is the best answer.

- 저작권: a copyright; a legal right granted to an author or to the heirs of his or her rights

38.
In order to avoid mosquito bites, what matters the most is to prevent mosquitoes from entering the house. If there is one small hole, mosquitoes can make themselves small and squeeze into the house. Therefore, it is important to block any holes in window screens or other protective mesh installed in the house. In addition, since they sometimes come up through the sink or drain, you must place lids (on them) in the evening. Mosquitoes may also enter through entryways while the door is open, so it's a good idea to hang mosquito repellent strips near the entrances.

Question type Understanding the topic

The text introduces many ways to avoid mosquito bites (such as fly nets, placing lids on the sink and the drain, and spraying mosquitocide at the entrance), which are all ways to prevent mosquitoes from entering the house. ② is the best answer.

- 방충망: an insect-proof net or screen placed at windows and other spots to prevent insects from entering
- 유입: the inflow of money, culture, germs, etc.

[39~41] Choose the most appropriate place for the given sentence.

39.
When is it best to drink water during exercise? It's easy to think that you don't need to drink water before exercising. (㉠) However, to prevent dehydration, which can occur easily during exercise, it is advisable to drink water 30 minutes before starting your workout. (㉡) Maintaining hydration is important even during exercise. (㉢) If you feel thirsty during your workout, it's important not to ignore it and to drink water intermittently throughout your exercise session. (㉣) Additionally, after intense exercise, a significant amount of water is lost through sweat, so it is crucial to replenish fluids after exercising.

┌ Missing Sentence ─────────────

Drinking a moderate amount of water in advance helps prevent headaches that may occur during exercise.

Question type Inserting a sentence for the context

The missing sentence is about an effect of drinking water before exercise. It naturally fits in (㉡) after the sentence that advises you to drink water 30 minutes before your workout. ② is the best answer.

40.

Zerbinetta's Aria, composed by Strauss, is famous for being an extremely challenging piece that requires singing without any rest in the highest register. (㉠) Strauss believed that it was impossible for a human to perform this piece as written, so he made modifications to certain parts of the score. (㉡) Even with the modifications, there were only a few vocalists capable of singing this song. (㉢) However, a soprano named Sujung Kim emerged, who could sing this widely known, notoriously difficult piece in its original form. (㉣) Critics praised Sujung Kim's performance, considering it a transcendent entity beyond the realm of criticism.

Missing Sentence

However, in 1994, a shocking event took place in France that stunned the world.

Question type Inserting a sentence for the context

The missing sentence sounds natural in (㉢), which specifically explains the event that shocked the world. ③ is the best answer.

41.

How can hundreds of thousands of frames fit into a file or a CD? This is a question that anyone who has watched videos on a computer would be curious about. (㉠) Since a video consists of a sequence of continuous frames, storing every single frame would require an enormous amount of data. (㉡) Therefore, a technique is needed to dramatically reduce the amount of data by preserving only the necessary information from the countless values of information within video data. (㉢) This technique is called video compression. (㉣)

Missing Sentence

Video compression typically employs methods such as inter-frame redundancy, intra-frame redundancy, and statistical redundancy.

Question type Inserting a sentence for the context (book review/ impression essay)

The missing sentence is about video compression techniques. It blongs in (㉣) after the sentence explaining the video compression technique. ④ is the answer.

[42~43] Read the following and answer the questions.

I was supposed to receive quite a large sum of money for publishing a full-length novel in a daily newspaper for half a year. Before I received the money, I couldn't sleep for several nights as I pondered over and over what I would do with the money. I would completely change all the furniture at home, or I would dress myself with fabulous clothes and accessories. At last, the writer's fee was in my hands. I was so overjoyed that I did not know what to do. That night, I asked my husband, "What should I do with the money?" to seek his opinion.

"Well... you know my friend Hyeongsik, don't you? Things are so bad for him... I heard that his daughter is very sick and needs surgery, but he couldn't let her have the surgery because he didn't have the money. I was dazed for a while at this unexpected comment and felt my heart burst into flames. When we got married, he didn't even buy me a wedding ring, but that did not seem to be on his mind at all. Without a word, I picked up my coat, went out, and walked on the street for a long time, where snow whirled around in a bitter wind. At first, I felt as if my heart would burst because I hated my husband so much for suggesting that we should give my hard-earned money to somebody else; but over time, the face of Hyeongsik's young daughter haunted me.

"Writer's Fee: Two Hundred Won," Kang Kyung-ae

42. Question type Understanding emotions (fiction)

In the first part, the narrator is excitedly imagining how she will use her writer's fee. After the underlined sentence, she says, "남들이 다 하는 결혼반지 하나 못 사 주었으면서 그런 것은 생각에도 없는 모양이었다." This implies that she feels bitter toward and disgusted with her husband. ① is the best answer.

43. Question type Understanding the details (correspondence/ fiction)

Based on the sentence "결혼할 때 남들이 다 하는 결혼반지 하나 못 사주었으면서," ④ is the best answer.

① My husband ~~helped out~~ his friend with my writer's fee. → suggested to help out

② ~~My husband~~ wrote for a newspaper for six months. → I

③ I ~~changed~~ the furniture and bought clothes after receiving the writer's fee. → imagined changing and buying

- 연재: to serialize; publish a writing or cartoon serially in a newspaper or magazine
- 딱하다: to be in pitiful circumstances

[44~45] Read the following and answer the questions.

Among Koreans aged 25 to 34, the proportion of those with a tertiary education, including professional colleges, reached approximately 70%, the highest rate among OECD countries. As 7 out of 10 young adults in this age group have graduated from university, those who choose not to pursue higher education are relatively more likely to be marginalized. Career counseling for high school students is mostly focused on university admissions, and government welfare policies are also largely geared towards supporting young adults who enter universities. In other words, there is ( ) for young adults who do not pursue university education. It is crucial to provide meticulous support to the remaining 3 out of 10 young adults to ensure that they are not excluded from youth policies or career counseling.

44. **Question type** Choosing a phrase for the context

According to the text, the remaining 3 out of 10 young adults who did not pursue higher education require careful support to ensure they are not excluded from youth policies or career counseling. This indicates a lack of social support for young individuals who do not attend university. Therefore, the correct answer is ③.

- 안전망: safety net; a net used to prevent people from getting hurt

45. **Question type** Understanding the topic

The writer emphasized the need for meticulous support in youth policies and career counseling to prevent exclusion of individuals who did not choose to pursue higher education, as they are relatively more vulnerable to social exclusion. Therefore, the appropriate topic for the text is indicated as ③.

[46~47] Read the following and answer the questions.

Survey results reveal that the economic environment of the young generation that gives up employment, marriage, and childbirth due to the extended recession has caused a rapid increase in single-person households. According to statistics, the increase of single-person households is happening so rapidly that it is impossible to handle the phenomenon. The rapid increase in single-person households is an inevitable result of the failure to solve age-old social problems, problems of the aged, youth unemployment, childbirth and child care. A person living in a single-person household has many difficulties. In particular, various tax benefits, welfare programs, and housing policies are all centered around four-person households, and the policies supporting single-person households are still insufficient. The psychological and economic insecurity felt by single-person households is also a significant issue. Given the rapid increase in the proportion of elderly single-person households, long-term social support for single-person households should be established.

46. **Question type** Choosing the writer's stance (persuasive essay)

The writer argues that person living in a single-person household has many difficulties and insufficient support for single-person households must be improved. Therefore, ③ is the best answer.

47. **Question type** Understanding the details (correspondence/persuasive essay)

According to the text, the economic environment of the young generation that gives up employment, marriage, and childbirth due to the extended recession has caused a rapid increase in single-person households. ③ is the answer.

① ~~The welfare and housing policies for single-person households are sufficiently established.~~ → Various taxation, welfare, and housing policies are all designed base on four-person households.

② The rapid increase in single-person households ~~has deepened~~ the problems of the aged and youth employment. → is an inevitable result of not resolving

④ ~~More and more people get married because of poverty and a sense of insecurity.~~ → The psychological and financial insecurity felt by single-person households is a big problem.

[48~50] Read the following and answer the questions.

Reputation refers to the social assessment of an individual's personal value and social worth. With the recent development of the internet, the act of damaging another's reputation online has become a problem. Online defamation involves harming someone's reputation by publicly sharing information through communication networks (   ). To determine online defamation, there must be evidence of a purpose to vilify the individual and it must be specific enough to potentially infringe upon that person's social value or evaluation of their character. Therefore, damaging someone's social value externally through the internet is equivalent to the crime of online defamation. While it's acceptable to express one's opinions freely online, it should not harm the reputation of others.

48. **Question type** Understanding the purpose (persuasive essay)

The text is about the definition and conditions of online defamation and explains that online defamation is a crime. ② is the best answer.

49. **Question type** Choosing a phrase for the context (persuasive essay)

According to the text, online defamation means to damage the external evaluation on one person's social value on the Internet. Therefore, it includes posting real facts as well as falsehoods. ① is the answer.

50. **Question type** Understanding the details (persuasive essay)

s the condition for online defamation is that there must be evidence of a purpose to vilify the individual, so ③ is the correct answer.

① Internet defamation ~~needs stronger penalties than it has now.~~ → The text does not mention the need for stronger punishment.

② The possibility of punishment for online defamation ~~without fulfilling the required conditions.~~ → with fulfilling the required conditions

④ ~~Defamation on the internet is tolerated to a certain extent for the sake of free speech.~~ → While freedom of expression is important, it should not lead to harming the reputation of others.

정답 ANSWERS

1교시: 듣기, 쓰기

듣기

1. ①	2. ③	3. ④	4. ④	5. ④	6. ③	7. ④	8. ③	9. ②	10. ①
11. ③	12. ②	13. ②	14. ②	15. ②	16. ④	17. ④	18. ②	19. ④	20. ④
21. ③	22. ①	23. ③	24. ④	25. ②	26. ①	27. ①	28. ②	29. ③	30. ③
31. ②	32. ④	33. ①	34. ②	35. ②	36. ②	37. ④	38. ③	39. ②	40. ②
41. ①	42. ④	43. ③	44. ④	45. ①	46. ④	47. ②	48. ③	49. ②	50. ④

쓰기

51. ㉠ (5점) 얼굴과 손의 사진을 찍어 제출해 주십시오
   (3점) 사진을 제출해/내 주십시오

   ㉡ (5점) 통장 사본도/을 제출해 주십시오
   (3점) 통장 번호가 필요합니다/통장 사본이 필요합니다

52. ㉠ (5점) 자존감을 높여 주고 사회에 도움이 되는 것에 보람을 느낄 수 있도록 한다
   (3점) 자신감을 갖고, 보람을 느끼게 된다

   ㉡ (5점) 개인적, 사회적 측면에서 모두 의미 있는 활동이다
   (3점) 개인과 사회를 위해 도움이 된다

2교시: 읽기

읽기

1. ②	2. ④	3. ④	4. ②	5. ③	6. ③	7. ①	8. ②	9. ②	10. ③
11. ①	12. ①	13. ①	14. ④	15. ①	16. ①	17. ③	18. ②	19. ①	20. ④
21. ④	22. ④	23. ③	24. ④	25. ④	26. ②	27. ③	28. ④	29. ③	30. ③
31. ④	32. ④	33. ③	34. ①	35. ④	36. ④	37. ②	38. ③	39. ④	40. ④
41. ②	42. ④	43. ②	44. ④	45. ②	46. ②	47. ①	48. ②	49. ④	50. ④

	30	~	50	대		남	성		50	0	명	을		대	상	으	로		시	간	을		활	용
하	는		방	법	에		대	해		조	사	를		한		결	과		모	든		연	령	의
남	자	들	이		일	에		가	장		많	은		시	간	을		보	내	고		있	었	다.
그		다	음	으	로		취	미	·	종	교		활	동	,	가	정		관	리	의		순	서
로		나	타	났	다	.	이	것	은		남	성	이		가	정		관	리	보	다		주	로
경	제		활	동	을		담	당	하	고		있	음	을		보	여		준	다	.	그	러	나
자	세	히		살	펴	보	면		일	을		하	는		시	간		외	에		취	미	·	종
교		활	동		시	간	은		30	대	에	서		50	대	로		갈	수	록		증	가	했
으	나	,	가	정		관	리		시	간	은		30	대	보	다		40	대	와		50	대	가
적	었	다	.	이	를		통	해		여	유		시	간	이		많	다	고		해	서		가
정		관	리		시	간	이		늘	어	나	는		것	이		아	니	라	는		것	을	
알		수		있	다	.																	

54. Writing sample answer

　표절이란　다른　사람이　창작한　글이나　영화, 음악, 디자인　등의　일부나　전부를　원작자의　동의　없이　임의로　사용하는　것을　말한다.

　표절을　하게　되는　이유는　힘든　창작의　과정　없이　쉽게　다른　사람의　창작물을　사용하여　성과를　얻을　수　있다는　편리함　때문이다. 또한　표절이　다른　사람의　결과물을　훔치는　범죄　행위라는　점을　사람들이　인식하지　못하는　데에도　그　원인이　있다. 그래서　끊임없이　표절　문제가　발생하고　있다. 한편　표절　시비가　벌어지는　경우도　많은데　이것은　표절의　범위를　정하기가　쉽지　않기　때문이다. 창작물의　일부　중　어디까지를　표절로　봐야　하는지에　대한　기준이　분명하지　않기　때문이다.

　원작자를　밝히고　거기에서　아이디어를　얻어　새로운　창작물을　만드는　것은　환영할　만하며　그렇게　함으로써　발전을　가져올　수　있다. 그러나　표절은　다른　사람의　것을　자기　것인　양　내세우는　것으로, 원작자들의　오랜　노력을　헛되게　만드는　일이다. 이러한　일이　반복되면　새로운　창작물을　만드는　이들은　더　이상　창작　의욕을　갖지　못하게　될　것이다.

　표절　문제를　해결하기　위해서　우선　모두가　표절이　범죄임을　분명히　인식해야　한다. 아울러　각　분야별로　사람들이　납득할　만한　표절　기준을　확실히　하는　것이　시급하다. 기준이　마련된　후에는　표절　행위에　대한　제재나　규제가　필요하다. 이를　통해　창작자의　권리를　보호하고, 올바른　창작　문화를　확립할　수　있기　때문이다.

Listening

[1~3] Listen to the following and choose the picture or graph that matches best.

1.

여자 저는 이 하얀색 모자가 마음에 드는데, 혹시 다른 디자인도 있나요?

남자 네, 두 가지가 있는데, 여자분들에게는 지금 이 디자인이 더 인기가 많습니다.

여자 다른 디자인도 한번 보여 주세요.

W I like this white hat. Do you have something else in a different design by any chance?

M Yes, we have two styles, but this design is more popular with ladies.

W Let me see the other design, too.

The woman already has a hat she likes in her hands at the store and asks the man if he has a different style. Since the woman is asking him to show her a different style, the answer is ①, where the man is not holding the hat yet.

2.

남자 내일 저녁 일곱 시에 네 명 자리를 예약하고 싶은데요.

여자 죄송합니다. 예약이 다 되어 자리가 없습니다. 취소하시는 분들이 생기면 예약 가능 여부를 알 수 있을 것 같습니다.

남자 음, 그럼 내일 자리가 있으면 연락 주시겠어요?

M I'd like to reserve a table for four at 7 PM tomorrow.

W I'm sorry, sir. We are fully booked, and there are no tables available. If there is a cancellation, you will probably know (whether you can make a reservation or not).

M Well, will you call me if you have a table tomorrow?

The man makes an inquiry to the woman to reserve a table at a restaurant. The answer is ③.

3.

남자 각 나라의 평균 수면 시간을 조사한 결과 수면 시간이 가장 긴 나라는 프랑스, 미국, 스페인 순으로 나타났으며 수면 시간이 가장 적은 나라는 한국으로 조사되었습니다. 이러한 수면 시간 부족은 근무 시간과는 관련이 없는 것으로 나타났습니다.

M Research on the average amount of sleep by country shows that the sleeping time is the longest in the order of France, the United States, and Spain while it is the shortest in South Korea. It turns out that a lack of sleeping time is not related to working hours.

The man is briefing the study results on the average amount of sleep in each country. The amount of sleeping time is the longest in the order of France (12

hours), the United States (9 hours), Spain (7 hours), and South Korea (5 hours). The answer is ④. ① and ② cannot be answers because this research is about the average amount of sleep, not about working hours.

[4~8] Listen to the following and choose the word that best completes the dialogue.

4.

남자 주인공들이 연기를 정말 잘하네요. 또 보고 싶어요.

여자 네, 저도요. 다음 공연은 저희 부모님과 함께 봐야겠어요.

남자 _____

M The leading actors' performance is really great. I want to see it again.

W So do I. I'll watch the next one with my parents.

M _____

After watching performance, the woman said that she wants to see it again with her parents, the best answer is ④.

5.

남자 이번 휴가는 어디로 가는 게 좋을까? 아직 못 정했어.

여자 국내 기차 여행은 어때? 외국도 좋지만 요즘엔 기차 여행도 많이 가더라고.

남자 _____

M Where shall I go on vacation? I haven't decided yet.

W How about a local train trip? Going abroad is nice, but a lot of people seem to be traveling on railways travel these days.

M _____

After watching performance, the woman said that she wants to see it again with her parents, the best answer is ④.

6.

여자 선배, 이번 주말에 봉사 활동 같이 갈 수 있어요?

남자 하루는 갈 수 있어. 봉사자 명단에 내 이름이 있는지 모르겠다.

여자 _____

W Seonbae [a title referring to one's senior at school or work], can you take part in the volunteer work this weekend?

M I can go only for one day. I'm not sure if my name is on the list of volunteers.

W _____

Since the man wonders whether his name is on the list of volunteers, the best answer is ③.

7.

여자 야채를 골고루 먹어야 하는데 다 먹기가 쉽지가 않아요.

남자 그러면 야채를 갈아서 주스로 마셔 보는 건 어때요? 간편하게 먹을 수 있어요.

여자 _____

W I have to eat various vegetables, but it is not easy to eat them all.

M Then why don't you blend the vegetables and drink the juice? You can drink [eat] them easily.

W _____

The woman finds it difficult to eat various vegetables, so the man suggests blending them and drinking the juice. The best answer is ④.

8.

여자 근무 시간 중에 낮잠 시간이 있으면 좋겠어요.

남자 저도 그렇게 생각해요. 하지만 퇴근 시간이 더 늦어질 수도 있어요.

여자 _____

W I wish we had nap time during our working hours.

M I agree. But it might make us finish work much later.

W _____

Since the woman wants nap time during her working hours, the best answer is ③.

[9~12] Listen to the following and choose the answer that would be most appropriate as the <u>woman's</u> next action.

9.

여자 인터넷 시장에서 물건을 팔고 싶은데 물건은 어떻게 등록하는 거야?

남자 먼저 홈페이지에 상인 등록을 해야 해. 그리고 파는 물건에 대한 정보를 쓰면 돼.

여자 그다음 내가 파는 물건 사진도 찍어야 하지?

남자 응. 사진을 찍고 그다음 물건을 등록하면 돼.

W I want to sell something on an online market. How can I register an item?

M First, you must register as a merchant on the website. Then, you write down the information on the item you are selling.

W And then I must photograph the item I sell, right?

M Yes, take a picture and then register the item.

The woman wants to sell something on the Internet. According to the man, she must register as a merchant first to sell an item online. The answer is ②.

10.

여자 기획서에 설문 조사를 넣으려면 마케팅 팀과 회의를 해 봐야 할 것 같습니다.

남자 그러면 마케팅 팀에 연락해서 회의 날짜를 잡고 이번 주까지 회의를 진행하세요.

여자 알겠습니다. 그리고 설문 조사를 도와줄 아르바이트생도 필요해요.

남자 그건 내가 인터넷에서 구해 볼게요.

W If we are adding survey [results] to this proposal, we should have a meeting with the marketing team.

M Then call the marketing team, set the meeting date, and conduct the meeting by the end of this week.

W Understood. And we need a part-timer to help out with the survey.

M I will get that [someone] on the Internet.

To add the survey results to the proposal, a meeting with the marketing team is necessary. The man orders the woman to set the meeting date. The answer is ①.

11.

남자 이제 책장을 여기에 두면 돼요?

여자 잠깐만요. 바닥에 먼지가 너무 많은 것 같아요. 먼저 닦아야겠어요.

남자 그럼 정아 씨가 빗자루로 바닥을 쓸고 있을 동안, 제가 걸레를 빨아 와서 닦을게요.

M Can I put the bookshelf here now?

W Wait. I think there's too much dust on the floor. We have to wipe it out first.

M Then while you sweep the floor with a broom, Jeong-ah, I'll wash the floor-cloth [rag] and wipe the floor.

The man and the woman are trying to clean the floor before moving a bookshelf. He will wash the floor with a cloth, and she will sweep the floor with a broom. The answer is ③.

12.

여자 이번 학기 동아리 모임 시간을 바꾸려고 하는데 어때?

남자 그러면 동아리 회의 시간에 이야기해 보자. 내가 사람들에게 문자 메시지를 보낼게.

여자 나에게 동아리 부원 명단이 있어. 메일로 보내 줄게.

남자 명단은 나도 있어. 너는 회의실을 예약해 줘.

W I want to change our club hours this semester. What do you think?

M Then let's talk it over at the club meeting. I'll send a text to everyone [people].

W I have the list of members. I'll e-mail it to you.

M I have the list already. Why don't you reserve a meeting room?

The woman offers to send the list of club members to the man, but he already has it. Since he asks her to reserve a meeting room, the answer is ②.

[13~16] Listen to the following and choose the statement that agrees with the content you have heard.

13.

여자 대학생 때 이 식당에 왔었는데 그때랑 음식 맛이 다른 것 같아.

남자 최근에 식당 주인이 바뀌었대. 그래서 분위기도 많이 바뀐 것 같아.

여자 아, 그렇구나. 나쁘지 않은 것 같아. 아르바이트생도 더 많아졌어.

남자 응, 맞아. 그리고 음식도 지금이 더 맛있는 것 같아.

W I went to this restaurant when I was in college, but I think the food tastes different.

M It appears that the restaurant owner changed recently. I think that's why the atmosphere has changed a lot, too.

W Oh, I see. I don't think that is bad. And there are more part-timers, too.

M That's right. And I think the food tastes better now.

The man and the woman are visiting a restaurant they went to in college a long time ago, and they have favorable opinions on its changes. The answer is ②.

14.

여자 고객 센터에서 안내 말씀 드립니다. 분실물을 찾고 있습니다. 백화점 3층 여자 화장실에서 빨간색 지갑을 분실하였습니다. 빨간색 지갑을 주우신 분께서는 1층 안내 데스크로 가져다주시기 바랍니다. 또는 지갑의 위치를 알고 계시는 분은 고객 센터로 전화주시기 바랍니다.

W Attention, please. This is the customer service center. We are looking for a lost item. A red purse was lost in the ladies' room on the third floor of our department store. If you found the red purse, please come to the information desk on the first floor. Or if you know where the purse is located, please call the customer service center.

The announcement is about a red purse lost in the ladies' room on the third floor of the department store, and it asks anyone who has the purse or knows where it is to make a call the customer service center or to visit the information desk. The answer is ②.

15.

남자 이번 사진전은 그동안 친형과 함께 활동하며 사진전을 열어왔던 작가가 단독으로 여는 첫 사진전입니다. 작가의 사진에는 작가의 고향인 제주도에서의 삶을 생생히 담아내고 있습니다. 특히 제주도의 아름다운 바닷가 풍경은 여러 외국인들의 눈길을 사로잡고 있습니다. 이번 사진전은 서울에서 열흘간 진행될 예정입니다.

M This photo exhibition is the photographer's first solo exhibition as he had worked with his elder brother at previous shows. His photographs vividly capture life in his hometown in Jeju-do. Most of all, the beautiful seascape of Jeju-do attracts many foreigners. This photo exhibition will be held in Seoul for 10 days.

The photographer has been working with his elder brother so far but is having his first solo exhibition this time. The answer is ②.

16.

여자 원래 나이보다 열 살은 어려 보이시는데 도대체 비법이 무엇입니까?

남자 하하……. 제 얼굴이 처음부터 어려 보이는 얼굴은 아니었습니다. 제 얼굴의 비법은 바로 운동과 아내가 만든 천연 팩에 있습니다. 매일매일 운동은 안 하더라도 천연 팩은 꼭 하는 편이에요. 또 날마다 긍정적으로 생각하려고 노력합니다. 부정적인 생각을 하면 얼굴을 찡그리게 돼서 주름이 생기는 것 같더라고요.

W You look 10 years younger than you are. What is your secret?

M Oh, my face didn't look younger in the beginning. The secret to my face is exercise and a face pack with natural ingredients, which my wife makes. I may not work out every day, but I make it a habit to apply a natural homemade face pack. And I try to think positively every day. If you have negative thoughts, you tend to make a face, and that seems to make wrinkles.

The man says that one of his secrets to look young is to have positive thoughts. The answer is ④.

[17~20] Listen to the following and choose the answer that best matches the man's main point.

17.

남자 이번에 졸업하면 바로 취업할 거야?

여자 응. 그런데 어떤 일을 하고 싶은지 아직 모르겠어. 내 전공대로 취업하자니 일이 재미없을 것 같아.

남자 꼭 전공대로 취업할 필요는 없지. 바로 취업을 하려고 하기보다는 여러 가지 경험을 쌓는 것도 나쁘지 않은 것 같아.

M Are you going to find a job right after graduation?

W Yes. But I don't know what I want to do yet. If I find a job related to my major, I think the work will be dull.

M You don't have to find a job related to your major. I think it's not a bad idea to add various experiences rather than to find a job immediately.

The man thinks it is better to acquire various experiences than to find a job right after graduation. The answer is ④.

18.

남자 유나 씨는 쇼핑하는 시간이 참 긴 것 같아요.

여자 아, 저는 쇼핑할 때 유통 기한과 원산지를 꼼꼼히 확인하는 편이거든요.

남자 와, 정말 좋은 쇼핑 습관을 가지고 있네요. 시간은 좀 걸리지만 좋은 쇼핑 습관이 있으니까 합리적인 쇼핑을 할 수 있을 것 같아요.

M Yuna, you seem to be taking a long time to shop.

W Oh, I tend to check the expiration dates and the countries of origin very carefully when I shop.

M Wow, that's a very good shopping habit. It may take a little time, but I guess you can shop in a reasonable way because you have a good shopping habit.

The man speaks highly of the woman's shopping habit and thinks that she can shop smartly. The answer is ②.

19.
남자 이번 주 금요일에 회식이 있대요.

여자 네, 저도 들었어요. 근데 요즘 회식이 너무 늦게 끝나니까 주말에 너무 피곤해요.

남자 회식 시간이 길기는 하지만 회식을 하다보면 동료들끼리 편안한 마음으로 이야기할 수 있어서 좋은 것 같아요.

여자 그래도 금요일에는 회식을 안 했으면 좋겠어요.

M I heard that we have a team dinner this Friday.

W Yes, I heard that, too. But our team dinners finish so late these days, and I feel too tired on the weekend.

M The team dinners last a long time, but I like it that (our) colleagues can talk together comfortably as we have dinner.

W I still wish we didn't have team dinners on Fridays.

The man thinks the upside of the team dinners is to be able to talk with his colleagues easily. The answer is ④.

20.
여자 오늘은 건강 빵으로 유명해진 빵집 사장님과 이야기를 나눠 보겠습니다. 사장님께서는 이 빵집만의 경쟁력이 무엇이라 생각하십니까?

남자 우리 빵집은 빵을 만들 때 건강을 제일로 생각합니다. 또 저희 빵집은 양심적으로 건강에 좋은 재료로만 빵을 만듭니다. 자극적인 맛을 빼서 맛이 조금 싱겁기는 하지만 다이어트를 하시는 분들이나 환자분들에게 인기가 좋습니다. 요즘 너무 달거나 짠 음식이 많은데 하루에 한 끼 정도는 자극적이지 않은 건강한 음식을 먹는 게 좋다고 생각합니다.

W Today, we will talk with the CEO of a bakery famous for its healthy breads. Sir, what do you think your bakery's unique competitive edge is?

M Our bakery considers health first when we bake bread. And we conscientiously use nothing but healthy ingredients to make bread. It may taste a bit bland as we have taken out all the taste stimuli, but it is very popular with those who are on diets or sick. These days, many foods are either too sweet or too salty, and I think it is nice to have at least one meal a day in which you eat healthy food without a strong taste (lit. stimuli).

The man values health the most when he bakes bread. The answer is ④.

[21~22] Listen to the following and answer the questions.

여자 이 식당이 바로 방송에 나와서 유명해진 식당이에요. 오늘 우리가 먹은 메뉴도 유명하다고 했어요.

남자 그래요? 그런데 저는 음식이 별로 맛없는 것 같아요.

여자 그러게요. 방송에서 사람들이 맛있다길래 한 시간 동안 줄 서서 기다렸는데 보람이 없네요.

남자 방송을 너무 믿으면 안 돼요. 방송에서 맛있다고 하는 사람들 중에는 부탁받아서 거짓으로 말하는 사람도 많대요.

W This is a restaurant that became famous after a TV appearance. They say the dish we had today is famous, too.

M Is it? But I don't think the food was that delicious.

W I know, right? People on TV said it was so good that I waited in line for an hour, but it wasn't worth it.

M You shouldn't trust TV. I hear that some of the people who comment that food is nice on TV are asked to lie.

21. The man thinks that there are people who lie on television and that we can't trust it. The answer is ③.

22. The woman agrees with the man's criticism that the restaurant's food is not good and says that it wasn't worth the visit. The answer is ①.

[23~24] Listen to the following and answer the questions.

여자 이 유리컵 환불해 주세요. 영수증은 여기 있어요.

남자 손님, 죄송하지만 이 제품은 어제 진행된 이벤트에서 싸게 파는 상품이기 때문에 환불이나 교환을 해 드리기가 어렵습니다.

여자 교환도 안 된다고요? 하지만 어제 이 유리컵을 살 때 그런 말을 들은 적이 없어요.

남자 환불에 대해서는 어제 행사장에서 여러 번 방송이 나갔습니다. 그리고 여기 영수증에 보면 환불이 불가하다고 적혀 있습니다.

W I want a refund on this glass. Here's the receipt.

M Ma'am, I'm sorry, but this product was sold at a cut price at yesterday's event, and it is nonrefundable and nonexchangeable.

W I can't even exchange it? But I never heard that when I bought this glass yesterday.

M We made several announcements about refunds at yesterday's event venue. And if you look at the receipt here, nonrefundable is written.

23. The woman requests a refund, and the man explains in detail why it is nonrefundable. The answer is ③.

24. The woman argues that she did not hear an announcement on refunds when she was buying the glass at a discount. The answer is ④.

[25~26] **Listen to the following and answer the questions.**

여자 요즘 해외 사이트에서 물건을 직접 구매하는 사람들인 해외 직구족이 점점 늘어나고 있는데요. 해외 직구는 어떤 장단점이 있습니까?

남자 배송 기간이 오래 걸리는 단점이 있는데도 불구하고 해외 직구를 하는 가장 큰 이유는 역시 저렴한 가격 때문이죠. 배송료를 더 지불하더라도 같은 브랜드를 국내에서 사는 것보다 해외 사이트에서 주문을 하는 게 더 저렴한 편이에요. 물론 사이트가 외국어로 되어 있기 때문에 주의 사항을 잘못 읽어서 생기는 문제도 있지만 가격 경쟁력 측면에서 뛰어나기 때문에 소비자들의 마음을 사로잡은 것 같습니다.

W The number of people who make overseas direct purchase (ODP) from overseas websites is gradually increasing. What are the advantages and disadvantages of ODP?

M Despite the disadvantage of the long shipping period, the biggest reason to buy things directly from overseas is the moderate price. You may pay a higher shipping fee, but it is still cheaper to buy an item from an overseas website than to buy the same brand in Korea. Of course there are problems because the websites are in foreign languages and people sometimes misunderstand the cautions, but ODP seems to have captured customers' hearts because of the excellent price competitiveness.

25. According to the man, despite some problems, ODP is popular with many people because of its, price competitiveness. The answer is ②.

26. The man says that people have problems with ODP websites as they misunderstand the cautions written in foreign languages. The answer is ①.

[27~28] **Listen to the following and answer the questions.**

남자 요즘 피아노 학원에 다니기 시작했다면서?

여자 응. 취미로 피아노를 배우고 싶어서 다녔는데 연습할 시간도 없고, 너무 어려워서 이번 달까지만 할까 해.

남자 그래도 기왕 한번 시작한 김에 더 해 봐. 나도 처음에 악기를 배울 때 힘들어서 포기하고 싶었는데 기초만 다 배워도 점점 재미있어지더라고.

여자 정말? 난 어른이 돼서 피아노를 처음 배우니까 확실히 더 어렵게 느껴지는 것 같아.

남자 그건 그렇지. 하지만 지금이 아니면 나중에는 배우고 싶어도 배울 시간이 더 없을지도 몰라.

M You are taking piano lessons now, aren't you?

W Yes. I started because I wanted to learn the piano as a hobby. But I guess I'll do it only until the end of this month because I don't have time to practice, and it's too difficult.

M But why don't you do more while you are at it? When I first learned an instrument, I also wanted to give up because it was tough, but once you have learned the basics, it gets more interesting.

W Does it? I think it definitely feels more difficult because I'm a grownup, and I'm learning how to play the piano for the first time.

M You may be right. But if you don't do it now, you may not really have time to learn later even if you want to.

27. When the woman is about to give up her piano lessons, the man persuades her to keep learning. The answer is ①.

28. The man says, "When I first learned an instrument, I also wanted to give up because it was tough." Obviously, he has learned one, too. The answer is ②.

[29~30] **Listen to the following and answer the questions.**

여자 폭염은 매우 심한 더위를 말하는데요, 이번 주에 폭염 주의보가 발표되었다고 합니다. 어떻게 해야 폭염 기간을 잘 보낼 수 있나요?

남자 우선 가장 더운 시간인 낮 12시부터 오후 3시 사이에는 가급적 외출을 자제하는 게 좋습니다. 그리고 충분한 수분 섭취를 통해 땀을 흘리면서 손실된 몸의 수분을 보충해야 합니다. 또 균형 있는 식사를 하고, 음식이 쉽게 상할 수 있으니까 냉장고에 음식을 보관해야 합니다. 냉장고에 보관하더라도 음식을 오래 두지 않도록 해야 합니다. 저희는 수시로 변하는 기온을 확인하여 신속하게 보고하도록 하겠습니다. 또 폭염이 물러간 뒤에는 장마가 올 예정이니 장마 대비에도 유념하시기 바랍니다.

W A heat wave refers to an extended period of hot weather, often accompanied by high humidity. As a heat wave warning has been issued for this week, it is important to know how to cope with it effectively.

M Firstly, it is recommended to avoid going out during the hottest hours of the day between 12 and 3 PM if possible. Additionally, it is crucial to stay hydrated by drinking enough water to replenish fluids lost through sweating. Maintaining a balanced diet is also important, and food should be stored in the refrigerator to prevent spoilage. However, it is important not to keep food in the refrigerator for too long. Moreover, we will keep a close eye on the changing temperature and provide speedy updates as necessary. It is also important to prepare for the upcoming rainy season after the heat wave passes.

29. The man will frequently check the changing temperature and keep people updated. From his words, we can see that his occupation is related to weather forecasting. The answer is ③.

30. The man also warns about a rainy spell after the heat wave. The answer is ③.

여자 옷은 사람의 개성을 표현해 주는 중요한 도구입니다. 학교가 학생들에게 똑같은 옷을 입도록 강요하는 것은 학생들의 자유를 침해하는 것입니다.

남자 물론 학교가 학생들의 자유를 침해하면 안 되겠죠. 하지만 교복을 입으면 또래 집단에서 동질성과 소속감을 느낄 수 있다는 장점도 있습니다. 또 옷 걱정 없이 학생들이 학업에만 열중하게 할 수 있고요.

여자 하지만 학생들이 모두 똑같은 옷을 입게 되면 우리도 모르게 학생들의 자유로운 사고와 상상력을 제한할 수도 있습니다.

남자 좋은 지적입니다. 그러나 단순히 교복을 입는다고 해서 자유로운 사고를 못 하게 된다는 것은 지나친 우려라고 생각합니다.

W Clothing is an important tool to express a person's individual character. For a school to force students to wear the same clothes is to violate the students' freedom.

M Of course, a school should not violate the students' freedom. But wearing a uniform has an advantage in that you can feel a sense of identification and belonging in your peer group. And we can let students focus on studying without having to worry about their clothes.

W But if all students wear identical clothes, it may unwittingly restrain their free thinking and imagination.

M That is a good point. But I believe you are worrying too much to say that wearing a uniform will hinder free thinking.

31. The man thinks an advantage of wearing a uniform is a sense of identification and belonging. And students can focus on studying without having to worry about their clothes. The answer is ②.

32. The man respects the woman's opinion that wearing a uniform may violate the students' freedom, but he explains an advantage of uniforms, too. The answer is ④.

[33~34] Listen to the following and answer the questions.

여자 여러분들은 성공을 위해 어떤 조건이 필요하다고 생각하십니까? 현대 사회에는 노력보다는 환경이 성공을 좌우한다는 생각이 팽배합니다. 그러나 역대 미국 대통령들이 젊은 시절에 아이스크림 가게나 주유소 등에서 아르바이트를 했다는 사실이 알려지면서 '대통령들이 높은 자리에 오른 건 자신이 처한 상황에서 열심히 일하며 한 단계씩 밟아 올라간 덕분'이라는 평가가 나오고 있습니다. 이런 사례를 통해 성공을 하기 위해서는 주어진 환경에서 노력하는 것이 중요하다는 것을 알 수 있습니다. 또 현재에 안주하기보다는 미래 지향적인 사고방식이 필요하다는 것을 말씀드리고 싶습니다.

W What do you think are the necessary conditions for success? In modern society, there is a prevailing idea that success is determined not by hard work, but by the environment. However, it has become widely known that some past American presidents worked part-time at an ice cream parlor or a gas station, and there is a response that these presidents rose to their high positions because they worked hard in their situations and advanced step by step. Such examples tell us that to be successful, it is important to make an effort in a given situation. I would also like to point out that we should not remain complacent with the present but must have forward-thinking for the future.

33. The woman gives some examples of past American presidents to talk about the importance of hard work. The answer is ①.

34. The woman thinks we should think about the future instead of remaining complacent. The answer is ②.

[35~36] Listen to the following and answer the questions.

남자 4월이 되려면 아직 보름이나 더 있어야 하는데 벌써부터 날씨가 화창하고 기온이 높습니다. 이번 주말은 예년 이맘때와 달리 날씨가 덥겠습니다. 기온은 섭씨 20도까지 올라갈 것으로 예상됩니다. 국립기상센터는 한국의 서부 지역에 형성된 고기압으로 인해 예년 이맘때와 달리 비와 구름이 먼 북쪽 지역에 머무를 것이라고 전망했습니다. 하지만 다음 주 초에는 이런 상황이 변할 것 같습니다. 토요일에 고기압이 약화되기 시작하여, 구름이 다시 한국으로 몰려와 기온이 12도 정도로 떨어질 것으로 예상하고 있습니다. 다음 주 주말 나들이를 계획하신 분들은 두꺼운 옷을 준비하시기 바랍니다. 이상 이번 주말의 날씨였습니다.

M We have fifteen more days until April, but the weather is sunny, and the temperature is already high. This weekend will be unusually warm for this time of year, with temperatures expected to rise up to 20 degrees Celsius. The National Meteorological Center forecasts that due to a high pressure system created in the western part of Korea, rain and clouds will remain in the far northern area, unlike during the same period in previous years. However, the situation is likely to change early next week. On Saturday, the high pressure system will start to weaken, and clouds will move into Korea again. It is expected that the temperature will drop to about 12 degrees. Those of you who are planning a weekend picnic next week are advised to bring heavy clothes. This has been the weekend weather forecast.

35. The man compares the present temperature with that of this time of previous years and forecasts the weekend weather for this week and the next one. The answer is ②.

36. According to the man, this weekend will be unusually warm for this time of the year. The answer is ②.

[37~38] Listen to the following and answer the questions.

남자 박사님이 발표하신 축구 심판과 관중에 대한 연구가 많은 화제가 되고 있습니다. 어떤 연구인지 소개 부탁드립니다.

여자 한국에는 붉은 악마라는 응원단이 있는데요, 이 응원단을 '12번째 선수'라고 부르는 이유가 있습니다. 혹시 열광적인 함성이 심판을 기죽게 한다는 말을 들어 본 적 있으신가요? 실제로 그런 일들이 축구 경기장에서 자주 나타납니다. 축구 경기에서 검정색 옷을 입고 경기장을 누비는 심판들은 보통 5개의 까다로운 시험을 통해 선발되지만 가끔은 상황에 휘둘려 공정하지 못한 판정을 하는 경우가 있습니다. 영국 월버햄프턴 대학교의 연구팀이 축구 심판들을 두 그룹으로 나누어 흥미로운 실험을 했습니다. 한 그룹에게는 응원 함성이 들리는 태클 장면을 보여 주고, 다른 한 그룹에게는 소리 없이 영상만을 보여 줬습니다. 그러자 응원 함성을 들은 심판들은 그렇지 않은 심판들보다 반칙으로 판정하는 정도가 무려 15%나 낮았습니다. 이렇듯 관중의 함성이나 야유가 판정에 영향을 미칠 수 있다는 내용의 연구입니다.

M Doctor, your research on soccer referees and spectators has been a hot topic recently. Could you please introduce the research?

W In Korea, there is a supporter group called the Red Devils, and there is a reason why we call this group 'the 12th player.' Have you ever heard that wild roars can break a referee's spirit? This actually happens on soccer fields quite often. Soccer referees who run across the field in black are usually selected through five complicated tests, but sometimes they make unfair decisions swayed by the environment. A research team at Britain's University of Wolverhampton did an interesting experiment in which they divided soccer referees into two groups. To one group, they showed footage of a tackle to the sound of loud cheers, and to the other, they showed just the footage without any sound. Then, the referees who heard the loud cheers called a foul 15% less often than the referees who did not. This study suggests that crowd cheers or jeers can have an influence on refereeing decisions.

37. The woman uses the actual case of an experiment to argue that a crowd's cheers and jeers can influence a referee's judgment. The answer is ④.

38. The referees who heard the cheers called a foul 15% less often. The answer is ③.

[39~40] Listen to the following and answer the questions.

여자 어린이집에 감시 카메라 설치를 의무화한 것에 대해서는 공감합니다. 그런데 유치원에까지 감시 카메라를 의무적으로 설치해야 할까요? 저는 유치원 교사의 사생활 침해가 발생할 가능성이 높다는 생각이 듭니다.

남자 물론 감시 카메라 설치로 인해 유치원 교사들의 사생활에 어느 정도 지장을 줄 수 있다는 것은 인정합니다. 하지만 감시 카메라 설치는 유치원 교사들에게도 장점이 있다고 생각합니다.

안전사고나 아동 학대가 의심되는 상황이 발생했을 때 감시 카메라가 오히려 교사를 보호하는 역할을 할 수 있기 때문입니다. 그리고 감시 카메라 설치는 영유아의 안전을 위한 최소한의 안전 장치입니다. 감시 카메라 설치로 인해 발생할 수 있는 문제점은 이를 방지할 수 있는 대책을 수립하면 될 일입니다. 감시 카메라의 설치 범위 및 열람에 관한 규정을 확실히 하고 지속적으로 감시하는 식으로 보완해 나가야 할 것입니다.

W I agree with the necessity of mandating the installation of surveillance cameras in daycare centers. However, should surveillance cameras be mandatory in kindergartens as well? I believe there is a high possibility of intruding on the privacy of kindergarten teachers.

M Of course, I acknowledge that the installation of surveillance cameras can to some extent encroach on the privacy of kindergarten teachers. However, I also believe that there are advantages for kindergarten teachers in having surveillance cameras installed. When there is a suspected safety incident or child abuse, surveillance cameras can actually serve to protect teachers. Additionally, the installation of surveillance cameras is for the minimum safety measures for young children. Any issues that may arise from the installation of surveillance cameras can be addressed by establishing measures to prevent them. There should be clear regulations regarding the scope and access of surveillance camera installations, and continuous monitoring to address such issues.

39. Given that the woman expresses agreement with the necessity of mandating the installation of surveillance cameras in daycare centers at the beginning of the conversation, we can infer that there was a discussion about ② prior to this conversation.

40. Since the man stated that the installation of surveillance cameras is the minimum safety measure for the safety of young children, we can conclude that the correct answer is ②.

[41~42] Listen to the following and answer the questions.

남자 동물들은 그저 본능에 의한 생존 법칙대로 살아가는 존재라고 생각하는 분들이 많으실 텐데요. 과연 그렇기만 할까요? 이 질문에 대한 답을 찾을 수 있는 재미있는 실험이 있어 소개합니다. 애착이란 인간을 비롯한 모든 동물이 사랑하는 대상과 가까이 하고, 이를 유지하려는 행동을 말합니다. 미국의 심리학자인 해리 할로우는 애착에 대한 실험을 했습니다. 먼저 우리 안에 두 개의 어미 원숭이 모형을 만들어 두었습니다. 어미 원숭이 모형 중 하나는 딱딱한 철사를 감아 만들어 우유병을 달았고, 또 하나는 우유병을 달지 않고 부드러운 천으로 만들었습니다. 결과가 어떻게 나왔을까요? 놀랍게도 아기 원숭이는 우유를 먹을 때 빼고는 줄곧 부드러운 천으로 만든 어미 원숭이 모형에 안겨 있었습니다. 무서울 때도 주저 없이 부드러운 원숭이 모형으로 달려가 안겼습니다. 실험 전, 대부분의 사람들은 아기 원숭이가 당연히 우유병을 달고 있는 모형에 애착을 느낄 거라고 생각했지만 아기 원숭이의 행동은 그 반대였습니다. 이 실험을 통해 동물들도 먹이보다 어미와의 스킨십에 애착을 갖는다는 것을 알 수 있었습니다.

M I guess many of you think that animals just live by instinct, according to the law of survival. But do they really? There is an interesting experiment that can give us an answer to this question, so I'm introducing it to you. Attachment refers to the behavior of humans and all other animals to be close to their loved ones and to maintain it [the relationship]. American psychologist Harry Harlow conducted experiments on attachment. First, he (made and) placed two surrogate monkey mothers in a cage. One was made of hard wire and held a feeding bottle, and the other was made of soft cloth without a feeding bottle. What do you think the result was? Surprisingly, the infant monkeys always clung to the surrogate mother made of soft cloth, except when they were sucking milk. When they were scared, they ran and clung to the cloth mother without hesitation. Before the experiment, most people expected the infant monkeys to feel a greater attachment to the feeding surrogate, but their behavior was just the opposite. Through this experiment, we could understand that animals are attached more to physical intimacy with their mothers than to food.

41. According to the experiments conducted on monkeys, the man is saying that unlike human expectations, the results say that animals also feel an attachment. The answer is ①.

42. In the experiment, the infant monkeys clung to the surrogate mother made of soft cloth except when they were sucking milk. The answer is ④.

[43~44] Listen to the following and answer the questions.

여자 우리는 왜 열대야에 잠을 이루지 못하는 걸까요? 먼저 불면증의 원인에 대해 알아보겠습니다. 불면증은 정신적 스트레스가 심해서 이틀에서 일주일 정도 잠을 못 자는 급성 불면, 특별한 유발 요인 없이 한 달 이상 지속되는 일차성 불면증, 다른 질환이나 유발 요인이 있는 이차성 불면증으로 나뉩니다. 하지만 여름에 발생하는 불면증은 이와는 달리 외부적 요인에 의해 숙면을 취하기 힘든 경우가 많습니다. 이러한 현상이 나타나는 제1의 원인은 무엇일까요? 네, 여러분이 이미 짐작했듯이 지나치게 높은 온도입니다. 사람은 잠들기 시작하면 몸 안의 열을 체외로 내보내며 체온이 0.5℃ 정도 떨어지게 됩니다. 그러면 자연스럽게 잠이 들며 숙면을 취하게 되는데, 여름에는 밖의 온도가 너무 높기 때문에 쉽게 체온이 떨어지지 않습니다. 특히 밤 최저 기온이 25℃ 이상인 열대야가 되면 사람들이 잠드는 데 어려움을 겪습니다. 여러분도 불면증의 원인을 잘 파악하여 최적의 수면 환경을 만들어 더운 여름에 숙면을 취하길 바랍니다.

W Why can't we sleep on tropical nights? Let's look into the causes of insomnia. Insomnia can be divided into acute insomnia, which means having a sleeping problem for a period between two days and a week due to significant stress; primary insomnia, which continues for over a month without a particular inducing factor; and secondary insomnia, which is caused by other health conditions or inducing factors. However, unlike these, insomnia that occurs in summer is often a sleeping problem caused by external factors. So what is the primary cause of this symptom? Yes, as you may have already guessed, it is the excessively high temperature. When we start to fall asleep, our bodies emit heat to the outside, causing our temperature to drop by about 0.5℃, and we naturally fall asleep and sleep well. But in summer, since the outside temperature is too high, the body temperature does not easily drop. Especially during tropical nights when the minimum temperature is over 25℃, people have difficulty sleeping. I hope this helps you understand the causes of insomnia and how to create an optimal sleeping environment to sleep soundly on hot summer nights.

43. The woman explains the cause of insomnia on tropical nights and advises people to sleep soundly during summer. The answer is ③.

44. People have problems sleeping on summer nights because the outside temperature on tropical nights is too high to lower their bodies temperature. The answer is ④.

[45~46] Listen to the following and answer the questions.

여자 현대 생활은 과학이 없으면 제대로 돌아가지 않을 정도입니다. 우리는 시계와 달력이 있어서 시간을 지키며 살아갈 수 있고, 매일 텔레비전을 통해 전 세계에서 벌어지고 있는 일들을 생생하게 알 수 있습니다. 이 모든 것은 우주 공간에 떠서 지구 여러 곳에서 오는 신호를 받아 전송하는 인공위성이 없었다면 꿈도 꾸지 못했을 일입니다. 인공위성은 전화나 데이터 통신에도 큰 역할을 하고 있으니, 우주 과학 기술이 없다면 세계가 제대로 돌아가지 않는다는 말도 더 이상 과장이 아닙니다. 또 과학을 통해 집을 쾌적하게 하는 일도 가능합니다. 집을 지을 때 흔히 사용되는 단열재도 과학의 발명품 중 하나입니다. 단열재는 추운 겨울에는 집 안의 열이 밖으로 나가는 것을 막고, 더운 여름에는 바깥의 열이 집 안으로 전달되는 것을 막아 주는 역할을 합니다. 뿐만 아니라 화재로부터 집을 지켜주는 화재 경보기와 깨끗한 물을 마실 수 있게 하는 정수기 역시 과학 발전의 결실입니다.

W Modern life relies so heavily on science that it wouldn't function properly without it. We have clocks and calendars to help us keep track of time and stay organized, and through television, we can vividly learn about events happening worldwide. All of this would have been unimaginable without satellites floating in space, receiving and transmitting signals from various locations on Earth. Satellites also play a significant role in telephone and data communications, making it no exaggeration to say that the world wouldn't function properly without space science and technology. Furthermore, science enables us to create comfortable living environments. One example of a scientific invention commonly used in building homes is insulation materials. Insulation helps prevent heat from escaping the house during cold winters and blocks external heat from entering during hot summers. Additionally, science has given us fire alarms to protect our homes from fires and water purifiers that ensure access to clean drinking water. These advancements are the fruits of scientific progress.

45. In her comment, the woman says that fire alarms are also some fruits of science. The answer is ①. ③ and ④ are wrong answers because what allows us to drink clean water are water purifiers, and insulating materials prevent heat from going into houses in hot summer.

46. The woman uses some examples of space science and technology in various areas to explain their importance. The answer is ④.

[47~48] Listen to the following and answer the questions.

여자 어떤 전문가들은 현재의 기술로는 로봇이 사람보다 냄새를 구별할 수 있는 가짓수가 적기 때문에 로봇에 달린 코는 전혀 쓸모가 없다고 주장합니다. 박사님께서는 어떻게 생각하시는지요?

남자 절대로 그렇지 않습니다. 지금 단계만으로도 로봇의 코는 효용성이 아주 높습니다. 사람의 코는 1만 가지 정도의 냄새를 가려낼 수 있지만, 냄새의 강도를 정확하게 구분할 수는 없습니다. 그렇지만 로봇은 냄새의 강도를 수치로 나타낼 수 있는 장점이 있습니다. 이런 능력을 잘 이용하면 물질의 종류와 양을 손쉽게 구별할 수 있습니다. 로봇 코의 장점은 여기서 그치지 않습니다. 사람은 해로운 기체의 냄새에 계속 노출될 경우 정신을 잃거나 심한 경우 사망할 수도 있습니다. 하지만 로봇 코는 유독 가스의 냄새에 장시간 노출되어도 문제없습니다. 그렇기 때문에 로봇이 폭발 사고나 유독 물질 누출 사고 등이 일어난 현장에 투입되어 어떤 물질들이 문제가 되었는가를 조사할 수 있다면 인명 피해를 줄일 수 있을 거라 예상합니다.

W Some experts argue that the robotic nose, made with current technology, is completely useless since it can identify a smaller number of odors than a human being. What do you think, Doctor?

M That is absolutely not true. Even at this stage, a robotic nose is highly useful. While a human nose can distinguish about 10,000 odors, it cannot accurately tell how strong these odors are. However, a robot has the advantage of being able to quantify the strength of the odor. By taking advantage of this ability, we can easily distinguish the type and quantity of a material. And that's not the only advantage of a robotic nose. If humans are constantly exposed to the odor of a toxic gas, they can lose consciousness or even die in extreme cases. But if a robotic nose is exposed to the odor

of a toxic gas for an extended number of hours, there will be no problem. Therefore, if robots are put in an accident site to investigate which of an explosion or the leakage of toxic material caused the trouble, we may be able to reduce the number of casualties.

47. A robot's merit is that it can express the strength of an odor numerically. The answer is ②.

48. Current technology only allows robots to identify a smaller number of odors than humans, so some experts argue that a robotic nose is completely useless. But the man rebuts the opinion by comparing a robotic nose with a human nose and talking about the former's use. The answer is ③.

[49~50] Listen to the following and answer the questions.

남자 최근 비만 청소년의 수가 빠르게 늘었습니다. 건강보험심사평가원의 자료에 따르면 5년 전에 비해 비만으로 인해 진료를 받은 청소년의 수가 2배 이상 증가한 것으로 나타났습니다. 10대 미만 환자 수가 3,102명으로 5년 전에 비해 205.9% 증가했고, 10대 환자 수가 4,457명으로 5년 전에 비해 263.2% 증가했습니다. 이처럼 비만 청소년의 수가 증가한 까닭은 무엇일까요? 전문가들은 그 원인을 인스턴트 및 배달 음식 섭취의 증가와 함께 운동 부족 현상의 심화에서 찾고 있습니다. 게다가 영양 결핍으로 진료를 받은 청소년의 수 역시 5년 전보다 확연히 증가했는데요. 10대 미만 환자 수가 7,822명으로 5년 전에 비해 99.1% 증가했고, 10대 환자 수가 13,522명으로 5년 전에 비해 181.6% 증가했습니다. 전문가들은 성장하는 시기에 있는 청소년들이 바른 식습관과 신체 활동을 통해 영양을 골고루 섭취하고 비만에서 벗어날 수 있도록 가정과 학교에서 특별한 지도가 필요하다고 강조했습니다.

M According to data from the Health Insurance Review and Assessment Service, the number of obese adolescents has rapidly increased in recent years. The number of teenagers receiving medical treatment due to obesity has more than doubled compared to five years ago. Patients under the age of 10 increased by 205.9% to 3,102, and those in their teens increased by 263.2% to 4,457. Experts attribute the increase in obese adolescents to the increase in consumption of instant and delivery foods, as well as a lack of physical activity. Additionally, the number of adolescents receiving medical treatment due to malnutrition has also significantly increased over the past five years. Patients under the age of 10 increased by 99.1% to 7,822, and those in their teens increased by 181.6% to 13,522. Experts emphasize the need for special guidance at home and school to promote proper eating habits and physical activity so that adolescents can eat a balanced diet and overcome obesity.

49. Experts said that special guidance is needed at home and school to solve the problem of obesity and malnutrition in adolescents, so the answer is ②.

① The problem of obesity in adolescents can be solved by ~~increasing the amount of exercise alone~~. → The consumption of instant and delivery food must be reduced, and the amount of exercise must be increased

③ ~~The number of obese adolescents increased, but~~ the number of malnourished adolescents decreased. → They both increased.

④ Obesity and malnutrition both affect children ~~under the age of 10 more than teenagers~~. → The number of patients in their teens is higher than those under the age of 10.

50. The man is aware of the seriousness of the problem and the cause of the sharp increase in obese and undernourished teenagers based on the data from the National Health Insurance Service. Therefore, the answer is ④.

쓰기 Writing

[51~52] Write an appropriate word in each of the blanks in the following text.(10 points each)

51. ㉠: The sentence after the blank notes that your photo is necessary, so there must be something about the photo between the blanks. It also notes that the movements of your face and hands will be observed, and you can see that the photo needed is that of your face and hands.

㉡: Before the blank, it is written that the experiment fee is paid to your bank account, and after the blank, you are requested to be sure to bring the document. Therefore, you need something about a document related to your bank account in the blank.

→ The text is a notice to recruit students who will participate in an experiment. Accordingly, it describes the purpose, target, date, and time of participation and the venue of the experiment. In addition, there should be a description about what the students participating in the experiment should prepare and how much the fee is. Contact information should also be included so that students who want to participate can make contact. Answers that earn 3 points present expressions on an elementary level in terms of grammar and vocabulary.

52. ㉠: The meaning of volunteer work is explained from an individual perspective. Therefore, advantages from an individual perspective should be described.

㉡: In the previous part, volunteer work is explained from an individual and a social aspect. Therefore, you need to present an answer that considers the theme of this text while giving a summary of it at the same time.

53. The following is a survey data on how 500 men in their 30s to 50s utilize their time. Explain the content in a text of 200-300 characters. Do not write a title.
[Summary]
Introduction: summary of the survey—how men between their 30s and 50s spend their time
Body: comparison of the ways that men use their time by age group
Conclusion: summary

54. Refer to the following and write a text of 600-700 characters. Do not simply copy the text of the question when writing your answer.
[Summary]
Introduction: summary of the question—a definition of and the current state of plagiarism
Body: ① causes of plagiarism
② issues arising from plagiarism
Conclusion: efforts to resolve the problem of plagiarism

읽기 Reading

[1~2] Choose the most appropriate word for the blank.

1.
In a survey on the employment of senior citizens, a majority responded that they want to keep working ( ) health ( ).

Question type Choosing a word ending for the context (connective/short sentence)

It should mean "on the condition that health permits," so ② is the best answer as it indicates a condition.

－는 한: as long as; on the condition that
🔵 내가 살아 있는 한 너를 끝까지 지켜 줄게.
음식을 많이 먹는 한 절대 살을 뺄 수 없다.
Tip It has the same meaning as －(으)면 but is used to describe a very strong condition.

- 기에: a written form of －길래; a connective ending indicating the cause or basis of the following phrase
🔵 날씨가 흐리길래 우산을 가지고 나왔다.
- －(으)ㄹ지라도: a connective ending used to add an irrelevant or contrary situation to a previously suggested or supposed situation
🔵 영호는 나이는 어릴지라도 꿈이 큰 소년이었다.
- －ㄴ/는다고 해도: an expression used to indicate that the supposed preceding phrase does not have any relation to or impact on the following phrase
🔵 지금 출발한다고 해도 늦을 거예요.

2.
Seon-yeong was angry with Mia, "Mia, why are you so late? I ( ) it will start at one o'clock."

Question type Choosing a word ending for the context (ending/ short sentence)

Seon-yeong is checking with Mia why she came late, when she told her that the starting time was one o'clock. ④ is the best answer.

> **–잖아요**: a spoken form expressing a reason
> **Eg** 가: 한국 사람들이 왜 등산을 많이 해요?
>   나: 등산이 건강에 좋잖아요.
> It is also used to check or confirm something. If you use too strong a tone, you may sound angry.
> **Eg** 가: 전화번호가 몇 번이에요?
>   나: 또 잊어버렸어요? 내가 여러 번 말했잖아요.
>
> **Tip** When you state a reason, if the other party already knows it, you use –잖아요; if the other party doesn't know it, use –거든요.
> **Eg** 그 남자 배우가 요즘 인기가 많아요. 잘생겼거든요.

- **–거든요**: an expression used to indicate a reason, cause, or basis the speaker believes regarding the preceding phrase
  Eg 오늘 약속을 못 지킬 것 같아요. 고향에서 친구가 오거든요.
- **–다니요**: an expression used to indicate surprise or wonder at an unexpected event
  Eg 기홍이가 벌써 이렇게 컸다니요?
- **–더군요**: an expression used to indicate wonder about some new knowledge gained through first-hand experience
  Eg 오랜만에 미영이를 만났는데 정말 날씬해졌더군요.

[3~4] Choose the answer that has the most similar meaning to the underlined section.

3.

> This apartment is very popular because it not only has a good view but also has easy traffic access.

Question type Choosing a similar word ending (connective/short sentence)

This apartment is very popular because it has a good view and easy traffic access. ④ is the best answer.

> **–거니와**: it means to admit the preceding and to add the following.
> **Eg** 그는 일도 열심히 하거니와 운도 좋아서 하는 일마다 큰 성공을 거둔다.
>   선희는 얼굴도 예쁘거니와 마음까지 착해서 인기가 최고다.
>
> **Tip** If –거니와 is attached to 다시 말하다 and 다시 설명하다, it means to once again state what is related to the following.
> **Eg** 다시 말하거니와, 이번 경기는 매우 중요하니 모두 최선을 다해 주시기 바랍니다.

- **–은/는데도**: an expression that the following happens regardless of the preceding
  Eg 나는 할 일이 많은데도 계속 텔레비전만 보고 있다.
- **–은/는 만큼**: an expression that the following is proportionate or similar to the preceding in quantity or extent
  Eg 넓은 집으로 이사해서 좋지만 넓은 만큼 청소하기가 힘들기도 해요.
- **–은/는 체하다**: an expression to indicate that you pretend or give a false appearance of (action/state)

Eg 나는 영호의 말에 기분이 나빴지만 옆에 사람들이 있어서 괜찮은 체했다.
- **–(으)ㄹ 뿐만 아니라**: an expression used to indicate that it works not only the preceding but also the following
  Eg 기홍이는 성격이 좋을 뿐만 아니라 무엇이든 열심히 하기 때문에 배울 점이 많다.

4.

> I should have thought carefully and made a better choice when I chose my major.

Question type Choosing a similar word ending (ending/short sentence)

The speaker regrets that he did not think more carefully and make a better choice when he chose his major. ② is the answer.

> **–(으)ㄹ 걸 그랬다**: it is used to regret or feel sorry for something.
> **Eg** 방학 때 놀지만 말고 숙제도 할걸 (그랬다).
>   몸이 피곤해서 영화 보러 안 갔는데 나도 갈걸 (그랬다).

- **–은/는 듯하다**: an expression that speculates on the preceding
  Eg 요즘 영호에게 안 좋은 일이 있는 듯하다.
- **–았/었어야 했다**: an expression of regret
  Eg 친구가 여행 갈 때 따라갔어야 했다.
- **–는 셈 치다**: an expression of supposition; to consider that something has been done even if it has not
  Eg 가: 미안해요. 선물을 준비했는데 버스에 놓고 내렸어요.
     나: 괜찮아요. 받은 셈 칠게요.
- **–고 보다**: an expression of judgment
  Eg 나는 민주가 결정을 참 잘했다고 본다.

[5~8] Choose the answer that says what the following is about.

5.

> Highest SPF
> Please apply every two hours

Question type Understanding the object/type of text (advertising)

The key word in this advertisement is SPF. It has high SPF and is something to be applied. ③ is the best answer.

- **자외선**: an ultraviolet ray; an invisible ray with a short wavelength from the sun
- **자외선 차단 지수**: an SPF (sun protection factor); the power of blocking ultraviolet rays in numbers

6.

> That most-talked about novel based on a true story
> Accolades from critics that it has surpassed the original work
> Check it out on your theater screen now

Question type Understanding the object/type of text (advertising)

The key word for this advertisement is 스크린. Considering such expressions as 원작을 넘어서다 and 스크린에서 확인하다, ③ is the best answer.

- 평론가: a critic; an expert in criticism
- 평론: criticism; to evaluate and state the value of a thing and what is good and bad about it; a work of writing about the quality of something

7.

Life expectancy rapidly grows
Retirement comes earlier by 7 to 8 years, against developed countries

Question type Understanding the object/type of text (advertising)

The key word is 은퇴 (retirement). While life expectancy is increasing, retirement comes earlier. What follows would be about concerns over life after retirement. ① is the best answer.

- 선진국: a state more developed relative to others in politics, economy, culture, and so on

8.

It is possible within a week of purchase
It is impossible once the tags are removed

Question type Understanding the object/type of text (notice)

What is possible within one week of purchase and not possible once the tag is removed should be exchanges and refunds. This text takes the form of a guide giving information, so ② is the best answer.

- 제거하다: to remove; to get rid of

[9~12] Choose the statement that agrees with the following text or graph.

9.

Seoul Baby Photo Contest

- **Eligibility:** Any Seoul citizen who is raising a baby (no age limit)
- **Application period:** September 1 - 30, 2024
- **How to apply:** E-mail application (edepal1026@ saver.com)
  * Photo of baby under 12 months / One photo per person
- **Announcement & award:** 10:00 - 17:00, October 5
  Citizens' voting by putting stickers at Gwanghwamun Square
  Announcement and award on site immediately after the event

Question type Choosing the answer that matches the text/table (notice)

The passage reads, "광화문 광장에서 시민의 스티커 투표 진행," which means that the best baby photo will be chosen by citizens. ② is the answer.

① You can apply with a photo of a baby ~~over 12 months~~. → under 12 months

③ The winners of the contest will be announced ~~on the website after the event~~. → on site right after the event

④ Any Seoul citizen can apply ~~regardless of baby's age~~. → baby under 12 months

10.

Status of Foreigners Residing in Korea

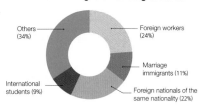

Question type Choosing the answer that matches the text/table (graph)

The proportion of foreign workers is at 24%, which is a higher percentage compared to the 22% held by foreign nationals of the same nationality. Therefore, the answer is ③.

① The number of marriage immigrants and international students is ~~the same~~. → Different.

② Foreign workers account for ~~more than half~~. → Less than half.

④ ~~There is not a significant difference~~ in the proportion of other foreign nationals excluding foreign workers. → There is a significant difference.

11.

The "Test-free Semesters at Middle Schools" is a policy designed to allow middle school students to actively engage in school life without the stress of exams for one semester during their middle school years. Not taking exams does not mean that students are not studying their courses. The program is operated by attending academic courses such as Korean, English, and math in the morning and participating in various experiential activities in the afternoon.

Question type Choosing the answer that matches the text/table (article)

Since the statement says, "It is a policy that allows students to actively engage in school life without worrying about exams for one semester during middle school education," the correct answer is ①.

② The free semester policy ~~will be implemented~~ in middle school. → It is already being implemented in middle schools.

③ During the free semester, experiential activities are conducted ~~instead of academic studies~~. → Academic studies are also conducted.

④ ~~After graduating from school~~, students can choose the free semester policy. → During one semester of middle school education.

12.

The image of Africa is often portrayed as monotonous and one-sided. However, like any other place in the world, we need a balanced understanding of Africa. Just as we cannot consider Korea, the Philippines, and Afghanistan to be the same simply because they are all part of Asia, we should not do the same with Africa. The continent of Africa is much bigger and more diverse than we may realize.

Question type Choosing the answer that matches the text/table (article)

① is the answer, for the text reads, "대부분 아프리카의 이미지가 천편일률적이고 한쪽으로 치우쳐 있다."

② African countries are ~~simpler~~ than we think.→much bigger and more diverse

③ People have ~~diverse perceptions~~ of Africa.→ a uniform perception

④ The countries on the African continent ~~share similar features.~~→ are more diverse than we think

- 천편일률적: a state in which several things lack variety an are almost identical

[13~15] Choose the option that places the statements in the right order.

13.
(가) Many common sense ideas are actually contrary to fact.
(나) When you drink, alcohol expands your blood vessels and causes warm blood to rise to the surface of your skin.
(다) As a result, you may feel warm temporarily, but be in danger of losing body heat.
(라) For example, alcohol is known to warm up the body, but this is only an illusion that deceives people into thinking that their body temperature is rising.

Question type Placing sentences in the right order

The text explains that a lot of things known as common sense are different from the facts, with a specific example. (가) comes first as a general description of common sense contrary to facts. Then (라) comes with an example of alcohol. (나) follows as it explains some symptoms of drinking. (다) is last as it starts with 그래서 and states the result. (가)–(라)–(나)–(다), or ①, is the answer.

14.
(가) Surprisingly, the secret was the power of homework.
(나) Dr. Robert started a study on daily family activities regarding learning habits with 50,000 Americans.
(다) Through this 3-year study, he revealed the common factors in children who experienced success in studying, emotions, and social skills.
(라) By studying families that fostered their children to become outstanding and talented youths, Dr. Robert aimed to find a new way of education.

Question type Placing sentences in the right order

The text is about Dr. Robert's study on learning habits. (라) is first as it states the purpose of his study, and

(나) follows, starting with 그래서 and describing how he started the study on learning habits. (다), which comes next, is about the common factors found, and last, (가) comes as it describes the result. (라)–(나)–(다)–(가), or ④ is the answer.

15.
(가) The service of sending registered mail by putting it in the mailbox has started.
(나) Until now, it was only possible to send registered mail by visiting the post office in person and paying the fee.
(다) Now, after completing the pre-registration and payment in the mobile application, you just need to write the registration number and put it in the mailbox.
(라) Of course, you can only send small-sized contents as the size of the mailbox is not large, but it is expected to increase user convenience.

Question type Placing sentences in the right order

The text discusses the initiation of a service where registered mail can be sent by putting it in the mailbox. (가) is presented first, providing an explanation about the service. (나) follows, starting with 지금까지 to describe the past situation before the start of this service. (다) follows, starting with 이제, and explains the future changes in comparison to the past, contrasting the two. Finally, (라) is presented as it concludes with 물론 and explains that despite some drawbacks, this service will enhance customer convenience. The correct answer is (가)–(나)–(다)–(라), or ①.

- 기재하다: to write down or record a certain fact in a document

[16~18] Choose the most appropriate word for the blank.

16.
When a mother distributes pizza to two children, (   ) to make one child cut the pizza and the other (   ). If the child who cuts it knows that he or she will choose the pizza later, the child will cut it as fairly as possible. And the child who does not cut the pizza will not complain since he or she will get the right to choose first.

Question type Choosing the best phrase for the context

After the blank, the passage reads, "피자를 자른 아이가 피자를 나중에 선택한다는 걸 알면." ① is the answer.

17.
A woodcutter was cutting down trees diligently, but over time, it took more work and became harder to cut down trees. The woodcutter failed to realize that the edge of his axe had become dull. Finally, exhausted from continuous work, he squatted on the ground. In this case, (   ) just keep trying is not enough to achieve your goals.

Question type Choosing the best phrase for the context

You cannot cut down a tree with a dull blade no matter

how hard you try; you must change the blade first before you can cut the tree down. That means you can achieve something only if you have resolved the fundamental problem. ③ is the best answer.

18.

With increased traffic on the roads and speeding cars, wild animals are being killed in traffic accidents on a steady basis. Wildlife corridors were built to prevent this, but (   ), they are not achieving the expected results. To prevent wildlife traffic accidents, a study must first be conducted on the tendency of animals to instinctively move in search of food and to give birth.

Question type Choosing the best phrase for the context

After the blank, the passage reads, "먹이를 구하기 위해, 새끼를 낳기 위해 동물들이 본능적으로 움직이는 성향에 대한 연구가 먼저 이루어져야 한다." ② is the best answer.

- 성향: a tendency; a characteristic pattern

[19~20] Read the following and answer the questions.

Today, adolescents have become the largest and most important group of cultural consumers. Hence, the media and cultural industry are luring adolescents by using all kinds of advertising and sales strategies. (   ) if you let your guard down, you can easily fall prey to the advertising strategies of the cultural industry. We often see adolescents who have similar looks and styles, wearing similar goods. It is time for adolescents to think independently and protect their individuality.

19. **Question type** Choosing the best conjunction for the context

Before the blank, it is argued that the media and cultural industry are luring adolescents, and after that, adolescents can easily fall prey to advertising strategy. ① is the best answer as it means "even to a small degree" or "before you know it."

- 자칫: (used with a phrase that something is going wrong) even to a small degree; before you know it
  Eg 젊은이들은 자칫 이상과 현실을 혼동하기 쉽다.
- 미처: (used with 못하다, 않다, 없다, or 모르다) yet; that far
  Eg 얼마나 바쁜지 손님들에게 미처 감사의 인사도 하지 못했다.
- 역시:
  ① too; also **Eg** 이번 일도 역시 잘 안 될 것 같아.
  ② no matter how hard I think
  Eg 한국인에게는 역시 한국적인 것이 잘 어울린다.
  ③ as speculated/expected
  Eg 이번 시험에서도 역시 1등을 했구나!
- 절대: (with a negative) never; no matter what happens
  Eg 나는 절대 너랑 같이 가지 않을 거야.

20. **Question type** Understanding the main idea

it was mentioned that adolescents as a cultural consumer group may lose their individuality due to the

advertising strategies of the cultural industry. Therefore, ④ is the correct answer.

[21~22] Read the following and answer the questions.

Last year, Korea's annual working hours amounted to a total of 1,915 hours, which is three times more than the average in OECD member countries. This ranks fifth among 38 member countries, making it very difficult to (   ) work and household chores. In addition, survey results showed that the average commute time for employees is about 1 hour and 24 minutes, leaving them with limited personal time after work. It is speculated that the reason why the average sleeping time of Koreans always ranks last among OECD member countries is due to these factors.

21. **Question type** Choosing the best proverb/idiom for the context

The sentence should mean, "It is hard to do well both at work and at home." ④ is the best answer as it means to get both.

- 두 손을 들다: to give in; to submit
  Eg 너에게 두 손 들었으니, 네 요청을 받아 주마.
- 활개를 펴다: to be triumphant and to play as one wants
  Eg 성규는 돈을 많이 벌더니 자기 세상을 만난 듯 활개를 펴고 다닌다.
- 두 다리를 쭉 뻗다: to live without worries
  Eg 이제 걱정이 없어졌으니 두 다리를 쭉 뻗고 잘 수 있겠다.
- 두 마리 토끼를 잡다: to get two things at once; to catch two birds with one stone
  Eg 이 영화는 재미와 감동, 두 마리 토끼를 잡았다.

22. **Question type** Understanding the details (correspondence)

It was mentioned that Koreans consistently rank last in terms of average sleep time among OECD member countries. Therefore, ④ is the correct answer.

① ~~It is not so difficult~~ to balance both work and household chores well. → extremely difficult
② ~~Korea ranks third~~ in annual working hours among OECD member countries. → Korea ranks fifth, which is three times the average among OECD member countries.
③ Koreans ~~tend to have~~ a lot of personal time after work. → don't have much

[23~24] Read the following and answer the questions.

Last winter, I skipped my child's flu vaccination because of financial difficulties. As a result, I felt very sorry for my daughter, who caught the flu and couldn't go to school. This year, I made up my mind to get her vaccinated and took her to the hospital. After we got back home, I told my daughter, "You need to rest well today and not take a bath." My mother then said to me, "You often catch colds now, too. You're not the same as you used to be...." "Mom, my daughter couldn't even get vaccinated last year. And I am not a child, you know." At my blunt reply, mother said, "Don't be too harsh to my daughter. You are my only child." My heart sank at her response. Even though I had thought of myself only as a mother of a child, I realized that I was also a child whom my mother was always concerned about.

23. **Question type** Understanding emotions (essay)

The writer was shocked to realize that even though she thought of herself only as a mother of a child, she was a child whom her mother always worried about, after hearing her mother's words. Therefore, ③ is the correct answer.

- 예방 접종: a vaccination; to foster immunity by getting a shot with a vaccine to prevent an infectious disease

24. **Question type** Understanding the details (correspondence/essay)

Last winter, the writer did not get her child vaccinated for the flu because of financial difficulties. Therefore, ④ is the best answer.

① I ~~used to catch~~ colds often. → now catches

② ~~This year~~, my daughter caught the flu and missed school. → Last year

③ ~~Everyone in the family except for the mother~~ got themselves vaccinated. → Only the child got vaccinated.

[25~27] Choose the answer that best describes the title of the following newspaper articles.

25.
Corporate work styles change; paper reports removed, replaced with online ones

Question type Understanding a contracted sentence (news article)

The headline means that corporate work styles changed to replace paper reports with online reports. ④ is the best answer.

- 서면 보고: a written report; to write down and inform someone of what has been studied or researched in a document

26.
Moving season of spring end, *jeonse* price hike slows down

Question type Understanding a contracted sentence (news article)

The headline means that the rise of 전세 prices stopped because the season of moving in spring is over. ② is the best answer.

- 주춤: a state of stopping or shrinking one's body for hesitation or slight surprise
- 전세: the act of leasing a building, apartment, or room from its owner in exchange for a sum of money

27.
As single-person households sprout, fluttering stocks of convenience food.

Question type Understanding a contracted sentence (news article)

The headline means that as the number of single-person household increases, related stock prices have risen together. ③ is the best answer.

- 쑥쑥: an adverb implying a state of sudden growth
  Eg 요즘은 하룻밤만 지나도 물가가 쑥쑥 오르는 것 같다.
- 들썩: the state of an object attached to something getting easily lifted up
- 가구: a household; a group of people living together in one house

[28~31] Choose the most appropriate word for the blank.

28.
The dung beetle, well-known for its association with the Fabre entomological research, exclusively survives by feeding on animal excrement. Then what kind of feces do dung beetles like? Each species has a different taste. Most of them prefer the feces of grass-eating animals, but some pursue those of flesh-eating animals. These dung beetles (   ). They are cleaners that clean places from deserts to forests. And by eating or burying other animals' excrement, they play a role by returning ingredients to the soil.

Question type Choosing the best phrase for the context

Dung beetles are "사막에서 숲까지 청소하는 청소부" and "토양에 영양분을 되돌려 주는 역할을 한다." ④ is the best answer.

29.
Cinema is a form of which is expressed by time flows through a screen, and drama is also an art formed in a limited place in time on a stage. We can see that both forms of art are closer than other areas of art in that they both are (   ). In addition, cinema and drama talk to each other in that they are not individual arts which can be achieved by the creative efforts of one person like literature or fine arts, but they are arts achieved by combining many fields of art.

Question type Choosing the best phrase for the context

"영화는 스크린이라는 곳을 통해 시간적으로 흐르는 예술이며, 연극 또한 무대라는 제한된 장소에서 시간적으로 형상화되는 예술이다." Therefore, ① is the best answer.

30.
Of the animals we can see around us, one of the most common and the closest to humans is a dog. A dog is an animal that is mild in temper, smart, and loyal to its master. That is why all the dogs in bedtime stories show (   ). One of the most typical stories is *Dog of Osu*. This story is about how a master was in danger as a fire broke out while he was sleeping in

a field while drunk and how his dog died trying to put out the fire to save its master's life.

Question type Choosing the best phrase for the context

The text gives an example of a story of a dog that died while putting out a fire to save its master's life. ③ is the best answer.

31.

Recently, a research team at Harvard University studied judges and revealed that judges who have a daughter tend to give verdicts more favorable to women. Even if a judge is male and holds conservative political views, when they have a daughter, they tend to render more women-friendly verdicts. This research suggests that through personal experiences and ongoing relationships, it is possible to learn and empathize with perspectives that may initially be difficult to understand. In the end, (   ) has an impact on judgment.

Question type Choosing the best phrase for the context

Judges who have a daughter tend to give verdicts more favorable to women, which shows us that continued relationships teach people how to have empathy with others. ④ is the best answer.

- 보수적: tending to oppose change and favoring traditional institutions and ways

[32~34] Read the following and choose the statement that agrees with the content of the text.

32.

Each animal likes different weather. A bat hates rain and wind because it identifies the location of its prey by ultrasound. On the other hand, a frog likes the rainy weather that moistens its skin. A fly likes sultry hot weather while a polar bear likes cold weather with heavy snow. A weasel, sensitive to odors to compensate for its weak eyes, likes foggy weather in which odors linger and even small sounds can be heard well.

Question type Understanding the details (correspondence)

A fly likes sultry hot weather while a polar bear likes cold weather with heavy snow. ④ is the best answer.

① A weasel has well developed visual and olfactory senses. → olfactory sense

② Animals generally like clear weather. → Each animal likes different weather.

③ A bat and a frog like the same weather. → different weather

33.

"Daily Food" is one of the eleven works included in the collection of short stories called People of Wonmi-dong. The story takes place in Wonmi-dong, a small village in a small city on the outskirts of Seoul, during the winter of the 1980s, when cable networks spread like an epidemic. It creates an illusion that it is telling a story of our home, our

neighbors, and the small store in our neighborhood. The reason is that the stories told in this work show us the daily lives of ordinary citizens like us.

Question type Understanding the details (correspondence)

Since it is written, "이 작품은 우리 집, 옆집, 그리고 우리 동네의 슈퍼 얘기를 하는 듯한 착각을 불러일으킨다." ③ is the best answer.

① The story happens in a busy neighborhood. → a small city on the outskirts of Seoul

② This story is made of the tale of our neighborhood as materials. → Wonmi-dong

④ This work shows the title of the collection of 11 short stories. → one of the 11 works included in a collection of short stories.

- 유선 방송: a cable network; television broadcasting sent out to various channels by using the cables installed in a certain region

- 번화가: The bustling and vibrant streets of a city where commercial activities thrive and attract a large number of people

34.

If we carefully listen to the words people use in their daily lives, we can often see cases of wrong pronunciation.The reason is that people do not try hard to have correct pronunciation even though they try hard to be grammatically right when writing. For example, many people pronounce 곳곳에서 [곧꼬데서] and 뜻있는 [뜨신는], but the right pronunciations are [곧꼬세서] and [뜨딘는]. We must be careful because habituated pronunciations are eventually reflected in writing in many cases.

Question type Understanding the details (correspondence)

Since it is written "습관화된 발음은 결과적으로 쓰기에도 반영되는 경우가 많으므로," ① is the best answer.

② The correct pronunciation of 뜻있는 is [뜨신는] → [뜨딘는].

③ If you do not write correctly, you cannot pronounce correctly either. · If you cannot pronounce correctly, you cannot spell correctly either.

④ Many people try hard to make correct pronunciations. → be grammatically right when writing

[35~38] Read the following and choose the answer that best matches the topic of the text.

35.

A time-based childcare service has been implemented, which allows parents to use the childcare service when they need it by applying only 2-3 hours before the desired time, such as when sudden events like overtime or business trips occur. The childcare service is a system in which the government provides support for the cost depending on the user's income type, and a childcare worker visits the child's home to provide one-on-one care. It enables parents to use the service in situations where emergency childcare is needed or when care is needed for a short period of time, such as when the child is dropped off or picked up from school.

Question type Understanding the topic

The writer explains what the childcare service is and announces that the introduction of the time-based childcare service has increased user convenience. Therefore, ② is the correct answer.

36.

Nowadays, even infants about one year old use educational smart devices. Smart devices are used a lot for concentration and their availability, but they can have adverse effects on the development of young children's sight. If you observe children, as soon as you show them a tablet PC, you can see that they sit down and concentrate on the screen. A child who is focused on the screen blinked only once in one minute. This is a significantly lower frequency compared to blinking six times while reading a book.

Question type Understanding the topic

The text compares the number of blinks when looking at a tablet PC and reading a book and notes that smart devices can have an adverse impact on the development of children's sight. ④ is the answer.

37.

The government recently announced that it will provide substantial funding to 30 selected local universities. This decision comes as the number of high school graduates is sharply declining, leading to a rapid decrease in the number of students seeking admission to local universities. Of course, overall structural reforms of universities are also necessary. It is projected that about 70% of all universities will close their doors in 20 years, and if local universities also close simultaneously, it will have a negative impact on the local economy. Therefore, preparations are needed to address this issue.

Question type Understanding the topic

The writer highlights the government's support for local universities and mentions that without overall structural reforms of universities, it will have a negative impact on the local economy in the future. Therefore, the correct answer is ②.

38.

Our brain sends out a signal of "hunger" when we lack the energy needed for our bodies to induce us to eat food. However, sometimes the brain sends out a signal for hunger when we are not short of calories. This is fake hunger. If we cannot tell whether we are really hungry or not and immediately eat food just because we feel hungry, fat will not be able to get broken down and will keep accumulating in our bodies. This will eventually lead to chronic diseases like obesity and diabetes.

Question type Understanding the topic

According to the text, if we cannot tell whether we are really hungry or not and immediately eat food, it will eventually lead to a chronic disease. ③ is the answer.

- 만성병: a chronic disease; a disease that persists for a long time and does not get cured well even though its symptoms are not too severe

[39~41] Choose the most appropriate place for the given sentence.

39.

Tofu is a food everyone likes to eat, and it is made with soybeans that are dubbed "beef from the field." (㉠) Tofu is a food high in protein and low in calories, and it is popular as a weight-loss food since it prevents fat from accumulating in the body. (㉡) Since tofu contains a great amount of protein, eating too much of it can cause protein indigestion. (㉢) In addition, if you consume a lot of tofu for an extended period of time, it can stress your kidneys. (㉣) An adequate amount of tofu is 100 to 150 gram per day.

┌ Missing Sentence ──────────────┐

But no matter how good it is for the body, there will be side effects if you eat too much of a healthy food.

└────────────────────────────┘

Question type Inserting a sentence for the context

The missing sentence starts with 하지만 and is about the potential side effects of tofu. Therefore, it will naturally fits after a sentence describing its advantages. And since the missing sentence discusses side effect. It is natural for it to come before a detailed explanation of the side effects. ② is the answer.

- 유발하다: to cause or bring about an event or phenomenon

40.

Park Taehwan started swimming at the age of five to treat his asthma. (㉠) Young Park was afraid of the water, but he overcame his fear of the water and finally became a worldclass swimmer who brought honor to Korea. (㉡) In the men's freestyle swimming that had been practically a barren land for Korea, Park won the gold medal and realized the long-cherished dream of the Korean swimming circle. (㉢) This is to recognize his hard work and effort that brought him to the top of the world despite the poor environment and support that was far behind those in other countries. (㉣)

┌ Missing Sentence ──────────────┐

Swimming experts refer to Park Tae-hwan, who won a gold medal despite adverse conditions, as an "effort-based genius."

└────────────────────────────┘

Question type Inserting a sentence for the context

The missing sentence must come before the reason why swimming experts call Park an "effort-based genius." And it fits naturally after the sentence about Park winning a gold medal despite the poor environment and support. ③ is the answer.

- 불모지: (figuratively) a barren land; a place that has not been developed at all

41.

How does a snowboard move? (㉠) If you transfer your weight to the forward and lightly put pressure on foot in the forward direction, you can go forward as the direction of your progress and the snowboard are aligned. (㉡) To be specific, if you put pressure on the opposite foot to make the direction of the board vertical to the forward direction and increase the force of friction, your speed will slowly reduce to a stop. (㉢) That is, the foot in the forward direction works as an accelerator while the opposite foot works as a brake. (㉣)

```
┌─ Missing Sentence ──────────────────────┐
│ On the contrary, if you want to stop, you can put │
│ pressure on the foot opposite the forward direction. │
└─────────────────────────────────────────┘
```

Question type Inserting a sentence for the context (book review/impression essay)

The missing sentence starts with 반대로 and explains how to stop the snowboard. So it naturally fits after the description of forward movement. And since the missing sentence is about how to stop, it fits well before the description of stopping and starting with 자세히 말해서. ② is the answer.

[42~43] Read the following and answer the questions.

"We should live like others do!" she said. With strong pride in being the wife of an artist, she ordinarily never spoke like that. But when something greatly stirs her, she could be made to blurt out things that had been repressed inside. Whenever I heard them, I was not without sympathy and thought, "I don't blame her." This time, too, I was sympathetic, but I nevertheless could hardly suppress my displeasure. After a moment, I betrayed my mood and said, "I can't suddenly start making money just because you tell me to. It will happen gradually!"

"Oh, don't say gradually. I doubt the day will ever come..."

My wife's face flushed more deeply red, and there was a heat in her voice that had never been there before. Looking more closely, I saw that her eyes were brimming with tears.

At that moment, a blaze of anger flared up inside me. I couldn't stand it.

"You should have married a man who makes a lot of money! Who asked you to be my wife? A wife of an artist? A woman like you?"

I bellowed ferociously at her.

"Poor Man's Wife," Hyun Jin-geon

42. **Question type** Understanding emotions (fiction)

The man is sympathetic with his wife, but he is also disappointed that she wants to live like others. He is yelling because he is unable to repress his anger. ④ is the answer.

43. **Question type** Understanding the details (correspondence/fiction)

The wife said, "우리도 남과 같이 살아봐야지요!" This means that she hopes to live an ordinary life with her husband earning money like others do. ② is the best answer.

① The wife ~~always nags like this~~. → ordinarily never says these things.

③ The wife is ~~ashamed of her artist husband~~. → very proud of being an artist's wife

④ ~~I do not understand my wife at all~~. → I am sympathetic with my wife, but I don't feel good.

- 자부심: pride; a sense of one's own proper ability or value; self-respect

- 차차: bit by bit constantly, a change of state or level of a matter or object

[44~45] Read the following and answer the questions.

Older people can easily develop clinical depression because they are more exposed to factors that can harm their self-esteem, including physical illness, aging, bereavement, and severed personal relationships. While medication can improve the symptoms of depression, older individuals need to exercise caution, as they may already be taking other medications or have a chronic illness. In such cases, it is advisable to focus on building relationships with diverse individuals and engaging in light exercises, rather than relying solely on medication. Additionally, foods such as beans, nuts, and chicken breast are rich in nutrients that positively impact mental health. Consuming foods that (   ), like this, is recommended. Furthermore, factors such as inadequate sleep, smoking, and obesity can contribute to depression, and it is important to actively address and remove these factors.

44. **Question type** Choosing the best phrase for the context

This sentence talks about food that works well to prevent depression, and the blank is related to something that "has a good impact on mental health." ④ is the answer.

45. **Question type** Understanding the topic

The text is about the potential problem of medication and about lifestyle habits that can prevent depression. ② is the answer.

Epithets like the Sam[3]po Generation, O[5]po Generation, and N-po Generation were created to refer to people in their 20s and 30s struggling with unemployment and financial issues, including expensive college tuition. The Sampo Generation is [means] a generation that has given up romantic relationships, marriage, and childbirth. The Opo Generation refers to those who have given up on buying a house and interpersonal relationships in addition to romantic relationships, marriage, and childbirth. The N-po Generation is the generation that has given up a number of things and is a word referring to the grim reality of young Koreans in their 20s and 30s. Of course, the expression that appeared first was the Sampo Generation. It refers to the social phenomenon in which people in their 20s and 30s avoid romantic relationships, avoid marriage even if they are in relationships, and avoid having children even if they are married. As the things they give up increase more and more, the terms Opo Generation and N-po Generation appeared.

46. **Question type** Choosing the writer's stance (persuasive essay)

The writer explains the emergence of the terms Sam[3]-po, O[5]-po, and N-po Generations due to economic issues and their specific meanings. Therefore, ② is the correct answer.

47. **Question type** Understanding the details (correspondence/persuasive essay)

The term Sampo Generation appeared first, and the word changed to N-po Generation which can be used more comprehensively as the number of things they gave up increased. ① is the best answer.

② The Sam[3] of Sampo Generation means ~~romantic relationship, buying a house, and interpersonal relationship~~. → romantic relationship, marriage, and childbirth

③ The increase of people in the N-po Generation is ~~not a social problem but an individual one~~. → not an individual problem but a social one.

④ ~~Those who struggle with financial problems~~ are referred to as the N-po Generation. → Young Koreans in their 20s and 30s who are struggling with youth unemployment issues

[48~50] Read the following and answer the questions.

The insecure employment of dual language instructors, consisting of immigrant women, is an obstacle to multicultural education. The dual language instructor system primarily focuses on training female immigrants, who are married and hold at least a 4-year college degree, to become (   ) instructors and work in schools. A research team from a certain university conducted interviews with three instructors who teach Korean and Vietnamese at an elementary school. Through the analysis, it was revealed that the insecure employment status of these irregular workers is a fundamental factor that makes their jobs at school challenging. Since their employment contracts are renewed on a yearly basis, they tend to accept excessive workloads in order to secure contract renewal. Additionally, they have limited communication with other teachers and limited training opportunities. The research also criticized the arbitrary operation of the dual language instructor system, deviating from the original plan. Given the significant impact of the dual language instructor system on the success of multicultural education, it is crucial to improve their working conditions, ensure employment stability, and clearly define their job responsibilities.

48. **Question type** Understanding the purpose (persuasive essay)

The text reveals the results of in-depth interviews with three dual language instructors who talk about some problems. ② is the best answer.

49. **Question type** Choosing a phrase for the context (persuasive essay)

The blank involves the role of dual language instructors. As the title 이중 언어 강사 indicates, since the university research team interviewed three dual language instructors teaching Korean and Vietnamese at an elementary school, it is obvious that the instructors teach Korean and their mother tongue. ④ is the best answer.

50. **Question type** Understanding the details (correspondence/persuasive essay)

According to the text, the dual language instructor system is an important system that can determine the success of multicultural education, and dual language instructors responded in interviews that their school life is difficult due to job insecurity. Therefore, ④ is the correct answer.

① Dual language instructors can be hired ~~if they are married immigrant women~~. → if they are married immigrant women with a four-year college degree or higher.

② The dual language instructor system ~~is being operated freely depending on the situation~~. → arbitrarily contrary to the original plan.

③ Dual language instructors ~~can be converted to regular positions after working for one year at the school~~. → are hired on a one-year contract basis.

TOPIK MASTER 3rd Edition

FINAL 실전 모의고사 6회
The 6th Final Actual Test

정답 ANSWERS

1교시: 듣기, 쓰기

듣기

1. ①	2. ②	3. ④	4. ③	5. ④	6. ④	7. ②	8. ④	9. ②	10. ②
11. ④	12. ③	13. ④	14. ③	15. ④	16. ②	17. ③	18. ②	19. ③	20. ①
21. ③	22. ①	23. ③	24. ④	25. ②	26. ①	27. ④	28. ②	29. ①	30. ③
31. ③	32. ②	33. ④	34. ①	35. ③	36. ③	37. ④	38. ①	39. ④	40. ③
41. ④	42. ④	43. ③	44. ④	45. ①	46. ④	47. ③	48. ④	49. ①	50. ④

쓰기

51. ㉠ (5점) 회사에 들어오기(가) 불편합니다(힘듭니다)
    (3점) 걸어오기가 어렵습니다

    ㉡ (5점) 회사에 주차 공간을 더 만들어 주실 것을
    (3점) 주차 공간을 만드는 것을

52. ㉠ (5점) 상대방의 의견을 경청하는 것이 중요하다
    (3점) 상대방의 의견을 들어야 한다

    ㉡ (5점) 각지 자신의 의견을 말할 기회를 가져야 한다
    (3점) 각자 의견을 제시한다

2교시: 읽기

읽기

1. ③	2. ③	3. ④	4. ①	5. ②	6. ④	7. ②	8. ①	9. ②	10. ③
11. ③	12. ④	13. ④	14. ③	15. ②	16. ④	17. ①	18. ④	19. ①	20. ④
21. ①	22. ④	23. ②	24. ③	25. ④	26. ②	27. ④	28. ③	29. ④	30. ①
31. ③	32. ③	33. ②	34. ①	35. ③	36. ②	37. ③	38. ②	39. ④	40. ②
41. ③	42. ①	43. ④	44. ②	45. ①	46. ④	47. ③	48. ②	49. ④	50. ③

53. Writing sample answer

	남	성	의		육	아		휴	직	에		대	해		설	문		조	사	를		한		결
과		실	제	로		육	아		휴	직	을		받	은		경	우	는		8.	8%	에		불
과	했	다	.	육	아		휴	직	을		받	지		못	하	는		이	유	로		직	장	
분	위	기		때	문	이	라	는		응	답	이		가	장		높	았	으	며	,	그		외
에		제	도	적	으	로		불	가	능	하	거	나		경	제	적		어	려	움	에		대
한		걱	정		때	문	이	라	는		대	답	이		있	었	다	.	자	녀		양	육	은
부	모	가		함	께	해	야	만		하	는		의	무	이	므	로		남	성	의		육	아
휴	직	은		좀		더		활	성	화	되	어	야		한	다	.	이	를		위	해	서	
우	선		제	도	적	으	로		육	아		휴	직		근	무	자	에		대	한		불	이
익	을		금	지	해	야		한	다	.	또	한		가	족	의		중	요	성	을		인	정
하	는		경	영		인	식	의		변	화	가		필	요	할		것	이	다	.			

50
100
150
200
250
300

54. Writing sample answer

　최근 스마트 기기의 편리함 때문에 스마트 기기를 손에서 놓지 못하고, 심지어 스마트 기기가 없으면 불안을 느끼는 사람들이 늘고 있는데 이러한 현상을 스마트 기기 중독이라고 한다.

　이러한 스마트 기기의 중독은 다양한 문제점을 유발한다. 우선 작은 화면을 계속 봐야 해서 눈이 아프고, 손가락 질병 등 신체적 문제가 나타날 수 있다. 걸어가면서 스마트 기기를 사용할 경우, 주변 상황을 인식하지 못해 사고가 나기도 한다. 심지어 스마트 기기가 없으면 불안해하는 심리적 증상이 생기기도 한다. 또한 빠르게 변하는 내용을 이해하기 위해 짧은 순간의 집중에만 익숙해지므로, 깊게 생각하거나 오래 집중해야 하는 일을 잘 못할 수 있다.

　스마트 기기 중독에서 벗어나기 위해서 먼저 스마트 기기의 사용 시간을 서서히 줄이는 것이 중요하다. 사용 시간과 빈도를 급격하게 줄이는 것은 어렵기 때문이다. 그리고 스마트 기기와 관련이 없는 새로운 취미를 가지는 것이 필요하다. 책 읽기, 산책하기, 운동하기 등과 같은 취미 활동을 통해 자기만의 시간을 가지게 되면 점차 스마트 기기가 없는 삶에 익숙해져 중독에서 벗어날 수 있을 뿐만 아니라 삶도 풍요로워질 것이다.

　스마트 기기가 꾸준히 발전하고 있어 스마트 기기가 없는 생활을 상상하기는 더 어려워지고 있다. 그러므로 더욱 스마트 기기에 중독되지 않도록 주의할 필요가 있다.

 **Explanations**

듣기 Listening

[1~3] Listen to the following and choose the picture or graph that matches best.

1.

여자 이 가방은 새 상품이 없나요?

남자 네, 손님. 지금은 전시된 상품밖에 없고 새 상품은 내일 들어옵니다.

여자 그럼 새 상품이 들어오면 전화로 꼭 알려 주세요.

W Don't you have an unopened product of this bag?

M No, ma'am. We only have the floor sample now, and the new ones will come in tomorrow.

W Then please don't forget to call to let me know when the new ones come.

The woman is pointing to a bag displayed at the store and asks if there is any unopened merchandise. The answer is ①. ② is incorrect because there is an empty display where the woman is pointing.

2.

여자 컴퓨터가 고장 난 것 같아요. 화면이 멈췄어요.

남자 전원을 다시 껐다가 켜 보세요. 오늘 오후에 수리하는 분이 온다고 했어요.

여자 오늘까지는 꼭 고쳐야 하는데……

W This computer seems to be out of order. The screen just turned off [stopped].

M Please try turning the power off and turning it back on. I heard that the repairman will come this afternoon.

W This must be fixed by the end of the day....

The man and the woman are in front of a broken computer and are talking about the repairs. The answer is ②.

3.

남자 조사에 따르면 제로 칼로리 탄산 음료의 시장 규모가 계속해서 늘어나고 있는 것으로 나타났습니다. 반면 당분이 건강에 좋지 않다는 의식이 확산되면서 과채 음료의 시장 규모는 과거와 달리 꾸준히 감소하는 모습을 보였습니다.

M According to a survey, the market size of zero-calorie carbonated drinks continues to grow. On the other hand, the market size of fruit and vegetable drinks has steadily declined as awareness of the health risks of sugar has spread.

The man is explaining the survey results about the market size changes of zero-calorie carbonated drinks and vegetable and fruit drinks. According to the survey, the market size of zero-calorie carbonated drinks is continuously increasing, while the market size of vegetable and fruit drinks is steadily decreasing, so the answer is ④.

[4~8] Listen to the following and choose the word that best completes the dialogue.

4.

여자 부장님, 제가 오늘 몸이 안 좋아서요. 좀 일찍 들어가도 될까요?

남자 알겠어요. 회사 일은 걱정하지 말고 병원에 들러서 꼭 치료를 받으세요.

여자 _____

W Sir, I don't feel well today. May I leave a bit early?

M Okay. Don't worry about work and be sure to see the doctor and get treated.

W _____

The woman does not feel well and asks the man for permission to get off work early, and he worriedly tells her to see the doctor. The answer is ③.

5.

남자 요즘 살이 많이 쪘나 봐. 옷이 다 안 맞아.

여자 나도 그래. 우리 아침에 만나서 운동할까? 줄넘기가 다이어트에 좋대.

남자 _____

M I must have put on a lot of weight recently. None of my clothes fits.

W Same here. Shall we meet in the morning and work out together? I hear that jumping rope is good for losing weight.

M _____

Both the man and the woman have gained a lot of weight recently, so they are about to go on a diet together. To the woman's proposal to work out, the best answer among the given options is ④.

6.

남자 책을 반납하려고 하는데요. 여기서 반납하면 돼요?

여자 네. 그런데 연체료가 있네요. 여기에 학생 이름을 적고 연체료를 내면 돼요.

남자 _____

M I'd like to return this book. Can I do that here?

W Yes, but you owe a late fee. You can write down your name here and pay the fee.

M _____

The woman tells the man that there is an outstanding late fee. Since the man is likely to check how much the late fee is, the answer is ④.

7.

여자 취미로 배운 사진이 이렇게 재미있는 줄 몰랐어.

남자 사진 정말 잘 찍었던데 인터넷에 한번 올려 봐.

여자 _____

W I learned photography as a hobby, and I never thought it would be such fun.

M You've taken really great photographs. Why don't you post them on the Internet?

W _____

Since the man suggests that the woman upload her photographs on the Internet, her answer should be related to that suggestion. The answer is ②.

8.
남자 다음 주 회의 참석자 명단입니다. 최종 확인 부탁드리겠습니다.

여자 고생했어요. 그런데 참석자 모두에게 확인 전화는 했나요?

남자 _____

M Here's the list of next week's meeting attendees. I'd like to have your final confirmation.

W Good work. By the way, have you called all the attendees to confirm they'll be there?

M _____

The woman is asking if the man has called the people who are attending the meeting next week, so the best answer is ④.

[9~12] Listen to the following and choose the answer that would be most appropriate as the woman's next action.

9.
여자 저……. 운전 면허증을 신청하려고 하는데요.

남자 지금은 사람이 많아서 한 시간은 기다려야 해요. 증명 사진은 가져왔어요?

여자 아니요. 먼저 접수하고 사진관에 가서 사진을 찍어도 되죠?

남자 네, 그럼 그렇게 하세요.

W Excuse me. I'd like to apply for a driver's license.

M We have a lot of people today so you have to wait for at least an hour. Did you bring a picture of yourself?

W No. Can I submit the form first and have my picture taken at a photo studio?

M Okay, please do so.

The woman says that she will submit her application form first and then go to a photo studio after that since many people are waiting. The answer is ②.

10.
남자 과장님. 여기 말씀하신 서류입니다.

여자 수고했어요. 그런데 여기 틀린 것이 있네요? 수정한 거 맞아요?

남자 죄송합니다. 다시 수정해서 드리겠습니다.

여자 지금 부서 회의에 참석해야 하니까 이메일로 보내세요.

M Sir, here's the document you asked for.

W Thank you. But there's an error here. Did you really revise this?

M I'm sorry. I'll revise it again and hand it in to you.

W I have to attend a departmental meeting now, so please send it to me by e-mail.

The woman has to attend a departmental meeting now, so she asks him to e-mail the document. The answer is ②.

11.
남자 집 청소가 다 끝났는데 이 책상은 어디에 놓을까요?

여자 그 책상은 버리고 오늘 새 책상을 사러 갈 거예요.

남자 이런 큰 가구를 버리려면 먼저 경비실에 신고해야 하는 거 알죠? 돈도 내야 해요.

여자 아, 정말요? 그럼 먼저 경비실에 연락할게요.

M I've finished cleaning the house. Where do you want me to put this desk?

W I'll throw it away and (go) buy a new desk today.

M You know that you must declare it to the security office when you dump a big piece of furniture like this, don't you? You have to pay money, too.

W Oh, really? Then I'll contact the security office first.

The woman says that she will contact the security office first before throwing away the desk. The answer is ④.

12.
여자 어쩌지? 요가 수업을 신청하고 싶은데 전공 수업이랑 시간이 겹쳐서 하나를 포기해야 해.

남자 그래? 그러면 요가는 학원에 등록하는 게 어때? 학생 할인도 받을 수 있대.

여자 정말? 학교 시간표를 다시 확인해 보고 다른 시간이 없으면 학원에 등록해야겠다.

남자 참, 학생 할인 받으려면 학생증을 꼭 가져가야 해.

W What shall I do? I want to enroll in the yoga course, but the class time conflicts with one of my major classes, so I have to give up one of them.

M You do? Then why don't you register for a private yoga class? They say that you can get a student discount.

W Really? Then I'll check my course timetable again and register for a private (yoga) class if there is no other course at a different time.

M Oh, and you must take your student ID to get the student discount.

The woman will check the school timetable first and register for a private yoga class if there is no other yoga course available at school. The answer is ③.

Listen to the following and choose the statement that agrees with the content you have heard.

13.

여자 저⋯⋯. 이 카메라를 수리받으려고 하는데요. 전원 버튼이 안 눌러져요.

남자 혹시 전에 카메라를 떨어뜨렸어요? 여기 이 부분이 깨져 있네요.

여자 아, 정말이네요. 잘 안 보였어요. 수리비는 얼마예요?

남자 원래는 이십만 원인데 보증 기간이 남아서 무료예요.

W Excuse me. I'd like to get this camera repaired. The power button does not work.

M Have you ever dropped the camera? Here on this part, you can see that it is cracked.

W Oh, you are right. I didn't notice it. (lit. It didn't show.) How much is the repair fee?

M Normally, it would be 200,000 won, but it is still under warranty, so it is free of charge for you.

The camera broke because the woman dropped it, so the answer is ④. ③ is a wrong answer because the man only says that one part is cracked and doesn't specifically mention the power button.

14.

여자 안내 말씀 드립니다. 잠시 후 세 시에 예정이었던 강연회는 작가의 사정으로 인해 한 시간 뒤인 네 시에 진행될 예정입니다. 강연회 이후에는 예정대로 작가의 사인회가 진행될 예정입니다. 사인회는 서점 일 층에서 진행될 예정이니 관심 있는 고객님들의 많은 참여 바랍니다.

W Attention, please. The lecture originally scheduled for 3 PM will be delayed until 4 PM due to a situation involving the author. After the lecture, there will be a book-signing event by the author as planned. The signing event will be held on the first floor of the bookstore. We hope to see many customers who might be interested in the event.

The lecture time was changed from 3 PM to 4 PM for the author's personal reasons. The answer is ③.

15.

남자 다음은 경제 소식입니다. 현재 무려 50여 개에 달하는 간편 결제 서비스가 국내에서 서비스 중인데요. 앞으로 간편 결제 서비스 간에 더욱 치열한 경쟁이 있을 것으로 예상됩니다. 가맹점과 카드사는 수수료, 보안 등 여러 어려움이 있겠지만, 고객들은 편의성이 높은 서비스를 선택할 수 있어 선택권이 늘어날 것으로 보입니다.

M The following is an economic news story. Currently, there are over 50 different easy payment services available in Korea. In the future, it is expected that there will be more intense competition among these easy payment services. Although there may be various difficulties such as fees and security for both merchants and card companies, it is expected that consumer choice will increase as they can opt for more convenient services.

As competition between various easy payment services intensifies, it is expected that consumers will have more options to choose from. Therefore, ④ is the correct answer.

16.

여자 시장님, 이번에 노인들을 위한 문화 시설을 새로 만드는 공사가 진행 중인 것으로 아는데요. 자세한 설명 부탁드립니다.

남자 네. 그동안 시의 다양한 정책 중에서 노인을 위한 정책이 많이 부족했던 것 같습니다. 노인 문화 시설에는 노인들뿐만 아니라 가족들도 함께 이용할 수 있는 체육 시설도 포함될 예정입니다. 이제 육 개월 뒤에 공사가 끝나면 일 년 동안 공들여 준비했던 노인 프로그램들을 시작할 수 있습니다.

W Mr. Mayor, I understand that a construction project is underway to build a cultural center for senior citizens. Could you please provide more details?

M Of course. We recognized a gap in our city's policies when it came to supporting senior citizens, which is why we have started building this cultural facility. Senior cultural facilities are planned to include sports facilities that can be used not only by seniors but also by their families. We have been working hard to prepare senior citizen programs that will be launched in six months once construction is complete.

Senior cultural facilities are planned to include sports facilities that can be used not only by seniors but also by their families. The answer is ②.

Listen to the following and choose the answer that best matches the man's main point.

17.

남자 오늘 저녁은 뭘 먹을까?

여자 먹고 싶은 게 따로 없으면 뷔페에 갈까? 다양하게 먹을 수 있잖아.

남자 음⋯⋯. 난 뷔페에 가면 너무 과식을 하게 되더라고, 소화도 잘 안돼서 다음 날까지 고생했어.

M What shall we have for dinner today?

W If you have nothing special in mind, shall we go to a buffet? We can have a variety of choices.

M Well, I tend to eat too much when I go to a buffet. I once had a problem with indigestion until the next day.

When the man goes to a buffet restaurant, he tends to eat too much and get indigestion. The answer is ③.

18.

남자 이번에 휴학하면 뭐 할 계획이야?

여자 휴학하면 아르바이트해서 돈을 모으고 싶긴 한데 아직 특별한 계획은 없어.

남자 돈을 모으는 것도 좋지만 휴학할 때는 계획을 잘 세우는 게 좋아. 괜히 시간만 낭비할 수 있거든.

M What are you planning to do if you take a leave of absence this semester?

W If I take time off school, I'd like to do a part-time job and save money, but I don't have a specific plan yet.

M It's good to save money, but when you take time off school, you'd better make a good plan. Or you might just end up wasting your time for nothing.

The man thinks it is important to make a good plan to take a leave of absence from school since you can just waste your time if things go wrong. The answer is ②.

19.
여자 요즘 스트레스를 너무 많이 받는데 좋은 해소 방법이 없을까요?

남자 그럼 계획 없이 그냥 여행을 떠나 보는 건 어때요? 생각과 계획이 많다 보면 오히려 더 스트레스를 받기 마련이거든요.

여자 계획 없이 가면 조금 무서울 것 같은데요?

남자 그래도 이참에 한번 그냥 떠나 보세요. 생각보다 좋을 수 있어요.

W I'm under too much stress these days. Is there any good way to relieve stress?

M How about going on a trip without a plan then? If you think and plan too much, you will end up becoming even more stressed.

W I think it will be a bit scary to go without a plan.

M But since we brought it up, why don't you just leave? It might be better than you think.

The man thinks it is a good idea to go on a trip without a plan as a way to relieve one's stress. The answer is ③.

20.
여자 지금부터 취업에 성공한 선배를 모시고 이야기 나눠 보겠습니다. 선배님, 후배들에게 취업에 대해 조언 부탁드려요.

남자 요즘에 많은 대학생들은 학점을 잘 받는 것만 생각하는 것 같아요. 물론 전공 공부도 중요하지만 외부 경험들을 통해 사회생활을 체험해 보는 것이 더 중요해요. 사회생활을 미리 체험해 보면 나중에 입사 원서를 쓸 때도 도움이 되고 새로운 적성을 찾을 수도 있어요. 적성에 안 맞는 일을 하면 정말 불행해질 수 있거든요. 또 사회생활 체험을 통해 배우는 것도 정말 많을 거예요.

W We will talk with a senior alumni who successfully found a job. Please give a word of advice on employment to your junior alumni.

M I think many college students today only focus on getting good grades. Yes, studying your major is important, but learning about society by outside [school] experiences is even more important. If you experience social life in advance, it will help you when you write a job application form, and you might even find a new aptitude. If you do work that does not fit you, you may really be unhappy. And you will really learn a lot by experiencing society.

The man thinks it is good to experience society by doing many things outside school. The answer is ①.

[21~22] Listen to the following and answer the questions.

여자 하루 종일 회사에만 있으니까 운동할 시간이 없네요. 헬스클럽에 등록해야겠어요.

남자 회사에서 틈틈이 운동을 하면 되잖아요. 굳이 돈을 들여서 운동할 필요는 없는 것 같아요.

여자 그래도 돈을 내고 운동을 하면 돈이 아까워서라도 열심히 운동을 하죠.

남자 에이, 그러지 말고 엘리베이터 대신 계단을 이용하는 것처럼 일상생활에서 간단히 할 수 있는 운동을 해 봐요.

W I don't have any time to work out because I'm at the office all day. I must sign up for a gym.

M You can do exercise at the office whenever you have time. You don't need to spend money to work out.

W But if I pay money to work out, I will be more serious about it by at least thinking of the money's worth.

M Oh, don't. Instead, try simple exercises you can do in everyday life, like using the stairs instead of the elevator.

21. The man thinks it is better to work out in daily life whenever he has time rather than to spend money for exercise. The answer is ③.

22. The woman starts by saying that she doesn't have time to work out because she is at the office all day long. The answer is ①.

[23~24] Listen to the following and answer the questions.

여자 이제 PC방 안의 흡연석도 전부 없어진다던데 비흡연자인 저로서는 매우 만족스러워요.

남자 흡연 공간을 모두 없애기만 하는 건 방법이 아니라고 생각해요. PC방의 손님이 줄어들 수밖에 없고요.

여자 흡연석 문을 열고 닫을 때마다 담배 냄새가 났었는데 이제 쾌적하게 이용할 수 있잖아요. 비흡연자 손님들이 오히려 늘어날 것 같은데요.

남자 예전에 전면 금연 제도를 실시했을 때 매출이 반토막 났어요. 이번에도 손님이 줄어들고 흡연석 철거 비용도 들 텐데 이런 부담을 자영업자에게만 지우는 것은 불합리해요.

W I heard that all smoking sections in PC rooms will be removed, and as a non-smoker, I'm very satisfied.

M I don't think simply removing smoking areas is the solution. The number of customers in PC rooms will inevitably decrease.

W Whenever the smoking section doors opened or closed, the smell of cigarette smoke would spread. Now we can use the PC room in a pleasant environment. I think the number of non-smoking customers will increase.

M When a total smoking ban was implemented in the past, sales plummeted. This time, the number of customers will decrease, and the cost of removing smoking sections will also be a burden for self-employed business owners. It is unreasonable to impose this burden only on them.

23. The man anticipates a negative outcome of decreased customers and increased cost of removing smoking areas due to the "elimination of smoking seats in PC rooms," which would place an additional burden on self-employed business owners. Therefore, the answer is ③.

24. Sales were drastically reduced when a comprehensive no-smoking policy was implemented in the past, so the answer is ④.

[25~26] Listen to the following and answer the questions.

여자 오늘은 골목길 벽화 봉사단의 단장님과 이야기를 나눠 보겠습니다. 단장님, 벽화 봉사에 대해서 소개 부탁드립니다.

남자 같은 골목길이라 해도 벽에 그림이 있느냐 없느냐에 따라서 느껴지는 기분은 정말 달라요. 어두운 골목길에 벽화를 그려서 사람들이 그 골목길이 무섭게 느껴지지 않게 할 수도 있지요. 이렇게 벽화 작업은 밋밋한 벽에 생명을 불어넣는 일이에요. 저희 벽화 봉사 단원들 중에 미술을 공부한 사람은 많지 않아요. 그냥 그림을 좋아하는 사람들이 모여서 도시의 골목길을 아름답게 만드는 것에 보람을 느끼고 있습니다. 또 저희는 수시로 봉사 단원을 모집하고 있어요. 많이 지원해 주세요.

W Let's have a talk with the leader of the street mural painting volunteer group today. Sir, please introduce us to the mural painting volunteer work.

M The same street can feel really different depending on whether it has murals or not. You can paint murals in dark alleys and stop people from feeling afraid in those alleys. The mural painting works are about giving life to bland walls. Not very many of our volunteers have studied art. They are people who like making art, getting together, and feeling rewarded by making the city's streets beautiful. And we recruit volunteers all the time. I hope many people will apply.

25. The man thinks the same street can feel different depending on whether there are murals or not. And he feels rewarded by making the city's streets beautiful. The answer is ②.

26. The man paints murals with volunteers in his group on the city's streets. The answer is ①.

[27~28] Listen to the following and answer the questions.

남자 이것 좀 봐. 요즘 유행하는 브랜드의 디자인이랑 똑같이 생겼어.

여자 정말이네. 대신 가격을 저렴하게 팔고 있어.

남자 그런데 이렇게 디자인을 똑같이 만들어도 되는 건가?

여자 디자인은 같은데 가격은 더 저렴한 편이니까 우리 같은 소비자들은 좋지 뭐.

남자 그래도 이건 정말 너무한 것 같아. 인기가 있다고 해서 남의 디자인을 함부로 베끼는 행동은 좀 아닌 것 같아.

M Look. This is exactly like the design of a brand that is popular these days.

W That's true. Yet it is selling at a cheaper price.

M But can they make it with such an identical design?

W It is good for consumers like us if they have the same design but a cheaper price.

M I still think this is too much. It is not proper behavior to carelessly copy somebody else's design just because it is popular.

27. The man is criticizing the situation in which a popular design is copied to produce and sell identical products. The answer is ④.

28. The woman thinks it is good to have a product with the same design but a cheaper price. The answer is ②.

[29~30] Listen to the following and answer the questions.

여자 최근 자신의 감정을 숨긴 채 고객을 상대해야 하는 감정 노동자들에 대한 이야기가 관심을 끌고 있는데요. 감정 노동은 어떤 문제가 있나요?

남자 감정 노동자들은 주로 서비스직에 종사하는 사람들이 많은데요. 자신의 감정을 드러나게 하지 않는 것을 업무의 한 부분으로 여기고 일을 해야 합니다. 최근에 상담소에 찾아오는 사람들 대부분이 감정 노동자들인데요. 이분들은 업무를 할 때 고객들의 폭언과 무리한 요구에도 불구하고 자신의 감정을 억눌러야만 하기 때문에 과도한 스트레스에 시달리고 있습니다. 문제는 많은 고객들이 감정 노동의 가치를 잘 모른다는 것과 회사에서는 이런 상황을 모른 척한다는 것입니다.

W Stories about emotional laborers who have to handle customers while hiding their own feelings have been receiving attention recently. What are the problems that emotional laborers face?

M Emotional laborers usually work in the service industry, where they have to suppress their emotions as part of their job. Nowadays, most people who come to our counseling center are emotional laborers. They suffer from excessive stress because they have to hide their emotions at work, despite facing verbal abuse or unfair demands from customers. The problem is that customers often do not appreciate the value of emotional labor, and companies often turn a blind eye to the situation.

29. The man is talking about emotional laborers who come to his counselling center. The answer is ①.

30. He is saying that most emotional laborers work in the service industry. The answer is ③.

여자 역사는 한 나라와 민족의 정체성을 알려 주기 때문에 매우
중요합니다. 그러므로 현재의 역사 교육을 더욱 강화해야
한다고 생각합니다.

남자 역사 교육이 중요하다는 의견에는 저도 동의하는 바입니다.
그러면 어떤 방법으로 역사 교육을 강화하자는 의견이십니까?

여자 우선 역사 수업 시간을 늘리는 것입니다. 그리고 대학 입학시
험에 반영되는 비중을 높여야 한다고 봅니다. 그러면 자연스
럽게 학생들이 역사를 열심히 공부하게 될 것입니다.

남자 물론 역사 과목의 반영 비중이 높아진다면 학생들이 공부를
열심히 하겠죠. 하지만 저는 평가 수단으로서의 역사 교육
강화에는 찬성하지 않습니다. 평가를 위한 역사 공부는
기억에 오래 남지 않기 때문입니다.

W History is very important because it teaches us the
identity of a state and a nation. Therefore, I believe
that the current history education needs to be
strengthened even further.

M I agree with you that history education is important.
Then, in what manner should we reinforce history
education, in your opinion?

W First of all, we should increase the time dedicated
to history classes. Additionally, I think the
weightage of history in college entrance exams
should be increased. This way, students will
naturally be motivated to study history diligently.

M Indeed, if the importance of the history subject
is emphasized in exams, students will likely
study it more seriously. However, I don't support
strengthening history education solely as an
evaluation tool because studying history for the
sake of evaluation doesn't leave a lasting impact on
memory.

31. The man does not consent to the idea of strengthening
history education solely as an evaluation tool. The
answer is ③.

32. While the man agrees with the woman's opinion that
history education is important, he is also arguing for his
own view. The answer is ②.

[33~34] Listen to the following and answer the questions.

여자 요즘 특정한 상품을 많은 사람들이 구입하면 희소성이 떨어진
다고 생각하여 남들과 다른 차별화를 주기 위해 다른 상품을
구매하려는 사람들이 증가하고 있다고 합니다. 이러한 현상을
'백로 효과'라고 부르기도 하는데, 이는 우아한 백로처럼 남들
과 다르게 보이려는 심리를 반영한다고 해서 붙여진 이름입니
다. 흔히 희귀한 미술품, 고급 가구, 의류나 한정판으로 제작되
는 상품을 돈을 더 주고서라도 구입하려는 현상을 말합니다.
이러한 소비는 남과 차별화를 두기 위해 하는 소비인 만큼 사
치성 소비로 이어질 수 있다는 문제점이 있습니다.

W Recently, there has been an increasing number
of people who try to buy unusual goods to
differentiate themselves because they believe that

the rarity of a product diminishes when many
people buy it. This phenomenon is also known
as the "white heron (snob) effect," a term that
reflects the desire to appear different from others. It
generally refers to a phenomenon in which people
attempt to purchase rare works of art, high-end
furniture, clothing, or limited editions, even at higher
prices. This type of consumption is problematic
because it aims to set oneself apart from others,
which can result in conspicuous consumption.

33. It is an explanation of what the white heron effect is.
The answer is ③.

34. Explaining the white heron or snob effect, the woman
says that this kind of consumption to differentiate
oneself can lead to conspicuous consumption. The
answer is ①.

[35~36] Listen to the following and answer the questions.

남자 이번에 새롭게 단장한 미술관의 재개관식을 찾아 주셔서 감사
드립니다. 6개월간의 공사를 마친 후 시설은 현대화되었고, 주
차장은 기존보다 2배 더 확장되었습니다. 또한 편의를 위해 건
물에 엘리베이터를 설치하였습니다. 작품을 관람하시는 데 보
다 더 편리하고 쾌적하게 즐기실 수 있도록 하였습니다. 더불
어 이번 재개관을 하면서 저희 미술관은 두 가지 특별한 계획
을 세웠습니다. 첫째로 지역의 음악가들과 예술가들을 초청하
는 미술관 콘서트 시리즈를 준비하고 있습니다. 둘째로는 미
술관에서 여러 지역 사회 프로그램을 진행하는 것을 계획하고
있습니다. 앞으로도 저희 미술관은 여러 지역민들과 함께 하
겠습니다.

M Thank you for coming to the reopening of our
renovated art museum. After six months of
renovation, the facilities have been modernized,
and the parking lot space has doubled. For your
convenience, we have also added elevators to
the building. We guarantee that you will be able to
appreciate the works of art in a more convenient
and pleasant manner. Additionally, our art museum
has planned two special events for this reopening.
First, we are preparing an art museum concert series
by inviting local musicians and artists. Second,
we are planning to implement various community
programs at our art museum. We will be working
together with the members of our community in the
future.

35. The man is explaining the changes and added programs
as the art museum is reopening. The answer is ③.

36. According to the man, elevators have been added for
the visitors' convenience. The answer is ③.

남자 오늘은 김혜정 박사님을 모시고 '백만 불짜리 습관, 절약'에 대해 이야기를 들어 보겠습니다.

여자 절약은 필요 없는 것을 쓰지 않는 것인 반면에 낭비는 필요 없는 것을 쓰는 것입니다. 그런데 소비 자체보다 더 중요한 것이 있습니다. 바로 낭비의 기준입니다. 전 낭비의 기준은 한계가 정해져 있는 것이 아니라 양심의 명령으로부터 나오는 것이라고 생각합니다. 공중화장실이나 회사 사무실, 관공서에는 '절약'이라는 단어가 붙어 있는 경우가 많은데요. 이것이 바로 양심의 명령과 관련이 있습니다. 낭비는 내 것이 아니라고 생각해서 마음대로 사용하는 것에서 시작합니다. 예를 들어, 수도 꼭지를 잠그지 않거나 공원 화장실에서 휴지를 마구 쓰는 경우입니다. 따라서 필요 없는 것을 쓰지 않는 절약도 중요하지만 무엇보다도 양심의 명령에 따라 다 같이 사용하는 것에 대한 낭비를 줄이는 것이 중요하다고 생각합니다.

M Today, we will invite Dr. Kim Hyejeong and listen to what she says about Saving, the Million Dollar Habit.

W While saving is about not spending money on unnecessary things, waste is about spending money on unnecessary things. However, there is something more important than spending itself, and that is the standard of waste. I don't believe there is a defined limit for the standard of waste. I believe it comes from the voice of your conscience. In public restrooms, offices, and government buildings, we often find slogans promoting saving attached to the wall. This is related to your conscience. Wasting begins when we use something carelessly, thinking it does not belong to us. For instance, not turning off the faucet and carelessly using toilet paper in a park's restroom are such cases. Therefore, while it is important to save and avoid using what is unnecessary, I believe it is also important to waste less of what is commonly used by all people by listening to our conscience.

37. The woman explains the saving that is not using what is unnecessary and the saving that is about listening to your conscience, leading to the conclusion that you should naturally reduce waste by listening to your conscience. The answer is ④.

38. The woman says that the standard of waste does not have any defined limit but comes from your conscience. The answer is ①.

여자 물론 전자파가 사람에게도 피해를 줄 수 있습니다. 최근 프랑스 보르도대학교의 공공보건연구소 연구팀이 관찰한 결과, 휴대 전화를 많이 사용하면 뇌종양에 걸릴 가능성이 높아진다고 합니다. 이 연구팀은 건강한 사람과 뇌종양에 걸린 환자 400명을 비교했는데, 그 결과 한 달에 15시간 이상 휴대 전화를 사용한 사람들이 그보다 적게 사용한 사람들보다 뇌종양에 걸릴 확률이 2배 높은 것으로 나타났습니다. 전자파가 동물뿐 아니라 사람에게도 나쁜 영향을 미친다는 것이죠. 연구팀은 잠

잘때 휴대 전화를 머리맡에 두는 습관도 좋지 않다고 설명하고 있습니다.

남자 그렇다면 박사님, 전자파를 어떻게 하면 줄일 수 있을까요? 휴대 전화를 사용하지 않을 수는 없는데 말이죠.

W They can certainly cause harm to humans, too. Recently, a public health research team at the University of Bordeaux in France observed that using a mobile phone a lot can increase the likelihood of getting a brain tumor. This research team compared 400 healthy people and brain tumor patients, and the results showed that people who use their mobile phones for 15 hours or more a month have twice the probability of getting a brain tumor than those who use their mobile phones less. That is, electromagnetic waves have a harmful influence not only on animals but also on humans. The research team explains that not only using a mobile phone, but also having the habit of placing it by your bed while you sleep is not good.

M Doctor, how can we reduce our exposure to electromagnetic waves? After all, we can't avoid using mobile phones.

39. The man is surprised about the fact that electromagnetic waves can affect humans and is asking the doctor about ways to reduce exposure to electromagnetic waves. Therefore, ④ is the best answer.

40. According to some research results at a French university, people who use their mobile phones for 15 hours or more a month have two times the probability of developing brain tumor. The answer is ③.

남자 여러분, 거품으로 부드러운 맛을 내는 음식에는 무엇이 있을까요? 우리 주변에서 흔히 볼 수 있는 프랑스 과자인 머랭과 마카롱 그리고 카스텔라, 케이크, 커피가 있습니다. 이 중에서 머랭과 마카롱은 둘 다 달걀흰자로 만든 것입니다. 달걀흰자에 설탕을 넣어 거품을 낸 다음 저온에서 구워 낸 것이지요. 또한 부드럽고 달콤한 카스텔라나 케이크도 달걀흰자로 충분히 거품을 낸 다음 밀가루를 넣어 구워서 만든 것입니다. 마지막으로 커피가 있습니다. 카푸치노 아시죠? 카푸치노는 풍성한 우유 거품이 특징인 커피인데요, 이때 우유 거품은 커피 위에 막을 만들어 열을 차단해서 오랫동안 따뜻함을 유지하는 역할을 합니다. 커피의 거품은 7~8℃의 차가운 우유에서 재빨리 수증기로 만드는 것이 중요합니다. 이렇게 거품은 부드러운 식감을 내는 요리에서 빠질 수 없는 중요한 요소라고 할 수 있습니다.

M Ladies and gentlemen, what foods produce a smooth taste with foam? What we can see easily around us include the French cookies meringues and macaroons, castella (sponge cake), cakes, and coffee. Meringues and macaroons are both made of egg whites. These are made by adding sugar to egg whites and then baking it at a low temperature.

The soft and sweet castella, or cakes, is also baked with flour being added to the well-whisked egg whites. Finally, there is coffee. You know cappuccino, right? Cappuccino is a kind of coffee (beverage) characterized by rich milk foam. The milk foam plays a part in creating a layer over the coffee to insulate the heat and to maintain warmth. It is important to quickly make the foam on top of the coffee out of cold milk with a temperature of 7 to 8°C by using steam. In this manner, foam is an indispensable element of any food that produces a smooth feeling in the mouth.

41. The man says that foam is an indispensable element in any food that produces a smooth feeling in the mouth. The answer is ④.

42. The milk froth used for cappuccino creates a layer on top of the coffee, insulates the heat and maintains warmth. The answer is ④.

[43~44] Listen to the following and answer the questions.

여자 인류는 과연 지구를 떠나서 살 수 있을까요? 지구 온난화로 인한 오존층 파괴를 비롯한 환경 오염 문제 등으로 인류는 제2의 지구를 찾기 위한 우주 탐사를 진행하고 있습니다. 인류가 살 수 있는 환경에는 반드시 몇 가지 필요한 조건이 있는데요, 지구에는 생명체의 생명 유지에 꼭 필요한 물과 산소가 포함된 공기가 있습니다. 하지만 지구에서 가깝고 크기도 비슷한 금성에는 육지는 있지만 산소와 물이 없습니다. 만약에 물이 있는 행성을 발견한다면 그곳은 제2의 지구가 될 가능성이 매우 높습니다. 생명체의 구성 성분 중 수분이 70% 이상이기 때문에 물 없이 생명의 유지는 불가능하기 때문입니다.

W Will humankind be able to leave the Earth and survive? With the destruction of the ozone layer from global warming and environmental pollution issues, humankind is exploring space to find a second Earth. There are some necessary environmental conditions for humankind to exist. On the Earth, there is water, which is absolutely necessary to sustain life, and air, which has oxygen. On Venus, which is close to and has a similar size as the Earth, there is land but neither oxygen nor water. If we ever discover a planet that has water, it is highly likely to become a second Earth. The reason is that 70% or more of life is constituted by water, and hence it is impossible to sustain life without it.

43. The woman starts by asking whether humankind can leave the Earth and survive. Then, she mentions that we have not found a planet with water yet. The answer is ③.

44. According to the woman, if we discover a planet that has water, it is likely to be a second Earth as it is impossible to sustain life without water. The answer is ④.

[45~46] Listen to the following and answer the questions.

여자 대기 오염은 지구가 앓고 있는 심각한 병입니다. 대기 오염의 주범으로 자동차를 빼놓을 수 없는데, 석유를 태우며 달리는 자동차는 이산화황 같은 오염 물질과 함께 이산화탄소를 내보냅니다. 도시 사람들이 자동차를 하루만 타지 않아도 소나무를 76만 그루나 심는 효과가 있다고 하니, 자동차의 배기가스를 줄이는 일이 얼마나 중요한지 알겠지요? 그래서 대안으로 나온 자동차가 '하이브리드 자동차'와 '수소 자동차'입니다. 하이브리드 자동차는 석유로 작동하는 엔진뿐만 아니라 전기를 사용하는 모터로도 움직일 수 있는 자동차를 말합니다. 천천히 달릴 때는 모터를 사용하다가 빨리 달릴 때는 엔진을 사용하는 것이지요. 이렇게 전기와 석유를 번갈아 사용하면 오염 물질이 비교적 적게 나오고, 연료 효율성도 좋다고 합니다. 그리고 수소 자동차는 수소를 이용해 에너지를 얻기 때문에 직접적으로 대기 오염 물질을 배출하지 않습니다.

W Air pollution is a serious problem that the Earth is suffering from. Cars are often considered the main culprits of air pollution since they emit pollutants like sulfur dioxide and carbon dioxide when burning petroleum. It is essential to reduce car emissions to combat air pollution. One way to reduce car emissions is to go car-free for a day. It is said that if urban citizens go car-free for one day, it will be the equivalent of planting 760,000 pine trees. Another alternative to reduce car emissions is to use hybrid cars or hydrogen cars. A hybrid car is a vehicle that can run not only by a petroleum-driven engine but also by an electricity-driven motor. When the car runs slowly, it uses the motor, and when it runs fast, it uses the engine. By using electricity and petroleum alternately, the car emits relatively few pollutants and has good fuel efficiency. And hydrogen cars do not directly emit air pollutants because they utilize hydrogen to obtain energy.

45. The woman says that cars are the main culprits of air pollution and mentions that they emit pollutants while burning petroleum as they run. The answer is ①. Since the fuel efficiency of hybrid cars compared to hydrogen cars was not provided in the text, ③ is not correct.

46. As the woman talks about the air pollution created by cars, he presents such examples as hybrid and hydrogen cars as alternatives. The answer is ④.

[47~48] Listen to the following and answer the questions.

여자 보통 병원에 가면 수술을 하는 의사들이 모두 초록색 가운을 입고 있는 것을 볼 수 있습니다. 그런데 왜 초록색 수술복을 입을까요? 한국병원 김 박사님께 그 이유를 들어 보겠습니다.

남자 네. 우리의 눈은 빛의 자극이 사라진 뒤에도 시각 기관에 어떤 흥분 상태가 남아 있습니다. 이런 현상을 '잔상 효과'라고 합니다. 붉은색을 30초 정도 응시하다가 흰 종이를 바라보면 초록색 잔상이 남고, 반대로 초록색을 응시하다가 흰 종이를 보면 붉은색 잔상이 남습니다. 이렇게 서로 보색 관계에 있는 색이 잔상으로 남는 것을 보색 잔상이라고 합니다. 대부분의 수술에서는 출혈이 생기게 됩니다. 그런데 의사가 강한 조명 아래에서 오랫동안 수술을 하면서 붉은 피를 계속 보게 되면 빨간색을 감지하는 세포가 피로해지면서 집중력이 떨어지거나 판단력이 흐려질 수 있습니다. 그래서 수술실에서는 붉은 피에 의한 잔상이 눈에 남지 않도록 초록색 가운을 입는 것입니다. 충분한 설명이 됐나요?

W   When we go to the hospital, we usually see doctors who are working wearing green scrubs. But why do they wear green scrubs? Let's listen to Dr. Kim at Han-guk Hospital to find out why.

M   Okay. In our eyes, even after a light source disappears, there remains a certain state of stimulation in visual organs. This is called the afterimage effect. If you look at something red for about 30 seconds and then look away at a white paper, there will be green afterimage. If you look at something green, on the other hand, and then look at a white paper, then there will be a red afterimage. When (an illusory) complementary color appears as an afterimage, we call it the afterimage of complementary colors. In most operations, there is bleeding, and if a doctor operates for a long time under a strong light while seeing red blood, the cells that sense the color red may get tired, eventually damaging (the doctor's) concentration or clouding (his or her) judgment. Therefore, we wear green scrubs in the operating room so that the afterimage from red blood may not remain in our eyes. Is that enough of an explanation?

47. The man explains that if doctors in the operating room wear green scrubs, that will prevent the afterimage of red blood from occurring. The answer is ③.

48. The man explains why scrubs are green by defining terms like the afterimage effect and the afterimage of complementary colors. The answer is ④.

[49~50] Listen to the following and answer the questions.

남자   "얕은 내도 깊게 건너라"는 속담이 있습니다. 쉬워 보이는 일도 신중하게 하라는 뜻인데요. 그런데 이 속담 속에 아주 흥미로운 과학적 현상이 숨어 있습니다. 여러분, 냇가나 강가에서 물의 깊이를 어림해 보면 실제보다 얕아 보일 수 있습니다. 여름철에 수영을 하러 물에 뛰어들었다가 생각보다 깊은 물이라는 것을 알고 당황했던 경험이 한 번쯤은 있죠? 그럼 왜 물의 깊이는 실제보다 얕아 보이는 걸까요? 그것은 빛이 공기 중에서 물속으로, 혹은 물속에서 공기 중으로 진행할 때 방향이 꺾이면서 우리 눈이 착각을 일으키기 때문입니다. 물속의 젓가락이 꺾여 보이는 현상, 수영장에서 다리가 짧아 보이는 현상, 물속의 물고기가 실제보다 크고 가깝게 보이는 현상들이 모두 같은 원리에 의한 것입니다. 이와 같이 빛이 한 물질에서 다른 물질로 진행할 때 방향이 꺾여 보이는 것을 '굴절 현상'이라고 부릅니다.

M   There is a (Korean) saying "Cross a shallow stream as if it is deep water." It means that you must be careful even when you are doing what appears

to be easy. But there is an interesting scientific phenomenon behind this saying. If you roughly estimate the depth of water from the edge of a stream or a river, it may look shallower than it actually is. You must have lost your nerve at least once in summer as you jumped into the water to swim only to realize that it was deeper than you thought, haven't you? Then why does the water look shallower than it actually is? The reason is that as light progresses from the air to the water, or from the water to the air, the direction is changed, and our eyes play a trick on us. The same principle causes chopsticks to look twisted in the water, your legs to look shorter in a pool than they actually are, and fish in the water to look bigger and closer than they are. When the light's direction looks twisted as it progresses from one matter to another, we call it refraction.

49. The man explains that the meaning of the saying "Cross a shallow stream as if it is deep water" is to be careful in doing things that appears to be easy. The answer is ①.

50. The man explains the meaning of an old saying through an interesting scientific phenomenon. The answer is ④.

쓰기   Writing

[51~52] Write an appropriate word in each of the blanks in the following text. (10 points each)

51. ㉠: The expression N 때문에 indicates a reason, so you need to present things that happen "because of the parked cars" mentioned before. The text states, "I walk to the office," and you can see that the situation is related to going to work. You can take this as a hint as you construct your sentence.

㉡: In the preceding sentence, the writer believes that the issues raised occur because there are not enough parking spaces. Therefore, the blank should contain something about a solution or conclusion in this regard. The email subject has the description "suggestions," so you can connect your sentence to that. When you write, you should form a sentence as suggested by the question, using a sentence structure that includes N을 건의하다.

→   The text is an e-mail about making suggestions to a company. You should mention your department and name and then explain the suggestion. When you do something like this, it is important to explain the background or situation that led you to make your suggestions. Additionally, you should provide guidance on what to do going forward or include any specific requests you have for the company. An email should be written formally and respectfully, and it is important to observe email etiquette by using expressions such as -을 건의합니다, -해 주시면 감사하겠습니다, and 감사합니다. Answers that earn 3 points present expressions on an elementary level in terms of grammar and vocabulary

52. ⊙: The following sentence reads, "After listening to the other party's opinion." Take this as a hint and present something related to it in the blank.

ⓒ: As in the case of ⊙, as the following sentence mentions "regarding the opinion each has suggested," you should take this as a hint and fill in the blank with something related to it.

53. The following is a survey data on the necessary measures for promoting paternity leave among male workers. Explain the content in a text of 200-300 characters. Do not write a title.

[Summary]

Introduction: introduction of survey (men's childcare leave)

Body: ① reasons why men cannot use childcare leave

② ways to encourage men to freely and frequently use childcare leave

Conclusion: a summary of the findings or key points from the survey

54. Refer to the following and write a text of 600-700 characters. Do not simply copy the text of the question when writing your answer.

[Summary]

Introduction: a summary of the details suggested by the question regarding addiction to smart devices

Body: ① problems associated with addiction to smart devices

② ways to address or tackle addiction to smart devices

Conclusion: a summary of your own opinion

읽기 | Reading

[1~2] Choose the most appropriate word for the blank.

1.
After I put my baby to sleep with so much effort, the phone (　　), and the baby woke up and cried.

Question type Choosing a word ending for the context (connective/short sentence)

The baby woke up and cried because the phone rang. ③ is the best answer as it indicates a reason.

> −(으)ㄴ/는 탓에: an ending used when the reason in the preceding sentence causes a bad result in the following sentence
> **Eg** 눈이 많이 온 탓에 비행기가 출발을 못 하고 있다.
> 　회사 일이 바쁜 탓에 아이들과 놀아 주지 못한다.
> **Tip** It can also be used in the form −는 탓이다.
> **Eg** 시험에서 떨어진 것은 공부를 열심히 하지 않은 탓이다.
> An imperative or suggestive sentence is not used in the sentence following −는 탓에.

• −고서야:
① an expression used to emphasize that the

following situation happens only after the preceding action
Eg 김 부장은 커피를 마시고서야 일을 시작한다.

② an expression used to emphasize that the following situation is difficult or impossible to happen unless the preceding condition is achieved
Eg 그 영화를 다 보지 않고서야 만들 수 없는 작품이다.

• −는 김에: an indication to do something and to use the opportunity to do something else

• −(으)ㄹ 테니까 :
① a condition for the following sentence, indicating the speaker's intention for some action or event
Eg 이번 주까지 보고서를 거둘 테니까 준비를 해 주세요.

② a condition for the following sentence indicating the speaker's strong speculation
Eg 오늘 저녁까지 못 먹을 테니까 지금 많이 먹어.

2.
Yuna promised herself, "I will work hard and make sure to (　　) this time."

Question type Choosing a word ending for the context (ending/short sentence)

The speaker is pledging to herself that she will pass this time. ③ is the best answer as it indicates determination or will.

> −아/어야지:
> ① (informal addressee-lowering) a sentence ending used to indicate the speaker's determination or will
> **Eg** 이번에 좋은 기회가 오면 반드시 잡아야지.
> ② (informal addressee-lowering) a sentence ending used to indicate that the listener or another person is supposed to do a certain thing or be in a certain state
> **Eg** 이렇게 시간을 낭비하지 말고 너도 다른 일을 찾아야지.

• −거든:
① an ending used to indicate the reason or cause; the basis for the preceding that the speaker thinks
Eg 저녁은 조금만 먹을래. 낮에 간식을 먹었거든.

② an ending used to talk about the premise for the following, indicating that something continues
Eg 내일이 내 생일이거든. 무슨 선물을 받을지 기대가 돼.

• −다니: an ending indicating surprise or repetition; exclamation
Eg 나하고 만나기로 해 놓고 약속을 안 지키다니!

• −는구나: an ending used to express some feelings for a newfound fact
Eg 아이들은 키가 금방 자라는구나.

[3~4] Choose the answer that has the most similar meaning to the underlined section.

3.
<u>As you know</u>, the current global economy is not good.

The sentence means, "As you already know, the current global economy is not good." ④ is the best answer, meaning "as the listener is aware."

> **–다시피:**
> ① a connective ending used to mean "as" or "like"
>   Eg. 아시다시피 제가 요즘 건강이 안 좋습니다.
> ② a connective ending used to mean "almost" or "nearly"
>   Eg. 범인이 도망치다시피 그 집을 뛰쳐나왔다.

- **–든지:**
  ① a connective ending used to indicate a choice between two things
    Eg. 죽든지 살든지 둘 중에 하나야.
  ② a connective ending that means it does not matter what to choose from among many
    Eg. 내가 어떻게 사용하든지 넌 상관하지 마.

- **–더라도:** a connective ending indicating that the preceding has no connection with or influence on the following even though the preceding is supposed or admitted
  Eg. 학교에 조금 늦더라도 밥을 먹고 가야겠다.

- **–는 반면:** a connective ending indicating that the preceding and the following are contrary
  Eg. 수미는 미술을 잘하는 반면에 체육은 못하는 편이다.

- **–는 것처럼:** an expression used to indicate the similarity or sameness of states or actions
  Eg. 너도 미숙이가 하는 것처럼 해 봐.

4.

> I would like to go to graduate school after I have graduated from university, gotten a job, and gotten [built] some experience in the field.

Question type Choosing a similar word ending (ending/short sentence)

–(으)면 좋겠다 is an expression of wish or hope. ① is the best answer.

> **–(으)면 좋겠다:** an expression of wish or hope
> Eg. 나도 복권에 당첨되면 좋겠다.
>   저 사람이 내 친구면 좋겠다.
> **Tip** –(으)면 좋겠다 is interchangeable with –았/었으면 좋겠다/싶다/하다, ㄴ/는다면 좋겠다
> Eg. 나도 복권에 당첨됐으면/당첨된다면 좋겠다/싶다/한다.

- **–고 싶다:** an indication of wanting or hoping to do the preceding
  Eg. 나는 한국 회사에 취직하고 싶다.

- **–(으)ㄹ 리(가) 없다:** an expression of confidence that there is no reason or possibility for the preceding to happen
  Eg. 내가 토픽 만점을 받다니 그럴 리가 없어.

- **–고자 하다:** an expression of the speaker's purpose or intention; hope
  Eg. 환경 문제에 대해서 글을 쓰고자 한다.

- **–(으)ㄹ지도 모르다:** an indication of speculation or guessing regarding something that is not certain
  Eg. 보통 때는 길이 안 막히는데 오늘은 비가 와서 막힐지도 모른다.

[5~8] Choose the answer that says what the following is about.

5.

> The freshness of the sea to your table!
> We pack it in a cool box to keep it from spoiling

Question type Understanding the object/type of text (advertising)

The key phrases in this advertisement are 바다의 신선함 and 아이스박스. The freshness of the sea will be packed in a cool box, which obviously means marine products. ② is the best answer.

6.

> **Buy an Air Conditioner and Win a Trip to Jeju?**
> We will give you a travel boucher for Jeju and movie ticket coupons by a lucky draw
> Date & Time of Drawing: 15:00, September 5

Question type Understanding the object/type of text (advertising)

The key word in this advertisement is 에어컨. There are many benefits given for buying an air conditioner, so this is obviously an advertisement from a retailer of electric goods. ④ is the best answer.

7.

> **A Visiting Concert**
> Give a gift of hope to children in the low-income class in culturally marginalized areas

Question type Understanding the object/type of text (advertising)

The main key phrases are 저소득층 아동 and 선물. Since it is a gift of hope for them, ② is the best answer.

8.

> - It removes toxins inside your body.
> - It is helpful against aging and protects your vision.
> - It fosters resistance to various viruses.

Question type Understanding the object/type of text (notice)

This explains the efficacy of a certain medicine. ① is the best answer.

- **용법:** usage; how to use something
- **용량:** dosage; a quantity to use

[9~12] Choose the statement that agrees with the following text or graph.

9.

> **We Are Waiting for Volunteers**
> **Who Will Fill the Olympic Stadium with Passion!**
> - **Areas:** Translation, event personnel
> - **Application period:** March 1 - 30, 2024
> - **How to apply:** Apply through the Official Olympic website

- **Eligibility:** College students and others between the ages of 20 and 30
* People who can speak a foreign language preferred

Olympics Organizing Committee

`Question type` Choosing the answer that matches the text/table (notice)

It reads "올림픽 공식 홈페이지를 통해 신청." ② is the answer.

① A disadvantageous condition is offered to those who are fluent in foreign languages. → An advantageous

③ Volunteers will be recruited until the next Olympics are held. → between March 1 and March 30 in the year 2024

④ A university student who is 31 years old and fluent in English can apply as a translator. → between the ages of 20 and 30

10.

Forecast for Changes in Household Size

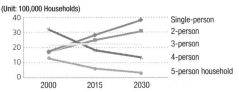

(Unit: 100,000 Households)

- Single-person
- 2-person
- 3-person
- 4-person
- 5-person household

`Question type` Choosing the answer that matches the text/table (graph)

According to the graph, while the number of households with 1-2 members continues to increase, the number of households with 3 members remains stable. Therefore, it can be inferred that the proportion of households with 3 members relative to the total number of households will continue to decline. So ③ is the correct answer.

① The proportion of four-member households will experience the greatest growth. → decline

② Only the number of single-person households will increase among the total number of households. → Both single-person households and two-person households

④ There will be no significant changes in the proportion of households with three members over the next 30 years. → will continue to decrease.

11.

Jeju Haenyeo (Jeju Women Divers) Culture was listed on the UNESCO Representative List of the Intangible Cultural Heritage of Humanity in 2016. Haenyeo refers to women who collect seafood by diving into the sea without any special equipment. Currently, the number of Haenyeo in Jeju Island is around 3,226, but it is decreasing every year due to the aging population. In order to maintain this precious cultural heritage of humanity, it is necessary to continue training new Haenyeo while improving the existing system's problems.

`Question type` Choosing the answer that matches the text/table (article)

There is a statement that "Jeju Haenyeo Culture was listed on the UNESCO Representative List of the Intangible Cultural Heritage of Humanity in 2016," so the correct answer is ③.

① Haenyeo are mostly young people. → elderly

② The number of Haenyeo in Jeju Island increased to 3,226. → decreased

④ Haenyeo are women who gather seafood with special equipment. → without equipment

12.

Stress that happens for a short time and is not very severe reportedly enhances concentration and greatly increases one's learning ability. In addition, even if the same story is told, changing the pitch or rhythm of speech can give tension to the listeners to make them remember a lot more. Stress, when adequate, can be a driving force of growth and a tonic for life.

`Question type` Choosing the answer that matches the text/table (article)

According to the text, "말의 높낮이나 리듬에 변화를 주면 듣는 사람을 긴장시켜 훨씬 많은 내용을 기억하게 한다고 한다." ④ is the answer.

① Stress disturbs growth. → can be a driving force of

② A short period of stress makes life interesting. → For a short time and not very severe stress

③ Adequate stress for a long time will increase learning ability. → short

[13~15] **Choose the option that places the statements in the right order.**

13.

(가) The problem is that they are not even classified as unemployed.

(나) This is because those who have "sought employment but failed to get a job within 4 weeks" are defined as unemployed.

(다) It is clear that various problems will arise as the population engages in non-economic activities not included in the statistics increases.

(라) The number of young people who answered that they took a break without job-seeking or employment preparation reached a record high last month.

`Question type` Placing sentences in the right order

This person is talking about the problematic aspects of the increase in the number of young people who answered that "they took a break" without job-seeking or employment preparation. (라), which states that the number of young people who said they took a break without job-seeking or employment preparation reached a record high last month, comes first, followed by (가), which points out the problems in (라). (나) provides additional explanation why (가) is a problem, followed by (다), which predicts that various problems will occur due to these phenomena at the end. Therefore, the order is (라)-(가)-(나)-(다), so ④ is the correct answer.

14.

> (가) Another common denominator is that most of the source technologies were created by the Department of Defense (DoD).
>
> (나) The U.S. government does not insist on patent rights for technology developed by the DoD, allowing for more widespread use and development.
>
> (다) Robots and unmanned vehicles share a common characteristic in that they are expected to be major drivers of future industries.
>
> (라) Therefore, as individuals are free to use new technologies, new industries are constantly emerging in the United States.

Question type Placing sentences in the right order

The text explains why new industries always emerge in the United States. (다) comes first as it describes a common feature shared by robots and unmanned vehicles (the driving forces to lead industry in the future), and (가) follows as it describes another common denominator. Next is (나), which is about the DoD not insisting on patent rights for any technology it has developed. (라) starting with 이렇게, is last as it notes how new industries always emerge in the United States. (다)-(가)-(나)-(라), or ③, is the answer.

- 특허권: a patent right; an exclusive right to an invention or technology by a person or group that has made a new invention or technological design

15.

> (가) This has opened up the possibility of developing new medicine for treating infectious diseases.
>
> (나) Westernized lifestyles have played a big role in preventing diseases by improving hygienic conditions.
>
> (다) Yet, in the process, beneficial viruses for the body have also decreased, leading to an increase in new infectious diseases.
>
> (라) The study results are meaningful because Amazon natives have more than twice the number of virus types as Westerners.

Question type Placing sentences in the right order

The text is about the possibility of developing new medicine using the germs that Amazon natives have. (나) comes first as it discusses the advantages of Westernized lifestyles (improved hygiene playing a big part in preventing diseases), (다) follows as it starts with 하지만 and is about the problem caused by (나). (라) comes next as it is about how it is meaningful to find germs that Amazon natives have (under these circumstances), and finally, (가) concludes the text by explaining the meaning of the research results. (나)-(다)-

(라)-(가), or ②, is the answer.

- 감염성 질환: an infectious disease; a disease resulting from the presence and activity of a pathogenic microbial agent

[16~18] Choose the most appropriate word for the blank.

16.

> Part-time work was originally perceived as work that people make time to do to earn some money before finding secure employment. But recently its nature is changing (   ) by youths. Young people who have graduated from school are forced to take part-time jobs in the cold wave of unemployment.

Question type Choosing the best phrase for the context

The first sentence presents the original nature of part-time work (a process to earn some money by working in one's spare time). The sentence with the blank follows as it starts with 하지만 and describes the changed nature of part-time work. Therefore, the blank has something that is opposite the original nature of part-time work. Since the sentence following the blank reads, "취업 한파에 억지로 아르바이트로 내몰리고 있는 것," ④ is the answer.

- 한파: a cold wave; a sudden drop in the temperature in winter
- 취업 한파: a cold wave of unemployment; a figure of speech for unemployment
- 내몰리다: to be forced out from one's original place

17.

> Diverse flowers blooming in the field make spring even more beautiful. Autumn leaves that color the mountains with multiple colors make autumn even richer. Thus nature makes a beautiful world as different things create harmony. But we sometimes reveal a prejudice that (   ). Being different is not being wrong. A society that accepts differences is a society that is beautiful like a flower.

Question type Choosing the best phrase for the context

After the sentence about nature making a beautiful world as different things create harmony, the sentence with the blank starts with 하지만. This means that the blank should have something contrary to the preceding sentence. Since 다름 is not 틀림, ① is the answer.

18.

> Most people think that machines cannot have feelings. Even scholars of artificial intelligence are (   ) about a computer having emotions. But, in fact, we can apply the brain function that controls emotions to the information processing to a certain extent. If we apply the principles of controlling emotions well, it is expected that a computer may be able to have feelings in the near future.

Question type Choosing the best phrase for the context

The sentence immediately following the one with parentheses starts with 그러나, implying something opposite. Since a computer is expected to have feelings in the future if the brain's emotion-controlling functions can be applied to information processing, the blank must imply that even artificial intelligence scholars are skeptical about a computer having emotions. It is also possible to deduce the answer from the previous sentence since it reads "even scholars," which means that they agree with public opinion that a computer cannot feel anything. ④ is the answer.

- 호의적: being favorable; thinking well of something
- 회의적: being skeptical; doubting something
- 조차: even; a particle implying that an extreme case which cannot be generally expected is included
  Eg. 가족조차 내 말을 믿어 주지 않았다.

[19~20] Read the following and answer the questions.

Antarctica possesses a vast amount of biological and underground resources. (　　) the intact recording of past changes lends it immense academic value. The sediment sunk in the sea serves as research material for environmental changes in Antarctica during the past few thousand years. This is because the biological species that thrived varied according to weather and water temperature, and these changes are preserved within the sediment. By examining these details, we can deduce the factors of climate change, such as the atmosphere and ocean currents.

19. **Question type** Choosing the best conjunction for the context

The text is written that Antarctica has both biological and underground resources. After the blank, it is written that there is also some research value because changes from the past are recorded. ① is the best answer as it is a word used to indicate addition.

- 게다가: used to indicate a fact that goes a step further from the preceding
  Eg. 그는 인심 좋고, 돈도 많고, 게다가 인물도 좋다.
- 차라리: an expression used to indicate "would rather" or to emphasize that something is better than another
  Eg. 부끄럽게 사느니 차라리 죽는 것이 낫다.
- 아무리: usually used with –아/어도 to indicate a severe extent
  Eg. 그는 아무리 말해도 듣지 않는다.
- 도리어: contrary to or differently from general thoughts or standards
  Eg. 나무를 심은 지 한 달이 지났는데 자라기는커녕 도리어 시드는 것 같다.
- 퇴적물: sediment; material accumulated on the ground surface as dirt, the bones of dead organisms, and other things carried by water, wind, or glaciers

20. **Question type** Understanding the main idea

The text argues that we must choose the right expression according to the time, the place, and the position, or the mood. ④ is the best answer.

[21~22] Read the following and answer the questions.

According to the Korean saying (　　), a small difference in verbal expressions can greatly impact the emotions felt by the listener. We often witness cases where misunderstandings or dissatisfaction arise due to a lack of effective language usage. This occurs when individuals fail to deliver appropriate expressions based on the context, environment, or the other person's position or mood. Therefore, it is crucial to carefully select our words and determine how to deliver them in various situations.

21. **Question type** Choosing the best proverb/idiom for the context

The text is about a slight difference in verbal expressions causing a big difference in the emotions felt by the listener. ① is the best answer.

- '아' 다르고 '어' 다르다: 아 is one word; 어 is another, "It is not what you say but how you say it."; an idiom that the same story can be received very differently according how you tell it
  Eg. 가: 영호는 왜 항상 말을 저렇게 꼬아서 하는지 모르겠어.
  나: 그러게. 같은 말이라도 '아' 다르고 '어' 다르다는 말도 모르는 것 같아.
- 말 한마디에 천 냥 빚을 갚는다: one word can pay back a debt of one thousand *nyang* (old Korean currency); speaking well is important because good words can solve difficult problems easily
  Eg. 가: 민주랑 싸운 일은 어떻게 됐어?
  나: 말 한마디에 천 냥 빚도 갚는다는 말처럼 내가 진심으로 사과하니까 용서해 주더라.
- 가는 말이 고와야 오는 말이 곱다: nice words for nice words; you must be good in speech or action to others if you want others to treat you well
  Eg. 가: 당신, 나를 언제 봤다고 반말이야?
  나: 가는 말이 고와야 오는 말이 곱다는 말 몰라? 먼저 반말한 게 누구인데 그래?
- 낮말은 새가 듣고 밤말은 쥐가 듣는다: birds have ears during the day; rats have ears at night. [The walls have ears.] Even if you say something in secret, it is bound to spread.
  Eg. 가: 나는 미숙이한테만 비밀 얘기를 했는데 어느새 학과 친구들이 다 알고 있더라.
  나: 낮말은 새가 듣고 밤말은 쥐가 듣는다더니 헛된 말이 아니었네.

22. **Question type** Understanding the details (correspondence)

Since it was mentioned that choosing which words to use and how to deliver them when speaking is important, the most appropriate answer is ④.

① ~~There are many expressions in Korean proverbs related to speech.~~ → There is a proverb in Korean that means one should be careful with their words.)

② Misunderstandings and dissatisfaction often arise from ~~ineffective language usage.~~ → one's actions.

③ ~~One should speak regardless~~ of the other person's position and mood. → It is important to use appropriate expressions based on

I started a bath manager (scrub mistress) job recommended by my senior from my hometown. At first, I was concerned about earning a living and thought that I would do it for a few years and quit. But when I actually did it, it was quite an attractive job. Above all, it was right for me because I earned money by the sweat of my brow. But one day, my son brought a home environment survey from school. As my son's face lingered on my mind, I hesitated for a while, unable to write down bath manager in the parents' occupation section. After that day, I opened a restaurant with the money I had saved for 10 years. But there was no way a restaurant opened without any experience could be successful. In the end, I closed the restaurant after one year with a huge debt. Looking for the job that I could do the best, I found my way back to the public bath. Now I have returned as an artist who cleans other people's bodies.

23. **Question type** Understanding emotions (essay)

The woman hesitated to write down her occupation as a 목욕 관리사 because she was afraid that her son might feel humiliated. ② is the best answer.

24. **Question type** Understanding the details (correspondence/essay)

She liked the bath manager job as she earned money by the sweat of her brow and said that it was what she could do well. ③ is the best answer.

① ~~My son recommended I work at a restaurant.~~ → I felt sorry for my son, so I opened a restaurant

② I got a huge debt by ~~working as a bath manager.~~ → running the restaurant

④ I ~~opened the restaurant~~ thinking that I would quit in a few years. → started the bath manager job

[25~27] Choose the answer that best describes the title of the following newspaper articles.

25.
I Like Radio listening to the troubles of teenagers, turns into a field of dialogue for teenagers

Question type Understanding a contracted sentence (news article)

"라디오가 좋아" is a program that listens to the troubles that teenagers go through, and it has become a teenage field of dialogue. ④ is the answer.

26.
Casual outfit over a (pair of) suit breaks down the boundary between work and rest

Question type Understanding a contracted sentence (news article)

Wearing a casual outfit instead of a suit breaks down the boundary between work and rest, implying that people can work as comfortably as when they get some rest. ② is the best answer.

• 경계를 허물다: to break down a boundary a wall between two things

27.
Homeshopping industry on downward path mode a reverse turn this month on a strong upturn

Question type Understanding a contracted sentence (news article)

The homeshopping industry that has been getting weaker due to slow sales is now showing a strong upturn this month. ④ is the best answer.

• 내리막길을 걷다: to go downhill; to decline or weaken past one's prime

[28~31] Choose the most appropriate word for the blank.

28.
Recently, musicals in opera format have often been appearing. But they are called musicals, not operas. The reason is that a musical has a set of characteristics that only a musical has. While a musical includes all the elements of opera, it also includes non-operatic elements, that is (   ). On the other hand, an opera does not allow a dialogue, and if there is even one moment that is not supported by music, it will lose the status of opera.

Question type Choosing the best phrase for the context

The sentence after the parentheses starts with 반면, so the blank must have something opposite it. Because passage reads, "오페라는 대사를 용납하지 않고, 한 순간이라도 음악이 받쳐 주지 않으면 오페라로서의 지위가 실격된다," it will lose the status of opera, the non-operatic element will be a scene of dialogue without music. ③ is the best answer.

29.
A boy was hit by a car and got a serious injury while he was walking down the street with his father. When the surgeon who entered the operating room and saw the boy, the surgeon immediately yelled, "Yeong-su, my son!" What is the relationship between the doctor and the boy? Naturally, the doctor should be the boy's mother, but most people answered, "The doctor is another father of the boy." This is an example of how many people think that (   ) are held by men.

Question type Choosing the best phrase for the context

The sentence with the parentheses starts with 이는 (the reason why most people responded that the doctor is another father of the boy). So it should indicate how people assume that the person who is a doctor is naturally a man. ④ is the best answer.

30.
Recently, as there has been a big increase in the number of people who read newspaper articles from portal websites and mobile apps, the sales competition in the online news market has become

even more heated. Therefore, (　　) have grown even bigger. If the key points of an article cannot be contained in the headline, it is criticized for being biased or distorted. If you fail to condense, (the headline) will be far from being concise but will be vague in meaning. You can say it is a good headline only when you express the article's contents with a few condensed key words, stealing the reader's heart with unprovocative words and sharply stimulating the reader's curiosity.

Question type Choosing the best phrase for the context

The latter part is about the conditions of a good headline. 따라서 comes before the blank. The blank must be based on the preceding and express the following in an intensive method. ① is the best answer.

- 편파: a bias; a particular inclination to one side that is not right
- 왜곡: a distortion; to falsely interpret or to make something not factual
- 응축: condensation; to focus various meanings or emotions on one particular point

31.

An invasive species refers to a plant or animal species that has migrated from its original habitat to a new region. In this new environment, the invasive species lacks natural predators, allowing it to grow and reproduce unchecked. A few years ago, after the detection of Amazonian cannibal fish in a reservoir in Gangwon Province, an alligator snapping turtle, imported from North America, was also discovered. With the successive appearances of invasive species, environmental organizations are warning about the possibility they pose (　　) and the disruption they can cause to the ecosystem, similar to what the bullfrog did in the past.

Question type Choosing the best phrase for the context

After the blank, the possibility of invasive species disturbing the ecosystem is raised f invasive species were to grow and reproduce unlimitedly, they would pose a threat to the survival of native species, so the correct answer is ③.

- 천적: a natural enemy; an animal predator that eats other prey animals
- 식인어: a man-eating fish; a fish that eats human flesh

[32~34] Read the following and choose the statement that agrees with the content of the text.

32.

The government announced that a new type of cyber attack has occurred. This cyber attack paralyzes websites and is different from a virus. There is no report of financial loss or loss of important information, but the cyber attack has caused many people to struggle with stock trading or banking operations. The government said that in order to avoid such attacks, people should check

the sources of the files they download, and run virus-checking programs on their computers.

Question type Understanding the details (correspondence)

This cyber attack has caused many people to struggle with stock trading or banking operations. ③ is the best answer.

① This cyber attack is ~~a new type of virus~~. → different from a virus

② The cyber attack ~~has caused~~ financial damage. → has not caused

④ To avoid this cyber attack, you should ~~find out the source of the website~~. → check the sources of the files you download

33.

It is a story well known to us that Mencius' mother moved three times for her son's education. The concept of social status, or the traditional four classes of society (scholars, farmers, artisans and tradesmen), which highly treated scholars, is a Confucian ideology created after the time of Mencius. 2,500 years ago, when Mencius lived, it was an era when scholars were in fact the lowest members [class] of society. Under such circumstances, it was contrary to the tendency or trend of the time that Mencius' mother moved three times for her child's education as it was something that needed great courage.

Question type Understanding the details (correspondence)

"맹자가 살았던 2,500년 전의 시대에는 학문을 하는 선비들이 사회적으로 가장 낮은 계층이었다." ② is the best answer.

① ~~In order, the traditional four classes of society,~~ a scholar was the lowest member [class] of society. → At the time when Mencius lived

③ Mencius' mother educated her son ~~according to the circumstances of the era~~. → contrary to the tendency or trend of the time

④ ~~Mencius worked hard to have an occupation envied by the people of his time.~~ → Since scholars were the lowest members of society at the time, he worked hard to have an occupation against the tendency or trend of the time

34.

An NGO is a non-governmental organization (NGO) that aims to make the world a better place. They dispatch doctors and nurses where there are wars, help build houses or farms for the poor, and provide education for women in countries where the governments do not give women the opportunity to be educated. These are activities that entail great sacrifice and are never easy. They are only possible because NGO volunteers take risks for people in their own and other countries.

Question type Understanding the details (correspondence)

The activities of NGO activists "많은 희생이 따르는 결코 쉽지 않은 일." ① is the best answer.

② NGO activists do volunteer work that each country ~~wants~~. → may not want

③ ~~NGO activists work for the government to create a better world~~. → An NGO is a nongovernmental organization.

④ NGO volunteers ~~do not work for people in their own countries~~. → work for people in their own and other countries.

[35~38] Read the following and choose the answer that best matches the topic of the text.

35.
The abuse and misuse of antibiotics is a problem as threatening as climate change or terrorism. The reason is that not only do they kill the germs that are absolutely necessary for our bodies, but they also foster resistance to existing antibiotics as we use them more. This eventually leads to the emergence of super bacteria that resist the effects of existing antibiotics. The challenge lies in the fact that the development of antibiotics is not as fast as the emergence of new types of super bacteria. Addressing the abuse and misuse of antibiotics requires cooperation among the government, doctors, and patients.

Question type Understanding the topic

The text discusses the abuse and misuse of antibiotics and argues, "항생제 오남용 문제는 정부와 의사, 환자의 협력 없이는 해결할 수 없다." ③ is the answer.

• 항생제 오남용: the abuse and misuse of antibiotics; to wrongly use antibiotics to carelessly use them without observing set standards

• 내성을 갖다: to be resistant; to resist the effects of continued medication

• 다각적: multilateral; having many sides or being multidisciplinary

36.
Creative works must handle history with care. It would be misleading to discuss distortion when it comes to a story created based on imagined or unrecorded aspects of history, incorporating elements of imagination. However, when historical material is used, there is a concern that the creative work may be manipulated or appropriated by various interest groups, regardless of its innocent intentions. These circumstances become even more pronounced when the media can exert a significant ripple effect. History is not merely a collection of past events but rather an ongoing narrative that extends into the present, requiring a cautious approach to this matter.

Question type Understanding the topic

The text argues that although it is misleading to talk about distortion in creative works, a careful approach is needed, yet there is a possibility it could be expanded or reproduced in the wrong direction. ② is the answer.

• 왜곡: a distortion; to falsely interpret or to make something far from the truth

• 어폐: being misleading; a misunderstanding or mistake that happens when words are not used properly

37.
It is crucial to initiate a national dialogue regarding the prioritization between national security and preparations for unification. Experts unanimously emphasize that, for successful unification, we require an increase in exchanges and cooperation rather than solely focusing on bolstering national security. However, amidst growing concerns over North Korea's military provocations, a paradox arises as there is an increasing call for North Korea to undertake reforms and open up for expanded exchanges and cooperation. While preparing for the future era of unification holds significance, it is imperative to urgently address the immediate military threats posed by North Korea.

Question type Understanding the topic

The text argues that it is a contradiction that there is a louder voice to lead North Korea to reform and open thorough expanded exchanges and cooperation and concludes by saying that while it is important to prepare for the age of unification, it is more urgent to have measures against the immediate military threat of North Korea. ③ is the answer.

• 모순: a contradiction; a fact that is inconsistent; two facts in opposition to each other beyond reason

38.
When is the best time to brush your teeth? There is a common misconception that brushing your teeth three minutes after eating is ideal. However, this belief is mistaken. It is actually better to brush your teeth 30 to 60 minutes after lightly rinsing your mouth following a meal or a drink. Specifically, it is important to avoid brushing your teeth immediately after consuming sour fruits, tomatoes, or sodas, as the acidic components in these foods can weaken your tooth enamel. On the other hand, after consuming sweet foods, it is recommended to brush your teeth immediately.

Question type Understanding the topic

You shouldn't brush your teeth immediately after eating foods with acidic ingredients, but it is better to brush your teeth immediately after eating sweet foods. ② is the answer.

[39~41] Choose the most appropriate place for the given sentence.

39.
We usually store leftover watermelon by wrapping it in plastic wrap, placing it in a plastic bag, or using an airtight container. (㉠) However, experts indicate that these storage methods can promote bacterial growth. (㉡) An experiment was

conducted to examine the level of bacteria growth using these storage methods. (ⓒ) As a result, regardless of the storage method employed, food-poisoning bacteria were detected in all refrigerated watermelons after one day. (ⓔ) Additionally, it is advisable to consume the cut watermelon as soon as possible to minimize potential bacterial growth.

┌─ Missing Sentence ─────────────────────
Therefore, it is crucial to thoroughly clean the knife before cutting the watermelon.
└──

Question type Inserting a sentence for the context

The missing sentence starts with 따라서, implying that the preceding sentence must contain the reason why the knife should be cleaned well. After (ⓔ), you can find 또한 as well. ④ is the answer.

40.

(㉠) Conductor Geum Nanse fully embraces the joy and ecstasy that music brings to life. Limitations such as lack of funds, venues, or audiences do not hinder him. (㉡) Moreover, Conductor Geum has become known for his Concerts with Commentary, where he communicates not only through music but also by sharing stories about the music. (㉢) He expresses his unwavering desire to lead a life immersed in music with an engaged audience. (㉣)

┌─ Missing Sentence ─────────────────────
In his pursuit of enabling people to enjoy music anywhere, he organizes concerts in building lobbies and libraries.
└──

Question type Inserting a sentence for the context

The missing sentence that is about holding a concert everywhere fits well behind "돈이 없거나 장소가 마땅하지 않거나 관객이 없다는 한계는 그에게 문제가 되지 않는다." ② is the answer.

41.

Neologism refers to the creation of words to express novel concepts or objects. (㉠) This encompasses existing words that have acquired new meanings, as well as loanwords borrowed from foreign languages. (㉡) Neologisms can arise organically through natural usage by people, while others may be intentionally created and disseminated as part of a language policy. (㉢) These new words emerge in response to practical needs. (㉣)

┌─ Missing Sentence ─────────────────────
Furthermore, some neologisms are crafted in response to a public desire to transform existing expressions in a fresh manner.
└──

Question type Inserting a sentence for the context (book review/impression essay)

The missing sentence is about a reason why new

words are made. It is natural for it to come after (ⓒ), a sentence illustrating the reasons. ③ is the answer.

[42~43] Read the following and answer the questions.

As the hotel is located in the center of the city and my room faces the street, I can see the streets right under my nose when I draw a chair up to the window. From the window, people look small, the cars in line look tidy as well, and everything seems well organized. I enjoy this view so much that I have spent most of my time in the room sitting in the chair by the window. The most beautiful times of the day are when the street lights are just about to be turned on after dinner and when more people gradually come and go on the streets early in the morning as the sun is rising like now. And by now, at the hotel restaurant downstairs, a variety of food, including Korean, Japanese, and Chinese foods, must be ready to serve the customers. Going over the hotel's breakfast menu in my mind, I find it troublesome to go to the restaurant, so I decided to have breakfast with bread and coffee in my room.

(Ellipsis)

"Is there anything else you need, sir?"

The waiter did not retreat but kept stalling after arranging the dishes on the table. He must have been waiting for a tip. I reached into my pocket and grabbed a thousand-won bill, but then I stopped. And I tersely said, "No."

Harbin, Lee Hyoseok

42. **Question type** Understanding emotions (fiction)

The writer knew that the room-service waiter was waiting for a tip, but he hesitated for a while and did not give it to him. ① is the answer as it means to be very thrifty about things or money and not generous in spending.

43. **Question type** Understanding the details (correspondence/fiction)

Given that "이 전망이 마음에 들어서 방에 머무르고 있는 대부분의 시간을 창가 의자에서 보냈다," ④ is the best answer.

① I had my breakfast ~~at the hotel restaurant~~. → in my hotel room

② The room-service water brought me ~~Korean, Japanese, and Chinese dishes~~. → bread and coffee

③ Now is the time when ~~the lights start to be turned on in the streets~~. → more people gradually come and go on the streets early in the morning as the sun is rising

[44~45] Read the following and answer the questions.

Most people are hesitant to speak or present in a foreign language because they fear making mistakes. However, in reality, people are not particularly concerned about the specific mistakes made by someone speaking in a foreign language. Most of the time, they are simply impressed by the act of speaking in a foreign language itself. Understanding how difficult it is to learn and speak a foreign language, they can only admire the effort put into speaking. (   ), people do not expect you to speak perfectly, and they also understand that making mistakes is part of the learning process. It is important to remember that the purpose of language is to understand and communicate with each other, rather than striving for perfection.

44. **Question type** Choosing the best phrase for the context

Before the blank, it is written, "Understanding how difficult it is to learn and speak a foreign language, they can only admire the effort put into speaking." ② is the answer.

45. **Question type** Understanding the topic

We must remember "언어의 목적은 서로 이해하고 대화하는 것이지, 완벽해지고자 하는 것이 아니라는 것." Therefore, ① is the answer.

[46~47] Read the following and answer the questions.

The crime of secretly filming and disseminating images of women's bodies using hidden cameras, known as "illegal filming," is significantly increasing. This phenomenon is attributed to the widespread use of smartphones and the miniaturization of video recording devices, which have led to a rise in such crimes. Perpetrators of illegal filming can face imprisonment for up to five years or a fine of up to 30 million won, but it has been found that in most cases, offenders receive fines or suspended sentences, and actual imprisonment is relatively rare. The police have stated that they are making efforts to monitor illegal footage in real-time and detect illegal cameras installed in public restrooms, but it is unlikely that these measures alone will completely eradicate the crime of illegal filming. To reduce such crimes, it is crucial to firmly establish the fact that committing illegal filming will result in severe punishment as a widely recognized social awareness. Given the immense suffering imposed on numerous victims by illegal filming, the current lenient penalties must not continue.

46. **Question type** Choosing the writer's stance (persuasive essay)

The writer argues that to reduce such crimes, it is crucial to firmly establish the fact that committing illegal firming will result in severe punishment as a widely recognized social awareness. Therefore the best answer is ④.

- 동반(accompanying): appearing or occurring together with something else.
- 근절: eradication; completely eliminating something bad

47. **Question type** Understanding the details (correspondence/persuasive essay)

The article stated that "숨겨진 카메라로 여성의 신체를 몰래 촬영해 유포하는 '불법 촬영' 범죄가 크게 늘고 있다." Therefore, ③ is the correct answer.

① Imposing strong punishments for illegal filming crimes ~~has limited effectiveness in reducing them~~. → To reduce illegal filming crimes, strong punishments are necessary.

② Most of the individuals who committed illegal filming crimes received ~~prison sentences~~. → fines or suspended sentences

④ ~~The police have suggested practical solutions to prevent illegal filming crimes~~. → The measures suggested by the police will not eradicate illegal filming crimes.

[48~50] Read the following and answer the questions.

We cannot emphasize too much that secondhand smoke is as bad for health as (firsthand) smoking. The awareness of the risks associated with secondhand smoke is still relatively low compared to the well-known dangers of direct smoking. What accounts for most secondhand smoke is the smoke that occurs when tobacco burns, and this smoke is a chemical substance whose particles are small and toxicity is strong, which can reach deep inside our lungs and hence be quite lethal for our health. In particular, it is a serious problem that the cancer-causing substance cadmium accumulates in our bodies through secondhand smoke. It is a recent trend that the overall smoking rate of Koreans is decreasing, but exposure to secondhand smoke has increased, so the current situation is in need of active management and control of secondhand smoke. Smoking is a disease much better managed (   ), so smokers need to get professional treatment to quit smoking instead of trying to stop by themselves in order to protect their families' health as well as their own.

48. **Question type** Understanding the purpose (persuasive essay)

The text argues that the current situation is in need of active management and control for secondhand smoke and that smokers need professional treatment to stop smoking. ② is the best answer.

49. **Question type** Choosing a phrase for the context (persuasive essay)

Behind the blank, the text argues that smokers need professional treatment to stop smoking instead of trying to stop on their own. ④ is the best answer.

50. **Question type** Understanding the details (correspondence/persuasive essay)

Given that it is pointed out that not only direct smoking but also secondhand smoke can have a serious negative impact on health, ③ is the correct answer.

① ~~Indirect smoking is more dangerous~~ than direct smoking. → Emphasizing that indirect smoking is as detrimental to health as direct smoking is not an overstatement.

② The rate of secondhand smoke exposure in Korea ~~is decreasing~~. → Although the overall smoking rate among the Korean population has been decreasing recently

④ ~~Consultation with a specialized doctor is necessary for the treatment of secondhand smoke exposure~~. → Smoking is a condition that is better managed with the help of a doctor and medication.

TOPIK MASTER 3rd Edition

FiNAL 실전 모의고사 7회
The 7th Final Actual Test

정답 ANSWERS

1교시: 듣기, 쓰기

듣기

1. ②	2. ②	3. ①	4. ②	5. ④	6. ④	7. ③	8. ①	9. ①	10. ③
11. ③	12. ②	13. ④	14. ②	15. ③	16. ④	17. ④	18. ③	19. ④	20. ④
21. ④	22. ①	23. ①	24. ②	25. ④	26. ④	27. ③	28. ②	29. ②	30. ④
31. ②	32. ③	33. ③	34. ②	35. ①	36. ④	37. ③	38. ④	39. ②	40. ①
41. ①	42. ③	43. ④	44. ④	45. ②	46. ④	47. ④	48. ④	49. ④	50. ③

쓰기

51. ㉠ (5점) 아파트의 층간 소음으로 인해(서)/위층에서 생기는 소음 때문에
(3점) 위층의 (시끄러운) 소리 때문에

㉡ (5점) 다음의 예절을/사항을 잘 지켜 주시기 바랍니다
(3점) 다음 사항을 지켜 주세요/주십시오

52. ㉠ (5점) 어제 놓친 기회가 오늘은 더 좋은 기회로 보상되기도 한다/전화위복이 되기도 한다/
어제 놓친 기회 덕분에 다음날 더 좋은 기회를/큰 행운을 잡을 수도 있다
(3점) 상황이 달라질 수도 있다/더 좋은 일이 생길 수도 있다

㉡ (5점) (전화위복이 될 수 있다는) 긍정적인 생각을 가지고 다음에 다가올 기회를 놓치지 않기 위해 꾸준히 노력하는
(3점) 다음 기회를 잡으려는 긍정적인

2교시: 읽기

읽기

1. ①	2. ②	3. ④	4. ③	5. ②	6. ①	7. ③	8. ③	9. ④	10. ②
11. ③	12. ②	13. ②	14. ①	15. ①	16. ④	17. ②	18. ③	19. ③	20. ④
21. ①	22. ②	23. ④	24. ②	25. ④	26. ②	27. ③	28. ③	29. ④	30. ①
31. ①	32. ②	33. ④	34. ②	35. ④	36. ②	37. ④	38. ④	39. ①	40. ④
41. ④	42. ①	43. ①	44. ③	45. ④	46. ①	47. ②	48. ④	49. ④	50. ②

청소년의 놀이 문화에 대한 설문 조사 결과, 청소년이 여가 시간에 주로 방문하는 가게로 남녀 모두 PC방과 노래방의 비율이 높게 나타났으며, 여학생의 경우는 카페를 이용하는 비율도 높았다. 주말이나 휴일에 여가 시간을 활용하는 방법을 보면, 여학생은 주로 TV나 DVD를 시청하고 사교 활동을 하는 반면에, 남학생은 게임이나 TV 시청, 스포츠 활동 등을 하는 비율이 높아 남녀 간의 차이가 크게 나타났다. 이번 설문 결과를 통해 청소년의 놀이 문화 공간이 한정적이며, 주말이나 휴일에 여가를 보내는 방법이 다양하지 못한 것을 알 수 있다.

　역사 공부는 단순히 지나간 과거를 아는 것이 아니라, 과거에 일어난 과거에 일어난 일을 통해 현재의 자신을 돌아보기 위한 것이다.

　역사적 지식을 바탕으로 국민으로서 정체성을 가질 수 있다. 역사 교육을 통해서 자기 나라의 문화와 영토에 대해 자세히 알게 되면 스스로에 대한 정체성을 확립하고 자긍심과 애국심을 가질 수 있다. 그리고 전통을 보존하고 유지하는 것의 중요성을 알 수 있게 된다. 만약 국민들이 자기 나라의 역사를 알지 못하면 고유한 문화와 영토를 지켜 나가기 힘들어질 것이다.

　또한 역사적 지식이 있으면 과거의 사실을 바탕으로 현재를 다양한 시각으로 바라볼 수 있게 된다. 현대 사회에서 국가 간에 발생하는 일들 중 과거에도 비슷한 사례를 찾아볼 수 있는 경우가 많다. 과거에 내렸던 결정과 그로 인한 결과를 교훈 삼아서 현재 상황에 반영할 수 있으므로, 역사적 지식은 미래의 발전에도 도움을 줄 수 있다.

　역사를 잊은 나라는 미래가 없다는 말이 있다. 이처럼 역사 교육은 과거를 통해 현재와 미래를 준비하는 일이기에 어느 시대 어느 나라에서든 중요한 일이다. 역사 교육을 단순히 오래된 과거의 사실을 암기하는 것이라 여길 것이 아니라, 앞으로 나아갈 방향을 닦는 기반으로 바라봐야 할 것이다.

듣기 Listening

[1~3] Listen to the following and choose the picture or graph that matches best.

1.

남자 진아 씨, 지난번 회의 때 사용했던 자료, 책꽂이에 있어요?

여자 아니요. 제 컴퓨터에 있는지 확인해 볼게요. 종이로 인쇄해서 드릴까요?

남자 아니요. 자료를 찾으면 이메일로 보내 주세요.

M　Jin-ah, are the materials we used for the last meeting on the bookshelf?

W　No. I'll check if I have them on my computer. Shall I print them out for you?

M　No. If you find the materials, please send them to me by e-mail.

As the man asks whether the materials used for the previous meeting are on the bookshelf, the woman answers that she will check if they are on her computer. The answer is ②.

2.

여자 누가 여기에 커피를 쏟았네요. 자꾸 냄새가 나요.

남자 아, 그러네요. 제가 이거 마무리하고 치울게요.

여자 아니요. 자꾸 냄새가 나면 안 되니까 지금 치우세요.

W　Someone spilled coffee here. It smells bad.

M　Oh, you are right. I'll clean it after I finish this up.

W　No, clean it now because the odor should not stay there.

In this situation, the woman is pointing to some spilled coffee on the floor and asking the man to clean it up immediately while he is doing something else at his desk. The answer is ②.

3.

남자 직장인들을 대상으로 하루 평균 일하는 시간을 조사한 결과, 40대가 9시간 30분으로 가장 길었으며 그 뒤를 이어 30대, 50대 순이었고 20대가 가장 짧은 것으로 나타났습니다. 또한 평균 일하는 시간은 작년과 비슷한 수준으로 조사되었습니다.

M　According to a survey of daily working hours for office workers, those in their 40s had the longest working hours at an average of 9 hours and 30 minutes, followed by those in their 30s and 50s, while those in their 20s had the shortest working hours. Additionally, the average working hours were found to be similar to last year's level.

The speaker is discussing how the average daily working hours for employees vary by age group. According to the survey, the working hours were highest for those in their 40s (9 hours and 30 minutes), followed by those in their 30s, 50s, and finally those in their 20s, who worked the fewest hours. Therefore, the correct answer is ①.

[4~8] Listen to the following and choose the word that best completes the dialogue.

4.

남자 오늘 저녁 7시 공연으로 예매하고 싶은데요. 지금 예매가 가능한가요?

여자 어쩌죠? 표가 모두 매진되었어요. 표를 구입하려면 공연 3시간 전에는 오셔야 해요.

남자 _____

M　I'd like to get a ticket for the 7 PM performance this evening. Can I buy one now?

W　Oh, I'm sorry. The tickets are sold out. You must come at least 3 hours before the show if you want to buy a ticket.

M　_____

The man cannot buy a ticket because he has come too late. The answer is ②.

5.

남자 운동을 다 하고 나면 마지막에 꼭 스트레칭을 해 줘야 해요.

여자 그래요? 어쩐지 스트레칭을 안 했더니 근육이 많이 아프더라고요.

남자 _____

M　When you have done your workout, you must do stretches at the end.

W　Really? Now I see why I didn't do stretches and my muscles hurt so much.

M　_____

The man is teaching the woman that she must do stretches after workout. The best answer is ④.

6.

여자 조교님, 과제 제출하는 시간을 좀 늘려 주시면 안 돼요?

남자 이미 과제를 낸 학생들이 많아서 그건 안 됩니다. 교수님께 말씀드려 보세요.

여자 _____

W　Sir [Mr. TA], can't you extend the submission deadline for the assignment?

M　I can't because there are many students who have already submitted their assignments. You'd better talk to the professor.

W　_____

The woman asks the teaching assistant to extend the assignment deadline, but he advises her to talk to the professor. Since she has to contact the professor, the best answer in this situation is ④.

7.

여자 거실 벽지를 밝은 분위기로 다시 바꾸고 싶어요.

남자 그러면 이 디자인은 어떠세요? 요즘 고객님들이 많이 좋아하는 벽지 디자인입니다.

여자 _____

W I'd like to change the living room wallpaper again for a lighter atmosphere.

M Then how about this design? This is a wallpaper design that is a big favorite of customers these days.

W _____

The man is showing and recommending a design to the woman, which will create the lighter atmosphere that she wants. The best answer is ③.

8.
남자 요즘 늦잠을 너무 많이 자는 것 같아. 생활 습관을 바꿔야겠어.

여자 갑자기 생활 습관을 바꾸는 것은 어려우니까 계획을 세우는 게 좋을 것 같아.

남자 _____

M I think I get up late too often these days. I must change my (life) habits.

W It is difficult to change your habits suddenly, so it might be better to make a plan.

M _____

As the man wants to change his habits, the woman advises him to make a daily plan. The best answer is ①.

[9~12] Listen to the following and choose the answer that would be most appropriate as the woman's next action.

9.
여자 어, 이상하다. 여기서 좌회전하면 문화 센터가 있었는데?

남자 잠깐 저기에 차를 세워 봐, 사람들한테 물어보는 게 좋겠어.

여자 조금 더 가면 경찰서가 있는데 거기서 물어보자.

남자 그래. 가는 동안 내가 지도를 확인해 볼게.

W Oh, that's strange. There should be a culture center if we turn left here.

M Pull the car over there for a minute. I think we'd better ask someone.

W There is a police station if we go a little further. Let's ask there.

M Okay. And I'll check the map while we are going.

According to the dialogue, the woman is driving, and the two must go to the police station to ask for directions. The answer is ①.

10.
여자 수리 센터 전화번호 알아요? 서류를 복사해야 하는데 복사기가 고장 났어요.

남자 네. 그런데 오늘은 이미 수리 센터가 문 닫았을 것 같아요.

여자 그럼 오늘은 3층에 가서 복사를 해야겠네요. 내일 출근해서 수리 센터에 전화할게요.

남자 네. 그래요. 제가 수리 센터 전화번호를 찾아볼게요.

W Do you know the number for the repair center? I need to copy some papers, but the copy machine isn't working.

M I do, but I think the repair center must have already closed today.

W Then I have to get these copied on the third floor. I'll call the repair center when I come to work tomorrow.

M Okay. I'll look up the repair center's phone number.

The copy machine on the woman's floor is out of order, but the repair center has already closed. Therefore, the woman must go to the third floor to copy her papers. The answer is ③.

11.
남자 주문하신 커피 말고 필요한 것은 없으세요?

여자 네. 그런데 여기 쿠폰으로 계산해도 되죠? 도장을 다 모았어요.

남자 네. 쿠폰으로 계산하고 받은 영수증으로 이벤트에 참가할 수 있어요.

여자 그래요? 영수증을 꼭 확인해야겠어요.

M Do you need anything else aside from the coffee you ordered?

W No. But I can use my coupon to pay the bill, right? I've collected all the stamps.

M Yes, you can pay with the coupon, and you can apply for the event with the receipt we will give you, too.

W Can I? I must remember to check my receipt.

The woman wants to know if she can pay with the coupon she has, and the man answers that not only can she do that, but she can also apply for the event with the receipt she will be given. The answer is ③.

12.
여자 이번 졸업 시험 범위는 어디에서 확인할 수 있어?

남자 어제 학과 게시판에 붙어 있었는데 오늘은 없더라고. 학과 홈페이지에 들어가 봐.

여자 이상하다. 학과 홈페이지에도 없었어. 전공 사무실에 전화해 봐야겠다.

남자 그래. 조교들이 알려 줄 거야.

W Where can I check the scope of this graduation examination?

M It was posted on the department bulletin board yesterday, but it is gone today. Why don't you check out the department's website?

W That's strange. It's not on the website either. Maybe I should call the department office.

M Please do. The TA will tell you.

The woman is about to call the department office to ask the teaching assistants about the scope of the graduation examination. The answer is ②.

13.
여자 어떡하지? 지난주에 도서관에 책 반납해야 하는 것을 잊고 있었어.

남자 그러면 아마 연체료가 꽤 비쌀 것 같아.

여자 어쩌지. 오늘도 도서관에 갈 시간이 없는데.

남자 그럼 이따가 내가 도서관에 갈 때 대신 반납해 줄게.

W Oh, no. I forgot to return the book to the library last week.

M The overdue fee can be quite expensive.

W What do I do? I don't have time to go to the library today either.

M Then I'll return it for you when I go to the library later.

The woman forgot to return a book last week. She doesn't have time to go to the library today, so the man will return the book for her. The answer is ④.

14.
여자 손님 여러분, 방금 좌석 벨트 표시등이 꺼졌습니다. 그러나 비행 중에는 기류 변화로 비행기가 갑자기 흔들리는 경우가 있습니다. 안전한 비행을 위해 자리에 앉아 있을 때나 주무실 때는 항상 좌석 벨트를 매 주십시오. 그리고 선반을 열 때는 안에 있는 물건이 떨어지지 않도록 조심해 주십시오.

W Ladies and gentlemen, the fasten-seatbelt sign has been turned off now. However, the aircraft may shake sometimes during the flight due to turbulence. So for a safe flight, we recommend that you keep your seatbelt fastened all the time while you're seated or sleeping. When you open the overhead bins, please be careful so that the luggage stowed does not fall.

The inflight announcement recommends the passengers to fasten their seatbelts for a safe flight while they are seated or sleeping. The answer is ②.

15.
남자 이번 주말 민속촌 나들이를 하는 건 어떨까요? 그동안 여러분의 많은 사랑을 받아왔던 민속촌이 최근 새 단장을 끝내고 다음 달 새롭게 문을 엽니다. 민속촌 새 단장 이벤트로 중학생, 고등학생 그리고 대학생은 학생증을 가져오면 입장권을 삼십 퍼센트 할인받을 수 있습니다. 또한 아이와 함께하는 전통 체험 프로그램은 인터넷에서 예약이 가능합니다.

M What do you say to a picnic at the folk village this weekend? The folk village that is so dearly loved by you will reopen next month after having been renovated recently. At the folk village reopening event, middle school, high school, and university students can get a 30-percent discount on an admission ticket if they bring a student ID. And the traditional experience program that you can take part in with children can be booked on the Internet.

Students in middle school, high school, and university can get a 30-percent discount if they present a student ID. The answer is ③.

16.
여자 부대표님께서는 우리 회사에서 삼십 년 동안 일하셨고, 오늘을 끝으로 은퇴를 하십니다. 박수로 맞이해 주세요.

남자 저는 처음에 영업 사원으로 입사를 했는데 많은 분들의 도움으로 지금의 부대표의 자리에 오르게 되었습니다. 오늘을 끝으로 많은 추억이 있는 회사를 떠나려 하니 서운하기도 하고 기쁘기도 합니다. 저는 이제 고향에 내려가 오랜 꿈이었던 농사를 지으려고 합니다. 동료 여러분, 회사를 잘 부탁합니다.

W The vice president has been working at our company for 30 years, and he is retiring as of today. Please welcome him with a round of applause.

M I joined this company first as a salesperson and rose to the vice presidency aided by many people. As I'm about to leave this company today, where I have so many memories, I feel both sad and happy. I'm now planning to return to my hometown to be a farmer, which has been my dream for a long time. Dear colleagues, please take good care of our company.

According to the woman, the man has worked at this company for 30 years and is now retiring. The answer is ④.

17.
남자 지영 씨, 지금 뭘 보고 있는 거예요?

여자 부모님께 드릴 선물을 고르고 있어요. 근데 부모님께서 무엇을 좋아하는지 정확히 몰라서 고르기 힘드네요.

남자 차라리 부모님께 필요한 걸 물어보고 사 드리는 게 좋을 것 같아요. 괜히 필요 없는 선물을 샀다는 서로 감정이 상할 수 있잖아요.

M Jiyoung, what are you looking at?

W I'm choosing a gift for my parents. But it is difficult to choose one because I'm not exactly sure what they like.

M Then you should ask them what they need before you buy (anything). You can both feel bad if you buy a gift they don't need.

The man thinks it is better to ask the woman's parents what they need before she buys anything. The answer is ④.

18.
남자 우리 아파트는 분리수거가 잘 안 되는 것 같아요.

여자 맞아요, 분명히 분리수거 방법이 게시판에 붙어있는데도 분리수거를 제대로 안 해요.

남자 주민들이 게시판을 잘 안 봐서 그런가 봐요. 그러면 사람들이 잘 볼 수 있게 분리수거 방법을 사람들이 많이 이용하는 엘리베이터에 붙입시다.

M I don't think the garbage sorting at our apartment is done very well.

W I agree. (People) don't do the garbage sorting properly even though the directions are clearly posted on the bulletin board.

M Maybe the reason is that the residents don't look at the bulletin board. So let's post the garbage sorting directions in the elevator, which people frequently use, so that they can see properly.

The man thinks that the garbage sorting is done poorly because residents do not really look at the bulletin board and that the garbage-sorting directions should be posted in the elevator. The answer is ③.

19.
남자 요즘 회사에서 에어컨을 너무 많이 트는 것 같아요. 여름인데도 너무 추워요.

여자 그러면 옷을 더 껴입어 봐요. 저도 회사에서 늘 겉옷을 입고 있어요.

남자 요즘 회사들이 에너지를 너무 낭비하고 있는 것 같아요. 에너지를 절약하려면 정부나 기업에서 먼저 모범을 보여야 하는데 말이에요.

여자 그건 그래요. 오히려 일반 가정에서 에너지를 더 절약하고 있는 것 같아요.

M I think our office is using too much air conditioner. It's too cold when it is summer.

W Then why don't you put on more clothes? I always wear an outer garment at the office, too.

M Companies seem to be wasting too much energy these days. That's especially true when the government or business must set an example to save energy.

W That's true. I think regular homes are the ones that are saving much more energy.

The man believes that the government or business must set an example by saving energy. The answer is ④.

20.
여자 최 교수님께서는 좋은 소통 방법에 대해 연구를 많이 하셨는데요. 특별히 소통에 대해 연구한 이유가 있나요?

남자 많은 사람들이 인간관계에서 갈등을 겪는 이유 중 하나는 바로 잘못된 소통 방법 때문이라고 생각합니다. 특히 '자기 감정 중심'의 말하기는 인간관계에서 갈등을 불러일으킬 수 있습니다. 갈등을 피하려면 상대방의 기분을 먼저 파악하고 대화를 하는 게 중요합니다.

W Professor Choi, you have done a lot of research on good communication methods. Is there any particular reason why you study communications?

M I believe one of the reasons why many people face conflicts in interpersonal relationship is they have the wrong manner of communication. In particular, speaking based on self-centered emotions can cause conflict in interpersonal relationships. In order to avoid conflict, it is important to understand the other party's feelings before starting a conversation.

The man thinks the wrong manner of communication is the cause of conflict in interpersonal relationships, and that's why he studies how to communicate well. The answer is ④.

[21~22] Listen to the following and answer the questions.

여자 이번에 인터넷으로 부모님 침대를 사려고 하는데 괜찮을까?

남자 글쎄, 침대는 오래 쓰는 가구니까 매장에 가서 직접 보고 사는 것이 더 좋을 것 같은데.

여자 근데 인터넷 쇼핑몰 가격이 정말 저렴해. 매장이랑 인터넷이랑 가격 차이가 많이 나더라고.

남자 인터넷에서 싸게 좋은 물건을 살 수도 있지만 어떤 물건을 사느냐에 따라서 직접 가서 보고 사는 것이 더 좋을 수도 있어.

W I'm considering buying a bed for my parents online this time. Would that be okay?

M I'm not sure. A bed is furniture you use for a long time, so I think you'd better visit a store and check it out with your own eyes before you buy it.

W But online shopping malls offer very cheap prices. The gap between the store (offline) and the online prices is huge.

M You may be able to buy good stuff on the Internet at cheap prices, but depending on what you buy, it may be better to physically go to see it before you buy it.

21. The man believes that for furniture that is to be used for a long time, such as a bed, it is better to go to a store to physically see the thing before you make a purchase than to buy it online. The answer is ④.

22. According to the woman, the price of a bed sold online is much cheaper than the offline price. The answer is ①.

[23~24] Listen to the following and answer the questions.

여자 우리 회사 이력서를 보니까 업무와 상관없는 개인 정보를 많이 써야 하는 것 같네요.

남자 네, 맞아요. 요즘 개인 정보 유출 문제도 심각한데 업무와 관련된 정보만 쓸 수 있게 이력서 내용을 바꿔 보는 것은 어때요?

여자 그러는 게 좋겠어요. 이력서에 아버지의 직업을 적는 건 좀 아닌 것 같아요.

남자 맞아요. 이렇게 업무와는 관련 없는 개인 정보를 적게 하는 것은 지원자의 사생활까지 침해한다고 생각해요.

W Our company's résumé form seems to require a lot of personal information irrelevant to the job.

M That's right. Private information leakage is a serious problem nowadays, so why don't we change the details of our résumé form to get only information related to the job?

W I think we should. It doesn't look right that you have to write down your father's occupation.

M I agree. I think making candidates offer personal information irrelevant to the job in this way really violates their privacy.

23. Discussing how the résumé form requires private information irrelevant to the job, the man is suggesting that the form should be changed. The answer is ①.

24. The woman points out that the résumé form has a field asking about the candidate's father's occupation. The answer is ②.

[25~26] Listen to the following and answer the questions.

여자 최근 미용 전문점에 가지 않고 집에서 직접 관리하는 셀프 미용이 유행인데요. 셀프 미용이 인기를 끄는 이유가 무엇입니까?

남자 불황이어서 그런지 집에서 할 수 있는 것들에는 돈을 쓰려고 하지 않는 사람들이 많습니다. 아예 피부 관리실에서나 볼 수 있었던 전문 미용 기기를 사는 소비자들도 늘었습니다. 저도 비싼 미용 서비스를 한 번 받는 것보다 전문 기기를 사 놓고 여러 번 사용하는 게 더 경제적이라고 생각해요. 또 요즘에는 스스로 미용 관리를 하는 다양한 방법을 인터넷을 통해 쉽게 접할 수 있으니까 특별히 전문점에 가야 할 필요성을 못 느끼는 것 같습니다. 미용 전문가들이 직접 비법을 공개하는 영상도 많고, 미용 기기도 갈수록 발전하고 있으니까요.

W Self-grooming at home without visiting beauty facilities has become a trend recently. What are the reasons behind the popularity of self-grooming?

M It seems that many people are reluctant to spend money on things they can do at home, possibly due to the economic downturn. There has been an increase in consumers who purchase professional beauty devices that were previously only available at skincare clinics. Personally, I believe that buying a professional device and using it multiple times is more cost-effective than getting an expensive beauty service once. Moreover, these days, there are various ways of self-grooming that can be easily accessed through the internet, so I don't feel the need to go to a specialized salon. There are also many videos where beauty experts share their secrets, and beauty devices are continuously advancing.

25. The man thinks that it is more economical to buy a professional device and using it multiple times is more cost-effective than getting an expensive beauty service once. The answer is ④.

26. According to the woman, we can see that self-grooming at home without visiting beauty facilities has become a recent trend The answer is ④.

[27~28] Listen to the following and answer the questions.

남자 어제 카페에 갔는데 직원이 물어보지도 않고 일회용 컵에 커피를 주더라고.

여자 요즘에는 다 그렇게 주잖아. 난 종이컵에 커피를 마시는 게 편리하고 좋던데.

남자 종이컵이 편리하긴 하지만 작은 노력으로 환경을 보호할 수 있다면 불편을 감수해야 된다고 생각해.

여자 개인이 노력한다고 해서 환경 오염이 얼마나 줄어들 수 있을까? 기업이나 정부 차원에서 해결책을 내놓는 게 더 좋지 않을까?

남자 환경 보호는 개인들의 자발적인 참여에서 이루어진다고 생각해. 정부나 기업에서 환경 보호를 시작한다고 해도 개인이 참여하지 않으면 아무 소용이 없을 거야.

M I went to a cafe yesterday, and a staff member gave me my coffee in a disposable cup without even asking.

W But they all do that these days. I like it because it is convenient to drink coffee in a disposable cup.

M Disposable cups are convenient, but if you can protect the environment with some small efforts, I think you should embrace the inconvenience of recycling.

W How much would pollution decrease due to individual efforts? Wouldn't it be better to present solutions on a business or government level?

M I think that environmental protection can be achieved by the voluntary participation of individuals. Even if the government or businesses should start protecting the environment, it will be no use if individuals do not participate.

27. The man thinks individual participation is more important than environmental protection by the government or businesses. He stresses his belief to the woman. The answer is ④.

28. The woman likes to have coffee in a disposable cup because it is convenient. The answer is ②.

[29~30] Listen to the following and answer the questions.

여자 최근 신종 전화 사기가 극성이라고 하는데요. 선생님, 전화 사기의 가장 좋은 예방법은 무엇입니까?

남자 전화 사기는 주로 피해자와의 직접적인 전화를 통해 통장 비밀번호를 알아낸 후 돈을 빼 가는 수법이 많습니다. 저희가 이번에 전화 사기단을 검거하기까지 정말 오랜 시간이 걸렸습니다. 그리고 조사 결과 피해자들 대부분이 개인 정보가 유출이 된 사람들이었습니다. 모르는 번호로 전화나 메시지를 받았을 경우 절대로 통장 번호나 통장 비밀번호를 알려 주지 마시기 바랍니다.

W A new type of phone scam seems to be rampant recently. Sir, what's the best prevention against phone scams?

M In phone scams, the most frequently used method is to have a phone conversation with the victim, to find out the person's the bank account password, and to withdraw money. It took a really long time for us to catch the phone scam group this time. Our investigation shows that most of the victims are those whose private information has been leaked. And when you receive a call or a message from an unknown phone number, never tell (the other party) your bank account number or password.

29. The man says that he (we) caught a phone scam group this time. The answer is ②.

30. According to the man, the victims disclosed their passwords to the phone scam group while they were talking to them on the phone and were eventually conned by the phone scam. The answer is ④.

[31~32] Listen to the following and answer the questions.

여자 시민의 쉼터는 규모가 작지만 많은 시민들이 이용하는 곳입니다. 그런데 이곳을 없애고 불필요한 평화 기념관을 건립하자는 의견에 반대합니다.

남자 평화 기념관은 우리 도시의 상징이 될 것입니다. 우리 도시가 이렇게 특색 있는 도시가 되면 많은 관광객을 끌 수 있습니다.

여자 도시에 사는 시민의 편의를 더 먼저 생각해야 하는 것 아닙니까? 편의 시설도 없어지는 데다가 외부인이 많아지면 시민들은 더욱 불편해질 것입니다.

남자 그래서 시민 여러분의 협조가 필요합니다. 지금은 좀 불편하더라도 장기적으로 보면 관광객들의 유입은 도시 경제를 활성화시킬 것입니다.

W The citizens' shelter may be small, but it is a place used by many citizens. I am against the opinion that we should get rid of this place and establish a peace memorial, which is unnecessary.

M The peace memorial will be a symbol of our city. If our city has a distinct feature like that, we can attract many tourists.

W Shouldn't we think more of the convenience of our citizens? If we remove one amenity and then attract more outsiders, the inconvenience caused to citizens will increase more.

M That's why we need cooperation between citizens. It may be a little inconvenient right now, but from a long-term perspective, the influx of tourists will revitalize the city's economy.

31. The man believes that with the establishment of the Peace Memorial Hall, the city will become distinctive, attracting more tourists and stimulating the city's economy. The answer is ②.

32. The man does not agree with any of the woman's opinions but argues only for his own. The answer is ③.

[33~34] Listen to the following and answer the questions.

여자 예전에는 '너무 좋다', '너무 고맙다'라는 말에서 사용된 '너무' 때문에 이 문장은 틀린 말이었습니다. 기존의 사전에서 부정적인 표현에만 '너무'를 쓴다고 정의했기 때문입니다. 그러나 많은 사람들이 '너무 좋다'와 같이 긍정적인 의미로도 폭넓게 사용하기 때문에 부정문과 긍정문에서 모두 사용할 수 있도록 뜻풀이를 바꾸었습니다. 사람들이 왜 '너무'를 더 많이 사용하는지, 왜 부정을 강조하는 말을 긍정의 의미로 쓰게 됐는지는 확실하지 않습니다. 다만, 표준어가 정해져 있다고 하더라도 다수의 사람들이 오랫동안 사용한다면 그 방향으로 표준어가 바뀐다는 사실을 알 수 있습니다.

W In the past, sentence like 너무 좋다 and 너무 고맙다 was considered incorrect because of the use of 너무 in expressions. This was because traditional dictionaries defined 너무 as being used only in negative expressions. However, since many people widely use 너무 좋다 and similar phrases with a positive meaning, the definition has been changed to allow its use in both negative and positive sentences. The exact reasons why people use 너무 more frequently and why they use expressions that emphasize negativity in a positive sense are not clear. However, it is evident that even if standard language rules are established, if a majority of people use a certain expression for a long time, the standard language can change in that direction.

33. The woman uses the example of "너무" to explain how if the majority of people use a certain expression for a long time, the standard language can change. The correct answer is ③.

34. According to the woman, the tandard language rules changed as people often used the negative modifier of 너무 in a positive sentence. The answer is ②.

[35~36] Listen to the following and answer the questions.

남자 끝으로 성과 보고서에 포함될 몇몇 세부 사항들을 알려 드리고자 합니다. 최근 몇 년간 우리는 대외적으로 크게 성장했습니다. 특히 지난 2년 동안에만 수익이 35퍼센트 증가했습니다. 저는 우리가 이렇게 성장하게 된 주요 요인이 고객의 요구를 충족시켰기 때문이라고 생각합니다. 많은 운송 회사들이 소형 물품 운송을 전문으로 하고 있지만, 우리 회사는 산업용 차량이나 기계류처럼 규모나 부피가 큰 물품을 전문적으로 운송하고 있습니다. 최근 실시한 고객 만족도 조사에 따르면, 우리 회사가 이런 제품들을 잘 다룬다는 데 만족도가 높은 것으로 나타났습니다. 저는 여러분 모두가 자랑스럽습니다. 앞으로도 지금까지 해 온 것처럼 열심히 잘해 나갑시다.

M Lastly, I'd like to share a few details that should be included in the performance report. Our business has experienced significant growth in international markets over the past few years. Specifically, our profits have increased by 35% during the last two years. I firmly believe that the key factor behind our growth is our ability to meet and exceed our customers' needs. While many carriers focus on shipping small articles, our company specializes in handling large-sized or voluminous items, such as industrial vehicles and machinery. A recent customer satisfaction survey revealed a high level of satisfaction with our company's expertise in handling these specific products. I am truly proud of all of you at this moment. Let's continue working hard and achieving great success in the future, just as we have done so far.

35. The man is giving details that will be included in the performance report, including corporate results such as profit growth. The answer is ①.

36. According to the man, the company's customer satisfaction survey found out that its customers are highly satisfied with their skills in dealing with large goods. The answer is ④.

[37~38] Listen to the following and answer the questions.

남자 작가님, '글씨를 통한 마음 수양'이 무엇인지 소개 좀 해 주시겠습니까?

여자 네, 서예에는 서법, 서예, 서도가 있는데 모두 붓글씨를 쓰는 것을 의미하지만 글씨를 통해 얻고자 하는 것은 차이가 있습니다. 서법은 글씨를 쓰는 법을, 서예는 붓으로 글씨를 쓰는 예술을, 서도는 글씨를 예술로 승화시키며 수양하는 자세를 배운다는 의미입니다. 오늘 제가 말씀드리고자 하는 것은 서도입니다. 서도는 글씨를 쓰면서 마음을 수양하는 것입니다. 또한 오래된 글씨를 따라 쓰며 옛사람들과 대화를 나누는 것입니다. 그런데 이러한 서도의 최우선적 전제는 정형화된 펜과는 달리 붓만이 갖는 독특함, 즉 굵고 약함을 조절할 수 있는 붓의 힘과 글씨를 쓰는 사람의 인품이 함께 어우러지는 것입니다.

M Author, would you like to introduce the concept of mind cultivation through calligraphy?

W Certainly. In calligraphy, there are three terms: 서법, 서예, and 서도. While they all involve writing calligraphy, they differ in their intended goals. 서법 refers to the methods of writing calligraphy, 서예 is the art of writing letters with a brush, and 서도 focuses on cultivating the mind while transforming calligraphy into an art form. Today, I will specifically discuss 서도. 서도 involves the cultivation of the mind during the process of writing calligraphy. As you meticulously copy ancient letters, you engage in a conversation with people from the past. A crucial aspect of 서도 is the harmonious connection between the unique characteristics of a brush, which differs from a standardized pen, and the expressive power it possesses to control thickness, thinness, and the individuality of the writer.

37. The woman talks about the number-one prerequisite for 서도 as being the harmony between the power of the stroke and the character of the person who writes calligraphy. The answer is ③.

38. According to the woman, 서법, 서예, and 서도 all mean to write letters with a brush. The answer is ④.

[39~40] Listen to the following and answer the questions.

여자 고액의 학원비 때문에 고생하는 학부모들의 이야기를 잘 들었습니다. 그래서인지 최근 과외나 학원에 비해 부담이 없는 학습지를 이용하는 학부모가 늘고 있는데요. 박사님, 학습지의 장점은 무엇입니까?

남자 말씀하신 대로 학습지는 저렴한 가격으로 학습 효과를 높일 수 있다는 장점이 있습니다. 또한 아이의 수준에 맞는 단계를 선택할 수 있어서 실력 평가를 할 수 있을 뿐만 아니라 아이가 학교 수업에서 미처 따라가지 못한 내용을 보충하거나 심화, 응용 학습까지 할 수 있습니다. 잘만 활용하면 저렴한 값으로 몇 배의 학습 효과를 낼 수 있습니다. 하지만 아이에게 맞는 학습지를 고르고 잘 이용하기란 생각보다 쉽지 않습니다. 더욱이 다른 아이들이 하니까 무조건 따라 한다면 아이가 학습지로 인해 스트레스만 받고 오히려 학습 의욕이 저하될 수 있습니다. 따라서 학습지를 선택할 때 꼼꼼히 따져 보고 아이의 특성에 맞게 선택하는 것이 중요합니다.

W We have heard the stories of parents facing the challenges of expensive tuition fees at private institutions. Perhaps that is why an increasing number of parents are opting for more affordable home-study materials instead of private tutors or institutions. Doctor, could you please discuss the merits of using home-study materials?

M As you mentioned, home-study materials offer the advantage of enhancing learning at a reasonable cost. By selecting materials based on your child's level, you can assess their progress effectively. Furthermore, these materials allow for supplementary lessons in subjects that your child may have struggled with at school, as well as opportunities for intensive or applied learning. When utilized appropriately, they can yield learning outcomes that far exceed their affordable prices. However, choosing the right home-study materials for your child is not as simple as it may seem. Moreover, if you choose without careful consideration, your child may experience added stress and decreased motivation to study. Therefore, it is crucial to thoroughly evaluate home-study materials and select ones that align with your child's unique qualities and needs.

39. At first, the woman mentions how they listened to the stories of parents who struggled due to the expensive tuition at private institutions. The answer is ②.

40. According to the man, if used well, home-study materials can produce learning worth many times their moderate prices. The answer is ①.

남자 여러분, '햄버거 커넥션'이라는 말을 들어 본 적 있습니까? 오늘은 햄버거가 어떻게 이상 기후에 영향을 주는지 알아 보려고 합니다. 보통 햄버거 속의 고기 패티의 재료는 소고기입니다. 유럽과 미국의 햄버거 패티는 대부분 중앙아메리카 지역에서 자란 소로 만들어집니다. 그런데 문제는 여기에 있습니다. 중앙아메리카에서는 이 소들을 키우기 위한 공간을 만들기 위해 먼저 나무를 벱니다. 보통 햄버거 한 개를 만들기 위해 숲 1.5평이 사라진다고 하니 어마어마한 면적의 숲이 사라지는 것입니다. 이렇게 햄버거 패티를 얻기 위해 나무를 베고 목장을 만들면, 숲이 없어지기 때문에 지구의 온도가 오르게 되고 결국에는 지구 곳곳에 이상 기후가 발생하게 됩니다. 바로 이런 현상을 '햄버거 커넥션'이라고 합니다. 작은 햄버거가 이상 기후를 만들어서 결국 사람의 생명까지 위협할 수도 있다는 것입니다.

M Ladies and gentlemen, have you ever heard of the hamburger connection? Today, we will explore the impact of hamburgers on climate change. Typically, the main ingredient in a hamburger is beef, and a significant portion of hamburger patties in Europe and the United States come from cows raised in Central America. However, this presents a problem. In Central America, forests are being cleared to make space for cattle farming. It has been reported that an average hamburger requires the disappearance of 1.5 pyeong (4.95㎡) of forest, resulting in a significant loss of forested areas. This deforestation contributes to rising temperatures and ultimately leads to abnormal climates in various parts of the Earth. This phenomenon is known as the Hamburger Connection, where even a single hamburger can have a profound impact on climate and pose a threat to human lives.

41. The man starts by saying that we will learn how hamburgers influence abnormal climates and says that the phenomenon can cause abnormal climates on the Earth. The answer is ①.

42. In Central America, forests are cut down to create spaces for cattle ranches, causing deforestation. The answer is ③.

[43~44] Listen to the following and answer the questions.

여자 길거리 아무 곳에나 쓰레기를 함부로 버리는 사람들을 종종 볼 수 있습니다. 또 개인뿐만 아니라 기업과 같은 집단에서도 오염수를 정화하지 않고 그냥 배출하기도 합니다. 순간 저지른 환경을 더럽히는 행위가 얼마나 위험한지 반드시 깨달아야 합니다. 자연이 한번 파괴되면 환경을 원상 복구하는 것이 힘들기 때문입니다. 그럼, 자연을 지키기 위해 우리가 할 수 있는 일은 무엇이 있을까요? 작은 생활 습관부터 바꾸어 나가면 됩니다. 예를 들어 쓰레기는 분리수거하여 재활용을 철저히 하고, 무심코 버리는 종이 하나라도 아껴 쓰는 자세가 필요합니다. 또 평소에 낭비를 줄여 쓰레기를 적게 배출하고, 주변에 작은 화초를 키우거나 나무를 심는 것도 좋습니다. 자, 여러분! 이제 여러분도 지구의 환경을 지킬 수 있겠지요?

W We often witness individuals and even businesses littering indiscriminately on the streets, as well as dumping untreated contaminated water. It is crucial to recognize the potential dangers associated with such acts of environmental pollution, as once nature is damaged, it becomes challenging to restore it to its original state. So, what can we do to protect our environment? We can begin by adopting responsible habits such as practicing effective waste segregation and avoiding unnecessary paper waste. Additionally, minimizing our daily waste, keeping small plants, or planting trees can all contribute positively. Ladies and gentlemen, each one of us has the power to protect and preserve the Earth's environment, don't we?

43. As the woman talks about the reasons and risks of environmental disruption, she mentions how we can protect the environment. The answer is ④.

44. According to the woman, once nature is destroyed, it will be difficult to restore it to its original state. The answer is ②.
   • 원상 복구: restoring something to its original state or former condition; recovering it to a state before it was destroyed or damaged.

[45~46] Listen to the following and answer the questions.

여자 운전 습관을 조금만 바꾸어도 에너지를 크게 절약할 수 있습니다. 가장 중요한 것은 '3급'을 피하는 것입니다. 여기서 '3급'이란 급출발, 급제동, 급가속을 말하는데요. 이 3급만 줄여도 기름을 많이 절약할 수 있으며, 나아가 환경도 보호할 수 있습니다. 한 연구 결과에 따르면, 모든 차량이 급출발과 급가속을 하지 않으면 약 615억 원을 절약할 수 있다고 합니다. 또한 경제 속도인 시속 54~94km로 주행할 경우에도 연료 사용이 24%나 줄어든다고 합니다. 차 안의 짐과 외부 장식을 줄이고, 부품 정비를 잘해 두는 것도 에너지 효율을 높이는 데 큰 효과가 있다고 합니다.

W We can significantly save energy by making small adjustments to our driving habits. The most crucial aspect is to avoid the three sudden actions: sudden starts, sudden braking, and sudden acceleration. By minimizing these sudden actions, we can save a considerable amount of fuel and contribute to environmental protection. Research suggests that if all vehicles eliminate sudden starts and accelerations, it could lead to savings of approximately 61.5 billion won. Additionally, maintaining an economical speed between 54 and 94 km per hour can decrease gas usage by 24%. Another effective measure to enhance energy efficiency is reducing the weight of the car's load, minimizing external accessories, and properly maintaining its parts.

45. The woman says that we can save a lot of energy by changing our driving habits a little. The answer is ②.

46. The woman is providing information on how to save energy by changing our driving habits based on research results. The answer is ④.

[47~48] Listen to the following and answer the questions.

여자 많은 것을 배우고 익혀야 할 청소년기에 아침을 걸러 영양소를 제대로 섭취하지 못하게 되면 뇌 활동에 문제가 생길 수 있습니다. 이에 한국 영양학회 김준호 박사님을 모시고 청소년기에는 어떤 음식을, 어떻게 섭취하는 것이 좋은지 이야기를 들어 보겠습니다.

남자 사람의 두뇌 발달은 4살 이전에 가장 활발하게 이루어지지만, 이후에도 지속적으로 성장합니다. 그리고 뇌가 활발히 제 기능을 다하려면 필수 영양소를 꾸준히 공급받아야 합니다. 대부분의 연구에 따르면 아침 식사를 거르면 하루에 필요한 영양 섭취가 충분히 이뤄지지 않을 뿐 아니라 인지 기능이 떨어지게 되어 학습 활동에 좋지 않은 영향을 미친다고 합니다. 미국에서 발표한 연구 결과를 보면 이러한 사실이 더 명확해집니다. 시험을 앞둔 학생들을 대상으로 아침 급식에 참여한 학생과 그렇지 않은 학생으로 나누어 시험 성적을 비교했습니다. 그 결과 아침 식사를 한 학생들의 성적이 아침을 먹지 않은 학생들보다 높게 나타났습니다. 이런 결과에 따르면 두뇌 발달을 위해 전반적으로 균형 잡힌 아침 식사를 하는 것이 바람직하다고 생각합니다.

W During adolescence, when there is a heavy focus on studying and learning, skipping breakfast and inadequate nutrient intake can negatively impact brain activity. To shed light on the importance of proper nutrition during this stage, we have invited Dr. Kim Junho from the Korea Nutrition Society.

M The development of the human brain is most active before the age of 4, but it continues to grow steadily thereafter. And for the brain to function properly, it needs a steady supply of essential nutrients. Numerous studies have indicated that skipping breakfast can have detrimental effects on learning activities, as it prevents the full consumption of daily nutrients and leads to a decline in cognitive functions. This correlation becomes even more apparent when we consider the findings of certain research conducted in the United States. In this particular study, students preparing for an exam were divided into two groups: those who participated in a morning meal program and those who did not. The results revealed that students who had breakfast achieved higher grades compared to those who skipped it. Based on these findings, it is highly advisable to prioritize a well-balanced breakfast for optimal brain development.

47. According to an experiment done by an American university, students who had breakfast achieved higher grades than those who did not. The answer is ③.

48. The man argued that based on the studies, it is highly important to prioritize a well-balanced breakfast for optimal brain development. The answer is ④.

[49~50] Listen to the following and answer the questions.

남자 여러분은 아침에 일어나면 제일 먼저 무엇을 하나요? 전 하늘의 변화를 연구하는 연구자답게 제일 먼저 창문을 열고 하늘의 표정을 살펴봅니다. 날씨는 우리 생활과 밀접하게 연관돼 있습니다. 그래서 예로부터 사람들은 여러 가지 방법으로 대기의 상태를 가늠해 날씨를 예측했습니다. 그중에서 오늘은 역사적으로 홍수를 어떻게 예측했는지 알아보려고 합니다. 지금과는 달리, 옛날에는 댐을 건설하거나 예보 기술을 활용하여 홍수에 대비할 수 없었기 때문에 가장 큰 자연재해 중 하나가 홍수였습니다. 조선 시대에는 평균 5년에 두 번 정도 큰 홍수 피해가 일어났다는 기록도 남아있습니다. 그래서 조선 시대 관상감은 보슬비부터 폭우까지 비의 강도를 8단계로 구분해서 관측했다고 합니다. 특히 세종 때에는 청계천의 수표교를 비롯한 여러 다리에 강물의 수위를 재는 수표가 설치되기도 했습니다.

M What is the first thing you do when you wake up in the morning? As a researcher who studies changes in the sky, the first thing I do is open the window and observe the appearance of the sky. Weather is closely connected to our daily lives. That's why people have been predicting the weather using various methods to estimate atmospheric conditions. Today, we will explore how floods were historically predicted. Unlike today, in the past, it was not possible to mitigate floods by constructing dams or using advanced forecasting technology, making floods one of the most devastating natural disasters. Historical records show that approximately two significant flood events occurred every five years during the Joseon Era. The Gwansanggam (Astronomical Institute) of Joseon reportedly observed rainfall by categorizing its intensity into eight stages, ranging from light drizzles to heavy downpours. During the reign of King Sejong, a supyo (water gauge) was installed at various bridges, including the Supyogyo Bridge over the Cheonggyecheon Stream, to measure the water level.

49. During the reign of King Sejoing, there were water gauges to measure the water level at various bridges, including the Cheonggyecheon Stream's Supyogyo Bridge. The answer is ④.

50. The man is talking about how floods have been predicted historically. The answer is ③.

쓰기 | Writing

[51~52] Write an appropriate word in each of the blanks in the following text.(10 points each)

51. ㉠: After the blank, "inconveniences suffered by residents living downstairs" is mentioned, so you must present a reason for such inconveniences between the blank. The "running, exercise, washing machine, and vacuum cleaner" mentioned in the bullet point below are all related to noise. Therefore,

the blank should describe something about the noise between floors or noises coming from upstairs being the reason for such inconveniences.

ⓒ: In the sentence below, the form −아/어 주세요 is used to make a request. The blank should ask the readers to comply with the details that come below. The last sentence mentions 서로 예절을 잘 지킨다면, so you might want to take this as a hint and use the expression 예절.

→ This is a notice from an apartment management office to the residents. In general, this is made when there is news or an event that occurred in an apartment. When there is a problem in an apartment, this can be used to explain what happened and to present things (rules) that residents must observe so that such inconveniences will not recur. Answers that earn 3 points present expressions on an elementary level in terms of grammar and vocabulary

52. ㉠: Since there is 반대로, you can write something opposite the preceding. You can use an idiom in Chinese characters that has such a meaning. This is a hypothetical, not a real situation, so in terms of grammar, you should use a grammatical expression like −기도 하다 or −(으)ㄹ 수도 있다.

ⓒ: As the previous description implies, you may present a situation contrary to 후회하기보다는. Since 자세 is a noun, the sentence should be in a form that modifies this noun.

53. The following is data on the types of leisure culture among teenagers. Explain the content in a text of 200-300 characters. Do not write a title.
[Summary]

Introduction: summary of the survey on adolescent play culture
Body: ① usage of business establishments by adolescents
② ways to use leisure time by adolescents
Conclusion: summary

54. Refer to the following and write a text of 600-700 characters. Do not simply copy the text of the question when writing your answer.
[Summary]

Introduction: why is history education important?
Body: ① things we can learn through history education
② benefits of history education for society
Conclusion: summary of your own opinion

읽기 Reading

[1~2] Choose the most appropriate word for the blank.

1.

I would rather live alone all my life (   ) someone I do not love.

Question type Choosing a word ending for the context (connective/short sentence)

This should mean "I'd rather live alone all my life than marry someone I do not love." ① is the best answer, meaning that the speaker will choose the latter.

> −느니: used to indicating choice and implying that the situation in the following sentence is not preferable either but is much better than the one in the previous sentence
> **Eg.** 이렇게 불행하게 사느니 죽는 게 낫겠다.
>   이런 재미없는 영화를 보느니 영화를 안 보겠다.
> **Tip** −느니 is often accompanied by 차라리.
> 차라리: an adverb indicating "would rather than" and which stresses that one thing is better than another in choosing a state or an action
> **Eg.** 차라리 모르는 게 약이다.

- −더니:
  ① an expression of a past fact or situation that has another fact or situation immediately following it
    Eg. 구름이 몰려오더니 비가 온다.
  ② an expression implying that there is a new fact different from a fact the speaker knows through a past experience
    Eg. 수업 전에는 눈이 오더니 지금은 그쳤다.
  ③ an expression implying that there is another fact related to a certain fact from the past
    Eg. 수지가 계속 몸이 아프더니 병원에 입원을 했구나.
- −도록: an expression used to indicate that the preceding is a purpose, outcome, manner, or extent of the following
    Eg. 두 사람 다 기분이 나빴지만 싸우지 않도록 조심했다.
- −ㄴ/는다고 해도: even if; an expression that indicates that the following will happen regardless of the preceding; an expression of condition
    Eg. 내일 비가 온다고 해도 행사는 진행될 예정이다.

2.

The flowers blooming along the road were so (   ) I pulled over and took a picture.

Question type Choosing a word ending for the context (ending/short sentence)

The speaker pulled over and took a photo because the flowers along the road were so beautiful. ② is the best answer.

> −기에: a written expression of −길래 used when the preceding is a basis or reason for the following
> **Eg.** 어제부터 계속 배가 아프기에 병원에 갔어요.
>   학교에 오다가 꽃이 예쁘기에 한 송이 샀어요.

- −(으)ㄴ 듯: as if; an expression speculating than the following is similar to the preceding
  - ⓔ 아들은 기분이 좋은 듯 나를 보며 환하게 웃었다.
- −고도: and yet; an expression used to indicate that the following has a contrary or different trait that the preceding
  - ⓔ 이 영화는 높고도 깊은 부모님의 사랑에 대해 이야기하고 있다.
- −(으)ㄹ 정도로: to the extent that; an expression used to say that the following is in proportion or similar to the preceding in quantity or extent
  - ⓔ 제주도는 말로 표현할 수 없을 정도로 아름다웠다.

[3~4] Choose the answer that has a meaning similar to the underlined part.

3.

If only I didn't have to study (lit. It's not study), my life would be truly happy.

Question type Choosing a similar word ending (connective/short sentence)

It means "my life would be truly happy if only I didn't have to study." ④ is the best answer.

만 아니면: used to emphasize an unavoidable condition or reason
  - ⓔ 시험만 아니면 여행을 떠났을 텐데.
    내가 너만 아니면 참지 않았을 것이다.
  - **Tip** 만 아니면 is interchangeable with 만 아니라면.
  - ⓔ 공부만 아니라면 즐겁게 살 수 있을 것이다.

- 뿐이면: if only there is that one thing
  - ⓔ 틀린 문제가 하나뿐이면 시험을 정말 잘 본 거예요.
- 만 있으면: an expression that means, "All [the subject] needs is..."
  - ⓔ 나는 너만 있으면 돼. 다른 것은 필요 없어.
- 만 같아도: used to express that the speaker will be happy if something is like that
  - ⓔ 우리 아이가 너만 같아도 걱정이 없겠어.
- 을/를 제외하면: except; aside from
  - ⓔ 나는 월급이 적은 것을 제외하면 내가 하는 일에 만족한다.

4.

Since more than 10 million people [audience] watched the movie, it must be interesting.

Question type Choosing a similar word ending (ending/short sentence)

The sentence is about speculation and assumes from the fact that there is an audience of more than one million people. ③ is the best answer.

−나 보다: used to speculate on something based on a certain fact or situation
  - ⓔ 하늘에 구름이 많아지는 것을 보니 비가 오려나 봐요.
  - **Tip** −나 보다 is interchangeable with −는 것 같다, −는 모양이다 and −는 듯하다. You should be careful with the forms of −나 보다.
  - V−나 보다   A−(으)ㄴ가 보다   N인가 보다

- −기는 하다: an expression of admission (even though the preceding is admitted, the following is more important)
  - ⓔ 진수가 공부를 열심히 하기는 하지만 성적은 좋지 않아요.
  - ⓔ 저는 영어를 배우기는 했지만 잘 못해요.
- −기만 하다:
  - ① an expression that only one action is done without any other
    - ⓔ 그는 긴장해서 발표 내용을 말하지 못하고 떨기만 했다.
  - ② an expression used to indicate that a certain state related to an object continues regardless of any other circumstances used to emphasize such state
    - ⓔ 아무리 청소해도 내 방은 왜 이렇게 지저분하기만 할까?
- −는 것 같다: an expression of speculation
  - ⓔ 퇴근 시간이라 길이 막히는 것 같으니까 지하철을 타고 가자.
- −기 마련이다: an expression that something is bound to be that way
  - ⓔ 아무리 어려운 일에도 끝이 있기 마련이다.

[5~8] Choose the answer that says what the following is about.

5.

Clean water with live nutrients!
We take charge of your health

Question type Understanding the object/type of text (advertising)

The key phrase in this advertisment is 깨끗한 물. What makes clean water is a water purifier, so ② is the best answer.

6.

We grow our customers' assets safely
Online asset management services
have been reinforced

Question type Understanding the object/type of text (advertising)

The key phrase of this advertisement is 자산 관리 서비스. Since such services are often offered by banks, ① is the best answer.

7.

The Age of Globalization!
Overseas migration increase with dynamic exchanges with other countries

Question type Understanding the object/type of text (advertising)

The key phrase in this advertisement is 국외 이주. 이민 refers to the act of moving from one country to another, and it can be used interchangeably with it. So ③ is the best answer.

8.

- Do not open the package; keep it in the refrigerator.
- If you do not plan to eat this within 3 days, put it in the freezer.

Question type Understanding the object/type of text (notice)

The text is about how to keep a certain food. ③ is the best answer.

9.

A Festival of a Thousand Years: Gangneung Danoje Festival

- **Event venue:** Dan-o Marketplace, Namdaecheon, Gangneung city, and other designated event venues
- **Event period:** June 16 - 23, 2024 (8 days)
- **Admission:** Free of charge
- **Nearby tourist attractions:** Gyeongpo Beach and Ojukheon House are located within a 20-minute drive from the event venue.

Question type Choosing the answer that matches the text/table (notice)

There are performances and experiential events at the Gangneung Danoje Festival, so the answer is ④.

① ~~Within~~ the Gangneung Danoje Festival venue, there is Ojukheon House. → It is located 20 minutes away.

② The Gangneung Danoje Festival is a festival that lasts ~~for one month~~. → for 8 days.

③ The commemorative performances of Danoje ~~are held eight times a day, each lasting for 20 minutes~~. → The performance times were not specified.

10.

Survey Results on Private Education Expenses for Elementary, Middle, and High School students

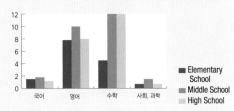

Question type Choosing the answer that matches the text/table (graph)

Middle school students and high school students spend the most on math private education, so answer ② is correct.

① Middle school students spend the least on ~~English~~ private education. → Social studies, science

③ The cost of Korean private education is higher for ~~elementary school students than for middle school students~~. → Middle school students spend more than elementary school students.

④ Compared to high school students, middle school students tend to ~~spend less~~ on social studies and science education. → Spend more

11.

These days, the "rising core customers" in libraries are the elderly. According to the data, the proportion of customers aged 60 or older has increased by nearly double compared to 10 years ago. However, efforts to make libraries more convenient for the elderly seem to be lacking. Improvements such as providing assistive reading devices and increasing the font size of internal guidance documents are needed, and such efforts could benefit not only the elderly but all library users. In addition, there is a need for participation programs and humanities programs that would be of interest to the elderly.

Question type Choosing the answer that matches the text/table (article)

According to the data, the proportion of customers in their 60s or older has nearly doubled compared to 10 years ago, so the correct answer is ③.

① These days, the rising core customers of libraries are ~~preschool children~~. → elderly

② As the number of library users over the age of 60 increases, ~~there are many~~ participation programs for them. → they are needed

④ Efforts to increase the font size of internal notices ~~only increase convenience for the elderly~~. → This can increase convenience for all library users.

12.

According to the National Transportation Safety Board (NTSB) in the US, which specializes in investigating transportation accidents, the day when everyone can ride in autonomous vehicles is still in the distant future. The NTSB has pointed out the problems with autonomous driving assistance features and recommended safety improvements. Before commercialization, clear standards and implementation methods need to be established for who is responsible, in what way, and to what extent in the event of an accident involving autonomous vehicles.

Question type Choosing the answer that matches the text/table (article)

In order for autonomous vehicles to be commercialized, the safety issues of autonomous driving assistance features must be improved, and a clear standard for liability in the event of an accident is needed. Therefore, the correct answer is ②.

① ~~In 15 years, people will be able to ride in autonomous vehicles~~. → It is still in the distant future.

③ ~~After~~ autonomous vehicles ~~become commercialized~~, safety issues need to be improved. → Before they are commercialized

④ The NTSB said ~~there were no problems~~ with autonomous driving assistance functions. → They pointed out problems and recommended safety improvements.

13.

(가) Many think that the more muscular you are, the healthier you are.

(나) It is appropriate to maintain muscle mass between 80 and 85% in men and between 75 to 80% in women.

(다) If there is excessive muscle mass, it will stress the kidneys and affect the heart and liver as well.

(라) However, there are shocking research results suggesting that people with excessive muscles have a higher mortality rate.

Question type Placing sentences in the right order

The text explains that despite our belief that greater muscle mass means greater health, it is contrary to the facts. (가) comes first as it describes this belief followed by (라), which starts with the conjunctive adverb 그런데 to introduce some research results contrary to the belief. (다) follows by specifying the details of the research. Last is (나), which tells us the proper ratio of muscles. (가)-(라)-(다)-(나), or ②, is the answer.

14.
(가) Most Koreans particularly love pine trees.

(나) That is probably why pine trees account for 23% of Korea's forested areas.

(다) However, coniferous forests, including pine tree forests, are vulnerable to disasters.

(라) Conifer trees have shallow roots, so they can easily collapse due to strong winds, heavy rainstorms, and landslides.

Question type Placing sentences in the right order

The text is about why there are so many pine forests in Korea and what their weaknesses are. (가) comes first as it mentions that Koreans love pine trees. It is followed by (나), which speculates on why there are so many pine forests. (다) is next as it mentions their weaknesses, and (라) concludes by explaining why pine trees are vulnerable to disasters. (가)-(나)-(다)-(라), or ①, is the answer.

• 침엽수: a conifer tree; a tree with needle-like leaves and which is highly resistant to dryness and cold

15.
(가) This is due to the high birth rate and young population of Muslims.

(나) It is predicted that the number of Muslims around the world will eventually surpass that of Christians.

(다) The average number of children born to one Muslim woman is 3.1, and 34% of Muslims are 15 years old or younger.

(라) By 2050, the number of Muslims will be nearly equal to that of Christians, and from 2071 onwards, Muslims will surpass Christians in number.

Question type Placing sentences in the right order

The text explains how Muslims will exceed Christians in numbers, and gives the reasons. (나) is first as it states this outlook. It is followed by (라), which describes it in more detail. (가) starts with 이는 -때문이다 and explains the reasons behind the outlook. Lastly, (다) elaborates on (가). (나)-(라)-(가)-(다), or ①, is the answer.

[16~18] Choose the most appropriate word for the blank.

16.
The oak boasted about its power to the reed. As the tree taunted the reed for easily yielding to even a breeze, the reed just kept its head down. That moment, a strong wind blew. While the reed swayed all over but resisted the wind, (   ) the oak snapped in the end.

Question type Choosing the best phrase for the context

The oak taunted the reed for "easily yielding even to a breeze." After the -지만 before the blank, there must be an action opposite that of the reed to explain why the oak tree snapped. ④ is the best answer.

17.
A human becomes a member of society by learning the society's culture and his or her role in the society. This process is called socialization. But the members of society not only follow the roles and cultural norms in their society, (   ). Therefore, socialization is a process of interaction between individuals and society.

Question type Choosing the best phrase for the context

Before the blank the text reads, "사회 구성원들은 사회의 역할 기대나 문화 규범을 따르기만 하는 것이 아니라," which means the blank should indicate something about the members creating them. After the blank, "사회화는 개인과 사회의 상호작용 과정" is mentioned. So the blank must show how people are engaged in constant interactions to create those. ② is the best answer.

18.
Signboards tell us what happens inside a building in a contracted form showing us whether the store inside is the optician's, a snack bar, or a bookstore. Therefore, it appears as if commercial actions do not take place without signboards, and a city does not exist without signboards. Without signboards, we will have to wander for a long time to buy cold medicine. Signboards show (   ) in the city.

Question type Choosing the best phrase for the context

The sentence with the blank is the last one summing up what has been noted before. In the preceding sentences, it is mentioned that commercial actions do not take place without signboards and that we would have to wander for a long time to buy cold medicine without signboards. The blank must sum up these details. ③ is the best answer.

[19~20] Read the following and answer the questions.

The pros and cons of early education in a foreign language are still highly debated, making it difficult to determine which side is right. (   ), it is widely acknowledged that starting early is beneficial when it comes to pronunciation. Nevertheless, it is evident that children who lack independent judgment may not place much value on their own culture and traditions when learning a foreign language.

19. **Question type** Choosing the best conjunction for the context

Before the blank, it is written that there is no middle ground between the pros and cons of early education in a foreign language, but after the blank, it is written that the earlier you start, the better. Therefore, you need a word that is used to connect the preceding and the following sentences to indicate that the following is an exception to the preceding. ③ is the best answer.

- 마침: to be just in time; to be just about
  - Eg 물어볼 것이 있어서 지금 전화를 하려고 했는데 마침 잘 왔다.
- 혹시: if; a word used to express the subjective or a suspicion
  - Eg 혹시 내가 꿈을 꾸고 있는 건 아닌가 볼을 꼬집어 봤다.
- 다만: a word that connects the preceding and the following sentences to indicate that the following sentence is an exception or condition of the preceding one
  - Eg 용돈의 액수는 자녀의 설명을 듣고 정하도록 한다. 다만 잔소리는 하지 않아야 한다.
- 끝내: (mostly with a negative) ever; until the end
  - Eg 끝내 그녀는 내게 사과하지 않았다.

20. **Question type** Understanding the main idea

As it was mentioned that children's subjective judgment abilities are insufficient, and their appreciation for their own culture and traditions may become less frequent as they study foreign languages, ④ is the appropriate answer.

- 시기상조: an expression means premature, which refers to doing something before the appropriate time.

[21~22] Read the following and answer the questions.

When talking about climate change, polar bears often come to mind. This is because the effects of climate change are more visibly apparent in the Arctic compared to the Antarctic. However, the Antarctic is not an exception, and now even the ice in the Antarctic is melting. In particular, if an ice sheet similar in size to the Korean Peninsula, such as the Svea ice shelf, were to melt, it is estimated that sea levels would rise by more than 50 cm. The subsequent consequences are (   ). Researchers have given the nickname "Iceberg of Doomsday" to the Svea ice shelf for this reason.

21. **Question type** Choosing the best proverb/idiom for the context

The outcome after environmental destruction can be predicted by anyone. ① is the best answer.

- 불 보듯 뻔하다: as plain as daylight; to be very obvious and without a doubt
  - Eg 용돈을 받자마자 계속 쇼핑을 하는 걸 보니 곧 돈이 없어질 것이 불 보듯 뻔하다.
- 사서 고생하다: to ask for trouble or hard work; to create trouble on one's own and to experience a hard time

- Eg 배낭여행을 가겠다는 내 말에 어머니는 왜 사서 고생을 하냐고 하셨다.
- 손꼽아 기다리다: to wait while counting on one's fingers; to wait while counting the days either in expectation or anxiety
  - Eg 그는 여자 친구가 출장에서 돌아오는 날을 손꼽아 기다렸다.
- 물불을 가리지 않다: to go through fire and water; to act recklessly without considering the risk or trouble
  - Eg 그는 돈을 벌기 위해 물불을 가리지 않고 닥치는 대로 일을 했다.

22. **Question type** Understanding the main idea

According to the text, researchers gave the nickname "The Doomsday Glacier" to the Thwaites Glacier, so the correct answer is ③.

① Climate change phenomena are more pronounced ~~in the Antarctic compared to the Arctic.~~ → in the Arctic compared to the Antarctic

② The size of the Thwaites Glacier is ~~more than twice the size of~~ the Korean Peninsula. → similar in size to

④ Even if sea levels rise by more than 50cm, humans ~~can still survive.~~ → cannot survive

- 해수면: the surface of the seawater

[23~24] Read the following and answer the questions.

As vacation approached, the school library organized a reading camp. "Have you ever heard of a magic lamp that grants wishes?" The children quickly became engrossed in the class as familiar bedtime stories unfolded. When I mentioned that if you passionately dream and work hard, your wishes might come true, the children eagerly shared their aspirations. Some wished for wealth, while others longed to become singers. However, Jae-woo remained silent. On my way home after class, I spotted Jae-woo walking alone, his head bowed. As I approached him, I overheard him muttering, "I live with my mom and dad. I live with my mom and dad." Jae-woo sounded so desperate that I choked up.

23. **Question type** Understanding emotions (essay)

This is the narrator's emotion after overhearing Jae-woo's desperate wish, "엄마, 아빠랑 같이 살고 싶다." ④ is the best answer.

- 코끝이 찡하다: to choke up; to be so touched as to feel heavy or full at heart
  - Eg 지수가 우는 모습을 보니 괜히 나까지 코끝이 찡했다.
- 괘씸하다: to be detestable; to be offended by someone for having done a disapprovable action against expectations or trust
  - Eg 나는 한참 어린 동생의 버릇없는 말투가 괘씸하게 생각되었다.
- 섭섭하다: to feel disappointed; to be hurt and sad
  - Eg 수미는 친구가 자신의 생일을 잊어버린 게 매우 섭섭했다.
- 답답하다: to be frustrated; to feel anxious and heavy at heart due to worries
  - Eg 김 과장은 중요한 계약에 실패할 것 같아 마음이 답답했다.

- 안쓰럽다: to feel bad for a sad situation another is in
  Eg. 추운 날씨에 아이가 밖에서 일하는 모습이 안쓰러웠다.

24. **Question type** Understanding the details (correspondence/eesay)

Jae-woo states his dream due to the teacher's comment that if you state an eager dream 20 times a day and work hard, your wish will be granted. ② is the best answer.

① Jae-woo said that he wanted to ~~be rich~~. → live with his mom and dad.

③ Jae-woo ~~lives with~~ his mom and dad now. → does not live with

④ Jae-woo ~~could not participate in~~ the reading camp. → participated

[25~27] Choose the answer that best describes the title of the following newspaper articles.

25.
The hottest cartoon not so hot on stage?

Question type Understanding a contracted sentence (news article)

The most popular cartoon is now on stage, but the results are different from expectations. The skepticism is delivered as the question "글쎄?." ④ is the best answer.

- 글쎄: an expression used to indicate uncertainty regarding another's question or demand
  Eg. 가: 선생님, 이 점수면 합격하겠습니까?
  나: 글쎄, 결과가 나와 봐야 알겠는데.

26.
At lodgings in recreation forests, peak and off-seasons now a thing of the past

Question type Understanding a contracted sentence (news article)

There used to be a peak season and an off-season for the lodgings (pensions) within recreation forests in the past, but now there is no such distinction. ② is the best answer.

- 성수기: a peak season; a season when there are many people who try to buy goods or use services
- 비수기: an off-season; a season when goods don't sell well or the demand for a service is low

27.
Green light for electric car sales, but expansion of charging stations remains a challenge that needs to be solved.

Question type Understanding a contracted sentence (news article)

The title of the newspaper article means that sales of electric cars are likely to increase, but the problem of expanding charging stations remains, so the correct answer is ③.

- 청신호: (figuratively) an indication that something will go well in the future **Ant** 적신호
  Eg. 좋은 일자리가 빠른 속도로 늘어나면서 경기 회복의 청신호가 나타났다.

[28~31] Choose the most appropriate word for the blank.

28.
A gesture (   ) in one country may be a gesture naturally used in another. For instance, in Korea, you should not point at another person by slightly raising (bending) your index finger. But an American may call a waiter with such a hand gesture. Placing one's hands at one's sides with the elbows pointing out may be an arrogant posture in Korea, but it may indicate the person is open and embracing in the United States.

Question type Choosing the best phrase for the context

The sentences following the blank show specific examples. The examples tell us that certain behavior that looks rude in one country may look natural or positive in another. ③ is the best answer.

29.
A university that recently became an object of concern due to cheating by students is making headlines as its college of natural sciences decided to introduce unsupervised exams. This shows a different direction from the recent instructions from the university administration, which asked to further reinforce supervision on exams. The dean of the college of natural sciences said that it is better to develop a sense of honor (lit. the right awareness of one's honor) and to educate (students) themselves (   ) of cheating rather than to reinforce the supervising of exams.

Question type Choosing the best phrase for the context

Think about the object of "unsupervised exams." It is better to educate students to refrain from cheating than to reinforce the supervising of exams. ④ is the best answer.

- 유혹을 뿌리치다: to shake a temptation off; to strongly resist a temptation

30.
Suppose that a man is caught in thunder and lightning in dark wildness, gets assailed by fear, becomes repentant of the sins he committed in the past, and begins a new life. Then the thunderbolt at the time can be said to be (   ), God's punishment. In this case, we can say that if the former is a scientific interpretation of the phenomenon, the latter is a human interpretation. While there are domains that are dominated by the rules of science, there are others that are not.

Question type Choosing the best phrase for the context

After the blank, the passage reads, "전자가 현상에 대한 과학적 해석이라면, 후자는 인간적 해석" The former is a natural phenomenon, and the latter is God's punishment. ① is the best answer.

- 가령: to say in a subjective manner
- 황야: a wilderness; a wild field left unattended and neglected

31.

In most cases, filmmakers shoot (　　　). And then they edit the film to be about two hours long. They select and collect scenes, cutting the parts that do not fit well and sometimes reducing or cutting scenes that seem to be dragging to leave dynamic scenes. The work may take months, and the movie is ready for screening only when all the scenes are combined in the right order.

Question type Choosing the best phrase for the context

Behind the blank, the passage reads, "그래서 필름을 2시간 전후 분량으로 편집을 한다." Hence the blank must imply that the length of raw footage is longer than 2 hours. ① is the best answer.

[32~34] Read the following and choose the statement that agrees with the content of the text.

32.

Cosmetic companies have changed the expiration dates of cosmetics to be as straightforward and clear as the expiration dates of food products. Leading cosmetic companies in Korea have announced that by labeling the expiration dates of their products as "Valid until YYYY-MM," they have increased consumer convenience. Previously, only the manufacturing date and the recommended period of use after opening were indicated on the products. However, it was difficult for consumers to determine the actual expiration date based solely on the manufacturing date, and using terms like "6M" (6 months) or "12M" (12 months) for the period after opening also led to confusion.

Question type Understanding the details (correspondence)

It is planned to label the expiration dates of products as "Valid until YYYY-MM" starting next year, so answer ④ is correct.

① It is planned to easily indicate the expiration dates of food products. → the expiration dates of cosmetics

② Until now, the expiration dates of cosmetics have been clearly indicated. → Only the manufacturing date and the recommended period of use after opening were indicated on the products, making it difficult to determine the expiration date and causing confusion among consumers.

③ Going forward, there are plans to label the expiration dates of cosmetics as 6M or 12M. → As "Valid until YYYY-MM"

33.

The tendency to feel cold differs with age. It is determined more by the regulation of the body's temperature rather than the actual temperature, and this regulation involves fat tissues. Fat tissues are categorized into white and brown fat. While brown fat generates heat, white fat prevents heat from escaping the body. Humans are born with brown fat, but as they age, the amount of brown fat gradually decreases and is no longer produced.

Question type Understanding the details (correspondence)

Brown fat is not created any more when we are old. ③ is the best answer.

① The extent of how cold a person feels is determined by the actual temperature. → by the regulation of the body's temperature

② White fat creates and protects heat (from going outside the body) → It is brown fat that creates heat.

④ The younger we are, the more white fat we have, and the less brown fat we have. → We cannot know this about white fat from the text, but the younger we are, the more brown fat we have.

34.

Broccoli, which resembles a tree, is a vegetable known for its powerful anti-cancer effects. Among all vegetables, broccoli contains the highest amount of iron and is an excellent choice for weight loss due to its low-calorie content and high fiber content. To maximize the benefits of broccoli, the cooking method is crucial. While raw broccoli retains all of its nutrients, it can be difficult to digest and cause gas. Overcooking, such as boiling or simmering for too long, can diminish its effects. Therefore, it is recommended to lightly blanch or steam broccoli before consumption.

Question type Understanding the details (correspondence)

To make the best use of broccoli's effects, the cooking method is important, and it is best to parboil it. ④ is the best answer.

① Broccoli is a kind of tree. → a vegetable that is similar to a tree in shape

② It is good to fully boil broccoli before eating it. → parboil

③ If you eat raw broccoli, it will lose its effects. → it will have positive effects but generate gas

[35~38] Read the following and choose the answer that best matches the topic of the text.

35.

A positive future was predicted where the advancement of smart devices would grant humans greater freedom. However, now that smartphones have become ubiquitous, employees often express a different sentiment. With the ability to conduct business at any time and from anywhere, 24 hours a day, they frequently find themselves obligated to work during their leisure time. While this has the positive impact of enhancing work efficiency, individuals suffer from the compulsion to complete their tasks even outside of regular business hours.

Question type Understanding the topic

Since most people now have a smartphone, they are coerced to feel that they have to finish their work after business hours. ④ is the answer.

- 잔업: extra work; overtime
- 강박에 시달리다: to suffer from an obsession; to be

devoured by a thought or feeling and to feel a lot of pressure from it

36.

Peanuts are commonly enjoyed as a side dish to accompany cold beer. In Korean culture, peanuts are typically viewed as a snack rather than a health food, to the extent that there is even an expression "peanuts for kill-time." However, once people understand the benefits of peanuts, their perception may change. Peanuts are rich in potassium, containing even more than bananas, and they have an excellent ability to eliminate sodium from the body. Therefore, they are highly beneficial for Koreans who consume a lot of salty foods.

Question type Understanding the topic

The text reads, "한국 사람들에게 땅콩은 건강을 위해서 먹는 음식이 아니라 주전부리 정도로 인식되고 있다. 하지만 땅콩의 기능성을 알고 나면 생각이 달라질 것이다." So the text emphasizes how peanuts are not a simple snack but are a healthy food. ④ is the answer.

- 주전부리: a snack; something you eat just to chew on

37.

When you go out for a walk with your dog, there is something your dog must wear: a collar or a chest harness with a leash. In terms of appearance, a chest harness may seem to provide more freedom of movement compared to a collar, but there are advantages and disadvantages to each option. There is no definitive answer as to which leash is better for a walk, as their uses and functions differ. Both options are relatively easy to use when taking a walk, so you can choose the leash that offers greater safety and comfort for both you and your dog.

Question type Understanding the topic

According to the text, you can choose the leash that is safer and more comfortable when you walk together with your dog, be it a collar or a chest harness with a leash. ③ is the answer.

38.

People often try to find extra time to exercise in order to burn calories. However, it is possible to incorporate calorie-burning activities into everyday life. For example, in just 60 minutes, you can burn approximately 114kcal by scrubbing the floor, 68kcal through cooking, and 65kcal while ironing. Even simple activities like laughing can burn around 33kcal. By making small changes to your daily habits, such as reducing sedentary time, incorporating stretches, and opting for stairs instead of elevators, you can burn significantly more calories than usual.

Question type Understanding the topic

If you reduce the amount of time you sit, do stretches, and take the stairs instead of an elevator, that is, if you

change your daily habits, you can burn many more calories than usual. ③ is the answer.

[39~41] Choose the most appropriate place for the given sentence.

39.

There is one thing that aspiring entrepreneurs consider to be more important than government support when preparing to start their own business. (㉠) In other words, it involves listening to a variety of information and real-life examples from those who have successfully started businesses before them. (㉡) This includes their considerations, failed attempts, and success stories related to business startups. By sharing their lessons from failures and expertise for success, aspiring entrepreneurs can minimize trial and error. (㉢) Therefore, obtaining diverse information from experienced entrepreneurs is the crucial first step for those who aspire to start their own business. (㉣)

┌ Missing Sentence ────────────

That is acquiring practical experience from successful entrepreneurs, which is something that money can't buy.

Question type Inserting a sentence for the context

Take note of 바로 in the missing sentence and 다시 말해 in the sentence following (㉠). The missing sentence naturally fits in front of (㉠) as it elaborates on what it means "to acquire actual experience from the people who succeed in starting their own businesses." ① is the answer.

- 바로: namely; none other than
  Eg. 가: 오늘 새로운 직원이 왔다고 하던데.
  나: 바로 저 사람이야.

40.

When Ryu Hyun-jin first entered Major League Baseball, many people did not see him as having a high chance of success (㉠). However, he surpassed expectations by receiving a high salary and making it to the majors (㉡). In addition, he became one of the top pitchers in the league (㉢). His performance showed other players that it was not an impossible goal to become a top player in the Major League (㉣).

┌ Missing Sentence ────────────

This has become an opportunity for Korean baseball players to take on the challenge of the Major Leagues.

Question type Inserting a sentence for the context

"This has become an opportunity for Korean baseball players to take on the challenge of the Major Leagues." The <Example> sentence should naturally come before (㉣), which states that players who watched his performance realized that advancing to the major leagues and succeeding was not an impossible goal. Therefore, the correct answer is ④.

41.

We can categorize twins into monozygotic and dizygotic twins. Monozygotic twins result from a single zygote that divides into separate cell aggregations, giving rise to two independent individuals. (㉠) As a result, monozygotic twins are not only the same sex but also have identical blood types and genes. (㉡) The exact reason for the separation of the zygote after cell division is not yet fully understood. (㉢) On the other hand, dizygotic twins develop from two or more eggs released from the ovary simultaneously and fertilized by different sperm at the same time. (㉣)

> **Missing Sentence**
>
> Consequently, they may have different genes and can be of different sexes.

Question type Inserting a sentence for the context (book review/ impression essay)

일란성 쌍둥이 are not only the same sex but also have identical blood types and genes. So, obviously, 유전자도 다르고 성도 다를 수 있다, is about dizygotic twins. This should be naturally placed behind a sentence about dizygotic twins, (㉣). ④ is the answer.

[42~43] Read the following and answer the questions.

"The wind is so strong. Will your father's boat be safe?"
"Father's boat is new, so it should be safe."
As the aged mother felt agitated not knowing her son's safety and asked this question, her son's daughter gave this answer but did not feel any less anxious. As the storm became more violent, she had to shudder with anxiety lest her father's life and death should take a wrong turn with the fate of the boat.
"The weather forecast said that there will be a storm. Please don't get on board today."
"They said that the storm will come at night, so it should be fine if I go out early."
Despite the daughter's constant efforts to stop him, the father promised her that he would not go too far out and left home. But in the morning, drops of rain started to fall bit by bit. They turned into a shower in the afternoon, and a fierce wind started to blow.
While the storm was getting increasingly fierce, the father, who had gone out early in the morning, did not return home until late at night. The daughter felt as if her heart had been scorched black. The phone rang. Hearing her father say that he had gone to Seoul on urgent business instead of going out to fish in the sea, the daughter felt her legs get weak and sank to the ground where she was standing.

"Fishing Village," Lee Iksang

42. **Question type** Understanding emotions (fiction)

The daughter had been worried about her father's safety as he did not come back from the sea. This is what she did after she confirmed his safety, so ① is the answer.

43. **Question type** Understanding the details (correspondence/ fiction)

"But in the morning, drops of rain started to fall bit by bit. They turned into a shower in the afternoon, and a fierce wind started to blow." ① is the answer.

② The father ~~went out to sea early in the morning in his new boat.~~ → did not go out to sea

③ The father did not take the boat ~~at his daughter's request.~~ → due to urgent business

④ The daughter sank to the ground as she was ~~worried about~~ her father's safety. → after confirming

- 주저앉다: to lose strength and to sit down where one has been standing

[44~45] Read the following and answer the questions.

When a major accident occurs, it is common for people to become disoriented and start blaming others for the cause. Recently, there has been an increasing tendency to attribute such accidents to the public's lack of awareness of safety measures. However, (   ), it is crucial to focus on understanding why these mistakes keep happening and take steps to prevent their recurrence. This requires the development of effective policies aimed at preventing future incidents and conducting thorough assessments of their implementation in the field. By examining countries with robust safety standards, we can observe the presence of stringent field safety regulations that contribute to creating a safer society. The government should not only create and announce policies, but also take an interest in whether those policies are actually effective and implemented according to the intended goals.

44. **Question type** Choosing the best phrase for the context

Before the blank, the passage reads, "It happens increasingly frequently that the people's ignorance of safety measures is blamed as the cause of recent big accidents." After the blank, the passage reads, "It is more important than anything to find the reasons why such mistakes are repeated and to prevent them from recurring." Therefore, "instead of blaming an individual's carelessness" sounds appropriate. ③ is the best answer.

45. **Question type** Understanding the topic

In order to prevent a big accident, instead of blaming people's ignorance of safety measures, the government should make a system to prevent the recurrence of such accidents and pay attention to whether the system is properly working or is effective in the field. ④ is the best answer.

Why do we get headaches and heartburn after drinking? Water and ethanol are the main ingredients in alcoholic drinks. Various conditions that appear when we drink are caused by ethanol. Ethanol, which is absorbed by the small intestines, is sequentially changed to acetaldehyde and acetate in the liver. This is the place where toxic materials are broken down in our bodies. The change from ethanol to acetaldehyde is not significantly different among individuals, but the change from acetaldehyde to acetate varies greatly. Acetaldehyde is a substance that causes hangovers and can potentially lead to heartburn and headaches. It is highly toxic. Therefore, scientifically speaking, an individual who can drink a lot is a person who has an outstanding ability to break down acetaldehyde.

46. **Question type** Choosing the writer's stance (persuasive essay)

Individuals vary in their ability to break down acetaldehyde, which leads to differences in the amount of alcohol people can drink. Therefore, the correct answer is ①.

47. **Question type** Understanding the details (correspondence/ persuasive essay)

The passage reads, "술을 잘 마시는 사람은 아세트알데히드의 분해 능력이 뛰어난 사람" ② is the best answer.

① The main ingredients of alcoholic drinks are ~~acetaldehyde and acetate~~. → water and ethanol

③ For the change from ~~ethanol to acetate~~, there is much difference by individuals. → acetaldehyde to acetate

④ We get headaches and heartburn after drinking because of ~~acetate~~. → acetaldehyde

[48~50] Read the following and answer the questions.

The Ministry of Employment and Labor has revealed that the wages in small and medium-sized enterprises (SMEs) are at 60% of those in large enterprises. In order to prevent the widening wage gap, the government is implementing various support policies for SMEs. One notable policy is the income tax reduction for employees in SMEs, which grants a 70% or 90% reduction in income tax for a certain period of time for individuals meeting the criteria and employed in SMEs. The aim is to increase the real wages of employees in SMEs by reducing the amount of tax they have to pay. However, there is a significant criticism that (　　　) with existing policies alone. According to a report from the Korea Chamber of Commerce and Industry, the wage gap between large enterprises and SMEs has recently widened significantly, and this trend is expected to continue for some time. It is a critical moment that calls for effective policies to address such income inequality.

48. **Question type** Understanding the purpose (persuasive essay)

In the text, the significant income inequality between

small and large enterprises is discussed, despite the government's policies aimed at addressing this issue. In the last part of the article, it is particularly emphasized that it is a critical moment calling for effective policies to alleviate income inequality. Therefore, the correct answer is ④.

- 소득세: income tax; the tax imposed by the government on the money earned by an individual during a fiscal year
- 감면: Reducing or exempting taxes, tuition fees, penalties, etc.

49. **Question type** Choosing a phrase for the context (persuasive essay)

In the earlier text, it is mentioned that the government is implementing various support policies for small and medium-sized enterprises (SMEs) to prevent the widening of the wage gap. However, it is also noted that the existing policies alone have limitations. Therefore, the most appropriate phrase to fill in the blank is ④.

50. **Question type** Understanding the details (correspondence/ persuasive essay)

According to the text, it was stated that the income tax reduction policy for employees in small and medium-sized enterprises (SMEs) aims to increase the real wages of SME employees by reducing the amount of tax they have to pay. Therefore, the correct answer is option ②.

① The government is implementing various support policies for ~~large enterprises~~. → medium-sized enterprises (SMEs)

③ According to the report, the wage gap between large enterprises and SMEs will ~~decrease in the future~~. → continue to widen for some time.

④ ~~It is possible to address income inequality~~ with the income tax reduction policy for employees in SMEs alone. → there are significant limitations in reducing the wage gap) with existing policies alone.

정답 ANSWERS

듣기

1. ②	2. ④	3. ③	4. ①	5. ③	6. ③	7. ②	8. ②	9. ②	10. ④
11. ④	12. ③	13. ②	14. ②	15. ①	16. ②	17. ②	18. ④	19. ①	20. ②
21. ④	22. ②	23. ③	24. ②	25. ③	26. ①	27. ②	28. ③	29. ②	30. ③
31. ④	32. ②	33. ③	34. ②	35. ③	36. ④	37. ④	38. ①	39. ②	40. ④
41. ②	42. ②	43. ②	44. ④	45. ③	46. ④	47. ②	48. ②	49. ④	50. ③

쓰기

51. ㉠ (5점) 다른 사람에게는 필요한 물건일 수 있습니다
   (3점) 다른 사람에게는 필요합니다

   ㉡ (5점) (경제적인 측면에서) 환경과 자원의 보존에 도움이 됩니다
   (3점) '환경에/자원 보존에/절약에 도움이 됩니다' 중 한가지만 언급한 경우

52. ㉠ (5점) 많은 것을 동시에 하려고 하는 것은 좋지 않다
   (3점) 많은 것을 정하는 것은 좋지 않다

   ㉡ (5점) 목표의 선택과 목표에 대한 집중이라고 할 수 있다
   (3점) 목표를 선택하고 집중하는 것이다/선택과 집중이다

읽기

1. ③	2. ①	3. ②	4. ④	5. ①	6. ③	7. ②	8. ①	9. ②	10. ③
11. ①	12. ②	13. ④	14. ①	15. ①	16. ①	17. ③	18. ①	19. ②	20. ③
21. ③	22. ①	23. ②	24. ④	25. ②	26. ③	27. ③	28. ②	29. ③	30. ④
31. ③	32. ②	33. ②	34. ①	35. ②	36. ②	37. ③	38. ②	39. ②	40. ②
41. ③	42. ③	43. ①	44. ③	45. ④	46. ②	47. ②	48. ④	49. ②	50. ②

53. Writing sample answer

20대 남녀 500명에게 직업을 선택할 때 가장 중요하게 생각해야 할 요인에 대해서 설문 조사를 한 결과, 남성과 여성이 각각 32.8%, 29.3%로 모두 수입을 가장 중요하게 생각하였으며, 남성의 경우는 안정성이 26%, 적성과 흥미가 22.7%로 그 뒤를 이었다. 그러나 여성의 경우는 적성과 흥미가 26.4%, 안정성이 26.3%로 거의 비슷한 수준으로 나타났다. 다소 차이는 있지만 남녀 모두 적성과 흥미, 안정성보다는 수입을 가장 중요하게 생각하고 있다는 것을 알 수 있다.

　과학의 발달은 장점과 단점을 모두 가지고 있다. 그중 유전자 조작 식물, 인공 장기 등이 포함되어 있는 유전 공학 분야도 그러하다.
　유전 공학의 발달이 가져오는 장점은 다음과 같다. 우선 유전자 조작으로 콩, 옥수수와 같은 식물 등의 대량 생산이 가능해져서 식량 부족을 해결할 수 있다. 또한 인공 장기 등을 개발하여 병으로 힘들어하는 많은 사람들을 도울 수 있다. 복제 생물 기술의 발전으로 멸종 위기의 동물도 보존할 수 있게 되었다.
　그러나 유전 공학의 발전으로 인한 단점 역시 무시할 수 없다. 식물 DNA의 변형으로 생물계의 인위적인 변화를 일으켰으며, 이러한 변화가 인간에게 도움이 될지 피해를 가져올지는 아직 아무것도 예측할 수 없다. 또한 복제 생물이나 생명체를 다루는 실험이 많아지면서 많은 동물들이 희생되고 있다. 그 결과 생명을 가볍게 여기는 부작용이 나타날 수도 있다.
　이처럼 유전 공학의 발달은 인간에게 도움이 되기도 하지만 오히려 큰 피해를 가져올 수 있다. 생명체를 다루는 학문인 만큼 과학자의 윤리성, 도덕성 측면이 가장 중요하게 고려되어야 할 것이다. 그리고 새로운 기술이 가져올 경제적 이득에 앞서 사회 전체에 끼칠 영향을 우선적으로 고려해야 한다.

[1~3] Listen to the following and choose the picture or graph that matches best.

1.

여자 사장님, 아까 두 시에 이 상자가 배달 왔습니다.

남자 그래요? 어제 주문했던 재료들이 다 들어 있는지 확인 좀 해 주세요.

여자 네, 여기 종이에 표시하면 됩니까?

W   Sir, this box was delivered a while ago at 2 PM

M   Was it? Then check whether all the materials we ordered yesterday are in it.

W   I will. Shall I check it on this paper here?

The man and the woman are talking about a box delivered in front of them. The woman is holding a piece of paper that has a list of materials ordered and asks whether she should check the contents of the delivery with the order on paper. The answer is ②.

2.

남자 이렇게 높은 곳에서 아래를 내려다보니까 좋네요.

여자 네, 등산하는 것은 힘드니까 가끔 건물 위로 올라와서 도시를 보는 것도 참 좋아요.

남자 네, 그래도 우리 다음에는 산에도 가 봐요.

M   It's nice to look down from a high place like this.

W   Yes, it's hard to climb up a mountain, so it's nice to come up to the top of the building and to look at the city.

M   True. But next time, let's climb a mountain.

The man and the woman are having a conversation while looking down at the city from the rooftop of a building. The answer is ④.

3.

남자 30대 남녀 직장인을 대상으로 퇴근 후 활동에 대해 조사한 결과 남녀 모두 TV를 본다는 응답이 절반 이상으로 나타났습니다. 다음으로 직장인 여성들은 주로 친구·이성과의 만남을, 남성은 운동을 한다는 응답이 많았습니다.

M   In a survey on after-work activities with working men and women in their 30s, more than half of the respondents said they watch TV. This was followed by meeting with friends and members of the opposite sex by working women and working out by working men.

This is about survey results on after-work activities by working men and women in their 30s. According to the results, the largest group (men 54%, women 60%) watched TV. This was followed by meeting friends and members of the opposite sex (men 20%, women 25%) and working out men (men 26%, women 15%). The answer is ③.

[4~8] Listen to the following and choose the word that best completes the dialogue.

4.

남자 저 실례지만 혹시 이 자리 예약한 거 맞으세요?

여자 네. 제 자리가 맞는데요. 혹시 다른 칸 아니에요?

남자 _____

M   Excuse me. Is this the seat you booked?

W   Yes, this is my seat. Isn't yours in a different car?

M   _____

The woman is asking whether his seat is in a different train car. To give an answer, the man should check his ticket again. The answer is ①.

5.

여자 사무실용 복사기를 주문하려고 하는데요. 가격을 알려 주시겠어요?

남자 사무실에 몇 명이 있으세요? 6인 정도면 월 20만 원 정도 합니다.

여자 _____

W   I'd like to order a copy machine for the office. Could you tell me how much it is?

M   How many people do you have in your office? If ther are about six people, it will cost around 200,000 won a month.

W   _____

The woman asks the man about the price of a copy machine, and he informs her of the fee. The answer is ③.

6.

여자 김 교수님 수업은 조금 어려운 것 같아. 더 쉬운 수업으로 바꿔야겠어.

남자 그럼 박 교수님 수업은 어때? 지난 학기에 들어 봤는데 재미있고 쉽더라고.

여자 _____

W   I think Professor Kim's class is a little difficult. I should change to an easier course.

M   So, how is Professor Park's class? I took it last semester and found it interesting and easy.

W   _____

The man suggests to the woman whether she wants to take Professor Park's class and recommends it based on his experience from last semester. The answer is ③.

7.

남자 사장님, 청소 다 했어요. 이제 걸레를 빨까요?

여자 잠깐만요. 저기 창문을 다시 닦아야겠어요. 아직 얼룩이 있어요.

남자 _____

M   Ma'am, I finished cleaning. Can I wash the cloth now?

W   Wait. You must clean the window over there again. There is still a stain on it.

M _____

When the man finishes cleaning, the woman tells him about a stain still on the window. The answer is ②.

8.
남자 아까 택시에 두고 내린 지갑을 찾고 싶은데요.
여자 일단 저희 회사로 오셔서 분실물 신고서를 작성해 주셔야 해요.
남자 _____

M I'd like to find the wallet I left in a taxi a while ago.
W You have to come to our company to fill out the lost item report first.
M _____

The man should go to the taxi company to fill out a lost item report. The answer is ② as it asks where the company is located.

[9~12] Listen to the following and choose the answer that would be most appropriate as the woman's next action.

9.
여자 인터넷에서 가방을 사려고 하는데 어느 사이트가 좋아?
남자 여기는 어때? 가격을 비교해 줘서 같은 제품을 가장 싸게 살 수 있어.
여자 우와, 고마워. 즐겨찾기에 등록하고 나서 회원 가입 해야겠다.
남자 그리고 사기 전에는 꼭 상품 평을 읽어 보도록 해.

W I'd like to buy a bag online. Which website is good?
M How about this one? It compares prices so that you can buy the same product for the cheapest price.
W Wow, thanks. I'll subscribe to the website after I bookmark it.
M And be sure to read the product reviews before you make a purchase.

The woman says she will first bookmark the site and then subscribe to it. The answer is ②.

10.
남자 이제 서류 전형 합격자들 다 뽑은 거죠?
여자 네, 오늘 저녁에 서류 합격자들에게 면접 장소를 공지하려고 합니다.
남자 그 전에 김 대리에게 서류 합격자 명단을 보내 주고 나한테도 이메일로 보내 줘요.
여자 네. 알겠습니다.

M We have selected all the candidates from the application review, haven't we?
W Yes. We will notify those who passed the application review process about the interview venue tonight.

M Before you do that, please send the list of selected candidates to Mr. Kim, and send it to me as well by e-mail.
W I will, sir.

The man orders the woman to send the list of selected candidates first to Mr. Kim. The answer is ④.

11.
여자 그럼 두 시간 뒤에 전철역 앞 정류장에서 만나서 공항버스를 타는 거지?
남자 응. 공항버스 표는 내가 예약했으니까 정류장에 좀 일찍 가서 표를 인쇄해 줘.
여자 그래 알았어. 빠뜨린 짐이 없는지 확인만 하고 바로 출발할게.
남자 고마워. 나는 역에서 공항까지 얼마나 걸리는지 한번 검색해 볼게.

W So, we'll meet at the bus stop in front of the subway station in two hours and take the airport bus, right?
M Yeah. I've reserved the airport bus tickets, so please arrive at the bus stop a little early and print the tickets.
W Okay, got it. I'll just make sure we didn't forget any luggage and we'll depart right away.
M Thank you. I'll search for how long it takes from the station to the airport.

Since the man asked to arrive at the bus stop a little early, the woman told him that she would just check if she forgot anything and then depart. Therefore, the answer is ④.

12.
남자 이 책을 빌리고 싶은데요. 지금 이 책은 없나요?
여자 지금 그 책은 모두 대여 중이에요. 도서 대여를 예약하시겠어요?
남자 네. 예약해 주세요. 제가 직접 예약하는 건가요?
여자 제가 지금 예약해 드릴게요. 책이 반납되고 대여가 가능해지면 문자가 갈 거예요.

M I'd like to borrow this book. Don't you have it now?
W All copies of that book are on loan. Would you like to make a reservation for a book loan?
M Yes, please. Can I make the reservation myself?
W I'll do that for you now. When the book is returned and made available for loan, you will receive a text message.

The man cannot make a reservation for a book loan, but the woman has to do it for him. The answer is ③.

13.

여자 요즘에 채식에 관한 책을 읽고 채식에 관심이 생겼어.

남자 채식이라고 하면 고기는 안 먹고 야채만 먹는 거 아니야? 달걀도 안 먹는다던데?

여자 그렇지 않아. 채식하는 사람을 채식주의자라고 하는데 채식에는 단계가 있어서 채식주의자들마다 먹는 음식이 다르더라고.

남자 그렇구나. 자기 체질에 맞는 채식을 하면 되겠다.

W I read a book on vegetarian diets recently and became interested in it.

M Doesn't a vegetarian diet mean eating no meat but vegetables only? I heard that vegetarians don't even eat eggs.

W Not really. We call people who follow a vegetarian diet vegetarians, but a vegetarian diet has different variations, and each vegetarian consumes different foods.

M I see. So you can adopt a vegetarian diet that suits your constitution.

When the man says vegetarians don't even eat eggs, the woman contradicts his statement. The answer is ②.

14.

여자 매년 회사 워크숍이 진행되는 거 아시죠? 올해는 특별히 춘천에서 진행됩니다. 이번에는 사원들과 임원들의 대화의 시간이 있습니다. 또 부서별 장기 자랑을 통해 선발된 한 부서에 부서 회식비를 지원하기로 했습니다. 특히 지난해에 워크숍에 참가하지 않았던 분들께서는 꼭 참가해 주시기 바랍니다.

W You know that we have an annual corporate workshop, don't you? This year, we took special care to hold it in Chuncheon. It is a time for conversation between employees and executives. And we decided to allocate a team dinner budget for the winner of the team talent competition. If you missed the workshop last year, we ask you to make sure to attend this one.

The woman says that the company's workshop is an annual event and urges that those who missed last year's event to attend it. The answer is ②.

15.

남자 요즘 점심값보다 비싼 커피값에 놀라지 않으세요? 저희 회사에서는 사무실과 가정집에 커피 기계를 빌려드립니다. 커피 기계를 빌리시면 한 달에 한 번 관리사가 찾아가 관리를 해 줍니다. 또 고장이 나면 전화 주세요. 저렴하게 수리도 해 드립니다. 이제 사무실과 집에서 저렴하게 고급 커피를 즐겨 보세요.

M Don't you get surprised when you see that the price of coffee is more expensive than the cost of lunch these days? Our company offers coffee machine rentals for offices and homes. If you rent a coffee machine, a maintenance person will visit you once a month to take care of it. If your machine doesn't work, you can call us. We also offer affordable repair services. Enjoy gourmet coffee at your office and home at a reasonable price.

According to the man, the price of coffee is seen to be more expensive than the cost of lunch these days. The answer is ①.

16.

여자 기자님, 요즘 거리에서 한복을 입은 사람들을 많이 볼 수 있는데요. 왜 요즘 사람들이 한복을 즐겨 입는 걸까요?

남자 한복을 입는 것이 자연스러운 문화로 자리 잡은 것 같습니다. 예전에는 한복이 특별한 날에만 입는 옷이라는 인식이 강했는데요. 요즘에는 한복을 입고 여행을 한다거나, 연인이나 친구와 한복을 빌려 입고 사진을 찍는 등 한복이 하나의 놀이 문화가 된 것이지요. 한국에 여행 온 외국인들이 한복을 입고 있는 모습도 쉽게 볼 수 있습니다.

W Reporter, these days we can see many people wearing hanbok on the streets. Why do you think people are enjoying wearing hanbok these days?

M It seems that wearing hanbok has become a natural part of the culture. In the past, there was a strong perception that hanbok was only worn on special occasions. However, nowadays, people wear hanbok for activities like traveling or taking photos with their loved ones or friends, turning hanbok into a form of recreational culture. The sight of foreign tourists wearing hanbok while traveling in Korea can also be easily observed.

According to the man, it seems that wearing hanbok in everyday life has become a natural part of the culture, unlike in the past when it was only worn on special occasions. The answer is ②.

17.

남자 저는 밥을 먹고 나서 꼭 물을 마셔야 소화가 되는 느낌이에요.

여자 그런데 밥을 먹고 바로 물을 마시면 소화가 잘 안돼서 건강에 안 좋대요.

남자 네, 그런데 습관을 고치는 일은 정말 힘든 일이더라고요. 특히 이런 식습관은 노력해도 정말 바꾸기 힘들어요.

M I always feel like I have an upset stomach unless I drink water after a meal.

W But it seems to be bad for your health because drinking water immediately after a meal causes indigestion.

M I know, but changing habits is very hard. An eating habit like this is especially tough to change no matter how hard you try.

The man thinks it is very difficult to change habits no matter how hard one tries. The answer is ②.

18.

남자 지나 씨, 오늘 또 지각을 하셨네요.

여자 정말 죄송해요. 아침에 운전해서 왔는데 길이 많이 막히더라고요.

남자 출근 시간에는 될 수 있으면 대중교통을 이용하세요. 좀 불편해도 교통비도 아낄 수 있고, 길이 막혀서 지각하는 일도 없을 거예요.

M Jina, you are late again today.

W I'm so sorry. I drove this morning and got stuck in heavy traffic.

M You should consider using public transportation during the morning rush hour if possible. It may be a bit inconvenient, but you can save on commuting costs, and you won't be late due to a traffic jam.

The man recommends that the woman use public transportation to come to work and talks about the positive aspects of it. The answer is ④.

19.

남자 요즘에 혼자 사는 사람들이 많아진 것 같아요.

여자 네, 맞아요. 앞으로 혼자 사는 사람이 더 많아질 것 같아요.

남자 저도 혼자 살고 싶은데 혹시 사고라도 생기면 바로 도와줄 사람이 없는 게 걱정이에요.

여자 아무래도 그렇죠. 그래도 혼자 살면 좋은 점도 많으니까 전 혼자 살고 싶어요.

M It seems like there are more people living alone these days.

W Yes, you're right. It seems that there will be even more people living alone in the future.

M I also want to live alone, but I'm worried that if something happens, there won't be anyone to help me right away.

W I guess that's true. However, despite that, there are many advantages to living alone, so I still want to live alone.

The man is worried because if he were to have an accident while living alone, there would be no one to help him. Therefore, the answer is ①.

20.

여자 현재 단장님께서는 자원봉사 센터를 운영하신다고 들었는데요. 자원봉사에 대해 설명 부탁드립니다.

남자 자원봉사라 하면 힘들고 어려운 일만 생각하기 마련인데요. 봉사의 종류는 수백 가지가 넘기 때문에 힘든 일만 있는 것은 아닙니다. 자원봉사를 잘하려면 자신의 재능과 경험을 살려서 하는 게 가장 좋습니다. 전문적인 지식을 가지신 분들의 도움이 필요하기도 하거든요. 그리고 꾸준히 하는 게 좋아요. 도움을 받는 입장에서 봉사자가 바뀌면 혼란스러워하거든요.

W Sir, I understand that you are currently running a volunteer center. Could you please explain what volunteer work entails?

M People often associate volunteer work with something tough and difficult. However, there are countless types of volunteer work, and not all of them are challenging. If you wish to excel in volunteer work, it is advisable to leverage your talents and experiences. We require assistance from individuals with expertise, and consistency is highly valued. From the perspective of those receiving help, it can be confusing if the volunteers constantly change.

The man thinks it is best to make use of one's talent and experience to do good volunteer work. The answer is ②.

[21~22] Listen to the following and answer the questions.

여자 최근에 SNS를 시작했는데 오랫동안 연락이 끊겼던 친구를 찾게 되었어요.

남자 와, 잘됐네요. 그래서 요즘에 수지 씨가 SNS를 열심히 하는 거군요.

여자 네. 친구들이 올린 사진을 보고 소식을 바로 알 수 있어서 좋은 것 같아요.

남자 그런데 그만큼 개인의 사생활이 너무 쉽게 노출되는 것 같아요. 저는 SNS에 사진을 올리거나 의견을 남길 때도 좀 조심스러워져요.

W I recently started using a social network and reconnected with a friend whom I had lost contact with for a long time.

M Wow, that's great news, Suji. So, that's why you've been into social networking these days.

W Yes, I find it nice to see the pictures my friends post and know how they're doing right away.

M As nice as it is, I think privacy is easily compromised. I'm more cautious when it comes to posting pictures or sharing my opinions on social network sites.

21. The man says that privacy is lost too easily on social network sites and that he is cautious when posting a picture or an opinion. The answer is ④.

22. The woman says that she found a long lost friend through a social network site. The answer is ③.

[23~24] Listen to the following and answer the questions.

여자 어제 인터넷으로 비행기 표를 예약했는데요. 비행기 표는 어디에서 받나요?

남자 비행기 표는 출발하는 날 공항에서 짐을 부칠 때 여권을 보여 주면 받을 수 있어요.

여자 그런데 제가 인터넷 면세점에서 물건을 미리 구매하려고 하는데 비행기 표가 있어야 한다고 해서요.

남자 그건 인터넷에서 비행기 표를 예약하시면 이티켓이 나와요.
비행기 표를 받기 전까지는 이티켓을 비행기 표라고 생각하시
면 돼요.

W I booked an airline ticket on the Internet yesterday.
Where do I collect the ticket?

M You can collect your airline ticket at the airport
by showing your passport when you check your
baggage on the day of your departure.

W But I want to make advance purchases at the
online duty-free shop, and they say I need a ticket.

M For that, you will receive an e-ticket when you book
the ticket online. Before you receive your boarding
pass, you can consider the e-ticket as your airline
ticket.

23. The man explains how she can get her airline ticket and
tells her about e-tickets, too. The answer is ③.

24. The man tells the woman that she can use her e-ticket
as her airline ticket until she gets her boarding pass.
The answer is ②.

[25~26] **Listen to the following and answer the questions.**

여자 30년 전에 유행했던 노래를 본인의 스타일로 재해석해서 만
든 리메이크 앨범의 반응이 정말 뜨거운데요. 어떻게 이런 생
각을 하셨나요?

남자 요즘에 나오는 가요에 비해서 옛날 가요는 좀 다른 매력이 있
어요. 오래된 가요의 멜로디와 가사는 자극적이지 않고 은은
하지만 중독성이 있어요. 특히 옛날 가요의 가사는 요즘에 나
오는 가요들보다 훨씬 전달력이 있다고 생각해요. 그래서 옛
날 가요들의 멜로디를 조금 세련되게 바꿔서 요즘 세대들에게
도 소개하면 좋을 것 같다고 생각했죠. 그런데 요즘 세대보다
기성세대들의 반응이 더 좋은 편이라 깜짝 놀랐어요. 기성세
대들이 이 노래를 통해 향수를 느끼는 것 같아요.

W You reinterpreted songs that were popular three
decade ago and made a cover album, which has
been enthusiastically received. How did you come
up with this idea?

M Older Korean pop songs have a different appeal
from contemporary ones. They are not as
provocative in terms of their melody and lyrics. They
are gentle yet addictive. I believe that the lyrics of
these older songs have a greater power of delivery
compared to contemporary songs. So, I thought
it would be a good idea to refine the melodies
of older Korean pop songs a bit and introduce
them to the younger generation. However, I was
very surprised that the older generation showed a
greater response than the younger generation.
I think the older generation feels nostalgia through
these songs.

25. The man talks about the traits of older Korean songs
and explains how older songs have a different appeal
compared to contemporary ones. The answer is ③.

26. According to the man, the melodies and lyrics of older
Korean pop songs are not so provocative. They are
gentle but still addictive. The answer is ①.

[27~28] **Listen to the following and answer the questions.**

남자 이번에 휴가를 외국으로 간다면서? 네가 키우는 강아지는 어
떻게 할 거야?

여자 친구한테 부탁해 보려고 하는데. 그 친구도 휴가를 가야 해서
어떻게 해야 할지 모르겠어.

남자 애견 호텔에 맡겨 보는 건 어때? 애견 호텔은 주인들이 휴가를
가거나, 애완동물을 장시간 돌볼 수 없을 때 대신 돌봐 주는 곳
이래.

여자 아, 나도 들어 봤어. 그런데 비싸지 않아?

남자 하룻밤에 이만 원 정도인데 휴대 전화로 강아지 상태를 확인
할 수도 있고, 강아지들이 불안하지 않고 휴식을 취할 수 있
게 전문가들이 돌봐 준대.

M So you're going abroad this vacation, huh? What
are you going to do about the dog you own?

W I was considering asking a friend. But that friend is
also going on vacation, so I don't know what to do.

M How about using a dog hotel? I heard that a dog
hotel is a place that takes care of pets when their
owners leave for trips or cannot take care of them
for an extended period.

W Oh, I've heard about that too. But isn't it expensive?

M From what I've heard, it's about 20,000 won
per night, but you can also check on your dog's
well-being through your mobile phone, and
professionals will take care of the dogs to ensure
they feel safe and secure.

27. The man recommends that the woman who is going
abroad on a vacation use a dog hotel and gives her
some information on it. The answer is ③.

28. With dog hotel, you can check how your dog is doing
on your mobile phone. The answer is ③.

[29~30] **Listen to the following and answer the questions.**

여자 개인의 일상을 영상으로 기록한 브이로그가 인기를 끌면서 사
이버 공간에서 영향력을 가진 사람들이 많아지고 있는데요.
선생님은 어떻게 브이로그를 시작하게 되었습니까?

남자 처음에는 비슷한 하루가 그냥 지나가는 것이 아쉬운 마음에
일상을 기록하기 위해 브이로그를 시작했어요. 그러다가 점
점 많은 사람들이 제 영상을 시청해 주시고 댓글도 많이 남겨
주셨어요. 사람들이 재미있다고 말씀해 주시는 것에서 점점
보람과 재미를 느꼈어요. 그래서 원래의 직업 대신 브이로그
를 만들어서 올리고 사람들과 소통하는 일을 하면서 돈을 벌
고 있어요.

W With vlogs capturing individuals' daily lives
gaining popularity, there are now more people with
influence in the cyberspace. How did you start your
vlog, sir?

M Initially, I started vlogging to document my daily life because I felt that it was a shame to let similar days pass by unnoticed. As I continued, more and more people started watching my videos and leaving comments. Hearing people say they found them enjoyable gradually gave me a sense of fulfillment and fun. So, instead of pursuing my original profession, I now create and share vlogs, earning money while engaging with people.

29. The man tells the woman how he started his vlog in the beginning. He also says that he is a professional vlogger now. The answer is ②.

30. The man felt a sense of fulfillment and enjoyment from receiving comments stating that his vlogs were entertaining, so the answer is ③.

[31~32] Listen to the following and answer the questions.

여자 흡연율이 꾸준히 하락하고 있다고는 하지만, 전자 담배 흡연도 대책이 필요합니다. 전자 담배도 건강에 해로운 만큼 담배와 동일한 세금 부담을 받게 해서 흡연을 억제해야 합니다.

남자 전자 담배는 일반 담배보다 훨씬 안전합니다. 전자 담배의 세금을 인상하면 오히려 일반 담배로 흡연하는 비율만 높아질 뿐입니다.

여자 하지만 청소년들은 일반 담배보다 전자 담배를 더 많이 사용하고 있습니다. 게다가 전자 담배 경험률이 계속해서 상승하고 있다는 건 큰 문제이고요. 가격을 올려서라도 문제를 예방해야 한다고 봅니다.

남자 그러면 일반 담배보다 낮은 수준에서 세금을 부담하되, 인상된 가격에 따라 걷힌 세금을 청소년들의 금연을 위한 목적으로 사용하는 것이 좋겠습니다.

W The smoking rate has been steadily declining, but we still need measures to control e-cigarette smoking. As e-cigarettes are also harmful to people's health, they should be subject to the same tax burden as regular cigarettes to discourage smoking.

M E-cigarettes are much safer than regular cigarettes. Increasing taxes on e-cigarettes will only increase the proportion of people smoking regular cigarettes.

W However, teenagers use e-cigarettes more than regular cigarettes. Moreover, the fact that the experience of using e-cigarettes continues to increase is a big problem. I believe we need to prevent the problem, even if it means raising the price.

M In that case, it would be better to implement taxes at a lower rate than regular cigarettes and use the taxes collected based on the increased price for the purpose of helping teenagers decide to quit smoking.

31. In the last sentence, the man said it would be better to implement taxes at a lower rate than regular cigarettes, but use the taxes collected based on the increased

price for the purpose of helping teenagers decide to quit smoking. Therefore, the answer is ④.

32. Since most e-cigarette users are teenagers, the man acknowledged the woman's argument that e-cigarettes are a big problem and suggested an appropriate compromise, so the answer is ③.

[33~34] Listen to the following and answer the questions.

여자 누구나 처음을 경험합니다. 부모의 역할이라는 것 또한 처음 경험하는 일이기 때문에 쉬운 일이 아닐 겁니다. 아무리 현명한 사람이라도 부모 역할을 처음 경험하면 실수를 하기 마련입니다. 그렇기 때문에 부모들은 좋은 부모가 되는 방법을 반드시 공부해야 합니다. 부모 학교를 통해 좋은 부모가 되는 방법을 배울 수 있을 뿐만 아니라 부모로서 자신을 돌아볼 수 있는 뜻깊은 시간을 경험하게 될 것입니다.

W There is a first time for everyone. Parenting, too, is a first-time experience and therefore not easy. No matter how wise you are, it is inevitable to make mistakes when you first take on the role of a parent. That's why parents must study how to be good parents. At a school for parents, you will not only learn how to be good parents but also have a meaningful opportunity to reflect on yourself as a parent.

33. The man argues that parents also need parenting education. The answer is ③.

34. The man says that even smart people can make mistakes when they first teach their child. The answer is ③.

[35~36] Listen to the following and answer the questions.

남자 오늘 이 간담회는 최근 정부에서 추진하고 있는 '공동체 마을 건설 사업'에 기업들의 적극적인 참여를 부탁드리고자 마련된 자리입니다. 공동체 마을 건설 사업은 여러 1인 가구가 거주하면서 일부 시설을 공동으로 사용할 수 있도록 건물을 짓고, 주변에는 1인 가구 맞춤 편의 시설이 갖춰진 마을을 만들고자 하는 사업입니다. 미국의 '코하우징'이라는 공동체 주거 형태, 덴마크의 '에코빌리지'라고 불리는 친환경 에너지 마을이 이와 유사한 사업입니다. 이 사업은 지역 사회의 공동체 의식을 높이고 지역 경제를 활성화하여 국내 경제를 안정시키는 데 기여할 것으로 기대됩니다. 또한 편리한 생활 환경을 제공함으로써 기업의 이미지 향상과 브랜드 가치 상승에도 기여할 수 있으리라고 봅니다. 여러분의 적극적인 참여를 기대합니다.

M Today's meeting has been arranged to ask for active participation from companies in the "Community Village Construction Project," which is being promoted by the government. The Community Village Construction Project aims to build a village where several single-person households can reside and share some facilities, and a village with convenience facilities tailored to single-person households around it. "Co-housing" in the United States and the environmentally friendly energy village called "Ecovillage" in Denmark. This project is expected to contribute to raising community awareness in local communities, promoting the local economy, and stabilizing the domestic economy. Also, by providing a convenient living environment, this project can contribute to improving corporate image and increasing brand value. We look forward to your active participation.

35. The man asked for the active participation of venture companies in the "Community Village Construction Project." Therefore, the correct answer is ③.

36. This project is being promoted by the government and is expected to contribute to stabilizing the domestic economy by promoting the local economy. Therefore, the correct answer is ④.

[37~38] Listen to the following and answer the questions.

남자 오늘은 이선경 박사님을 모시고 바다 숲을 이루는 식물인 '해조류'에 대해 이야기를 들어 보겠습니다. 박사님, '해조류'는 어떤 식물인가요?

여자 말씀하신 대로 땅 위 많은 나무와 풀이 숲을 이루듯이 바닷속에서도 바다 숲을 이루는 식물이 있는데 이것이 해조류입니다. 해조류에는 엽록소가 들어 있어 이산화탄소와 햇빛을 이용해 광합성을 합니다. 그래서 바닷속에 있는 이산화탄소를 흡수하여 산소를 만들어 냅니다. 해조류가 지구에서 발생하는 산소의 70퍼센트를 만든다고 하니 바다뿐 아니라 지구 전체에 영향을 많이 끼친다고 말할 수 있겠죠? 특히 다시마는 지구에 있는 식물 가운데 광합성 능력이 가장 뛰어납니다. 또한 해조류 숲은 물고기들이 편안하게 쉴 수 있는 집이 되기도 합니다. 이와 같이 해조류는 바다 환경과 깨끗한 지구를 위해 꼭 필요한 존재라고 할 수 있습니다.

M Today, we have invited Dr. Lee Seonkyeong to learn about marine algae, which are plants that form forests under the sea. Doctor, what can you tell us about marine algae?

W As you mentioned, just like we have many trees and grasses that form forests on land, we also have plants that create marine forests under the sea, and they are called marine algae. Marine algae contain chlorophyll and carry out photosynthesis using carbon dioxide and sunlight. They absorb carbon dioxide from the sea and produce oxygen. It is said that marine algae contribute to 70% of the oxygen generated on Earth, so we can say that they have a significant impact not only on the sea but also on the entire planet, right? Among all the plants on Earth, kelp has the highest photosynthetic ability. Marine algae forests also provide a comfortable resting place for fish. In this way, marine algae are essential organisms for maintaining a healthy sea environment and a clean Earth.

37. The woman says that marine algae make 70% of the oxygen generated on the Earth and keep the entire Earth and sea clean. The answer is ④.

38. Marine algae contain chlorophyll and hence can do photosynthesis by using carbon dioxide and sunlight. The answer is ①.

[39~40] Listen to the following and answer the questions.

남자 지금도 전 세계의 약 36억 명에 달하는 인구가 연 평균 1개월 정도 물을 제때 이용하지 못할 정도로 만성적인 물 부족에 시달리고 있는 것으로 알려져 있습니다. 문제는 기후 변화와 인구 증가가 현재 상태로 계속된다면, 2050년이면 그 수가 14억 명 이상 증가해서 약 50억 명 정도가 물 부족을 겪게 될 것이라는 사실입니다. 이처럼 심각한 물 부족 사태를 개선할 수 있는 방법으로 많은 과학자들은 '해수 담수화'라는 과학 기술을 제시하고 있습니다. 담수란 강이나 호수와 같이 염분이 없어 사람이 이용할 수 있는 물을 말하는데, 담수의 양은 지구 상에 있는 물의 0.5% 수준에 불과하다고 합니다. '해수 담수화'는 생활용수로 사용할 수 있도록 해수에서 염분을 제거하는 일종의 물 처리 과정입니다. 현재 많은 국가들이 실제로 사용하고 있으며, 계속해서 더 발전된 기술을 연구하고 있는 상황입니다.

여자 해수에서 염분을 제거해 식수로 사용하다니 과학 기술이 빠르게 발전하고 있네요. 하지만 해수도 계속 늘어나는 것은 아닐 텐데요. 과학 기술의 발전과 함께 물을 절약해서 사용하는 태도가 필요해 보입니다. 그럼 이제 일상 생활에서 물을 절약하는 방법에 대해 이야기해 보도록 하겠습니다.

M It is known that even today, chronic water scarcity affects around 3.6 billion people worldwide who are unable to access water for about an average of one month per year. The problem is that if climate change and population growth continue as they are now, by 2050, more than 1.4 billion people will experience water scarcity, bringing the total number to about 5 billion. Many scientists have suggested "desalination," a type of scientific technology, as a way to address this serious water scarcity crisis. Freshwater refers to water without salt that can be used by people, such as rivers or lakes, and it is said that the amount of freshwater is only 0.5% of the water on Earth. Desalination is a water treatment process that removes salt from seawater to make it suitable for domestic use. Many countries are currently using this technology and researching more advanced methods.

W It's amazing how science and technology have rapidly developed to remove salt from seawater and use it as drinking water. However, the amount of seawater is not unlimited. It seems that in addition to technological advances, we need an attitude of conserving water in our daily lives. So, now let's talk about ways to save water in our everyday lives.

39. The woman said she would talk about ways to save water in our everyday lives, so the answer is ②.

40. The man stated that by 2050, about 5 billion people will experience water scarcity, so the answer is ④.

① Desalination is a type of scientific technology ~~for environmental improvement~~. → that removes salt from seawater

② Desalination is currently used ~~in limited regions~~. → Many countries are currently using this technology.

③ Recently, ~~about 1.4 billion people~~ are suffering from water scarcity. → 36 billion people

[41~42] Listen to the following and answer the questions.

남자 여러분, 갯벌이 어떻게 만들어지는지 아시나요? 갯벌은 밀물과 썰물의 높이 차이에 따라 주기적으로 바다에 잠기었다가 물이 빠지면서 공기 중에 노출되는 모래나 점토질이 평평하게 쌓이면서 만들어지는 것입니다. 육지에서 모래와 진흙이 강이나 하천을 통해 운반되어 썰물 때 바다로 밀려 나갔다가 밀물 때 육지 쪽으로 밀려오는 과정을 수없이 반복하여 오랜 시간 쌓여서 만들어진 곳이죠. 그런데 이렇게 만들어진 갯벌의 중요한 역할은 무엇일까요? 갯벌은 육지에서 나오는 각종 오염 물질을 걸러내는 정화 기능을 합니다. 갯벌로 흘러온 오염 물질은 지렁이, 게, 조개 등의 각종 생물과 미생물에 의해 자연 분해되고 제거되기 때문이죠. 그래서 우린 갯벌을 흔히 자연의 콩팥으로 부릅니다. 이렇듯 갯벌은 늘 건강한 생태계를 유지하는 데 중요한 역할을 합니다.

M Do you know how mudflats are formed? Mudflats are created when sand or clay is regularly covered by the sea due to the different levels of high and low tides, exposed to air, and then evenly piled up. Sand and clay are carried from the land through rivers and streams, pushed out to the sea during low tides, and pushed back toward the land during high tides. Mudflats are formed when this process is repeated numerous times and sand and clay are accumulated over a long period. So, what is the important role of these mudflats? Mudflats have a purifying function to filter various contaminants that come from the land. Contaminants that flow into mudflats are naturally dissolved and removed by a variety of organisms and microorganisms, including earthworms, crabs, and seashells. That is why we often refer to mudflats as the kidneys of nature. Mudflats play a crucial role in maintaining a healthy ecology at all times.

41. The man thinks mudflats play an important role in always maintaining a healthy ecology. The answer is ②.

42. The man says that mudflats have a purifying function by filtering various contaminants from land. Therefore, it must make these contaminants clean. The answer is ②.

[43~44] Listen to the following and answer the questions.

여자 장미의 꽃말은 '정열, 그리고 열렬한 사랑', 물망초의 꽃말은 '나를 잊지 마세요' 등, 이렇게 최근 누리꾼 사이에서 꽃말이 의미 있는 꽃을 선물하는 고백이 화제가 되고 있습니다. 이렇게 꽃의 의미에 많은 사람들이 열광하는 이유는 최근 인기리에 종영한 드라마에서 남자 주인공이 여자 주인공에게 꽃을 주며 한 고백이 화제가 되면서부터입니다. 드라마의 인기를 반영하듯 젊은이들 사이에서 기념일에 의미가 담긴 꽃으로 고백을 하는 것이 인기를 끌게 되었습니다. 마음을 고백할 때 많은 말보다는 때론 의미 있는 꽃 한 송이가 진심을 전달할 수도 있다고 생각하는 사람들이 늘어나고 있다는 것이지요. 그래서 꽃말에 대한 관심도 금방 수그러들지 않을 것이라 예상됩니다. 또 꽃말뿐만 아니라 어떤 특정 의미를 가진 물건에 대한 누리꾼들의 관심이 높아지면서 이러한 물건을 선물하는 것이 각광을 받고 있습니다.

W In the language of flowers, a rose symbolizes "passion and passionate love," and a forget-me-not represents the plea of "Don't forget me." Presenting flowers with specific meanings has become a popular way for netizens to confess their feelings. Ever since the lead actor in a recently ended, highly popular drama series made headlines by confessing his love to the lead actress with a flower, many people have become enthusiastic about the language of flowers. This trend suggests that a single meaningful flower can sincerely convey one's feelings when making a confession. As a result, I anticipate that this interest in the language of flowers will continue for a long time. Netizens are showing increasing interest not only in the language of flowers but also in objects that hold specific meanings, leading to the popularity of gifting such items.

43. When confessing one's feelings or giving a present, people are paying attention not only to flowers with specific meanings but also to objects with specific meanings. The answer is ②.

44. According to the woman, the language of flowers is attracting attention recently as young people often confess their feelings on certain days by using flowers that have specific meanings. The answer is ④.

[45~46] Listen to the following and answer the questions.

여자 자녀와의 대화가 쉽지 않으시죠? 자녀들과 소통하기 위해 대화를 하다 보면 오히려 서로에게 감정적으로 상처를 주게 되고 소통은커녕 거대한 벽을 만들게 됩니다. 어떻게 하면 자녀와 잘 소통할 수 있을까요? 무엇보다 소통을 방해하는 말을 하지 말아야 합니다. 이를 위해서는 첫 번째, 아이들이 하는 말에 대해 자신의 기준으로 판단하거나 도덕적으로 평가하는 말을 하지 말아야 합니다. 이런 말은 자녀를 궁지로 내몰게 되고 대화를 거부하게 만듭니다. 두 번째, 부모 역할을 빌미로 자신의 욕망을 내세우고 강요하는 말을 하지 말아야 합니다. 이러한 말들은 감정의 대립으로 치닫게 합니다.

W Isn't it difficult to communicate with your children? You may attempt to have a conversation with them, but it can often result in emotional harm and create a barrier instead of fostering communication. How can we effectively communicate with our children? First and foremost, we should avoid saying things that hinder communication. To achieve that, we must refrain from judging or morally evaluating what our children say based on our own standards. Such words can put undue pressure on them and cause them to withdraw from conversation. Additionally, we should not use our role as parents as an excuse to assert our own desires and impose them on our children. These words can lead to emotional conflicts.

45. According to the woman, if parents say things to push and force their own desires on their children, it will lead to emotional confrontations. The answer is ③.

46. The woman is giving a straightforward explanation on how to make a good conversation between parents and children. The answer is ④.

[47~48] Listen to the following and answer the questions.

여자 똑같은 커피라도 끓이는 온도에 따라 맛이 크게 좌우된다고 알고 있습니다. 그래서 오늘은 커피 전문가 한 분을 모시고 커피의 맛에 대해서 이야기를 나눠 보겠습니다. 박사님, 언제, 어떻게 먹어야 커피의 맛을 최대한 즐길 수 있는지 그 비결을 말씀해 주세요.

남자 네, 깔끔한 맛이 일품인 원두커피를 가장 맛있게 먹는 방법을 말씀드리겠습니다. 미국 커피 추출 연구소는 섭씨 92℃에서 커피를 내려야 가장 맛있다고 밝혔지만 제 생각은 좀 다릅니다. 전 개인의 기호에 따라 적당한 온도가 다르다고 생각합니다. 진한 원두커피를 좋아하는 사람들은 95℃에서 커피를 내리면 강한 향과 깊은 맛을 느낄 수 있습니다. 반대로 연하고 부드러운 커피를 좋아하는 사람들은 92℃에서 내리면 풍부한 맛을 즐길 수 있습니다. 그런데 만약에 100℃가 넘는 온도에서 커피를 내리면 쓴맛을 내는 카페인이 많이 추출되게 됩니다. 이런 커피는 식으면 특유의 향 없이 쓴맛만 남게 됩니다. 그래서 높은 온도에서 커피를 내리는 것은 추천하지 않습니다.

M I've heard that the taste of coffee can vary significantly depending on the brewing temperature. Today, I have invited a coffee expert to discuss the flavors of coffee. Doctor, could you please share with us the best way to enjoy the taste of coffee? What's the secret?

W Sure, I can share with you the best method for brewing coffee that offers a simple yet great flavor. According to the American Coffee Brewing Institute, the taste is optimal when coffee is brewed at 92℃. However, I don't fully agree with this. I believe the appropriate temperature varies based on individual preferences. Those who prefer a strong brew will experience a robust aroma and deep flavor when brewing at 95℃. On the other hand, those who

prefer a lighter and milder coffee will enjoy a rich flavor at 92℃. However, if you brew coffee at a temperature exceeding 100℃, you will extract an excessive amount of caffeine, resulting in a bitter taste. Such coffee, when cooled, will only have bitterness without the unique aroma. Therefore, I do not recommend brewing coffee at high temperatures.

47. The man says that people's tastes differ according to individual preferences and talks about the proper temperatures according to individual preferences. The answer is ②.

48. The man explains the right temperature for individual preferences for coffee and further explains how best to enjoy coffee. The answer is ②.

[49~50] Listen to the following and answer the questions.

남자 동물도 생각을 할 수 있을까요? 많은 동물들이 새끼나 동료가 죽었을 때 슬프게 울거나, 화가 나는 일이 있으면 적대감을 표시하며 상대를 공격합니다. 그런데 여기서 잠깐, 감정을 느낀다고 해서 과연 생각을 한다고 말할 수 있을까요? 한 가지 예를 들어 보겠습니다. 일본원숭이에 대한 이야기입니다. 어느 날 공원의 관리원이 먹이로 줄 감자를 들고 가다 그만 땅에 떨어뜨리고 말았습니다. 그때 다른 원숭이는 퉤퉤거리며 그냥 흙이 씹히는 대로 먹는 반면, '이모'라는 원숭이는 흙 묻은 감자를 물에 씻어 먹었습니다. 그러자 모든 원숭이들이 '이모'를 따라 감자를 씻어 먹기 시작했습니다. 더 나은 결과를 위해 새로운 행동을 보고 배우는 것. 이것이 문화입니다. 문화가 있다는 것은 바로 머리로 생각을 한다는 증거입니다. 여러분의 생각은 어떻습니까?

W Can animals think as well? Many animals display sadness by crying when their babies or friends die, or exhibit hostility when they are angry. However, let's consider further. If they can experience say that they can also think? Let me provide an example. It involves Japanese monkeys. One day, a park superintendent accidentally dropped some potatoes he was carrying to feed the monkeys. While most of the other monkeys simply chewed the dirty potatoes and occasionally spat out dirt, a monkey named Imo chose to rinse the potatoes emotions, can we before eating them. Surprisingly, all the other monkeys observed Imo and started washing the potatoes before consuming them. Observing and adopting a new behavior for improved outcomes is a form of culture. Having culture implies the ability to think and learn. What are your thoughts on this matter?

49. The man takes the example of Imo the monkey and explains how the other monkeys copied Imo and learned to wash potatoes before eating them. The answer is ④.

50. The man starts by asking whether animals can think, uses the example of Imo the monkey, and explains that not only can animals feel emotions, but they can also think. The answer is ③.

[51~52] Write an appropriate word in each of the blanks in the following text.(10 points each)

51. ⊙: Immediately before the blank, there is the phrase, "I don't need the goods on sale, but…" Therefore, you must say something contrary to the preceding phrase. You should complete the sentence in a symmetrical format like, "I don't need it, but others do (나에게는 불필요하지만, ~에게는 필요합니다)." And since this is just an opinion and not a fact, it is better to use an expression of speculation.

⊙: Before the blank, an advantage is explained that you can buy goods at cheap prices on the open market. Then, a description follows about using goods that are to be disposed. Take this as a hint and describe the advantages of reusing things.

→ The text is a notice for an open (flea) market. The general information here are the market's description and types of goods to be sold. Information on the date, time, venue, and eligibility is presented as well.

52. ⊙: After the blank the text reads that it is adequate to select "only" a couple of goals. This may suggest that the blank is about having many goals.

⊙: The preceding sentence advises the reader to choose only a couple of goals and to focus on these goals once you have chosen them. Take this as a hint to think about the theme of the text. Then, you can see that the blank should be something about choice and focus. As suggested in the question, your answer should be in the form of 가장 중요한 것은 – 이다 (what is most important is to…).

53. The following is a survey data on what factors are considered important when choosing a job, based on a survey of 500 men and women in their 20s. Explain the content in a text of 200-300 characters. Do not write a title.

[Summary]

Introduction: Introduction of the survey on factors valued when choosing a job

Body: comparison of factors that are considered important when men and women in their 20s choose a job

Conclusion: summary

54. Refer to the following and write a text of 600-700 characters. Do not simply copy the text of the question when writing your answer.

[Summary]

Introduction: summary of details presented by the question regarding two sides of the development of genetic engineering

Body: ① advantages of the development of genetic engineering

② disadvantages of the development of genetic engineering

Conclusion: issues that must be considered in the study of genetic engineering

---

[1~2] Choose the most appropriate word for the blank.

1.

> I have done my very best, ( ) I don't have any regrets any more.

Question type Choosing a word ending for the context (connective/short sentence)

The sentence means that the person has no regrets because the writer has done his or her best. ③ is the best answer because it indicates a reason.

> **–(으)므로**: a connective ending indicating a cause or reason
> **Eg** 바다가 깊으므로 조심해서 수영을 하셔야 합니다.
> 전기 제품에 물이 닿으면 위험할 수 있으므로 조심해야 한다.

- **–다가**:
  ① a connective ending indicating that an action or state stops and changes into another action or state
  Eg 우리는 밥을 먹다가 술을 한잔 마셨다.
  ② a connective ending used to indicate that the preceding is a cause or basis of the following
  Eg 공부는 안 하고 그렇게 놀기만 하다가 시험 망친다.

- **–건만**: a connective ending used to indicate a result that is different from the one expected from the preceding
  Eg 겨울이 되었건만 온도가 떨어지지 않네.

- **–거니와**: an ending used to admit the preceding and to add the following; mainly used to express something is more so because the following is added to the preceding
  Eg 그는 일도 열심히 하거니와 운도 좋아서 하는 일마다 큰 성공을 거둔다.

2.

> No matter ( ), you must have breakfast for your health.

Question type Choosing a word ending for the context (ending/ short sentence)

No matter how busy you are, you'd better not miss breakfast. ① is the best answer as it indicates "the following is bound to happen regardless of the previous action or state."

> **–아/어도**: this indicates that the following is bound to happen regardless of the previous action or state.
> **Eg** 철수는 키는 작아도 힘은 세다.
> 아무리 바빠도 아침밥은 꼭 먹는 것이 좋다.

- **–(으)나**: a connective ending used to indicate that the preceding and the following are different
  Eg. 그 둘은 10년 동안 사귀었으나 결혼은 하지 못했다.

- **–던데**: a connective ending in which a past state is mentioned in advance with regard to the party mentioned in the following sentence
  Eg. 노래를 아주 잘하던데 가수가 될 생각 없어요?

- **–거든**: a connective ending used to mean "if something is true or will become true"
  Eg. 신청자가 고등학생이거든 신청을 받지 마세요.

[3~4] Choose the answer that has a meaning similar to the underlined part.

3.

> While I visit Gyeongju on business, I intend to look around the cultural assets and historic sites.

Question type Choosing a similar word ending (connective/short sentence)

The speaker is going to visit Gyeongju and intends to use this opportunity to look around the cultural assets and historic sites there. ② is the best answer.

> **–는 김에**: to use an opportunity to do some action; to do something else in the following sentence
> **Eg.** 내 옷을 사는 김에 네 옷도 하나 샀어.
>
> **Tip** –는 길에 has two meanings: at an opportunity that one is coming or going to a place and on one's way to somewhere. If the former meaning applies, it is interchangeable with –는 김에.
> **Eg.** 편의점에 가는 길에 우유 좀 사다 줘. (= –는 김에)
> 학교에 갔다 오는 길에 친구를 만났다.

- **–(으)ㄹ 텐데**: an expression used to indicate the speaker's strong speculation about something while suggesting what is related to it
  Eg. 먼 길 오시느라 힘드셨을 텐데 여기 좀 앉아서 쉬세요.

- **–는 길에**: an expression used to indicate that one is in the middle of doing something
  Eg. 엄마 심부름을 하는 길에 만화방에 살짝 들렀다.

- **–는 바람에**: an expression used to indicate that the preceding action is the cause or reason of the following situation
  Eg. 갑자기 비행기가 취소되는 바람에 출국하지 못했다.

- **–기가 무섭게**: an expression used to indicate that as soon as one thing ends, another thing immediately happens
  Eg. 시험이 끝나기가 무섭게 모두 교실에서 나가 버렸다.

4.

> Today, our school baseball team played extra innings in the finals, but, regrettably, they <u>lost in the end</u>.

Question type Choosing a similar word ending (ending/short sentence)

Regrettably, the school baseball team lost. ④ is the best answer as it expresses regret over something unwanted.

> **–고 말다**: an expression used to indicate that something happened in the end. This generally indicates regret over some unwanted event that happened.
> **Eg.** 옷에 커피를 쏟고 말았다.
> 숙제를 다 못했는데 그만 잠이 들고 말았다.

- **–아/어야 하다**: an expression used to indicated that the preceding is either mandatory or essential to do something or to reach a certain situation
  Eg. 갑자기 해고를 당하게 되어 새로운 직장을 찾아야 해요.

- **–(으)ㄹ 뻔하다**: an expression used to indicate that the preceding is either mandatory or essential to do something or to reach a situation right before it could happen
  Eg. 하마터면 계단에서 떨어질 뻔했어요.

- **–곤 하다**: an expression used to indicate that the same situation is repeated
  Eg. 늦은 밤에 집에 돌아갈 때면 아버지가 골목길까지 마중 나오시곤 했다.

- **–아/어 버리다**:
  ① an expression used to indicate that the preceding action is completely over
  Eg. 남은 음식을 다 먹어 버렸어요.
  ② an expression of relief that something troublesome has been done
  Eg. 숙제를 모두 끝내 버렸어요.
  ③ an expression used to indicate regret over an unwanted event
  Eg. 새로 산 옷에 커피를 쏟아 버렸어요.

[5~8] Choose the answer that says what the following is about.

5.

> A soft cowhide leather product!
> High heels yet comfortable in all seasons like sneakers!

Question type Understanding the object/type of text (advertising)

The key phrases are "cowhide leather product" and "heels." It is a pair of shoes made of cowhide leather that has high heels. ① is the best answer.

6.

> Fast packing, kind services!
> We move your valued items safely.
> * Extra fees will apply for heavy items such as pianos and safes.

Question type Understanding the object/type of text (advertising)

The key word here is 포장. The text notes that items will be moved safely, so it is an advertisement for 포장 이사. ③ is the best answer.

7.

> "Mom, Dad, I want to read a book."
> A child who finds and reads books on their own!
> A new reading program for fostering reading habits

Question type Understanding the object/type of text (advertising)

The passage introduces an educational program that enables students to cultivate the habit of independent reading, so the correct answer is ②.

8.

> Very windy and cold weather continues.
> Today is the day when the greatest daily temperature range of the year occurs.
> Please be careful not to catch a cold.

Question type Understanding the object/type of text (notice)

The key word is 일교차. This is a word that you can hear in a weather forecast. ① is the best answer.

- 일교차: daily temperature range; the difference between the highest and the lowest temperatures in a day

[9~12] Choose the statement that agrees with the following text or graph.

9.

> **Be a Character in Fiction at the Lee Hyoseok Literature Forest**
> - **Admission:** General admission ₩2,000 / Group admission ₩1,500
>   Local residents: ₩1,000
>   (Group: Admission for 20 or more people simultaneously)
> - **Business Hours:**
>   - Peak Season (May to September): 9:00 AM to 6:30 PM.
>   - Off-peak Season (October to April): 9:00 AM to 5:30 PM.
> - **Closed on:** Every Monday, January 1st, Lunar New Year, Chuseok
> * In the forest, the background marketplace and characters from Lee Hyoseok's short story "When Buckwheat Flowers Bloom" are reproduced.

Question type Choosing the answer that matches the text/table (notice)

During the off-season, the operating hours are until 5:30 PM, but during the peak season, the operating hours are until 6:30 PM, so ② is the correct answer.

① The Literature Forest operates ~~year-round without any closure~~. → It is closed on holidays.

③ The forest recreates ~~the house where Yi Hyo-seok lived remains as it was~~. → the characters and setting of the novel "When the Buckwheat Blooms."

④ Groups of ~~10 or more~~ people can receive a 500 won discount upon simultaneous admission. → 20 or more

10.

Frequency of Using Delivery Apps

Question type Choosing the answer that matches the text/table (graph)

The ratio of using the app once a week is 30%, the ratio of using it every 3-4 days is 18%, the ratio of using it once a day is 5%, and the ratio of using it more than twice a day is 1%. When combined, the ratio of using it at least once a week is 54%, making option ③ the correct answer.

① The ratio of using it ~~every 3-4 days~~ is the highest. → Once a week

② The ratio of using it ~~once every 6 months~~ is the lowest. → More than twice a day

④ The ratio of using it once a day ~~is the same~~ as the ratio of using it once every 6 months. → They are different.

11.

> During a recession, the trend of dessert fever is growing among the younger generation. Dessert cafes continue to expand, despite their high prices, because more people are seeking opportunities to enjoy luxury experiences at relatively affordable prices. While they may not be able to afford expensive cars or houses, they find happiness in the small luxuries they can indulge in their everyday lives.

Question type Choosing the answer that matches the text/table (article)

As mentioned, "they find happiness in the small luxuries they can indulge in their everyday lives," so ① is the correct answer.

② The dessert fever is on the rise ~~due to the affordable prices of desserts~~. → despite the prices not being low

③ ~~With the improvement in the economy~~, the number of dessert cafes is increasing. → Even during an economic downturn

④ People seek happiness ~~through expensive cars and houses~~. → through the small luxuries they can enjoy in their everyday lives

12.

> When we listen to classical music, we applaud after the music is completely finished to feel immersed. But when we listen to jazz, we applaud whenever a band member finishes his or her jam. However, in many cases, many audience members do not know when to applaud and simply follow suit when

others do. So it is said that jazz musicians listen to the applause of the audience to gauge whether the audience is familiar with jazz.

Question type Choosing the answer that matches the text/table (article)

In many cases, "상당수의 관객은 언제 박수를 치는지 몰라 남이 박수를 칠 때 따라 하는 경우가 많다." ② is the answer.

① ~~The louder the applause, the more understanding the audience.~~ → The audience that knows when to applaud is more understanding

③ For classical music, the audience applauds ~~in the middle of performance.~~ → after the music is completely finished

④ When listening to jazz, you must applaud ~~with others.~~ → whenever one band member finishes his or her jam

[13~15] Choose the option that places the statements in the right order.

13.
(가) These things could already be seen in flat photos or videos.

(나) If you wear a device, your brain will feel as if you are watching it on the spot in real time.

(다) Virtual reality is different in that you can have vivid experiences through three-dimensional images.

(라) It is a technology that creates a realistic experience by using vivid images, videos, and sounds.

Question type Placing sentences in the right order

The text is about how virtual reality is different from photos or videos. After (라) explains what virtual reality is, (나) follows and elaborates on it by starting with 즉. Next is (가), which is about how it was possible to see such things by using existing photos or videos. (다) is last as it starts with 하지만 and mentions the difference between virtual reality and photos or videos. (라)–(나)–(가)–(다), or ④, is the best answer.

14.
(가) The recent implementation of a special crackdown on drunk driving by the police has yielded astonishing results.

(나) This is primarily due to the highest number of individuals being apprehended for drunk driving between 1 PM and 4 PM.

(다) In other words, it can be inferred that 70% of the drivers caught for drunk driving were engaged in daytime alcohol consumption.

(라) The police are actively striving to develop measures aimed at raising awareness about the dangers of daytime drinking and driving.

Question type Placing sentences in the right order

The text states that the recent results of the crackdown on drunk driving revealed that most offenders were daytime drinkers, and efforts are being made to establish measures to address this issue. It should begin with (가), indicating that the police have recently conducted a crackdown on drunk driving, followed by (나) to provide explanation for the surprising findings mentioned in (가). Since (다) supplements and elaborates on the results mentioned in (나) with the phrase 다시 말해, it should follow afterwards. Finally, it should conclude with (라) stating that efforts are being made to develop measures to address the issue. So, ① is the best answer.

15.
(가) Your body will be healthy when you consume a balanced diet and obtain nutrients in a balanced manner.

(나) The same is true for information, which is why it is important to acquire it through various sources to avoid a one-sided perspective.

(다) Therefore, accessing balanced information through print newspapers is considered better than relying solely on the internet.

(라) When reading news on the internet, people tend to read only the articles they are interested in or that are frequently displayed on the portal, which may result in a limited view of current events.

Question type Placing sentences in the right order

The text compares the need to learn information in diverse ways to food. (가) comes first as it argues that we can be healthy only when we have a balanced diet. (나) is next as it reads, "The case is the same," with information. After that is (라), which explains how you only see particular articles if you get your information online. (다) gives the conclusion by starting with 그러므로. (가)–(나)–(라)–(다), or ①, is the best answer.

[16~18] Choose the most appropriate word for the blank.

16.
When your mobile phone (   ), what should you do? If you cannot go to a service center right away, you can try placing it in a container filled with rice. The rice will absorb the moisture and help protect your mobile phone. However, it is not recommended to put the phone directly into the rice container as the rice will become swollen and inedible due to absorbing the moisture.

Question type Choosing the best phrase for the context

The reason is noted later, "쌀이 물기를 흡수해 휴대 전화를 보호해 주기 때문이다." ① is the best answer.

17.

> There is a gap between religious people who consider life as the absolute value and ordinary people who would like to end their lives without pain like decent human beings. Although some countries allow euthanasia, there are still many others that consider it murder. However, it is time to accept the discontinuation of treatment for seriously ill and patient that cannot be resuscitated (   ).

Question type Choosing the best phrase for the context

"인간답게 고통 없이 삶을 정리하고 싶어 하는 일반인들" is found in the middle of the sentence. Therefore, the purpose of accepting the discontinuation of treatment for a seriously ill and patient that cannot be resuscitated is to protect the person's dignity as a human being. ③ is the best answer.

18.

> Some major museums overseas have implemented a policy of prohibiting selfie sticks. A selfie stick is a device that allows individuals to attach their mobile phones to an extendable rod, enabling them to capture wide-angle photos with themselves in the foreground. While it has gained popularity as a must-have item among tourists, its use within museums (   ). This is primarily due to concerns over the potential damage it may cause to valuable artifacts and exhibits, as well as the disruption it can create in the serene atmosphere of the museum environment.

Question type Choosing the best phrase for the context

Selfie sticks are not welcome in museums because they may cause damage to relics or exhibits and make the atmosphere in exhibition rooms chaotic. ① is the best answer.

- 민폐: inconvenience caused to many

[19~20] Read the following and answer the questions.

> Seoul Botanic Park operates a program that lends seeds of plants grown in the park. Similar to borrowing books from a library, you can borrow the seeds and return them afterwards. You can return the seeds by submitting the harvested seeds after growing them, but returning the seeds is not mandatory. (   ), the types and quantities of seeds that can be additionally borrowed differ depending on the person's return record. If you fail to harvest, you can submit photo evidence of the cultivation process, and you can also return seeds of different types from the ones you borrowed.

19. Question type Choosing the best conjunction for the context

To add the sentence "씨앗 반납이 의무 사항은 아니다." and "반납 실적에 따라 추가로 빌릴 수 있는 씨앗의 종류와 개수가 달라진다." seamlessly, the word "다만" is the most appropriate word to use as a header when adding

exceptional cases or conditions. Therefore, the answer that best fits the blank is ②.

- 결국: Reaching the end of the task. Or, the outcome of the task turns out that way.
  - 결국 십오 년을 노력했던 그 일을 포기할 수밖에 없었다.
- 비로소: for the first time; at last, only after something happened
  - 선생님이 상황을 자세히 설명을 하자 비로소 엄마의 표정이 좋아졌다.
- 그다지: not to that extent; not so much
  - 이번 시험은 그다지 어렵지 않았다.

20. Question type Understanding the main idea

The writer explained the seed lending program operated by Seoul Botanic Park, stating that the types and quantity of seeds available for additional lending vary depending on the person's return performance. Therefore, ③ is the correct answer.

[21~22] Read the following and answer the questions.

> There is a saying, (   ). Just as you have to work your way up from a low to a high place, unless you consider the order of things, it will be difficult to achieve what you are aiming for. If one does not consider the order of things, it becomes difficult to achieve the desired goal. No great figure has ever leaped to a high place in one go. The same applies to studying. One must discard the impatient mindset of trying to solve problems without learning the basic principles. It is necessary to build a solid foundation from the beginning in order to stand confidently in the face of problems.

21. Question type Choosing the best proverb/idiom for the context

Behind the blank is the phrase, "높은 곳에 이르기 위해서는 낮은 곳부터 차근차근 밟아야 하듯이." This means that the beginning is important when you do something. ③ is the best answer as it is a proverb with that meaning.

- 울며 겨자 먹기: to eat mustard while crying due to the spiciness; a figurative way of saying that you do a painful or unpleasant thing reluctantly
  - 울며 겨자 먹기로 그의 제안을 받아들였다.
- 같은 값이면 다홍치마: a crimson skirt for the same price; to choose something with a better quality or shape if the same price or effort is required
  - 같은 값이면 다홍치마라고 유명한 게 더 좋아 보였다.
- 천 리 길도 한 걸음부터: a journey of a thousand miles must begin with the first step; a saying that implies the beginning is important in everything
  - 천 리 길도 한 걸음부터라는데 우리도 힘내서 해 보자.
- 구슬이 서 말이라도 꿰어야 보배: so many beads can be a treasure only when they are strung together; a figurative way of saying that no matter how good and outstanding something is, it can be valuable only when it is organized and made useful
  - 구슬이 서 말이라도 꿰어야 보배인데 아들이 좋은 머리만 믿고 노력을 안 해서 걱정이다.

22. **Question type** Understanding the details (correspondence)

When it comes to studying, it is emphasizing the importance of building a solid foundation, so the answer is ①.

② One should work ~~without considering the order of tasks~~. → If one does not consider the order of tasks, it becomes difficult to achieve the desired goal.

③ To achieve good grades, ~~one must solve a lot of problems~~. → One must build a solid foundation from the beginning.

④ By letting go of impatience, ~~one can quickly solve problems~~. → One must discard the impatient mindset of trying to solve problems without learning the basic principles.

[23~24] Read the following and answer the questions.

I still hear the sound of whistling from my mobile today. I am so fond of that whistling sound that I have set it as my ringtone. Whenever I hear a whistle, a smile naturally appears on my face and my heart starts racing. The reason behind this is because the sound holds memories of my first love. 25 years ago, there was a shy boy who would always follow me around. One day, he asked me, "Have you ever heard a whistle?" When I replied that I hadn't, he said, "Every day at seven o'clock in the evening, I whistle outside your window."

From that moment on, something wonderful happened. The whistling that I had never heard before became crystal clear. "Whew, whew." Without fail, at seven in the evening, the sound would come. As time went on, I eagerly awaited the sound more and more. Eventually, I married that boy who used to whistle, and we have been living a loving life together.

23. **Question type** Understanding emotions (essay)

The next sentence after the underlined part tells us that her heart pounds because she remembers her first love. ② is the best answer.

24. **Question type** Understanding the details (correspondence/essay)

The whistling sound reminds the woman of her first love. She is talking about the boy who used to whistle 25 years ago. ④ is the best answer.

① I ~~want to marry~~ the man who is my first love. → married

② ~~Until now~~, I heard a whistling sound at seven in the evening. → 25 years ago

③ The ring tone on my mobile phone is ~~a song called whistle~~. → a whistling sound

[25~27] Choose the answer that best describes the title of the following newspaper articles.

25. "Water Bomb" of 1,400mm at Hallasan Mountain, Jeju; air and sea routes all closed

Question type Understanding a contracted sentence (news article)

물 폭탄 means heavy rain, and 하늘 길도 바닷길도 묶였다 means you can't go either by air or by sea. ② is the best answer.

26. International films ready to sail out to a new world of cinema; expectations for a film festival to make the heat go away

Question type Understanding a contracted sentence (news article)

영화의 신세계 is a figure of speech for the film festival, and 출항 means a start or beginning. ③ is the best answer.

- 출항: to sail away; for a boat or aircraft to start
  Eg 기관사는 출항 준비를 마치고 신호만 기다리고 있었다.

27. Pension for pocket money; reform at turtle's pace, unprecedented in the world

Question type Understanding a contracted sentence (news article)

용돈 연금 means that the pension amount is too small, and 거북이 개혁 is a figure of speech for a slow (snail's) pace of reform. ③ is the best answer.

- 유례없다: unprecedented, meaning that there is no example that is the same or similar

[28~31] Choose the most appropriate word for the blank.

28. *Sansuhwa* is landscape painting of nature, but it does not aim to objectively reproduce nature as Western landscape painting does. It is a painting of scenery in one's heart, that is, of natural landscape in an ideal world. Even when (the artist) paints an actual landscape, (the artist) does not describe the visual reality but expresses his or her heart in the view of the landscape. That is why there are so many incomparably beautiful, mysterious lands instead of ordinary scenery. Therefore, *sansuhwa* is a style distinguished from landscape painting in that (   ).

Question type Choosing the best phrase for the context

Unlike Western landscape painting that objectively reproduces nature, *sansuhwa* expresses one's heart in the view of the landscape. ② is the best answer.

29. It is dangerous to feed dogs chocolate. How dangerous it is can differ depending on (   ). Chocolate contains a chemical substance called theobromine, and unlike humans, dogs cannot efficiently digest theobromine, which is similar to caffeine. Dark chocolate, particularly, is more dangerous than white chocolate as it has a higher level of theobromine. Even a small quantity of chocolate can cause stomachaches and vomiting in dogs, and a large quantity can cause internal bleeding and even cardiac arrest.

Question type Choosing the best phrase for the context

According to the text, dark chocolate is more dangerous than white chocolate as it has a higher level of theobromine. Even a small quantity of chocolate can cause stomachaches and vomiting in dogs, and a large quantity can cause internal bleeding and even cardiac arrest. ③ is the best answer.

30.

The wage peak system refers to a measure that extends the retirement age instead of reducing or freezing wages when workers reach a certain age. If this system is introduced, workers can avoid early retirement. However, it appears that the ratio of choosing the wage peak system differs by industry. Unlike blue-collar workers, who can continue the jobs they used to perform even after the wage peak system is applied, white-collar workers tend to avoid selecting the wage peak system (   ).

Question type Choosing the best phrase for the context

The text compares blue collar and white collar jobs. Before the blank, there is the phrase "임금 피크제 전환 후에도 직책 변경 없이 하던 일을 계속 할 수 있는 생산직 근로자와 달리." So the answer must be different than the content in the phrase. ④ is the best answer.

31.

In order to sell a product at a higher price and gain popularity among customers, it is important to focus more on the external design, brand, packaging, and other visible aspects rather than the actual content. This principle applies to humans as well. We currently live in a society that prioritizes the skills to market oneself at a higher value. Similar to how products like cosmetics and medicines capture consumers' attention through the design of their packaging and flashy advertisements, the perception of human worth is also influenced by (   ).

Question type Choosing the best phrase for the context

The text compares the value of a human life to products that sell well only when they have good appearances. ③ is the best answer.

[32~34] Read the following and choose the statement that agrees with the content of the text.

32.

An incandescent light bulb has a very low light emission efficiency and a short lifespan because the filaments inside are prone to breaking. Light emission efficiency refers to the ratio of power consumption that is converted into light. A

fluorescent light bulb, which has filaments on both ends, can emit the same amount of light using only 30% of the power consumed by an incandescent light bulb. It also emits fewer infrared emissions and has a lifespan that is five to six times longer. On the other hand, an LED bulb does not have any heating circuits like a filament, which results in a longer lifespan compared to a fluorescent light bulb and lower energy loss.

Question type Understanding the details (correspondence)

Given such descriptions as filaments inside an incandescent light bulb are prone to breaking, a fluorescent light bulb has filaments on both ends, and an LED bulb does not have any heating circuit like filament, ② is the best answer.

① ~~Fluorescent light bulbs~~ have the longest life. → An LED bulbs

③ ~~an LED bulb has~~ the greatest power consumption. → Incandescent light bulbs have

④ ~~Compared to a fluorescent light bulb, an incandescent light bulb~~ consumes only 30% of power. → Compared to an incandescent light bulb, a fluorescent light bulb

33.

When stung by a bee, generally, the area around the sting becomes swollen and painful. To prevent bee venom from spreading throughout the body, it is necessary to quickly apply a tourniquet to the stung area. If the stinger is visible, it is better to remove it by pushing and scraping the surface with a hard, thin object like a credit card. Trying to remove it forcefully with your hand may cause the stinger to go deeper into the skin and spread the venom further. After removing the stinger, applying an ice pack is beneficial.

Question type Understanding the details (correspondence)

It is better to take the stinger out by pushing and scraping the surface by using a hard, thin object like a credit card. ② is the best answer.

① ~~You had better go to the hospital~~ when you are stung by a bee. → One cannot tell by this text.

③ When you are stung by a bee, take the stinger out by ~~scraping it with your hand~~. → using a hard, thin object like a credit card

④ When you are stung by a bee, ~~you should not touch the stinger~~. → it is better to take the stinger out by pushing and scraping the skin

34.

Tango was initiated by the lower class in Argentina as a dance that provided comfort in their difficult lives. The elite class in Argentina at the time despised tango as a "vulgar dance to be danced at a pier," but its contagious nature made it spread to Europe through immigrants. As tango reached its peak in Europe in the 20th century, even mainstream Argentine elites started to learn tango. Tango has now become a significant tourism asset in Argentina.

Question type Understanding the details (correspondence)

Since tango reached its prime in Europe in the 20th century, ① is the best answer.

② Early tango was a dance enjoyed by the ~~elites~~ in Argentina. → lower class

③ ~~The Argentine people~~ actively spread tango to Europe. → Immigrants

④ Europeans ~~considered tango something to be avoided together with contagious diseases.~~ → liked tango

[35~38] Read the following and choose the answer that best matches the topic of the text.

35.

In order for Korean content to maintain sustained popularity, it is necessary to continuously enhance the competitiveness of the content itself. While Korean content has gained increasing popularity worldwide, it requires considerable effort to sustain this momentum. Cultural products are akin to trends and must constantly generate new trends in order to survive. Rather than solely pursuing immediate profits by repetitively producing currently popular content, it is important to consider diversification strategies and long-term planning, along with expanding overseas opportunities.

Question type nderstanding the topic

It is stated that instead of solely pursuing immediate profits by repetitively producing currently popular content, it is important to establish long-term plans. Therefore, the most suitable option as the topic would be ②.

- 활로: a way out; a way to beat challenges and to survive

36.

How nice would it be if you could live every day away from work and without stress? There must be those who have casually thought about this. But some research results are drawing attention that extended periods of unemployment can have a negative impact. According to the results, male and female respondents who experienced long terms of unemployment had worse sociability than before. And they were trapped in a vicious circle when it came more difficult for them to find employment again as they got immersed in negative thinking during their the extended period of unemployment.

Question type Understanding the topic

There can be negative impacts from an extended period of unemployment (less sociability, negative thinking). ② is the answer.

37.

Recently, many people are suffering from presbyopia despite being young. According to data from Statistics Korea, presbyopia and cataract patients keep increasing among young people in their 30s and 40s. Aside from a surgical method, it is hard to recover your vision once it has deteriorated, so you should therefore take care of your vision every day. If you develop a habit of adjusting your focus by alternately looking at a close and a far-off place and then making your eyes frequently rest, you will not only prevent presbyopia but also will enhance your work efficiency.

Question type Understanding the topic

Recently, many people are suffering from presbyopia despite being young, and people should take care of their vision every day by alternately looking at a close and a far-off place to adjust their focus and by making their eyes frequently rest. ③ is the answer.

38.

Which is a better place for summer vacation, the mountains or the sea? If you have a bad knee, the seaside is the better [best] vacation place. By simply putting on hot sand on a heated beach in steamy weather and keeping it there for 10 to 15 minutes, your blood circulation will be improved and will relax your muscles and joints. A walk on a soft, sandy beach will reduce the impact on your knees. Bathing is also good for your joints. The seawater is rich in calcium, magnesium, potassium, and other minerals and facilitates the body's metabolism.

Question type Understanding the topic

The text is about why the seaside is a good vacation place for people with bad knees. ② is the answer.

[39~41] Choose the most appropriate place for the given sentence.

39.

People who frequently get headaches generally do not endure the pain and reach for a painkiller. (㉠) But you should be careful because if you take painkillers often, you might suffer from more severe headaches due to the medicine. (㉡) Your symptoms do not get any better even after you have taken medicine. (㉢) And a headache so severe as to make you unable to perform (the activities of) daily living appears every two or three days. (㉣) In addition, such symptoms as nausea, anxiety, nervousness, and depression can accompany the headache.

┌─ Missing Sentence ─────────────────

When a headache develops due to taking too much medicine, the following symptoms appear.

Question type Inserting a sentence for the context

The missing sentence must come before the various

symptoms of headaches due to taking too much medicine. ② is the answer.

40.

With the popularity of online video streaming services (OTT), the viewing habit of watching TV with subtitles has become natural. (㉠) Korean subtitles are no longer just considered as a tool for translation. (㉡) But it is receiving positive responses from viewers because it can deliver accurate information through subtitles. (㉢) In addition, it is also advantageous for improving accessibility for the hearing impaired and for enabling easy concentration in noisy environments. (㉣) It is expected that the viewing habits changed by online video streaming services will have a significant impact on broadcasting standards in the future.

┌─ Missing Sentence ─────────
Of course, there are also people who complain about the inconvenience of subtitles covering the screen.
└────────────────────────────

Question type Inserting a sentence for the context

Since the advantages of Korean subtitle services are explained with the inverse conjunction 하지만 at the end, it is natural for the content about the disadvantages to be mentioned at the beginning. Therefore, the missing sentence must be located at (㉡), so the correct answer is ②.

41.

(㉠) The reason why static electricity occurs is friction. (㉡) In dry winter, you must have experienced electricity as you tried to take off a hairy sweater or held a metal doorknob. (㉢) Each time, our bodies and the objects give and take electrons, and electricity is stored bit by bit in our bodies and the objects. (㉣) When excess electric charges are accumulated on an object and touches a proper derivative, the electricity accumulated so far throw out sparks at once and moves, which is static electricity.

┌─ Missing Sentence ─────────
As we touch with the objects around us while performing the activities of daily living, friction is bound to occur.
└────────────────────────────

Question type Inserting a sentence for the context (book review/ impression essay)

이렇게 in the missing sentence indicates that the preceding sentence must have discussed our contacting an object around us in living. ③ is the answer.

[42~43] **Read the following and answer the questions.**

Seong-wun blankly watched the flowing river on and on. He was visiting his hometown for the first time since his father passed away ten years ago. As he was watching the river, he felt sad at heart. He had only looked ahead until now, moving forward to success. And one day, he suddenly found himself a workaholic who knew nothing but work and set out on a journey without a plan. The next thing he knew was that he was at the riverbank where he used to play in childhood. Today, Seongwun missed his father very much.

Seong-wun's father had been a farmer all his life. He rented rice paddies and fields from other people and lived a life of poverty, but with a dream of giving his son an opportunity for higher education, Seong-wun's father never considered what he does as hard work. When Seong-wun graduated from university and passed the entrance exam for a small company, Seong-wun's father felt proud (lit. shrugged his shoulders) as if his son had made a huge success.

Seong-wun no rolled up his sleeves, wet his arms, touched the water, and splashed some on his face. The sound of quietly flowing water felt like the warm voice of his father. A big teardrop suddenly fell from Seong-wun's eyes.

The Nakdonggang River, Cho Myung-hui

42. **Question type** Understanding emotions (fiction)

The phrase "어깨를 으쓱하다" literally means to "shrug one's shoulders," but it is an expression of pride in Korean, Therefore, this expresses a proud behavior by the father, who considers his son to be hugely successful. ③ is the answer.

- 어깨를 으쓱하다: to shrug one's shoulders; to move one's shoulders up and down to express pride

43. **Question type** Understanding the details (correspondence/ fiction)

Seong-wun found himself to have become a workaholic who knew nothing but work. ① is the answer.

- ② Seong-wun set out on a journey because he missed his father. → found himself to have become a workaholic

- ③ Seong-wun is on a journey he has long been planning. → without a plan

- ④ Seong-wun visited his hometown often since his father passed away. → for the first time

- 일벌레: a work bug; a figurative expression to refer to a workaholic or someone who is not interested in anything but work

- 무작정: without any prior considerations or decisions about the future

[44~45] Read the following and answer the questions.

A "consumption date labeling system" has been implemented, which requires products to display a consumption date instead of a distribution expiration date. While the distribution expiration date refers to the period during which the product can be distributed and sold to consumers from the date of manufacture, the consumption date indicates the date by which the product can be safely consumed if stored under the specified conditions. Since the distribution expiration date is a labeling method focused on the seller, (   ) even after the expiration date has passed. However, many consumers have mistakenly regarded the distribution expiration date as the disposal date and have had difficulty determining whether the product is safe to consume. The introduction of the consumption date labeling system is expected to provide consumers with clear guidelines for safe food consumption while also reducing food waste.

44. **Question type** Understanding the topic

Even though a certain period of time has passed beyond the expiration date, the product can be consumed for a certain period of time, but it is natural to follow with the statement that consumers often dispose of the product because they cannot accurately determine that period. Therefore, ③ is the appropriate answer. ② is unnatural because it means that the product can be continuously consumed regardless of the expiration date, which leads to the conclusion that the consumer disposes of the product.

45. **Question type** Choosing the best phrase for the context

The writer states that because the introduction of the consumption date labeling system is expected to provide consumers with clear guidelines for safe food consumption while also reducing food waste, ④ is the most appropriate answer, as it is the main topic.

[46~47] Read the following and answer the questions.

Does a bigger brain mean higher intelligence? The size of the brain is typically measured by weight. Among the brains of individuals known so far, the smallest weighed 0.45 kg, while the largest weighed 2.3 kg, yet both had average intelligence. Among animals, the brain of a whale is the largest, weighing around 5-8 kg, but its intelligence is much lower compared to humans. So, could it be that the ratio of brain size to overall body size is more closely related to intelligence? The human brain accounts for about 1/50th of the body's weight, which is a higher ratio compared to other animals. This led to many claims focusing on the correlation between relative brain size and intelligence. However, this is also not entirely true. Just because an animal has a larger head compared to its body size doesn't necessarily mean it is smarter. Therefore, it seems challenging to find a single criterion, such as brain size or ratio, to determine the correlation with intelligence.

46. **Question type** Choosing the writer's stance (persuasive essay)

The writer explains that it seems challenging to find a single criterion, such as brain size or ratio, to determine the correlation with intelligence. Therefore, the answer is ②.

- 풍자(Satire): A literary genre that exposes and criticizes human vices, shortcomings, or flaws by using humor, irony, exaggeration, or ridicule to mock and attack them, often through a fictional narrative or character.

47. **Question type** Understanding the details (correspondence/persuasive essay)

The writer said that just because an animal has a larger head compared to its body size doesn't necessarily mean it is smarter. ② is the best answer.

① Among human brains, the smallest in size ~~was associated with lower intelligence~~. → had average intelligence

③ The ratio of the human brain to the body size is relatively ~~low~~. → high

④ Of the animals on the Earth, the whale has the ~~highest brain-to-body weight ratio~~. → largest brain size

[48~50] Read the following and answer the questions.

A law called the "the Legal Age Unification Act" that standardizes the age criterion to "legal age" has been enacted from June 2023 in various fields such as law and administration. In everyday life, people use "Korean age," which is also known as "nominal age," but in most financial and legal fields, "legal age," also known as the age of majority, is used, and in some laws, "age calculated by subtracting the birth year from the current year," also known as "international age," is used, causing confusion in age interpretation. With the enactment of the "the Legal Age Unification Act," it is expected that unnecessary legal disputes will be resolved, as the principle of interpreting the age indicated in laws, contracts, and official documents as "legal age" is established unless there are separate special provisions. However, most laws have been primarily using "legal age" before this law, and the age of entering the military or elementary school, etc. is consistently based on "international age" (   ), so it may not be very noticeable that the age has been standardized to "legal age" in real life.

48. **Question type** Understanding the purpose (persuasive essay)

The writer explains that under the Uniform Age Act, if there is no separate regulation, the age displayed on official documents will be interpreted as the age in legal age. The writer predicts that unnecessary legal disputes will be resolved with the introduction of this law. Therefore, the correct answer is ④.

49. **Question type** Choosing a phrase for the context (persuasive essay)

Despite the implementation of the Legal Age Unification Act, it can be surmised that the age for military service and elementary school admission continues to be based on "international age" due to the persistence of various practical reasons. The answer is ②.

50. **Question type** Understanding the details (correspondence/ persuasive essay)

Before the enactment of the Uniform Age Act, there were three age standards: "Korean age," "legal age," and "international age," leading to various confusions in age interpretation. Therefore, option ② is the correct answer, which predicts that unnecessary legal disputes will be resolved with the Uniform Age Act.

① The writer is ~~skeptical~~ about whether the Legal Age Unification Act will resolve unnecessary legal disputes. → anticipating

③ After the enactment of the Legal Age Unification Act, ~~only the age of majority is used in all fields.~~ → legal age will be applied unless there are separate special provisions.

④ ~~Even with separate special provisions, age is interpreted as the age of majority in laws, contracts, etc.~~ → If there are separate provisions, age is interpreted as the regulated age.

정답 ANSWERS

1교시: 듣기, 쓰기

듣기

1. ②	2. ①	3. ②	4. ④	5. ④
6. ②	7. ①	8. ④	9. ③	10. ①
11. ④	12. ④	13. ③	14. ③	15. ②
16. ④	17. ②	18. ③	19. ④	20. ④
21. ④	22. ①	23. ③	24. ④	25. ②
26. ④	27. ②	28. ②	29. ③	30. ④
31. ③	32. ②	33. ③	34. ①	35. ①
36. ④	37. ③	38. ②	39. ①	40. ①
41. ②	42. ③	43. ④	44. ④	45. ②
46. ④	47. ③	48. ③	49. ④	50. ③

쓰기

51. ㉠ (5점) 다음 주에 여행을 갈 수 없게 되었습니다
     (3점) 여행을 못 가게 되었습니다

  ㉡ (5점) 예약 일정을 다음 달로 바꿔도 되겠습니까/바꿔도 될까요
     (3점) 예약을 바꿀 수 있습니까/있을까요

52. ㉠ (5점) 음식물 쓰레기를 줄이려는 노력이 필요하다
     (3점) 음식물 쓰레기를 줄여야 한다

  ㉡ (5점) 계획을 세워 필요한/적당한 양만큼만 사도록 해야 한다
     (3점) 계획을 세워서 적당한 양만 사야 한다

2교시: 읽기

읽기

1. ③	2. ②	3. ①	4. ③	5. ①
6. ②	7. ②	8. ③	9. ④	10. ④
11. ②	12. ④	13. ②	14. ④	15. ①
16. ②	17. ④	18. ③	19. ④	20. ③
21. ③	22. ④	23. ②	24. ②	25. ①
26. ①	27. ②	28. ②	29. ④	30. ④
31. ①	32. ①	33. ②	34. ①	35. ①
36. ④	37. ②	38. ④	39. ①	40. ③
41. ②	42. ③	43. ④	44. ③	45. ③
46. ②	47. ①	48. ③	49. ②	50. ③

53. Writing sample answer

	산	업	별		취	업	자		현	황	을		지	난	해	와		비	교	했	을		때
전	체	적	으	로		취	업	자	의		수	가		약		50	만		명		증	가	했	지
만		산	업	별	로		차	이	가		있	었	다	.		보	건	업		및		사	회		복
지		서	비	스	업	은		9.	3%	,		숙	박		및		음	식	점	업	은		10	.2	%,
정	보	통	신	업	은		7.	7%		증	가	한		것	으	로		나	타	났	다	.		이	에
비	해	,		감	소	된		취	업	자		수	는		약		16	만		명	으	로		도	매
및		소	매	업	은		1.	8%	,		운	수		및		창	고	업	은		3%	,		농	림	어
업	은		3.	8%		감	소	한		것	으	로		조	사	되	었	다	.		이		결	과	를
통	해		취	업	자		현	황	은		산	업	별	로		자	세	히		구	분	해	서	
확		인	할		필	요	가		있	음	을		알		수		있	다	.						

54. Writing sample answer

　　옛날부터　발생하여　전해　내려오는　그　나라　고유의　문화를　전통문화라고　한다.　이처럼　전통문화는　오랜　시간　동안　민족의　고유한　생활　속에서　다양하게　변형,　계승되어　정착한　것으로　그　속에는　조상의　지혜가　있다.　각　나라의　의식주　등의　전통문화는　각　민족의　특성과　자연　환경　조건에　맞게　조정되어　자리잡은　것이라고　할　수　있다.

　　또한　전통문화에는　고유한　민족정신이　담겨　있다.　역사를　볼　때,　전통문화가　사라진다는　것은　그　민족을　지탱하는　정신이　없어지게　되는　것이다.　민족정신이　없어지면　다른　나라의　침략　시　쉽게　무너지게　된다.　강대국이　약소국에　영향을　미치는　방법　중　하나로　문화적　전파를　중시한　것이　그　예라고　할　수　있다.　그러므로　민족　고유의　정신,　즉,　민족의　정체성을　지키고　유지하는　것은　매우　중요한　일이라는　것을　알　수　있다.

　　아울러　전통문화는　과거와　현재를　이어주는　수단이다.　옛것이　가장　새로운　것이라는　말처럼　전통문화는　과거의　산물이지만　현재에도　영향을　미치고　있고,　현대의　문화와　맞물려　새로운　변화를　하며　또　다른　전통으로　거듭나고　있다.　전통문화에서　아이디어를　얻어　현대　사회가　맞닥뜨린　문제를　해결하는　경우도　있다.　이와　같은　이유로　전통문화는　꾸준히　계승되고　보존되어야　한다.

　　전통문화는　민족의　정체성을　유지하고,　조상의　현명함을　배우게　되는　가치　있는　일이기　때문에　반드시　계승되고　보존되어야　한다.

 Explanations

[1~3] Listen to the following and choose the picture or graph that matches best.

1.

여자 왜 이렇게 바빠요? 점심은 먹었어요?

남자 아직요. 혹시 지금 밖에 나가는 거면 저 빵 좀 사다 줄 수 있어요?

여자 네, 그럴게요. 조금 쉬면서 해요.

W   Why are you so busy? Did you have lunch?

M   Not yet. If you're going out, can you buy some bread for me?

W   I will. But get some rest from your work.

The man is busy and is doing his work. He asks the woman, who is going out, to get some bread for him. The answer is ②.

2.

남자 아까 계속 전화하던데 무슨 일이 있어요?

여자 휴가 날짜가 갑자기 바뀌어서 비행기 표를 다시 검색해 보고 있었어요.

남자 그러면 제가 휴가 날짜를 바꿔 드릴까요?

M   You were on the phone very long earlier. Did something happen?

W   My leave dates suddenly changed, so I'm searching for an airline ticket again [online].

M   Then why don't I change my leave dates with you?

The woman's vacation dates changed suddenly, so she is looking for another ticket by using her computer. The man is talking to her. The answer is ①.

3.

남자 전자책, 웹소설 등을 읽을 때 사용하는 기기에 대해 조사한 결과, 이용자의 절반 이상인 60.5%가 스마트폰을 사용했으며, 태블릿 PC가 20.9%로 그 뒤를 이었습니다. 차례로 노트북과 데스크톱, 전자책 전용 단말기를 사용하는 사람들이 많았습니다.

M   A survey on devices used for reading e-books and web novels showed that over half, 60.5%, of users utilized smartphones, with tablet PCs following at 20.9%. Following them were people using laptops, desktop computers, and e-book readers in that order.

The man states the results of a survey on devices used for reading e-books and web novels. The results of the survey are smartphones (60.5%), tablet PCs (20.9%), laptops (13%), desktop computers (12%), and e-book readers (11%) in that order. Therefore, the correct answer is ②.

[4~8] Listen to the following and choose the word that best completes the dialogue.

4.

여자 이번 전시회는 다양한 언어로 안내하는 게 좋을 것 같아요.

남자 좋은 생각이에요. 외국인 관람객들이 전시회를 더 잘 이해할 수 있겠어요.

여자 _____

W   I think we should offer multilingual guides for this exhibition.

M   That's a good idea. That will help foreign visitors better understand the exhibition.

W   _____

The woman suggests that the man offer a multilingual guide for this exhibition. The answer is ④.

5.

여자 회사에서 다 같이 봉사 활동을 나오니까 좋네요.

남자 봉사 활동은 좋지만 저는 주말에는 쉬고 싶어요. 정말 피곤해요.

여자 _____

W   It's nice that everyone from the office has come to do the volunteer work.

M   Volunteer work is good, but I want to rest on weekends. I'm so tired.

W   _____

The woman has a positive view on volunteer work. It seems likely that she is offering the struggling man some words of encouragement. The answer is ④.

6.

남자 재미있게 들을 만한 수업이 없을까?

여자 이 수업 같이 들어 볼래? 방학 때는 다 같이 스키를 타러 간대.

남자 _____

M   Isn't there a class that I can have fun in?

W   Do you want to take this class with me? They say everyone will go skiing during vacation.

M   _____

The man is looking for a class which he can have some fun in. The woman recommends a class for him, and the best answer from the man is ②.

7.

남자 낮에는 더웠는데 밤이 되니까 춥네요.

여자 네. 요즘 밤과 낮의 기온 차이가 큰 편이에요. 감기에 걸리지 않도록 조심해요.

남자 _____

M   It was warm in the day, but it's cold at night.

W   That's right. The temperature gap between day and night is quite big these days. Be careful not to catch a cold.

M   _____

The woman tells the man how he should be careful not to catch a cold. The best answer is ①.

8.
여자 요즘 제가 가는 식당 음식들이 너무 짠 것 같아요.

남자 네. 그래서 요즘은 집에서 만드는 음식들이 모두 싱겁게 느껴져요.

여자 _____

W I think the restaurants I go to nowadays make the food too salty.

M I know. So the food we cook at home all feels bland now.

W _____

The woman is complaining that restaurant food is too salty. The man thinks the food cooked at home tastes rather bland, and the most likely response from her is ④.

[9~12] Listen to the following and choose the answer that would be most appropriate as the <u>woman's</u> next action.

9.
여자 우리 강아지가 아프고 나서 털이 많이 빠지는 것 같아. 어떡하지?

남자 그러면 샴푸를 바꿔 보는 건 어때? 내가 가입한 인터넷 애견 카페에 샴푸를 바꿨더니 효과가 있었다는 글이 있었어.

여자 바꿔 봤는데 소용이 없어. 그래서 동물병원에 다녀오려고.

남자 그래. 그게 좋겠다. 병원에 갔다 와서 나에게 전화해.

W My dog was sick, and he seems to be losing a lot of hair.

M Then why don't you change his shampoo? I subscribe to an online pet cafe, and there was a post that said changing shampoos worked.

W I've already done that, but it was no use. So I'm thinking about going to the vet.

M I guess you should. Call me after you visit the vet.

The woman has already changed pet shampoos, which did not work. So she is about to take her dog to the vet. The answer is ③.

10.
여자 우리 회사에서 무료로 영어 수업을 들을 수 있다면서요? 같이 신청할래요?

남자 저는 지난달에 들었어요. 대신 한 달 전에 신청해야 해요. 일주일 전까지는 취소도 할 수 있어요.

여자 빨리 다음 달 수업을 신청해야겠어요. 어떻게 신청해요?

남자 먼저 인사팀에 가서 신청서를 받아야 해요.

W I heard that we can take a free English class at our company. Do you want to register with me?

M I took the class last month. But you have to apply one month before. And you can withdraw up to one week before the class.

W I should apply quickly. How do I do it?

M First you must go to the HR team to get an application form.

According to the man, the woman must go to the HR team to get an application form for the free in-house English class. The answer is ①.

11.
여자 저……. 여기에서 사용할 수 있는 할인 쿠폰이 문자로 왔는데 어떻게 사용하는 건가요?

남자 인터넷에서 본인 확인을 받고 사용할 수 있어요. 한 달에 한 번 우편으로도 보내 드리고요.

여자 그래요? 가장 빠른 방법은 뭐가요? 지금 당장 사용하고 싶어요.

남자 지금 여기서 할인 쿠폰을 보여 주고 본인 확인을 하면 돼요.

W Excuse me. I received a discount coupon I can use here by text message. How do I use it?

M You can use it after getting your identity verified on the Internet. We also send it by mail once a month.

W Do you? But what is the fastest way? I'd like to use it right now.

M Then you can show your discount coupon here and verify your identity.

The woman wants to use her discount coupon immediately. The man tells her that she can present the coupon and verify her identity. The answer is ④.

12.
여자 우리 학교 학생 식당은 가격은 저렴한데 조금 불친절한 것 같아.

남자 요즘 이 애플리케이션을 다운로드 받으면 학생 식당에 대한 서비스를 평가할 수 있대.

여자 그래? 다운로드 받아야겠다. 학교 게시판에 글 올리는 것보다 낫겠어.

남자 응. 그리고 무료 식권 이벤트에도 참가해 봐.

W I think our school cafeteria is inexpensive but a little unfriendly.

M I hear that nowadays you can review the cafeteria service if you download this application.

W Really? Then I should download it. It's better that posting on the online school bulletin board.

M Please do that. And take part in the free meal coupon event, too.

The woman is about to download an application to review the school cafeteria. The answer is ④.

[13~16] Listen to the following and choose the statement that agrees with the content you have heard.

13.
여자 물건을 공동으로 구매하면 싸게 살 수 있다면서?

남자 응. 대신 공동 구매자가 많을수록 싸지니까 공동 구매자들이 모일 때까지 좀 기다려야 해.

여자 그래서 우리 같은 학생들이 많이 이용하는구나.

남자 응. 이번에 나도 전공 책을 공동 구매했어.

W Is it true that we can buy things for low prices through group buying?

M Yes. In return (for its cheap price), we have to wait a while until the buyers gather because the more people we have, the lower the price will be.

W That's why students like us use it often.

M True. I bought books for my major through group buying.

The answer is ③ since for group buying, you need to wait until enough people gather to make a purchase.

14.
여자 주민 여러분 안녕하십니까. 오늘 우리 아파트에서 오전 아홉 시부터 저녁 일곱 시까지 알뜰 시장이 열릴 예정입니다. 오늘 알뜰 시장에서는 신선한 채소를 시장보다 저렴한 가격으로 판매합니다. 또 선착순 열 명에게만 수박을 절반 가격에 드리는 행사도 예정되어있습니다. 단 아파트 주민만 배달이 가능합니다.

W Good morning, tenants. Today at our apartment complex, a thrift market is scheduled to be open from 9 AM to 7 PM. Today's thrift market will sell fresh vegetables at lower prices than at the market. We also have an event to sell watermelons at half the price to the first ten customers. Delivery is offered only to apartment tenants.

The apartment's thrift market is open from 9 AM to 7 PM. The answer is ③.

15.
남자 지난해 미국에서 인기를 끌었던 한국 뮤지컬 공연 소식입니다. 이 뮤지컬은 실제 있었던 역사적 사실을 바탕으로 만들고 그 시대의 의상과 소품을 재현하고 있습니다. 한국적인 이야기이지만 미국 사람들의 눈길을 끌었던 이유는 바로 뮤지컬 음악 때문입니다. 외국인 음악 감독에 의해 새롭게 탄생한 한국 전통 음악은 많은 세계인들에게 호응을 얻고 있습니다.

M Now for some news about a Korean musical performance that was popular in the United States last year. This musical is based on real historical facts and depicts the era's clothing and objects. The story is very Korean but attracted Americans because of the music. Korean traditional music that was given new life by a foreign music director is winning good responses from people around the world.

This musical was popular in the United States last year. The answer is ②.

16.
여자 박사님. 앞으로 인간 복제 기술이 가능해진다면 어떤 문제점이 생길 수 있을까요?

남자 사람이 죽어도 또 살릴 수 있다고 생각할 수 있어요. 그러면 생명의 가치가 떨어질 수 있다는 것입니다. 또 인간 복

제가 가능하게 되면 범죄율이 감소할 것이라는 연구 결과도 있지만 분명 더 나쁘게 이용될 수도 있어요. 인간 복제의 위험성에 대한 경고가 많은데도 불구하고 사람들이 인간 복제에 대해 좋게만 생각하는 것도 문제입니다.

W Doctor, if human cloning technology becomes available in the future, what problems might there be?

M People might think that when a person dies, they can bring that person back to life. Then the value of human life may go down. There is a study show that the crime rate will fall if human cloning becomes possible, but it can be used for a worse purpose. It is also a problem that people have a favorable view of human cloning when there are so many warnings about the risks of human cloning.

There is a study result that says the crime rate will drop if human cloning becomes possible. The answer is ④.

[17~20] Listen to the following and choose the answer that best matches the man's main point.

17.
남자 오늘 오후에 회의가 있어서 점심을 빨리 먹어야 해요.

여자 그럼 편의점에서 컵라면을 사 먹을까요? 간단하게 빨리 먹을 수 있잖아요.

남자 간단하게라도 밥을 먹는 건 어때요? 아침도 간단하게 먹는데 하루 중에 점심을 제일 영양가 있는 음식으로 먹어야 한다고 생각해요.

M I must have a quick lunch because I have a meeting this afternoon.

W Then shall we go to the convenience store and eat some cup noodles? We can have a simple and fast meal.

M Why don't we eat rice if we eat light? We usually have a light breakfast, so I think we must eat the most nutritious food at lunch throughout the course of the day.

The man thinks that throughout the course of the day, people should eat the most nutritious food at lunch. The answer is ②.

18.
남자 많이 걸었더니 조금 피곤하죠?

여자 네. 좀 쉬고 싶은데 아직 일정이 남았나요?

남자 이제 남산에서 야경을 봐야 해요. 여행을 왔으면 좀 피곤하더라도 그 도시의 야경은 꼭 봐야 한다고 생각해요.

M You must be a little tired after that long walk.

W I am. I'd like to get some rest, but do we still have anything on the itinerary?

M We should see the nightscape at Namsan Mountain. I think you should not miss the city's nightscape when you are traveling even though you may be a bit tired.

The man thinks they must see the city's nightscape when they are traveling. The answer is ③.

19.
남자 제 동생이 외국인과 연애하고 있는데 결혼까지 생각하고 있는 것 같아요.

여자 그래요? 요즘엔 국제결혼이 자연스러워졌다잖아요.

남자 그런데 문화적인 차이가 있을까 봐 좀 걱정이에요. 작은 오해로 싸움이 날 수 있고, 음식도 잘 안 맞을 수 있잖아요.

여자 그럴 수도 있겠네요. 하지만 서로 사랑하는 마음이 크면 다 극복할 수 있어요.

M My younger sister/brother is in a relationship with a foreigner, and I think she/he is considering marriage.

W Really? I've heard that international marriages are becoming common these days.

M But I'm a little concerned about potential cultural differences. Small misunderstandings can escalate into arguments, and they might have different preferences when it comes to food.

W That's possible. However, if they truly love each other, they can overcome any challenges they may face.

The man is worried about the potential problems of international marriage, which may arise from cultural differences. The answer is ④.

20.
여자 전주에서 가장 유명한 한옥 호텔을 운영하고 계신다고 들었는데요. 어떻게 이런 한옥 호텔을 생각하게 되신 건가요?

남자 저는 외국에 관광을 갈 때마다 그 나라의 주거 문화를 체험했는데 그게 가장 기억에 남았어요. 그래서 외국인들에게 한국의 주거 문화도 체험하게 해 보면 좋을 것 같아서 사업을 시작했습니다. 외국인 손님들께서 처음에는 온돌 문화가 조금 불편하다고 하시지만 따뜻한 바닥에서 하룻밤을 자고 나면 몸이 좋다고 하시더라고요. 이렇게 전통적인 주거 체험을 해 봐야 그 나라를 제대로 여행했다고 생각합니다.

W I heard that you are running the most famous hanok hotel in Jeonju. How did you come up with the idea of a hanok hotel?

M In every trip abroad, I experienced the dwelling style [culture] of that country, and that was the most memorable thing for me. I started this business thinking that it would be nice to let foreigners experience the Korean dwelling style. At first, foreign guests say that the ondol system [culture] is a bit inconvenient, but after sleeping on a warm floor for a night, they say they feel great. I think you can say that you have had real travel experiences only when you have experienced the country's traditional homes.

The man thinks that people can know a certain county only when they experience a traditional home. The answer is ④.

[21~22] Listen to the following and answer the questions.

여자 요즘 지역 축제의 종류가 정말 많아진 것 같아요.

남자 네, 맞아요. 특히 지역 축제에서는 특산물을 활용한 먹거리나 캐릭터 상품이 잘 팔리는 것 같아요.

여자 그런데 지역 축제가 다 비슷해 보여서 사실 차이는 잘 모르겠어요.

남자 그렇죠. 단순히 물건을 사기만 하는 관광이 아니라, 지역의 특색을 직접 체험할 수 있는 관광 상품을 개발할 필요가 있어요.

W It seems like there are so many different types of local festivals these days.

M Yes, that's true. Especially at local festivals, food made with local specialties and character merchandise seem to sell well.

W However, they all seem similar to me, so I don't really see the difference.

M Right. It's necessary to develop tourism products that allow visitors to directly experience the unique features of the region, rather than just buying things.

21. The man said that it is necessary to develop tourism products that allow visitors to directly experience the unique features of a region rather than simply buying things. Therefore, the correct answer is ④.

22. From the man's statement that food made with local specialties or local character merchandise seem to sell well at local festivals, we can infer that you can buy character merchandise at local festivals. Therefore, the correct answer is ①.

[23~24] Listen to the following and answer the questions.

여자 개인 사정 때문에 휴가를 좀 빨리 사용하고 싶은데요. 가능할까요?

남자 언제 사용하시려고요? 지금은 휴가철이 아니라서 안 될 수도 있어요.

여자 마지막 주에 3일 정도 쉬려고 하거든요. 그러면 혹시 주말에 일을 하고 평일에 쉬는 것으로 대체하는 것은 안 될까요?

남자 우선 여기 신청서가 있으니까 작성하시고 부장님께 확인받아서 다시 오셔야 해요.

W I'd like to use my leave a little early for personal reasons. May I?

M When do you want to use it? This is not a vacation period, so it may not be possible.

W I'd like to take about three days off in the last week of the month. If that's not possible, can I substitute by working on the weekend and taking the weekdays off?

M First, fill out the application form here and come back when you have it confirmed by the senior manager.

23. The woman wants to use her leave when it is not a vacation period, and the man tells her to fill out an

application form and to get confirmation from the senior manager. He tells her how to apply for the leave, so the answer is ③.

24. The woman is about to take three days off in the last week of the month. The answer is ④.

[25~26] Listen to the following and answer the questions.

여자 선생님께서는 10년 동안 주말을 이용해서 '사랑의 도시락' 배달을 해 오셨다고 들었는데요. '사랑의 도시락' 배달에 대해 간단히 소개해 주시겠습니까?

남자 '사랑의 도시락' 배달은 독거노인분들을 직접 찾아뵙고 도시락을 배달해 드리는 봉사 활동입니다. 특히 '사랑의 도시락' 배달은 주말이나 명절에 더욱 많이 해야 합니다. 왜냐하면 가족이 없는 노인분들께서 주말이나 명절에 더욱 외로움을 느끼시기 때문입니다. 이 봉사는 단순히 밥 한 끼를 챙겨 드리는 것이 아니라 사람을 그리워하시는 노인분들의 친구가 되어드리는 게 목적인 봉사입니다.

W I heard that you have been delivering the Lunch Box of Love on weekends for the past ten years, sir. Would you like to briefly explain the Lunch Box of Love delivery?

M The Lunch Box of Love is a volunteer initiative where we visit senior citizens who live alone and deliver them lunchboxes. These deliveries are particularly important on weekends and holidays, as seniors without families often feel more lonely during these times. The goal of this service is not only to provide meals but also to become best friends with the elderly, who yearn for human connection.

25. The man believes that the volunteer work should happen more often on weekends and during holidays since senior citizens without families feel lonelier during those times. The answer is ②.

26. According to the man, the purpose of the volunteer work is not just about meals but about being friends with the elderly, who miss human contact. The answer is ④.

[27~28] Listen to the following and answer the questions.

남자 화장품 가게마다 세일 기간이 달라서 세일 정보를 잘 모르겠어.

여자 그래서 어제 화장품을 안 산 거였어?

남자 응. 한 달에 한 번 50% 세일을 하는데 그 기간을 놓치면 제값을 주고 사야 하거든. 그런데 왠지 손해를 보는 기분이야.

여자 그래도 50% 세일 행사는 일종의 고객을 위한 이벤트나 다름없는 거니까 좋지 않아?

남자 고객을 위한 세일 행사라고는 하지만, 오히려 회사 입장에서는 재고를 처리하고 신제품을 홍보하는 행사일 수도 있어.

M I don't have the exact discount information because each cosmetics shop has a different discount sale period.

W Is that why you didn't buy your cosmetics yesterday?

M Yes. They offer a 50% discount once a month, and you have to pay the full price if you miss that period. But then you feel like losing money [if you pay the list price].

W But the 50% discount is a kind of event for customers, so isn't that nice?

M They claim that it's a discount event for customers, but from the company's perspective, it may be an event to get rid of their stock and to promote new products as well.

27. The man says that he doesn't have the exact discount information since each shop has a different discount period. He also has some doubts about the discount system. The answer is ②.

28. As the woman asks why the man did not buy any cosmetics yesterday, he answers that he feels like he is losing money if he misses the discount period. Yesterday was not one of the discount days. And we can assume that he does not usually buy cosmetics unless it is a discount period. The answer is ②.

[29~30] Listen to the following and answer the questions.

여자 그동안 건강에 관련된 내용을 다룬 기획으로 상을 많이 받으셨는데. 이번에는 어떤 내용을 다루었나요?

남자 요즘 젊은 여성들 중에서 무리한 다이어트로 인한 거식증 환자가 많아지고 있습니다. 재미있는 사실 중 하나는 다이어트를 하고 있는 사람들보다 다이어트에 성공한 사람들 중에서 거식증에 걸린 사람이 더 많다는 사실입니다. 다이어트에 성공한 후 다시 살이 찌지 않으려고 하다 보니 자연스럽게 음식물 섭취를 거부하게 되고, 그것이 거식증으로 이어진 것이지요. 이런 추세와 시청자 의견을 반영하여 이번 특집에서는 거식증에 대해서 다루었습니다.

W You have won many prizes with special programs on health. What did you cover this time?

M Among young women these days, the number of anorexia nervosa patients is increasing due to severe dieting. One interesting fact is that more people develop anorexia among those who have successfully lost weight than those who are still on a diet. Once they have successfully lost weight, they tend to refuse to eat because they don't want to gain weight back, which leads to anorexia. We have incorporated this trend and viewers' opinions to cover anorexia nervosa in this special program.

29. The man has won many awards with health-related special programs so far. Since he says this special program on anorexia nervosa has incorporated the viewers' opinions, you can guess that he is a network producer. The answer is ②.

30. According to the man, successful dieters tend to develop anorexia nervosa more often. The answer is ④.

[31~32] Listen to the following and answer the questions.

여자 인간은 그동안 과학의 발전이라는 명분으로 생명체인 동물을 가지고 실험해도 된다고 당연하게 생각해 왔습니다. 지금이라도 동물 실험을 중단해야 합니다.

남자 동물 실험 없이는 인류의 발전도 없습니다. 지금도 수많은 변종 바이러스의 치료제는 동물 실험을 통해 만들어집니다. 동물 실험이 없다면 병으로 죽는 인간들이 많아질 것입니다.

여자 만약 동물 실험이 불가피한 일이라면 최소한 살아 있는 생명체에 대한 존중이 필요합니다. 실험을 통해 너무나 잔인하게 희생되고 있는 동물들이 많습니다.

남자 동물 실험에 이용되는 동물들을 보호하는 규제가 잘 지켜지지 않다뿐이지 분명히 있습니다. 그것은 과학자들의 윤리 의식에 맡겨야 할 부분인 것 같습니다.

W We have taken it for granted that humans can experiment on animals in the name of scientific development despite the animals being alive, too. We must stop animal testing now.

M Without animal testing, there will be no progress for humanity. Even at this moment, cures for numerous viruses are being made through animal testing. Without animal testing, more people will die from diseases.

W If animal testing is something inevitable, we must at least respect life. Many animals are sacrificed in experiments in very brutal manners.

M There are regulations to protect animals used for animal testing, although they are not always well enforced. I believe it should be left to the scientists' sense of ethics.

31. The man argues that there will be no progress for humanity without animal testing. The answer is ③.

32. The man firmly refuses to agree with the woman's argument and refutes, her views. The answer is ②.

[33~34] Listen to the following and answer the questions.

여자 경기 불황임에도 불구하고 오히려 저가 화장품의 판매율이 상승하고 있다는 흥미로운 조사 결과가 발표되었습니다. 이렇게 불황기에 오히려 저가 화장품의 매출이 올라가는 현상을 '립스틱 효과'라고 하는데요. 이는 돈을 아끼면서도 최소한의 품위를 유지하고 심리적인 만족을 추구하는 소비 성향을 의미합니다. 요즘 경기가 나빠지면서 명품 가방 같은 비싼 제품의 구매율이 감소하고 상대적으로 작은 투자로 큰 만족을 느낄 수 있는 향수나 디저트와 같은 제품의 구매율이 상승하는 것도 이런 경향의 예라고 볼 수 있습니다.

W An interesting survey result was announced, showing that the sales of affordable cosmetics increased despite the recession. This phenomenon is known as the lipstick effect, which refers to the tendency to consume more affordable products while maintaining a minimum level of respectability and seeking psychological satisfaction. During an economic downturn, purchases of expensive luxury goods decrease, while purchases of items such as perfume or desserts, which provide high satisfaction with a small investment, rise.

33. A recent trend in consumption is going from conspicuous consumption to that of satisfaction in everyday life. The answer is ③.

34. Sales of less costly cosmetics are going up even during a recession. The answer is ①. According to the woman, people get more satisfaction by consuming things like desserts, which provide more satisfaction with relatively small investments, so that is why ② and ③ are wrong answers.

[35~36] Listen to the following and answer the questions.

남자 저희 경주 미술관에 오신 것을 환영합니다. 저는 오늘 여러분의 안내를 맡은 김성민입니다. 여러분은 이제 경주미술관이 이 도시에서 가장 오래된 건물이라는 사실과 이곳이 최고의 보안 시스템을 갖추고 있는 아주 현대적인 곳이라는 사실을 알게 되실 겁니다. 또한 다른 미술관에서는 전혀 볼 수 없었던 새로운 전시 방법에 대해서도 소개해 드리겠습니다. 여러분은 이미 아시다시피 미술관은 모두 5층으로 이루어져 있습니다. 그런데 미술품이 전부 연대순으로 전시되어 있다는 사실도 알고 계셨나요? 가장 오래된 작품은 1층에 있고 가장 최근의 작품은 맨 위층에 있습니다. 그럼 1층 후문 근처에서 전시되고 있는 '미술관 기획전'부터 관람을 시작하겠습니다.

M Welcome to the Gyeongju Museum of Art. I'm Kim Seongmin, and I will be your guide today. Today, you will discover that the Gyeongju Museum of Art is not only the oldest structure in this city, but also a modern facility equipped with a state-of-the-art security system. Additionally, I will introduce you to a unique display method that you won't find in any other art museum. As you may already know, this museum has five floors. However, did you know that all the artwork is arranged chronologically? The oldest pieces can be found on the first floor, while the most recent ones are located on the top floor. Now, let's begin by exploring the special exhibit near the back gate on the first floor.

35. The man is briefly talking about the characteristics and the distinctive display method of the Gyeongju Art Museum. The answer is ①.

36. According to the man, the Gyeongju Art Museum is the city's oldest structure, which means that it was the first building in this city. The answer is ②.

남자 최근 부모님들이 자녀들의 책 읽기에 대해 고민이 많은데요. 그래서 오늘은 독특한 책 읽기 방법을 제시한 선생님을 모시고 이야기 나누겠습니다. 선생님, 우리 자녀들이 어떻게 책을 읽어야 할까요?

여자 적극적 읽기를 권장합니다. 요즘 아이들은 단순히 글자를 읽는 경우가 많기 때문에 독서량과 상관없이 독서 능력에 크게 차이가 나지 않습니다. 책을 읽어도 제대로 이해하지 못하게 되고 결국 체계적인 지식이 쌓이지 않습니다. 적극적 읽기는 단순히 글자를 읽는 것이 아닌, 맥락을 이해하면서 읽는 방법입니다. 글 내용을 바탕으로 다양한 질문을 만들 수 있어야 하고, 대상은 같으나 관점과 내용이 다른 글의 차이를 비교하면서 읽어야 합니다. 그런데 읽기 능력이 부족하면 적극적 읽기를 적용하기 어렵습니다. 따라서 수준에 맞는 책을 고르는 것이 적극적 읽기의 중요한 시작입니다.

M Nowadays, parents have a lot to consider when it comes to their children's reading habits. Our guest today is someone who has proposed a unique approach to reading. Sir, how should children read books?

W I recommend practicing active reading. Nowadays, many children simply read the words on the page without truly understanding the content. Regardless of how much they read, their reading abilities do not significantly improve. They may go through a book but struggle to comprehend it thoroughly, resulting in a lack of systematic knowledge. Active reading goes beyond simply reading the words; it involves understanding the context. Readers should be able to ask various questions based on the text and compare different texts that offer different perspectives and details on the same subject. However, if a child's reading skills are not sufficiently developed, it can be challenging to engage in active reading. Therefore, a crucial starting point for active reading is selecting books that are appropriate for the child's reading level.

37. The woman says that if a person's reading competence is not good, it is difficult to do active reading, so it is important to pick a book that is for one's level. The answer is ③.

38. Active reading is not about reading mere letters but about understanding and reading for context. The answer is ②.

여자 '열린 교육'에 대한 최근의 경향을 설명해 주셔서 감사합니다. 최근 교육계에 '열린 교육' 바람이 불기 시작하면서, 교실 안 교육에서 벗어나려는 움직임이 나타나고 있는데 좋은 현상이라고 생각합니다.

남자 맞습니다. 교육은 교실 안에서만 이루어지는 것은 아니라고 생각합니다. 교실 밖에서도 충분히 효과적인 교육이 이루어질 수 있습니다. 최근 교실 밖에서 사물과 현상을 직접 보고 듣고 느끼는 현장 체험 학습이 활발히 이루어지고 있습니다. 대표적으로 박물관과 과학관은 훌륭한 교육적 효과를 얻을 수 있는 공간이라고 생각합니다. 그러나 박물관과 과학관을 단순히 '숙제하는 곳'이라고 생각하는 아이들이 많습니다. 그래서 이러한 공간을 어떻게 활용해야 하는지 방법을 가르쳐서 하루 종일 있어도 지루하지 않은 아이들의 놀이터이자 학습 공간으로 만드는 것도 열린 교육 못지않게 중요하다고 생각합니다.

W Thank you for explaining the recent trend of yeolin [open] education. As the wave of yeolin education has recently started to reach the educational sphere, there is a movement to go beyond traditional classroom education, and I believe it is a positive trend.

M Absolutely. I don't believe education should be limited to the confines of a classroom. It is possible to effectively educate students outside of the classroom as well. In recent times, there has been an increase in field trips that allow students to experience and engage with real-life things and phenomena. Museums and science centers are particularly notable places that offer excellent educational opportunities. However, many children still view these places as mere destinations for completing homework assignments. That's why I believe it is crucial for yeolin education to teach children how to utilize these spaces and transform them into playgrounds and learning environments where they can spend an entire day without feeling bored.

39. According to the woman's words, we can see that a recent trend in educational circles is *yeolin* education. The answer is ①.

40. *Yeolin* education is a movement to go outside the classroom. The man says that education can be effectively provided outside the classroom. The answer is ①.

남자 여러분은 하루에 텔레비전을 몇 시간 정도 시청하시나요? 또 잠은 얼마나 자는 편인가요? 텔레비전을 보느라 너무 늦게 자면 잠을 잘 자는 데 방해가 됩니다. 실제로 텔레비전을 많이 볼수록 수면 장애를 겪을 확률이 높다는 연구 결과가 나왔습니다. 오늘은 어린이들이 텔레비전을 보는 시간과 수면 장애가 어떤 관계가 있는지 알아보고자 합니다. 미국의 한 보건대학원에서 텔레비전이 있는 방에서 생활하는 어린이들이 잠을 덜 잔다는 것에 주목하여 연구를 한 적이 있습니다. 생후 6개월부터 8살까지 어린이 1,800명을 대상으로 관찰한 결과 텔레비전을 보는 시간이 많으면 많을수록 수면 장애를 겪을 가능성이 높았다고 합니다. 어린이가 하루에 텔레비전을 1시간씩 볼 때마다 수면 장애를 겪는 시간이 7분씩 늘어난다고 합니다. 나이가 많은 어린이보다 나이가 적은 어린이들이, 특히 여자 어린이보다 남자 어린이들이 이런 현상을 많이 보인다고 합니다.

M How many hours a day do you spend watching TV? And how long do you usually sleep? If you stay up too late watching TV, it can disrupt your sleep. In fact, a study has shown that the more time spent watching TV, the higher the likelihood of experiencing sleep disorders. Today, we will explore the relationship between TV viewing hours and sleep disorders in children. A study conducted by an American health graduate school revealed that children who have a television in their room tend to sleep less. When observing 1,800 children aged between 6 months and 8 years, it was found that the longer they watched TV, the greater the probability of experiencing sleep disorders. It is reported that for every hour of TV watched, the duration of sleep disorders increases by seven minutes. This issue is more prevalent among younger children than older ones, and particularly among boys rather than girls.

41. The man is talking about the results of a study that the younger the children are, the more likely they will suffer from sleeping disorders. He recommends that children reduce the number of hours they watch TV to sleep better. The answer is ②. ③ is a wrong answer because the text does not exactly say that the physical presence of a TV in children's rooms causes sleeping disorders.

42. The younger the children are, the more likely they are to develop sleeping disorders. The answer is ③.

[43~44] Listen to the following and answer the questions.

여자 최근 서울숲에서 열린 '생태 탐사' 행사에 대해 들어 본 적 있나요? 이 행사는 2010년부터 산림청에서 주관하고 있으며, 주로 생물의 다양성을 탐사합니다. 전문가부터 학생과 일반인 참가자까지 다양한 사람들이 이 행사에 참여할 수 있습니다. 어떤 이유로 도시 한복판에서 생태 탐사 행사가 열리게 된 것일까요? 이 행사는 생물 다양성에 대한 이해를 높이는 활동을 할 수 있게끔 개최했다고 합니다. 전문가들은 새로운 생물종을 조사하며 학생과 일반인 참가자들은 주로 각 분야별 생물종에 대한 특징을 익히고 체험하는 활동을 하게 됩니다. 주의해야 할 점도 있는데요. 일반인은 생물종에 대한 이해가 부족해 생물에 해를 끼치거나 생물을 채취하다 위험해질 수 있기 때문입니다. 그런데 이 행사가 유명해진 것은 이 행사의 의의와 관련 있습니다. 대도시 사람들에게 대도시에서 사는 생물종이 얼마나 되는지, 또 그 생물이 건강하게 살고 있는지 관심을 가질 수 있는 기회를 만들었다는 것입니다.

W Have you ever heard about the recent eco trail event held at Seoul Forest? This event, hosted by the Korea Forestry Service since 2010, focuses on exploring biodiversity. People from diverse backgrounds, including experts, students, and general citizens, can participate in this event. But what led to the organization of an eco trail event in the heart of a city? The main purpose of this event is to promote understanding of biodiversity.

Experts conduct research on new species, while students and general citizens engage in activities to learn about and experience the characteristics of different species in each area. However, some precautions need to be taken. Laypeople may lack understanding of certain species, which could potentially harm or endanger the organisms when collecting samples. Nevertheless, the popularity of this event stems from its inherent value. It provides an opportunity for people in a bustling city to develop an interest in the variety of species that inhabit their surroundings and to learn about their well-being.

43. According to the woman, the meaning of this event is in making people more interested in other organisms that exist in a big city. The answer is ④.

44. In the last comment, we can see that this event became famous because it provided a chance for the people in the city to think about how many biospecies live in the big city and how they live. The answer is ④.

[45~46] Listen to the following and answer the questions.

여자 여러분이 일하고 있는 곳이 세상에서 가장 위험하고 무서운 곳이라면 과연 아무 걱정 없이 일을 할 수 있을까요? 보통 사람이라면 그럴 수 없을 겁니다. 하지만 더 이상 걱정하지 않아도 됩니다. 과학 기술의 발달로 사람이 가기 위험하고 무서운 곳을 이제는 로봇들이 가기 때문입니다. 전쟁터에서 일하는 로봇, 깊은 물 속에서 일하는 로봇이 그 예입니다. 좀 더 구체적으로 살펴볼까요? 한국로봇융합연구원(KIRO)은 재난 현장에서 생존자가 있는지 탐지해서 구조 작업을 수행할 수 있는 '뱀형 로봇'을 개발했습니다. 이 로봇은 좁은 공간을 통과할 수 있고, 모래나 건물 잔해가 깔려 있는 울퉁불퉁한 곳도 무리 없이 이동할 수 있습니다. 뱀 로봇의 머리 부분에는 생존자를 찾아낼 수 있도록 열화상 카메라, 마이크 등 각종 센서와 장치가 부착되어 있어서 생존자의 상태를 파악하고 생존자와 소통할 수 있습니다.

W If the place where you work is the most dangerous and scary place in the world, can you work there without any worries? Most people cannot. However, you don't have to worry anymore because robots can now go to the dangerous and scary places where people cannot go, thanks to the development of science and technology. Robots that work in war zones and in deep water are examples of this. Shall we take a closer look? The Korea Institute of Robot and Technology Convergence (KIRO) has developed a "snake robot" that can detect whether there are survivors in a disaster zone and perform rescue operations. This robot can pass through narrow spaces and move easily through rough terrain with sand or debris. The head of the snake robot is equipped with various sensors and devices such as thermal cameras and microphones, so it can detect the presence of survivors, assess their condition, and communicate with them.

45. The snake robot's head is equipped with various sensors and devices such as thermal cameras and microphones to detect survivors, so the answer is ②. Answer ④ is incorrect because robots that can go and work in dangerous places where humans cannot go are a recent development of science and technology.

46. The man uses various robots that do dangerous work for humans as examples when he expresses his opinion. The answer is ④.

[47~48] Listen to the following and answer the questions.

여자 이번 국제 장애인 기능 올림픽(Abilympics)에서 금메달을 받은 한수민 선수를 인터뷰해 보겠습니다. 안녕하세요. 이번에 컴퓨터 프로그래밍 분야에서 금메달을 받으셨다고 들었습니다. 축하드립니다. 먼저 간단한 소감 부탁드립니다.

남자 감사합니다. 우리나라 국가 대표단은 이미 국제 장애인 기능 올림픽에서 여러 번 종합 우승을 할 정도로 뛰어난 실력을 보이고 있습니다. 국가 대표 선수단의 한 사람으로서 한국의 우승에 기여할 수 있어서 영광입니다. 기능 올림픽은 직업 기술 및 능력 향상을 목표로 하고 있다 보니, 전 세계에서 최고 수준의 기술을 가진 선수들이 참가하고 있습니다. 그래서 제가 한국의 대표 선수로서 좋은 결과를 보일 수 있을지 걱정이 돼서 최선을 다해 준비해 왔습니다. 그 노력에 보답을 받은 것 같아 크나큰 보람을 느낍니다. 앞으로도 프로그래밍 기술을 더 발전시키기 위해서 최선을 다하겠습니다.

W We have with us today Han Sumin, who won a gold medal in the computer programming category at the Abilympics. Congratulations! Could you please share your thoughts with us?

M Thank you. Our country's national team has already shown exceptional skills by winning numerous overall victories at the International Abilympics. As one of the representatives of the national team, it is an honor for me to contribute to Korea's success. The Abilympics aim to improve vocational skills and abilities, so the competition attracts the world's best competitors with top-notch skills. I was worried about whether I could achieve good results as a representative of Korea, so I prepared my best and it paid off. I feel a great sense of satisfaction. I will continue to do my best to further develop my programming skills.

47. The man said that competitors with top-notch skills from all over the world participate in the Abilympics. Therefore, the correct answer is ③.

① The man's gold medal and the overall victory of the Korean team are ~~not related~~. → The man said it was an honor to be able to contribute to Korea's victory.

② The Abilympics aims to ~~raise awareness about people with disabilities~~. → improve vocational skills and abilities

④ ~~There are many athletic events such as track and field and swimming~~ in the Abilympics. → At the Abilympics, people compete with various types of skills.

48. The man said that he felt very satisfied because his efforts were rewarded, so the correct answer is ③.

[49~50] Listen to the following and answer the questions.

남자 대중문화는 한마디로 이야기해서 소비자의 호주머니를 겨냥해서 만들어지는 문화라고도 할 수 있습니다. 그것도 보다 많은 소비자들이 돈을 많이 쓰게 하는 용의주도한 마케팅 전략이 필요한 문화죠. 물론 그것이 나쁘다는 뜻은 아닙니다. 다만 문제는 대중문화를 이용하고 받아들이는 소비자들이 늘 현명한 것은 아니며, 대중문화 상품을 만드는 사람들이 그 점을 노릴 때가 많다는 데에 있습니다. 따라서 대중문화는 생산자들의 건전한 양심과 소비자들의 올바른 자세가 갖추어질 때, 비로소 모두가 건강하게 향유할 수 있는 문화로 자리매김할 수 있다고 생각합니다.

M In simple terms, popular culture can be described as a consumer-driven culture. It is a culture that relies on effective marketing strategies to encourage consumers to spend as much money as possible. I don't necessarily consider it to be inherently bad, but there lies a problem in that not all consumers who engage with popular culture are discerning, and those who produce popular culture often exploit this fact. Therefore, I believe popular culture can only be enjoyed by everyone in a wholesome manner when its producers have a strong sense of ethics and its consumers have the right mindset.

49. The man thinks popular culture is aimed at the consumer's pockets, which makes many consumers spend money. The answer is ②.

50. The man explains a desirable change in popular culture by saying that popular culture can be established as a culture that can be soundly enjoyed by everyone only when its producers have a good conscience and its consumers have the right attitude. The answer is ③.

쓰기 | **Writing**

[51~52] Write an appropriate word in each of the blanks in the following text.(10 points each)

51. ㉠: 급한 일이 생겨서 explains a reason. And there are comments like "because I have to change dates," and "change in travel schedule," which can be taken as a hint. The blank should note that you cannot go on a trip next week.

㉡: You are asking for permission from another person to change your travel schedule, so please use an expression that is right for such a situation. ‑아/어도 되다 should be used here.

→ This is an e-mail to request a change in a reservation. This requires your name, reservation number or the tourism package reserved, and the reason why you want to change the reservation. You then have to clearly state whether you are canceling the plan or changing the date to another one while asking the travel agency to reply to these questions.

52. ㉠: Ways to reduce food garbage are explained in the following sentence. The blank should mention reducing food waste.

㉡: In the preceding sentence, it is written, "구매할 때 미리." This means the blank should be about making a plan before making a purchase. Since the text explains how to buy groceries for the purpose of reducing food waste, you may want to use the grammatical form of −도록 to indicate a purpose.

53. **This is a current employment status by industry. Explain the content in a text of 200-300 characters. Do not write a title.**

[Summary]

Introduction: status of job-seekers compared with the previous year

Body: changes in the number of employed people by sector, specifically sectors where the number of employed people increased

Conclusion: changes in the number of employed people by sector, specially sectors where the number of employed people decreased

54. **Refer to the following and write a text of 600-700 characters. Do not simply copy the text of the question when writing your answer.**

[Summary]

Introduction: definition and value of traditional culture

Body: ① reason to succeed and to preserve traditional culture: national spirit

② reason to succeed and to preserve traditional culture: influence of traditional culture on modern times

Conclusion: summary of your own opinion

읽기　Reading

[1~2] Choose the most appropriate word for the blank.

1.
His family was in so much need that he could not go to high school (　　).

Question type Choosing a word ending for the context (connective/short sentence)

His family was so poor that he naturally didn't go to college, and he couldn't even go to high school. ③ is the best answer.

N은/는커녕: used when not only the preceding but also the following cannot happen
🈺 택시는 커녕 버스 탈 돈도 없다.
　시험 공부를 다 하기는커녕 아직 시작도 못 했다.
🅣🅘🅟 In the sentence following 은/는커녕, a negative situation usually appears.

- N조차: a particle expressing that an unusually extreme case is included
🈺 아랍어는 쓰기도 어려운 데다 읽기조차 힘들다.

- N마저: a particle indicating that one last thing has been added to the current situation or extent
🈺 날씨가 추운데 바람마저 불어서 다니기가 힘들다.

- N(이)야말로: a particle that emphatically confirms something
🈺 이 사람이야말로 이번 영화의 주인공 역할에 딱 맞다.

2.
It took a load off my mind (　　) my heart to a friend over a drink.

Question type Choosing a word ending for the context (ending/short sentence)

The speaker feels very relieved after opening his or her heart to a friend. ② is the best answer.

−았/었더니:
① used to state a reason
🈺 아침에 밥을 많이 먹었더니 점심 생각이 없네요.
② used to indicate a newly learned fact after a certain behavior
🈺 오랜만에 고향에 갔더니 많은 것이 변해 있었다.
🅣🅘🅟 −았/었더니 is not a past form of −더니 but a different grammar form. −았/었더니 is attached to verbs and has the first person subject in the preceding sentence in general. But −더니 is attached to verbs and adjectives and cannot have a first person subject. (See the note on question number 1 in exercise number 1.)

- −던데: a connective ending used to talk about a past situation related to an object in the following sentence
🈺 저녁마다 외출하던데 무슨 일 있어?

- −기에는: an expression used to suggest the assessment of something or a standard of judgment
🈺 이 옷은 여름에 입기에는 더워요.

- −는데도: an expression used to indicate that the following situation will happen regardless of the preceding
🈺 눈이 많이 오는데도 차를 몰고 갈 거야?

[3~4] Choose the answer that has the most similar meaning to the underlined section.

3.
I was very angry, but listening to his story, I understood his behavior.

Question type Choosing a similar word ending (connective/short sentence)

It means I understand his behavior after I listened to his story. ① is the best answer.

−고 보니: an expression used to indicate that the subject realizes the new fact in the following after doing the preceding action
🈺 호랑이를 그리려고 했는데, 그리고 보니 고양이가 되었다.

- **-고 나니**: an expression used to indicate that the preceding action is over
  - **Eg.** 아르바이트를 끝내고 나니 무척 힘들었다.
- **-는 만큼**:
  ① an expression used to indicate that the following is either proportionate or similar to the preceding (in extent or quantity)
  - **Eg.** 네가 노력하는 만큼 좋은 결과가 있을 것이다.
  ② an expression used to indicate that the preceding is a reason or basis of the following
  - **Eg.** 태풍이 예상되는 만큼 피해가 없도록 미리 대비를 해야 한다.
- **-(이)고 해서**: an expression used to indicate that the preceding is a reason or basis for the action in the following sentence
  - **Eg.** 수업도 휴강이고 해서 친구들이랑 노래방에 갔다.
- **-는 사이에**: an expression used to indicate the duration of a certain action
  - **Eg.** 내가 샤워를 하는 사이에 동생이 식사 준비를 해 주었다.

4.

> Why are you withdrawing so much money? <u>What is all that money for?</u>

Question type Choosing a similar word ending (ending/short sentence)

The question is to find out what the money will be spent for. ③ is the best answer.

> **-게(요)**: (when asking the other party's intention) meaning **-(으)려고 하는가** or intend to do
> **Eg.** 언제 집에 가게?
> 그걸로 뭐 하게?

- **-고(요)**: (a relatively informal address) an ending usually used to give an answer; finishing the sentence in the middle, omitting another question that should follow.
  - **Eg.** 시내 구경을 해 보려고요?
- **-(으)ㄹ까요**: an ending used to indicate that the speaker is asking in speculation about something that did not happen or that he or she does not know
  - **Eg.** 다음 주까지 리포트를 제출하면 늦을까요?
- **-(으)려고(요)**: an expression of doubt in a given situation so that a person is asking about something again
  - **Eg.** 지금 이 시간에 들어가서 밥을 먹으려고?

[5~8] Choose the answer that says what the following is about.

5.

> This is not just a piece of furniture.
> A pleasant sleep will make your mornings different.

Question type Understanding the object/type of text (advertising)

The key phrases in this advertisment are 가구 and 수면. The furniture for sleeping is a bed, so ① is the best answer.

6.

> To make a lunchbox decorated with spring flowers
> To make healthy food for stamina to beat summer

Question type Understanding the object/type of text (advertising)

The key phrases are 도시락 만들기 and 보양식 만들기. Since the notice is about making these, ② is the best answer.

- **보양식**: a food that makes you healthy

7.

> Do you think "I'm only one person?"
> You are our face.
> (The attitude keeping) order reflects our character.

Question type Understanding the object/type of text (advertising)

The key word in this advertisement is 질서. The figurative expression, 질서는 우리의 인격 implies that it is a public service advertisement. ② is the best answer.

8.

> • Wrap the goods that smell or leak water in plastic.
> • Put fragile glassware in a paper or styrofoam box.

Question type Understanding the object/type of text (notice)

The key phrases are 비닐로 싸다 and 상자에 담다. These are different directions for different goods. ③ is the best answer.

[9~12] Choose the statement that agrees with the following text or graph.

9.

Community Center Health Programs

Time (PM)	Program	Fee	Period
7:00 ~ 8:00	Sing a Song	45,000 won	Jan to Mar (3 months)
8:00 ~ 9:00	Well-Being & Dance	50,000 won	
9:00 ~ 10:00	Yoga	40,000 won	

※ Closed on Sundays
※ Eligibility: Residents of Heemang-dong
※ ₩5,000 discount will apply per class for multiple registration

Question type Choosing the answer that matches the text/table (notice)

The people eligible for this program reside in 희망동. ④ is the answer.

① Every program charges ~~the same fee~~. → different fees
② The programs will be held in the evening ~~every day~~ for three months. → every day but Sunday
③ One person can ~~only sign up for one class~~. → sign up for multiple classes

10.

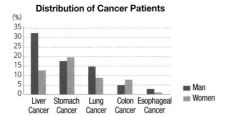

Distribution of Cancer Patients

(%)
■ Man
■ Women

Liver Cancer, Stomach Cancer, Lung Cancer, Colon Cancer, Esophageal Cancer

Question type Choosing the answer that matches the text/table (graph)

Liver cancer has the biggest difference between men and women. ④ is the answer.

① The distribution of ~~lung cancer~~ is similar in men and women. → stomach cancer

② ~~More women get stomach and esophageal cancer than men.~~ → More men get esophageal cancer than women

③ Men are more likely to have ~~colon cancer~~ than other cancers. → liver cancer

11.

Each year, May 1 of each year is Labor Day. Labor Day is defined as a paid holiday according to the Labor Standards Act. Therefore, a workplace that employs five or more people is supposed to pay a holiday allowance equivalent to 1.5 times the normal wage when its employees work on May 1. But such a regulation is still pie in the sky to many laborers.

Question type Choosing the answer that matches the text/table (article)

The regulation that specifies "a workplace that employs five or more people is supposed to pay an allowance equivalent to 1.5 times the normal wage when its employees work on May 1" is still 그림의 떡 to many laborers. ② is the answer.

① Labor Day comes once every ~~month~~. → year

③ ~~Even if you don't work~~ on May 1, you can get a holiday allowance equal to 1.5 times your normal wage. → If you work

④ If employees at a workplace with five or more people work on Labor Day, they will get paid 50% ~~less~~. → more

• 그림의 떡: "A rice cake in the picture" means pie in the sky, which is something that cannot be used or acquired no matter how you want it.

12.

These days, it has become common for men in their 20s and 30s to dress in matching outfits and visit a photography studio to take "friendship photos." Even on social media, it is common to see group photos of men capturing various occasions such as impending military enlistment or job milestones, where they share their stories. In the past, friendship photos were mostly taken by women. However, as it is no longer considered unusual for men to dress up and capture commemorative moments, the number of men wanting to take photos with their friends as a memento has increased.

Question type Choosing the answer that matches the text/table (article)

In the past, only women used to take friendship photos, but nowadays, men also enjoy taking friendship photos. As a result, young men and women have various reasons to take friendship photos. ④ is the best answer.

① [People] take friendship photos ~~to post on social networks~~. → for various reasons and post them on social networks.

② A friendship photo is a photo taken ~~by men that are a couple~~. → even by men that are not a couple

③ ~~Men~~ started to take friendship photos before ~~women~~ did. → Women, men

[13~15] Choose the option that places the statements in the right order.

13.

(가) In the end, sun control films were placed on car windows.

(나) It was in the 1910s that glass was first used for car windows.

(다) However, with the use of transparent glass, the heat from the sun became a problem.

(라) As car speeds increased, air resistance also increased, and glass was used as a wind-breaking device that also allowed people to see ahead.

Question type Placing sentences in the right order

The text explains how car glass changed. (나) describes the time when glass was first placed on cars. It is followed by (라), which states the reason. Next is (다), which describes the problem of glass, and finally, (가) concludes with a solution by using 결국 −게 되다. (나)–(라)–(다)–(가), or ②, is the best answer.

14.

(가) But now, it has evolved into a festival where people from all over the world come together to enjoy.

(나) This traditional culture has transformed into play, now becoming a tourist attraction.

(다) Unique festivals related to water are held in succession in Southeast Asia from April to May.

(라) Originally, these festivals were traditional rituals to ward off evil spirits and pray for everyone's well-being and a good harvest.

Question type Placing sentences in the right order

The text is about water-related festivals in Southeast Asia. (다) introduces such unusual festivals in Southeast Asia and is followed by (라), which mentions the original intention of these festivals. (가) is next as it starts with 그러나 and explains the current development, and (나) concludes by explaining the meaning of the changes.

(다)–(라)–(가)–(나), or ④ is the best answer.

- 안녕: well-being; a state of being comfortable without any problem or worries

15.

(가) In addition, there is a correlation between air pollution and suicide attempts.

(나) Air pollutants like fine dust and ozone can cause respiratory diseases.

(다) Therefore, when the government creates measures to prevent suicide, it is necessary to take into account the correlation between air pollution and mental health.

(라) The higher the concentration of fine dust and ozone, the more severe the depression can become, increasing the likelihood of suicidal thoughts and actions.

Question type Placing sentences in the right order

The text is about the correlation between air pollution and suicide. (나) states that air pollution is the cause of respiratory disease. It is followed by (가), which starts with 뿐만 아니라 and refers to the correlation between air pollution and suicide. (라) explains the basis of (가), and (다) comes last as it suggests how to use this knowledge, and starts with 따라서. (나)–(가)–(라)–(다), or ①, is the best answer.

[16~18] Choose the most appropriate word for the blank.

16.

A clown [pierrot] is sad because his focus of life in not on his own happiness but on other people's laughter. The reason why we are not happy is that we are obsessed with (   ). We cannot be nice people to everyone. We should not be afraid of being criticized and should go out to find happiness of our own.

Question type Choosing the best phrase for the context

A clown is sad because his happiness is up to other people's laughter. We can deduce why we are not happy from that sentence. ② is the best answer.

17.

Representing eternity, a diamond is known as the hardest material in the world and has been cherished as a symbol of unchanging love by countless lovers throughout history. However, prior to the 17th century, diamonds were (   ). Naturally, until the 17th century, diamonds were primarily worn as adornments by royalty, who were revered and held in awe by the general population.

Question type Choosing the best phrase for the context

"Diamonds were used as accessories by royalty, who had been objects of fear and respect by people." That means they were symbols of 권위 and 존경. ④ is the best answer.

18.

When an astronaut runs in a spaceship, it is necessary to secure their body with a rope to the exercise equipment. This is because in a zero gravity environment, the body will float freely and not experience any weight or resistance. However, this can be quite inconvenient as the rope may cause pulling sensations on the body. Nevertheless, astronauts (   ) for the sake of their health. Without exercise, their muscle density would rapidly decrease.

Question type Choosing the best phrase for the context

The first part is about why an astronaut's body should be fixed to run in a spaceship. The reason is that in a zero-gravity state, the body will float in the air and do not bear any weight. Therefore, for an astronaut to prevent his or her body's muscle density from decreasing, it is obviously necessary to do exercise that involves them lifting weights. ③ is the best answer.

[19~20] Read the following and answer the questions.

If we examine the depictions of animals in proverbs, neutral images are the most common, followed by negative and positive images. (   ) However, it is important to note that the negative portrayal of animals in proverbs is not indicative of their true characteristics. Rather, it is a result of the moralistic nature of proverbs. For instance, in Korean proverbs, ants and bees are depicted as diligent creatures, while larvae and wolves are seen as lazy. Dogs are often associated with responsibility, whereas monkeys are portrayed as fickle and conceited.

19. Question type Choosing the best conjunction for the context

A moral nature is a general characteristic of proverbs. That is why ④ is the best answer as it means overall or in general.

- 마침내: in the end; finally
  🇪 긴 장마가 마침내 끝났다.
- 그러면: then; a word used when the preceding is a condition for the following
  🇪 이번에 토픽 4급을 꼭 받도록 해. 그러면 내가 그 직장에 추천해 줄게.
- 도저히: never; no matter what one does
  🇪 나는 도저히 그 사람을 이해할 수 없다.
- 대체로: overall; in general
  🇪 김 선생님은 대체로 나이보다 젊어 보인다는 말을 많이 들으시죠?

20. Question type Understanding the main idea

The animals that appear in Korean proverbs have mostly neutral images, and since they are meant to convey moral lessons, negative images are more prevalent than positive ones. Therefore, ③ is the correct answer.

[21~22] Read the following and answer the questions.

Recently, leading a healthy lifestyle has become popular in our society. However, there are concerns that people's focus is mainly limited to healthy eating and exercise. Living a truly healthy life is not easy if one does not make satisfaction with their own life and gratitude towards those around them a part of their ordinary life. Simply eating organic vegetables and exercising regularly while enduring a harsh life of (   ) in an environment where cutthroat competition has become institutionalized does not equate to a healthy life.

21. **Question type** Choosing the best proverb/idiom for the context

We work in cutthroat organizations in environments where competition is routine, so ③ is the best answer as it means "with all one's might" and "ready to die."

- 꿩 먹고 알 먹기: to catch a pheasant and an egg, meaning "to catch two birds with one stone"; a figurative way of saying that there are two or more advantages to doing one thing (proverb)
  - **Eg** 가: 그냥 회사와 가까워서 집을 계약했는데 사자마자 집값이 올랐어요.
    나: 와, 꿩 먹고 알 먹기네요. 부러워요.
- 땅 짚고 헤엄치기: swimming while touching the ground (proverb); a very easy thing to do
  - **Eg** 가: 이번에 지원자가 나밖에 없어서 땅 짚고 헤엄치기였어.
    나: 축하해. 열심히 준비하더니 잘됐다.
- 죽기 아니면 까무러치기: do or die; with all one's might; ready to die
  - **Eg** 가: 그렇게 어려운 일을 어떻게 해내신 거예요?
    나: 죽기 아니면 까무러치기라는 마음으로 노력했거든요.
- 닭 잡아먹고 오리발 내놓기: to kill and eat chicken and to show duck feet; a figurative way of saying that you have done something wrong and are playing innocent with irrelevant tricks (proverb)
  - **Eg** 가: 엄마, 제가 그런 거 아니에요. 형이 그랬어요.
    나: 자꾸 닭 잡아먹고 오리발 내놓을래? 네가 한 거 엄마가 다 봤어.

22. **Question type** Understanding the details (correspondence)

The writer stated that living a truly healthy life is not easy if one does not incorporate things such as being satisfied with their own life without comparing to others and having a grateful heart towards those around them into their ordinary life. Since these things correspond to mental health, the correct answer is ④.

① Consistent exercise is the most important aspect for a healthy life. → In an environment where competition is ubiquitous, it's not enough to simply exercise consistently to lead a healthy life.

② Efforts to lead a healthy life should be practiced in the workplace. → There is no mention of efforts that can be implemented in the workplace.

③ There are issues with a life that solely consists of consuming organic vegetables and exercising regularly. → It is not sufficient

[23~24] Read the following and answer the questions.

This is what transpired during Daniel Pink's visit to Korea, a renowned futurist known for his book "A Whole New Mind." I had the opportunity to interview him and write an article about his insights. When I asked him for advice for young Koreans, his response was unexpected. He said, "Do not make any plans." Perplexed by his answer, I sought clarification, and he elaborated, "The world is complex and rapidly changing, and things never go as expected. Instead of making rigid plans, it is crucial to continuously learn and explore new things." He emphasized the importance of embracing wonderful mistakes, stating that what truly matters is not avoiding all mistakes but rather avoiding repeating foolish mistakes.

23. **Question type** Understanding emotions (essay)

This is the writer's response to the advice of a famous futurist not to make any plans. ④ is the best answer.

- 어리둥절하다: to be puzzled; to be baffled or confused mentally due to an unexpected event

24. **Question type** Understanding the details (correspondence/essay)

"중요한 것은 실수를 하지 않는 것이 아니라, 어리석은 실수를 반복하지 않는 것." ② is the best answer.

① I wrote a book called *A Whole New Mind*. → Famous futurist Daniel Pink

③ It is important to make no mistakes other than to make plans. → to learn and try new things

④ Daniel Pink is a futurist and emphasized the need for plans. → the need for wonderful mistakes

[25~27] Choose the answer that best describes the title of the following newspaper articles.

25.

"Looking the other way from livelihood and from business," both labor and management unhappy with the minimum wage amount

Question type Understanding a contracted sentence (news article)

"노사 모두 최저 임금 액수에 불만," the laborers will be unhappy because the amount is small, and the employers will be unhappy because the amount is big. ① is the best answer.

- 노사: laborer and employers
- 최저 임금: minimum wage; a specific amount of money that workers should not be paid less than

26.

Call taxi that picks up customers, silence when the destination is near, immediate dispatch when it is a long distance

Question type Understanding a contracted sentence (news article)

The so-called call taxis do not respond when the destination is near but come immediately when it is a long distance. ① is the best answer.

- 행선지: a destination; the place you are going to
- 묵묵부답: silence; to be unresponsive to a question closing one's mouth
- 배차: car dispatching; sending a vehicle, train, etc. to a certain route or section according to a designated time or order

27.

Cyber terrorism? Stock exchange and airline websites taken down one by one (lit. in success)

Question type Understanding a contracted sentence (news article)

The article suspects cyber terrorism for stock market and airline websites not working one by one. ② is the best answer.

- 증시: a shortened word for stock market
- 먹통: to go dead; a word used to refer to machinery that is not working and unresponsive
- 줄줄이: in succession; a state in which a series of events happen

[28~31] Choose the most appropriate word for the blank.

28.

Every job in this world has a reason to exist. Among them, there is a special meaning hidden behind the job of a doctor. (   ) because it is to protect human life and to be a counselor and teacher for sick neighbors. For that reason, no one should be a doctor only to make money. A doctor must care for patients first and strive to be an ethical doctor that has nothing to be ashamed of oneself.

Question type Choosing the best phrase for the context

The reasons for the blank are "because it is to protect human life and to be a counselor and teacher for sick neighbors." ② is the best answer.

29.

Comics depict reality by utilizing signs. Unlike actors in films, the characters in comics are not real individuals; however, they come to life within the pages through the use of signs. Just as the symbol of a smiley face (   ), comic characters are understood and interpreted by readers through familiar signs. This is precisely why even fantastical characters, events, or settings can effectively engage and convince readers within the context of a comic.

Question type Choosing the best phrase for the context

Comics reproduce reality through signs. The writer uses the example of the smiley symbol to explain how a comic character is perceived through signs by reader. ④ is the best answer.

30.

These days, when watching television programs, there are often too many commercial breaks, which often makes me furrow my brows. Multiple advertisements are inserted between the program segments to secure funding. Not only that, but indirect advertising can also be found throughout. However, as a powerful medium that influences many people, broadcasting can excessively compromise its public service aspect (   ). Broadcast producers should not forget that broadcasting also has a public role.

Question type Choosing the best phrase for the context

In the television programs, there are often too many commercial breaks and indirect advertising to secure funding. ④ is the best answer.

31.

Jo Jungrae is a famous novelist in Korea. If you read three of his representative multi-volume novels, you will learn (   ). *Arirang* is set in the period between 1904 and liberation in 1945, portrays the ordeals the Korean people suffered during that time. *Taebaek Mountain Range* is about the Korean War of 1950 and the pain of the resulting division. *Han River* is a testimony to the sweat and tears of Koreans, who achieved industrialization in 30 years starting in 1959.

Question type Choosing the best phrase for the context

Arirang deals with the time between 1904 and 1945; *Taebaek Mountain Range* is about the Korean War of 1950 and the pain of the resulting division; *Han River* is about 30 years starting in 1959. So reading the three multi-volume novels will naturally tell you the history of modern Korea. ① is the best answer.

[32~34] Read the following and choose the statement that agrees with the content of the text.

32.

Advertising effect can be good only when a person has the right image for product's characteristics. For instance, with a product like a car, camera, or toothpaste, its inherent performance or effect is important, so a person with a professional and credible character is right. On the other hand, with a product for which emotion is important, such as jewelry, chocolate, or tourism, a model who appears attractive and friendly is right. But when a celebrity appears in multiple product advertisements at the same time, his or her image gets dispersed, which has a negative influence on advertising effect.

Question type Understanding the details (correspondence)

With a product like a car, camera, or toothpaste, a person with a professional and credible character is right. ① is the best answer.

② With toothpaste, it is effective to use ~~a person who makes a friendly impression~~ in advertisements. → a person with a professional and credible character

③ ~~It is effective to use a celebrity as a model even if the person appears in multiple ads at the same time.~~ → If a celebrity appears in multiple ads at the same time, it has a negative influence on advertising effects.

④ A chocolate advertisement must be focused on ~~its inherent performance or effect~~. → emotion

33.

When we are sick, we feel pain; yet if there is no pain, we may miss the right time for treatment and get a fatal disease. Pain is felt when the pain spots distributed all over our bodies receive stimuli and deliver them to brain through nociceptors. Since a nociceptor is thinner than other neurons, pain is slowly communicated, but this problem is made up for by tactile neurons. Yet when there are about 200 pain spots per 1㎠ in the skin, there are only 4 in the internal organs. This is why lung and liver cancers are detected belatedly.

Question type Understanding the details (correspondence)

"Since a nociceptor is thinner than other neurons," pain is slowly communicated but this problem is made up for by tactile neurons. ④ is the best answer.

① ~~There should be no pain since it makes people suffer.~~ → Pain is necessary, for without it we may miss the right time for treatment and get a fatal disease.

② ~~The human body responds to pain more quickly than to any other senses~~. → Pain is slowly communicated because the nocicpetors are thinner than other neurons.

③ We feel pain more quickly ~~in our internal organs than in skin~~. → in our skin than in our internal organs

34.

The Everland Rose Festival, the very first of 70 or so flower festivals in Korea, celebrates its 30-year anniversary this year. Since the beginning of the rose festival, Everland has displayed a total of 60 million roses. If the 60 million roses were planted in one row, it would amount to a line 2,420km long. This year, there will be 1 million roses of 670 kinds, including 5 new varieties developed by Everland. At night, 20,000 LED roses will shine to be with 1 million real roses, so more visitors are expected after sunset.

Question type Understanding the details (correspondence)

At night, 20,000 LED roses will shine, which means that the rose festival will be open at night. ① is the best answer.

② ~~Everland has planted roses that strach more than 2,420km long~~ → If all the roses displayed since the beginning of the rose festival were planted in one row, it would amount to a line 2,420km long

③ Everland will show ~~670~~ kinds of new varieties this year. → 5

④ ~~Everland has held 70 or so flower festivals so far.~~ → The Everland Rose Festival was the very first of about 70 flower festivals in Korea.

- 효시: the very first of something that began

[35~38] **Read the following and choose the answer that best matches the topic of the text.**

35.

Youth employment is a common challenge that needs a solution not only in Korea but in most other countries. If we have a society where skilled workers and technicians can get good jobs and be treated well socially even if they have not gone to university, many young people will rush into production fields rather than attend universities. Then not only can youth unemployment be resolved to a certain degree, but labor shortages at small businesses and the structural problems of the labor market can also be solved.

Question type Understanding the topic

The text argues that "대학에 가지 않더라도 숙련된 기능인이나 기술자들이 좋은 일자리를 얻을 수 있고 사회적 대우를 받는 사회가 되면 많은 젊은이가 대학 대신 생산 현장으로 뛰어들 것이다." ① is the answer.

36.

Sino-Korean words account for about 60% of the Korean language. Thus we can often see [people] having difficulty with communication because they do not know Chinese characters. People who consider Chinese characters to be a foreign language argue that they should not be taught at elementary schools. But in order to understand and use the (meaning of) words well, we must understand them. The reason is that it is not easy to clearly tell the difference in meanings only with Hangul as there are many polysemic words in Korean.

Question type Understanding the topic

According to the text, people who consider Chinese characters to be a foreign language argue that they should not be taught at elementary schools. But in order to understand and use the words well, we must understand Chinese characters. ④ is the answer.

37.

An unusual odor from your mouth may be a (kind of) sign of bad health. Most bad breath occurs due to oral problems, but you can have foul breath when you have a disorder inside your body. Halitosis particulary occurs when you have diabetes or a kidney (function) problem. When you have diabetes, you may have a fruity or acetonic odor in your mouth, and when you have a kidney problem, you may have an ammonic odor. Thus you cannot simply consider that bad breath is a problem inside your mouth.

An unusual odor in your mouth may be a sign of bad health, so you cannot simply consider that bad breath is a problem inside your mouth. ② is the answer.

38.

A newly constructed apartment, house, or building emits chemical substances harmful to the human body. And when you live in a new house, you suffer from various problems including dermatitis, headaches, and neurogenic, diseases, which is called sick house syndrome. Then is an old house safe? Even an old house emits air pollutants toxic to humans. Thus we need to put plants that remove toxic substances all over our house and clean and ventilate the house well every day.

Question type Understanding the topic

Even an old house emits air pollutants toxic to humans. Thus we need to put plants all over our house to remove toxic substances and to clean and ventilate the house well every day. ④ is the answer.

[39~41] Choose the most appropriate place for the given sentence.

39.

As the youth unemployment rate hit a record high, the government announced a plan to create 200,000 jobs for young people. (㉠) Despite the increase in job numbers, there has been no significant change in the number of regular positions, with a significant increase only in temporary jobs. (㉡) Furthermore, looking at recent growth in real wages for workers, it is at a standstill or even decreasing every year. (㉢) If young people do not have sufficient secure employment, Korea's future will be bleak. (㉣) Therefore, improving the quality of youth employment is more important and urgent than anything else.

┌─ Missing Sentence ─

However, despite the government's numerous measures to tackle youth unemployment, the problem of youth employment is growing worse.

Question type Inserting a sentence for the context

<Example> sentence contains the expression "despite the government's numerous measures to tackle youth unemployment," so the government's measures should be mentioned before this sentence. It is also natural to state reasons after the sentence that says "the problem of youth employment is getting worse." Therefore, the correct answer is ①.

40.

"Wishing not to have a speck of shame until the day I die...." is the first sentence of "Foreword." (㉠) This is one of his major poems, which is short but makes a strong impression. (㉡) This poem is about the poet recalling his dear memories from his childhood and shows his desperate longing for the liberation of his himeland. (㉢) He was a poet who thought deeply about human life and anguish in his dark and poor life and mourned the reality of his homeland suffering under the oppression of imperial Japan. (㉣)

┌─ Missing Sentence ─

That is, this is a symbolic work that plainly suggests Yun Dongju's life and patriotic spirit.

Question type Inserting a sentence for the context

The missing sentence starts with 즉, which means it explains the work. It can be placed naturally after the sentence describing the poem, which starts with "this poem." ③ is the answer.

41.

When we feel dumfounded when something unexpected or beyond our imaginations happens, we use expressions like 어처구니없다 or 어이없다. (㉠) There is nothing exactly known about the origins of such expressions, but there is a story passed down orally. (㉡) What would it be like if you had no handle when you had to grind something with a millstone? (㉢) According to oral tradition, "어처구니없다" and "어이없다" became metaphoric expressions to describe such a ridiculous situation. (㉣)

┌─ Missing Sentence ─

어처구니 or 어이 means a wooden handle attached to a millstone and which is used to turn the millstone with one's hand.

Question type Inserting a sentence for the context (book review/ impression essay)

The missing sentence explains the wooden handle attached to a millstone and fits naturally before the sentence "맷돌로 무엇을 갈아야 할 때 손잡이가 없다면 어떨까?" ② is the answer.

[42~43] Read the following and answer the questions.

As the bus Dong-hyeok got on was about to leave, there was a female student who got on board as if there would be a big problem if she had missed it. It was Chae Yeongsin, who touched Dong-hyeok's heart deeply at the presentation just now. Pushed by the passengers, Yeongsin came to where Dong-hyeok was sitting and stood while holding a strap. The two met at a distance that could make their knees touch. When their eyes met, they greeted each other with a nod. Even though they met each other for the first time at this evening's presentation, he felt as if she had been his friend for many years. Feeling sorry for taking a seat, Dong-hyeok said, "Please take this seat." He offered the seat to her. "Thank you, but I prefer standing." Yeongsin declined. While the two were trying to give the seat to each other, a passenger who was standing next to them promptly took it. And pretending innocence, he turned his eyes to look out the window. Yeongsin and Dong-hyeok turned red while the two tried to keep straight faces. The bus ran for quite a while. When Yeongsin got off at Jongno, Dong-hyeok followed suit and got off at Jongno, too.

Evergreen, Sim Hoon

42. **Question type** Understanding emotions (fiction)

When Yeongsin and Dong-hyeok were trying to give a seat to each other, a passenger quickly took it. ③ is the answer.

- 뻔뻔하다: to be brazen; to be calm and imposing after doing something shameful

43. **Question type** Understanding the details (correspondence/fiction)

When Yeongsin got off at Jongno, Dong-hyeok followed suit and got off, too. The two got off at the same station. ④ is the answer.

① Yeongsin ~~missed~~ the bus Dong-hyeok took. → got on board.
② ~~Yeongsin~~ gave his seat to ~~Dong-hyeok~~. → Dong-hyeok, Yeongsin
③ Dong-hyeok and Yeongsin first met ~~on the bus~~. → at a presentation

[44~45] Read the following and answer the questions.

According to research, 2 out of 3 couples that had fertility procedures thanks to government support transferred 3 or more embryos. This reflects the parents' wish to have a multiple birth of at least twins, but caution is required because multiple births have high rates of premature births. Currently, there are medical standards regarding external fertilization procedures, but they are only guidelines, and there are no legal control standards. On the other hand, other countries limit the number of transferred embryos to 1 or 2, and any violations are subject to imprisonment of 3 years or less. Therefore, it is necessary to include control standards for a healthy child and mother (   ), in order to stop excessive embryo transfers at least for women who are receivng government support.

44. **Question type** Choosing the best phrase for the context

The government supports fertility procedures as a policy to promote childbirth. ③ is the answer.

45. **Question type** Understanding the topic

The text argues that it is necessary to stop excessive embryo transfers at least for women who are receiving government support. ③ is the answer.

[46~47] Read the following and answer the questions.

There is a popular belief that a cat will not recognize the owner it has stayed with for a long time if it fails to see its owner for several days. So it has been believed that cats are slower than dogs. But recently, a theory is gaining ground that cats have the second highest intelligence of land animals after chimpanzees. While a dog learns and behaves through mechanic repetition, a cat watches what a human does and remembers it to mimic it or even thinks of a new way on its own. In particular, cats are skilled at using their front paws, so they can easily open drawers or turn on their electric fans to enjoy the breeze. An interesting fact is that a cat's intelligence is influenced both by genetics and by its environment as in the case for humans.

46. **Question type** Choosing the writer's stance (persuasive essay)

The writer is arguing that cats are not less intelligent than dogs. Therefore, ② is the correct answer.

47. **Question type** Understanding the details (correspondence/persuasive essay)

Since a cat can think of new ways on its own, we can say that it is a creative animal. ① is the answer.

② A cat's intelligence ~~has an influence on its environment~~. → is influenced by its environment
③ In the past, ~~cats~~ were believed to be smarter than ~~dogs~~. → dogs, cats
④ ~~Dogs~~ have the second highest intelligence of land animals after chimpanzees. → Cats

[48~50] Read the following and answer the questions.

A system that allows unnecessary and unrealistic regulations to naturally disappear after a designated period is called a sunset provision. The name comes from the idea that just as the sun sets over time, the effectiveness of a regulation gradually disappears aftera certain period. The background of sunset provisions stems from concerns that laws, institutions, and regulations will continue to exist (even if there are no benefits or effects). Let's take a look at the example of the urban park sunset provision. In one city, a park development project was carried out a long time ago, but the total budget exceeded the initial plan by KRW 200 billion due to the process of purchasing and compensating for related land. As the project cost increased, it became difficult to secure funding, and the park was left undeveloped and abandoned for more than 20 years. To resolve this problem, the land that was supposed to be developed into a park was released from the designated park period by a decision of the Constitutional Court. This is also referred to as the expiration of the park designation statute of limitations for the land. Now, the land is free to be used or sold for other purposes.

48. `Question type` Understanding the purpose (persuasive essay)

The definition of a sunset provision, the background of sunset provisions, and an example of a sunset provision are introduced, so the correct answer is ③.

49. `Question type` Choosing a phrase for the context (persuasive essay)

If a law is created once, it will continue to exist even under the condition of (   ), so the content of answer ② "even if there are no benefits or effects" is the most appropriate to fill in the blank.

50. `Question type` Understanding the details (correspondence/persuasive essay)

In the main text, "the land that was supposed to be developed into a park was released from the designated park period" is also expressed as "park designation statute of limitations for the land expired," so the correct answer is ③.

① ~~When project costs increase and funding becomes difficult~~, a sunset provision is implemented. → If it is decided that the system will naturally disappear after a certain point in time

② A particular system that is naturally implemented after a certain point in time is called ~~a sunrise provision.~~ → a system that disappears is called a sunset provision

④ Even if a city park sunset provision is implemented, the land in question ~~cannot be used or sold~~. → it can be used or sold

3rd Edition
TOPIK MASTER

FINAL 실전 모의고사 10회
The 10th Final Actual Test

정답 ANSWERS

1교시: 듣기, 쓰기

듣기

1. ②	2. ①	3. ①	4. ②	5. ③	6. ④	7. ③	8. ④	9. ②	10. ①
11. ①	12. ②	13. ①	14. ③	15. ②	16. ①	17. ④	18. ①	19. ②	20. ④
21. ④	22. ④	23. ④	24. ②	25. ④	26. ①	27. ③	28. ③	29. ④	30. ①
31. ②	32. ④	33. ③	34. ④	35. ①	36. ④	37. ④	38. ②	39. ③	40. ④
41. ③	42. ③	43. ④	44. ③	45. ②	46. ④	47. ②	48. ④	49. ③	50. ③

쓰기

51. ㉠ (5점) 바지 크기가 생각보다 큰 것 같습니다/제가 입기에는 바지가 너무 큽니다
(3점) 바지가 큽니다

㉡ 5점) 교환 방법(과 비용)을 알려 주시기 바랍니다/알려 주십시오
(3점) 어떻게 교환을 해야 합니까?

52. ㉠ (5점) 현재 (상황)에 머무르기를 원하는 경우가 많다
(3점) 상황을 더 좋아한다/선호한다

㉡ (5점) 변화에 적응하기 위해서는 자기 자신(이 마음)이 먼저 변해야 한다
(3점) 자신이 먼저 변해야 한다

2교시: 읽기

읽기

1. ③	2. ②	3. ②	4. ②	5. ①	6. ②	7. ②	8. ④	9. ①	10. ①
11. ④	12. ④	13. ③	14. ③	15. ②	16. ③	17. ①	18. ①	19. ①	20. ④
21. ②	22. ①	23. ①	24. ④	25. ①	26. ④	27. ②	28. ②	29. ③	30. ①
31. ①	32. ④	33. ①	34. ②	35. ①	36. ④	37. ③	38. ②	39. ③	40. ④
41. ②	42. ③	43. ①	44. ④	45. ②	46. ④	47. ②	48. ③	49. ③	50. ④

	60	대		이	상	의		남	녀		노	인	을		대	상	으	로		그	들	이		가	
장		원	하	는		복	지		서	비	스	에		대	해		설	문		조	사	를		실		50
시	하	였	다	.	그		결	과		가	장		원	하	는		복	지		서	비	스	로		
건	강		검	진	이		가	장		높	게		나	타	났	으	며	,		간	병		서	비	스	100
와		취	업		소	개	가		그		뒤	를		이	었	다	.		건	강		검	진	과	
취	업		소	개	를		원	하	는		정	도	는		남	성	이		여	성	에		비	해	150
더		높	은		반	면	,	간	병		서	비	스	는		여	성	이		남	성	보	다		
더		높	았	다	.	다	음	으	로		남	녀		노	인	이		느	끼	는		가	장		200
큰		어	려	움	을		조	사	한		결	과		경	제	적	인		부	분	이		가	장	
컸	으	며	,	그	다	음	으	로		건	강		문	제	에		대	한		어	려	움	,		직	250
업	·	고	용	의		어	려	움		순	으	로		나	타	났	다	.							
																									300

54. Writing sample answer

	사	이	버		학	습	은		인	터	넷	을		이	용	하	여		학	습	을		하	는
것	을		말	한	다	.		사	이	버		학	습	은		우	선		교	육		내	용		측
면	에	서		다	양	한		자	료	와		시	청	각		교	재	를		사	용	하	여
수	업	을		구	성	할		수		있	으	며	,		교	육		방	법		측	면	에	서	는
인	터	넷		환	경	만		갖	춰	져		있	으	면		학	습	이		가	능	하	기
때	문	에		직	접		교	육	을		받	는		장	소	에		가	지		않	아	도
되	므	로		시	간	을		절	약	할		수		있	다	.
	이	러	한		사	이	버		학	습	으	로		인	해		다	수	의		학	생	이
지	역	과		상	관	없	이		우	수	한		강	사	진	의		수	업	을		받	을
수		있	게		되	었	다	.		또	한		직	업	을		가	지	고		있	거	나		몸
이		불	편	하	여		장	소	와		시	간	에		제	약	이		있	는		사	람	들
도		쉽	게		수	업	을		받	을		수		있	게		되	는		등		교	육	에
긍	정	적	인		영	향	을		미	치	고		있	다	.
	교	사	의		입	장	에	서		본		사	이	버		학	습	은		수	업		자	료
준	비	나		구	성	에		제	한	이		별	로		없	기		때	문	에		다	양	하
게		수	업	을		구	성	할		수		있	으	며	,		질	문	에		대	한		대	답
이	나		과	제	물	,		테	스	트		등	을		인	터	넷		게	시	판	을		통	해
점	검	하	는		방	법		등	으	로		이	용	이		가	능	하	다	.		학	생	의
입	장	에	서	는		본	인	이		원	하	는		시	간	을		활	용	하	여		다	양
한		수	업	을		들	을		수		있	는		기	회	가		있	으	므	로		자	신
에	게		맞	는		수	업	을		고	르	고		시	간	을		계	획	하	여		적	절
하	게		활	용	할		수		있	다	.
	이	와		같	이		사	이	버		학	습	은		많	은		사	람	들	에	게		교
육	의		기	회	를		줄		수		있	기		때	문	에		장	소	나		시	간
등	의		이	유	로		원	하	는		공	부	를		하	지		못	했	던		많	은
사	람	들	의		기	회	가		늘	어	났	다	는		점	에	서		사	회	에		큰
영	향	을		미	치	고		있	다	.

 Explanations

듣기 | Listening

[1~3] Listen to the following and choose the picture or graph that matches best.

1.

여자 어서 오세요. 무엇을 도와드릴까요?

남자 어제 이 셔츠를 샀는데 색상이 마음에 안 들어서요. 교환할 수 있나요?

여자 네, 우선 영수증을 보여 주시겠어요?

- - - - - - - - - -

W Hello. How can I help you?

M I bought this shirt yesterday, but I don't like the color. Can I make an exchange?

W Yes, could you show me the receipt first?

The man is giving the shirt he bought yesterday to the female staff members to make an exchange. The answer is ②.

2.

남자 와, 요리가 정말 맛있어요. 요리 대회에 나가 보는 게 어때요?

여자 고마워요. 하지만 아직 실력이 부족하다고 생각해요.

남자 아니에요. 정말 훌륭해요. 요리 대회에 꼭 나가 보세요.

- - - - - - - - - -

M Wow, the food is so delicious. Why don't you apply for the cooking competition?

W Thanks, but I think I still don't have enough skills.

M That's not true. It is so good. You must participate in the cooking competition.

The man enjoys the food cooked by the woman, so he compliments her skills and urges her to apply for the cooking competition. The answer is ①.

3.

남자 연령별 스마트폰 이용 시간에 대한 조사 내용을 살펴보면 20대가 192.1분으로 가장 많았고, 이어서 10대가 170.3분, 30대가 156.8분으로 조사되었습니다. 그리고 모든 연령에서 5년 전에 비해 스마트폰 이용 시간이 늘어난 것으로 조사되었습니다.

- - - - - - - - - -

M According to a survey on smartphone usage time by age group, those in their 20s spent the most time on their smartphones at 192.1 minutes, followed by teenagers at 170.3 minutes, and those in their 30s at 156.8 minutes. Furthermore, it was found that smartphone usage time has increased compared to five years ago across all age groups.

Smartphone usage time by age group was highest for people in their 20s (192.1 minutes), followed by teens (170.3 minutes) and those in their 30s (156.8 minutes) in that order, and smartphone usage time for all age groups increased compared to 5 years ago. Therefore, the correct answer is ①.

[4~8] Listen to the following and choose the word that best completes the dialogue.

4.

남자 손님, 이 구두 어떠세요? 이 구두의 색상은 지금 유행하는 색상이에요.

여자 예쁘네요. 그런데 굽이 너무 높은 것 같아요. 저는 편한 구두가 좋아요.

남자 _____

- - - - - - - - - -

M Ma'am, how do you like these shoes? Their color is today's *it* color.

W They are pretty. But the heels are too high. I like comfortable shoes.

M _____

The woman likes the shoes recommended by the man, but she is looking for something comfortable. The best answer is ②.

5.

여자 아침에 버스를 타면 길이 많이 막히는 것 같아.

남자 그러면 전철을 탈까? 그런데 전철은 많이 갈아타야 해서 시간이 오래 걸려.

여자 _____

- - - - - - - - - -

W I think taking a bus in the morning generally gets us stuck in traffic.

M Then shall we take the subway? But we have to make many transfers, so it will take a long time.

W _____

The man decides to take the subway with the woman, but is worried that it may take a long time due to multiple transfers. The best answer in this situation is ③.

6.

남자 제 학점이 생각보다 너무 낮아요.

여자 혹시 결석한 적 없어요? 이 수업은 출석 점수가 높아요. 한번 확인해 볼래요?

남자 _____

- - - - - - - - - -

M My grade was much lower than I expected.

W Were you absent by any chance? This class has a high attendance score. Will you check it out first?

M _____

The man is asking about his grade, and the woman suggests that he check his attendance first. The best answer is ④.

7.

남자 정아 씨, 오늘 점심은 배달 음식을 먹을까요?

여자 좋아요. 오늘 회의가 기니까 간단하게 빨리 먹는 게 좋을 것 같아요.

남자 _____

- - - - - - - - - -

M Jeong-a, shall we order some food and have it delivered for lunch today?

W Okay. We have a long meeting today, so something simple and quick will be nice.

M _____

The man and the woman decide to order some food and to have it delivered. The best answer is ③.

8.
여자 사장님, 지난달에 사용하지 않았던 휴가, 이번 달에 사용해도 될까요?

남자 물론이죠. 열심히 일했으니까 쉬기도 해야지요.

여자 _____

W Sir, can I use last month's unspent leave this month?

M Sure. You worked hard, and you have to get some rest (at times).

W _____

The woman has permission from the man to use her leave. The answer is ④.

[9~12] Listen to the following and choose the answer that would be most appropriate as the woman's next action.

9.
여자 손님, 이 상품은 지금 행사 중이어서 두 개를 사면 한 개를 더 드려요. 한 개 더 가져오세요.

남자 그래요? 그런데 진열대에 두 개 밖에 없었어요.

여자 제가 지금 창고에 더 있는지 확인해 볼게요. 가져다드릴까요?

남자 괜찮아요. 그냥 계산해 주세요.

W Sir, we have a special offer for this product, so you can buy two and get one free. Please get one more.

M Really? But there were only two left on the shelf.

W I can check if we have some more in storage now. Shall I bring one for you?

M No, that's fine. I'll just take these two.

The man is entitled to get one more product, but he chooses to pay without getting the free item. The answer is ②.

10.
여자 부장님, 어제 말씀하신 식당으로 회식 장소 예약하면 될까요?

남자 그래요. 예약해 주세요. 회식에 참가하는 인원은 파악됐어요?

여자 지금 하려고요. 직원들에게 먹고 싶은 메뉴도 물어볼까요?

남자 그래요. 인원이 파악되면 게시판에 회식에 관한 내용을 올려 주세요.

W Sir, can I book the restaurant you mentioned yesterday for our team dinner (place)?

M Please do. Do you know how many people are going?

W I'm about to find out. Shall I ask the staff about the food they would like to have?

M Yes. And when you know how many people are coming, please post the dinner details on our bulletin board.

The woman is now about to find out how many people will attend the dinner. The answer is ①.

11.
남자 이번 주 주말에 출발하는 제주도 여행 상품을 예약하려고 하는데요.

여자 죄송하지만 이번 주 주말은 예약이 다 찼습니다.

남자 다른 날은 가격이 더 비싼가요? 저녁에 다시 전화해도 되나요?

여자 출발 날짜에 따라 가격이 모두 다릅니다. 저녁에 원하는 날짜를 알려 주시면 제가 메일로 상품 정보를 보내 드리겠습니다.

M I'd like to book a Jeju tour package departing this weekend.

W I'm sorry, but it's fully booked this weekend.

M Are other dates more expensive? Can I call again in the evening?

W Each has a difference price depending on the departure date. If you let me know the date you want in the evening, I'll send you the product information by e-mail.

The man has not decided his departure date yet, so he will call the woman back in the evening. The answer is ①.

12.
여자 성적 증명서를 발급받으려면 어디로 가면 되나요?

남자 학생회관에서 돈을 내고 성적 증명서를 발급받을 수 있어요.

여자 그래요? 그럼 저는 학교 앞에 있는 은행에 먼저 들러야겠어요. 얼마인지 알아요?

남자 제가 전화해서 알아볼게요.

W Where should I go to get my academic transcript issued?

M You can pay and get it issued at the student' center [hall].

W Really? Then I have to go to the bank in front of the school first. Do you know how much it is?

M I'll make a call to find out.

The woman has to pay money to get her academic transcript issued, so she must go to the bank first before she visits the student center. The answer is ②.

13.

여자	영어 수업 오전반에 등록하고 싶은데요.
남자	네. 혹시 예전에 저희 학원에 다닌 적 있나요?
여자	네. 두 달 전에요. 그러면 수강료를 할인받을 수 있죠?
남자	네. 지난번 수업 수강증을 보여 주시면 돼요.

W I'd like to sign up for the morning English class.

M I see. Have you ever taken a class at our institute?

W Yes, two months ago. And I'm eligible for a tuition discount, right?

M Yes. Just show me your previous registration card, please.

The woman is eligible for a tuition discount because she took a class at the institute two months ago. The answer is ①.

14.

여자 지금 저희 쇼핑몰 3층 여성복 매장에서는 신상품 패션쇼가 진행 중입니다. 패션쇼가 진행되는 동안 패션쇼의 옷을 구매하는 고객분들께 특별히 추가 할인이 적용될 예정입니다. 더불어 오늘은 주말인 관계로 쇼핑몰 주차장 무료이용이 불가능합니다. 단, 오만 원 이상 구매하신 고객은 무료 이용이 가능합니다.

W Right now in the ladies' clothing department on the third floor of our shopping mall, a new product fashion show is going on. During the fashion show, there will be an additional special discount for customers who buy the clothes appearing in the show. Today is the weekend, so free parking is not available, but it is for customers who purchase [items worth] 50,000 won or more.

There is a fashion show of new products on the third floor in the ladies wear department. The answer is ③.

15.

남자 수원시에서는 지난해부터 청년들에게 일자리 기회를 제공하기 위해 일자리 박람회를 열었습니다. 한 번도 취업을 하지 않은 청년들을 대상으로 열리는 일자리 박람회에는 대기업뿐만 아니라 많은 중소기업들이 참여합니다. 참여를 원하는 청년들은 미리 참가 신청을 해야 합니다. 또한 이력서와 자기소개서를 가지고 가는 것이 도움이 된다고 합니다.

M The city of Suwon has been holding a job fair since last year to offer employment opportunities to youth. At this job fair, both small and medium-sized companies, as well as big companies, participate. Youth who have never been employed and want to participate must submit a sign-up form in advance. It will also be helpful if you bring a résumé and a letter of introduction.

This job fair is for young people who have never been employed, which means those who have been employed are not eligible to sign up. The answer is ②.

16.

여자 의원님, 도시의 공터를 이용하여 평화 기념 공원을 만든다는 소식을 들었는데요. 자세한 설명 부탁드려요.

남자 네, 이 공터는 오랫동안 방치되어 있었습니다. 이 공터를 어떻게 사용할지 시민들에게 의견을 받은 결과 이번 평화의 날을 맞이하여 공터를 기념 공원으로 만들기로 결정했습니다. 공원의 디자인은 디자이너들에게 공모를 받았고요. 공원의 시설물은 시민들의 의견을 반영하여 만들기로 했습니다.

W Congressman, I heard the news that an empty lot in the city will be used to build a peace memorial park. Could you please provide us with more details?

M Certainly. This empty lot has been neglected for a long time, and after gathering opinions from our citizens on how to utilize the space, we decided to transform it into a memorial park. The park's design was selected through a contest involving designers, and the facilities within the park will be constructed taking into account the opinions of the citizens.

A park will be built in the empty lot after gathering citizens' opinions. The answer is ①.

17.

남자 정아 씨, 요즘 퇴근하고 어디에 가는 거예요?

여자 저 요즘에 취미로 중국어를 배우러 학원에 다녀요. 재미있더라고요.

남자 정말 멋지네요. 그냥 취미로 외국어를 배우는 것도 좋지만 시험과 같은 구체적인 목표를 정하면 더 좋을 것 같아요.

M Jeong-a, where have you been going after work lately?

W I've been going to a language institute to learn Chinese as a hobby. It's been really enjoyable.

M That's wonderful. However, I believe it would be beneficial to set a specific goal, such as taking a proficiency test, even though learning a foreign language as a hobby is already rewarding in itself.

The man believes it is better to set a specific goal than to learn a language just as a hobby. The answer is ④.

18.

남자 너 요즘 시험 때문에 스트레스 많이 받는 것 같더라.

여자 응. 정말 중요한 시험이라 잠도 못 잘 정도로 너무 스트레스를 받고 있어.

남자 스트레스를 많이 받을 때는 하던 일을 잠시 중단하고 바로 풀어 줘야 해. 스트레스를 그때그때 풀지 않으면 더 많이 쌓여서 병이 생길지도 몰라.

M It seems like you're experiencing a significant amount of stress because of the test.

W Yes, it's a highly important test, and the pressure is causing me to have trouble sleeping.

M When you find yourself under a great deal of stress, it's crucial to take a break and find ways to alleviate that stress immediately. If you ignore it and allow the stress to accumulate, it can intensify and potentially lead to illness.

The man thinks that people should stop what they do when they are experiencing stress and should try to relieve it immediately. The answer is ①.

19.
남자 이것 좀 보세요. 인터넷에 죄를 지은 사람들의 명단이 올라왔어요.

여자 요즘엔 이렇게 범죄자의 이름을 바로 인터넷에서 확인할 수 있어요?

남자 그럼요. 사람들이 범죄자의 이름을 알아야 조심할 수 있잖아요. 또 다른 사람들에게 피해를 줄 수도 있으니까 인터넷에 이름과 얼굴을 알리는 게 맞다고 생각해요.

여자 하지만 죄 없는 범죄자 가족들이 정말 불쌍해요. 가족들은 보호해 줘야 할 것 같아요.

- - - - - - - - - - - - - - - - - -

M Look. A list of criminals is posted on the Internet.

W Can we check the names of criminals online like this now?

M Sure. People can only take caution when they know the criminals' names. And I think it is right to make their names and faces public on the Internet because they can cause harm to other people.

W But I feel sorry for the innocent families of the criminals. I think we should protect the families.

The man thinks it is good to publish the names and faces of criminals online to prevent further crimes. The answer is ②.

20.
여자 박사님께서는 평소에 건강하게 생활하기 운동을 알리기 위해 노력하는 걸로 유명하신데요. 특히 강조하시는 것은 무엇입니까?

남자 건강하게 생활하기 위해서는 전자 제품을 사용할 때 좋은 습관을 갖는 것이 가장 중요합니다. 특히 요즘 스마트폰이나 컴퓨터 등을 너무 오래 사용해서 눈과 목, 어깨가 안 좋은 분들이 많아졌는데요. 전자 제품은 정해진 시간만 사용하는 것이 좋습니다. 또 어린아이들의 경우 부모님께서 특별히 신경을 써서 어릴 때부터 좋은 사용 습관을 가지도록 해야 합니다.

- - - - - - - - - - - - - - - - - -

W Doctor, you are famous for your efforts to promote the movement for a healthy daily living. What do you particularly emphasize?

M When it comes to healthy living, I place a strong emphasis on developing good habits when using electronic devices. In recent times, we have seen an increase in people experiencing issues with their eyes, neck, and shoulders. It is crucial to use electronic devices for a designated amount of time and avoid excessive usage. Parents should also take special care to instill healthy habits in their children from a young age when it comes to using electronic devices.

The man think it is crucial to develop good habits when using electronic goods. The answer is ④.

[21~22] Listen to the following and answer the questions.

여자 요즘 불면증 때문에 잠을 못 자서 너무 피곤해요.

남자 그래요? 불면증에는 이유가 있어요. 잠을 자기 전에 주로 무엇을 하는 편이에요?

여자 밤에 잠을 자고 싶은데 바로 잠이 안 와요. 그래서 항상 텔레비전을 보다가 잠드는 편이에요.

남자 불면증을 고치려면 가장 먼저 생활 습관부터 고쳐야 해요. 잠자기 전에 TV를 보거나 스마트폰을 보다 보면 늦게 자는 생활 습관이 반복되고 결국 불면증이 생기거든요.

- - - - - - - - - - - - - - - - - -

W I can't sleep because of insomnia these days, so I'm too tired.

M Really? There is a reason for your insomnia. What do you usually do before going to sleep?

W At night, I have trouble falling asleep quickly even though I want to. So I tend to watch TV before going to sleep.

M To overcome insomnia, it's important to make changes to your lifestyle. If you watch TV or use your smartphone before going to sleep, you may develop a habit of staying up late and eventually develop insomnia.

21. The man thinks that there is a reason for the woman's insomnia and that it is necessary for her to change her lifestyle first to get over it. The answer is ④.

22. The woman says that she watches TV before she goes to sleep. The answer is ④.

[23~24] Listen to the following and answer the questions.

남자 이번 달에 휴대 전화 요금이 많이 나온 것 같은데 사용 내역을 좀 알 수 있을까요?

여자 네. 이번 달에 휴대 전화로 소액 결제를 하셔서 요금이 많이 나왔네요.

남자 소액 결제요? 그게 뭐죠?

여자 10만 원 이하의 금액을 휴대 전화 요금으로 지불하는 거예요. 이번 달에 휴대 전화로 쇼핑하셨죠? 이것 때문에 통신 요금이 많이 나왔어요.

- - - - - - - - - - - - - - - - - -

M I think my mobile phone bill this month is very high. Can I have the usage details?

W Yes, your bill is high because you made a micropayment with your mobile phone.

M A micropayment? What does that mean?

W It means making a payment of a sum of 100,000 or less through your mobile phone bill. Did you do some shopping on your mobile this month? That's what caused your bill to be so high.

23. The man is inquiring about his mobile phone usage details because his bill is higher than usual. The answer is ④.

24. The man used a micropayment system this month, which is paying for a purchase through your mobile phone bill. The answer is ②.

[25~26] Listen to the following and answer the questions.

여자 박사님께서는 그동안 한국인의 식습관에 대해서 연구를 해 오셨는데 한국인 식습관의 가장 큰 특징은 무엇입니까?

남자 과거 한국인들은 육류보다는 채식 위주의 반찬을 즐겨 먹어서 건강했습니다. 그런데 급격한 경제 성장 이후 채식보다는 육류를 더 즐겨 먹는 경향을 보이고 있습니다. 또한 즐겨 먹는 식단을 조사한 결과 짜고 매운 음식을 선호한다는 사실을 알 수 있었습니다. 저는 육류를 즐겨 먹는 것보다 짜고 매운 음식을 즐겨 먹는 것이 더 큰 문제라고 생각하는데요. 짜고 매운 식단 위주의 식습관은 정말 위험합니다. 이런 식습관은 한국인의 가장 큰 사망 원인인 암과도 관련 있습니다.

W You have studied Korean eating habits, Doctor. What is the biggest characteristic of Korean eating habits?

M In the past, Koreans were healthy because they enjoyed more vegetable dishes than meat. But since the country's rapid economic growth, Koreans tend to consume more meat than vegetables. Additionally, surveys on preferred diets show that Koreans have a preference for salty and spicy food. I believe that the preference for salty and spicy food is a bigger problem than meat consumption. Eating habits centered around a salty and spicy diet can be very harmful. Such eating habits are associated with cancer, which is the leading cause of death among Koreans.

25. The man considers a salty and spicy diet to be more dangerous than a meat diet. The answer is ④.

26. Koreans started to enjoy meat over vegetable diets since the country's rapid economic growth. The answer is ①.

[27~28] Listen to the following and answer the questions.

남자 경복궁에서 일하는 분한테 들었는데 내일부터 경복궁 야간 개방을 시작한대. 이참에 한번 가 봐.

여자 그런데 사전에 예약하는 게 좀 복잡할 것 같아. 사전에 신청해야만 들어갈 수 있는 거지?

남자 인터넷으로 사전 신청도 할 수 있고, 직접 가서 표를 살 수도 있어. 그리고 매주 화요일은 휴궁일인 걸 잊지 마.

여자 그렇구나. 고마워. 그런데 무료 입장도 가능하다던데 그건 뭐였더라?

남자 경복궁에 한복을 입고 가면 무료 관람이 가능하거든. 혹시 가지고 있는 한복이 있으면 꼭 입고 가.

M I heard from someone working at Gyeongbokgung Palace that they are starting night openings from tomorrow. It's a good opportunity to visit.

W But it seems a bit complicated to make a reservation in advance. Do we have to sign up beforehand to enter?

M You can make a pre-registration online, or you can go there and buy tickets on-site. Also, don't forget that the palace is closed every Tuesday.

W I see. Thank you. By the way, I heard there is another special offer. What was it?

M If you visit Gyeongbokgung Palace wearing a hanbok, you can enter for free. If you happen to have a hanbok, be sure to wear it.

27. The man is recommending the woman to visit Gyeongbokgung Palace during its nighttime opening and providing information about it, so the answer is ③.

28. The man said that the woman can go there and buy tickets directly, so the answer is ③.

[29~30] Listen to the following and answer the questions.

여자 최근 문화재로 지정된 건물에서 흰개미가 발견되면서 혼란을 빚었는데요. 선생님, 문화재에 흰개미가 나타난 것이 그렇게 큰 문제인가요?

남자 흰개미는 죽은 나무나 낙엽을 먹으면서 살아가는데요. 목조 건물에 깊숙이 들어가 목재를 갉아먹기 때문에 그리 단순한 문제가 아닙니다. 특히 한국에서 발견되지 않는 종류의 흰개미가 수입 가구 등을 통해 들어오는 경우 더 큰 문제가 발생합니다. 외래종이 국내에 유입되는 경우에 피해 규모가 더 커지기 때문입니다. 국내 문화재 중 상당수가 흰개미로 인한 피해를 본 것으로 조사되는 만큼 주의하고 있습니다.

M Recently, there has been confusion due to the discovery of white ants in a building designated as a cultural heritage site. Teacher, is it such a big problem that white ants have appeared in the cultural heritage site?

W White ants live by feeding on dead wood or fallen leaves. They can extensively damage wooden structures by burrowing deep into them and consuming the timber. Particularly, when a non-indigenous species of white ants enters through imported furniture and other means, the problem becomes even more significant. The scale of damage increases when invasive species are introduced to the domestic environment. We are paying attention as a significant number of domestic cultural heritage sites have been found to have suffered damage caused by white ants.

29. The woman is asking the man if the presence of white ants in cultural heritage sites is a serious issue, and the man responded that they are being cautious due to the significant damage caused by white ants to cultural heritage. Therefore, it can be inferred that the man is involved in tasks related to cultural heritage. The answer is ④.

30. The man explains that white ants live by feeding on dead wood or fallen leaves. The answer is ①.

[31~32] Listen to the following and answer the questions.

여자 체육 시간에 체육 활동을 하지 않고 교실에 남아서 자습을 하는 학생이 많다고 하는데 이럴 바에는 체육 수업을 축소하는 게 좋겠습니다.

남자 학교는 공부를 잘하는 학생을 만들어 내는 곳이 아닙니다. 체육과 같은 다양한 과목을 통해 사회성과 협동심도 길러 줘야 합니다.

여자 너무 이상적인 이야기만 하시는 거 아닙니까? 대부분 학생들의 목표는 좋은 대학교에 입학하는 것입니다. 학교에서 공부하는 분위기를 조성해 줘야 한다고 생각합니다.

남자 학생들이 건강해야 공부에도 열중할 수 있는 것입니다. 체육은 학생들의 건강 증진을 위해서라도 반드시 필요한 과목입니다.

W I understand that many students remain in class and study by themselves during physical education class and don't engage in any sports activities. If that's the case, wouldn't it be better to reduce the hours of physical education?

M School is not solely a place to foster academic excellence in students. We must also nurture their social skills and a sense of cooperation through various subjects, including physical education.

W Aren't you being too idealistic? Most students have the goal of entering a good university. I believe that schools should create an academic atmosphere for them.

M Students can only focus on their studies if they are healthy. Physical education is an essential class that promotes students' health.

31. The man thinks that the goal of a school is not necessarily to foster academically excellent performers as he says that students must build their social skills through physical education. The answer is ②.

32. The man firmly contradicts the woman's argument. The answer is ④.

[33~34] Listen to the following and answer the questions.

여자 요즘 많은 사람들이 타인을 대하는 기술을 배우겠다고 대화법 공부에 집중합니다. 하지만 가장 성공적인 대화법은 마음 깊숙이 깔린 타인에 대한 이해와 관심, 배려를 통해 완성되는 것입니다. 특히, 다른 사람을 설득하는 대화법에 있어서 상대방을 먼저 이해하려고 하는 배려가 밑바탕에 깔려 있어야 합니다. 사람이라면 누구나 존중받기를 원하고 존중받았을 때 마음이 열리기 때문입니다. 말을 잘하는 것도 중요하겠지만 이보다 중요한 것은 진심입니다. 결국 대화법보다 중요한 것은 그 사람을 대하는 나의 마음가짐이라고 할 수 있습니다.

W Many individuals focus on developing their conversation skills in order to navigate social interactions. However, the most effective conversation skills are honed through genuine understanding, interest, and care for others. Particularly when attempting to persuade someone, it is crucial to first consider and comprehend the other person's perspective. This is because everyone desires respect, and when they receive it, their hearts are more likely to open. While being articulate is important, sincerity holds even greater significance. Ultimately, a person's attitude towards others is more crucial than their conversational abilities.

33. The woman explains what is important in interpersonal skills and says that dealing with people is difficult. The answer is ③.

34. The woman says that everyone wants respect. The answer is ④.

[35~36] Listen to the following and answer the questions.

남자 비즈니스 리서치 회사의 창업 관련 설문 결과를 분석하였더니 다음과 같은 결과가 나왔습니다. '회사 창업 비용은 지금이 가장 적게 들 때입니다. 이것은 저렴한 가격으로 이용할 수 있거나, 무료로 사용 가능한 프로그램 덕분입니다. 개발자들이 자신들의 응용 프로그램이 가능한 한 널리 이용되기를 원해서 가격을 최대한 낮게 유지하려고 하는 데다, 상업적 목적으로 개발하지 않은 고급 소프트웨어도 많아 이를 활용할 수 있기 때문입니다. 처음에는 비전문가들이 이런 많은 프로그램을 이용하기 어려웠지만, 최근에는 프로그램 사용법이 단순해져서 훨씬 더 사용하기 편해졌습니다. 덕분에 새 회사들은 소프트웨어에서 절약한 돈으로 연구 개발에 좀 더 자금을 쓸 수 있게 되었습니다. 따라서 새롭게 창업을 하고자 하는 사람들은 최근 분석 결과를 창업 자료로 잘 활용하길 바랍니다.

M When we analyzed the results of a business startup survey conducted by a business research firm, we obtained the following findings: the current period offers the lowest business startup costs. This is attributed to the availability of programs that are reasonably priced or free. Developers strive to keep prices low in order to maximize the widespread use of their application programs, and there is also advanced software developed for nonprofit purposes. Initially, many of these programs were challenging for non-experts to use, but they have become increasingly user-friendly in recent times. As a result, new companies can allocate more funds towards research and development by utilizing the money saved on software. I hope that aspiring entrepreneurs will utilize the latest analysis results as valuable data for their own startups.

35. The man gives information for those who want to start their own businesses by analyzing some survey results. The answer is ①.

36. Even laymen can use advanced software as developers keep the lowest prices, hoping their application programs to spread as widely as possible, and because there is a lot of advanced software that was not developed for commercial purposes. The answer is ④.

[37~38] Listen to the following and answer the questions.

남자 한창 많은 것을 배우고 익혀야 할 나이에 자주 아프면 그것처럼 속상한 일이 없을 텐데요. 어머님은 어떻게 자녀의 건강을 잘 유지했는지 말씀해 주시겠어요?

여자 다른 큰 비결은 없습니다. 평소 생활 습관만 올바르게 잡아 줬을 뿐입니다. 먼저 아무리 바빠도 아침밥은 꼭 먹게 했습니다. 아침 식사가 학습 능력과 연결된다는 연구 결과를 믿고 아침을 잘 준비해 줬습니다. 둘째로 편식은 고른 영양 섭취를 방해하므로 영유아기 때부터 신경 써서 습관이 되지 않도록 했습니다. 셋째로 비만에도 신경을 썼습니다. 달거나 기름진 고칼로리 음식은 되도록 적게 먹이고, 규칙적으로 식사하도록 하였습니다. 비만을 유발하는 패스트푸드나 인스턴트식품은 될 수 있으면 적게 먹도록 했고요. 마지막으로 치아 관리입니다. 치아 관리의 핵심은 치료보다 예방이라고 생각했습니다. 특히 충치 예방에 더 신경을 써서 하루 3번, 식후 3분 이내에 3분 이상 양치질을 하는 습관을 갖도록 했습니다.

M If a child falls ill frequently during a crucial period of growth and learning, it can be heart-wrenching. Ma'am, could you please share with us how you have managed to keep your children healthy as a mother?

W There is no big secret. I simply focused on fostering a healthy daily lifestyle. Firstly, I made it a rule for them to have breakfast regardless of how busy they were. I believe in the research that highlights the link between breakfast and improved learning abilities, so I made sure to provide them with nutritious breakfasts. Secondly, I was mindful of discouraging picky eating habits from an early age, as they hinder the balanced intake of nutrients. hirdly, I paid attention to preventing obesity. I made conscious efforts to minimize their consumption of sugary, greasy, high-calorie foods, and encouraged them to have regular, well-rounded meals. I also limited their intake of fast food and Tinstant food, which are known contributors to obesity. Lastly, I prioritized dental care. I believed that prevention

is key when it comes to oral health. I took extra care to prevent cavities. I made sure my children developed the habit of brushing their teeth at least three times a day for a minimum of three minutes, within three minutes after each meal.

37. The woman is talking about her experience, and according to her, she just made sure that her children had the right everyday lifestyle when she raised them. The answer is ④.

38. The woman took extra care to prevent her children's cavities. The answer is ③.

[39~40] Listen to the following and answer the questions.

여자 비만이 음식 섭취와 운동의 불균형 탓에 생긴다는 전통적 견해에 대해선 잘 들었습니다. 그런데 최근 유전자가 신진대사에 영향을 미칠 수 있다는 연구 결과가 나왔는데요. 박사님, 이에 대해 어떻게 생각하시는지요?

남자 상당히 획기적이라고 생각합니다. 아직 연구 결과를 좀 더 지켜봐야 되겠지만요. 그동안 FTO 유전자의 명령을 받은 뇌가 식욕이나 음식 선택을 조절한다는 가설은 나온 적이 있으나 지방을 쌓거나 태우는 신진대사를 조절한다는 연구 결과는 이번이 처음인 것 같습니다. 이 연구팀은 쥐를 대상으로 연구를 진행했는데 유전자가 변형된 쥐는 그렇지 않은 쥐보다 50%나 날씬해졌다는 결과가 나왔습니다. 다시 말해 연구팀의 말처럼 유전자가 변형된 쥐는 고지방 음식을 먹더라도 살이 찌지 않은 것입니다. 이러한 비만은 각종 질환의 원인이 될 뿐만 아니라 심지어는 당뇨나 암으로 이어질 수도 있어 앞으로 비만 치료법에 획기적인 연구가 되기를 기대해 봅니다.

W Thank you for giving us the traditional view that obesity is caused by the imbalance between food intake and exercise. But there is a recent study result that genetics can influence metabolism. Doctor, what do you think about this?

M I think that's quite groundbreaking. However, we may have to wait and further examine the study results. There is a hypothesis that the FTO gene controls the brain's appetite or food choices, but this seems to be the first research result showing that it can affect fat accumulation or regulate the body's metabolism. The research team conducted this study with mice, and it turns out that genetically modified mice are 50% slimmer than non-modified mice. The research team mentioned that the genetically modified mice did not become obese even when fed a high-fat diet and obesity can lead to various diseases, including diabetes and cancer. Therefore, I believe this study has the potential to be groundbreaking in the treatment of obesity.

39. The woman states that she will now discuss appetite suppression and asks the doctor about methods of appetite suppression. Therefore, the answer is ③.

40. The man mentions obesity treatments and says that they need to wait and look further into the research results. The answer is ④.

[41~42] **Listen to the following and answer the questions.**

남자 사람들은 타인의 기대와 말에 큰 영향을 받습니다. 이 효과는 실제로 증명된 바가 있습니다. 하버드대학교 심리학 교수인 로버트 로젠탈은 재미있는 실험을 진행하였습니다. 초등학생의 지능 지수를 검사한 후 교사들에게 발전 가능성이 큰 학생들의 명단을 전달했습니다. 1년 뒤 같은 학생들을 대상으로 조사한 결과 지능이 눈에 띄게 향상되었다는 것을 알 수 있었습니다. 이 실험이 흥미로운 이유는 명단에 있는 학생들은 실제로 지능이 높지 않았고, 무작위로 뽑힌 학생들이었기 때문입니다. 사실을 몰랐던 교사들은 명단에 있는 학생들을 긍정적인 시각으로 바라보며 지도하였고, 학생 또한 선생님들의 기대에 부응하기 위해 노력한 것이 결과에 영향을 끼친 것입니다. 이렇듯 타인을 기대를 갖고 긍정적으로 바라보면 인정을 받았다고 생각한 사람이 자신의 태도와 행동을 그 기대에 부응하기 위해 스스로 변화하게 됩니다.

M People are greatly influenced by other people's expectations and words. In fact, this effect has been demonstrated in a notable experiment conducted by Robert Rosenthal, a professor of psychology at Harvard University. In the experiment, a group of elementary school students took a normal IQ test, and the teachers were provided with a list of students who were said to have a high potential for growth. A year later, when the same students took the test again, their IQ scores had significantly improved. What's interesting is that the students on the list did not actually have higher IQs and were selected at random. The teachers, unaware of this fact, viewed and guided the listed students with positive expectations, and as a result, the students worked hard to meet those expectations, leading to improved performance. This experiment highlights the power of expectations and positive perception. When others view us with expectations and positivity, we are inclined to change ourselves and align our attitudes and behaviors to meet those expectations.

41. The experiment randomly selected students who did not really have high IQs. But when their IQs were tested a year later, they had improved. The answer is ③.

42. The man starts by saying that people are greatly influenced by other people's expectations and words and then gives an actual example. The answer is ③. ② is not the best answer because he does not specifically recommend having higher expectations and saying positive words about others.

[43~44] **Listen to the following and answer the questions.**

여자 한번에 여러 일을 처리하는 것을 '멀티 태스킹'이라고 하는데요. 최근에 멀티 태스킹이 뇌에 악영향을 끼친다는 연구가 나왔습니다. 미국 스탠포드의 연구에 따르면 여러 정보를 한꺼번에 처리하려는 사람들은 정보를 하나씩 처리하는 사람에 비해 주의력이 낮았으며, 여러 정보 중 중요한 것을 구별해 내서 기억하는 능력 역시 떨어졌습니다. 심지어 영국 런던대는 이러한 멀티 태스킹이 지능 지수를 낮춘다는 연구 결과를 발표했습니다. 흔히 알려진 것과 달리, 멀티 태스킹은 효율적인 일 처리 방식이 아니며, 오히려 짧은 시간 동안 한 가지 일에 집중하는 일 처리 방식인 '모노 테스킹'이 효과적이라는 것입니다. 뇌를 효율적으로 사용하기 위해서는 중간에 휴식을 취해 주는 것이 중요한데요. 멀티 테스킹은 일정 간격으로 일과 휴식을 반복하는 것을 어렵게 만들어 뇌의 피로와 과부하를 유발합니다. 뇌의 과부하로 인해 기억력과 주의 집중 능력 등이 나빠지는 현상이 나타날 수 있으므로 주의해야 합니다.

W Multitasking is the ability to handle multiple tasks at once, but recent studies have shown that it can have negative effects on the brain. According to research from Stanford University, people who try to process multiple pieces of information simultaneously have lower attention spans than those who process pieces of information one at a time. They also have a lower ability to distinguish and remember important information. The University of London has also published research showing that multitasking can lower intelligence levels. Contrary to popular belief, multitasking is not an efficient way to handle tasks. Instead, a more effective method is to focus on one task at a time, known as "monotasking." It is important to take breaks in between tasks to use the brain efficiently. Multitasking can create stress and overload in the brain, making it difficult to maintain a balance between work and rest. The resulting brain overload can lead to poor memory and reduced attention span, so it is important to be cautious.

43. Multitasking is not an efficient way to handle work; rather, "monotasking," a way to focus on one task for short period of time, is more effective. Therefore, the correct answer is ④.

44. Multitasking makes it difficult to repeat work and rest at regular intervals, causing brain fatigue and overload. Therefore, the correct answer is ③.

[45~46] **Listen to the following and answer the questions.**

여자 여러분, 지구상에 많은 생물들이 사라지고 있다는 이야기를 들은 적 있으실 텐데요. 국제자연보전연맹(IUCN)이 전 세계 동식물 10만여 종을 조사한 결과, 그중 3만 2000여 종이 멸종 위기에 처해 있다고 합니다. 이러한 추세라면 수십 년 내에 동식물 50만 종과 곤충 50만 종 등 약 100만여 종이 멸종하게 될 지도 모릅니다. 하지만 희망이 없는 것은 아닙니다. 1993년에 UN의 생물 다양성 협약이 발효된 후 생물 종의 복원 프로젝트를 실시한 결과, 멸종 위기에서 벗어난 사례를 다수 발견했기 때문입니다. 연구진이 멸종 위기 동물 81종을 추적해서 관찰해 보니, 1993년 이후에 조류 약 27종과 포유류 16종이 멸종 위기에서 벗어났음을 확인했습니다. 공통적으로 동물보호, 서식지 복원, 남획 금지 등의 노력이 효과가 있었던 것으로 분석되었습니다. 만약 인간이 생물 종의 복원을 위해 노력하지 않았다면 멸종된 종이 3~4배는 더 많았을 것이라고 추정되었습니다. 다시 말해 회복을 위해 지속적으로 노력한다면 아직 완전히 희망이 없는 것은 아니라는 것입니다. 그러니 생물 다양성 회복을 위한 인간의 노력은 앞으로도 계속되어야 할 것으로 보입니다.

W Everyone, you may have heard that many species of organisms are disappearing from the earth. According to the International Union for Conservation of Nature (IUCN), 32,000 of approximately 100,000 species of animals surveyed worldwide are at risk of extinction. If this trend continues, about one million species, including 500,000 species of animals and 500,000 species of insects, may become extinct within the next several hundred years. However, there is still hope. After the United Nations Convention on Biological Diversity went into effect in 1993, a restoration project for biological species was implemented, and many cases of species saved from the brink of extinction were discovered. Researchers tracked and observed 81 endangered species of animals, and found that about 27 species of birds and 16 species of mammals had been saved from extinction since 1993. Their analysis showed that common efforts such as animal protection, habitat restoration, and prohibition of overfishing were effective. If humans had not made efforts to restore biological species, it is estimated that the number of extinct species would have been three to four times higher. In other words, if we continue to make efforts for recovery, there is still some hope. Therefore, it seems that human efforts for the restoration of biodiversity should continue in the future.

45. After the United Nations Convention on Biological Diversity came into effect in 1993, many species were saved from the brink of extinction as a result of the restoration project for biological species. Therefore, the correct answer is ②. As a result of surveying 100,000 species of animals and plants around the world, 32,000 of them were found to be endangered, so ③ is incorrect.

46. The woman presents her opinion that human efforts for biodiversity are continuously necessary based on research that found many cases of species that have avoided extinction as a result of the restoration project for endangered species. Therefore, the correct answer is ④.

[47~48] Listen to the following and answer the questions.

여자 한국은 우울증을 앓고 있는 사람의 수가 세계에서 가장 많은데 비해, 치료 접근성은 오히려 가장 낮다고 합니다. 지금 제 앞에 한국 보건학회 회장이신 박신우 박사님이 나와 계시는데요. 박사님, 정말 그렇습니까?

남자 그렇습니다. 코로나19로 인해 전 세계적으로 우울증을 앓는 사람의 수가 두 배 가까이 증가했다고 하지만, 그중에서도 한국은 독보적인 수준입니다. 대한신경과학회가 공개한 자료에 따르면, 작년에 한국의 우울증 유병률은 36.8%로 조사되었습니다. 조사 대상 국가 중에 가장 높은 수치인데요. 그런데도 치료 접근성이 낮은 이유로는 항우울제 처방 제한 규제 때문도 있겠지만, 자신의 우울증을 인지하고 의사의 도움을 받아 치료하겠다는 인식이 여전히 부족한 탓도 있습니다. 실제 우울증 환자 중에 약 25%만 의사의 진료를 받았다는 통계가 있을 정도입니다. 흔히 우울증을 마음의 감기라고 부르지만, 감기와 달리 혼자서 이겨내는 건 쉽지 않습니다. 다른 병과 마찬가지로 우울증도 초기에 발견하고 치료하는 것이 중요한데요. 마음 건강도 정기적으로 검진을 받아 제대로 관리하는 것이 중요하다는 인식이 필요하다고 봅니다.

W I heard that Korea has the highest number of people suffering from depression in the world, but the accessibility to treatment is actually the lowest. I'm here with Dr. Park Shin-woo, the president of the Korean Society for Preventive Medicine. Is that really true, Doctor?

M Yes, it is. Due to COVID-19, the number of people suffering from depression worldwide has nearly doubled. However, Korea stands out with a significantly high level. According to data released by the Korean Society of Neuropsychopharmacology, the prevalence of depression in Korea was 36.8% last year, the highest among the surveyed countries. However, the low accessibility to treatment is not only due to restrictions on antidepressant prescriptions, but also because there is still a lack of awareness of the importance of recognizing one's own depression and seeking medical help. In fact, statistics show that only about 25% of depression patients have actually received medical treatment. Depression is often called a "cold of the mind," but unlike a cold, it is not easy to overcome it alone. It is important to detect and treat depression early. Just as we get regular health checkups for physical health, we need to raise awareness of the importance of regularly checking our mental health to manage it properly.

47. The man said that the number of people suffering from depression worldwide has nearly doubled due to COVID-19. Therefore, the correct answer is ②.

48. The woman asked the man if it was true that "Korea has the highest number of people suffering from depression in the world, but the accessibility to treatment is the lowest." Therefore, the correct answer is ④.

남자 전 세계적으로 지속 가능한 에너지 발전을 위해 노력하고 있
　　 는데요. 한국에 바닷물을 이용해 에너지를 만드는 곳에 대
　　 해 오늘 여러분에게 자세하게 소개하려고 합니다. 전남 해남
　　 과 진도 사이에 가면 바다가 우는 길목이라는 의미에서 '울돌
　　 목'이라 불리는 곳이 있습니다. 빠른 물살로 인해 바닷물 소리
　　 가 마치 바다가 우는 듯하다고 하여 붙여진 이름입니다. 이곳
　　 은 조선 시대 명량해전 당시에 이순신 장군이 이곳의 빠른 유
　　 속을 이용하여 적을 무찌른 곳으로 유명한 곳입니다. 조류 발
　　 전의 입지적 조건 중 첫 번째는 빠른 유속입니다. 하지만 유속
　　 이 지속되지 않거나, 발전소를 건설하기 위한 공간적 조건, 즉
　　 수심과 수로의 폭이 맞지 않다면 유속이 아무리 빨라도 소용
　　 이 없는데요. 이런 조건을 모두 갖추고 있는 곳이 바로 울돌목
　　 입니다. 이 울돌목의 유속은 최대 초속 6.5m로 바다보다 3배
　　 이상 빠르다고 합니다. 2013년에 울돌목에 상용 조류 발전소
　　 를 건설하였는데, 당시의 발전소는 소규모 발전에 적합했습니
　　 다. 그래서 현재는 대규모 발전을 위한 조류 발전소를 울돌목
　　 에 설치하기 위해서 지속적으로 연구를 거듭하고 있습니다.

M　I am working towards sustainable energy
development worldwide. Today, I would like to
provide you with a detailed introduction to a place
in Korea that harnesses energy using seawater.
Between Haenam and Jindo in Jeonnam (South
Jeolla Province), there is a place called "Uldolmok,"
which means "where the sea cries" in Korean,
due to the sound of the rushing water. This place
gained fame during the Battle of Myeongnyang
in the Joseon Dynasty, where Admiral Yi Sunsin
utilized the fast current of this area to defeat the
enemy. One of the key requirements for tidal power
generation is a fast current. However, if the current
is not consistent or if the spatial conditions, such
as water depth and width, are not suitable for
constructing a power plant, a fast current would be
of no use. Uldolmok fulfills all of these conditions.
The current at Uldolmok reaches a maximum speed
of 6.5 meters per second, more than three times
faster than the average sea current. A commercial
tidal power plant was constructed at Uldolmok in
2013, initially suited for small-scale generation.
However, continuous research is being conducted
to install a large-scale tidal power plant at Uldolmok
for more substantial power generation.

49. There is a place called Uldolmok According to the man,
Admiral Yi Sunsin of the Joseon Era once defeated the
Japanese invaders at the Battle of Myeongryang by
using the swift current at Uldolmok. The answer is ③.

50. The man is explaining the optimal site conditions for
tidal power plants and using "Uldolmok" as an example,
so the answer is ③.

쓰기　Writing

[51~52] Write an appropriate word in each of the blanks in the
following text.(10 points each)

51. ㉠: In the following sentence, the writer wants to
exchange the pants for a smaller size. Therefore, the
blank must note that the pants the writer bought are
too big.

㉡: Before the blank, the writer wanted an exchange.
Contact information is left in the following sentence.
Therefore, the blank should contain either an inquiry
or a guide on how to make an exchange.

→ The text is an e-mail asking to make an exchange
for some purchased goods. In such writing, you
should mention the type of goods you bought and
explain why you need to make an exchange. Then,
you should explain in detail the color and size of the
product you want to get from the exchange. In case
of a product exchange, there are times when you
need to pay an exchange fee, so you have to ask a
detailed question to the seller about the exchange.
In many cases, you leave contact information
like your phone number or e-mail address to
communicate with the seller.

52. ㉠: In the preceding sentence, it is written that anyone
is challenged by and is afraid of the newness
caused by change. And the sentence with the blank
starts with "as a result, what is comfortable and
familiar," which implies that people do not want
to change but want to remain the same. Since the
blank is modified with the adjectives 편안하고 익숙한
(comfortable and familiar), a sentence starting with a
noun should be written.

㉡: In the preceding sentence, the writer notes that the
biggest obstacle is oneself, writing, "If not, nothing
changes." Considering these, the text (blank) should
read that a person must take the initiative and be
the center of change.

53. The following is a survey data on "the biggest difficulty
currently felt" and "the most desired welfare services"
among 500 elderly men and women over the age of 60.
Explain the content in a text of 200-300 characters. Do
not write a title.
[Summary]

Introduction: introduction of survey on welfare services
that senior citizens want

Body: differences between men and women in their 60s
regarding the welfare services they want

Conclusion: summary

54. Refer to the following and write a text of 600-700
characters. Do not simply copy the text of the question
when writing your answer.
[Summary]

Introduction: definition and advantages of cyber
learning, especially regarding teaching contents and
methods

Body: ① positive influences of cyber learning on education

② how to use cyber learning and its usefulness from teacher's and learner's perspectives

Conclusion: summary of influence of cyber learning on society

읽기 Reading

[1~2] Choose the most appropriate word for the blank.

1.

We must not shift our responsibility on others and do what we have to do (   ).

Question type Choosing a word ending for the context (connective/short sentence)

No matter how tired we are, we should fulfil our responsibility on our own. ③ is the best answer.

–더라도: used to admit the preceding fact but when that does not have any impact on the following

Eg. 이번에 실패하더라도 실망하지 마세요.
아무리 늦더라도 그는 서두르는 법이 없다.

Tip –더라도 is interchangeable with –아/어도.

- –고도: a connective ending indicating the preceding fact while the following has an opposite or different characteristic
  Eg. 영화는 슬프고도 아름다운 사랑 이야기를 보여 주었다.
- –(으)ㄴ 탓에: an expression used to indicate that the preceding is a cause or reason for the following negative condition.
  Eg. 과일값이 비싼 탓에 조금밖에 못 샀어요.
- –(으)ㄴ 대신에 :
  ① an expression used to indicate that the preceding and the following situations or actions are different or opposite
    Eg. 이 약은 효과가 좋은 대신에 많이 쓰다.
  ② an expression used to indicate that the preceding action will be compensated by another that is equivalent to it
    Eg. 이 식당은 가격이 비싼 대신에 유기농 재료만 사용한다.

2.

The math problem was too difficult, but I did not give up and (   ) until the end.

Question type Choosing a word ending for the context (ending/short sentence)

Even though the math problem was difficult I did it until the end. ② is the best answer.

–고 들다: an ending used to indicate that an action is done roughly, rudely, or persistently
Eg. 그가 계속 따지고 드는 바람에 어찌할 수가 없었다.

- –아/어 놓다: used to indicate the continuation of a situation after an action is finished or the continuation of a previous state
  Eg. 외출할 때 난방을 꺼 놓았다.

- –나 싶다:
  ① an expression used to indicate that the speaker of the preceding statement is making a rather subjective and uncertain speculation
    Eg. 같은 감독이 만든 영화이지만 이번 작품이 더 재미있지 않았나 싶다.
  ② an expression used to indicate the regret or concern of the speaker or actor of the preceding statement
    Eg. 내가 괜한 말을 했나 싶어서 후회가 된다.
- –는 셈 치다: to assume or accept something
  Eg. 돈 5만 원을 잃어버렸는데 그냥 외식 한 번 한 셈 쳤다.

[3~4] Choose the answer that has the most similar meaning to the underlined section.

3.

If we start as soon as we leave the office, we can arrive at the seminar venue by 7.

Question type Choosing a similar word ending (connective/short sentence)

They can arrive at the seminar venue by 7 if they start immediately after work. ② is the best answer as it means that the next action immediately follows after the preceding action is done.

–는 대로: immediately after doing something
Eg. 취직하는 대로 결혼하려고 해요.
날이 밝는 대로 떠날 예정이다.

Tip This cannot be attached to a past tense form.
Eg. 집에 도착한 대로 저에게 전화 주세요. (×)

- –(으)ㄹ 때: an expression used to indicate a duration or time when an action or situation occurs or a case of such an event happening
  Eg. 할머니는 비가 올 때 꼭 목욕탕을 가신다.
- –자마자: a connective ending used to indicate that the next action immediately follows after the preceding action is done
  Eg. 아들은 나를 보자마자 뛰어와 안겼다.
- –는 김에: an expression used to indicate that you are using an opportunity to do a certain act while you are doing a similar act
  Eg. 사건이 이렇게 된 김에 솔직히 이야기해 봅시다.
- –(으)ㄴ 다음에: after; an expression that indicates that the preceding event or process has finished
  Eg. 청바지는 한번 뒤집어서 세탁한 다음에 입어야 한다.

4.

The government presented a policy for ordinary people but was faced with opposition and had to give up.

Question type Choosing a similar word ending (ending/short sentence)

The government presented a policy for ordinary people but was faced with opposition, and there was nothing for it to do but to give up. ② is the best answer.

−아/어야 하다: an ending used to indicate a state or condition needed to do something
Eg. 싸고 좋은 물건을 사려면 대형 할인 매장에 가야 한다.
Tip −아/어야 했다: had no choice but to do so
Eg. 싸고 좋은 물건을 사기 위해 대형 할인 매장에 가야 했다.

- −기로 하다: an expression of determination or promise for the preceding action
  Eg. 이번 학기에 열심히 공부해서 장학금 받기로 했다.
- −(으)ㄹ 수밖에 없다: an expression used to indicate that there is no other way or possibility
  Eg. 모르는 것이 너무 많아서 인터넷을 검색할 수밖에 없었다.
- −는 것이 당연하다: to be natural to do a certain action by all reasons
  Eg. 부모님을 모시는 것은 당연하다.
- −는 둥 마는 둥 하다: an expression of not doing something properly or hastily
  Eg. 아들이 내 말을 듣는 둥 마는 둥 하는 모습에 화가 치밀어 올라왔다.

[5~8] Choose the answer that says what the following is about.

5.
With one pill, headache, toothaches, and cramps all under control

Question type Understanding the object/type of text (advertising)
The key phrases are 두통, 치통, and 생리통. 통 means pain or ache. 두통 is a pain in the head, 치통 is a pain in the tooth, and 생리통 is a pain in the tummy or back during menstruation. When you have these symptoms, you take a painkiller. ① is the best answer.

6.
If you reach us now,
we will give you a 10% discount and
a buy one, get-one-free-deal.
In five minutes, all these benefits will be gone.
Please hurry up and call us now.

Question type Understanding the object/type of text (advertising)
The key words are 할인 and 전화. Advertising a discount, it reads, "지금 빨리 전화 주세요." ② is the best answer.

7.
Danger
Traffic is controlled due to the monsoon.
Please take a detour using another route.

Question type Understanding the object/type of text (advertising)
The key phrases are 장마 and 교통 통제. The monsoon made the road dangerous and therefore blocked, so the notice tells people to take a detour. ② is the best answer.

8.
At a wider place! With a new look!
We will serve you on the 2nd floor of the opposite building from the 1st of next month.

Question type Understanding the object/type of text (notice)
Since the notice reads, "다음 달 1일부터 맞은편 건물 2층에서 여러분을 모시겠습니다," ④ is the best answer.

[9~12] Choose the statement that agrees with the following text or graph.

9.
We invite you to be Hanareum Family
- **Recruitment area:** Trainer in marketing
- **Qualifications:** Those who do not have grounds for disqualification for employment in Canada (those fluent in English are preferred)
- **Documents for application:** Self-introduction cover letter, résumé in English and Korean
- **How to apply:** Please pay a visit to us to apply (check the website for details)
- **Employee benefits:** Dispatch to Canada, room and board provided, English education fees supported upon necessity

Question type Choosing the answer that matches the text/table (notice)
The qualification reads, "캐나다 내 취업에 결격 사유가 없는 자," and a benefit is dispatch to Canada. ① is the answer.
② You can ~~go to the website~~ and apply directly. → pay a visit
③ English education fee is supported for ~~those who speak English well~~. → employees
④ This is a recruiting advertisement to select ~~an employee in charge of marketing~~. → a trainer in the field of marketing

10.

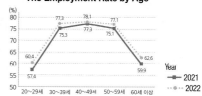
The Employment Rate by Age

Question type Choosing the answer that matches the text/table (graph)
In 2021, the employment rate of individuals aged 60 and above was 59.9%, so the correct answer is ①.
② In 2022, the employment rate of individuals ~~aged 50-59~~ was the lowest. → 20-29
③ The employment rate for individuals aged 40-49 ~~remained unchanged in both 2021 and 2022~~. → Increased in 2022 compared to 2021.
④ The employment rate for individuals aged 40 and above ~~decreased~~, while the employment rate for individuals aged 40 and below increased. → Increased.

11.

As camping becomes more popular, many people are turning to car camping as a way to enjoy the outdoors. Car camping refers to sleeping in a car, and it has the advantage of reducing the spatial and temporal burden of camping gear such as tents. With the popularity of SUVs, more and more people prefer car camping. However, opinions on car camping are divided due to its limited capacity for sleeping inside a car and its unsuitability for long-term camping.

Question type Choosing the answer that matches the text/table (article)

With the popularity of SUVs, the number of people who prefer car camping is also increasing, so the correct answer is ④.

① Car camping is a method of camping that everyone prefers, ~~regardless of their likes or dislikes~~. → Opinions are divided because there is a limit to the number of people who can sleep in a car, and car camping is not suitable for long-term camping.

② When camping becomes popular, ~~it is predicted that car camping will become popular~~. → As camping becomes more popular, car camping is also gaining popularity.

③ Car camping increases the spatial and temporal burden of camping equipment. → decreases

12.

When it's time to register for courses at universities or buy tickets for concerts of famous singers, the term "atomic clock" consistently appears in the most searched word ranking. This phenomenon arises due to the high number of people attempting to synchronize their computer clocks with Korea Standard Time. Portals and mobile telecommunication companies also utilize the atomic clock, and it is believed that setting your computer clock to it can slightly increase your chances of successful course registration or ticket reservations.

Question type Choosing the answer that matches the text/table (article)

The text reads, "포털이나 이동 통신사도 원자시계를 사용하기 때문에 컴퓨터 시계를 여기에 맞추면 수강 신청이나 예매 성공 확률이 미세하나마 높아진다고 한다." ④ is the answer.

① ~~You cannot reserve a concert ticket without an atomic clock~~. → You can reserve a concert ticket without an atomic clock, but you set your clock to it to enhance your probability of success in making a reservation.

② "Atomic clock" is on the most searched words list of portals ~~at all times~~. → at the time of university course registration or ticketing for the concerts of famous singers

③ If you set your computer's clock to the atomic clock, the probability of succeeding when making a reservation rises ~~radically~~. → minutely/a little

- 원자시계: an atomic clock; a clock device that uses the fact that the unique frequency of atoms or particles does not change; it is not affected by gravity, the Earth's rotation, or its temperature, and its accuracy is very high

- –나마: a connective ending used to indicate that a situation is not too satisfying but becomes a condition for the following, such as it is

[13~15] Choose the option that places the statements in the right order.

13.

(가) We can say that a conservation scientist is an artist who gives new life to damaged artifacts.

(나) The damaged artifacts are restored and conserved using materials at a specialized conservation lab.

(다) When an artifact arrives at a museum, the production date, materials, and production methods are first examined.

(라) At this point, the person who restores and conserves the artifact in the lab is called a conservation scientist.

Question type Placing sentences in the right order

The text is about the procedure of processing remains at a museum and the role of conservation scientist. (다) is about how remains are examined first when they come to a museum. (나) follows and starts with "조사를 마친 유물은." It is about the restoration and processing for conservation. (라) is next. It starts with "이때 (meaning when they are restored and processed)" and explains that the person who does the job is called a conservation scientist. After (라), (가) comes next as it provides an additional explanation for a conservation scientist. (다)–(나)–(라)–(가), or ③, is the best answer.

14.

(가) However, many policies classify people aged 65 or over as senior citizens.

(나) This age range is typically used to determine eligibility for basic pensions or long-term care insurance for the elderly.

(다) Therefore, age 65 and over is generally considered the age at which a person is considered a senior citizen.

(라) Currently, there is no specific age defined by Korean law for a person to be considered a senior citizen.

Question type Placing sentences in the right order

The text is about the age when people are perceived as being senior citizens. (라) starts by explaining how no current Korean law specifies someone as a senior citizen. (가) describes something opposite this statement as it starts with 하지만. (나) introduces typical policies that classify people age 65 or over as senior citizens, so it elaborates from (가). (다) is last as it states the conclusion. (라)–(가)–(나)–(다), or ③, is the best answer.

15.

(가) We call the symptoms of fatigue and drowsiness in spring "spring fatigue".

(나) People with spring fatigue often try to solve it through their diet.

(다) However, having a proper daily routine is more important than just focusing on diet.

(라) Spring fatigue is caused by the changes in our biorhythms as we transition from winter to spring.

Question type Placing sentences in the right order

The text is about how to overcome spring fatigue. (가) is first as it is about the concept of spring fatigue. (라) follows as it is about the cause of spring fatigue. Next is (나), which notes how people normally react when they have spring fatigue. (다) comes last as it starts with 그러나 to mention what is contrary and better. (가)–(라)–(나)–(다), or ②, is the best answer.

[16~18] Choose the most appropriate word for the blank.

16.

Korea is relatively less prone to frequent earthquakes as it is located away from the seismic epicenters. But (   ) from an earthquake. The Chronicles of the Three States, a written history in existence has a record on earthquakes, and the word earthquake appears in The Annals of the Joseon Dynasty. We cannot predict the possibility of earthquakes in the future by using facts from the past.

Question type Choosing the best phrase for the context

The phrase with the blank starts with 하지만 and indicates that it is contrary to the preceding. After the blank, some records of earthquakes are presented as the basis of the blank. ③ is the best answer.

17.

When you pack your backpack for a trip, you must consider your destination and itinerary first. You should not miss what is necessary, but it is best if the backpack does not weigh over one third of your own weight. The same applies to studying. You should decide what to study (   ) and should not be too ambitious about how much you are going to study.

Question type Choosing the best phrase for the context

Before the blank, the passage reads, "공부할 때도 마찬가지다." As you must consider your destination and itinerary when packing a backpack, you must think of the given time. ① is the best answer.

18.

Botox cosmetic procedures are popular with middle-aged individuals these days. Botox has the advantages of being relatively safe and having fewer side effects compared to plastic surgery, which involves surgical incisions on the face. Botox

is commonly known as a wrinkle enhancer, but it is actually (   ). It is used at eye clinics to correct squinting that causes misalignment of the eyes, and at dental clinics to correct jaw conditions and improve bruxism. Botox is also effective for treating hyperhidrosis, a condition characterized by excessive sweating. However, one disadvantage is that its effects are only temporary.

Question type Choosing the best phrase for the context

After the blank, it is written that botox is used to treat squinting, jaw conditions, teeth grinding, and excessive sweating. ① is the best answer.

- 교정: a correction; to rectify something that is irregular, twisted, or wrong
- 이갈이: bruxism, tooth-grinding symptoms

[19~20] Read the following and answer the questions.

Grandmother Samsin in Korea is a goddess in charge of the birth and care of children. (   ) she was regarded as a goddess who allowed pregnancy and hence was an object of worship from old times by people waiting to have children. Such faith was established in Korea largely influenced by the traditional idea of offspring. Under the social conventions that made women live like sinners all their lives if they did not give birth to a son to carry on the family line, it was only natural that childless women felt like having to pray to something.

19. Question type Choosing the best conjunction for the context

The text is mainly about pregnancy being among the responsibilities of Grandmother Samsin. ① is the best answer as it means "particularly or especially."

- 특히: particularly; especially
  - 📒 내가 만든 작품은 특히 창의력 부분에 탁월하다는 평가를 받았다.
- 먼저: first, either in time or order
  - 📒 먼저 해야 할 일이 무엇인지 모르겠어.
- 달리: unlike; different in circumstances or conditions
  - 📒 다른 아이들과 달리 말도 없고 웃지도 않는 민수가 걱정이 된다.
- 한편: meanwhile; a word used to discuss a different aspect from the preceding
  - 📒 학생들 대부분은 경기에 진 것에 실망했다. 한편 나는 잘되었다고 생각했다.

20. Question type Understanding the main idea

Grandmother Samsin is a goddess of childbirth and child-rearing, and she is worshipped by women who desire pregnancy and wish to have children. Therefore, it is appropriate to choose ④, as childless women felt the need to pray to her in order to have children.

The Daelim Contemporary Art Museum, always crowded with young visitors, is an art museum that is more popular for (   ) accompanying events than for its art exhibitions. It brings the party culture from the Hongdae area into the exhibition room and hosts band performances or DJ-led rap sessions. The image that Daelim aims to portray is clear: a fun art museum. Unlike other art museums that restrict photography, you are allowed to take as many photos as you like here, making the museum feel more accessible. The Daelim Contemporary Art Museum sets a direction that art museums should strive for in the future.

21. **Question type** Choosing the best proverb/idiom for the context

The accompanying events are more popular than exhibitions because the party culture from the Hongik University area, band and rap performances are displayed. ② is the best answer.

- 눈 밖에 나다: for someone to lose another's favor; to lose another's trust and to be out of favor
  Eg 서림이는 이번 일을 계기로 선생님의 눈 밖에 났다.
- 찬물을 끼얹다: to dash cold water over; to interfere with something that was going well and to ruin the atmosphere
  Eg 일이 겨우 해결되려고 할 때 그가 와서 찬물을 끼얹었다.
- 구색을 맞추다: to be well supplied; to have various things be prepared
  Eg 새어머니는 구색을 맞춰 완벽하게 내 결혼식 준비를 해 주셨다.
- 어깨를 나란히 하다: to be abreast of; to have a similar rank or power with each other
  Eg 그는 당대의 유명한 선수들과 어깨를 나란히 했다.
- 부대 행사: accompanying events; events that are held in addition to the main event

22. **Question type** Understanding the details (correspondence)

The Daelim Contemporary Art Museum is said to be a popular museum not only for art exhibitions but also for various accompanying events, so answer ① is correct.

- ② Other art museums host auxiliary events in addition to its art exhibitions. → The Daelim Contemporary Art Museum hosts)
- ③ Visitors are allowed to take photos at other museums at any time. → at the Daelim Contemporary Art Museum)
- ④ The Daelim Contemporary Art Museum is a place that showcases the history of the development of art museums. → It is showing the direction that art museums should seek in the future.

One of the joys of teaching students at a university is experiencing the ever-changing beauty of the campus throughout the year. From the chilly winds of the entrance ceremony to the blooming of plum blossoms,

azaleas, forsythias, and magnolias at the start of the semester. The vibrant cherry blossoms catch our attention during midterms, followed by the arrival of roses in May, and the sight of morning glories and sunflowers as summer vacation begins. Finally, the presence of chrysanthemums on my desk signals the arrival of fall. Asking which of these flowers is the most outstanding is a foolish question. Every flower is remarkable in its own way. Just like flowers know when to bloom, <u>why should all humans be anxious to bloom in early spring like camellias?</u>

23. **Question type** Understanding emotions (essay)

In the expression 안달인가?, 안달 means to fret over something and to act impatiently. This shows the writer's feelings at people who are fidgeting about being successful as early as possible. ① is the best answer.

24. **Question type** Understanding the details (correspondence/essay)

The passage reads, "대학에서 학생들을 가르치는 즐거움 중 하나는 사시사철 변모하는 캠퍼스의 아름다움을 온몸으로 느낄 수 있다는 것이다." ④ is the best answer.

- ① My job is to tend flowers at a university. → teach students
- ② By the midterm period, roses bloom. → cherry blossoms
- ③ People like flowers that bloom early like camellias. → want to bloom early like/want to be successful early

25.
Being fun and moving, two hares caught; ratings grow despite late hour

Question type Understanding a contracted sentence (news article)

The headline means that because the program is both fun and moving, it has high ratings even though it airs quite late. ① is the best answer.

26.
In not a completely rose-colored immigrant life, comfort is found at the immigrants' center

Question type Understanding a contracted sentence (news article)

Amid the sufferings of the life of an immigrant, which is not too happy, people find comfort at the immigrants' center. ④ is the best answer.

- 장밋빛: rose-colored; a state of being hopeful
  Eg 대통령 후보들은 제각기 국민들에게 장밋빛 미래를 약속하였다.

27.
Is it over once it's broken? A robot has appeared that can find solutions on its own after continued practice on a trial-and-error basis

The headline means that a robot has appeared that finds solutions on its own after continued practice on a trial-and-error basis. ② is the best answer.

- 시행착오: trial and error; to repeatedly try and fail until you reach a goal

[28~31] **Choose the most appropriate word for the blank.**

28.
The phrase 눈치가 빠르다 in Korean means to have exceptional abilities in analyzing and interpreting information captured from others' words and gestures. While our language expressions are limited, we have over 250,000 facial expressions and gestures that we use during conversations. People who are quick-witted excel at (   ) understanding the sincerity of others. They combine language and gestures in a conversation to sensitively comprehend the context. Therefore, one should not feel relieved by telling lies and deceiving others with words.

Question type Choosing the best phrase for the context

It was mentioned that "although we have only a few frequently used language expressions in our language life, we have over 250,000 different facial expressions and gestures that we use during conversations." It was also stated that "quick-witted individuals combine language and gestures to sensitively understand the context, so one should not feel relieved by telling lies and deceiving others with words." Therefore, we can understand that quick-witted individuals perceive the other person's feelings by observing their facial expressions and gestures. Hence, the answer is ②.

29.
It is said that in the past, when a drama that recorded the highest viewership ratings was aired, the water usage and sales in bars decreased. This vividly demonstrates how television broadcasting (   ) on our daily lives. However, nowadays, rather than watching dramas on television at the scheduled broadcast time, people can conveniently watch dramas whenever they want through various devices such as televisions, tablet PCs, and smartphones. Unlike in the past, the influence of television broadcasting on people has weakened.

Question type Choosing the best phrase for the context

It is said that in the past, when a drama that recorded the highest viewership ratings was aired, the water usage and sales in bars decreased. From this, we can infer that television broadcasting at that time had a significant impact on people's lives. Therefore, the correct answer is ③.

30.
You may have had the experience of your head being full of knowledge and all kinds of information before a test, but you forgot everything you had studied once the test was over. This is called the Zeigarnik Effect. Russian psychologist Zeigarnik created a theory that an unaccomplished task creates mental tension. This means that people are concerned about unaccomplished tasks and try to finish them as quickly as possible. People are motivated (   ).

Question type Choosing the best phrase for the context

People try to finish unaccomplished tasks as quickly as possible. ① is the best answer.

31.
New findings have been made about the world's strongest living creature that can survive (   ), the Tardigrade, known colloquially as water bears or moss piglets. It was previously known that the Tardigrade can survive temperatures as high as 150 degrees and as low as minus 273 degrees, and even exposure to lethal doses of radioactive material will not kill it. However, it has been revealed that the Tardigrade dies when exposed to high temperatures for an extended period of time in an active state. As the likelihood of extinction increases if the Earth's temperature rises by just 2 degrees, scientists have emphasized the importance of studying how the Tardigrade adapts to high temperatures.

Question type Choosing the best phrase for the context

Temperatures 150℃ above zero and 273℃ below zero, exposure to a radioactive substance of lethal density, and exposure to vacuum in a space environment will not kill the Tardigrade. Therefore, it is an organism that can survive in an extreme environment. ① is the best answer.

- 극한: extreme; the point at which a thing or event cannot become more intense or extreme

[32~34] **Read the following and choose the statement that agrees with the content of the text.**

32.
The Inuits sprinkle water on the floor when the inside of their igloo is cold. The water sprinkled in the garden in summer is cool because it absorbs heat while getting evaporated, but the water sprinkled on the igloo's floor raises the indoor temperature because it emits heat while getting frozen. It is more effective to sprinkle hot water than cold water in an igloo. The Inuits may not have known the scientific principles when they built igloos, but the igloo demonstrates the wisdom of life learned from the experiences of people living in an extreme region.

Question type Understanding the details (correspondence)

An igloo has the wisdom of life learned from experiences by people who live in an extreme region. ④ is the best answer.

① When you sprinkle water in the garden in summer, it becomes ~~warm~~. → cool

② When you sprinkle water inside an igloo, it gets ~~cold~~ inside. → warm

③ The Inuits ~~built igloos by using the scientific method.~~ → did not build it based on scientific principles

● 이누이트: Inuit; another name for an eskimo

33.

There is a unique hanok that operates as a guesthouse. Each room in this house is furnished with a traditional Korean musical instrument that guests can actually play. The size of the instrument corresponds to the size of the room. The room with the gayageum can accommodate three people, the room with the haegeum can accommodate two people, and the room with the piri (Korean pipe) can accommodate one person. Additionally, for an additional fee of 20,000 won, guests can participate in a craft workshop located seven minutes away from the guesthouse, where they can learn to make traditional liquor and rice cakes. This guesthouse is popular not only among Koreans but also among foreigners.

Question type Understanding the details (correspondence)

You can guess the size of the room from the size of the instrument. The room with the *gayageum* can accommodate three and the one with the *haegeum*, two, which means that the room with the *gayageum* is bigger than the one with the *haegeum*. ① is the best answer.

② You can taste rice cakes at the ~~guesthouse~~. → craft workshop

③ In this house, ~~there is a room with a traditional Korean musical instrument~~. → each room has one traditional Korean musical instrument

④ If you pay an extra fee, you can ~~use the room with a Korean pipe~~. → have the experience of making traditional liquor and rice cakes

● 국악기: a traditional Korean musical instrument; an instrument used to play *gugak*

● 국악: *gugak*; traditional Korean music

34.

In language etiquette, it is considered important for the speaker to use language that demonstrates humility and consideration towards the listener. By using suggestive or questioning forms instead of imperatives, it is possible to express oneself in a more polite manner. For example, when in a crowded bus, it is considered more polite to say, "Let me get off, please" or "Are you going to get off now?" instead of "Move over, please." This is because such expressions allow room for the listener to decline. Furthermore, using a declarative sentence such as "I'm getting off at the next stop" is more polite than using an imperative.

Question type Understanding the details (correspondence)

The passage reads, "명령문보다는 청유문이나 의문문을 사용하면 좀 더 공손하게 표현할 수 있다," and "평서문을 쓰는 것도 명령문보다 공손한 표현이다." ② is the best answer.

① In language etiquette, ~~the listener~~ must make oneself humble. → the speaker

③ It is more polite to say, ~~"Move over, please," than to say, "Let me get off, please."~~ → "Let me get off, please" than to say, "Move over, please."

④ ~~"Move over, please"~~ is a sentence that gives the listener a chance to decline. → "Let me get off, please" or "Are you going to get off now?"

[35~38] Read the following and choose the answer that best matches the topic of the text.

35.

When meeting someone for the first time, we often form quick judgments about their character based on factors such as their appearance and manner of speech. These initial impressions tend to persist and remain consistent over time. Additionally, when we receive conflicting information about a person at different points, the information we learn initially has a stronger impact than subsequent information. Therefore, making a positive first impression is crucial when meeting someone new. When introducing someone, it is advisable to present positive information first before any negative information.

Question type Understanding the topic

An impression once created strongly tends to remain consistent, so we had better make a good impression when we first meet someone. ① is the answer.

36.

People often take vitamins because they find it challenging to obtain a well-balanced nutrient intake solely from food. When selecting vitamins, it is important to choose a product that provides a balanced combination of nutrients rather than one that contains excessive amounts of one or two nutrients. Nutrients have a synergistic effect when consumed together, making it preferable to opt for a product that offers a balanced spectrum of nutrients. Nonetheless, it is essential to be cautious, as even beneficial nutrients can have adverse effects when consumed in excessive quantities. Therefore, it is advisable to choose a product that provides maximum nutrients with the minimum necessary quantity.

Question type Understanding the topic

The passage reads, "비타민을 선택할 때는 한두 가지 영양소를 다량 함유한 것보다 모든 영양소가 골고루 들어 있는 제품을 골라야 한다." ④ is the answer.

37.

How much will the development of artificial intelligence threaten human jobs? The answer to this question varies depending on the perspective, but there is a consensus that it will threaten jobs in fields with high potential for automation. Of course, it will not be easy to replace highly skilled workers who require high cognitive abilities, creativity, and judgment, even in fields where automation technology is applied. Therefore, in the future, we need to develop areas that artificial intelligence cannot replace, and learn how to work with technology and complement it.

Question type Understanding the topic

It is stated that in the future, we need to develop areas that artificial intelligence cannot replace and learn how to work with technology and complement it. Therefore, the correct answer is ③.

- 고숙련: Being very good at something due to having a lot of practice or experience

38.

A research team from the University of Michigan conducted a study to examine the effects of napping on work efficiency. The team selected 40 adults and randomly divided them into two groups. One group was assigned to take a nap, while the other group watched a video before being given a task. The results revealed that the group that took a nap spent more time on the task compared to the group that watched the video. Additionally, the nap-taking group exhibited fewer instances of impulsive behavior compared to the video-watching group.

Question type Understanding the topic

In an experiment on the influence of naps on work efficiency, the group that took a nap spent more time working. ② is the answer.

[39~41] Choose the most appropriate place for the given sentence.

39.

Since poisoning from wild mushrooms happens every summer, caution is required when mushroom picking. (㉠) There are a total of 5 cases of recent wild mushroom accidents; 12 people were affected, and 2 of them lost their lives. (㉡) Mushroom-poisoning accidents often result from wrong common sense or misunderstandings. (㉢) An expert explains, "There is no basis for such a belief, and even in the same species, the color of mushrooms may differ according to the surrounding environment, including the temperature and humidity." (㉣)

┌─ Missing Sentence ─────────────────────
One typical example is the misunderstanding that a colorful mushroom is a poisonous one.
└──────────────────────────────────────

Question type Inserting a sentence for the context

The missing sentence is about a typical example of mushroom poisoning, which naturally fits after "독버섯 중독 사고는 잘못된 상식이나 오해에서 비롯되는 경우가 많다." ③ is the answer.

40.

André Kim was the first male fashion designer in Korea. (㉠) Despite people's biases against male designers, he held a fashion show in Paris in 1966, becoming the first Korean to do so with his unique designs. (㉡) André Kim, known as a pioneer of Korean fashion, was famous for featuring top models in his fashion shows. (㉢) In particular, he made male and female models touch foreheads at the end of his fashion shows, which became popular and is still commonly referred to as the "André Kim pose." (㉣)

┌─ Missing Sentence ─────────────────────
There was a saying that only those who stood on his stage could be recognized as top stars.
└──────────────────────────────────────

Question type Inserting a sentence for the context

Before (㉣) the passage reads, "He was famous for having the top stars of the times appear in his shows as models." The missing sentence fits naturally in (㉣), so ④ is the answer.

41.

A millstone is a device to make grain into powder. (㉠) A millstone is made of a hard and heavy rock like granite and basalt, which can easily grind grain. (㉡) In a millstone, there is a hollow at the bottom of the upper stone and at the top of the lower stone to help grain be easily ground, and there is a hole for aeration, which reduces the heat from friction. (㉢) When we grind grain with a millstone, it destroys fewer nutrients than a blender would, so we can make healthy food. (㉣)

┌─ Missing Sentence ─────────────────────
A millstone is made with a scientific structure and principles.
└──────────────────────────────────────

Question type Inserting a sentence for the context (book review/ impression essay)

The structure and principles of a millstone are explained after (㉡), so the missing sentence should be in (㉡). ② is the answer.

[42~43] Read the following and answer the questions.

Coffee! Fine. But as soon as I entered the Gyeongseong Station hall, I realized that I had no money at all in my pockets. I felt dizzy, dejected, and unsure of what to do. I aimlessly wandered around like a man who had lost his mind...

(Ellipsis)

I have no recollection of where I wandered. But when I finally realized that I was sitting on a bench at Deoksugung Palace a few hours later, it was almost dusk. Deoksugung Palace is a place I often visit on days like this, when my pockets are empty. I simply collapsed wherever I was and reflected on the past 26 years of my life. In a haze of memories, I couldn't find anything particularly special. I then questioned myself about my desires in life, but I didn't want to say whether I had any or didn't have any; I didn't want to provide such an answer. It was nearly impossible for me to even recognize my own existence. Even in that moment, one thing loomed over me: the fact that I still had an unfinished manuscript. Reluctantly, I started to make my way back home, dragging my feet.

The Wings, Yi Sang

42. **Question type** Understanding emotions (fiction)

This describes the writer's emotion upon realizing that he had no money after entering Gyeongseong Station Hall. ③ is the answer.

43. **Question type** Understanding the details (correspondence/ fiction)

Since "나에게는 아직 끝내지 못한 원고가 있다," ① is the answer.

② I fiercely thought about myself. → In stupefied memories, I could not come up with a single thing that was special, nor did I want to answer my own question.

③ I go to Deoksugung Palace when I want to think. → when I have no money

④ I went back home and looked back on the life I had. → to Deoksugung Palace

---

[44~45] Read the following and answer the questions.

Income inequality is deepening at an alarming rate. If this trend continues, only the wealthy and the poor will remain in the end. The decline of the middle class, which serves as the social buffer zone, signifies the disappearance of (   ). The most effective way to address income inequality is undoubtedly by providing quality employment opportunities. However, businesses are currently constrained by the recession, making it crucial to expedite labor reforms to create conditions that foster job growth. Additionally, measures to enhance income redistribution must be implemented. It is essential to provide support to ensure that welfare resources are allocated to the appropriate individuals and areas.

44. **Question type** Choosing the best phrase for the context

If the middle class, or the medium stratum, should shrink, the buffer zone between the rich and the poor will disappear, which can create class conflicts. ④ is the answer.

- 완충 지대: a buffer zone, a neutral zone established between the power ranges of opposing forces to prevent conflicts
- 적재적소: the right resource (talent) at the right place; to use something for the proper occasion

45. **Question type** Understanding the topic

The text presents ideas to improve income inequality, so ② is the answer.

[46~47] Read the following and answer the questions.

The Bermuda Triangle refers to the area encompassing Bermuda, Miami, and Puerto Rico, forming a triangular region. Numerous plane and ship accidents have occurred in this area, often resulting in no findings of wreckage, as well as missing individuals whose bodies remain undiscovered. Since 1609 to the present day, it is known that 15 planes and 17 ships have disappeared in the Bermuda Triangle. Considering the recorded figures, the actual number could be even higher. The reasons behind these disappearances are only subject to speculation. The Bermuda Triangle continues to remain shrouded in mystery, with various hypotheses proposed, including electromagnetic anomalies, gravitational disturbances, ocean currents, and even UFO involvement, but the exact cause remains unknown at present.

46. **Question type** Choosing the writer's stance (persuasive essay)

The Bermuda Triangle refers to the region where incidents occur, and it is appropriate to choose ④ as it provides examples and explanations of events that take place in that area.

47. **Question type** Understanding the details (correspondence/ persuasive essay)

As mentioned in the previous text, accidents that occur in the Bermuda Triangle remain a mystery, and although various hypotheses have been proposed regarding their causes, it is currently impossible to know for sure. Therefore, ② is the appropriate answer.

① Evidence of incidents occurring in the Bermuda Triangle has been presented. → It is still surrounded by uncertainty, and we can only speculate about the causes of the incidents.

③ Many accidents have occurred in the Bermuda Triangle due to anomalies in electromagnetic waves or gravity. → Although there have been theories suggesting anomalies in electromagnetic waves or gravity, it is currently impossible to know for sure.

④ The causes of incidents that occur in the Bermuda Triangle will continue to be difficult to explain. → At present, we cannot be certain about anything.

[48~50] Read the following and answer the questions.

There is a work-study scholarship system implemented by the government for low-income university students. It can be considered a good system for students in difficult financial situations, as it allows them (   ) without taking a leave of absence. However, in reality, some universities mismanage the allocated budget for work-study scholarships, leading to a situation where the benefits are not reaching those who need them the most. Work-study scholarships are popular because they offer a wage higher than the minimum wage and allow students to work on campus. However, last year, two-thirds of low-income students, including those who are eligible for basic living support, were rejected when applying for work-study scholarships. It is not uncommon for students who are in better financial situations than their peers to be selected. Some students raise concerns about the preferential treatment given to certain students when allocating work-study scholarships. This is because there is a lack of transparent criteria that students can understand and accept regarding the selection process. It has been pointed out that each university should operate the system in line with the original purpose of work-study scholarships, ensuring that low-income students receive priority benefits.

48. **Question type** Understanding the purpose (persuasive essay)

The text discusses the problems of work-study scholarships. It argues that there are no transparent standards that can convince students regarding the selection results, meaning that it is demanding transparency in managing work-study scholarships. ③ is the best answer.

49. **Question type** Choosing a phrase for the context (persuasive essay)

Before the blank, the passages reads, "휴학을 하지 않고" ③ is the best answer.

50. **Question type** Understanding the details (correspondence/ persuasive essay)

In the selection of recipients for work-study scholarships, it mentions the criteria that should be allocated to low-income students but are not being met, so ④ is the correct answer.

① The process of selecting work-study scholarship recipients ~~is carried out more fairly~~. → It is opaque.

② Many applicants are being rejected ~~due to low hourly wages for work-study scholarships~~. → It exceeds the minimum wage, which means it is not low.

③ The work-study scholarship program allows students ~~to work in companies~~ without taking a leave of absence. → Within the school

• 그림의 떡: "A rice cake in the picture" means pie in the sky, which is something that cannot be used or had no matter how you like it.